PRAKTISCHE THEOLOGIE

WEGE DER FORSCHUNG

BAND CCLXIV

1972

WISSENSCHAFTLICHE BUCHGESELLSCHAFT

DARMSTADT

PRAKTISCHE THEOLOGIE

TEXTE ZUM WERDEN UND SELBSTVERSTÄNDNIS DER PRAKTISCHEN DISZIPLIN DER EVANGELISCHEN THEOLOGIE

Herausgegeben von
GERHARD KRAUSE

1972
WISSENSCHAFTLICHE BUCHGESELLSCHAFT
DARMSTADT

wb Bestellnummer: 4913
Schrift: Linotype Garamond, 9/11

Satz: Druckhaus Darmstadt GmbH, Darmstadt
Druck: Wissenschaftliche Buchgesellschaft, Darmstadt
Einband: C. Fikentscher, Darmstadt
Printed in Germany

ISBN 3-534-04913-6

INHALT

III. Unter Positivismus und Irrationalismus der liberalen Theologie (1886–1914)

IV. Theologische Neuorientierung der vom Staat getrennten Kirche (1917–1945)

V. Handlungswissenschaft der ecclesia semper reformanda (1946–1970)

VORWORT

I. Anlaß und Absicht dieses Buches

Die in diesem Band vereinigten 47 Beiträge zur Praktischen Theologie dokumentieren Schritte der als eigenständiges Lehrfach jüngsten Disziplin der Evangelischen Theologie durch die anderthalb Jahrhunderte seit ihrer Etablierung an den deutschen Universitäten. In Gestalt ausgewählter Originaltexte bilden sie einen Grundstock zur Wissenschaftsgeschichte der Praktischen Theologie.

Den Anlaß zur Herausgabe dieses Bandes in der Reihe ›Wege der Forschung‹ erklärt die am Schluß vorgelegte Bibliographie von Arbeiten zur Geschichte und zum Problem der Praktischen Theologie aus den Jahren 1945 bis 1970. Sie scheint schon durch ihren Umfang zu belegen, daß im Unterschied zu anderen Zeiten der Theologiegeschichte, in denen Exegese, Kirchengeschichte oder Systematik das Hauptinteresse der Theologen erregten, in jüngster Zeit ein allgemeines Interesse an der Praktischen Theologie entstanden sei. Das ist keine auf Deutschland oder auf den Protestantismus beschränkte Erscheinung. Zur Bestätigung dieser Beobachtung bringt die Bibliographie jedenfalls einige wichtige Publikationen zur Frage nach der Praktischen Theologie aus dem Ausland und aus der Katholischen Theologie.

Damit sollen freilich spezifische Voraussetzungen und Ursachen jenes neueren Interesses an der Praktischen Theologie innerhalb des deutschen Protestantismus nicht übersehen werden. Zu ihnen ist der dritte Satz der Theologischen Erklärung von Barmen (1934) zu rechnen. Er leitet aus dem Bekenntnis zur christlichen Kirche als der „Gemeinschaft von Brüdern, in der Jesus Christus in Wort und Sakrament durch den Heiligen Geist als der Herr gegenwärtig handelt", die oberste und ausschließliche Maxime kirchlicher Praxis ab: „Sie hat mit ihrem Glauben wie mit ihrem Gehorsam, mit ihrer Botschaft wie mit ihrer Ordnung mitten in der Welt der Sünde als die Kirche der begnadigten Sünder zu bezeugen, daß sie allein sein Eigentum ist, allein von seinem Trost und von seiner Weisung in Erwartung seiner Erscheinung lebt und leben möchte." Wenn man sich erinnert, daß dieser Satz der Begründung des Widerstandes gegen die deutschchristliche Häresie und gegen die Praxis der nationalsozialistischen Kirchenpolitik dienen sollte, sofern beide die Botschaft und Ordnung der Kirche der Parteiideologie unterwerfen und zu ihren Zwecken politisieren wollten, dann könnte man geneigt sein, die mit „so ... wie" zum Ausdruck gebrachte Gleichrangigkeit der Gottes Heil bezeugenden „Botschaft" des Evangeliums mit der von Menschen gemachten „Ordnung" der Kirche als ungeschickte Formulierung hinzunehmen. Aber der folgende Verwerfungssatz zeigt, daß jene Hochqualifizierung der Kirchenordnung zu einem der Evangeliumsbotschaft gleichrangigen Zeugnismittel prinzipiell gemeint war. Dieser Satz gibt in negativer Form eine ekklesiologische Grundlegung der Praktischen Theologie: „Wir verwerfen die falsche Lehre, als dürfe die Kirche die Gestalt ihrer Botschaft und ihrer Ordnung ihrem Belieben oder dem Wechsel der jeweils herrschenden weltanschaulichen und politischen Überzeugungen überlassen." Auch gegenüber diesem Satz wird man die geschichtliche Notwendigkeit einer Abwehr ideologischer Umfunktionierung der kirchlichen Botschaft und Ordnung respektieren. Als aber nach 1945 die Barmer Theologische Erklärung durch Aufnahme in Kirchenordnungen, Ordinations- und Synodalgelübde verbindlich gemacht wurde, mußten Fragen aufbrechen, die sich in folgender Weise formulieren lassen: 1. Wie sollte die Art der Zuordnung von Botschaft und Ordnung der Kirche verstanden werden, die man in Barmen offengelassen und weder in der Bekennenden Kirche noch unter den evangelischen Konfessionen jemals übereinstimmend gelehrt hatte? 2. War mit der behaupteten Gleichrangigkeit von Botschaft und Ordnung sowie mit der Forderung, ihre jeweilige Gestaltung von subjektiven und zeitbeherrschenden Anschauungen freizuhalten, nicht ein praktisch undurchführbarer und ahistorischer Immobilismus kirchlicher Praxis gelehrt worden? 3. War die Anerkennung von Barmen und die gleichzeitige, von weltanschaulichen und politischen Überzeugungen keineswegs freie Veränderung von Botschaft und Ordnung der Kirche seitens der kirchenleitenden Organe nach 1945 etwas anderes als Doppelzüngigkeit, die die Kirche unglaubwürdig macht? – Diese Fragen mußten eines Tages zu neuem Interesse an der Praktischen Theologie und zur Forderung nach ihrer Erneuerung führen.

Zweifellos ist das neuerliche Interesse an der Praktischen Theologie mehr durch Erwartungen und Forderungen an die Praxis der Kirche als an die theologische Disziplin der Praktischen Theologie motiviert. Auf die es begleitenden weltanschaulichen und politischen Überzeugungen gehen die letzten Beiträge dieses Bandes ein. Es ist heute auch noch keineswegs ausgemacht, ob die Praktische Theologie allein in der Lage sein wird, jenes Interesse zu klären und zu befriedigen. Aber sie wird sich der Mitarbeit an der Lösung dieser Aufgabe nicht entziehen dürfen und dabei auf die Kontinuität mit der Wissenschaftsgeschichte ihrer Disziplin nicht verzichten können. Gegen die ständige Gefahr der Willkür praktischer Ratschläge, die aus Lust- oder Unlustgefühlen über den gegenwärtigen Zustand der Kirche entstehen, kann die Praktische Theologie nur, wie v. d. Goltz in seinem Beitrag betont, mit Mitteln der Wissenschaft angehen. Es ist die Absicht der hier vorgelegten Sammlung von Studien und Kritiken aus der Geschichte der Praktischen Theologie, für diese Aufgabe Grundlagenmaterial bereitzustellen.

Nun gilt Wissenschaftsgeschichte in der Regel nicht gerade als ein faszinierendes Studienfach. Die von ihr vorausgesetzte Kenntnis der Sachverhalte und -probleme des Fachgebietes kann mindestens bei Studienanfängern nicht erwartet werden und ihre wissenschaftstheoretischen Überlegungen sind unvermeidlich abstrakt und wirken mühsam. Beliebt ist Wissenschaftsgeschichte eigentlich nur als Steinbruch für manipulierbares Material zur Illustration von Irrtümern und Beschränktheiten der Vergangenheit, um die attraktive Fortschrittlichkeit eigener Entwürfe zu untermauern. Man bliebe auf grundsätzlich gleicher, wissenschaftsfeindlicher Ebene, wenn man der Praktischen Theologie das Bedenken ihrer Wissenschaftsgeschichte nur deshalb empfehlen würde, weil in ihr auch heute aktuelle Probleme diskutiert werden, wie z. B. Pastoral clinical training, Studienreform, hochschuldidaktische Differenzierung zwischen Universitätsstudium und Predigerseminar-Ausbildung, Fragen des „unbewußten Christentums" oder des Verhältnisses der Kirche zum Sozialismus. Wissenschaftsgeschichte ist nur ein, allerdings ein wesentlicher und kritischer Aspekt jeder Wissenschaft und sie dient auch in der Praktischen Theologie nicht dem unbedachten Konsum angeblich probater „Ergebnisse" in der Berufspraxis, sondern der Reflexion der erkenntnistheoretischen Voraussetzungen und sachgerechten Kriterien der wissenschaftlichen Arbeit sowie den Fragen nach der sozialethischen Legitimation des Gebrauchs ihrer Erkenntnisse in der Gesellschaft. Dafür findet sich auch in der jüngeren Generation Verständnis. Im Unterschied zu der viel erörterten Geschichtsfeindlichkeit vermerken die studentischen Reformvorschläge für das Theologiestudium von 1965 „das Fehlen einer an- und aufregenden Geschichte der Praktischen Theologie" (W. Herrmann und G. Lautner, s. Bibliographie, S. 465) mit sachlichem Recht, wenn man auch den Wert des Aufregenden für die Wissenschaft kritischer beurteilen möchte. Und auf die den Kern der Wissenschaftsgeschichte bildenden Grundlagenprobleme der Praktischen Theologie zielten gerade die aus der Wirkungsgeschichte von Barmen III resultierenden Fragen. Sie betreffen das Verhältnis der Praktischen Theologie zur Dogmatik, speziell zu ihrer ekklesiologischen Differenzierung zwischen Botschaft und Ordnung der Kirche als ihrem Grunde (creatura verbi) und ihrer Gestaltung (opus hominum), ihr Verhältnis zur Ethik und zu den das geschichtlich-gesellschaftliche Leben bearbeitenden Wissenschaften wie Soziologie, Psychologie, Pädagogik und Politologie. Diese Fragen sind – zum Teil unter anderen Namen und spezielleren Fragestellungen – Hauptthemen der Beiträge dieses Bandes.

II. Die jüngere Vorgeschichte: Ambivalenzen des Praxisinteresses

Nach traditioneller Anschauung gilt die Praktische Theologie als ein Kind des 19. Jahrhunderts, an dessen Anfang sie Universitätsdisziplin wurde. Im weiteren Sinne scheint sie auch ganz gut in dies Jahrhundert der „Kirchwerdung" der deutschen Landeskirchen, der Entstehung der Inneren und Äußeren Mission und des ökumenischen Gedankens hineinzupassen. Aber diese und andere Veränderungen des kirchlichen Lebens wurden von der Praktischen Theologie des vorigen Jahrhunderts zwar reflektiert, haben ihr Selbstverständnis und ihren wissenschaftlichen Betrieb aber kaum beeinflußt. Daher drängte sich die Frage auf, in welcher Weise sie die kirchliche Praxis, ihren Gegenstand, vom kirchlichen Leben unterscheiden könne und müsse.

In andere Richtung weisen Versuche, die Entstehung der Praktischen Theologie aus der restaurativen Universitätspolitik des Ministeriums Altenstein in Berlin zu erklären, das die Einrichtung praktisch-theologischer Lehrstühle zwar förderte (s. Beitr. I 3), sich bei deren Besetzung aber an Tendenzen des die Hoftheologie beeinflussenden Bischofs R. Fr. Eylert (1770–1852) gehalten habe, der zur Abhilfe gegen spekulative und kritische Theoriebildungen an den Universitäten die Einübung in bestehende Praxis empfohlen hatte. Das mag sich bei einzelnen Berufungen wie der von G. F. A. Strauß (1786–1863) in die erste Berliner Nominalprofessur für Praktische Theologie im Jahre 1821 nachweisen lassen; aber Belege für analoge Besetzungstendenzen für alle preußischen und außerpreußischen Professuren der Praktischen Theologie und, was überzeugender wäre, entsprechende Lehrverpflichtungen sind bisher nicht bekannt. Vielmehr entsetzten restaurative Landesregierungen 1819 den Tübinger praktischen Theologen J. Fr. Bahnmaier (1774 bis 1841) aus ähnlichen Gründen wie den Berliner de Wette (1780 bis 1894), sie tolerierten Nitzschs Kritik an Inhalt und Einführungsverfahren der Agende Friedrich Wilhelms III., das Eintreten liberaler Theologen wie R. Rothe für die Revolution von 1830 und selbst den protestierenden Austritt des Lausanner praktischen Theologen A. Vinet aus der Staatskirche. So wird man die Geburtshelferschaft restaurativer staatlicher Kulturpolitik für die Praktische Theologie vorerst als nur spärlich nachgewiesen und keineswegs allgemein geltend ansehen können.

Aber in diesem, zur Zeit nur vereinzelt belegbaren, Erklärungsversuch steckt noch ein anderes Problem. Wie konnte es möglich sein, den durchaus reformerisch gemeinten Entwurf der Praktischen Theologie eines Schleiermacher, der selbst als politisch dubios galt und bespitzelt wurde, mit Hilfe des konservativen Praxisdenkens eines milden Rationalisten wie Eylert in sein Gegenteil zu verkehren? Schon das Bestehen dieser Möglichkeit deutet auf offenbar elementare Unterschiede im Verständnis dessen hin, was hier Praxis heißt, Unterschiede, die mit der Einrichtung des Lehrfaches „Praktische Theologie" nicht einfach erledigt sein konnten. Genauere Differenzierung ist auch bei den soeben gebrauchten Begriffen restaurativ, konservativ und liberal erforderlich. Das 19. Jahrhundert kennt hier die erstaunlichsten Verbindungen: Der liberale Theologe David Friedr. Strauß stand politisch im konservativen Lager, und A. Ritschl war ein theologischer Reformer, der Lehrer der Jungliberalen, aber jeder liberalisierenden Umbildung der Kirchenverfassung skeptisch abgeneigt; umgekehrt waren am Ende des Jahrhunderts A. Stoecker und Fr. Fabri theologisch konservativ, aber kirchenpolitisch liberal. Will man also die Anfänge der Praktischen Theologie mit diesen vagen Begriffen deuten, wird man genauer sagen müssen, was man theologisch, kirchlich und politisch jeweils mit ihnen meint.

Bei Schleiermacher freilich gab es in dieser Hinsicht keinen Bruch. Aber wenn die meisten in diesem Bande zu Wort kommenden praktischen Theologen die Entstehung ihrer Disziplin seiner Genialität zuschreiben, ist das doch recht unbefriedigend. Wie schwankend er die organisatorische Form der Praktischen Theologie beurteilte, zeigen die ersten beiden Beiträge. Einige Jahre später votierte er mit seinen Fakultätskollegen gegen die Gründung des Predigerseminars in Wittenberg, und er las selbst in Berlin erst von der Zeit an über Praktische Theologie, als die von ihm nicht gewünschte Errichtung einer eigenen Professur für das Fachgebiet drohte. Als seine Vorlesungen 1850 posthum veröffentlicht wurden, blieben sie ohne erkennbaren Einfluß. Die Praktische Theologie hatte nicht von ihm sondern von C. I. Nitzsch ihre erste Gestalt bekommen. Für Nitzsch war der Gegenstand der Praktischen Theologie „die kirchliche Ausübung des Christentums", das er aus dem „urbildlichen Begriffe" herleiten zu können meinte; dabei wollte er „kirchliche Ausübung" zur Unterscheidung vom sittlichen Leben als „Selbstbetätigung der christlichen Gemeinde" und als „eine Übung im Christentum und zum Christentum" bestimmt wissen (Pr. Th. Bd. 1, § 1 und 2). Zur Begründung der Selbständigkeit der Praktischen Theologie gegenüber der Ethik konnten solche Formulierungen kaum ausreichen. Sie konnten, sieht man von Palmers Widerspruch ab, lange wirksam bleiben, weil Nitzsch in seiner „Praktischen Theologie" sich auf die pastoralen Amtstätigkeiten beschränkte und insofern die Ethik unberührt ließ.

Dieses Schillern zwischen ethischer und kirchlicher Praxis hatte Schleiermacher, dessen Idee und Erstentwurf Nitzsch nur „glücklicher ausbauen" wollte, genial vermieden, allerdings um den Preis, daß er die Erfassung „aller unter den Begriff der Kirchenleitung zu bringenden Aufgaben" zur ausschließlichen Lehraufgabe der philosophischen und historischen Theologie machte, die Praktische Theologie „nur mit der richtigen Verfahrensweise" bei deren Erledigung befaßt wissen wollte und sie somit in ihrem Objektsbereich unselbständig, in ihrem wissenschaftlichen Charakter als »Kunstlehre« fragwürdig bleiben ließ (Kurze Darstellg. d. Theol. Studiums § 260). Aber diese Konzeption blieb undurchführbar und Schleiermachers kunstvolles Wissenschaftssystem, das ihn die Ambivalenzen des Praxisverständnisses auflösen ließ, ist in der Organisation der Theologie niemals verwirklicht worden.

Jene Ambivalenz aber lag bereits in den Beweggründen für Schleiermachers Idee einer Praktischen Theologie, nämlich in dem durch Pietismus und Aufklärung aus unterschiedlichen Motiven beförderten Praxisinteresse. Es muß hier genügen, darauf hinzuweisen, daß man die Entstehung der Praktischen Theologie, über Nitzsch und Schleiermacher zurückgreifend, aus den am Ende des 18. Jahrhunderts mächtig gewordenen Bemühungen einerseits um ein praktisches Christentum, andererseits um eine praktisch angewandte Aufklärung am besten erklärt. Von nun an war „das Praktische schon durch sich selbst sehr empfohlen" (Marheineke), mit seiner ambivalenten Mehrsinnigkeit aber auch eine Quelle der Verwirrung. Die Praktische Theologie, der diese Ambivalenz in die Wiege gelegt wurde, hat trotz mancher Versuche der Klärung in ihrer Geschichte bis heute mit ihr zu schaffen.

III. Die ältere Vorgeschichte: Pastoraltheologie

Zahlreiche Vertreter der Praktischen Theologie haben die offenbar sehr komplizierten Begründungsmöglichkeiten ihrer Wissenschaftlichkeit auf sich beruhen lassen und sich schlichter und wirklichkeitsnäher nur mit den Tätigkeitsbereichen des Pastors beschäftigt (Gottesdienst, Predigt, Seelsorge, Unterricht, Gemeindeleitung), sie empirisch nach ihrer idealen, gefährdeten und verzerrten Seite beschrieben und sich bemüht, ihnen allgemein christliche und theologisch verantwortbare Regulative zu geben. Sie haben „Pastoraltheologie" getrieben, wie sie Bassermann in seiner hier abgedruckten Rektoratsrede skizziert hat, auf den Titel der „Wissenschaftlichkeit" verzichtet, aber – nach Baumgartens Urteil von 1913 – das praktische Amt „bedeutend wirksamer als die wissenschaftlich gehaltenen Lehrbücher und Kolleghefte" der Praktischen Theologie geprägt. Die Konkurrenz der Pastoraltheologie hat die Praktische Theologie seit ihren Anfängen bis zur Gegenwart begleitet. Wäre sie um die Wende vom 18. zum 19. Jahrhundert nicht wegen Niveaulosigkeit einem verbreiteten Gespött verfallen, hätte Schleiermacher womöglich eine andere Problemlösung gefunden.

Ihr bedeutendster Vertreter im 19. Jahrhundert, Christian Palmer, versteht die Pastoraltheologie nicht in ausschließlichem Gegensatz zur Praktischen Theologie. Er veröffentlicht zu allen Tätigkeitsbereichen der kirchlichen, keineswegs nur pastoralen Praxis eine „evangelische Lehre", aber kein zusammenfassendes Lehrbuch der Praktischen Theologie, sondern will mit seiner „Evangelischen Pastoraltheologie", die er 1860 C. I. Nitzsch, „dem Führer und Vorbild in praktischer Theologie wie in theologischer Praxis" widmet, „etwas Umfassenderes, gewissermaßen der praktischen Theologie parallel" (Vorrede). Wie sein im Jahre zuvor publizierter Aufsatz über Pastoraltheologie – hier aufs neue vorgelegt – zeigt, leitet ihn dabei die Absicht, der Pastoraltheologie ein auch wissenschaftliches Niveau und Recht zu geben als einer für die Urteilsbildung zu verantwortlichem kirchlichem Handeln unaufgebbaren Voraussetzung. Zwar sei sie nicht spekulative Wissenschaft im Sinne einer Explikation der Idee, wohl aber eine, wie man heute sagen würde, pragmatische Wissenschaft, die von den gegebenen personellen und temporellen Tatsachen ausgeht, die verschiedenen theologischen Einstellungen kritisch sichtet und die mit diesen Tätigkeiten verbundenen ethischen Probleme erörtert. Palmer hat seine Pastoraltheologie eng mit der Seelsorgelehre verbunden, die allerdings ihrerseits für alle Gebiete kirchlicher Praxis bedeutsam ist; andere, wie Cl. Harms, W. Löhe, A. Vinet und A. F. C. Vilmar, haben die Pastoraltheologie einfach an die Stelle der Praktischen Theologie gesetzt.

Im 20. Jahrhundert hat sich die Praktische Theologie – trotz des mitgeschleppten Topos eines Affektes gegen die Pastoraltheologie – stillschweigend, allmählich, zum Teil unter neuen Namen, fast die ganze wissenschaftstheoretische Basis der Pastoraltheologie angeeignet: die Priorität des empirischen Ansatzes vor dem historischen, das Ernstnehmen der konkreten Situation der jeweiligen Handlungsfelder und die kritische Übernahme von Erkenntnissen gegenwartskundlicher Wissenschaften, das Ernstnehmen der subjektiven Voraussetzungen handelnder Personen und Gruppen und die kritische Übernahme von Human- und Verhaltenswissenschaften, den Verzicht auf ein geschlossenes Wissenschaftssystem, die relative Toleranz gegenüber der Pluriformität theologischer Schuleinstellungen. Sofern zwischen beiden Auffassungen der Sache nur noch ein Streit um die Namen verbliebe, deren Fragwürdigkeit jedoch beiderseits zugegeben wird, wären neuere Vorschläge, wie „Theologie der handelnden Kirche“ oder „Handlungswissenschaft der Kirche“ zu prüfen.

Wenn es sich demnach nahelegt, die Pastoraltheologie, speziell in methodischer Hinsicht, zum integrierenden Bestandteil aller Fachgebiete der Praktischen Theologie zu machen, so darf damit aber nicht der Anschein erweckt werden, als könne sie von sich aus die Beantwortung der in der Geschichte der Praktischen Theologie eindringend untersuchten, verschieden gelösten und heute zu neuer Lösung anstehenden Grundfragen übernehmen.

IV. Zur Eigenart der Grundlagenproblematik

Die Beiträge dieses Bandes zeigen – manchem Leser vielleicht zum Schrecken –, daß die Praktische Theologie in fast jeder Generation ihren Gegenstand, ihre Erkenntnis- und Lehrmethoden, endlich auch ihr Verhältnis zum Ganzen der Theologie und zu anderen Wissenschaften, andersartig, sachgemäßer und kritischer zu bestimmen versuchte. Mit zunehmender Dauer ihrer Geschichte ließ sich daher der Eindruck einer konstitutiven Unsicherheit ihrer Grundlagen und Zielsetzung nicht verbergen. Spott und Kritik der Fakultätskollegen aus anderen Disziplinen der Theologie haben das vermerkt. A. Ritschl sprach vom „Spielen mit der Wissenschaft", J. Wellhausen von der „Theorie des praktischen Hufbeschlags" und H. Holtzmann plädierte am Ende des 19. Jahrhunderts für die Rückgliederung der theologischen Disziplinen in die philosophischen und philologischen Fachbereiche, wobei „die praktische Theologie ganz außerhalb der Universitätsstudien fallen und Sache kirchlicher Seminare werden würde" (Lexikon f. Theol. u. Kirchenwesen, hg. v. H. Holtzmann u. R. Zöpffel,[3] 1895 S. 1010); K. Barth spottete im Vorwort zur 2. Auflage seines ›Römerbriefs‹ 1921 über „die sanften Auen der praktischen Theologie" und bagatellisierte die Arbeit Fr. Niebergalls als die Sachfragen nicht berührend, während P. Althaus 1929 präziser formulierte, daß die Praktische Theologie „kein in sich geschlossener und einheitlicher Teil der Theologie" sei. Mit dem Prestige und der Breitenwirkung ihrer Autoren ausgestattet, riefen solche Äußerungen weitere verschiefende und herabsetzende Urteile über die Praktische Theologie hervor, sie beeinflußten viele Studenten, das Fach gar nicht zu studieren, und Kirchenleitungen, seine Studien- und Prüfungsanforderungen zu verringern, – ein in der Evangelischen Theologie wohl beispielloser und etwas beschämender Vorgang, der sich noch heute auswirkt.

Von da her erklären sich Zwischentöne der Resignation, auch in den Arbeiten bedeutender praktischer Theologen. H. Bassermann sah die Praktische Theologie um die letzte Jahrhundertwende „noch in den Anfängen" und „in einer schweren Krisis". Die theologischen Fakultäten ließen sich durch das Reformprogramm von P. Drews (1910) ebensowenig verändern wie von L. Fendts Auseinandersetzung mit der ›Stellungslosigkeit der Praktischen Theologie im System der theologischen Wissenschaft‹ (1932). M. Doerne war in seinen letzten Lebensjahren versucht, an der Bündigkeit des Inbegriffs „Praktische Theologie" zu zweifeln. Ist es nicht psychologisch verständlich, wenn heutige Stimmen aus der permanenten Suche der Praktischen Theologie nach sich selbst im Hause der Theologie folgern, daß es noch keine allgemein überzeugende Konzeption von ihr gebe (was doch auch Beweis selbstkritischer Offenheit sein könnte) und sie am besten ohne viel Theologie an gesellschaftsrevolutionäre Theorien anzuschließen sei? Damit wäre allerdings nicht die Wissenschaftsgeschichte der Praktischen Theologie fortgesetzt, in der sich aufs Ganze gesehen die Bemühungen um den theologischen Charakter der Disziplin die Waage halten mit denen um ihren wissenschaftlichen Charakter, sondern es wäre eine Umbesetzung der theologischen Inhalte und Ziele der Disziplin eingeleitet, die mit dem wissenschaftsorganisatorischen Ort der Disziplin auch ihre wissenschaftstheoretische Grundlage aufs Spiel setzt.

In ihrer Geschichte bestimmte die Praktische Theologie mit zunehmender Übereinstimmung ihrer Fachvertreter als ihren Gegenstand das der Kirche zur Heilsverkündigung (in Kirche und Welt) konstitutiv aufgegebene Handeln, das aus Glauben geschieht und auf Glauben zielt und zur Entlastung seines Vollzuges die Gestaltung von Institutionen und freien Vereinigungen einschließt. Dieses Handeln vollzieht sich in einer ständig sich wandelnden Weltlage, es trägt selbst zu solchen Veränderungen bei und dabei ändern sich auch die Gesichtspunkte, Fragestellungen und Methoden zur inhaltlichen Erfassung der Heilsverkündigung. Die ständige Reflexion und Umkonstruktion ihrer Grundlagen wird man der Praktischen Theologie daher nicht als Geburtsfehler anlasten, sonder als sachnotwendig zubilligen müssen. Sollte darin nicht auch der Grund für ihre wissenschaftstheoretische Eigenart gegenüber den anderen Disziplinen der Theologie liegen? Sofern ihre oben erwähnten Kritiker jedenfalls voraussetzten, daß Wissenschaftlichkeit in der Theologie von den traditionell in ihr gebrauchten Disziplinen der Philosophie, Philologie und Geschichtsforschung entlehnt werden müsse, läßt ihre Kritik die für die Praktische Theologie grundlegende Beziehung auf das gegenwärtige Handeln der Kirche gerade außer acht. Die Besonderheit ihres Gegenstandes rückt die Praktische Theologie vielmehr wissenschaftstheoretisch an die Seite der Handlungs- und Verhaltenswissenschaften, die sich (wie sie selbst) erst im 19. und 20. Jahrhundert begründeten. Die aus den Beiträgen seit der Jahrhundertwende erkennbaren Kontakte der Praktischen Theologie mit der Psychologie und Soziologie weisen in dieselbe Richtung.

Die skizzierte Eigenart der Praktischen Theologie, die man mit Namen wie Veränderungs- oder Reformwissenschaft unterstreichen wollte, signalisiert allerdings auch eine konstitutive Gefährdung der Disziplin. Wollte sie die Anfälligkeit der kirchlichen Praxis aller Bereiche für unbedachte Übernahme nur modischer Phraseologien, willige Bedienung flüchtiger Gegenwartsbedürfnisse oder unkritische Anpassung an wechselnde Heilslehren lediglich legitimieren, wäre sie wissenschaftlich überflüssig und theologisch nur die Verbrämung von Willkür. Es bleibt die geschichtliche Bedeutung des III. Satzes von Barmen, diese Gefährdung in aktueller Konfliktslage ausgesprochen zu haben. Aber mit der Proklamation des Theologumenons von der qualitativen und praktischen Gleichrangigkeit der Botschaft und der Ordnung der Kirche fixierte man eine dogmatisch regulierte Praxis, in der die Beziehungen des Glaubens auf die Gestaltung des gegenwärtigen Handelns der Kirche, d. h. auf eine die Sachgemäßheit und Verantwortlichkeit des Handelns prüfende Vernunft, als seien sie selbstverständlich, unreflektiert blieben. Dieses Grundproblem betrifft die sachbedingte Zusammengehörigkeit der Praktischen Theologie mit den anderen theologischen Disziplinen, die jetzt neben den oben umrissenen wissenschaftstheoretischen Unterschieden zu betonen ist.

Eine wichtige Linie der hier gesammelten wissenschaftsgeschichtlichen Beiträge weist darauf hin, daß die Verbindung der Praktischen Theologie mit den anderen theologischen Disziplinen nicht darin besteht, daß sie bei der Bemühung um die Heilsverkündigung die Bibelexegese voraussetzt, bei der Erkenntnis der Situation gegenwärtigen Handelns die kirchengeschichtliche Forschung und bei ihrer Gegenstandsdefinition die ethischen, ekklesiologischen und fundamentaltheologischen Bestimmungen der Systematik. Erst recht handelt es sich nicht um bloße Übernahmen, denn in der kirchlichen Praxis werden nicht Kommentare gepredigt, ihr Handlungsfeld wird nur zum Teil durch kirchenhistorisch nachgewiesene Wirkungen erfaßt, und das Kriterium für das der Kirche notwendige Handeln läßt sich nicht allein aus einem dogmatischen Kirchenbegriff deduzieren. Die Arbeiten und Erkenntnisse der anderen theologischen Disziplinen werden in der Praktischen Theologie erst wichtig durch die kritische Hervorhebung ihrer Beziehungen zum Leben des Volkes Gottes im Weltgeschehen der Gegenwart und durch Integration dieses Aspektes in eine Lehre vom Handeln der Kirche. Was die Praktische Theologie in dieser Hinsicht in ihren Prolegomena, in ihren verschiedenen Fachgebieten oder in der (auf Predigtmeditationen reduzierten und doch notwendigen) praktischen Exegese leistet, kann nur teilweise als hermeneutische Arbeit bezeichnet werden. Worauf sie in ihrer Wissenschaftsgeschichte und um ihrer Sache willen immer wieder gedrängt hat, damit ihre Verfahren theologisch reflektiert und qualifiziert bleiben, ist eine moderne theologische Enzyklopädie, – eine in der Theologie lange vernachlässigte Arbeit.

V. Zu dieser Edition

Die Auswahl der hier zusammengestellten Beiträge folgt dem Gesichtspunkt des wirkungsgeschichtlich Bedeutsamen. Sie wurde im wesentlichen auf Zeitschriftenaufsätze beschränkt, konnte aber auf Auszüge aus schwer erhältlichen Büchern dann nicht verzichten, wenn sich für deren die Fachgeschichte vorantreibenden Inhalt keine Zeitschriftenpublikation fand. Über ein Drittel der Beiträge sind Rezensionen; sie bilden durch Zusammenfassung und Kritik teilweise selbst einen Fortschritt der Wissenschaftsgeschichte der Praktischen Theologie, teilweise zeigen sie ein für seine Zeit charakteristisches Lehrbuch nur inhaltlich an. So ist eine Rezensionsreihe fast sämtlicher Lehrbücher der Praktischen Theologie entstanden. Freiheit von subjektiven Voraussetzungen kann die Auswahl ebensowenig beanspruchen wie jede denkbare andere.

Der raumgebotene, aber schmerzliche Zwang zum Weglassen von Beiträgen so bedeutender Förderer der Praktischen Theologie wie W. Caspari, Fr. Rendtorff oder P. Wurster konnte durch die beiden Register am Schluß des Bandes ein wenig gemildert werden. Die Bibliographie, deren zeitdiagnostische Bedeutung erwähnt wurde, bringt Arbeiten fast aller heutigen Vertreter der Praktischen Theologie im deutschsprachigen Raum, sofern sie sich zum Gegenstand dieses Bandes geäußert haben. Ich bitte um Verständnis, wenn mir trotz mancherlei Nachsuche und Nachfrage hierher gehörende Veröffentlichungen entgangen sein sollten. Auch das Register der Namen, das über die anfangs nur geplante Liste praktischer Theologen erheblich, aber nicht vollständig hinausgeht, bietet für die mit eigenen Beiträgen hier nicht erscheinenden Fachvertreter insofern einen Ausgleich, als ihnen durch besonderes Entgegenkommen des Verlages eine kurze Biographie und Bibliographie mit Hinweisen zu weiterer Orientierung beigefügt werden konnte. Nur bei den Zeitgenossen mußte auf weitere Daten verzichtet werden. Trotz ihrer Unvollständigkeit dokumentiert diese Kurzgeschichte der Praktischen Theologie eindrucksvoll, in wie hohem Maße das Fachgebiet durch die wissenschaftliche Arbeit kirchlicher Praktiker gefördert wurde; von allen theologischen Disziplinen wird unsere auch künftig darauf am wenigsten verzichten können.

Probleme verschiedener Art stellte die Gliederung der chronologisch angeordneten Beiträge. Mehr als eine grobe Orientierungshilfe wollen und können die Zäsuren der fünf Zeitabschnitte nicht sein. Indem sie sich an die Daten der hier reproduzierten Beiträge halten, verändern sie die sonst aus Kirchen- und Theologie-, Geistes- und Gesellschaftsgeschichte bekannten Einteilungsgrenzen. Da viele Gelehrte ihre die Wissenschaft vorantreibenden Arbeiten in jüngeren, aber ihre Lehrbücher erst in späteren Lebensjahren veröffentlichten, erscheint deren Rezension manchmal erst in dem ihrer Hauptschaffenszeit folgenden Abschnitt. Die Abschnitte umfassen jeweils etwa die Dauer einer Generation, aber in jedem von ihnen wirken tatsächlich stets mehrere „Generationen" miteinander; ihre Kritik aneinander ist nicht selten ein Ferment des Fortschritts. Das beweisen die Rezensionen von Kleinert, Bassermann und Jannasch und besonders eindrucksvoll die des 72jährigen Achelis an der Reformschrift von P. Drews, die in ihrer Zeit völlig erfolglos blieb.

Erst recht ist die Thematisierung der Gliederungsabschnitte nur der seiner Angreifbarkeit bewußte Versuch, mit der Definition von Hauptnennern Zusammenhänge der Wissenschaftsgeschichte der

Praktischen Theologie mit der Kirchen- und Gesellschaftsgeschichte anzudeuten; darauf mußte beim jüngsten, noch unabgeschlossenen Abschnitt aus Gründen der Gerechtigkeit allerdings verzichtet werden. In Wahrheit lassen sich die unterschiedlichen Prämissen und individuell differenzierenden Denkhorizonte, von denen aus die einzelnen Gelehrten die Problematik einer Lehre von der Praxis der Kirche zu bewältigen versuchen, niemals in eine schematisierende Formel bannen. Insbesondere entzieht sich das Werk origineller Denker, wie Rothe und Palmer, Fendt und Haendler es sind, solchen Klassifizierungen. Walter Birnbaum gliedert in seiner verdienstvollen Studie über die Praktische Theologie von Schleiermacher bis Haendler die Wissenschaftsgeschichte der Disziplin in deren wechselnde Begründung: in der Idee, im Stoff und im „Wort". Aber zeigt nicht jedes Werk der Wissenschaft und noch mehr jeder Zeitabschnitt ein bewegteres und auch ambivalenteres Gesicht? Ich habe versucht, diese Gespanntheit durch Nennung zweier Pole anzudeuten, die der Arbeit der Praktischen Theologie und ihrer Zeit das Thema in über sich selbst hinausweisender und noch unsere Gegenwart prägender Akzentuierung wohl nicht immer gestellt, aber doch mitbestimmt haben.

Der Text der älteren Beiträge ist ohne Veränderung seines Wortlauts vorsichtig der heute geltenden Orthographie und Interpunktion angepaßt worden.

Dem Verlag habe ich für die verständnisvolle Bereitschaft zu danken, in der Reihe ›Wege der Forschung‹ ein ganzes Wissenschaftsgebiet mit dem Komplex seiner Grundfragen zu dokumentieren, den Autoren und ihren Verlegern für die Genehmigung des Wiederabdrucks ihrer Beiträge, zahlreichen Archivaren und Landeskirchenämtern für die Daten des Namenregisters. Bei der Erstellung der Register halfen als studentische Hilfskräfte Karl Heinz Schuck und Karin Marquardt, bei der Auswahl der Beiträge und ihrer Längenberechnung mein Assistent, Vikar Henning Theurich, der selbst eine Dissertation über C. I. Nitzsch vorbereitet, beim Lesen der Korrekturen meine Tochter, Studienreferendarin Sigrid Krause; ihnen allen habe ich auch an dieser Stelle Dank zu sagen.

Bonn-Ippendorf, im März 1972 Gerhard Krause

I.

VON SCHLEIERMACHER ZUR VERMITTLUNGSTHEOLOGIE (1810–1847)

Rudolf Köpke, Die Gründung der königlichen Friedrich-Wilhelms-Universität zu Berlin. Berlin 1860, S. 211—214 (im Auszug).

ÜBER DIE EINRICHTUNG DER THEOLOGISCHEN FAKULTÄT (25. Mai 1810)

Von Friedrich Schleiermacher

Es kann mir wohl nicht obliegen, die Notwendigkeit einer theologischen Fakultät auf jeder protestantischen Universität nachzuweisen. Man hat zwar scherzweise gesagt, diese Fakultät könne ohne einen wesentlichen Verlust durch eine bloße Umstellung im Lektionsverzeichnis aufgelöst werden, indem man die exegetischen Vorlesungen bei der Philologie, die kirchengeschichtlichen bei der Historie und die dogmatischen vielleicht irgendwie bei der Philosophie untersteckte. Allein alle diese Disziplinen würden dort nur als unverhältnismäßige Auswüchse erscheinen und dennoch, da sie nur durch das Interesse am Christentum bestehen können, solange sie vorhanden wären, immer ein Ganzes unter sich bilden, welchem also auch äußerlich sein Recht widerfahren muß, wenn der Staat nicht etwa jenes Interesse verleugnen will. Übrigens leuchtet ein, daß man dasselbe auch von der juristischen und medizinischen Fakultät sagen könnte.

Die bekannte Einteilung der Theologie in die exegetische, historische, dogmatische und praktische bezeichnet im allgemeinsten Umrisse das Bedürfnis jeder Fakultät. Wer sich diesem Studium widmet, muß Gelegenheit haben, während seines akademischen Aufenthalts einen gewissen Bedarf von allen diesen Disziplinen sich durch den mündlichen Unterricht anzueignen, und den Weg zum weiteren Studieren kennenzulernen. Nur je mehr entgegengesetzte Ansichten und Behandlungsarten in der Theologie herrschen, je größer auch die Anzahl der jungen Leute ist, bei denen das Studium gar leicht etwas Handwerksmäßiges annimmt, um desto notwendiger ist es, sie durch verschiedene Arten des Vortrags dieser Disziplinen mannigfaltig zu reizen, und auch unter den Lehrenden selbst durch Konkurrenz einen ermunternden Wetteifer zu unterhalten. Es wäre hier mehr als anderswo verderblich, wenn aus Mangel an einem zweiten, der dasselbe Fach bearbeitete, irgendein Lehrer über irgendeine Disziplin ein Monopol ausüben könnte. Unmittelbar folgt übrigens hieraus nicht die Notwendigkeit, ein jedes Fach doppelt zu besetzen. Denn selten beschäftigt sich ein gelehrter Theologe mit einem jener Zweige ausschließlich, sondern seine Bestrebungen umfassen wenigstens noch einen zweiten, ja die Beispiele sind nicht selten, daß auf einer Universität mehrere Lehrer jeder einen vollständigen Kursus vortrugen. In Halle fand man bei vier ordentlichen Professoren alle Hauptfächer dreifach im Katalog aufgeführt. Dagegen war Göttingen zuletzt mit zwei Professoren offenbar höchst mangelhaft besetzt. Man könnte sich daher für den Anfang mit *drei ordentlichen Lehrern* begnügen, wenn man sie, und das wäre an sich keine schwere Aufgabe, so wählte, daß der eine ein Exeget und zugleich ein Dogmatiker, der andere ein Exeget und zugleich ein Historiker und der dritte ein Historiker und zugleich ein Dogmatiker wäre. Denn an solchen, welche die praktische Theologie nebenher vortrügen, darf es in einer an Kanzelrednern so reichen Stadt wie Berlin nicht leicht fehlen, und eine eigene Professur dieses Faches scheint mir eher nachteilig zu sein. Je weniger die meisten, die zu dieser Professur Lust hätten, in anderen Fächern etwas zu leisten vermögen werden, um desto eher würden sie in diesem zuviel tun, und für die Masse würde die Versuchung zu groß sein, einen unverhältnismäßigen Teil ihrer Zeit den Vorbereitungen auf die eigentliche Amtsführung zu widmen.

Diesem Vorschlag, ein zusammenhängendes und gedeihliches theologisches Studium anfänglich mit drei Lehrern zu eröffnen, könnte freilich die Frage entgegentreten, zu welcher von den beiden protestantischen Konfessionen sich denn die Fakultät bekennen soll, und ob nicht, wenn junge Leute von beiden die Universität frequentieren sollen, auch Lehrer von beiden da sein müßten? Doch die Frage wird schwerlich jetzt noch im Ernst aufgeworfen werden, sondern nur um durch eine ungegründete Opposition Hindernisse in den Weg zu legen. Katholiken könnten freilich über Gewissenszwang klagen, wenn sie gezwungen würden, ihre theologischen Studien ganz unter protestantischen Lehrern zu vollenden. Bei Protestanten unter sich wäre es lächerlich. Schriftauslegung und Kirchengeschichte dürfen auf diesen geringfügigen Unterschied keine Rücksicht nehmen, und was die Dogmatik betrifft, so weichen ja einzelne Lehrer derselben Kirchenpartei viel weiter voneinander ab, als die Parteien selbst in ihrem Symbol sich unterscheiden. Es ist daher genug, wenn dafür gesorgt wird, daß nur die wichtigsten symbolischen Schriften beider Konfessionen erläutert werden. Für unsere Universitäten stand auch schon in den letzten Jahren fest, daß auf den Unterschied der Konfession in den theolog. Fakultäten nicht mehr sollte gesehen werden, und noch jetzt hat der erste reformierte Geistliche des Landes seine Söhne allein in dem ganz lutherischen Göttingen Theologie studieren lassen. Es liegt den kirchlichen Behörden ob, bei den Prüfungen danach zu fragen, ob ein angehender Theologe das Eigentümliche seiner Partei aufgefaßt hat, nicht aber danach, wo und wie er zu dieser Kenntnis gekommen ist.

Von diesem Anfang aus muß man nun trachten, dahin zu gelangen, daß der Unterricht je länger je weniger nur auf den unentbehrlichen Bedarf der Hauptdisziplinen sich beschränken dürfe, daß er sich vielmehr immer reicher und vollständiger verzweigen und auf genauere gelehrte Behandlung einzelner Teile sich einlassen könne, endlich daß auch dasjenige vorhanden sei, was nur den interessieren kann, der irgendeinen einzelnen Teil bis in sein kleinstes Detail und seine entferntesten Quellen verfolgen will. Vieles hängt hierbei schon ab von richtiger Ansicht der Sache und guter Ökonomie mit der Zeit. Wenn z. B. zwei Professoren in jedem biennio beide einen vollständigen Vortrag von einem Jahre über die Kirchengeschichte halten, so werden sie weniger zur Blüte der Fakultät beitragen, als wenn in derselben Zeit abwechselnd nur der eine jenen Vortrag hält, der andere aber christliche Antiquitäten und Reformationsgeschichte liest. Ebenso ist das Vorurteil, als ob jedem Studierenden das ganze Neue Testament müsse vorerklärt worden sein, höchst verderblich. Im allgemeinen aber kommt alles an auf die Gelehrsamkeit der Lehrer, die ihnen die Lust gibt, ins einzelne zu gehen, auf ihre Anzahl, die es ihnen möglich macht, weil doch das Unentbehrliche zuerst muß besorgt sein, und auf ihre Besoldung, damit sie nicht ängstlich darauf sehen müssen, welches die einträglichsten Vorlesungen sind, endlich auf den

Zustand der Studierenden, weniger auf den innern – den die Lehrer, falls nur die Schulen gut vorbereitet haben, selbst bilden müssen – als auf den äußern, der es ihnen möglich macht, der Universität eine längere Zeit zu widmen, als gewöhnlich geschieht.

Damit nun aber bis zu einem solchen selten erreichten blühenden Zustande, unter dem, was die Notwendigkeit gebietet, die bessern unter den Lehrern und Lernenden nicht zuviel leiden, ist ein *Seminarium für gelehrte Theologie* [1] eine vortreffliche Anstalt, mit welcher man die theologische Fakultät nicht zeitig genug beschenken kann. Das Wesentliche daran ist eine nähere Verbindung zwischen den bessern unter den Studierenden und einem oder mehreren Lehrern, um erstere in das genauere Studium der theologischen Wissenschaften durch spezielle Anordnung und Leitung ihrer Arbeiten einzuführen, ganz nach der Analogie der Seminarien für die Altertumswissenschaft. ...

[...]

Auch die theologischen Fakultäten erteilen jetzt bei uns nur einen Grad, den eines Doctoris. Daraus entsteht auf der einen Seite der große Nachteil, daß mit diesem Mißbrauch getrieben und er nur um einen verdienten Mann irgendwie auszuzeichnen, verliehen wird, wohin er gar nicht gehört. Man hat früher vorgeschlagen, zu unterscheiden Doctores der Theologie und Doctores der Heiligen Schrift und letzteren Titel ausgezeichneten Geistlichen zu geben, die nicht gelehrt genug sind für den ersten. Allein wie soll ein gelehrtes Corpus dazu kommen, dem praktischen Verdienst Auszeichnungen zu erteilen? Es müßte also dieser Grad sehr in Ehren gehalten und nur solchen erteilt werden, welche zur Stelle sind, um ihn auf die gehörige Weise durch Colloquia und Disputationen zu erwerben. Oder wenn auf eignen Antrieb die Fakultät einen Abwesenden damit beschenkte, so dürfte es nur geschehen mit Bezug auf ein gelehrt theologisches Werk des Doctoranden von anerkann-

[1] Ein homiletisches oder Prediger-Seminarium gehört offenbar gar nicht auf die Universität, sondern würde am besten in jeder Ober-Präsidial-Departementsstadt angelegt, wo sich die zahlreichsten geistlichen Ministerien fänden und natürlich auch der größte Zusammenfluß von Kandidaten der Theologie. Also freilich auch in Berlin, aber unabhängig von der Universität.

tem Verdienst, welches auch in dem Diplom namhaft zu machen wäre. Man wird es aber, je strenger man hierüber hält, um desto mehr auf der andern Seite als einen großen Mangel fühlen, daß es keine äußere Unterscheidung für eine geringere Stufe des Verdienstes gibt. Es wäre daher in vieler Hinsicht sehr zweckmäßig, wenn man außerdem Licentiaten der Theologie einführte. Dieser Grad würde durch ein specimen eruditionis und eine öffentliche Prüfung erworben. Jeder, der als theologischer Dozent auftreten wollte, müßte ihn besitzen, und die mit demselben von der Universität abgehend sich dem Predigtamt widmeten, müßten nicht nur von dem Examen pro licentia concionandi befreit sein, so daß sie sich nur durch eine eingereichte Predigt zur Kandidatenliste habilitieren dürften, sondern auch auf die bessern Versorgungen Anspruch haben. Hierdurch käme man zugleich der Schwäche mancher von unseren theologischen Prüfungsbehörden zu Hilfe, welche nicht recht dazu geeignet sind, die Geschickteren durch ihre Prüfungen auszumitteln.

Daß hingegen die Professoren, solange sie von der Regierung berufen werden, dann doch erst nostrieren oder pro loco disputieren müssen, scheint mir etwas durchaus Unangemessenes zu sein.

Schleiermacher an Wilhelm von Humboldt *
(22. Mai 1810)

Wenn sich doch für die übrigen theologischen Professuren soviel Kompetenten fänden, als für die praktische! Herr Sonntag hat sich teils als Kanzelredner bekannt gemacht, teils durch Verbesserung der Liturgie in Livland, bei beidem aber ist er, mehr als zu wünschen ist, auf das Blendende ausgegangen. Gelehrtes ist mir gar nicht von ihm bekannt. Soll ich zugleich über den Gegenstand meine Meinung sagen: so scheint mir eine besondre Professur der praktischen Theologie nicht einmal wünschenswert, und weit besser, daß dies von denen, die sich mit den theoretischen Disziplinen beschäftigen, beiläufig geschieht.

* Aus Schleiermacher's Leben. In Briefen. Vierter Band. Vorbereitet von Ludwig Jonas, hrsg. von Wilhelm Dilthey. Berlin 1863, S. 179 f.

Die Preussischen Universitäten. Eine Sammlung der Verordnungen, welche die Verfassung und Verwaltung dieser Anstalten betreffen, von Johann Friedrich Wilhelm Koch. Zweiter Band. Zweite Abtheilung. Berlin, Posen, Bromberg 1840, Nr. 552 (im Auszug).

REGLEMENT FÜR DAS THEOLOGISCH-PRAKTISCHE INSTITUT BEI DER UNIVERSITÄT ZU GREIFSWALD (Vom 11. Januar 1824)

§ 1. Der Zweck des theologisch-praktischen Instituts in Greifswald ist die Vorbereitung künftiger Geistlichen zur eigentlichen Amtsführung durch geordnete und geleitete Übungen. Die homiletischen, katechetischen und liturgischen Versuche seiner Mitglieder sind jedoch nur als Vorübungen zu betrachten, die von ihnen außer dem Kreise kirchlicher Berufsarbeiten angestellt werden, um die Verbindung der wissenschaftlichen Theologie mit der angewandten methodisch zu erlernen.

§ 2. Die Vorlesungen, welche der Vorsteher des Instituts als solcher zu halten hat, stehen, da sie einen Kursus der populären und praktischen Theologie bilden, in genauer Beziehung zu den Arbeiten des Instituts; doch sind die Zöglinge, um an diesem teilnehmen zu können, keineswegs gehalten, jene zu besuchen. Es ist in dieser Hinsicht gleichgültig, wo und unter wessen Anleitung sie das Studium der praktischen Disziplinen der Theologie getrieben haben, nur dürfen sie nicht ganz unbekannt mit der Methodik des christlichen Religionsvortrages sein.

§ 3. Als Mitglieder des Institutes werden diejenigen angesehen, welche an den praktischen Übungen desselben teilnehmen und unter der Aufsicht und Leitung des Vorstehers einen geschlossenen Verein bilden. Außerordentliche Mitglieder oder Auskultanten sind als solche zu betrachten, die künftig dem Institute sich anschließen und vorläufig nur insoweit an seinen Arbeiten teilnehmen wollen, als dadurch ihr Sinn für dieselben geweckt und ihre Bekanntschaft mit dem Geschäftsgange und dem Geiste des Instituts vorbereitet werden kann.

§ 4. Die Anzahl der ordentlichen Mitglieder des Instituts wird auf zwölf festgesetzt; die der Auskultanten bleibt unbestimmt.

Anmerkung. Die hier bestimmte Anzahl muß zuweilen überschritten werden.

§ 5. Wer als ordentliches Mitglied aufgenommen werden will, hat sich vor dem Anfange des Semesters beim Vorsteher zu melden und diesem in Zeugnissen nachzuweisen, 1. daß er bereits zwei volle Jahre die theologischen Wissenschaften studiert, und namentlich exegetische, dogmatische, moralische und kirchenhistorische Vorlesungen schon gehört habe oder noch höre, und 2. daß kein Verdacht unerlaubter oder nichtautorisierter Verbindungen auf ihm ruhe. Die hierauf sich beziehenden Atteste werden unter den Papieren des Instituts aufbewahrt. Auch die Auskultanten sind dieser Verfügung unterworfen. – Wer einmal als Mitglied aufgenommen ist, muß bis zum Schluß des Semesters im Institute bleiben. Es hängt von seiner Willkür ab, ob er mehrere Semester hindurch die Verbindung mit demselben fortsetzen oder nach Ablauf des ersten wieder austreten will. Ältere Mitglieder haben vor Neuhinzukommenden den Vorzug, falls sonst durch letztere die § 4 bestimmte Anzahl überschritten werden müßte. Selbst die Auskultanten stehen hinter ihnen zurück. Übrigens wird die Ordnung, in der die Eintretenden sich melden, zum Entscheidungsgrunde, wenn etwa wegen Vollzähligkeit einer oder der andere zurücktreten oder sich begnügen müßte, Auskultant zu sein.

[. . .]

§ 7. Die Arbeiten des Instituts bestehen hauptsächlich in homiletischen, katechetischen und liturgischen Vorübungen, denen jedoch noch andere, z. B. Aufsätze über interessante Pastoralfälle, hinzugefügt werden können. Nur Vorübungen einer Art, und also nicht etwa homiletische zugleich mit den katechetischen, ist der Vorsteher in einem und demselben Semester zu leiten verpflichtet, und hat derselbe bei der Auswahl der Übungsgegenstände auf die Bedürfnisse und Wünsche der Mehrzahl Rücksicht zu nehmen.

§ 8. Was zunächst die homiletischen Arbeiten des Instituts betrifft, so wird darüber folgendes bestimmt.

1. Die allein von den ordentlichen Mitgliedern zu haltenden Kanzelvorträge sind so einzurichten, als ob sie zur Erbauung einer christlichen Gemeinde bestimmt wären, obgleich sie in der Regel nur vor den Mitgliedern des Instituts, jedoch in einer der hiesigen

Kirchen gehalten werden. Den vorzüglichern Mitgliedern des Instituts soll es jedoch zu ihrer Belehrung und Ermunterung gestattet werden, von Zeit zu Zeit eine von ihnen schon im Institute vorgetragene Predigt, wenn sie dieselbe unter Benutzung der ihnen vom Vorsteher darüber gemachten Erinnerungen und gegebenen Winke umgearbeitet haben, an einem Sonn- oder Wochentage vor der versammelten Gemeinde zu wiederholen, wobei es sich jedoch von selbst versteht, daß sie sich hierbei nach den über das Predigen der Studierenden bestehenden gesetzlichen Vorschriften zu richten haben.

2. Die Reihenfolge der Prädikanten wird zu Anfang des Semesters nach einer dem Vorsteher beliebigen Norm, etwa alphabetischer Ordnung, bestimmt. Wer am Predigen behindert wird, ist verpflichtet, dafür zu sorgen, daß ein anderes ordentliches Mitglied seine Stelle vertrete, und hat davon dem Vorsteher beizeiten die Anzeige zu machen.

3. Der Nachmittag des Mittwochs von 3 Uhr an ist zu diesen Übungen ein für allemal ausgesetzt.

4. Die Wahl der Materie, des Textes, der Form des Vortrages usw. bleibt den Prädikanten in der Regel überlassen, doch werden ihnen zuweilen vom Vorsteher Aufgaben gemacht werden. Perikopen sind zwar ausgeschlossen, doch wird der Vorsteher des Instituts Sorge tragen, daß auch die in den Perikopen befindlichen Sprüche von Zeit zu Zeit den Mitgliedern zu Texten, behufs der von ihnen auszuarbeitenden Predigten, aufgegeben werden.

Anmerkung. Von Zeit zu Zeit werden die Hauptmaterien des christlichen Festzyklus behandelt. – Übrigens ist jeder Prädikant gehalten, die von ihm getroffene Wahl des Textes und Hauptsatzes vor Bearbeitung derselben dem Vorsteher anzuzeigen, damit dieser etwaigen Mißgriffen vorbeugen könne.

[...]

§ 10. Bei den katechetischen Übungen ist eine ähnliche Methode zu beobachten. Sie werden mit Schülern oder Konfirmanden angestellt. Die Entwürfe zu katechetischen Unterredungen verschiedener Gattung reicht der Katechet zuvor ein. In der Regel werden ihm Aufgaben gemacht, doch kann er auch zuweilen die Gegenstände des Gesprächs selbst wählen. Nach Vollendung desselben beginnt die Kritik, die, wie oben bei den homiletischen Übungen gezeigt ist, auf die Grundsätze und Forderungen der hier zu beobachtenden Theorie in planmäßiger Ordnung Rücksicht nimmt, und die praktische Anwendung der Regel zeigt. Schriftlich ausgearbeitete Katechisationen und ihre auf das Spezielle gerichtete Beurteilung wechseln mit diesen mündlichen, nach einem Entwurf frei gehaltenen Unterredungen ab. Die bei den Seminarpredigten eingeführten disziplinarischen Bestimmungen finden auch, soweit sie ihre Anwendung leiden, bei den Seminarkatechesen statt.

§ 11. Die liturgischen Vorübungen beziehen sich ausschließlich auf die bei Amtshandlungen des Geistlichen zu haltenden Kasualreden. Auch sie sollen die Theorie derselben mit ihrer Praxis vermitteln und vorbereiten. – Mit ihnen wird eine Anleitung zum extemporären Vortrage, namentlich in Ansehung der Beichtreden, verbunden.

§ 12. Zeugnisse werden den ordentlichen Mitgliedern nur bei ihrem Abgange aus dem Institute vom Vorsteher erteilt.

[...]

Ministerium der geistlichen, Unterrichts- und Medizinal-Angelegenheiten.

v. Altenstein

Rudolf König, Versuch einer kurzen Anleitung zum Studium der Theologie. Bern 1830, S. 132—135.

DIE FÜNFTE THEOLOGISCHE HAUPTWISSENSCHAFT

Praktische Theologie [1]

Von Rudolf König

Die praktische Theologie ist eigentlich ein besonderer Teil der angewandten christlichen Moral mit besonderer Beziehung auf die Lage und das Amt des evangelischen Lehrers. Sie hat es nämlich zu ihrer Aufgabe, *dem praktischen Theologen oder öffentlichen Volkslehrer die nötigen Anweisungen zu erteilen, wie er sich zu verhalten habe, um dem Zweck seines wichtigen Amtes bestmöglich zu entsprechen.*

Allerdings hat es nun damit seine Richtigkeit, daß die bis dahin erwähnten theologischen Wissenschaften als die eigentliche Grundlage bei der Bildung eines wahren Geistlichen angesehen werden müssen und daß der Studierende mithin gar nicht daran denken darf, zu etwas anderem überzugehen, bevor er sich hier die nötigen Kenntnisse erworben hat; aber niemals dagegen wird man auf der anderen Seite mit Recht behaupten können, daß man nach einem mit gehörigem Fleiß vollendeten Studium der theoretischen Theologie nicht nötig habe, sich nun weiter auch noch für das Praktische zu bemühen. Die Natur und Beschaffenheit der Gegenstände sowohl, die bei diesem letzteren zum Vorschein kommen, als auch die tägliche Erfahrung beweisen es zur Genüge, daß der Geistliche auch für diesen Teil – und zwar hauptsächlich auch für diesen – einer ganz besonders sorgfältigen Bildung bedarf.[2]

Bei der *Einteilung* dieser Wissenschaft geht Hüffell von festen Prinzipien aus. Nach ihm soll der Geistliche *Pfleger, Erhalter und*

[1] Die notwendige theologische Vorbereitungs- und Hilfswissenschaft ist auch hier die Philosophie, und zwar ganz vorzüglich die Logik und Psychologie.

[2] S. Hüffell Thl. II. S. 235 ff.

Fortsetzer des Christentums im Leben des Volks und der Gemeinde sein. Dieser seiner großen Obliegenheit ein Genüge zu leisten, weist er ihm ein dreifaches Geschäft an:

1. Belehrung der Gemeinde über die Wahrheiten und Lehren des Christentums.
2. Leitung und Förderung der Anschauung des in Christo offenbar gewordenen Göttlichen vermittels gewisser Symbole und Anordnungen.
3. Erhaltung, Befestigung und Leitung des Vereins der Bekenner Jesu, um in gegenseitiger Liebe, Ermunterung und Nachhilfe ein christliches Leben zu gestalten.[3]

Von diesen drei Punkten nun glauben wir nur den dritten davon etwas allgemeiner ausdrücken zu müssen, und teilen demnach die gesamte praktische Theologie auf folgende Weise ein:

I. Die Lehre von dem *doktrinalen* Teil im Amte des Geistlichen:
   A. Über die Belehrung der Erwachsenen: *Homiletik.*
   B. Über die Belehrung der Jugend: *Katechetik.*

II. Die Lehre von der Besorgung und Verwaltung des äußeren *gottesdienstlichen Kultus: Liturgik.*

III. Die Lehre von dem *eigentlichen Geschäfts-Leben des Geistlichen:* Pastoraltheologie im engeren Sinne.
   A. Lehre von der Besorgung der eigentlich-geistlichen Geschäfte: *Seelsorge.*
   B. Lehre von der Besorgung der *gemischten,* d.h. derjenigen Geschäfte, die ihrer Natur nach nicht rein geistlich, sondern zum Teil auch weltlich sind.
      1. Lehre von der Besorgung solcher gemischter Geschäfte, die die ganze Gemeinde betreffen: das *kirchlich-zivile* im engeren Sinne.
      2. Lehre von der Besorgung solcher gemischten Geschäfte, die den *Jugendunterricht* oder vielmehr die Aufsicht über diesen betreffen[4]: *Volkspädagogik.*[5]

[3] S. Hüffell Thl. I. S. 225 ff.

[4] Insofern nämlich die Schulen nicht nur religiöse, sondern auch bürgerliche Anstalten sind, gehört die Aufsicht darüber zu den gemischten Geschäften des Geistlichen.

[5] Das Kirchenrecht, das sonst auch mit zur praktischen Theologie ge-

Der angehende Geistliche muß sich aus guten Schriften zuerst mit dem Gegenstande der praktischen Theologie oder mit dem *Wesen und Beruf des Geistlichen im allgemeinen* bekannt machen, um sich auf diese Weise sowohl einen richtigen Überblick des ganzen Gebietes, als auch eine genugsame Kenntnis von den obersten Grundsätzen zu verschaffen, nach denen hier zu Werke gegangen sein muß. Sodann kann er zu den einzelnen Teilen übergehen.

[...]

rechnet wird, haben wir hier absichtlich weggelassen. Übrigens findet der angehende Theologe das Wichtigste hierüber teils in der Heiligen Schrift selbst, teils aber auch in weitläufigeren und zwar vorzüglich älteren dogmatischen Handbüchern in den Artikeln ... ›De ecclesia‹ und ›De magistratu‹.

Carl Immanuel Nitzsch, Uebersicht der Erscheinungen in der praktischen Theologie vom Juli 1828 bis Ende 1829, in: Theologische Studien und Kritiken. 3 (1830), S. 731—735.

ZWEI MÄNGEL DER PRAKTISCHEN THEOLOGIE SEIT SCHLEIERMACHER *

Von Carl Immanuel Nitzsch

Wir verstehen unter praktischer Theologie die Wissenschaft von der unmittelbaren Leitung des christlich-kirchlichen Lebens, und haben zuvörderst über dieselbe in bezug auf den oben abgesteckten Zeitraum ein zwiefaches Vacat zu berichten. Denn einmal ist eine Theorie der fraglichen Praxis, welche aus einer bestimmten philosophischen, historischen und dogmatisch-ethischen Theologie durch wissenschaftliche Verknüpfung der Erkenntnisse vom kirchlichen Leben und dessen Leitung hervorgegangen wäre, und in dieser Bestimmtheit alle wesentlichen, teils begründenden, teils erhaltenden Funktionen desselben umfaßt hätte, auch seit dem von Schleiermacher dazu gemachten Entwurfe und bis dahin überhaupt nicht zustande gekommen. Man zweifelt vielmehr noch ferner an der Möglichkeit dieses Teils der Theologie, obgleich die ohngefähr dazugehörigen Gegenstände nicht unbearbeitet bleiben. Das Lehrbuch des Hrn. D. Danz, die Wissenschaften des geistlichen Berufs, 1824, kündigt die Verzweiflung an einer einigen praktischen Theologie schon auf dem Titel an. Herr D. Köster (Lehrb. d. Pastoralwiss. Kiel, 1827, S. 13) mißbilligt die Namen 'praktische' oder 'Pastoral-Theologie'; „sie seyen zu unbestimmt, da der Beruf des Geistlichen nicht einen besondern Zweig der Theologie, sondern die Anwendung der gesammten Theologie umfasse; eher würde man sie theologische Praktik nennen dürfen." Aber theologische Praktik ist entweder nichts oder ganz dasselbe, was praktische Theologie, oder aber eine Praktik, aus der z. B. der Theolog auch lernen müßte, wie er studieren, wie er disputieren, Bücher schreiben solle etc. Denn auf der einen Seite umfaßt das

* Vom Hrsg. eigens für diesen Sammelband gewählte Überschrift.

theologische Handeln und umfaßt die Anwendung der vom Hrn. D. Köster anerkannten theologischen Disziplinen noch weit mehr, als sich in das pastoralische Handeln aufnehmen läßt, und andrerseits wüßte der Pfarrer von seinem Amte noch keineswegs genug, wenn er um Exegese, Kirchengeschichte, Dogmatik und Ethik recht viel wüßte. Er soll z. B. Liturgiker und Homiletiker sein; wird er es nun nicht etwa durch den gelegentlichen Extrakt aus Exegese, Archäologie und Dogmatik oder Ethik, der sich auf den Kultus und die Predigt bezieht, sondern durch eine neue an sich schon wissenschaftliche Verknüpfung der dort erzeugten Erkenntnisse vom kirchlichen Leben und durch die damit zu einem eigentümlichen theologischen Studium zusammentretenden Kunstlehren: so ist klar, daß die Pastoralwissenschaft nicht die bloße Anwendung andrer theologischer Erkenntnisse, sondern eine letzte und neue Entwicklung des gesamten theologischen Studiums sei und ein so vollkommener und selbständiger Teil der Theologie, wie irgendein andrer. Entweder ist die Pastoral keine Wissenschaft, oder sie ist eine theologische, denn eine philosophische wird sie doch nicht sein sollen, weil sonst die Philosophie mindestens ebenso dazu berechtigt würde, wie sie es bereits versucht hat, auch die christliche Glaubens- und Sittenlehre, überhaupt die Theologie, definitiv unter ihre Flügel zu nehmen. So mangelhaft steht es also noch um den Begriff der praktischen Theologie (die in der protestantischen Kirche mit der Pastoral allerdings eins ist, weil alle Arten der unmittelbaren Leitung der kirchlichen Lebensfunktionen in das Pfarramt der Evangelischen so wie in kein andres einschlagen); um einen Begriff, den freilich Theologen wie der sel. Niemeyer auf sich beruhen lassen durften, während ihn Schwarz im ›christlichen Religionslehrer‹, 1798–1800. 2 Tle., wenn schon unter den von ihm damals befolgten ungünstigeren Voraussetzungen des vorzugsweise moralischen Standpunktes, kräftig anstrebte. Diejenige neue Theologie, die, indem sie einigen Rückschritte zu machen scheint, doch die wahrhaft fortschreitende ist, hat bis jetzt noch nicht an ihre letzte und schwierigste Aufgabe kommen wollen; nur etwa sind die Winke des oben genannten vielfach vorangehenden Enzyklopädikers von Hrn. D. Kaiser (Entw. eines Syst. der Pastoraltheol. Erl. 1816, § 2, 3) zur Beschreibung eines Plans der Pastoral im weiten Sinne benutzt worden, den jedoch auch dieser Gelehrte noch unausgeführt gelassen. Unterdessen wurde der Gesamtberuf des evangelischen Geistlichen, wenn auch ohne wissenschaftliche Art, doch aus der Mitte der Liebe und der Erfahrung und, wie Ref. oft wahrgenommen hat, zu sehr erfreulicher Anregung der Studierenden von Ludw. Hüffell (1822, 2 Tle.) dargestellt. Weder durch solche Leistungen, noch durch die abgesonderte Fortbildung der einzelnen praktischen Disziplinen, so nötig sie ist, wird das theologische Studium befriedigt. Sowie das kirchliche Leben jedesmal und überall in dem Maße kränkelt, als es seine Kraft und Liebe ausschließlich auf die Lehre und Predigt oder gar auf die Liturgie oder endlich wieder auf die spezielle Seelsorge und Kirchenzucht richtet: so mögen auch Homiletik, Katechetik, Liturgik, Theorie der Seelsorge (für die es noch keinen ganz gangbaren Namen gibt) und kirchliche Politik, jede nur in Gemäßheit ihres uns bewußten Zusammenhanges mit dem einigen und ganzen Studium der praktischen Theologie richtig und zweckmäßig behandelt werden. Denn es geschieht sogar bei vereinzelten Studien dieser Lehren, daß die einen Disziplinen begünstigt und die andern ganz übergangen werden, wie dieses z. B. mit der theologischen Kirchenrechtslehre also ergangen ist, daß wir sie ungeachtet der schönen Anfänge, welche ihr Andreas Hyperius, Pfaff und Mosheim gegeben hatten, doch im ganzen verwahrlost haben. Das Kirchenrecht ist den Juristen und Philosophen anheimgegeben worden, die nun auf ihre Weise und zum Teil doch noch theologischer als wir selbst damit umgegangen sind. Stephanis ›Allgemeines kanonisches Recht der Protest. K. in Deutschland‹ Tüb. 1825, wird zwar weder durch die Hineinstellung der Vernunftregeln in die positiven Rechtsquellen, noch durch die Nachweisung eines unmittelbaren Gesetzbuchs und einer von Sittenlehre geschiednen Rechtslehre im Worte Gottes den wissenschaftlichen oder religiösen Sinn der Theologen befriedigen können, aber *der* wahre und höchst beachtungswerte Gedanke liegt ihm zum Grunde, daß es nicht nur ein allgemeines und selbständiges Kirchenrecht der Protestanten, sondern auch eine Theologie desselben gebe. – Doch selbst in dem gewöhnlichen Umfange, welcher der Pastoral gelassen zu werden pflegt, ist seit dem Kösterschen Werke, s. Jahrg. 1829, II. S. 384, welchem auch wir gewiß nicht absprechen wollen, daß es in bezug auf den großen Gegensatz in der Theologie und Philosophie von gemäßigten Grundsätzen, und in Vergleich mit den neuesten Werken derselben Art an Inhaltsreichtum und nutzbarer Gründlichkeit ein vorzügliches sei, keine weitere Bearbeitung erschienen. Dies das andre Vacat, das wir zu berichten finden. Anders verhält es sich natürlicher Weise mit den einzelnen, besonders mit den von jeher nur zu begünstigten Fächern der praktischen Theologie. Was für sie in dem abgesteckten Zeitraume erschienen ist, wird Ref. hier mit möglichster Vollständigkeit nach mehrenteils anerkannten Rubriken, und unter diesen, was Homiletik und Katechetik anlangt, nach der Zeitfolge, aufzählen und charakterisieren. Versteht sich, daß die dem unmittelbaren kirchlichen Leben angehörigen Erscheinungen, sofern sie theoretischen Gehalt nicht bei sich führen, wie Predigten, Katechesen, Gesang- und Melodien-Bücher etc., welche anderweit Berücksichtigung finden werden, hier ausgeschlossen bleiben. Für Fälle, wo die Beschreibung in Beurteilung und Rüge übergeht, ist Ref., wenn die Anführungen nicht genügen, schon durch Angabe seines Namens jedem Verfasser zu Recht und Pflicht weiter erbötig.

Karl Rosenkranz, Encyklopädie der theologischen Wissenschaften. Halle 1831, S. XXXI—XXXIV. S. 329—331. 355 f.

ENZYKLOPÄDISCHE BESTIMMUNG DER PRAKTISCHEN THEOLOGIE *

Von Karl Rosenkranz

Vorerinnerung

Die *praktische Theologie* entbehrt noch am meisten einer echt wissenschaftlichen Durchführung, denn sie gibt als Theorie der Willkür den meisten Spielraum und wird zu sehr von den jedesmaligen Bedürfnissen der Gegenwart bedingt. In meiner Darstellung diese Unsicherheit durch eine Kopierung der bisherigen praktischen Theologie künstlich zu verbergen, wäre Scharlatanerie gewesen. Lieber wollte ich diesen Teil in Verhältnis zu den vorhergehenden arm ausfallen lassen. Zu vieles ist hier in der Umwandlung begriffen. Es läßt sich z. B. nicht mehr verhehlen, daß es in der evangelischen Kirche keine Pastoraltheologie geben kann; denn, seinem Amt mit Würde und Erfolg vorzustehen, kann der Prediger keiner besonderen Moral genießen. Die Seelsorge läßt sich nicht in Regeln zusammenfassen – außer was die Dogmatik, Ethik und Bibel suppeditieren. Will der Prediger durch ein expreß eingerichtetes, mit Reflexion erzeugtes Betragen auf die Glieder seiner Gemeinde einwirken, so ist ein solcher Standpunkt jedesmal der Anfang des Pfaffentums. Nicht als sollte der Geistliche seinen Beruf nicht mit Überlegung und Besonnenheit erfüllen; aber das soll jeder Mensch, und die Worte, Taubenunschuld mit Schlangenklugheit zu vereinigen, gelten allen. Daher läuft alle Pastoraltheologie, gebe sie sich auch noch so schöne Namen, z. B. den der Halieutik, mehr oder weniger auf eine Anweisung zu einer nützlichen, salbungsvollen Heuchelei, auf ein System kleinlicher, die herzliche Hingebung tötender Pfiffigkeiten, wie in Knigges Umgang mit

* Die Überschrift wurde vom Hrsg. formuliert.

den Menschen, auf ein pfäffisches Imponieren hinaus; ich habe deswegen diese Disziplin ganz verworfen. – Sollten wir noch mehr so gediegener Arbeiten empfangen, als z. B. das von G. F. W. Kapp herausgegebene Werk über die Grundsätze zur Bearbeitung evangelischer Agenden mit geschichtlicher Berücksichtigung der früheren Agenden, so dürfte wohl auch die praktische Theologie sich bald einer frischen Entfaltung zu rühmen haben.

[...]

Die theologische Enzyklopädie zerlegt sich in drei Teile, in den spekulativen, historischen und praktischen.

I. Die *spekulative* Theologie entwickelt die Idee der christlichen Religion als der absoluten Religion, wie deren Erkenntnis, unabhängig von der Erscheinung des Wesens, an und für sich von der Idee selbst ausgeht und ist insofern die absolute Selbsterkenntnis der Religion.

II. Die *historische* Theologie ist die Erkenntnis der an Raum und Zeit in die Endlichkeit entäußerten Idee der absoluten Religion; sie begreift das Wesen in der Erscheinung als empirisch gegegebenes, mit dem Zufall verwickeltes Faktum.

III. Die *praktische* Theologie ist die Erkenntnis der Formen, in welchen die absolute Religion unmittelbar existiert und in deren dialektischer Explikation sie ihre individuelle Lebendigkeit hat. Sie ist vermittelt durch die historische Theologie, weil die Gegenwart aus der Vergangenheit herkommt und von derselben ihre partikuläre Beschränktheit entnimmt. Aber ebensosehr vermittelt sie sich durch die spekulative Theologie, weil sie nach der Zukunft hin eine unumschränkte Seite für die Bildung der Religion an sich hat, deren letzte Gewißheit nicht in der geschichtlichen Erscheinung, sondern in Gott liegt.

[...]

Einteilung (§ 138)

Die spekulative Theologie hat den Begriff der absoluten Religion selbst, die historische Theologie den Begriff der Erscheinung dieser Idee entwickelt. Jene hat mit einer Gegenwart zu tun, welche nie Vergangenheit wird, weil sie ewig ist; diese hat mit einer

Vergangenheit zu tun, in welcher jene Idee das Gegenwärtige und den Zusammenhalt Produzierende ist. Die historische Theologie vermittelt daher die spekulative mit der praktischen, welche die jedesmalige unmittelbare Gegenwart der Kirche und die Fortbildung derselben in die Zukunft hin zum Inhalt hat. Das, was die christliche Religion an und für sich ist, will sie in einem besonderen, bestimmt gegebenen Kreise verwirklichen. Innerhalb solcher Partikularität die Religion in ihrer Wahrheit dem Leben zu erhalten und dem Bewußtsein die höchste Gewißheit derselben zu erzeugen, ist ihr Zweck. Da nun die Religion in ihrer Erscheinung und konkreten Existenz nur als Kirche besteht und da jede Kirche ein zweifaches Verhältnis hat, nach innen zu sich selbst und nach außen hin zu anderen Gestalten der Geschichte, so teilt sich die praktische Theologie, wie die spekulative und historische, in ein mehr ruhendes und in ein mehr bewegliches Element. Das erstere haftet vorzüglich an der biblischen, das zweite vorzüglich an der kirchenhistorischen Theologie. Jenes umfaßt den *Dienst*, dieses das *Regiment* der Kirche.

Der Kirchendienst

Einteilung (§ 139)

Für alles Folgende muß hier die Vorbemerkung gemacht werden, daß es damit eine ganz andere Bewandtnis als mit dem historischen und spekulativen Teile der Theologie hat. Die spekulative Theologie entfaltet die Idee der christlichen Religion ohne Rücksicht auf die Erscheinung; umgekehrt entfaltet die historische dieselbe Idee nur, wie sie dem erkennenden Bewußtsein als Erscheinung gegeben ist. Die praktische Theologie aber hat es mit der Idee zu tun, wie sie in der Erscheinung sich verwirklichen soll. Da nun die absolute Religion eben durch ihr geschichtliches Dasein eine Menge besonderer Bedingungen mit sich führt, so kann die praktische Theologie nur ganz im allgemeinen die Momente darlegen, welche in der Verwirklichung der Idee mit Notwendigkeit hervortreten müssen; ihre echte Bestimmtheit empfängt sie erst durch die Beziehung auf eine besondere Gestaltung der Kirche, insofern die Praxis der katholischen, griechischen Kirchen usw. eine andere sein muß als die der evangelischen. Alles daher, was wir hier sagen werden, ist teils um seiner Allgemeinheit willen sehr kurz und für die bestimmte Tätigkeit in einem geschichtlich gegebenen Kreise ungenügend; teils ist es durch den gegenwärtigen Standpunkt der evangelischen Kirche bestimmt und deswegen nur für diese völlig wahr. Wegen der Beziehung der Gegenwart auf die Zukunft hin, welche der Praxis eigentümlich ist, läßt sich aber, zumal in einer nur enzyklopädischen Übersicht, die Sache schwerlich anders gestalten. Die spekulativen Prinzipien, welche die Basis der folgenden Theorie ausmachen, sind oben in dem Abschnitt der Dogmatik von der Kirche enthalten.

Der Dienst der Kirche begreift die Technik in sich, durch welche die Existenz der Religion als der lebendige Geist der Gemeine gefördert wird. Der Geist selbst ist das Prinzip, von welchem sie ausgeht. Zunächst aber hat die Gemeine in sich den Unterschied solcher Individuen, welche den Glauben der Kirche schon verstanden haben, und solcher, welche ihn noch nicht verstanden haben, ihm vielmehr erst zugebildet werden sollen. Daher ist das erste Geschäft der praktischen Theologie im Dienst der Kirche die Belehrung im Glauben: die Katechetik. – Den Gegensatz der Katechetik bildet die Feier der heiligen Handlungen, welche sich teils an die Abfolge der heiligen Zeiten anschließen, teils außerhalb derselben für Privatverhältnisse sich ergeben: die Liturgik. – Endlich ist es denjenigen, welche schon zur Erkenntnis des Glaubens vermöge des katechetischen Unterrichts gelangt sind und die selbstbewußte Teilnahme an den heiligen Handlungen und dem kirchlichen Leben erreicht haben, notwendig, durch die Erinnerung an die Idee und durch ein stetes Eingreifen derselben in ihr unmittelbares Leben erbaut zu werden. Die Form dieser Bekräftigung der Religiosität ist die Predigt, und die Homiletik hat die Theorie dieses Geschäftes zu entwickeln.

[...]

Das Kirchenregiment

Einteilung (§ 143)

Der Dienst der Kirche ist mit seinem Unterricht in der Lehre des Glaubens, mit der Würde seiner heiligen Handlungen und mit der Innigkeit seiner Erbauung unmittelbar auf die Gemeine gerichtet. Das Regiment der Kirche bezieht sich mehr darauf, dies in sich abgeschlossene innere Leben der Gemeine in seiner lauteren Gestaltung zu bewahren und seinen Unterschied von anderen Formationen des geistigen Lebens an das Licht zu setzen. Es hat daher zu seinem *ersten* Element die symbolische Theologie, d. h. die Erkenntnis, daß alles, was in der Katechese, Liturgie und Predigt einer Gemeine enthalten ist, dem Wesen des bestimmten Glaubens entspricht, zu welchem sich die Gemeine bekennt. Das Symbolum der Kirche ist die Darlegung dieses Bekenntnisses. – Durch den Glauben in seiner Besonderheit ist aber auch *zweitens* eine eigentümliche Gestaltung der Verfassung der Kirche mitgesetzt. Wie sie ihren besonderen Glauben hat, so hat sie auch, ihm gemäß, ihre besondere Sitte und ihr besonderes Recht. Die Erkenntnis des besonderen Kirchenrechtes macht daher den zweiten Abschnitt dieser Disziplin aus. – *Drittens* ist die Besonderung der einen und allgemeinen christlichen Kirche in verschiedene Kirchen zwar historisch notwendig, aber dem wahrhaften Begriff der Kirche doch nicht angemessen, weshalb die Zerteilung des Ganzen in besondere Kreise sich immer wieder von selbst aufhebt und keine partikulare Kirche zu einer absoluten Fixierung gelangen läßt. Das Element, wodurch sich das Abschleifen der Besonderheiten vornehmlich vermittelt, ist die dialektische Kraft der theologischen Wissenschaft selbst, weil sie die Wahrheit und Notwendigkeit des Besonderen und Einzelnen nur aus dem Allgemeinen, was an und für sich ist, rechtfertigen kann und hierdurch in die spekulative Theologie übergeht.

Wir erinnern hier noch einmal ausdrücklich an das, was § 139 über die Natur der praktischen Theologie überhaupt gesagt ist, daß sie wegen ihrer Beziehung auf eine bestimmte Wirklichkeit nicht in dem Sinne eine fertige Entwicklung gestattet, wie die übrigen theologischen Wissenschaften, daß daher in ihr nur Regeln gegeben werden können, um das Verfahren im Praktischen auf eine vernünftige Weise zu leiten. Das Beste, was der Theologe für diesen Zweck tun kann, ist ein gründliches Studium der spekulativen und historischen Theologie. Denn durch die Erkenntnis des Geschichtlichen wird er sich in jeder gegebenen Sphäre leicht orientieren können und durch die Wissenschaft der absoluten Idee der Religion wird er für das Neue, was aus dem Alten sich entfaltet, immer einen verständigenden Maßstab besitzen. Schleiermacher hat in dieser Hinsicht die Idee eines Kirchenfürsten aufgestellt; die Forderungen, die er an einen solchen macht, sind die vollkommenste Einheit des höchsten wissenschaftlichen und des höchsten kirchlichen Interesses in Identität mit einem solcher Teilnahme korrespondierenden Talent; die Forderungen sind ganz richtig, allein der Ausdruck ist zu hierarchisch und beruht auf der zu strengen Scheidung des Klerikalischen und Laienhaften, die in seiner Ansicht der Kirche noch durchblickt. Denn – wie er auch wiederum zugibt – der Kleriker hat in der evangelischen Kirche keine spezifische, nur eine momentane Präponderanz, insofern *er* vorzüglich die Angelegenheiten der Kirche *repräsentiert.*

Carl Immanuel Nitzsch, Uebersicht der praktisch-theologischen Litteratur für die Jahre 1830 und 1831, in: Theologische Studien und Kritiken. 5 (1832), S. 443—448.

SELBSTANZEIGE DES BONNER PROGRAMMS DER PRAKTISCHEN THEOLOGIE *

Von Carl Immanuel Nitzsch

Da der Begriff der praktischen Theologie zu denen gehört, deren Anerkennung in unsern Tagen noch sehr schwankend ist, so bitten wir von vornherein, die Einleitung zur vorigen Übersicht (Jahrg. 1830. H. 3. S. 731) zu vergleichen, damit auch für die nachfolgende keine Ausdehnung über die von uns abgesteckten Grenzen erwartet werde.

A. Schriften, welche die Prinzipien oder das Ganze der praktischen Theologie betreffen

Die sachliche Anordnung gebietet, von einem dem Umfange nach sehr geringen Programme auszugehen, und der Mangel an Verbreitung desselben im Buchhandel berechtigt zu einer Ausführlichkeit der Anzeige.

1. Solemnia natalitia Pot. Regis etc. indicit Car. Imman. Nitzsch cett. Insunt ad Theologiam practicam felicius excolendam observationes, Bonnae 1831.

An die neue Ausgabe der ›Kurzen Darstellung des Theol. Stud.‹ von Schleiermacher sich anknüpfend versucht das Programm, die in jenem enzyklopädischen Werke zuerst bewußtvoll ausgesprochenen Aufgaben der neuen Theologie in kurzem Überblicke nachzuweisen. Zu den bisher am wenigsten gelösten gehört die Ergänzung des theologischen Studiums durch eine in sich einige und vollständige praktische Theologie als einen organischen Teil der gesamten

* Vom Hrsg. eigens für diesen Sammelband gewählte Überschrift. – Die von Nitzsch in Anmerkungen aufgeführten Werke der erwähnten Theologen findet der Leser im Namen-Register am Schluß dieses Bandes.

Theologie. Es handelt sich nicht etwa bloß davon, daß der Kleriker diesen Teil des theologischen Wissens nicht entbehren will, sondern der Theolog überhaupt ist noch nicht Theolog, solange er nicht auch von der unmittelbaren Leitung des kirchlichen Lebens ein an der Geschichte entwickeltes begriffsmäßiges Wissen besitzt, und der Kleriker wiederum darf und kann es nicht in rechter Weise erlangen, ohne daß es ihm teils ein besonderes (und etwas anderes noch als theologia applicata), teils ein mit der übrigen Theologie wesentlich zusammenhängendes werde. So ist es auch in Grundzügen vorhanden; aber die Natur der Sache bringt es mit sich, daß die praktische Theologie in der neuen Theologie das spätere sei. Möchten nur auch alle von vornherein erkennen, daß sie das schwierigere und für jeden Bau und Wuchs die Krone sei.

Observ. I. de notione officii ecclesiastici recte constituenda: Die Gemeinde in ihrem wesentlichen Dasein und mit ihren wesentlichen Lebensverrichtungen ist zuerst zu denken. Diese besitzt schon einen clerus naturalis, der gleichsam zufällig existiert und die Einheit und Ordnung der Lebensverrichtungen nur in unstetiger Weise zu wahren vermag. Die auseinandertretenden außerordentlichen Gaben, lehrende, regierende, heilende, verwirren und hindern sich möglicher- und wirklicherweise, solange nicht aus dem naturalis ein positivus clerus hervorgeht. Diesem geben Wahl, Beruf, Handauflegung nicht ex opere operato einen innerlichen geistlichen, übernatürlichen Charakter, sondern das Präjudiz und gesegnete Vertrauen, daß in ihm die allgemeine Gabe mit der außerordentlichen zur harmonischen Leitung des Gesamtlebens geeinigt und daß der einzelne Kleriker durch das Zusammentreffen der Gabe des Herrn mit ihrer Anerkennung in der Gemeinde vom Herrn berufen, gesandt und geordnet sei; wobei noch unerörtert bleibt, wie sich die theologische Fähigkeit in der außerordentlichen Gabe mit eingeschlossen oder durch sie bedingt vorfinde. Die in allen Funktionen des positiven Klerus einige und gleichartige Tätigkeit ist unmittelbare Leitung des kirchlichen Lebens, das ἡγεῖσθαι Hebr. 13, 7 u. a.; und es wird gezeigt, daß dieser Begriff ebensowenig als die Vorstellung 'Hirt' der speziellen Seelsorge vorzugsweise angehöre, daß dagegen alle Bestimmungen über das pastoralische Wirken etwas übriglassen oder zuviel tun, welche die schon vorher daseiende und lebende Kirche ungewiß machen oder ganz verleugnen.

Observ. II. de adornando theologiae practicae aedificio et neglecta nimium politica parte: Aus den notwendigen Funktionen der Kirche selbst werden die species jener Leitung erkannt und ihre gegenseitigen Bedingungen; die einen sind mehr begründend, die anderen mehr bewahrender Art. Die praktische Theologie als Kunstwissenschaft von allen diesen Arten des kirchlichen Leitens ist für den Fall der begründenden Akte Didactica und Liturgica, für die mehr bewahrenden Paedeutica (Theorie der speziellen Seelsorge) und Politica. Der letztere Name wird mittels des Sprachgebrauchs der Alten gegen Mißverstand verteidigt, die Sache aber vom juristischen Kirchenrecht der Form und dem Standpunkte nach gänzlich geschieden. Ihrem wichtigsten Inhalte nach dürfte man diese Wissenschaft auch Kanonik nennen; sie ist zunächst theologische Kritik der Kirchenordnung oder aller übereinkünftlichen Maße, die dem Handeln in der Lehre, Liturgie, Seelsorge und Ökonomie, Defekt und Exzeß zu vermeiden, gegeben sind; da sie aber auch die rechte Art, die Kirchenordnung zu handhaben und zu bewachen, andrerseits die rechte Art, die Kirchenordnung hervorzubringen, lehren, und demnach aus theologischem Begriffe von der Kirchengewalt eine Theorie der kirchlichen Verfassungs- und Regierungsformen abgeben soll, wird sie passender theologische Politik genannt, mit der es noch ganz im argen liegt. Die Einteilungen der praktischen Theologie von Schleiermacher, Kaiser, Danz, Köster und Hüffell werden verglichen und geprüft.

Observ. III. de eo, quod unaquaque in disciplina partis prioris ad proximum perfectionis gradum promovenda inprimis spectandum sit: Das logische und psychologische Element ist in der bisherigen Homiletik und ganzen geistlichen Didaktik oder Rhetorik zu ausschließlich und dann doch nicht genügend bearbeitet worden, weil die dahin gehörenden Kunstregeln erst durch Lehren vom letzten Grunde und höchsten Zwecke der Homilie und Katechese ihre genügenden Bestimmungen erhalten. Dergleichen Lehren können nur mittels einer bestimmten Dogmatik und Ethik aus dem Begriffe der Kirche entwickelt werden. Die Endursachen der geistlichen Rede lassen sich alle aus dem biblischen Begriffe der Erbauung erkennen, der zu einseitig gefaßt worden ist. Sie erfordert ebensosehr διδαχή als παράκλησις, die erstere aber ist durchaus nicht nur expositio, sondern vorher annunciatio facti. Daher Bemerkungen für Stiers Keryktik, aber auch andre gegen dessen Laletik. Der bloße Unterschied der synthetischen und analytischen Predigt reicht nicht aus, um die jetziger Zeit sich geltend machenden Methoden zu erkennen; und die von Theremin angedeuteten Fundamental-Einteilungen müssen noch viel vollständiger ausgesucht und dargestellt werden. Was ein bloßes Kapitel der Katechetik sein kann, die erotematische Kunst, hat bis jetzt fast die ganze Katechetik ausgemacht. Der historisch-kirchliche Begriff der Katechese muß wieder zum Grunde gelegt, das exegetische, konfessionale, ethisch-pädagogische Prinzip der Katechisation darf nicht länger vernachlässigt werden. Dankbar ist zu erkennen, wie Hüffell, Köster, Harms, Rütenick und andere auf die materialen Prinzipien sowohl als auf die Vereinigung der Frage mit der direkten Lehre zurückgeführt haben, allein es fehlt nun noch viel, daß wir die neu empfohlene Art katechetischer Invention und Elokution in ebenso klaren und bündigen Regeln oder ebenso erweckenden Mustern dargestellt sähen als dies der alten, zugleich unwahren, Katechetik zuteil geworden ist. Die Momente, nach welchen die direkte Rede in Fragen, das Fragen in direkte Rede übergehen zu müssen scheint, werden kurz angegeben. Liturgik gibt es überhaupt noch wenig; dem, was so heißt, fehlt es zuvörderst noch 1. an einer vollständigen Entwicklung der Prinzipien des protestantischen Kultus aus einem theologischen Grundbegriffe vom christlichen Gottesdienste, 2. an einer sichtenden, pragmatischen Geschichtskenntnis. In ersterer Hinsicht knüpft sich die Förderung der Wissenschaft an das an, was Gaß über den christlichen Kultus und Kapp über Grundsätze für evangelische Agenden geschrieben haben. In der andern sind die Modifikationen des Gegensatzes von prophetischem und priesterlichem Kultus noch viel reicher zu erkennen und schärfer zu bestimmen, als es bisher geschehen ist.

In den letzten Jahren haben sich weniger akademische Theologen als theologische Kleriker der Bearbeitung teils des Ganzen der praktischen Theologie, teils eines oder des andern Hauptteils unterzogen. Harms, Hüffell, Pustkuchen, Stier und Kapp greifen, jeder in seiner Art und an seinem Ort, in die neueste Fortbildung des theologischen Wissens vom Kirchendienste und Kirchenregimente mit ein. Merkwürdig ist es, wie verschieden sich diese Männer, insonderheit die drei ersten, alle befähigt, Gehilfen der Wissenschaft zu sein, gegen das akademische Studium verhalten. Der eine setzt es ganz und gar voraus, der andre stellt sich mitten in dasselbe hinein, ein dritter gibt sich alle Mühe, es umzustoßen, und geriert sich, als sei es nicht da oder solle nicht da sein.

Alexander Schweizer, Ueber Begriff und Eintheilung der praktischen Theologie. Leipzig 1836, daraus: S. 14—17. 45—47. 59 f.

ÜBER BEGRIFF UND EINTEILUNG DER PRAKTISCHEN THEOLOGIE

Von Alexander Schweizer

[...]

Wenn schon von Nitzsch zu tadeln war, daß die praktische Theologie bisher fast bloß in Form eines schlechten Empirismus angelegt wurde und gar zu sehr abhängig vom jedesmaligen Bedürfnis der Gegenwart: so hat dieser Tadel nicht die Meinung, als sollte die empirische Konstruktion etwa durch eine a priori, wie man es früher mehr als jetzt nannte, verdrängt werden; a priori kann die Theorie schon darum nicht ersonnen werden, weil sie erst, nachdem sich die Praxis einigermaßen geltend gemacht hat, entsteht; vielmehr wird, was Nitzsch von Schleiermacher sagt, als etwas Richtiges beizubehalten sein, „quum caeteri scriptores, nasci sibi hanc theoriam e praxi praesenti aut praeterita paterentur, etiam Schleiermachero eam de theologia rationem reddendam fuisse haud infitiabimur, quae cum universa ejus historia ideaque probe conveniret". Ein Rücksichtnehmen auf die bisherige Praxis wird also immer mitwirken müssen zur Aufstellung der praktischen Theologie, nur kein Unterordnen derselben unter die Beschaffenheit der Praxis, so daß, wie wir unten sehen werden, auch Schleiermacher hierin vielleicht zuviel nachgegeben hat. So unziemlich freilich jene reine Konstruktion a priori wäre, so ist doch jedenfalls noch verfehlter, die Theorie von der Praxis und ihrer zufälligen Beschaffenheit abhängig zu machen, wobei dann immer jene auffallende Frage zu erörtern war, ob diese Theorie denn eigentlich notwendig sei und doch auch etwas nütze, was pflichtschuldigst dann bejaht wird und bewiesen, so gut es geht. Eine Disziplin aber, die mit der Nachweisung beginnen muß, daß sie doch auch nützlich sei, hat noch keine Wurzel im Boden der Wissenschaft. Es schloß sich dann die Untersuchung an, ob auch der geistliche Beruf etwas Nützliches sei, was ebenso bejaht wird mit etwas geringerer Mühe, seit Spalding eine eigene ›Nutzbarkeit des Predigtamtes‹ geschrieben hat, eine Ehre, die schwerlich viel andern Berufsarten widerfahren mußte. Alles dies sind Zeichen fehlender Begründung der praktischen Theologie, womit jedoch solchen Untersuchungen nicht aller Nutzen abgesprochen sein soll, sobald sie sich außerhalb der Wissenschaft halten; und ganz natürlich mußten sie sich bilden, denn griff man nur auf, was gerade vorhanden war in der Praxis, und machte eine Theorie dazu: so mußte ermittelt werden, ob das Aufgegriffene auch ein Seinsollendes oder etwa nur eine Korruption des geselligen Zustandes sei, was übrigens aus der Praxis selbst nicht einmal gehörig ermittelt werden kann, da nur die Spekulation das Notwendige erkennt. Daher muß die praktische Theologie entweder an sich selbst verzweifeln, oder sich, wenn auch noch so sehr Rücksicht nehmend auf die kirchliche Praxis, mitsamt dieser aus Ideen ableiten; sie muß sich und ihre Praxis begreifen, nicht nur darüber hin und herreden. Daher wird sie wie alle Theorie nur kritisch [1] zustande gebracht, d. h. abgeleitet aus Ideen, aber überall mit Rücksicht auf die Praxis, welche geleitet werden soll.

Dieses Ableiten aus Ideen nun ist, um mit der obengenannten Rezension zu reden, die *Deduktion aus dem Begriff der Theologie;* unsre erste Operation muß also sein, diesen Begriff zu erkennen.

Unsre Theorie heißt praktische Theologie, aber da sie, wie Nitzsch treffend bemerkt, mehr als keine andere theologische Disziplin *Theorie* sein will, wie kann man ihr, was aus der Theologie nicht zu ihr gehört, als theoretische gegenüberstellen? Also schon das Aufnehmen einer von der theoretischen verschiedenen praktischen Theologie wäre ein ungerechtfertigter Empirismus, nur um eine Stufe höher als das bloße Voraussetzen eines geistlichen Berufes, von dessen Wesen, Zweck und Ausübung die praktische Theologie dann handeln würde. – Wir müssen zurückgehen auf den Begriff der Theologie.

[...]

[1] Welchen Begriff Schleiermacher § 32 der Darstellung des theologischen Studiums aufzeigt.

Unsre Einteilung der praktischen Theologie ist also diese: 1. *Theorie des Kirchenregiments* (der konstituierenden Tätigkeit), welche wir hier nicht weiter eingeteilt haben. – II. *Theorie des Kirchendienstes* (der klerikalischen Tätigkeit). 1. *Theorie des Kultus* a) Liturgik. b) Homiletik. 2. *Pastoraltheologie* (Seelsorge) a) pfarramtliche. b) freie. 3. *Halieutik* (Theorie der gewinnenden Tätigkeit) a) Katechetik. b) Theorie des Missionswesens. Als gebundenere Tätigkeiten erscheinen also Liturgik, pfarramtliche und katechetische Disziplin; als freiere Homiletik, freiere Seelsorge und Missionswesen (in einem weitern Sinne). Beim Gebundensten wäre begonnen, bei der Liturgik; und beim Freisten, bei der Theorie des Missionswesens, würde geendet. Aus Rücksicht auf die Verhältnisse im Leben der Kirche selbst ordneten wir den durch alles gehenden Gegensatz des mehr Freien und des mehr Gebundenen, welcher sonst die Obereinteilung sein könnte, den Teilungsgründen unter, die sich im Begriff der Gemeinde und ihres Lebens finden. In diesem Begriff lag aber zuerst das Leben der Gemeinde als Totalität, dann als bestehend aus einzelnen, endlich als beständig das Sterben der Mitglieder durch das Gewinnen neuer ersetzend; in diesen drei Sphären ist die kirchliche Tätigkeit jedesmal eine qualitativ andre. Darum ist jede für sich zu behandeln, die gottesdienstliche, pastorale und halieutische, deren jede ein Ganzes ist, das sich dann sondert in mehr Freies und mehr Gebundenes. Für eine Theorie, die als solche auf die Praxis Rücksicht zu nehmen hat, wäre es viel schwieriger, das mehr Freie und mehr Gebundene zur obersten Einteilung zu haben, und daraus, daß beide in drei verschiedenen Provinzen sich zeigen, dann Untereinteilungen herzuleiten. Die bloße Sonderung wird also der wirklichen Einteilung mit Recht untergeordnet. Letztere liegt aber im Begriff der Gemeinde, gleichviel ob man ihn mehr empirisch oder mehr spekulativ aufstelle. Kaum verdient hierbei ein Interesse der gemeinen Logik ausdrückliche Abweisung, nämlich der Einwurf, daß eine Betrachtung der Gemeinde als Totalität, dann als aus einzelnen bestehend, endlich als sich reproduzierend unlogisch sei, indem so verschiedenartige Einteilungsgründe sich kreuzen; denn mag man auch gewöhnlich der Totalität nur noch die einzelnen, dem Sichergänzen durch neuen Zuwachs aber nur das ruhende Sein ohne

Zuwachs gegenüberstellen: so ist dies von sehr untergeordnetem Belang und kann uns nicht zur Umkehr bestimmen, denn der wahre Begriff einer *lebendigen Gemeinde* besteht aus den drei Elementen, es ist in ihr eine Totalität, die hat in sich eine Menge von einzelnen, und besteht bei fortwährendem Absterben der Dagewesenen nur in fortwährendem Ergänztwerden. Würden wir, der abstrakten Logik folgend, bloß Totalität und einzelne setzen, so hätten wir auch nur die abstrakte Gemeinde betrachtet; wir haben es aber mit der konkreten, lebenden zu tun.

Ob nun diese Aufstellung der praktischen Theologie die wahre sei, also ihre Grundzüge für immer gelten, ob dieser Versuch gefunden habe das noch nicht Gefundene, bleibt eine Frage, die auch mir nur die Zukunft beantworten könnte, jedenfalls aber bin ich gewiß, mehr Befriedigung in ihm zu finden als in der bisherigen Behandlungsweise, und werde ihn verfolgen, bis die jetzt hie und da entstehenden Bestrebungen, die praktische Theologie wissenschaftlich aufzubauen, ihre glücklichere Lösung anderswie finden würden.

[...]

Hätten wir unsre Einteilung, ohne ihre Deduktion aus dem Begriff der Theologie, nur als Resultat hingestellt, so würde sie nicht als eine eben neue sich auszeichnen, denn die gewöhnlichen Einteilungsweisen scheinen ihr sehr nahe zu stehen. Gerade dieses aber ist ein gutes Zeichen für die gegebene Operation; denn das wahre Aufräumen in irgendeinem Gebiet ist doch schwerlich das Beseitigen aller bisherigen, durch die Anstrengung von Jahrhunderten hingestellten Leistungen; das Aufräumen wird nicht alles Bisherige als lauter Verkehrtheit darstellen, sondern lieber ein Schritt sein wollen, dem Bisherigen zum Begreifen seiner selbst zu verhelfen. Je mehr also gefunden würde, daß eine durch selbständige Konstruktion entstandne Einteilungsweise die bisherigen bloß aus der Praxis entnommenen aufnehmen und sich assimilieren kann: desto eher kann sie aus dem historischen Leben des betreffenden Gebietes selbst entstanden, desto weniger nur als Willkür eingeschwärzt sein. Denn mag man diesem Versuch hie und da zustimmen oder nicht, und das letztere wird schon wegen der hier nicht möglichen weitern Ausführung und Begründung bei vielen der Fall sein: so viel bleibt wahr, daß kein Individuum der praktischen Theologie ihre Einteilung ersinnen oder mit Hilfe der abstrakten Logik machen kann, sondern diese kirchliche Tätigkeit selbst es ist, die je mehr sie zum Begreifen ihrer selbst sich erhebt, desto sichrer auch die Einheit und den Unterschied der in ihr lebenden Elemente erkennt. Uns Individuen, die wir Punkte sind, worin die Intelligenz der Kirche mehr oder minder sich absetzt und erscheint, bleibt auch hier nur zugeteilt, der Kirche in ihrer Lebensentwicklung zu dienen.

Alexander Schweizer, Ueber die wissenschaftliche Constructionsweise der Pastoraltheologie oder Theorie der Seelsorge. Einleitung, in: Theologische Studien und Kritiken. 11 (1838), S. 7—11.

DEDUKTIVE METHODE DER PRAKTISCHEN THEOLOGIE AM BEISPIEL DER PASTORALTHEOLOGIE ALS SEELSORGELEHRE *

Von Alexander Schweizer

Daß unter den verschiedenen Disziplinen der praktischen Theologie gerade die *Theorie der Seelsorge* noch am wenigsten ihre wissenschaftliche Konstruktion gefunden hat, wird nicht geleugnet werden können. Daher mag eine kurze kritische Andeutung der Hauptgebrechen hinreichen, um einen positiven Versuch zur Förderung der Sache zu rechtfertigen. – Wie wichtig neben der öffentlichen Tätigkeit des Geistlichen im Kultus, d. h. neben der liturgischen und homiletischen sowie neben der katechetischen Amtsführung gerade die Seelsorge sei, ist von allen denen erkannt worden, welche bemüht sind, das kirchliche Leben zu heben. So ist mit Recht ein großes Gewicht auf sie gelegt in den trefflichen ›Aphorismen zur Erneuerung des kirchlichen Lebens im protestantischen Deutschland‹, Berlin 1814, S. 145.** Daß aber gerade die *wissenschaftliche* Konstruktion der Theorie zur seelsorgenden Praxis nötig sei, können nur diejenigen bezweifeln, welche überhaupt meinen, es gebe ein sicheres Handeln, ohne daß sein Begriff aufgefaßt sei, und es gebe ein Wissen um einzelne Dinge, ohne daß deren organischer Zusammenhang mit allem übrigen dazu Gehörigen ebenfalls erkannt werde.

Hängt vielmehr im Wissen wie im Sein alles zusammen und versteht man gar kein Einzelnes, ohne die Auffassung seines Zusammenhanges mit allem übrigen, noch weniger eine Disziplin ohne die mit ihr zusammengehörigen: so kann auch die Theorie der Seelsorge nicht gefördert werden, außer im Zusammenhang mit den übrigen praktischen Disziplinen. Daher mußte der Verfasser,

* Vom Hrsg. für diesen Sammelband gewählte Überschrift.

** Der Verfasser war Ph. K. Marheineke.

bevor er mit Ausführung einzelner Disziplinen der praktischen Theologie beginnen konnte, den ganzen Umfang derselben enzyklopädisch festzustellen suchen und das Verhältnis aller ihrer Disziplinen sowohl untereinander als zum Begriffe des Ganzen sich klargemacht haben. Die Ergebnisse finden sich in einer Abhandlung über ›Begriff und Einteilung der praktischen Theologie‹, Leipzig 1836, auf welche hier Bezug genommen wird, da sie hinwieder bewährt werden soll durch die Darlegung der ihr gemäßen Konstruktionsweise gerade der schwierigsten Disziplin.

Die ganze *praktische Theologie* ist Theorie oder Kunstwissenschaft von den kirchlichen Tätigkeiten, wobei, um sie von der sogenannten theoretischen zu unterscheiden, näher beizufügen ist, sofern sie einen bestimmten Organismus hervorrufen oder in demselben sich bewegen, also von den *organischen Tätigkeiten* des kirchlichen Lebens, einerseits von denen, durch welche die Kirche sich konstituiert, sich eine Verfassung gibt und handhabt, deren letzte die *Aufstellung des Klerus* sein muß; dies die *Theorie der Kirchenverfassung* oder des Kirchenregimentes. Vom aufgestellten Klerus aus gehen nun die kirchendienstlichen Tätigkeiten, für welche die *Theorie des Kirchendienstes* sich bildet.[1] Da die Kleriker kirchenregimentlich verteilt sind auf die Gemeinden, so bezieht sich der Kirchendienst des Geistlichen auf seine Gemeinde. Diese hat er vor sich zunächst als Totalität, seine Tätigkeit in dieser Hinsicht ist eine öffentliche, ist die Tätigkeit im öffentlichen Gottesdienst; ihre Disziplin also *Theorie des Kultus.* Die Gemeinde erscheint außerhalb dieses Gebietes als aus einzelnen bestehend, folglich gibt es Tätigkeiten des Geistlichen auf die einzelnen als solche; jenen öffentlichen gegenüber sind es Privattätigkeiten, sofern sie jedesmal nur gewisse einzelne betreffen und nicht vor dem Forum der ganzen Gemeinde vor sich gehen; die Theorie ist *Pastoraltheologie* oder *Theorie der Seelsorge.* Die lebendige Ge-

[1] Eine Rezension im lit. Anzeiger macht unsrer Einteilungsweise den Vorwurf, sie sei bloß formal; so könnte die praktische Theologie jeder nichtchristlichen Gemeinschaft auch eingeteilt werden. Wir wüßten aber nicht, daß es sich mit der theoretischen Theologie anders verhielte; Exegese, Glaubenslehre usw. müßte es offenbar auch für eine mohammedanische Theologie geben bei noch so verschiedenem Inhalte.

meinde besteht endlich notwendigerweise aus sich reproduzierenden Einzelwesen, indem die Sterbenden ersetzt werden müssen durch neu in die Gemeinde Hineintretende. In dieser Hinsicht übt der Geistliche gewinnende, ins christliche Gemeindeleben hineinführende, halieutische Tätigkeit; ihre Theorie heißt passend *Halieutik*[2]; die Objekte der Tätigkeit sind zu betrachten als noch nicht Christen, noch nicht in die lebendige Gemeinde aufgenommen.

In diesen drei Gebieten des Kirchendienstes stellen sich nun überall die zwei Momente, aus denen der Begriff des Kirchendienstes besteht, als Gegensatz heraus; das eine Moment ist das Beauftragt-, also *Gebundensein,* nämlich durch kirchenregimentliche Anordnungen; das andere Moment ist das der *freien Individualität,* die der Geistliche nicht aufgeben, sondern als Agens mit benutzen soll. Die Gesundheit des Verhältnisses dieser beiden Elemente besteht darin, daß die Individualität des einzelnen Geistlichen eine lebendige Ausprägung der gemeinsamen religiösen Beschaffenheit seiner Kirche sei, jede Alteration dieses Verhältnisses setzt Krankheit und Korruptionen voraus. Vermöge dieses Gegensatzes besteht der Lebensverlauf des *Kultus* darin, daß er eine mehr gebundene und eine mehr freie Seite ausbildet; jene ist das liturgische, diese das homiletische Gebiet, die Theorie *Liturgik* und *Homiletik.* Auch im dritten Gebiete, in der *Halieutik,* tritt dieser Gegensatz heraus, indem der Geistliche nach bindenden Vorschriften handelt, wo er Objekte ins Gemeindeleben hinein gewinnen soll, die mit der Gemeinde in bestimmten Verhältnissen stehen, wie es mit der nachwachsenden Jugend der Fall ist. Die Theorie der gebundenen halieutischen Tätigkeit ist die *Katechetik;* freier und individueller handelt dagegen der Geistliche, wo er für Gemeinde und Kirche Menschen will gewinnen helfen, die in keinem bestimmten Verhältnisse zu ihr stehen, daher auch die Kirchenverfassung ihn hier nicht so positiv beauftragt und bindet.

[2] Der zuerst von G. A. F. Sickel, Grundriß der Halieutik, 1829, an Stelle der Homiletik gebrauchte Begriff leitet sich vom griechischen halieýo = fischen (Markus 1, 17) her, wird von Schweizer aber inhaltlich anders bestimmt, nämlich für die in die Christengemeinde einführende Tätigkeit, die Katechetik und Missionslehre umfassen soll (Anm. d. Hrsg.s).

Für dieses Gebiet muß entstehen eine freie Halieutik, d. h. *Theorie des Missions- und Proselytenwesens*[3], wie schon Schleiermacher sie vorgeschlagen hat, aber ohne Erfolg, solange man die Katechetik nicht als halieutisch ansehen will. – Nach andern Prinzipien hat Nitzsch eingeteilt. Ihm ist das kirchliche Handeln begründend und bewahrend, teils auf die Gemeinde, teils auf die einzelnen gerichtet, und so entsteht seine *Liturgik, Didaktik, Politik* und *Pädeutik,* wozu das Verhältnis unsrer Einteilung im angeführten Schriftchen angegeben wurde. Eine im lit. Anzeiger 1836 Nr. 17 vorgeschlagene Einteilung stimmt mit der unsrigen überein, obgleich sie ihr entgegen aufgeführt wird; die neulich von Marheineke in der Zeitschrift für spekulative Theologie gegebene dreifache Einteilung konnte noch nicht benutzt werden, würde aber gerade an der hier zu behandelnden Disziplin nichts ändern.

Ist nun diese Grundansicht richtig, so wird auch im zweiten Gebiete in der Seelsorge, die auf einzelne oder Teile derer, welche schon in der Gemeinde sind, sich richtet, derselbe Gegensatz des Gebundenen und Freien eine Haupteinteilung geben müssen; wir haben jedoch vorher den Begriff und Umfang dieses Gebietes zu bestimmen.

[3] Das Wort hat nur zufällig um des Mißbrauchs willen einen üblen Nebenbegriff erhalten, der aber nicht bewegen kann, es aufzugeben. Wer gar keine proselytische Tendenz hat, hat auch keinen lebendigen und bestimmten Glauben, daher auch die Liebe nicht.

Zeitschrift für spekulative Theologie. 2. Band (1837), S. 162—182 im Auszug.

ÜBERSICHTLICHE EINLEITUNG IN DIE PRAKTISCHE THEOLOGIE

Von Philipp Konrad Marheineke

I. Begriff der praktischen Theologie

Für die Einleitung in die praktische Theologie muß es das nächste und wichtigste Geschäft sein, den Begriff der praktischen Theologie im allgemeinen zu gewinnen und ihn aus dem Begriff der christlichen Theologie selbst erst abzuleiten, d. h. zu sehen, wie er aus diesem hervorgeht. In eine wesentliche Verbindung mit der gesamten Theologie ist die praktische Theologie zuerst in enzyklopädischer Weise gebracht worden durch Schleiermacher [1]. Ihr wahres Verhältnis zu dem mannigfaltigen Inhalt der Theologie ist erkannt worden von Rosenkranz [2]. Scharfsinnige Gedanken über diesen Gegenstand enthalten die Abhandlungen von Nitzsch [3] und Schweitzer [4].

[...]

§ 6

Die Theologie, welche nicht die praktische ist, ist die theoretische. Diese ist ein Wissen rein um des Wissens willen, jene ein Wissen um des Handelns willen. Daß der Begriff der Theologie sich nach diesen beiden Seiten hin spaltet und diesen Unterschied auch aus sich hervorsetzt, ist eine Notwendigkeit: denn nicht nur sind beide in dem Gegenstand der Theologie an sich bereits enthalten (§ 2), sondern auch nur so gelangt, was das Moment des Wissens und das

[1] Kurze Darstellung des theol. Stud. Zweite Ausg. 1830.

[2] Enzyklopädie der theologischen Wissenschaften. 1831.

[3] Ad theologiam practicam felicius excolendam observationes. Bonnae 1831. 4.

[4] Über Begriff und Eintheilung der prakt. Theol. Leipz. 1836.

Moment des Handelns ist, in gleicher Weise zu seinem Recht. Daß die Theologie auch theoretische ist, ist schon dadurch angedeutet, daß sie die praktische ist. Es kann niemand, daß sie die praktische sei, wissen, ohne zugleich an sie als theoretische zu denken. Es kann daher die Wahrheit, daß die Theologie ihrer wesentlichen Natur nach praktisch sei, nicht die Bedeutung haben, daß sie *nur* die praktische sei, vielmehr um dieses wahrhaft zu sein, muß sie auch die theoretische sein, um zu sich selbst zu kommen, sich durch diese vermitteln.

§ 7

Dieser innern Vermittlung zufolge weist sich zunächst das eine in dem andern nach. Die Theologie, was sie auch als praktische sei, so ist sie doch ein Wissen; sie ist und bleibt Theologie und eben damit auch Theorie; es ist in ihr auf die Erkenntnis der Wahrheit abgesehen, und von dieser Seite gehört sie der Wissenschaft überhaupt an. Aber weil es das Wissen ist von diesem Gegenstande, welcher an sich ebensosehr ein Handeln als ein Wissen ist, so kann sich das Wissen in allen seinen Bewegungen auch dem notwendigen Einfluß auf das Leben und Handeln nicht entziehen. Es ist daher ebenso falsch, die Theologie darum, weil sie an sich praktisch ist, außerhalb des wissenschaftlichen Organismus zu stellen (wie Schleiermacher tut)[5], als zu meinen, es sei gleichgültig, welcher Art eine in irgendeiner Zeit herrschende Theologie sei. Das Denken, sei es noch so abstrakt und theoretisch, enthält stets ein feines, praktisches Moment, eine Seite, von der auch das Leben und Handeln dadurch berührt und bestimmt wird; alle nur möglichen Bestimmungen des Willens gehen zuletzt von jenen geistigen Bewegungen aus, welche sich als Gedanken zur leitenden Seele aller Taten machen.

§ 8

Ist so das Gleiche erkannt im Theoretischen und im Praktischen der Theologie, so kann denn auch der Unterschied richtig erkannt

[5] a. a. O. § 1.

werden. Dieser ist aber ein solcher nur in dem eben aufgezeigten, innern Zusammenhange. Dies zunächst einzusehen, ist um so notwendiger, als das Theoretische, als solches, von üblem Ruf, das Praktische schon durch sich selbst sehr empfohlen zu sein pflegt. Eine Denkart, der das Wissen von Gott und der Wahrheit verächtlich ist, dringt auf nichts so sehr, als auf das Praktische in allen Teilen der Theologie; sie substituiert selbst dem Begriff der absoluten Wahrheit in der theoretischen Theologie nur die Vorstellung und die Erbaulichkeit und, verzweifelnd selbst an der Möglichkeit der Erkenntnis Gottes, läßt sie den Wert des Praktischen fälschlich und unnatürlich so steigen gegen alles Theoretische, daß man das Unerhörte hat erleben müssen, eine Wissenschaft, wie die Theologie, um so höher angeschlagen zu sehen, je weniger Wahrheit und derselben Erkenntnis darin ist, und je mehr sie selbst gegen die Möglichkeit solcher Erkenntnis protestiert und deklamiert.

§ 9

Der Unterschied des Theoretischen und Praktischen in der Theologie ist in seiner Wahrheit dieser, daß jenes die Möglichkeit seiner Beziehung auf das Leben und Handeln in sich enthält, aber es ist weder diese Anwendung und Beziehung selbst, noch auch nur besonders Wissen darum. In der theoretischen Theologie ist der Blick rein allein auf die Erkenntnis der Wahrheit gerichtet. In diesem Sinne konnte gesagt werden, die Theologie ist *an sich* praktisch. Was nur an sich ist, existiert nur in der realen Möglichkeit. In der theoretischen Theologie geht der Geist, seinen Begriff suchend, dem nach, was sein Wesen ist; seine Substanz aber ist die Religion; in diesem genießenden Erkennen der göttlichen Wahrheit tut er sich selbst genug, in Ansehung des Gebrauchs davon fürs Leben sich begnügend mit der Hoffnung und Zuversicht, daß die erkannte Wahrheit ihn auch da nicht werde im Stich lassen. Dies ist die Seite, an welcher die praktische Theologie in die theoretische hinein- oder vielmehr aus ihr hervorscheint. Damit daher die praktische Theologie wahrhaft zu sich selbst komme, muß die theoretische um so mehr ihren Unterschied gegen sie festhalten, nicht selbst wollen schon die wirklich praktische sein.

§ 10

Wie aber ein jeder schon, je mehr er sich an objektives Denken gewöhnt, sich notwendig auch subjektiv und ohne es darauf anzulegen, in seiner Überzeugung und Frömmigkeit gestärkt und gefördert fühlen wird, so geht nun auch das Praktische der Theologie zu einem besondern und bestimmten Wissen darum ebenso notwendig noch wirklich hervor. Es muß auch zu dem Wissen dessen in seiner Wirklichkeit kommen, was in seiner Möglichkeit vorhanden ist; es muß auch das Bewußtsein dessen entstehen, was an dem Gegenstande der Theologie, der Religion und Kirche, einen bestimmenden Einfluß auf das Leben und Handeln hat. Gleichwie in der theologischen Moral, obgleich der theoretischen Seite der Theologie angehörend, sich die praktische Seite des christlichen Glaubens und kirchlichen Lebens herauskehrt in bezug auf alle Christen insgemein, so in der praktischen Theologie in bezug auf den Theologen und kirchlich Beamteten, wiewohl sie, nicht auf die Moral allein sich beziehend, sondern auf die gesamte theoretische Theologie, einen ungleich größeren Zweck und Umfang hat, als, wofür sie wohl ausgegeben worden, nur eine Moral für Geistliche zu sein.
[...]

§ 13

Die christliche Religion ist aber nicht nur die Wahrheit und ihre Erkenntnis die theoretische Theologie, sondern auch unmittelbares Leben und Wirklichkeit. Dem Wissen des an und für sich Wahren der christlichen Religion muß daher notwendig noch folgen das Wissen auch davon, wie sie wirkt und sich verwirklicht, wie sie sich mitteilt und an die Welt bringt, wie sie sich konkret und gegenwärtig macht in allen Verhältnissen des christlichen Lebens, durch welche Mittel und Institutionen dies geschieht usf. Kraft dieser unmittelbar praktischen Reflexion und, da alle Bestimmungen dieser Art mir aus dem erkannten Geist und Inhalt dieser Religion sich ergeben können, ist die praktische Theologie der theoretischen innerlich und notwendig verknüpft. Da dieses so wirkliche als wirksame Leben der Religion in der Gemeinde ein durch unmittelbares zeitliches und räumliches Dasein und Eigentümlichkeiten aller Art bestimmtes und bedingtes ist, so kann auch das Wissen davon diese Partikularität, durch die Geteiltheit der christlichen Kirche in verschiedene Konfessionen hervorgerufen, nicht umgehen, sich notwendig nur in dem Umkreise der bestimmten Kirche bewegen und muß die praktische Theologie für jede eine andere sein. Mit dem wirklichen Leben und gegenwärtigen Standpunkt der evangelischen Kirche vermittelt sie sich durch die theoretische anders, als in der römisch- oder griechisch-katholischen.

[...]

§ 17

Die praktische Theologie hat zum Gegenstand einerseits den Zustand der Kirche, wie er sich aus der Vergangenheit in die Gegenwart hineingebildet hat, und darin zieht sie besonders das Historische der Theologie heran, welches zeigt, wie die Kirche von ihrem Anfang her, wie er in der Bibel berichtet ist, durch ihre fortgehende Entwicklung auf diesen Punkt gekommen, an welchen die Tätigkeit in ihr sich anschließen soll; andrerseits diese Tätigkeit selbst, welche ein Wirken sein muß in der Idee der christlichen Religion und Kirche, und darin kann die praktische Theologie des spekulativen Gedankens nicht entbehren. Idee und Geschichte der christlichen Kirche gehen in eins zusammen in der praktischen Theologie, und es kann daher auch niemand für dieselben mit Erfolg tätig sein, der nicht in gleicher Weise in der theologischen Geschichte und Spekulation geübt und gebildet ist.

II. Zweck der praktischen Theologie

[...]

§ 22

Die Bekanntmachung mit den Gegenständen der kirchlichen Tätigkeit ist aber auch nur der äußerliche Anfang und Zweck der praktischen Theologie. Als Beobachtung ist sie noch die Bewegung des Geistes nur auf der Oberfläche der Dinge, wiewohl mit Gedanken. Sie hat damit zwar ihre innerliche Beziehung auf die historische Theologie; aber die historische Notiz setzt überhaupt den Kenntnisnehmenden nur erst in ein Verhältnis zu den Objekten der Wissenschaft, so daß sie nun nicht mehr bloß an sich, sondern auch für ihn sind. Was nicht nur an sich, sondern auch für mich ist, daran nehme ich ein Interesse, und das ist mir interessant. Für die Wissenschaft ist der Standpunkt des Interessanten und Geistreichen ungenügend; der Standpunkt ist gut für die Konversation, aber nicht für die Deduktion, dergleichen die Wissenschaft erfordert. Es bei Kenntnissen belassen wollen in der Wissenschaft, zeigt Mangel an Bildung an.

[...]

III. Methode der praktischen Theologie

§ 28

Die Methode der praktischen Theologie kann, da diese die wissenschaftliche Erkenntnis der Wahrheit des Lebens und Handelns in der christlichen Kirche und für dieselbe ist, keine von der allgemeinen wissenschaftlichen Methode verschiedene sein. Was die Methode an sich und im allgemeinen ist, ist auch auf die praktische Theologie anwendbar. Ist es daher die Aufgabe, die praktische Theologie auf einen wissenschaftlichen Grund und Boden zu bringen, so ist das soviel als erklären, es komme auf die Methode alles an. Sie ist der Geist der Wissenschaft und er in ihr, als ihrem Leibe, die alles bewegende und bestimmende Seele, die allgemeine und notwendige und durch beides die vernünftige Form der Wissenschaft. Durch keinen Gegenstand oder Inhalt der Wissenschaft ist oder wird der erkennende Geist ein anderer, als es sein Wesen oder Begriff mit sich bringt. Dieser seiner vernünftigen, logischen Natur nach kann die allgemeine Methode aller Wissenschaften und aller auf Wahrheit Anspruch machenden Erkenntnis nur die logische sein. Ist die Methode der Wissenschaft gleichgültig, so ist auch das Vernünftige darin gleichgültig und es hat alsdann die Wissenschaft für den Vernünftigen keinen Wert.

[...]

§ 30

Die Methode ist Zügelung und Bildung der Gedanken und so das Gegenteil der Gewohnheit, sich gehen zu lassen, wie man ist von Natur, welches im Moralischen die Sünde, im Intellektuellen der Irrtum ist. Es soll auch in der Wissenschaft niemand seinen Neigungen und Begierden, Einfällen und Liebhabereien folgen, nicht denken, was er will, sondern was die Natur der Sache mit sich bringt, dem, was der Begriff der Sache ist, sich unterwerfen. Weist man die Frage nach der Methode gänzlich zurück und sagt man, jeder mache es nach seinem Kopf, so fällt die Wissenschaft ganz in die Subjektivität herunter, das Subjekt hat allein recht, das Objekt hat keins, und die Methode wird nur zur Manier. Man kann wohl sagen: jeder habe irgendeine oder seine Manier; nicht aber, jeder habe irgendeine oder seine Methode: denn sie ist das Rechte und Wahre, welches nicht dem Subjekt allein, sondern ebensosehr dem Objekt angehört und worin gerade das Subjekt sich mit allen seinen Eigentümlichkeiten am meisten verleugnet, auf sich selbst resigniert, dem Gegenstande gegenüber nichts für sich haben oder vorstellen will. Die Methode ist so zugleich Ausrottung alles Hochmuts, alles Stolzes auf Eigentümlichkeit, aller Selbst- und Parteisucht.

[...]

§ 32

Die Methode als der notwendige Entwicklungsgang der Wissenschaft hat zum Gegenstand alle einzelnen Aufgaben derselben und ist in ihrer Wahrheit der Begriff alles einzelnen in ihr. Die Methodik ist Systematik, wenn sie das Ganze der Wissenschaft in begriffsmäßiger Weise auffaßt und darstellt; sie hat so zum Gegenstande die Einteilung. Die Einteilung ist die allgemeine Bewährung der Methode. Die praktische Theologie ist längst in der Weise bearbeitet worden, daß einzelne Abschnitte derselben, wie vom Gottesdienst, von der Predigt, vom Jugendunterricht, von der Seelsorge unter ebenso vielen eigenen Namen als speziell-praktische Disziplinen behandelt wurden. Allein eben diese vom Ganzen, worin sie sich gegenseitig beleuchten, losgerissene Behandlung einzelner Teile wird leicht eine ganz haltungslose. Es kann, was z. B. eine Predigt im evangelischen Gottesdienst ist, nur aus dem erkannten Zwecke der christlichen Kirche überhaupt, der evangelischen insonderheit und des Gottesdienstes vornehmlich richtig eingesehen und muß daher in den innern Zusammenhang mit dem allen hineingestellt werden.

[...]

§ 34

Die von Schleiermacher gemachte Einteilung der praktischen Theologie geht von dem Gedanken der Kirchenleitung aus, und diese beruht auf dem Gegensatz der Hervorragenden und der Masse. Die bestimmte Gestaltung dieses Gegensatzes ist einerseits die Leitung, welche sich auf die einzelne Gemeinde und andrerseits auf die organische Verbindung aller bezieht. Die leitende Tätigkeit, welche sich auf das Ganze bezieht, ist das Kirchenregiment, die mit der Richtung auf die einzelne Gemeinde der Kirchendienst. Die praktische Theologie nun ist Theorie des Kirchenregiments und Theorie des Kirchendienstes, und ob man in der Abhandlung mit der einen oder der andern den Anfang macht, ist gleichgültig.

§ 35

Es ist wohl offenbar, daß diese Einteilung an sehr dünnen Fäden hängt, welche leicht entzweireißen können. Von einem Gegensatz wie dem der Hervorragenden und Nichthervorragenden ausgehend, kann man, wie leicht man sich auch innerhalb desselben von der einen zur andern Seite bewege, doch nicht verhüten, daß er umschlage und die ganze Aufbauung vernichte. Wie die Hervorragenden es nicht immer gewesen sind, so können sie auch nicht verhindern, daß sie von andern überragt werden und nun die Leitenden die Geleiteten, die Geleiteten die Leitenden seien. In diesem Fließen des Gegensatzes muß gewaltsam angehalten werden, um einen bleibenden Zustand darauf zu gründen. Das Kirchenregiment ist auch ein Dienst, der nur einem etwas größeren Ganzen der Kirche geleistet wird, der Kirchendienst ist auch Gemeinderegierung. Die ganze Einteilung ist hergenommen und äußerlich übertragen von etwas anderweitig Vorhandenem, nämlich aus der Analogie des Staats, welcher auch in Staatsdienst und Staatsregierung besteht und zu welchem, nach eben dieser Ansicht, die Kirche sonst gar kein inneres Verhältnis hat. Die Einteilung hat sich wohl nur durch ihre erstaunliche Leichtigkeit empfohlen; daß sie nicht in der Natur der Sache liege, sagt Schleiermacher selbst[6]; von ihr ist abstrahiert.

[...]

§ 39

Das Objekt der praktischen Theologie ist ein dreifaches, welches sich als ein Kontinuum in den Begriffsbestimmungen des Allgemeinen, Besondern und Einzelnen entwickelt. Es ist die *christliche Kirche* 1. in ihrer *Allgemeinheit*, welche 2. sich durch den Gegensatz der Konfessionen vermittelnd die Bestimmtheit der *evangelischen* hat und 3. als die *Lokalgemeinde* sich in ihrer Einzelheit darstellt. Das Allgemeine ist in der Wissenschaft noch das Abstrakte, mittels des Besondern und Bestimmten in der Negation wird es als Einzelnes erst auch das Konkrete. Indem der Begriff der Kirche sich diese drei Bestimmungen gibt, geht er notwendigerweise durch die angegebenen drei Teile der Wissenschaft hindurch, und diese sind nicht von der Art, daß sie versetzt oder in einer andern Ordnung abgehandelt werden könnten. Der erste Teil hat es mit dem *Elementarischen* oder den Prinzipien der Wissenschaft zu tun; er weist das ursprünglich Christliche in den allgemeinsten Gestalten des kirchlichen Lebens nach. Der zweite geht zu dem *Konstitutiven* der christlichen Kirche in der Bestimmtheit der evangelischen fort. Der dritte zeigt in dem *Konkreten* der einzelnen Gemeinde, wie sie dem christlichen und reformatorischen Prinzip gemäß sich in der Wirklichkeit und Erscheinung gestaltet.

[...]

[6] a. a. O. S. 117.

Evangelische Kirchen-Zeitung. 29 (1841), S. 561—565.

M. JOH. CHR. FRIEDR. BURK, EVANGELISCHE PASTORALTHEOLOGIE IN BEISPIELEN (1838/39)

Von A. S.

Mit einer gemischten Empfindung von Freude und Wehmut hat Ref. dies schätzenswerte Buch durchgelesen. Mit Freude einerseits über die Kraft Jesu Christi, welche sich in so vielen mächtigen Rüstzeugen seiner Kirche geltend, welche das Leben derselben zu einem rechten Ausdruck einer frommen und mutigen Jüngerschaft Jesu gemacht hat; mit Wehmut aber über die scheinbar entschwundene und im gewöhnlichen praktischen Leben sich fast gar nicht mehr oder nur selten darstellende Macht und Hoheit der evangelischen Kirche, welche, dem äußeren Anblick nach, ihre gestaltende und in das Leben tief eindringende Kraft in immer geringeren und schwächeren Lebenszeichen an ihren Werkzeugen und deren Wirksamkeit zur Offenbarung zu bringen scheint. Denn bei diesem Buche dürfte es als ein charakteristisches Zeichen der Zeit hervortreten, daß dasselbe fast gar keine oder doch nur sehr wenig hervorragende Züge aus dem Amtsleben und der kirchlichen und seelsorglichen Wirksamkeit ausgezeichneter Geistlicher unserer Zeit beizubringen wußte. Alle die anregenden und herrlichen Lebensbilder echt pastoralen Lebens und Wirkens, welche dies Werk aufstellt, gehören mit wenigen Ausnahmen früheren Jahrhunderten oder einer nun schon hinter uns liegenden und verlebten Zeit an. Die Jetztwelt vermöchte wohl schon deshalb wenig Beiträge zu diesem Werke zu liefern, weil überhaupt das charaktervolle, lebendig erregte, begeisterte Wesen der echten evangelischen Geistlichkeit früherer Jahrhunderte auch in das allgemeine verflachende Nivellement der Bildung unserer Zeit hinabgesunken ist, – so daß der Standesunterschied der Geistlichen und Weltlichen im äußerlichen Leben wenig mehr zur Erscheinung kommt. – Fern bleibe hier der

Gedanke an den sogenannten „geistlichen Stolz", an jenen sich abschließenden, in das Äußerliche als solches das Wesen setzenden Priesterhochmut, der mit Recht Spott und Verachtung gegen sich aufgerufen hat. Aber eine edle, hohe und reine Priesterlichkeit, eine bewußte und aller äußerlichen Manier fernstehende Haltung und Amtswürde gehört jetzt zu den eben nicht gar häufigen Erscheinungen. Und doch ist dadurch gar sehr die Wirksamkeit des Geistlichen, besonders auf die unteren Klassen der Gesellschaft, bedingt. – Aber die in geringerer Kraft als sonst hervortretende priesterliche Würde und der verminderte seelsorgliche Einfluß dürfte wohl, zum Teil wenigstens, außer den allgemeinen in der Zeit selbst liegenden Ursachen, auch daraus abzuleiten sein, daß die *Idee der Kirche* weniger erhaben und mächtig in der Mehrzahl der durch die rationalistische Zeitbildung hindurchgegangenen protestantischen Geistlichkeit lebt. Und wenn nun vollends erst die neueste pseudospekulative Ansicht, wonach es das höchste Ziel der Kirche ist, in den Staat aufgelöst zu werden, allgemeineren Eingang findet (– und sie hat schon bei einer großen Partei Eingang gefunden und sich weiter, selbst unter der schlichten Landgeistlichkeit verbreitet, als man glauben sollte, –), wenn nun erst die Lehre von dem durch die Union herbeigeführten, oder wenigstens angebahnten *Untergang der protestantischen Kirche in den Staat* durch Wort und Schrift noch weiter verkündigt sein wird, dann wird die Idee der Kirche immer matter und farbloser, die von ihr ausgehende gestaltende Kraft in ihren Organen, den Geistlichen, immer ohnmächtiger werden. Denn nur die lebendig und in ihrer Idealität aufgefaßte Idee der Kirche vermag den Geistlichen über die hemmende und hinabziehende Schranke des Alltagslebens emporzuheben, ihm Mut bei der Zunahme des Indifferentismus, welcher wie ein Krebs sich in das Leben der Kirche einfrißt, zu gewähren und ihn vor banausischer Handwerksmäßigkeit oder vor behaglicher Selbstgenügsamkeit und stumpfer Abgeschlossenheit zu bewahren. – Hätten die würdigen, wahrhaft christlichen Geistlichen, deren Lebensbilder in bunter Mannigfaltigkeit das vorliegende Werk vorführt, nicht aus der in ihnen bewußter- oder unbewußterweise lebenden Idee der Kirche sich immer neue Kraft und neuen Drang zu Taten und zu einem rüstigen und wackeren

Amtsleben geschöpft; hätten sie auch, wie die neuere Zeit, das Wahnbild von Auflösung der Kirche in den Staat, von Untergang der äußeren Kirche als einer „antiquierten“ (vgl. B. Bauers Schrift, die Evangelische Kirche Preußens und die Wissenschaft) in sich getragen; sie würden alsbald in ihrem amtlichen Wirken erlahmt und ermattet, von jenem Gespenst der ihnen unter den Händen verschwindenden sublimierten Kirche der neueren Pseudo-Spekulation verfolgt und überall gehemmt worden sein. In der Tat, es gibt kein besseres Gegenmittel gegen die Mut und Kraft ausdörrende ideelle Verflüchtigung der Substanz der Kirche, wie sie die Aufklärung mit sich gebracht hat und nicht müde wird, sie immer von neuem zu präparieren, als die Betrachtung der Geschichte und des aus der Idee der Kirche immer lebendig hervorströmenden Lebensquells echt geistlicher Wirksamkeit und erhabener Begeisterung der Jünger und Zeugen des Herrn, und deshalb muß die sorgfältige Lektüre dieses Buchs allen praktischen Geistlichen gar sehr empfohlen werden. Für alle Verhältnisse des pastoralen Lebens und Wirkens wird der oft wohl in unserer Zeit entmutigte Pfarrer sich durch die Anschauung edler Vorbilder treuer Diener Jesu immer neue Begeisterung, Liebe zu seinem Amte, nicht minder aber auch Belehrung und für Kasualfälle Sicherheit und praktischen Takt gewinnen können. Nicht allein für jüngere Geistliche, sondern ebenso für ältere kann dies Buch, recht benutzt und angewandt, eine Fundgrube stets neuer Anregung werden und sie vor Trägheit und Abstumpfung bewahren. Freilich könnte auch durch die Betrachtung der Wirksamkeit treuer Seelsorger früherer Jahrhunderte ein für die Zeit nicht passender, leicht der heiligen Sache schädlicher und gefährlicher Enthusiasmus, eine taktlose, fanatische, die Verhältnisse der Jetztwelt nach einer abstrakten Identität anschauende Schwärmerei hervorgerufen werden; allein möglicher Mißbrauch läßt sich nirgend verhüten und überall muß der freien Subjektivität in Anwendung und Benutzung eines vorliegenden Stoffes Raum bleiben. Das Urteil, inwieweit frühere Verhältnisse noch jetzt da sind oder nicht, inwieweit der echte Seelsorger noch dasselbe Feld der Wirksamkeit jetzt vorfinde oder nicht im Vergleich zu vergangenen Zeiten, die Betrachtung, inwieweit das Herz und Gemüt des deutschen Volkes noch dieselbe Empfänglichkeit für den Einfluß der Kirche habe als früher, wird natürlich immer Gegenstand fortgesetzter Prüfung und seelsorglicher Wachsamkeit bleiben müssen. Im großen und ganzen genommen wird sich zu allen Zeiten die menschliche Natur ziemlich gleich bleiben; aber die Formen, unter welchen sie geistliche Einwirkung annimmt und derselben Raum läßt, werden nach Zeitumständen und Verhältnissen wechseln.

Um nun den reichen Inhalt des vorliegenden Werkes darzulegen, so handelt der erste Abschnitt ›von der Bestimmung und Vorbereitung zum Amt, von der Berufung und Abberufung‹. Der zweite Abschnitt handelt ›vom Lehramt‹. Der dritte Abschnitt handelt von dem liturgischen und priesterlichen Amt. Der vierte Abschnitt betrachtet dann das eigentliche Seelsorgeramt. Im fünften Abschnitt wird vom Kirchen- und Ortsvorsteheramt gehandelt. Der sechste Abschnitt endlich betrachtet das Privatleben des Geistlichen.

Wenn nun die Kritik zunächst fragt, wie der reiche, vielumfassende Stoff verarbeitet und gehandelt ist, so lassen sich dabei freilich manche Wünsche nicht unterdrücken, und die Aufdeckung mancher Mängel ist bei aller Anerkennung doch unumgänglich. Zuerst ist es ein Mangel, daß der Verf. nicht gehörig seine Quellen angibt, aus welchen er die Beispiele aus dem Leben bewährter Geistlicher entlehnt hat, da er es doch grade in der Vorrede von sich aussagt, daß er, wie wohl wenige jetzt lebende Theologen, den Quellen der praktischen Pastoraltheologie emsig nachgegangen sei, wozu ihn schon die Herausgabe des ›Christenboten‹ und die dort unter der Aufschrift ›Christlicher Kalender‹ schon über dreihundert mitgeteilten Lebensbeschreibungen veranlaßt hätten. Eine gehörige Quellenangabe hätte dem Werke einen höheren wissenschaftlichen Wert gegeben; so aber scheinen manche Züge aus dem Leben der Geistlichen nicht gehörig verbürgt, ja der Verf. gibt an manchen Stellen wohl selbst mit der Formel „die Tradition sagt" das Unsichere seiner Quellen an. Dann wäre ferner eine kurze Angabe einiger Notizen über Leben, Zeitalter, Wohnort der Geistlichen wünschenswert; so tritt irgendein Charakterzug oft zu unvermittelt und aphoristisch auf. Auch wird man versucht, ein mehr haushälterisches und geordnetes Handhaben des Stoffes zu wünschen.

Bei manchen Zügen tritt das charakteristisch Geistliche nicht genug hervor; sie sind zu allgemein und nicht markiert genug; die Beispiele z. B., welche unter der Aufschrift ›Vorsicht gegen Klatscherei‹ gegeben sind, enthalten nur Züge einer christlichen Weisheit, wie sie für jeden Christen sich ziemen. Der Verf. hat den Stoff fast zu sehr gehäuft; besser wäre es, er hätte nur den Kern gegeben, alles Matte, Gewöhnliche, Unbedeutende ausgeschieden. Man sieht bei manchen Mitteilungen – so viel Gemütliches sie auch haben – doch keinen rechten Grund ihrer Aufnahme, z. B. die Erzählung von Amtsjubiläen, wie das eines Superintendenten in Duisburg 1834 (II. 146.). Auch dergleichen äußerliche Beziehungen, wie z. B. ›der Badeprediger‹, erließe man dem Verf. Dagegen würde man reichlichere und mehr aus dem konkreten Leben genommene Mitteilungen über wichtige Punkte der Pastoralwirksamkeit, z. B. über die Kasualpredigt, Bibelstunde, Konfirmation, vor allem aber noch mehr chrakteristische Züge über die Seelsorge, über die Pastoralweisheit und erfolgreiche Einwirkung, z. B. bei der Beichte und Absolution, wie überhaupt über die geistliche Haltung im gewöhnlichen Umgang und Verkehr mit der Gemeinde, wünschen. Gewundert hat sich ferner Ref., daß er in den mannigfachen Beispielen aus der Amtstätigkeit der Geistlichen früherer Jahrhunderte nicht mehr charakteristische und wichtige Züge ihres Verhaltens bei Handhabung der Kirchenzucht und der früheren gesetzlichen Disziplin in Aufrechterhaltung der kirchlichen Gemeindeordnung angetroffen hat.

Merkwürdig ist ferner dem Ref. gewesen, daß gerade aus der englischen und schottischen Kirche so viel Beispiele charakteristischen geistlichen Lebens und Wirkens vorkommen. Von deutschen Geistlichen der neuesten Zeit erscheinen nur etwa die Namen Cl. Harms, Schleiermacher, Menken, Goßner, Kosegarten, Kniewel, Jänicke und einiger wenigen anderen. Erbaulich ist der Tod Schleiermachers erzählt; und des ehrwürdigen Jänicke reiche Liebesglut und wohltuende Menschenfreundlichkeit lassen den Gegensatz unserer kalten egoistischen Zeit um so schmerzlicher empfinden.

Wie sehr nun auch manches noch bei diesem Buche zu wünschen übrigbleibt, dennoch ist auch das schon Geleistete und Mitgeteilte dankenswert. Die Hoffnung des würdigen Verf., daß ein ähnliches

Werk die überzeugendste Apologie der Evangelischen Kirche sein könne, wird auch schon in dieser Gestalt seines Buches erfüllt. Gewiß bietet schon diese Beispielsammlung Stoff genug zur edelsten Nacheiferung in allen Teilen des Pastorallebens; den Geistlichen, der ein tief innerliches Gemütsleben in seiner Wirksamkeit zu führen gewohnt ist, wird dasselbe stärken und erfrischen, wenn er einen Blick gewinnt in die stillen Kämmerlein oder in die Beichtstühle, Krankenzimmer und Kanzeln der treusten und in ihrem Berufe glücklichsten evangelischen Seelsorger. So kann dies schätzbare Buch der trostlosen Verflachung und Zerstörung der Idee der Kirche in unserer Zeit erfolgreich entgegentreten und Steine zum Bau derselben liefern.

Theodor Albert Liebner, Die praktische Theologie, in: Theologische Studien und Kritiken. 16 (1843), S. 629—642. 17 (1844), S. 135—136.

BEGRIFF, GEGENSTAND UND EINTEILUNG DER PRAKTISCHEN THEOLOGIE *

Von THEODOR ALBERT LIEBNER

I. Begriff und Gegenstand der praktischen Theologie

Der folgende wissenschaftliche Durchblick durch das Ganze der praktischen Theologie wünscht für sich das Vorurteil, daß hier nicht eine bloße Konstruktion – wie es auf den ersten Anblick etwa den Schein haben könnte –, sondern eine denkende Erforschung des Objekts selbst vorliege. Er hofft, dieses Vorurteil zu bewähren.

Die praktische Theologie hat zuerst ihre organische Stelle im Begriffe der gesamten Theologie als der Wissenschaft von der christlichen Religion auszuweisen, womit dann zugleich ihr eigener wahrer Begriff gegeben ist. Wenn nämlich klar wird, welches Stadium sie in der inneren Bewegung des Begriffs der Theologie einnimmt, wie die anderen Teile der Theologie auf sie organisch hintreiben, sie fordern, um sich in ihr selbst abzuschließen, und sie wiederum die anderen sich notwendig voraussetzt, sie aufnimmt –, so ist sie sich eben damit selbst klar, hat sie den rechten Einschritt in sich selbst gewonnen. Die innere organische Bewegung des Begriffs der Theologie ist aber allein ausgedrückt in der recht verstandenen (d. i. nicht im spirituell pantheistischen oder spekulativ rationalistischen Sinne verstandenen) Einteilung der Theologie in *spekulative*, *historische* und *praktische*, welche Einteilung über den gewöhnlichen Teilungen steht, als das ihnen erst zu ihrer Wahrheit Verhelfende, also ihnen eigentlich zum Grunde Liegende. Die spekulative Theologie ist das Wissen um die *Idee*, d. i. das notwendige, ewige, unveränderliche Wesen, die absolute göttliche

* Vom Hrsg. für diesen Sammelband gewählte Überschrift.

Wahrheit der christlichen Religion, die Einheit der in der christlichen Offenbarung gesetzten göttlichen Gedanken, somit das immerwährende Seinsollen des christlichen Glaubens, Lebens (der Gegenstand der Dogmatik und Ethik). Die historische Theologie ist das Wissen um die zeitliche *Erscheinung*, empirische Verwirklichung dieser Idee, und zwar um die Erscheinung, sofern sie eine bereits *gewordene*, fertige ist, sei sie nun eine der Idee adäquate oder inadäquate; also das Wissen um das gesamte empirische Dasein der christlichen Religion. Die praktische Theologie ist das Wissen um die *werdende Erscheinung* – und da diese sich nicht von selbst macht, *wird* – um das Tun, die Arbeit daran, oder das Wissen um die rechte Art und Kunst, die Idee zur möglichst adäquaten Erscheinung und Wirklichkeit zu *bringen*. – Man darf dabei eben nur gar nicht an eine äußere Anordnung denken, wie sie von der historischen Genesis der Theologie herkommt, von dem, wie Theologie überall nach und nach entstanden ist, sich angesetzt hat und fortwährend entsteht, in der Kirche oder in dem einzelnen Subjekte (also auch nicht an den zweckmäßigen Studiengang; – in beiderlei Beziehungen setzt sich allerdings eines das andere noch anders voraus, als dieser Verlauf ausdrückt), sondern rein an die inneren Verhältnisse der Theologie, wie sie ihr von den inneren Verhältnissen, der inneren Bewegung ihres Gegenstandes selbst herkommen. Hier ist die Idee, das ewige Wesen, die sich stets gleichbleibende göttliche Wahrheit der christlichen Religion, Offenbarung, das Erste, Herrschende, alles andere positiv oder negativ Bedingende. Das in die Erscheinung Fallende, Erfahrungsmäßige hängt nur daran, lebt gleichsam davon als von seiner inneren Voraussetzung, entweder in der Vergangenheit als ein Gewordenes oder in die Zukunft hinaus als ein Werdendes, erst zu Gestaltendes (historische und praktische Elemente). – Zur näheren Erörterung noch dies. Fragt man überhaupt: was ist das Christentum, die christliche Religion?, so ist darauf die zunächst umfassendste Antwort: das Christentum ist ein Leben, eine reale Macht, Weltmacht, göttlich geoffenbarte Weltmacht. Das Christentum ist weder eine bloße Idee (am wenigsten ein bloßer Inbegriff abstrakter Lehrsätze), noch ist es etwas bloß Faktisches, zeitlich Vergangenes oder gar bloß etwas Zukünftiges, sondern etwas, in dem dieses alles ineinander ist, das ist eben ein *Leben*; der Begriff des Lebens ist es, der dieses alles in sich umfaßt. *Christliches Leben* kann man also auch in diesem prägnantesten Sinne sagen, als identisch mit Christentum, christlicher Religion. Dieser Begriff des Lebens ist demnach der Hauptbegriff, der die Einteilung machen muß. Jedes Leben aber hat seinen Bestand und seine Bewegung darin, daß es seine Idee zur Erscheinung bringt, auswirkt, in die Realität setzt, näher, den *Gedanken Gottes,* durch den es gesetzt ist, in und von und durch den es lebt. So jedes einzelne Leben in der Natur, z. B. das Leben der Pflanze, ist ein fortwährendes Auswirken ihrer in der Präformation des Keimes niedergelegten Idee; ebenso das Leben des einzelnen selbstbewußten Geistes (daß, namentlich im Gebiete der Freiheit, auch die negative, mißlungene Realisierung vorkommen kann, darf kaum noch bemerkt werden). Nur in diesem Verhältnis ist alles Leben zu begreifen, und zwar immer nur so, daß die Idee nicht als ein schlechthin Jenseitiges gedacht wird, sondern sie ist darin, sie ist das innere Agens aller realen Manifestationen. Ebenso das Leben einer solchen großen, der größten historischen Gestalt, wie das Christstentum ist – dieses eigentümliche göttlich geoffenbarte Leben in der Menschheit, das wahre Leben der Menschheit – es ist zu begreifen als ein fortwährendes zur Erscheinung-Bringen seiner Idee. So hätten wir also zwei Momente, Idee und Erscheinung. Aber die Erscheinung gliedert sich wieder in zwei Momente, denn sie ist, als ein Zeitablauf, entweder *gewordene* oder *werdende.* Diese drei Momente des Gegenstandes selbst geben die Einteilung des Wissens um denselben, also die Selbsteinteilung des Begriffs der Theologie. Die spekulative Theologie ist innerlich das Erste, denn sie hat es mit dem eigentlich erzeugenden Prinzip zu tun, mit der christlichen Idee an sich, gleichsam mit ihrer ewigen *Gegenwart.* Die historische mit der *Vergangenheit* ihrer Erscheinung, mit den mannigfachen Gestalten, in denen die Idee in dem bisherigen Leben der Kirche zur Manifestation gekommen ist. Die praktische mit deren *Zukunft.* Die Idee schwebt mit ihrer Macht gleichsam ewig gegenwärtig über den im Zeitablauf sich bewegenden historischen und praktischen Elementen, sie bestimmend, zusammenhaltend, durchdringend, in ihnen das eigentliche Treibende ausmachend. Denn um nichts anderes als um die Erscheinung der einen und selben Idee handelt es sich in der historischen und praktischen Theologie; beide haben ihre innerste Bestimmtheit von jener, nur auf verschiedene Weise. – Fragt man nach der Exegese: wo ist ihre Stelle? In der wesentlichen Bewegung des Begriffs der Theologie kann sie keinen besondern Hauptteil bilden. Sie ist vielmehr die fortwährende Voraussetzung, Unterlage, Einschlag der gesamten Theologie, durchdringt alle Teile gleichmäßig, oder sie ist, sofern sie für sich genommen würde, die gesamte Theologie in ihrer Unmittelbarkeit, in unmittelbarer Einheit und Wechseldurchdringung aller Momente. Nämlich zur Idee, zur spekulativen Theologie verhält sie sich so. Die christliche Idee ist nicht eine aus reiner Vernunft, a priori zu erspekulierende, sondern eine *gegebene*, durch *Offenbarung* gegebene, die nur vermittelst oder in der spekulativen Theologie, durch spekulatives Denken, zum höchsten wissenschaftlichen Bewußtsein kommen soll (wobei an keinerlei spekulative Verflüchtigung zu denken, sondern an ein denkendes Eingehen in das Objekt und dieses in und aus seinem eigenen Prinzipe Begreifen). So ist sie fortwährend aus den Offenbarungsurkunden auszumitteln. Dem Material nach ist dies Geschäft der Exegese. Sodann zu den beiden andern verhält sie sich so. Es ist das Eigentümliche der Offenbarung und Offenbarungszeit, daß hier die Idee nicht nur wirkliche Erscheinung ist, sondern daß die Idee hier, und zwar absoluterweise in Christo selbst, ihre wahre, adäquate Erscheinung gleich an sich hat, Idee und Erscheinung ineinander aufgehen (und überall die lebendigen Keime für alle wahre Vermittlung der Idee mit der Erscheinung vorhanden sind). So ist klar, wie die exegetische Theologie in die historische und in die praktische einführt, eingeht. Oder: die Totalität der Offenbarung selbst ist eben schon ganzes volles *Leben*, das ursprüngliche *normale christliche Leben* selbst. Sind nun die konstitutiven Momente des Lebens die vorher bezeichneten, und ebendieselben die Begriffsstadien der Theologie, so leuchtet ein, wie dies bis in den exegetischen Inhalt zurückreichen muß, wie hier also kein besonderes Objekt vorliegt zu einem besonderen Teile der Theologie, sondern das hier Enthaltene in jene Trichotomie aufgehen, oder die Teile derselben sich jeder suo genere den exegetischen Inhalt aneignen, aufzehren müssen.

Hiernach ist nun das besondere Verhältnis der praktischen Theologie zu den beiden andern, wie sie sich diese voraussetzt, sie ihr dienen, dieses: die spekulative stellt ihr die Aufgabe in der Dogmatik und Ethik als der ideellen Theorie des christlichen Lebens oder der Lehre vom ewigen Wesen, vom Seinsollen des christlichen Glaubens, der in Liebe tätig ist; dieser in Liebe tätige Glaube soll wirklich werden in der Kirche oder immer wirklicher werden. Aber wie ist nun die bisherige Wirklichkeit beschaffen, an die sich die neue anschließen soll? Was ist das Terrain für sie, was sind die Verhältnisse, die empirischen Bedingungen, unter denen die Idee von neuem in die Wirklichkeit eingeboren werden soll? Es läßt sich nicht aus freier Hand, gleichsam in freier Luft eine Idee wirklich machen, sondern nur im Zusammenhange der Entwicklung mit der bisherigen Realität. Das zeigt ihr die historische Theologie in allen ihren Verzweigungen, indem sie die kirchliche Gegenwart mit ihrem ganzen Hintergrunde, den sie in die Vergangenheit hinunter hat, darstellt, das Erste aus dem Letzten erklärend. Der praktischen Theologie bleibt nun die Theorie der Methode, der Kunst, die gestellte Aufgabe unter den gegebenen historischen Bedingungen zu lösen. Die Kirche ist im endlichen Zeitlauf auf keinem Punkte vollendet, sondern drängt fortwährend nach dem Ideale des Reiches Gottes, und auf jedem Übergangspunkte aus dem Vorhandenen ins Folgende; auf jeder solchen ἀκμή tritt das praktische Moment ein [1].

Der Inhalt der praktischen Theologie ist also die Tätigkeit, welche die *werdende* Erscheinung der christlichen Religion, des christlichen Lebens zum Gegenstande hat, diese selbst vermittelt,

[1] Es bedürfte einer größeren Ausführlichkeit, um zu zeigen, daß die obige Einteilung der Theologie die allein wahrhaft organische ist, in welcher sich alle inneren Verhältnisse der Theologie bis ins einzelnste hinein vollkommen und mit Notwendigkeit ordnen. Es sei hier nur noch gegen mögliche Einwendungen bemerkt, was überdies aus dem Obigen von selbst hervorgeht, daß jeder Teil, wie in jedem wahren Organismus, die andern als Momente an und in sich hat, ebenso für das Verhältnis zu den gewöhnlichen Einteilungen, daß man allerdings von außen hinein in die Theologie nur durch das Exegetisch-Historische kommt; wenn aber das Ganze fertig ist, die dogmatische Theologie das Erste und alles andere Bedingende ist.

oder die fortwährende Einführung der Idee in die Erscheinung. Es haftet aber diesem Begriffe noch eine Abstraktion an. Es ist weiter zu fragen: was ist Subjekt dieser Tätigkeit? Was ist das Tätige in dieser fortwährenden Vermittlung der Idee mit der Erscheinung? *Die Kirche*. Es kann kein anderes gedacht werden. Alles, was etwa sonst aufgestellt wurde, führt, innerlich verfolgt und aufgelöst, auf dieses Allgemeine der Kirche schlechthin zurück. Es kann aber auch kein anderes Objekt gedacht werden. Das christliche Leben ist in seiner Totalität nur die Kirche; die Kirche ist allein der volle Begriff des christlichen Lebens; in ihr schließt sich dieser ab – die Gemeinschaft der Glieder an dem einen Haupte. Der Inhalt, Gegenstand der praktischen Theologie ist also: die *Selbsttat der Kirche an sich selbst als Kirche*, die Selbsttat also, in welcher sich die Kirche fortwährend das christliche Leben vermittelt – immer reicher und tiefer vermittelt, oder: in welcher sie sich fortwährend zur Kirche in immer erfüllterem und wahrhafterem Sinne macht. *Die Kirche* ist sich somit darin *Subjekt – Objekt*. Dies ist der eigentlich konkrete Inhalt, Begriff der praktischen Theologie. – Es kann kein anderes *Subjekt* gedacht werden. Wenn, um sogleich das Höchste zu nennen, Christus, der Herr, das Haupt der Kirche, über der Kirche als Subjekt der Tätigkeit gedacht wird, als der in der Kirche durch sein Wort und seinen Geist tätig ist, sie innerlichst in realer Gegenwart hält, nährt und trägt: – so ist dies an sich *dogmatisch* notwendig und richtig, es ist die notwendige dogmatische Grundlage, die göttliche Seite, das göttliche Gesetztwerden der Kirche. Aber das die Tätigkeit Christi, des Hauptes, immerwährend Auswirkende – denn die Tätigkeit Christi ist nicht etwas, wobei sich nur passiv zu verhalten wäre – ist doch die Kirche, und zwar nicht ein Besonderes, Einzelnes in der Kirche, sondern zuinnerst und -oberst die Kirche schlechthin, das allgemeine Ganze der Kirche; dieses ist allein der wesentlich adäquate Auffassungspunkt der Tätigkeit Christi; Christus, das Haupt, wirkt zuinnerst und -oberst nur im Ganzen seines Leibes, im Ganzen seiner organischen Glieder. Beides also, die Tätigkeit Christi und der Kirche, allerdings fortwährend ineinander, so aber, daß für die praktische Theologie der Akzent stets auf die Kirche als Subjekt der Tätigkeit fällt, wenn man nicht bloß bei der *Gabe*,

Gnade Christi stehenbleiben, sondern, wie notwendig, zur *Aufgabe*, welche die Gabe setzt, fortgehen will. Die praktische Theologie bleibt sich jener ewigen Seite der Kirche fortwährend bewußt, sie ist ihr die immerwährende dogmatische Voraussetzung, aber sie ist doch nicht der Inhalt, aus dem *sie* gerade sich wesentlich entwickelt. Zumal dann jedes besondere Subjekt oder jede Reihe, jeder Komplex von besonderen Subjekten in der Kirche, geht in der Wurzel zurück auf das Ganze der Kirche, ist nur als Emanation von diesem zu begreifen – was durch den ganzen weiteren Verlauf klarwerden wird. – Auf der anderen Seite, das *Objekt* betreffend. Daß das christliche Leben in seiner Totalität nur die Kirche ist, muß hier aus der spekulativen Theologie vorausgesetzt werden, welche im Begriffe der Kirche ihren notwendigen Abschluß hat. Die spekulative Theologie hat in der Menschwerdung Gottes in Christo wie die Notwendigkeit so die alleinige Möglichkeit der Kirche zu zeigen. Das Leben Christi als des Gottmenschen ist als solches notwendig bestimmt, nicht nur das Einsame einzelner, sondern das Allgemeine und Gemeinsame aller zu werden, und wiederum vermag das Leben aller dieses Eine und Gemeinsame nur zu werden in und durch den Gottmenschen, der allein ihre wahre Totalität ist, in dem sie sich allein zur höchsten Einheit zusammenschließen. Das christliche Leben ist das Leben Gottes durch Christum in der Menschheit, somit seiner Idee nach das schlechthin Allgemeine und Gemeinsame [2].

So breitet sich demnach der praktischen Theologie der Begriff *der Kirche* unter, ist ihr Anfang und Ziel, und man kann sagen: ihr Inhalt sind die *kirchlichen Tätigkeiten*, wenn dies nur hier an der Wurzel wesentlich in diesem bestimmten subjekt-objektiven Sinne gedacht wird, nämlich Tätigkeiten der Kirche an ihr selbst, die von der Kirche *aus*gehen und auf sie *zurück*gehen, in denen sie sich selbst setzt; ebenso *Kirchenleitung*, d. i. Selbstleitung der

[2] Der Begriff der Kirche hat diese zwei Seiten, die dogmatische und praktische. Die letztere ist es, deren Grundzüge wir hier darstellen wollen. Eine umfassende Lehre von der Kirche überhaupt müßte beide Seiten zusammennehmen und würde zwischen der dogmatischen und praktischen Theologie in der Mitte liegen.

Kirche durch sich selbst: – wenn also zunächst noch gar nicht an den Unterschied der Glieder, Geistliche, Amt und Stand derselben gedacht, sondern der Hervorgang dieses Unterschiedes von der inneren Bewegung der Tat der Kirche selbst erst erwartet wird. Die Kirche darf (nach dem Obigen) bei diesen Bezeichnungen als Bezeichnungen des Gesamtinhaltes der praktischen Theologie (oberster Begriff) weder schon vorausgesetzt, noch durch etwas anderes als sie selbst – und wäre es nur ein anderes in ihr – gesetzt oder fortgesetzt betrachtet werden, sondern zuoberst nur als sich selbst setzend und fortsetzend. Sie ist ursprünglich und im Innersten durch nichts weiter gesetzt als durch Christum, sein Wort und seinen Geist; was ihre Voraussetzung ist, ihr ursprüngliches und immerwährendes Gesetztwerden, ihr immerwährender Lebensgrund von andersher, das ist nur *göttliche* Tat. Ist diese Anschauung nicht das Erste, geht man nicht wesentlich davon aus, so ist der wahre, innerlich reiche und fruchtbare Begriff aller besondern Tätigkeiten nicht zu finden; er wird irgendwie schief, abstrakt und tot. Oder: es ist ursprünglich nichts zwischen Christo und der allgemeinen Kirche; was scheinbar dazwischentritt (der Klerus), geht nur aus diesem Schonzusammensein Christi mit der Kirche für dasselbe hervor. Alles Ausgehen, das sich dieser Negation und Position nicht klar ist, führt entweder auf eine katholisch-hierarchische, mindestens dahin überspielende praktische Theologie, oder auf eine abstrakt, schlecht protestantische, atomistische, aufklärerische, rationalistische. Jener Schein, das scheinbar Dazwischentretende, wird in der katholischen Kirche zur Wahrheit fixiert und in der abstrakt protestantischen die Tiefe und Substantialität der Kirche überhaupt vergessen.

Wenn wir sagten: es breitet sich der praktischen Theologie der Begriff der Kirche unter, so ist dies im Innersten identisch mit dem: es breitet sich der praktischen Theologie der Begriff der *Gemeinde* unter. Die *Gemeinde* ist die *innere* Voraussetzung, der substantielle Kern und Keim, der sich von innen heraus zu dem weitern, realen, organischen Ganzen, das wir Kirche nennen, auswirkt, realisiert; der immerwährende Springquell der Kirche, das Zentrum, was sich in der Kirche seine ganze Peripherie gibt. Somit ist auch die Gemeinde das immerwährende Substrat der praktischen Theologie, und nur in und an der Verfolgung der Lebensmomente, der inneren Lebensgeschichte der Gemeinde kann sich die praktische Theologie entwickeln. Es bedarf kaum der Bemerkung, daß hier nicht sofort an die einzelnen lokalen Gemeinden zu denken ist, sondern vor allem an jene Substanz der Kirche überhaupt, die freilich in jeder einzelnen Gemeinde wieder enthalten ist. Müssen wir alsbald in das Innerste der Gemeinde hinabsteigen, um die wesentlichen qualitativen Bestimmungen der praktischen Theologie zu finden, so können wir hier noch Gemeinde und Kirche identisch setzen, eine Identität, die, wie sie an sich Wahrheit hat, so auch von der höchsten praktischen Bedeutung ist. – Die vielfach, namentlich bei der Frage nach dem Subjekte der Kirchengewalt, zu kirchenrechtlichem Zwecke gegebenen biblisch-symbolischen Nachweisungen, daß in der Gemeinde in diesem Sinne der ganze Schatz der kirchlichen Kräfte, Mächte, Rechte ursprünglich (durch Christum in sie gelegt) eingeschlossen ruht – wiederholen wir hier nicht, sondern machen nur darauf aufmerksam, daß dieses mit unserm Hauptbegriffe, Selbsttat der Kirche an sich selbst, wesentlich zusammengeht – und lassen die ganze folgende Entwicklung den gleichsam rückwärts gehenden Beweis dafür sein.

Nach dem obigen Begriffe: Selbsttat etc. ist also zunächst zu sagen und hat es seine nicht aufzugebende Wahrheit: alle besondern Tätigkeiten, welche Gegenstand der praktischen Theologie sein sollen, sind diese Selbsttat der Gemeinde–Kirche an sich selbst. Alles besondere Tun ist gleichsam nur Emanation dieses allgemeinen Tuns, von diesem durchdrungen und getragen, es taucht gleichsam nur aus dem Allgemeinen auf und wieder in dieses zurück. Kein Tun nur von außen hereinkommend, sondern das Ganze zyklisch, innerlich kreisend, von der Gemeinde aus und auf sie zurückgehend. Sprechen wir die wichtige Konsequenz gleich hier noch etwas reicher aus. Es darf also keine kirchliche Tätigkeit als Gegenstand der praktischen Theologie geben, von welcher nicht die Gemeinde–Kirche schlechthin als Subjekt(–Objekt) ausgesagt werden könnte. Auf diesem Standpunkte sind demnach die Bestimmungen richtig: die Gemeinde–Kirche verfaßt sich selbst, gibt sich selbst ihr Bekenntnis, ihren Kultus, regiert sich selbst. Dies läßt man auch leicht zu; es fällt von selbst in das gewöhnliche Bewußtsein. Schwerer aber die Bestimmungen: die Gemeinde–Kirche unterrichtet, erzieht, katechesiert ihre Glieder selbst, erbaut sich selbst im Kultus, predigt sich selbst, übt an sich selbst ihre eigene Seelsorge. Klingt dies härter und stößt an das gewöhnliche isolierende Bewußtsein an, so ist es doch nicht weniger wahr und wesentlich als das erste; und es ist diese Ur- und Grundanschauung, die sich durch alle weiteren Bestimmungen fortziehen muß, nur von der Begriffslosigkeit und bloßen Empirie zu ignorieren. Setzt die Gemeinde auch diese besondern Tätigkeiten aus sich heraus, so hält sie dieselben doch auf jedem Schritt in sich und reklamiert sie als die ihren; und es liegt gerade in diesem Verhältnisse die wesentliche Kraft, Fülle und Lebendigkeit, die Wahrheit, feste Ruhe und Objektivität aller besondern Tätigkeiten.

Man erwäge nur einiges. Das Kirchenregiment ist Selbsttat der Gemeinde–Kirche an sich selbst. Welche Schätze echt praktisch-theologischer Erkenntnis liegen in diesem Satze! Wird er wirklich festgehalten, in der weitern Entwicklung mit ihm Ernst gemacht, so kann daraus schlechterdings nicht ein abstraktes, totes, äußerliches, advokatenartiges, registermäßiges (oder hierarchisches) Kirchenregiment hervorgehen, sondern es muß ein lebendig von der Gemeinde aus vermitteltes und darum in sich selbst lebendiges, sich fortwährend mit der Gemeinde vermittelndes, in lebendigem Rapporte mit der Gemeinde stehendes Kirchenregiment hervorgehen, ein Kirchenregiment, das die Herzenspulsschläge der Gemeinde fühlt, in sich reflektiert und demgemäß handelt. Ebenso kann man bei gehöriger Entwicklung dieses Satzes nicht irren über das Verhältnis der Kirche zum Staate. Ja, es ist, wo nur dieser Satz in seiner ganzen tiefen Bedeutung mit der ganzen Kraft des Gemeindelebens, die in ihm liegt, festgehalten wird, gerade die innigste Einheit mit dem Staate ohne Nachteil der Kirche möglich. Ebendies gilt dann weiter von den schwierigen Bestimmungen über das Bekenntnis, den Kultus, die Disziplin (und die daran sich knüpfenden Lebensfragen der Kirche). Welcher entscheidende Inhalt liegt in den Sätzen: die *Gemeinde–Kirche* ist die fortwährend *bekennende,* sich ihren *Kultus setzende, sich selbst* in ihm *erbauende,* in ihrer *Disziplin sich revidierende* und vollendende. Oder man nehme die katechetische, liturgische, homiletische, seelsorgende

Tätigkeit. Alle diese Tätigkeiten sind Selbsttat der Gemeinde an sich selbst. Setzen wir es sogleich in das Bewußtsein des Katecheten, Liturgen etc. hinein; da zeigt sich sogleich unmittelbar die Kraft der Sache. *In mir,* dem Katecheten, bildet, *unterrichtet die Gemeinde selbst* ihre Katechumenen: wie kann die Katechese mit diesem Bewußtsein jemals so etwas Isoliertes, Willkürliches, Subjektives, Abstraktes, Unkirchliches werden, wie z. B. in der sogenannten Sokratik? Und ist so mit einem Schlage die ganze Erbärmlichkeit, das ganze Schulmeisterelend des größten Teils der bisher herrschenden Katechese aufgehoben. *In mir betet die Gemeinde selbst, bringt sich selbst Gott dar:* das ist der wahre Liturg. *In mir predigt sich die Gemeinde selbst:* darin liegen die tiefsten homiletischen Mächte (ὁμιλεῖν, ὁμιλία Rede der Gemeinde mit sich selbst) usf. Überall ist damit gegeben der eigentliche Fonds, besonders die rechte notwendige Bindung an die Objektivität, an die ewigen objektiven Grundlagen der Gemeinde (im Worte und Geiste Gottes) und an das gegenwärtige Bedürfnis der Gemeinde, gegen alle subjektive Willkür, – die wahre Notwendigkeit der Freiheit.

[...]

II. Einteilung der praktischen Theologie

[...]

Wir bemerken noch einmal zur Übersicht: die wirkliche Aufstellung der praktischen Theologie für die historisch gebildete Kirche muß demnach folgenden Verlauf haben: *I. Verfassung* – Kirchenregiment und Kirchendienst. *II. Bekenntnis* – praktisch-theologische Symbolik (Theorie des bekennenden Tuns) und Katechetik. *III. Kultus* – Liturgik und Homiletik. *IV. Disziplin* – Theorie der Disziplin im engern Sinne und der speziellen Seelsorge. (Oder, wenn man will: A. [Form] Verfassung. B. [Inhalt]: 1. Bekenntnis, 2. Kultus, 3. Disziplin.)

Diese wirkliche Aufstellung der praktischen Theologie setzt die gegebene Grundlegung, Physiologie des kirchlichen Werdens, gleichsam als allgemeine praktische Theologie voraus und kann nur im fortwährenden Rückblick darauf mit voller Sicherheit vollzogen werden. Der in der Grundlegung gegebene Zusammenhang gibt fortwährend die tiefsten, entscheidendsten leitenden Ideen, die eigentlich schaffenden Prinzipien. In diesem Verhältnisse geht auch das Notwendige hervor, daß, obwohl die praktische Theologie für die gewordene Kirche aufgestellt wird, doch zugleich das Moment des fortwährenden Werdens von innen heraus, das stete Bewußtsein davon, hindurchgeht.

Die Ausführung selbst freilich muß erst vollständig erweisen, wie diese Einteilung und der Gegenstand wirklich ganz ineinander aufgehen, einander decken, jedes einzelne hier an seiner einzig notwendigen Stelle steht, schlechthin alle verbindenden Fäden gegeben sind, alle Lücken, die sonst noch bleiben, wirklich ausgefüllt werden, jedes Folgende immer die größte Summe seiner Voraussetzungen in dem Vorhergehenden hat – mit *einem* Worte der eigentliche Lebensstrom der Sache getroffen ist.

Theologische Jahrbücher. Dritter Band (1844), S. 612–615.

REZENSION ÜBER: PHILIPP K. MARHEINEKE, DIE REFORM DER KIRCHE DURCH DEN STAAT (1844)

Von Eduard Zeller

Wir geben von der vorliegenden Schrift hier nur eine kürzere Anzeige, nicht als ob wir sie einer ausführlicheren Besprechung unfähig oder unwert hielten, sondern um die Leser der Jahrbb. noch in diesem Heft auf eine Abhandlung aufmerksam machen zu können, welche ebenso durch die Gediegenheit ihres Inhalts, wie durch die längst bewährte Tüchtigkeit der sich in ihr kundgebenden Gesinnung und die bedeutende Stellung ihres Verfassers unter den theologischen Bewegungen der Gegenwart das allgemeinste Interesse in Anspruch nimmt.

Der Hr. Verf. dringt auf eine Reform der Kirche durch den Staat. Soll aber diese Reform vom Staate erwartet werden können, so muß dieser auch vermöge seines wesentlichen Verhältnisses zur Kirche befähigt und berechtigt sein, in ihre Angelegenheiten einzugreifen. Die *Einheit von Staat und Kirche* ist es daher, die als Grundlage der vorliegenden Untersuchung im ersten Abschnitt, S. 3–53, vorangestellt wird. Das Christentum – dies sind die Grundgedanken dieser Erörterung – ist Staatsreligion im höchsten Sinne. Dies beweist nicht allein die Geschichte, in deren Verlauf es sich aus seiner anfänglichen Trennung vom Staat herausgearbeitet, und auch den erneuerten Gegensatz der mittelalterlichen Kirche gegen den Staat im Protestantismus überwunden hat: dasselbe liegt auch in der Natur der Sache, denn alles, was die Kirche von äußerer Organisation hat, hat sie vom Staate, und müßte sogleich in den embryonischen Zustand der Privatkonventikel zurückkehren, wenn ihr der Staat dieses sein ursprüngliches Eigentum entzöge; ebenso steht aber auch der Staat mit der Kirche auf einem und demselben Boden, das Gebiet der Religion ist das ihnen beiden gemeinsame: „in der Kirche ist die Sittlichkeit als Frömmigkeit, im Staat ist die Frömmigkeit als Sittlichkeit". Beide sind mithin im Prinzip eins, und nur *die* Einheit derselben wäre abzuweisen, welche die Verschiedenheit ihrer Erscheinung übersähe: ihr richtiges Verhältnis ist nach M. weder ihre abstrakte und unvermittelte Einheit in einer Staatskirche, noch ihre abstrakte Trennung in der Papstkirche, sondern nur ihre freie Einheit in der *Landeskirche.* Eine Folge von dieser Freiheit des beiderseitigen Verhältnisses ist es, daß dieses Verhältnis ein durchaus *praktisches* ist, daß der Staat zwar nicht untätig in Beziehung auf die Kirche sein darf, aber auch nicht auf die verkehrte Weise tätig, sich unmittelbar in die theologische Theorie einzumischen, und eben damit sich selbst allen Schwankungen des Dogmas und allem aus dieser Einmischung hervorgehenden Jesuitismus preiszugeben – wie dies M. S. 41 ff. sehr treffend gezeigt hat.

Mit dem zuletzt Bemerkten hängt nun die Ausführung des zweiten Abschnitts S. 54–143 über den *Dualismus der Konfessionen* zusammen. Was der Hr. Verf. hier verlangt, ist im allgemeinen das allein Richtige, daß der Staat seine Stellung über den Konfessionen nehmen, sie in Beziehung auf Dogma, Kultus und Disziplin freilassen und sich auf die Erhaltung des sittlichen Geistes in beiden und durch beide beschränken, im übrigen aber sich wohl hüten solle, die Eigentümlichkeiten der einen Konfession der andern aufzudringen. Die einzelnen Konfessionen betreffend, so wird zuerst (S. 67–86) dem Katholizismus gegenüber das Recht des Staats, der päpstlichen Kirche als öffentlicher Anstalt im Lande an der Sittlichkeit, die der Staat zu vertreten hat, ihren Maßstab zu geben, mit aller Entschiedenheit geltend gemacht, und im besonderen auf die ultramontanen Grundsätze in Betreff der alleinseligmachenden Kirche, der gemischten Ehen, und der Einrichtung des Beichtstuhls angewendet; hierauf ausführlicher (S. 87–143) die Stellung des Staates zur protestantischen Kirche besprochen. Die Forderung des Hrn. Verf., welche den eigentlichen Mittelpunkt seiner Schrift bildet, ist hier die Herstellung einer zweckmäßigen Organisation der Kirche im Staat. Daß es bei ihrem gegenwärtigen unorganischen Zustande nicht bleiben könne, das Gefühl hiervon, bemerkt M., sei allgemein verbreitet. Ebensowenig lasse sich aber eine Reform der Kirche durch sich selbst, durch die Tätigkeit der einzelnen Gemeinden erwarten, denn nur am Staat habe die Kirche die Einheit, ohne welche keine durchgreifende Veränderung möglich sei. Der Staat daher müsse hier eingreifen. Worin aber soll die Abhilfe bestehen? Ein freieres Gemeindeleben auf der einen, ein möglichst geordnetes Kirchenregiment auf der andern Seite sind auch nach M. höchst nötige Stücke, die Hauptsache wäre jedoch, daß für eine selbständigere Stellung der Kirche in Beziehung auf kirchliche Gesetzgebung durch eine *Synodalverfassung* gesorgt würde, die sich näher in den drei Stufen der Kreis-, Provinzial- und Reichs-Synode zu organisieren hätte, und als deren naturgemäße Träger der Hr. Verf. ausschließlich die Geistlichen betrachtet wissen will. Nur von dieser Verfassung, glaubt M., wäre auch die endliche vollständige Durchführung der evangelischen Union zu erwarten.

Als besonders wertvoll ist der dritte Abschnitt unserer Schrift, der von der Wissenschaft in ihrem Verhältnis zur Kirche handelt, zu nennen. Die freisinnigen Grundsätze des Hrn. Verf. in dieser Beziehung sind bekannt. Daß er ihnen auch hier nicht untreu wird, mag die folgende Äußerung über die Zulässigkeit akademischer Lehrfreiheit innerhalb der protestantischen Theologie, S. 150 f. beweisen. Die Wissenschaft, war gezeigt, stehe allerdings auch nach einer Seite hin im Dienste der Kirche. „Allein was der Wissenschaft nur nicht widerstrebt, ist nicht ihr höchstes Ziel; dieses ist die freie, rücksichtslose Erkenntnis der Wahrheit an und für sich. Das theologische Studium ist eben darum nicht, wie in der römischen Kirche, das in einem Seminarium, sondern auf einer Universität, deren wahrste Bestimmung ist, den Geist frei zu machen von allem Vorurteil und ihn zum selbständigen Erkennen der Wahrheit zu führen, das reine, innere, uneigennützige Interesse und Wohlgefallen an der Wahrheit um ihrer selbst willen, wie es die unbefangene Jugend hat, in ihr zu nähren und zu steigern, und sie zu dem Zweck auch mit allen möglichen Abwegen und Irrtümern selbst bekannt zu machen, um nur ein freies, gesundes Urteil darüber in ihnen zu veranlassen und zu begründen. *Ist damit etwa der Kirche nicht auch gedient; steht sie schon so, daß das helle Licht der Wissenschaft ihren Augen unerträglich ist, und sie dem Forschen nach Wahrheit Grenzen setzen müßte?* Das kann von der Kirche nur voraussetzen, wer nicht in ihr steht und den Geist der christlichen Religion nicht kennt, den sie zu bewahren und fortzupflanzen hat. Nichts ist natürlicher, als daß die, welche nie in der Tiefe eines christlichen Gedankens gelebt haben, auch von dem Geiste der Freiheit, der davon unzertrennlich ist, keine Vorstellung haben. Die heimlichen Anfeindungen und Anklagen, die fortwährenden Verdächtigungen der Wissenschaft, was sind sie anders, als Beweise absoluter Impotenz?"

Ich muß es dem Leser überlassen, sich aus dem reichen Inhalt des vorliegenden Schriftchens mehr des Treffenden und Zeitgemäßen herauszufinden, und will mir hier nur über das allgemein kirchenrechtliche Prinzip desselben eine Bemerkung erlauben. Der Hr. Verf. geht von der inneren Einheit des Staates und der Kirche aus, im Verfolge sieht aber doch auch er sich genötigt, mit Rücksicht auf den Dualismus der Konfessionen eine so weitgehende Selbständigkeit beider Seiten zu behaupten, daß „der Staat es ihnen selbst überläßt, wie sie mit ihren Dogmen und Gottesdiensten, Riten und disziplinarischen Institutionen sich einrichten wollen, vorausgesetzt, daß sie von dem Allem ihm die nötige Kenntnis geben", weil nämlich „er nicht das Prinzip und die Quelle ihrer Lehren, Gottesdienste und Gebräuche sein kann". Ist aber hiermit nicht jene Einheit des Staats und der Kirche wenigstens der wirklichen Kirche gegenüber wieder aufgegeben und die Berechtigung des Staats auf das von Hrn. Verf. perhorreszierte *jus circa sacra* reduziert? Denn auch was der Hr. Verf. a. a. O. andeutet, daß der Staat, als die über den Konfessionen stehende höhere Einheit derselben, das allgemein christliche Leben in den Konfessionen zu erhalten, und sich dadurch nicht bloß einen freien, sondern auch einen „inhaltsvollen" Standpunkt zu geben habe, ist nicht unbedenklich. Das Christentum existiert nun einmal nur in der Bestimmtheit der Konfession, das Urteil des Staats über christlich und nichtchristlich müßte daher gleichfalls durch die Konfession der Regierenden bedingt sein, eben damit aber die Angehörigen der andern Konfession notwendig in ihrem Glauben verletzen, wie denn z. B. auch schon die von dem Hrn. Verf. verlangten Beschränkungen des Ultramontanismus einen wesentlichen Widerspruch gegen das katholische Dogma enthalten. Die Frage wiederholt sich daher, ob nicht durch den Gegensatz der Konfessionen die Einheit des Staates mit der Kirche überhaupt aufgehoben und die gänzliche Freilassung beider Seiten gefordert wird.

Indem ich hinsichtlich einer weiteren Ausführung dieses Punkts auf frühere Äußerungen, teils in diesen Jahrbüchern (III, 1, 210f.), teils in den „Jahrbüchern der Gegenwart" (1844, Jan.) verweise, kann ich nicht schließen, ohne, trotz meiner teilweise abweichenden Ansicht, meine Überzeugung vom Wert und der Bedeutung der vorliegenden Schrift nochmals auszusprechen.

Carl Immanuel Nitzsch, Praktische Theologie. I. Band. Bonn 1847, S. VIII—X. 123—130 (Auszüge).

UNIVERSALGESCHICHTLICHER ANSATZ, METHODE UND EINTEILUNG DER PRAKTISCHEN THEOLOGIE *

Von Carl Immanuel Nitzsch

I. Universalgeschichtlicher Ansatz

[...]

Den Beweis dafür, daß ich mit den Mitarbeitern an der Sache unter den Zeitgenossen gern in Gemeinschaft trat, glaube ich durch mein Programm von 1831 ›Observationes ad theologiam practicam felicius excolendam‹, bereits gegeben zu haben; der Verlauf meines wissenschaftlichen und amtlichen Lebens ließ indessen wohl nicht erwarten, daß die trefflichen Leistungen von Köster, Hüffell, Harms und Marheineke mich der Mühe eines selbständigen Verfahrens überheben würden. Die Gründe desselben sind überdies in der Einleitung unter den Punkten: Geschichte, Methode und Einteilung, ausführlich entwickelt worden.

Möglichst vielen Fleiß habe ich auf die Geschichte dieser Wissenschaft in ihrer lebendigen Verbindung mit der Geschichte des kirchlichen, amtlichen Geistes verwandt; um vollständige literarische Notizen war mir es nicht zu tun. So viele gute Beiträge für die Geschichte der einzelnen praktischen Wissenschaften auch vorhanden sind, so fehlte doch im Grunde sogar noch die erste Anbahnung einer Universalgeschichte praktischer Theologie. Mehr als eine solche Anbahnung wollte und konnte ich auf diese Veranlassung nicht leisten.

Was das System anlangt, so glaube ich durch Unterscheidung des urbildlichen, geschichtlichen und künstlerischen Begriffs, durch Kenntlichmachung der aufeinanderfolgenden, einander ausschließenden und ergänzenden Gestaltungen des kirchlichen Lebens, durch Charakteristik der Einheit und der Unterschiede des Evan-

* Überschrift vom Herausgeber formuliert.

gelismus und der in der Union aufzuhebenden Gegensätze, künftig aber durch eine so noch nicht einmal angestrebte theoretische Bearbeitung der Kirchenordnung endlich dadurch förderlich zu werden, daß ich einen größern Reichtum von konkreten Bestimmungen und Verhältnissen verarbeite, als von seiten meiner Vorgänger geschehen ist, welche oft zu sehr auf den Umfang einer einzelnen deutschen Landeskirche oder auf das Lutherische in Deutschland sich beschränkten. Schleiermacher hat die Theorie des Kirchenregiments mit der praktischen Theologie organisch vereinigt. Davon bin ich ausgegangen, schreite aber nun weiter bis dahin fort, daß ich den wesentlichen Stoff des positiven Kirchenrechtes, soweit er sich durch den theologischen Begriff erklären und fortbilden läßt, mit aufnehme.

Ich habe zu diesem Verfahren sowie zur ganzen Anbahnung der Erneuung des Evangelischen Kirchentums, es sei in Wissenschaft oder im Leben, wie geringe, gefahrvoll und angefochten auch noch diese Dinge erscheinen mögen, die freudigste Zuversicht. Das wird sie mir eher mehren als verkümmern, daß wir, die wir also gesinnt sind, den Progressiven auf halbem Wege stillstehend, den Konservativen wie Neuerer erscheinen. Beide Vorwürfe vereinigt, bilden den Vorwurf der äußersten Nichtigkeit und Verkehrtheit, und diesen werden wir ohne Antwort aushalten. Besteht aber unsre Halbheit eben in der Ganzheit, die in der geschichtlichen Gesinnung liegt, welche wie die Geschichte selbst eine Regel nur auflöst, um eine höhere zu vollziehen, und im Ordnen des Kirchlichen beide Faktoren, das Persönliche und das Gemeinsame beständig im Auge behält, so mögen die Idealisten uns in ihren Werken dartun, daß sie zu erhalten und zu bauen, die Realisten, daß sie, wozu sie sich doch laut bekennen, fortzuschreiten vermögen, und damit werden sie uns beide besser als durch leidenschaftliche Schreibereien beschämen, werden uns überführen und gänzlich gewinnen, darüber auch untereinander sich verständigen und wird *ein* Friede sein. Bis dahin halten wir an unserm Wege.

II. Methode und Einteilung der praktischen Theologie

Verhältnismäßiger Unterschied

Methode ist Fortschrittmäßigkeit, Folgerichtigkeit des Lehrens oder Tuns; demnach auch Einteilung des Gegenstandes, folglich auch die Einteilung Methode. Allein irgendwelche Einteilung (τὸ διαιρετικόν) bürgt noch für kein genetisches Verfahren im ganzen, und bei gleicher Einteilung z. B. der kirchlich-amtlichen Tätigkeit fragt es sich noch immer, welcher Art die Lehre davon, die Theorie derselben sei, da die Stellung des Subjektes zum Gegenstande deshalb eine verschiedne sein und zu verschiednem Verfahren bestimmen kann, weil und sofern sie durch seine Kirche oder durch seine Theologie so oder so bedingt wird, oder weil und sofern ebendadurch sich der sonst identische Inhalt nach verschiedenen Gesichtspunkten auffassen und für verschiedne Zwecke darstellen läßt. Das Wissen und das Lehren von der Praxis wird sich immer ein bewußtes Tun zum Zwecke setzen und anweisend sein, also Verfahrungsarten bezeichnen, es wird immer Gegebenes erklären, es auf Gründe zurückführen und Prinzipien entwickeln, aber deshalb doch die eine Methode mehr die empirische, die andre mehr die begriffliche, die dritte mehr die regulative sein können, ohne daß in dem einen oder andern Falle das Verfahren schlechthin unmethodisch heißen dürfte.

[. . .]

Die empirische Methode

Je mehr die Kirche in jeder konkreten Erscheinung, ihr jetziger Dienst, ihr Gebrauch, ihre Sitte als Moment eines theokratischen Gesetzes gedacht, oder je mehr die ordnende Tätigkeit als eine vollendete und die fortdauernde als eine gesetzvollziehende angesehen wird, desto mehr ist praktische Theologie der kritischen und vorbildenden Funktion überhoben und auf ein Lehren und Wissen von dem, was die Kirche erfahrungsmäßig tut und getan wissen will, demnach auf empirisches Erklären angewiesen. Dennoch schließt diese Methode nicht aus, daß teils das kirchliche Gesetz durch historische und ideelle Erklärung verklärt, teils der Diensttuende kritisiert, und das Tun sittlich und künstlerisch angeregt und bestimmt werde; und auf der andern Seite läßt sich keine praktische Theologie denken, die nicht absichtlich einen gegebenen Zustand des kirchlichen Lebens, welchen sie kritisieren will, auch verstehen, und sofern sie ihn in ihrer Art vervollkommnen soll, auch anerkennen müßte.

[...]

Die Methode des Begriffs, oder die logische

Da eine Tätigkeit nur durch ihren Grund in Geist und Natur, ein Amt nur aus dem Grund des Gemeinwesens, dem es eigen ist, als Erscheinung verstanden oder gewürdigt und nach den daraus sich ergebenden Zweckbegriffen geleitet werden kann, so kommt es für eine Methodik der praktischen Theologie auf den theologischen Begriff von der Kirche zuerst und am meisten an, und von der vollständigsten Entfaltung ihrer Substanz in das besondere und konkreteste ihrer Wirklichkeit kann erwartet werden, daß darin die vollständigste Vorbildung ihrer Selbstbetätigung enthalten sei. Jedoch ist dieses Verfahren, das begriffliche oder logische, in seiner Ausschließlichkeit teils sehr genötigt, in die vorausgesetzte theoretische Theologie zurückzugreifen, teils zuwenig geeignet, dem geschichtlichen Neben- und Nach-Einander der Dinge gerecht zu werden, und der leistungsbedürftigen Praxis selbst in einzelnen Richtungen weit genug nachzukommen.

[...]

Die technische Methode

Nach der obigen Bestimmung des Objektes ist es Ausübung, Tätigkeit, womit sich diese Wissenschaft beschäftigt; folglich muß es ihr vorzugsweise anliegen, Verfahrungsweisen zu finden, also Kunstlehre im höhern Sinne mitzuteilen. Denn es handelt sich um besonnene und übereinstimmende Leitung des gemeinsamen Lebens. Allein es gibt keinen Anfang für Regeln anders als auf dem Grunde der Prinzipienlehre, und keine konkrete Anwendbarkeit derselben anders als durch Hinblick auf gegebene Zustände. Jenes Dreifache von Verfahren ist demnach in ein Einiges zusammenzuschließen. Denn das geschichtliche Wahrnehmen, das logische Entwickeln und das technische Vorbilden wird allenthalben ineinander gehen müssen.

[...]

Die Einteilung

In Übereinstimmung mit dem angezeigten methodischen Erfordernisse wird, wenn „kirchliche Ausübung des Christentums" Gegenstand der Wissenschaft ist, diese vom allgemeinen zum historischen, vom historischen zum Kunstbegriffe fortschreiten. Demnach wird uns der *urbildliche Begriff* vom kirchlichen Leben, der *jetzige Zeitpunkt* seiner protestantischen Entwicklung und *der leitende Gedanke* für alle zu erfüllenden Aufgaben besonders beschäftigen. Was nun den urbildlichen Begriff betrifft oder des kirchlichen Lebens Idee, so fragt sich erstens, *wie sich die Gemeine überhaupt begründe*, zweitens, *zu welcher Tätigkeit sie sich entwickle*, und drittens, *in welchem Verhältnisse dieses Gemeinleben zu andern Arten von Gemeinschaften* und Gemeinbestimmungen, nämlich zu Staat und Kultur stehe. Die Erfassung des jetzigen Moments der Erscheinung aber ist der protestantisch-evangelische Begriff vom kirchlichen Leben. Da handelt es sich zuerst um die *Grundsätze*, die kritischen und positiven, ferner um das Mannigfaltige der *konfessionellen und landeskirchlichen Erscheinung*, endlich um die *Tendenz zur Selbstvervollkommnung*, welche dem Protestantismus eigen ist und sich tatsächlich spüren läßt. Darauf gründet und daran knüpft sich der leitende Gedanke der amtlichen Tätigkeit. Dieser muß sich nach der schon früher erkannten Mannigfaltigkeit der letztern dergestalt spezialisieren, daß sich für jede Aufgabe der urbildliche Begriff mittels des protestantischen in kritischer und vorbildender Kraft bis zur Erkenntnis der Verfahrungsweisen entfaltet. Das Mannigfaltige der Tätigkeit führt aber zunächst auf den Unterschied der unmittelbar auf die *Erbauung* gerichteten und der reflexiven, *ordnenden*. Die erbauende nun wird immer Dienst am Worte, oder Feier oder eigentümliche Seelenpflege sein; und die ordnende teils inneres, teils äußeres Kirchenrecht bilden, und in objektiver Beziehung als eine Gesetzgebung, welche sich auf die erbauende Tätigkeit zurückerstreckt oder andre ergänzende hervorbringt, in subjektiver Beziehung als Regierung und als Verfassungsbildung betrachten und leiten lassen.

Der historische und dogmatische Begriff der christlichen Kirche ist nicht Inhalt, sondern Voraussetzung und eine Quelle der praktischen Theologie; was sie von der Seite des Glaubens oder ihrer allgemeinen Tatsächlichkeit angesehen ist, fällt nicht anders in unsre Betrachtung, als daß es die Anknüpfung hergibt. Sondern das Sich-selbst-Begründen, Auswirken, Vermitteln im Dasein, das kirchliche Leben und Verfahren oder Handeln wird uns zum Gegenstande. Notwendigerweise nun muß die kirchliche Praxis erst in der Einheit des Mannigfaltigen und dann in der Mannigfaltigkeit des Einen betrachtet werden; jene Einheit und Ganzheit wäre dann das kirchliche Leben, dieses Mannigfaltige die Wirklichkeit des Verfahrens in der Besonderung der Aufgabe, eines Verfahrens, dessen Möglichkeit und Notwendigkeit nun schon vorausgesetzt werden könnte. Und so durfte, wer diese Kategorien: Allgemeines, Besonderes – als Teilbezeichnungen für unumgänglich hält, eben dabei stehenbleiben. Es fragt sich nur, ob diese überall nötigen logischen Verhältnisse nicht gegen noch andre zurücktreten, was den Prozeß der Haupteinteilung betrifft. Daß sich in den besonderen Aufgaben allezeit der Begriff der allgemeinen wiederhole, erneuere und bis zu besondrer Kritik und fortbildender Regel entwickle, steht fest; allein das Allgemeine fällt selbst unter einen zwiefachen Gesichtspunkt. Die kirchliche Ausübung ist nicht absolut neu zu beginnen, sie muß, um ihrer Zwecke und Mittel in concreto sich bewußt zu erhalten, den jetzigen Zeitpunkt und Zustand kennen. Schon die Idee des christlichen Gemeinlebens ist keine abstrakte, weil sonst das Christentum auch nur Religion und religiöses Wesen überhaupt sein müßte; sie ist konkrete Vorstellung; sie fällt mit der Urerscheinung so zusammen, daß sie von dieser nur das Zufällige abstreift und dagegen das beständig zu Verwirklichende herausleuchten und den jetzigen Zustand sich darin spiegeln läßt; sie hat typisch-prophetische Kraft. Das Allgemeine also, nämlich die Ganzheit und Einheit kirchlicher Ausübung, ist selbst schon in den Gegensatz des Ursprünglichen und Nachfolgenden, der Vergangenheit und Gegenwart, und dies nicht nur, sondern auch in den Unterschied und den Widerspruch des Katholischen und Protestantischen geteilt – denn in jedem von diesen beiden übt sich das ganze Kirchentum aus, so daß die einzelnen Aufgaben nur in dem Geiste der einen oder andern Kirche gefaßt und erfüllt werden dürfen. Das protestantische Allgemeine und Ganze muß sich also an einem andern erproben, an der Idee, an dem Urbildlichen. Darüber geht uns die bloße Gegenüberstellung der Allgemeinheit und der Besonderung verloren, man müßte denn erstere in den zwei Momenten ideell und historisch oder urbildlich und protestantisch festhalten. Sicher ist, daß die Theorie vom christlich Allgemeinen zur protestantischen Bestimmtheit und von da zu einzelnen Tätigkeiten fortgehen muß, wenn der Begriff der Praxis sich ausbilden soll; sicher, daß derselbe zum ersten dogmatisch, zum andern geschichtlich, zum dritten künstlerisch genannt werden darf, und ob nun gleich in der einen Hinsicht diese Trichotomie den Kategorien: Allgemeinheit, Besonderheit, Einzelnes, in der andern dem Ausgange von der Idee zur Erscheinung und dem Fortgange zum Begriffe zu entsprechen scheint, so bleibt doch auch so das logische Verhältnis des Allgemeinen in den beiden ersten zur Besonderung im Dritten übrig; wonach kein Hindernis besteht, diese Ausführung in den beiden Teilen vom kirchlichen Leben und von den einzelnen Tätigkeiten zusammenzufassen. Wir verwahren uns dabei gegen den uns von gewisser Seite drohenden Vorwurf entweder eines bewußt willkürlichen und beliebigen oder eines sich gegen die weitere Frage anmaßlich abschließenden Verfahrens. Wir werden allenthalben den Suchenden uns zugesellen; was wir aber gefunden, das tragen wir zum allgemeinen Besitze bei.

[...]

II.

ZWISCHEN ERWECKUNG UND KONFESSIONALISMUS (1848–1885)

Real-Encyklopädie für protestantische Theologie und Kirche. Elfter Band. Gotha 1859, S. 175—186 (im Auszug).

PASTORALTHEOLOGIE

Von Christian Palmer

Pastoraltheologie (nach Analogie des Wortes Moral auch kurzweg 'Pastoral' genannt, dies übrigens häufiger bei katholischen als bei protestantischen Theologen), eine Disziplin, von der jeder ungefähr weiß, was sie soll und will, deren wissenschaftlicher Ort im ganzen der Theologie aber gleichwohl noch wenig ins klare gesetzt ist. Sehen wir uns zuvörderst bei den namhaftesten Vertretern dieses Faches um, so haben z. B. Harms, Vinet und Sailer, die wir zugleich als Repräsentanten der Konfessionen herausgreifen, miteinander gemein, daß sie die Lehren von der Predigt, der Katechese, der Seelsorge und vom Gottesdienste abhandeln, dabei aber auch noch verschiedenes mit in Betracht ziehen, was den Pastor, obgleich mit Bezug auf das Amt, damit er für dieses befähigt ist, doch nur persönlich angeht. Sehen wir von letzterem vorerst ab, so fällt in die Augen, daß jene vier Hauptgegenstände bereits Gegenstände der praktischen Theologie sind, daß es mithin naheläge, praktische Theologie und Pastoraltheologie als zwei Namen ein und derselben Sache anzusehen. So war es in der Tat auch gemeint bis zu der noch nicht weit hinter uns liegenden Zeit, da die praktische Theologie, statt von den Männern der Wissenschaft (wie von Planck, Einl. in die theolog. Wissensch. II. S. 593) als eine bloße Krücke für die Schwachen unter den Theologen gering geschätzt zu werden, endlich sich die Anerkennung errang, daß auch sie Wissenschaft sei und im Organismus der gesamten Theologie dieselbe Notwendigkeit und Dignität habe, auch ebenso gut theoretisch und systematisch sei, wie das, was man theoretische oder systematische Theologie nannte. (Vgl. die Abhandl. des Unterzeichneten: ›Zur praktischen Theologie‹, in den Jahrbüchern für deutsche Theologie, I. 1856. S. 317 ff.). Die Pastoraltheologie behandelte bis dahin alle die Fächer als ihr Eigentum, die jetzt als die

Teile der praktischen Theologie gelten; zuweilen führt sie wirklich beide Namen (so in dem vielbändigen Werke ›Theologia pastoralis practica‹ [aus den Kloster Bergischen Konferenzen entstanden], Magdeb. u. Leipz. 1737–1755); zuweilen nennt sie sich geradezu praktische Theologie (Häberlin, ›specimen theologiae practicae, h. e. manuductio, qua ratione minister ecclesiae in omnibus casibus officio suo rite defungi queat ac debeat‹, Tubing. 1690). Kaiser gebraucht (›Entwurf eines Systems der Pastoraltheol.‹ Erlangen 1816. S. 11) die Namen praktische Theologie, theol. applicatrix, Hierotechnik – alle als gleichbedeutend mit Pastoraltheologie, und weist eben deshalb die Benennung praktische Theologie für eine populäre Dogmatik und Moral mit Recht zurück. Auch ist der Pastoralname jedenfalls der ältere; Zwinglis Hirte (›Werke von Schuler und Schulth.‹ I. S. 631 ff.), des Erasmus Sarcerius pastorale, Luthers pastorale (s. unten) gaben den Namen her, der, freilich dem hohen christlichen Altertum schon nicht fremd, doch jetzt erst zu einem stehenden Titel wurde, wiewohl immer einzelne waren, die, was er sagen sollte, auch ohne ihn ausdrückten (Mayer, ›museum ministri ecclesiae‹, 1690; Miller, ›Anleitung zur weisen und gewissenhaften Verwaltung des Lehramts‹, 1777; Georg Sailer, ›Grundsätze zur Bildung künftiger Volkslehrer‹, 1783, vieler anderer bekannten Werke nicht zu gedenken). War aber die Pastoraltheologie der Mutterschoß, in dem einstweilen das Kind, die praktische Theologie, sich bildete und nährte, so hat sich nunmehr, seit Schleiermachers enzyklopädischer Organisierung der gesamten Theologie, die letztere zum Range einer Wissenschaft erhoben und eben damit auch ihre Lostrennung von der Pastoraltheologie vollzogen. So zwar keineswegs, daß die Mutter von der Tochter nunmehr ausgestochen wäre; die übereilte Behauptung von Rosenkranz (Enc. 1. Aufl. S. XXXI), daß es in der evangelischen Kirche keine Pastoraltheologie geben könne, weil der Prediger, um seinem Amte mit Würde und Erfolg vorzustehen, keiner besonderen Moral genieße (welche exemte Moral nach R. somit nur in der katholischen Kirche gedacht werden könnte), ist nicht als richtig befunden worden; der Beweis, daß es eine evangelische P.-Th. geben *kann*, ist damit geliefert, daß es eine solche *gibt*. Aber nun entsteht die Frage, wie das Verhältnis beider Disziplinen zu bestimmen sei. Es ist dies um so weniger leicht zu erkennen, da jede Homiletik, jede Katechetik, so wissenschaftlich auch die Haltung ist, die sie sich zu geben bemüht, doch unwillkürlich an dieser und jener Stelle ins pastorale Fahrwasser gerät; und wollte sie dies geflissentlich vermeiden, so wäre sie sicher, eines abstrakten Formalismus angeklagt zu werden. (Wie viele pastorale Elemente enthält z. B. Schleiermachers ›Praktische Theologie‹ – und wie herrscht dagegen in Marheinekes Entwurf der praktischen Theologie eben darum eine so vornehm-kalte Temperatur, weil dort allerdings von Pastoralem Umgang genommen wird!)

Sehr einfach wäre die Sache, wenn wir sagen dürften: die Pastorallehre hat es mit der Seelsorge zu tun, im Gegensatz zum Kultus, zum Kirchenregiment etc. Nun ist die Seelsorge ebensogut ein Objekt der praktisch-theologischen Wissenschaft als Predigt und Kirchenrecht, – also ist die Pastoraltheologie ein Teil der praktischen Theologie. (So will Schweizer die P.-Th. definieren als „Theorie der Seelsorge, sofern der Geistliche in dieser Funktion nur Einzelne und auch diese nicht vor dem Forum der Gemeinde vor sich hat." S. die übrigens lehrreiche Abhandlung desselben ›Über die wissenschaftliche Konstruktion der P.-Theol.‹ in den Stud. und Krit. 1838. I. S. 7–53. – Ebenso faßt Pelt, Enc. S. 634 ff. die Past.-Theol. als Theorie der Seelsorge; daher kann er S. 640, II. C. 2. auch den Laien als Subjekt der Seelsorge bezeichnen, was mit dem genauer bestimmten Begriff der P.-Th. nicht harmonieren würde. – Ähnlich wollen auch katholische Theologen – s. z. B. den Art. Pastoral-Theologie in Aschbachs Kirchenlexikon – dieselbe neben Homiletik und Liturgik als Teil der praktischen Theologie einreihen: die Homiletik samt Katechetik stelle das der Kirche übertragene Lehramt Christi, die Liturgik das priesterliche und die Pastoraltheologie das königliche Amt dar, was, abgesehen von anderem, schon darum verfehlt ist, weil Christus sein Hirtenamt vielmehr dadurch, daß er sein Leben gelassen hat für die Schafe, also durch seine priesterliche Selbstopferung, und ebenso durch seine Predigt betätigt hat; das Moment des Regierens hebt er gerade am wenigsten darin selber hervor.) – Allein die P.-Th. ist keineswegs gewillt, sich bloß auf Krankenbetten, Gefängnisse, Geisteskranke usw. beschränken zu lassen; in Harms' Past.-Th.

nimmt der eigentliche Pastor, im Unterschiede vom Prediger und Priester, nur ein Drittel des Ganzen ein, was nur darum nicht als ein Verstoß gegen die Logik gerügt wird, weil jenes Recht der P.-Th., auch über die Seelsorge hinauszugehen, allgemein anerkannt ist. Wir kommen einzig dadurch aufs klare, daß wir uns Rechenschaft geben, wer denn dasjenige Subjekt ist, dessen Tätigkeit (denn eine Theorie von Tätigkeiten haben wir in beiden zu suchen, das ist ihre praktische Natur und Bestimmung) die praktische Theologie, und wessen Tätigkeit die P.-Th. zum Gegenstande hat. Jene stellt, da sie ebenso das kirchliche Leben in seinem Organismus zu behandeln hat, wie die Ethik das sittliche Leben, die Tätigkeiten der Kirche, diese die Tätigkeiten des Pastors dar. (Es ist daher ganz in der Ordnung, daß eine Menge von Pastoralwerken dies schon in ihrem Titel kundgeben, wie Kortholts ›pastor fidelis‹; Baxters, Löhes etc. ›Evangelischer Geistlicher‹; Gottfr. Arnolds ›Gestalt eines evangelischen Lehrers‹; Neumayers ›vir apostolicus‹, Ingolst. 1752 etc.). Hierdurch tritt sowohl das Gemeinsame als das Unterscheidende sogleich ins Licht. Da viele Tätigkeiten der Kirche durch den Pastor vollzogen werden, so müssen auch viele Gegenstände in beiden vorkommen. Aber erstlich sind diese vielen nicht alle. Zum Beispiel das Kirchenregiment, die Aufstellung und Handhabung der Kirchenverfassung ist nicht Sache des Pfarrers; daher gehört auch das Kirchenrecht nicht in die Pastoraltheologie, außer sofern pastorale Pflichten zu einem Gegenstande kirchlicher Gesetzgebung geworden sind, also auch das positive Recht sich ihrer gleichsam bemächtigt hat (solche gesetzliche Bestimmungen hat z. B. V. D. Spörl gesammelt in dem Werke: ›Vollständ. Past.-Theol. aus den vornehmsten Kirchen- und Landesordnungen‹, Nürnberg 1764); allein die Past.-Theol. müßte ihre Sätze aufstellen, auch wenn keine Kirchenordnung dieselben in ihre Satzungen, in die Amtsinstruktion der Geistlichen aufnähme. Ebenso ist es zwar die Kirche, welche missioniert, aber der Pastor ist nicht ihr Missionar; er kann für die Mission tätig sein in seiner Gemeinde, aber die Theorie der Mission gehört nicht in die Past.-Theologie. Zweitens aber nimmt die P.-Th., weil sie den Pastor zum Subjekte der von ihr zu beschreibenden Tätigkeiten hat, auch vieles auf, was in der praktischen Theologie keinen

Raum hat. Ob z. B. der Pfarrer Landwirtschaft treiben, ob er schriftstellern, wie er sich verheiraten soll, das sind Fragen, die wohl die Past.-Theol., nicht aber die praktische Theologie etwas angehen, eben weil nur jene solch persönliches Interesse an dem Pastor nimmt. Dies führt aber noch weiter, indem nämlich auch das, was beiden gemeinsam ist, doch verschieden behandelt werden muß. Wir können die Differenz nicht schärfer ausdrücken, als wenn wir sagen: die praktische Theologie ist Wissenschaft, die Pastoraltheologie aber nicht. Das will nicht heißen, die letztere habe überhaupt mit der Wissenschaft nichts zu tun; vielmehr muß sie, wenn sie nicht in erbauliche Salbaderei auslaufen oder nach dem Geschmack des Pastoraltheologen lauter willkürliche Regeln nebeneinanderstellen soll, durchaus die Wissenschaft zur Voraussetzung, zum Hintergrund haben; sie wird sich auch das Recht vorbehalten müssen, an solchen Punkten, wo sie es wegen herrschender Ansichten oder obwaltender Kontroversen passend findet, auf wissenschaftliche Prämissen selber einzugehen, also z. B., je nachdem zu einer Zeit der Amtsbegriff über das billige Maß gesteigert und dadurch korrumpiert wird, in dem Abschnitte, aus dem der Pastor die richtige Auffassung seines Berufes lernen soll, auf eine wissenschaftliche Kritik der Meinungen sich einzulassen. Aber das ist nicht ihre Hauptaufgabe. Vielmehr: was sie von solch wissenschaftlichem Material aufnimmt, das entlehnt sie aus der Theologie, um ihre praktischen Lehren damit zu begründen oder ins Licht zu setzen. Diese praktischen Lehren sind freilich auch wieder ein Wissen, das vom Lehrer auf den Schüler übergeht; aber es ist nicht die wissenschaftliche Explikation der Idee, sondern das Wissen um die zweckmäßige Art, wie in den ganz konkreten, gegebenen Verhältnissen das Handeln beschaffen sein muß; eben darum auch ein Wissen um all das Einzelne, Kleine, von lokalen, provinziellen und anderen zufälligen Umständen Abhängige, – also das Wissen auf einem Gebiete, das der praktische Verstand zu beherrschen hat, nicht um von sich aus zu bestimmen, in welchem Geiste das Amt geführt und alles Handeln bewerkstelligt werden müsse (wenn sich der praktische Verstand auch dies anmaßte, so erhielten wir wieder eine Anschauung vom geistlichen Amte, wie sie bei Spalding „von der Nutzbarkeit des Predigtamts“ vorliegt), sondern um, nachdem dies von der wissenschaftlichen Theologie in ihrem praktischen Teil geschehen ist, nun die Ausführung im einzelnen zu regeln und zu erleichtern. Daher ist es nicht unrichtig und muß nur vor Mißverständnissen geschützt werden, wenn man die Past.-Theol. als eine Anleitung zur prudentia pastoralis bezeichnet hat (Sal. Deylings ›institutiones‹, 1734; Eberh. Collin, ›prudentia pastoralis Jeremiana‹, 1739, eine Past.-Th., aus Jeremias gezogen; in demselben Sinne ist es auch gemeint, wenn Köster auf dem Titel seines Werkes: ›Lehrbuch der Pastoralwissenschaft‹, 1827, sogleich beisetzt: „mit besonderer Rücksicht auf Pastoralweisheit“).

Dieser Sachverhalt bringt es mit sich, daß das Gebiet der P.-Theol. weder nach außen so fest und scharf abgegrenzt, noch nach innen so streng gegliedert werden kann, wie wir dies von einer wissenschaftlichen Disziplin fordern müssen. (Dies gesteht Harms in seiner Weise damit faktisch ein, daß er, P.-Th. III., erste Rede, alles dasjenige dem Pastor zuweist, somit als das eigentlich Pastorale im Unterschied vom Homiletischen, Katechetischen, Liturgischen ansieht, „was nun noch übrig liegt, uneingefriedigt“, also was unter jenen festeren Rubriken nicht Platz gefunden; dessen aber ist mancherlei. Das paßt jedoch ganz wohl auch zu dem Namen Pastor; das Bildliche, was er enthält, ist zugleich etwas ziemlich Unbestimmtes, so daß er zur Aufnahme von mehr oder weniger Inhalt sich eignet. So handelt I. P. Miller in einer dritten Abteilung seiner ›Anleitung zur Verwaltung des Lehramtes‹, nachdem die erste das Homiletische, Katechetische und Liturgische, die zweite die Seelsorge enthalten hat, von „vermischten Pflichten eines evangel. Lehrers“ und sagt, er wolle „unter diese Rubrik verschiedene Pflichten zusammenzwängen“.) Es sind die Verhältnisse, in denen der Pastor sich zu bewegen hat, gegeben; er muß sie nehmen, wie sie sind; sie sind aber zu verschiedenen Zeiten und an verschiedenen Orten verschieden; noch unendlich mannigfaltiger sind die Persönlichkeiten, mit denen er in pastorale Beziehungen kommt: das alles läßt sich nicht konstruieren, man kann nur durch möglichste Umsicht eine relative Vollständigkeit herstellen, während jeder Tag wieder ein neues Problem bringen kann, für das noch in keinem Lehrbuch eine Pastoralregel steht. Dieser kasuistischen Natur der P.-Th. entspricht es ferner, daß auch die Entscheidungsgründe in den Fällen, wo sich pro und contra sprechen läßt, sehr oft subjektiver Art sind; sie liegen entweder in dem persönlichen Gefühl, im Privatgewissen des Pastorallehrers, oder stützen sie sich auf den doch auch nur relativ richtigen Grundsatz, daß man, was den Gemeinden einmal lieb ist, was sie gewohnt sind, schonen müsse; dieses Liebhaben und Gewohntsein ist aber ein höchst ungleiches. (Man hat es da und dort einer Homiletik, einer Katechetik zum Fehler angerechnet, daß sie einzelne Fragen nach solch subjektiver Auffassung oder Anschauung entscheide; der Vorwurf kann richtig sein, aber er ist kein Vorwurf, denn das sind eben solche Punkte, an denen auch die Zweige der praktischen Theologie, also der Wissenschaft, unwillkürlich in die P.-Theol. hineinwachsen, wo sie in der Ausführung pastoral werden. Man sehe z. B. bei Harms, Past.-Th., dritte Rede, wie er in betreff der Predigt das, was davon der Homiletik zugehöre, und das, was die P.-Theol. sich zuzueignen habe, auseinander zu lesen sich bemüht.)

Die eigentümliche Stellung der P.-Th. läßt sich auch so bezeichnen: sie stehe in der Mitte zwischen der Wissenschaft praktischer Theologie und zwischen der Amtsinstruktion, die der Geistliche beim Antritt des Amtes erhält und auf die er verpflichtet wird. Es hat ja zumal die ältere Zeit nicht wenige Amtsinstruktionen hinterlassen, die selber schon für eine Past.-Theol. gelten können (so ist z. B. die von Joachim II. 1540 gegebene Kirchenordnung für Brandenburg, nachher 1600 von Stephan Prätorius für den pastoral-theologischen Zweck kommentiert, s. die Klosterbergische Sammlung, ›theol. past. pract.‹ 6. Bd. 42. Stück, S. 116). Dennoch wird durch jene, sofern sie richtig, d. h. auch mit gehörigem Maßhalten, abgefaßt sind, das besondere Auftreten der letzteren, gleichsam einer Instruktion zur Instruktion, nicht überflüssig gemacht; denn, wie in dieser Beziehung der katholische Theolog Powondra (in seinem ›systema theol. past.‹ 1818. I. § 6) richtig gesagt hat, „die Past.-Theol. hat die geistlichen Amtspflichten theils in denjenigen Stücken zu behandeln, quae pastoris arbitrio relicta sunt“, wofür also eine äußere gesetzliche Norm gar nicht besteht oder wohin überhaupt keine solche reicht, „theils aber hat sie zu zeigen, wie die bestehenden Verordnungen am zweckmäßigsten in Ausführung zu bringen seyen“.

Wenn aber hiernach die P.-Th. dem Pastor wie ein Engel der Klugheit als steter Begleiter mit auf den Weg gegeben werden soll, so scheint gerade hierdurch ihr Existenzrecht am allermeisten gefährdet. Jener vielzitierte Pfarrer bei Jean Paul, der auf die Kunde, sein Sohn habe im Duell einen Totschlag begangen, eiligst in Oemlers Repert. den Artikel nachschlägt: „wie sich ein Pfarrer zu benehmen hat, dessen Sohn gehenkt werden soll" – wäre sicherlich kein Ausbund von prudentia pastoralis gewesen, auch wenn er den ganzen Oemler und noch ein Dutzend weiterer Pastoraltheologen auswendig gewußt hätte. Wer nicht mit selbsteigener Klugheit gesegnet ist, dem wird auch die beste Pastoraltheologie sie nicht eintrichtern; wer sich aber einiges praktischen Verstandes und dabei eines guten Willens erfreut, der braucht sie nicht. In der Tat stoßen wir auch hier auf eine Differenz zwischen praktischer Theologie und Pastoraltheologie, und zwar zuungunsten der letzteren: jene ist notwendig, denn sie ist ein integrierender Teil des theologischen Gesamtwissens; diese aber kann nicht dasselbe von sich sagen. Wenden wir das gleich nach einer praktischen Seite, so würde folgen, daß auch unter den akademischen Lehrfächern die Past.-Theol. keine absolut notwendige Stelle hat; ein Zugeständnis, dem von anderer Seite die Behauptung resp. Klage entgegenkommt (s. Schweizer. a. a. O. S. 35), daß die Universitätsdozenten, weil sie gar nicht oder doch zu wenig Pastoren seien, auch nicht einmal das Zeug haben, dieses Fach nutzbar zu traktieren. Um mit dem letzteren anzufangen, so ist es allerdings widersinnig, wenn jemand Pastoraltheologie doziert, der nie Pastor gewesen: dies wird aber auch wohl kaum je geschehen. Ist aber ein Mann vorhanden, bei dem mit der nötigen praktischen Erfahrung die ebenso nötigen wissenschaftlichen Voraussetzungen zusammentreffen (denn den wissenschaftlichen Hintergrund haben wir oben als unentbehrlich erkannt), dann ist nicht einzusehen, warum es nicht den Studierenden in hohem Grade wohlbekommen sollte, schon vor dem Eintritt ins Amt einen Überblick über die ganze Weite der praktischen Aufgaben zu erhalten, die es ihm bringen wird, und über jeden wichtigeren Punkt dasjenige zu vernehmen, was nicht nur die Einsicht und Erfahrung seines Lehrers, sondern auch die Erfahrung aller Zeiten ihm darbieten kann zur glücklichen Lösung jener

Aufgaben. Wohl muß er die rechten Erfahrungen erst selber machen; aber um überhaupt Erfahrungen machen zu können, muß man bereits einen Anfang gemacht, einen Grund gelegt haben; alle Erfahrung besteht aus reichen Zinsen, die man nur bekommt, wenn man mit einem geistigen Kapital in die Welt tritt. Und wie viele Fehler werden gemacht, ehe man durch sie klug wird; wie viele Nachlässigkeiten setzen sich fest, so daß man sich im pastoralen Behagen ihrer gar nicht mehr bewußt ist! Dafür also zum voraus das Gewissen zu schärfen, das Auge auch auf Pflichten zu lenken, die man leicht übersieht oder unterschätzt, den Fuß zum voraus vor Fehltritten zu bewahren, die vielleicht gerade dem Eifrigsten am häufigsten begegnen – das ist ein Teil der Vorbereitung aufs Amt, der zwar nicht vom wissenschaftlichen, also vom eigentlichen Universitätsstandpunkt aus, aber desto mehr vom Standpunkt der Kirche aus, also von Predigerseminarien gefordert werden darf. Es begnügt sich ja auch im Amt ein gewissenhafter Mann nicht damit, nur seine eigene Erfahrung zu vermehren und zu benutzen und seiner eigenen Meinung zu folgen; eine Auswahl pastoral-theologischer Literatur und brüderlicher Austausch im persönlichen Verkehr mit Kollegen werden auch dem Tüchtigsten ein Bedürfnis sein. – In betreff des akademischen Betriebs der Pastoraltheologie haben freiliche manche sogar schon einen wirklichen Anfang von Seelsorgertätigkeit verlangt, die die Studierenden unter Leitung eines Lehrers ausüben sollen. Ein Aufsatz in der Deutschen Vierteljahrsschrift 1850. Heft 1: ›Über zweckmäßigere Erziehung zum evang. Kirchendienste‹ (auch abgedruckt im württemb. Kirchenblatt, 1850 S. 548 ff.) spricht das Desiderium aus, es sollte, wie bei den Medizinern, so bei den Theologen eine ambulante Klinik geben, indem der Lehrer mit etlichen Studierenden das Krankenhaus besuchte und in ihrer Gegenwart den Kranken geistlichen Beistand leistete, auch nachher seinen Zuspruch zum Gegenstande einer Unterredung mit den Studierenden machte. Solche Dinge lesen sich ganz leidlich auf dem Papier; aber wie wäre ein vertrauliches Gespräch, dergleichen doch allein an das Krankenbett gehört, von seiten des Kranken wie von seiten des Seelsorgers da möglich, wo ein halb Dutzend Studenten, vielleicht mit dem Bleistift in der Hand, zuhören! Einen Fuß kann man sich abnehmen lassen in solcher Gegenwart, auch etwa eine hohe, salbungsvolle Rede anhören, aber die Herzen gegeneinander öffnen kann man nicht. (Was am angef. Orte zur Beseitigung dieser naheliegenden Entgegnung gesagt ist, daß ja auch Krankenwärter etc. in der Nähe seien, trifft nicht, denn diese kann man entfernen.) Eine ebenso starke Verwechslung der medizinischen und der theologischen Anschauung ist es, wenn ebendaselbst gesagt wird: einzelne Kranke soll man je einem Studierenden übertragen, der dann über seine Pflegebefohlenen im Hörsaal zu referieren hätte. Wir kennen solches Referieren auch, aber eben deshalb wissen wir, daß 1. es ungeeignet, ja unrecht ist, Äußerungen, die ein Kranker gegen seinen Beichtvater (denn diesen soll ja ex hypothesi der Student vorstellen) im Vertrauen getan, öffentlich zu berichten und sie, wie etwa die Mediziner das abgelassene Blut, u. a., zu analysieren; 2. daß es eine Illusion ist, sich den Gang des geistigen Lebens, den Wechsel der Stimmungen, das Geduldlernen usf. bei einem Kranken so analog dem Gange einer Krankheit zu denken, daß der Kranke für den Seelsorger wie für den Arzt „ein Fall" wäre, dessen Anfang, Verlauf und Ende den Gegenstand eines der gemeinsamen Kritik zu unterstellenden Referats bilden könnte, eine Analogie, die nur beim Geisteskranken zutrifft, sonst aber nur zufällig vorkommt; und 3. daß solch eine „Seelsorgerschule" eine leidige Versuchung zur Unwahrheit mit sich führte, indem der Student, um jedesmal von seinem Kranken etwas Neues und Interessantes, von sich irgendein Weisheitswort berichten zu können, nur gar zu leicht dazu käme, sich selbst oder andere zu täuschen. Die Kanzel, die Schule etc. kann der Student betreten, um sich zu üben, das Heiligtum des Krankenzimmers aber nicht, außer wo er persönlich als Freund dies Recht hat. Etwas anderes ist es, wenn etwa der Pfarrer seinen Vikar in der Behandlung von Kranken, die er ihm überläßt, väterlich und brüderlich berät; denn hier ist der Vikar selbst schon amtliche Person, das Verhältnis ein mehr kollegialisches.

Es ist im bisherigen immer nur das Verhältnis der Pastoraltheologie zur praktischen Theologie ins Auge gefaßt und dadurch die eigentümliche Stellung und Dignität derselben bestimmt worden. Bevor wir aber zu einer Übersicht der Stoffe, die sie zu behandeln hat, und zur Beleuchtung ihrer Methode übergehen, ist noch mit einem Worte der Meinung zu gedenken, die P.-Th. sei ein Teil der Moral. So definiert S. J. Baumgarten (›Casuistische Past.-Th.‹, erl. von Hasselberg. Halle 1752. S. 1.) die P.-Th. als „die Wissenschaft von rechtmäßiger Beschaffenheit und Amtsführung gottesdienstlicher Lehrer, so ein Theil der theologischen Moral ist, jedoch auch allein abgehandelt werden kann"; Joh. Pet. Miller sagt (a. a. O. § 10. Note): „Da die Pastoral ein Theil der theologischen Moral ist, so darf man fast nur überhaupt alle Vorschriften, welche die letztere zu eines jeden Christen eigener Heiligung ertheilet, in der Pastoral in Beziehung auf Andere wiederholen und zeigen, wie dergleichen allgemeine Vorschriften den besonderen Umständen gemäß, mit Klugheit auf eine vermischte Gesellschaft von Christen und auf einzelne Personen anzuwenden sind." Diese zwei Äußerungen repräsentieren zwei verschiedene Ansichten vom Zusammenhange der Pastoral mit der Moral. Nach der einen ist jene nur die auf den Geistlichen, auf sein persönliches Verhalten angewandte Moral, also eine Standesmoral; nach der anderen zeigt die Pastoral bloß, wie man die Moral den Leuten beibringen müsse; sie gibt also die Mittel an, um der Moral allgemeine Geltung zu verschaffen. Es unterliegt keinem Zweifel, daß 1. sowohl das Privatleben des Geistlichen ein sittliches sein, als auch sein amtliches Tun allenthalben auf sittlichen Prinzipien ruhen, sich sittlich rechtfertigen lassen muß. Allein das erstere ist bei ihm einzig in der negativen Weise mehr der Fall als bei den anderen, weil, wenn er das Sittengesetz übertritt, die Wirkung auf die anderen, das Ärgernis, das es gibt, schlimmer ist, als wenn sonst irgendwer sündigt. Das zweite aber findet wahrlich ebensosehr beim Richter, beim Arzte, ja bei jeder Art eines Berufes statt, indem jeder unter höherem, d. h. sittlichem Gesichtspunkte aufgefaßt werden muß (vgl. 2 Kor 6, 4); es ist immer ein falscher, katholisierender Dualismus, wenn die Differenz zwischen dem geistlichen Beruf und den weltlichen Berufsarten allzu hoch gespannt, wenn sie zu einem absoluten Gegensatze gemacht wird. Wir nehmen es z. B. auch dem Kaufmann übel, wenn er seinen Berufszweck nur im Gewinne sieht, statt sich als ein Glied in der Kette des menschlichen Verkehrs, als einen Diener der menschlichen Bedürfnisse anzusehen und somit subjektiv das Moment der Liebe auch in sein Tun als heiligendes Ferment aufzunehmen, wie objektiv, gemäß einer tieferen, weder mönchisch noch pietistisch beschränkten ethischen Weltanschauung, auch der Weltverkehr, wie das Staatsleben, die Wissenschaft, die Kunst usw. eine Seite hat, nach welcher alles dies auch ins Reich Gottes hineingreift und von ihm mit umfaßt wird. Auch in der Industrie ist der Geist tätig und mächtig, der die Erde sich untertan macht. Damit aber steht der Geschäftsmann keineswegs mehr als Weltdiener im spezifischen Gegensatze zum Geistlichen; nur daß es allerdings diesem am allerübelsten ansteht, wenn ihm sein Amt bloß das Mittel der Versorgung ist. Darin also sind alle Berufe, den geistlichen mit eingeschlossen, einander wesentlich gleich; die Ethik muß lehren, jeden derselben aus ihrem höheren Gesichtspunkte, sub specie aeterni, zu betrachten, womit sie ebensosehr einem gottlosen praktischen Materialismus als einer bornierten Frömmigkeit entgegensteht; die Technik aber wird man für keine Berufsart in der Ethik zu suchen haben. Nun, alles dies, was die Ethik zwar allen sagt, was aber für jeden Stand wieder besondere Formen annimmt, das sagt, sofern es für den Pfarrer ebenfalls in bestimmter Weise sich formuliert, die Pastoraltheologie in dieser für ihn erforderlichen Modifikation. Sie wird ihm z. B. sagen, daß seine ganze Zeit und Kraft seinem Amte gehöre; sie wird ihm die richtigen sittlichen Maximen einschärfen in bezug auf das Verlassen einer Stelle und das Suchen einer anderen usw. Aber ihre diesfallsigen Regeln werden um so richtiger sein, je weniger sie sich gebärdet, als wäre, was sie fordert, eine ganze aparte, nur zum geistlichen Stande gehörige Heiligkeit, und nicht vielmehr eine bloße, nach Maßgabe der Standesverhältnisse eigentümliche Anwendung der im wesentlichen für alle Stände gleich geltenden sittlichen Grundforderungen. 2. Gewiß ist ferner, daß das, was der Geistliche bezwecken muß und was zu erzielen die Pastoraltheologie ihn fähig machen soll, die Sittlichkeit des christlichen Volkes ist, das Wort in seinem vollen evangelischen Sinne genommen, wonach Bekehrung, Wiedergeburt, Heiligung etc. darin eingeschlossen sind. Auch hat es eine Zeit gegeben, da Pastoraltheologie und Moral ungeschieden eins waren; das war, als die mittelalterlichen Beichtbücher alle Tugenden und Laster (vornehmlich an der Hand des Dekalogs) abhandelten, zum Behufe der Exploration, Belehrung und Bußauflegung im Beichtstuhle. Aber wenn auch etwa ein Ethiker bei jedem Momente des sittlichen Lebens, das er vorzuführen hat, einen Paragraphen beifügte, der dem Pastor die Mittel an die Hand gäbe, um seine Pfarrkinder vor dieser Sünde zu behüten und zu jener Tugend zu vermögen; so wäre damit die P.-Th. noch weit nicht zu einem Teil der Moral geworden, sondern es wären bloß zwei Dinge miteinander gemischt; die P.-Th. liefe nur als Beiwagen neben der Ethik her. Ihr wahres Verhältnis zur Ethik ist bloß darein zu setzen, daß sie, wie auch die praktische Theologie, auf einer ethischen Grundlage ruht, d. h. den ethischen Lebenszweck, den das Christentum aufstellt, zur allgemeinen Voraussetzung hat, und in ihren Mitteln an die Schranken des Sittengesetzes gebunden ist; aber wenn darum die P.-Th. auch ein Stück der Ethik sein sollte, so müßte in sekundärer Weise noch vielem anderen, z. B. Juristischem, Politischem, Polizeilichem usf., ebenfalls eine Stelle in der Moraltheologie von Rechts wegen zukommen.

Sollen wir nun, wie es ohne Zweifel zur Aufgabe dieses Artikels gehört, das Material übersichtlich angeben, was die P.-Th. zu bearbeiten hat, so dürfte sich dasselbe in folgender Art am einfachsten und zugleich vollständigsten gruppieren.

I. Das erste muß ohne Zweifel eine grundlegende Erörterung über das Wesen des geistlichen Amtes in der evangelischen Kirche, oder, da auch hier die persönliche Seite der Sache das der P.-Th. Charakteristische ist, die Beantwortung der Frage sein: wie der evangelische Geistliche seinen Beruf prinzipiell aufzufassen habe. In der Wissenschaft der praktischen Theologie hat dieser Gegenstand (samt der Unterscheidung der verschiedenen Namen für den Geistlichen, deren Ursprung u. dgl.) bereits seinen Ort, nämlich in der Lehre vom Organismus des Lebens der Kirche, wo das geistliche Amt seine Stelle als Organ der kirchlichen Lebenstätigkeit einnimmt; wir haben also hier sogleich einen Beleg dafür, daß die P.-Th. auf die Wissenschaft zurückgreifen muß, aber das dorther Entlehnte nun in ihrer Weise behandelt. Auch die P.-Th. wird hier ebensosehr Exegetisches als Dogmatisches und Ethisches aufzunehmen haben, indem sich gleich von vorn in der Entscheidung darüber, ob und in welchem Sinne das geistliche Amt vom Herrn ausdrücklich eingesetzt sein, in welchem Sinne es sich vom allgemeinen Priestertum unterscheide usw., zu erkennen geben muß, in welchem Geiste das Ganze sich halten wird.

II. Sofort ist die persönliche Stellung des Geistlichen zu seinem Berufe zu bestimmen, d. h. die Frage zu beantworten: welches die für diesen Beruf erforderlichen persönlichen Eigenschaften seien, also, ganz praktisch gewendet: welche Anlagen, sowohl sittliche als intellektuelle, vorhanden sein müssen, um an eine innere Bestimmung fürs geistliche Amt glauben zu können, in specie z. B.: ob schon bei einem Knaben, bevor er für dasselbe bestimmt werden dürfte, eine entschieden religiöse Richtung vorhanden sein, somit (wie von gewisser Seite gefordert worden) derselbe nicht bloß in Latein und Griechisch, in biblischer Geschichte und im Katechismus, sondern auch in der Frömmigkeit selber examiniert, wenigstens Zeugnisse vom Pastor in dieser Richtung eingeholt werden sollen. Sofort wäre die Vorbereitung zum geistlichen Amte zu besprechen, Studien und Disziplin auf Gymnasium und Universität, in niederen und höheren Seminarien; es wird sich auch in diesem Punkte eine katholische und katholisierende Richtung, mit welcher hier zum Teil die streng pietistische zusammentrifft, sehr scharf abheben gegen die evangelisch-kirchliche Ansicht, die der persönlich freien Entwicklung auch im Jüngling ihr unantastbares Recht zuerkennt und nicht dem Studenten schon die Miene und Haltung des Pastors äußerlich aufnötigt, geschweige denn ihn (wie z. B. Vilmar empfohlen hat in seiner sogenannten ›Theologie der Thatsachen‹) mit Brevierbeten also zustutzt, als müßte er ein Mönch werden. – Ferner aber fällt unter obige Rubrik alles, was den persönlich sittlichen habitus des Geistlichen, gleichsam den Widerschein seines Amtes in seinem Privatleben angeht; also der Wandel im allgemeinen, dann das häusliche Leben – Hausordnung, Privatbeschäftigung etc., kollegialische und gesellige Beziehungen, Gastfreundschaft etc., wobei selbst die Kleidung nicht außer acht bleiben darf. Da nach einem sehr richtigen Satze „am Prediger alles predigt“, so ist auch alles, was sonst nur unter allgemeinen ethischen Gesetzen steht, im übrigen aber der freien Lebensgestaltung nach Wahl und Bedürfnis, Neigung und Bildung überlassen bleibt, im Leben des Pastors insofern einem eigenen Gesetze unterworfen, als die Harmonie des gesamten Lebens, wie es in der Mitte der

Gemeinde als „die Stadt, die auf einem Berge liegt", sichtbar wird, mit der amtlichen Tätigkeit eine vollständige sein muß, ohne doch die persönliche Freiheit des Geistlichen, insoweit sie eine evangelische ist, in ihrem Rechte anzutasten. Die P.-Th. wird z. B. verlangen müssen, daß der Pastor eine Hausandacht habe; aber daß er eines jener Breviere bete, womit das moderne Kirchentum uns beschenkt hat, oder daß er mit den Seinigen eine Liturgie halte, das hat ihm niemand vorzuschreiben.

III. Nun folgt die Pastoralarbeit selbst. Wir würden die Darstellung derselben damit beginnen, den Eintritt des Pastors in sein Amt – in ein erstes Amt, ebenso nach einer Beförderung den Eintritt in eine neue Gemeinde, ins Auge zu fassen und daran die Wege und Mittel zu knüpfen, wie er auch innerlich Eingang bei seiner Herde finde, wie er sie kennenlerne und ihr Vertrauen gewinne. Dann wird A. diejenige Amtstätigkeit in Betracht kommen, die sich mehr auf das Ganze als auf spezielle Zustände und Bedürfnisse richtet; und zwar 1. eine Tätigkeit, für welche die Form schon durch Landesgesetz und Kirchenbrauch feststeht, und 2. die freiwillige Tätigkeit, in welcher des Pastors eigenem Eifer und Geschick alles anheimgegeben ist. Hier würde unter Ziffer 1. Predigt und Katechese zu stehen kommen; nach dem oben Bemerkten hat aber die P.-Th. über diese Dinge nur nach einer Seite ein Urteil, nämlich eben nach der pastoralen, nach dem Verhältnis des Pastors zur Gemeinde und deren lokalen Zuständen, während z. B. in der Predigt die liturgische und künstlerische Seite gar nicht pastoraler Natur ist. Es ist daher das Richtigste, an dieser Stelle nur den Ort zu bezeichnen, wo die Homiletik, die Katechetik auch in die P.-Th. herübergreift und von ihr entlehnt, aber die Ausführung jenen Disziplinen zu überlassen, die ihre selbständigen praktisch-theologischen Anschauungen ganz wohl mit pastoralen Gesichtspunkten verbinden können. Dagegen würden wir an diesem Punkte der P.-Th. zunächst die beiden Lehren von der Kirchenzucht und von der Beichte abhandeln. Zwar haben auch diese bereits in der praktischen Theologie ihren Platz; auf die Kirchenzucht muß das Kirchenrecht zu sprechen kommen, da in ihr das Recht des Laien gegenüber der kirchlichen Obrigkeit, überhaupt das Recht des Individuums gegenüber dem Körper der Kirche eine

Beschränkung erleidet, die rechtlich bestimmt, d. h. ebenso aufrecht gehalten als vor ungebührlicher Ausdehnung auf Unkosten jenes Rechts der Personen bewahrt werden muß. Allein die Art der Übung kirchlicher Disziplin, die so vielfach dem Ermessen des Pastors anheimfällt, ist doch wieder so sehr pastoral, daß auf sehr wichtige Punkte das Kirchenrecht gar nicht näher eingehen kann, ohne seinen Charakter zu verlieren. Noch mehr ist dies der Fall mit der Beichte, die zwar als liturgischer Akt der Theorie des Kultus angehört, aber schon ihrer wahren Natur nach viel mehr eine pastorale, persönlich bestimmte, von persönlichem Vertrauen abhängige, als eine liturgische Handlung ist. – Können wir das unter Ziffer 1. Fallende so bezeichnen, daß es die vorgeschriebene pflichtmäßige Tätigkeit des Pastors zum Wohl der Gemeinde als eines Gliedes am Leibe der Gesamtkirche sei, so würde sich dem soeben Genannten, das dem geistlichen Wohl der Gemeinde, der geistlichen Förderung der Kirche dient, als zweite Unterabteilung alles das anreihen, was sich auf kirchliche Temporalien, kirchliches Eigentum irgendeiner Art bezieht. Davon (vom Kirchengute) redet abermals das Kirchenrecht; aber die P.-Th. sagt dem Pfarrer, daß und wie er für das Kirchengebäude, die Orgel, die Glocken, den Gottesacker, aber auch für Erhaltung der Dotation der Pfarrstelle, des Pfarrhauses usw. besorgt sein soll. (Daß er in Annahme von Geschenken, in Beitreibung von Stolgebühren nicht knauserig sein darf, muß ihm der Abschnitt vom pastoralen Wandel sagen; aber daß er nicht durch unverständige Freigebigkeit seine Stelle schlecht machen und für die Nachfolger sie verderben darf, muß hier zur Sprache kommen.) – Unter Ziffer 2. dagegen würde z. B. die Haltung von Bibel- oder sonstigen freiwilligen Andachtsstunden, die Stiftung von Vereinen für irgendeinen kirchlichen oder überhaupt wohltätigen Zweck (für Gesang, für christliche Lektüre, für Arbeiten zum Besten der Armen etc.), die Beförderung der Bibelverbreitung, der Mission usw. zur Sprache kommen. Auch hier ist wieder der Unterschied der P.-Th. von der praktischen Theologie augenfällig; die letztere muß eine Theorie der Mission enthalten, wie diese als kirchliche Tätigkeit durch die geeigneten Organe auszuüben ist, die erstere aber sagt nur, was der Pfarrer, der (wie oben bemerkt) nicht selber zum Missionieren auszieht, in seiner

Gemeinde dafür tun kann und soll. – Sofort wird sich hier am besten das pastorale Verhalten gegenüber denjenigen auch in der Einzelgemeinde wirksamen Potenzen anreihen, die, ohne selber dem Organismus der Kirche anzugehören, doch mit der Kirche nicht nur lokal zusammen existieren, sondern auch in der Art mit ihr verbunden sind, daß die Tätigkeit des Pastors auch von ihnen in Anspruch genommen wird. Das ist der Staat und die Schule. Was jenen betrifft, so handelt abermals das Kirchenrecht von ihm, aber nur, um das Gesamtverhältnis von Staat und Kirche zu ordnen; die P.-Th. dagegen lehrt, wie sich der Pfarrer in den allerkonkretesten Beziehungen zur weltlichen Obrigkeit zu verhalten, inwieweit er ihr zu dienen hat; also z. B. wie es mit der Vorbereitung zu Eidesleistungen u. dgl. anzugreifen ist; wiewohl dies letztere auch aus dem Gesichtspunkte der speziellsten Seelsorge behandelt, also erst unten plaziert werden könnte. Was aber die Schule betrifft, so fällt ein Teil dessen, was sie angeht, nämlich die ganze religiöse Bildung schon unter die oben vorgekommene Rubrik der Katechese (das Wort im vollen kirchlichen Sinne genommen); das übrige aber, d. h. alles Nichtreligiöse in der Schule (wie freilich nach einer Seite auch das Religiöse) ist im Interesse des Staates begründet, der die Bildung sämtlicher Bürger als eine seiner größten und edelsten Aufgaben zu betrachten hat. Der Staat nun hat die unmittelbare Leitung der Schule der Kirche übertragen, daß sie auch in seinem Namen in derselben arbeite. Da aber sowohl dieses Verhältnis im allgemeinen als auch das ganze Detail der Schulerziehung Gegenstand einer eigenen Wissenschaft, der Pädagogik, ist, so tut auch an diesem Punkte die Pastoraltheologie wohl, die Ausführung der bereits hierfür vorhandenen Detailwissenschaft zu überlassen und nur darüber zu wachen, daß die letztere nicht vergißt, das, was vom pastoralen Standpunkte auf diesem Gebiete geltend zu machen ist, auch zu seinem Rechte kommen zu lassen. Und nun erst würde B. die seelsorgerliche Tätigkeit in ihrer Richtung aufs Spezielle, also sowohl auf die einzelnen Klassen und Individuen als in bezug auf besondere Zustände und Erscheinungen im Gemeinde- und Kirchenleben zur Erörterung kommen. Voraus müßte die Beantwortung der Frage gehen, inwieweit der Geistliche die einzelnen Gemeindeglieder als Objekte spezieller pastoraler Einwirkung anzusehen, ob er z. B. ihr Anrufen abzuwarten oder sie aufzusuchen habe? (Zum Beispiel die pastoralen Besuche von Haus zu Haus, die von vielen empfohlen werden, müßten hier gewürdigt werden.) Hier wäre auch der passende Ort, um ein Geschäft zu beleuchten, das zwar der Ausübung der Seelsorge gegenüber sehr äußerlicher Art, aber doch in dieser Äußerlichkeit die Kehrseite derselben bildet und unleugbar ein für die Seelsorge nützliches Mittel ist, dabei allerdings auch für bürgerliche Zwecke in Anspruch genommen wird: – die Führung der Kirchenbücher (Familienregister, Taufregister usw.). Gerade das hat die P.-Th. einzuschärfen, daß der Pastor diese Dinge doch nicht gering achten, die Bücher nachlässig, fehlerhaft, mit schlechter Handschrift etc. führen soll, in der Meinung, das sei ja keine Erbauung der Seelen; nicht nur das einfache Pflichtbewußtsein, sondern die echte pastorale Liebe, das persönliche Interesse für alle Individuen und Familien in der Gemeinde und deren Erlebnisse muß ihn lehren, auch hierin treu und gewissenhaft zu sein; in den Namen, die er schreibt, repräsentieren sich ihm die Personen. Hierauf würde es sich um folgende, in der Wirklichkeit gegebene Objekte handeln: 1. die Jugend in der Gemeinde ... 2. Die Ehen ... 3. Die Armen ... 4. Die Verkommenen, Verwahrlosten aller Art unter Jungen und Alten. – 5. Die religiös Angefochtenen und Zweifelnden. – 6. Die Kranken ... 7. Geisteskranke, Wahnsinnige, Besessene etc. – 8. Gefangene, Malefikanten ... 9. Proselyten ... 10. Religiöse Gemeinschaften; religiöse Bewegungen. – 11. Politische Bewegungen und Parteiungen. – 12. Teilnahme des Pastors an bürgerlichen Angelegenheiten, z. B. Wahlen zu Gemeindeämtern; Einfluß auf Prozesse (vgl. Oberlin im Steinthal!); Beratung der Pfarrkinder in bezug auf Vermächtnisse etc.; Fürsorge in Kriegszeiten etc. – Dieser allerdings sehr dehnbaren Spezifizierung wird dann noch die spezielle Aufführung verschiedener Pastoralämter (der Garnisonsprediger, der Hofprediger, der Geistliche an Hospitälern, Zuchthäusern etc.) gegenübergestellt; es ist dies vorteilhafter, als wenn nur bei den verschiedenen Klassen in der Gemeinde auch die Fälle gleich mitbeleuchtet werden, da es der Pastor ausschließlich mit Individuen einer besonderen Art zu tun hat.

[...]

Richard Rothe, Die praktische Theologie 1859/60. Theologische Encyklopädie. Aus dem Nachlasse hrsg. von Hermann Ruppelius. Wittenberg: M. Heinsius, Bremen 1880, S. 133—137.

DIE PRAKTISCHE THEOLOGIE

Von Richard Rothe

Die Theologie überhaupt hat die Befähigung zur Kirchenleitung zum Zweck. Diese hat sie in den beiden bisher konstruierten Hauptteilen durch die wissenschaftliche, und zwar näher teils spekulative, teils historische Erkenntnis des Christentums und der christlichen Kirche und namentlich des gegenwärtigen Zustandes der letzteren zu bewirken gesucht. Allein hiermit allein ist ihr Geschäft noch nicht beendigt. Diese so gewonnene Einsicht will nun auch wirklich angewendet sein auf die Leitung der Kirche. Diese letztere aber ist in jeder bestimmten Kirche eine bestimmt organisierte und nicht etwa in das subjektive Ermessen des einzelnen gestellt. Sie ist auf bestimmte Formen, in welchen sie sich zu bestätigen hat, gewiesen und an sie gebunden. Diese verstehen sich nicht von selbst, sondern müssen kennengelernt und wissenschaftlich verstanden werden. (Aber auch wenn man diese Formen kennt, versteht man deshalb immer noch nicht von selbst, sich in ihnen mit Sicherheit zu bewegen und sie für die Leitung der Kirche zum Behuf der Annäherung an das im Geiste vorschwebende Ziel ihrer Entwicklung mit rechtem Geschick zu benützen. Hierzu wird die Kenntnis mannigfacher Kunstregeln [1] erfordert, die, wiewohl großenteils auf der Erfahrung beruhend, doch nur durch eine wissenschaftliche Konstruktion festgestellt werden können.) Auch in dieser Beziehung hat nun die Theologie die Befähigung zur Kirchenleitung anzubahnen, indem sie diejenigen Formen darstellt, in welchen in der bestimmten Kirche, deren Theologie sie ist, die Kirchenleitung sich vollzieht, und die Regeln für den richtigen Gebrauch dieser Formen für den Zweck der Kirchenleitung. Sofern

[1] Diese Regeln, welche die praktische Theologie in der angegebenen Beziehung aufstellt, sind Kunstregeln im engeren Sinne des Worts.

sie dies nun tut, ist sie die praktische Theologie. Sie gibt also die Theorie der Wirksamkeit des Klerikers als solchen. Oder – nach Marheineke –, sie ist die Wissenschaft, welche den Zweck hat, mittels des Begriffs aller seiner Funktionen den evangelischen Geistlichen in den Stand zu setzen, daß er eine seiner Bestimmung angemessene Wirksamkeit in seinem Amte auszuüben vermöge.

Schon hiermit ist ausgesprochen, was sich ohnehin ganz von selbst verstehen sollte, weil es von der ganzen Theologie überhaupt gilt –, daß die praktische Theologie immer nur die einer bestimmten Kirche sein kann und für jede besondere Kirche eine besondere sein muß. Dies muß sie aber überdies auch sein, weil der Gegensatz zwischen Klerikern und Laien, auf welchem alle Kirchenleitung überhaupt beruht, in jeder besonderen Kirche auf eigentümliche Weise gefaßt ist, nach der Art aber, wie er gestaltet ist, sich natürlich die Verfahrungsweisen bei der Kirchenleitung richten müssen.

Die praktische Theologie ist daher eine durchaus positive Wissenschaft. Sie schafft sich nicht etwa erst die Aufgaben der Kirchenleitung. Diese findet sie schon als gegeben vor (teils im allgemeinen als Resultate der spekulativen und historischen Theologie in ihrer Beziehung aufeinander, teils) in konkreter Bestimmtheit in der schon bestehenden Organisation der bestimmten Kirche, auf welche sie sich bezieht. Sie hat es vielmehr nur damit zu tun, teils diese von der Kirche selbst geordneten Aufgaben der Kirchenleitung samt den Formen, an welche sie vor ihr geknüpft sind, zu rechtem Verständnis zu bringen, teils die richtige Verfahrungsweise für ihre Erledigung in den bestehenden positiven Formen zu ermitteln.[2]

Da jede besondere Kirche die Fixierung eines bestimmten Hauptmoments in der geschichtlichen Entwicklung der christlichen Gemeinschaft ist, so ist sie eben hiermit eine relativ einseitige und beschränkte und dem Wesen des Christentums relativ unangemessen. Sie kann deshalb auch nicht als dazu bestimmt, schlechthin für immer zu bleiben, betrachtet werden. Vielmehr kann ihre

[2] Besonders nahes Verhältnis der praktischen Theologie zur Dogmatik und zur kirchlichen Statistik.

Bestimmung nur sein, wenn sie das in ihr historisch wirksam gewordene besondere Moment des Christentums in sich vollständig entwickelt und zu vollständiger Existenz gebracht, wieder zurückzutreten und einer neuen, höheren Gestaltung der christlich-religiösen Gemeinschaft Raum zu machen. Jeder besondern Kirche steht also ihre Wiederauflösung bevor, als Folge des weiteren Verlaufs des Prozesses der geschichtlichen Entwicklung des Christentums. Aber auch als Resultat ihrer eigenen Entwicklung in sich selbst. Indem nämlich das durch sie repräsentierte besondere Moment des Christentums sich in sich selbst vollständig entfaltet, hebt es eben hiermit sich selbst auf und schlägt in ein neues, höheres um. Bei dem regelmäßigen Verlauf der Entwicklung der besonderen Kirche ist diese ihre Entwicklung unmittelbar zugleich ihre allmähliche Umbildung in eine neue Form der christlich-kirchlichen Gemeinschaft. Kommt aber die Entwicklung auf eine verkehrte Bahn oder gerät sie durch irgendeine widernatürliche Gewalt, die ihr von außen her angetan wird, ins Stocken, so erfolgt diese Metamorphose nicht in der friedlichen Weise eines solchen allmählichen Übergangs, sondern in gewaltsamer Weise durch eine Revolution. Von dieser Seite her ergibt sich nun eine der wichtigsten Aufgaben der Kirchenleitung, nämlich die Kirche so zu leiten, daß, indem sie als solche erhalten wird, zugleich eine neue Gestaltung, die aus ihr hervorgehen soll, vorbereitet und sie in stetiger und ruhiger Weise durch die immer vollständigere Entwicklung ihres eigenen eigentümlichen Prinzips über sich selbst hinaus und in jene neue Form der christlichen Gemeinschaft hineingeführt wird. Wie dies von der besonderen Kirche im allgemeinen gilt, so gilt es auch von allen den einzelnen Formen ihrer Organisation, mittels welcher sie ihre Lebensfunktionen vollzieht. Auch diese alle tragen die Einseitigkeit und Beschränktheit des allgemeinen Prinzips der besonderen Kirche an sich, und ihre eigene naturgemäße Entwicklung stellt daher immer mehr ihre relative Unangemessenheit für die Lebensfunktionen der christlich-religiösen Gemeinschaft heraus, die sich mittels ihrer vollziehen wollen. Auch sie wollen allmählich über sich selbst hinausgeführt und in eigentümlich neuer Weise umgeformt werden. Auch in Beziehung auf sie stellt sich also für die Kirchenleitung die bestimmte Aufgabe, sie in der Art zu handhaben, daß ihre Aufrechterhaltung und Betätigung unmittelbar zugleich eine stetige und friedliche Fortbildung derselben über sich selbst hinaus zu neuen Gestaltungen sei. Und eben indem der Kirchenleitung die Lösung dieser Aufgabe gelingt, gelingt es ihr auch, die neue Gestaltung der Kirche überhaupt einzuleiten und in ruhiger Weise allmählich herbeizuführen, auf welche die jedesmalige geschichtliche Entwicklung hinzielt. Besonders in Zeiten der Krisis (wie die unsrige eine solche ist) ist dieses Augenmerk für die praktische Theologie im höchsten Grade wichtig.

Die Kirchenleitung hat wesentlich zwei Seiten; sie ist einmal Leitung der bestimmten Kirche als eines Ganzen: Kirchenregiment – und fürs andre Leitung der einzelnen Kirchengemeinde als solcher: Gemeindeleitung. Es versteht sich dabei von selbst, daß beide sich auch in derselben Person vereinigen können. Und auch insofern ist der angegebene Gegensatz unvollständig, als aus der Leitung der einzelnen Gemeinde mittelbar etwas für das Ganze hervorgehen kann und ebenso eine aus dem Gesichtspunkt des Ganzen bestimmte leitende Tätigkeit zufällig nur eine einzelne Gemeinde treffen kann. Da die einzelnen Gemeinden sich zwar früher bilden als ihr organischer Komplex, die Kirche, aber Kirchengemeinden doch erst durch die Entstehung dieser letzteren werden, so setzt auch die richtige Einsicht in die Gemeindeleitung die in das Kirchenregiment bereits voraus. Die praktische Theologie zerfällt demnach in zwei Hauptteile: die *Wissenschaft des Kirchenregiments* und die *Wissenschaft der Gemeindeleitung*.

Anmerkung des Herausgebers [H. Ruppelius]. Auch hier ist Rothe wie bei der komparativen Dogmatik später zu einer anderen Auffassung gekommen. Im Kolleg, womit die dem Manuskripte beigelegten Zettel übereinstimmen, hat Rothe die Sache folgendermaßen dargestellt.

Wie viele und welche Objekte und folgeweise auch Teile die praktische Theologie haben soll, das läßt sich keineswegs (wie man es in neuerer Zeit auf die mannigfachste Weise versucht hat) a priori und unmittelbar aus dem abstrakten Begriff der christlichen Kirche ableiten. Jedenfalls könnte eine solche Ableitung nur aus dem konkreten Begriff der betreffenden Sonderkirche unternommen werden. Allein auch eine solche ist nicht nötig, denn eine konkrete Kirche kann sich gar nicht anders konstituieren, als indem sie ganz bestimmte Institutionen gründet für die Vollziehung ihrer Lebensfunktionen und die klerikale Funktion ganz ausdrücklich auf diese Institutionen hinweist als auf die geordneten Mittel, vermöge welcher, und die geordneten Formen, in welchen sie sich zu betätigen und zu vollziehen hat. Je nach Maßgabe dieser bestimmten kirchlichen Institutionen haben sich die Hauptteile der praktischen Theologie zu bestimmen. Unsere Kirche nun hat von Anfang an als diejenigen Lebenstätigkeiten, durch welche sie ihren Zweck erstreben will, außer dem Gottesdienst die Predigt des göttlichen Worts, den katechetischen Unterricht und die pastorale Seelsorge geordnet und auf der Grundlage gerade dieser Institutionen ihre gesellschaftliche Organisation getroffen. Demnach sind denn für die praktische Theologie als evangelische ihre Hauptgegenstände und damit zugleich Hauptteile unzweifelhaft gegeben. Sie muß befassen: I. Kirchenpolitik; II. Liturgik; III. Homiletik; IV. Katechetik; V. Pastorallehre. Daran wird sich sehr zweckmäßig noch anschließen, zugleich einen sehr angemessenen Abschluß des Ganzen bildend, eine spezielle Klerikal-Tugendlehre, also VI. die Beschreibung der Gestalt des evangelischen Klerikers.

Die Einteilung der praktischen Theologie hat in neuerer Zeit für die Bearbeiter derselben ein ganz besonderes Interesse gehabt, eben weil sie hier immer apriorisch konstruieren wollten und sich auf der andern Seite genötigt sahen, sich nach der Decke zu strecken. Es ist bemerkenswert, wie es bis auf diese Stunde den Bearbeitern der praktischen Theologie noch ganz unmöglich ist, aus dem Begriff der Kirche die einzelnen Teile abzuleiten. Jeder hat seine verschiedene Einteilung. (Schleiermacher teilt das Ganze ein in zwei Hauptteile: I. Lehre vom Kirchendienst; II. Lehre vom Kirchenregiment. I. A. Kultus: 1. Theorie der Liturgie; 2. des Gesanges; 3. des Gebets; 4. der religiösen Rede. B. Von den Geschäften des Geistlichen außerhalb des Kultus; a) die ordnende Tätigkeit, welche die einzelnen in der Gemeinde zum Gegenstande hat: 1. Der Religionsunterricht der Jugend; 2. Behandlung der Konvertenden; 3. Theorie des Missionswesens; 4. die Seelsorge. b) Die ordnende Tätigkeit, welche die ganze Gemeinde zum Gegenstand hat [inkl. Pastoralklugheit]. II. a) Die organisierte Tätigkeit des Kirchenregiments. b) Das ungebundene Element des Kirchenregiments.) (Nitzsch: Zwei Hauptteile. I. Theorie der fundamentalen Tätigkeiten. 1. Dialektik: a) Homiletik. b) Katechetik; 2. Liturgik. II. Theorie der konservativen Tätigkeiten: 1. Pädeutik [Seelsorge]; 2. kirchliche Politik [Verfassung, Gesetzgebung, Regierung, äußeres Kirchenregiment].) (Marheineke: Drei Abteilungen. I. Die christliche Kirche. II. Die evangelische Kirche: 1. Das Glaubensbekenntnis; 2. Kirchenregiment und Kirchendienst; 3. Gottesdienst. III. Die einzelne Gemeinde. 1. Die Bildung der Gemeinde oder der Jugendunterricht; 2. Die Versammlung der Gemeinde oder die Predigt; 3. Der einzelne in der Gemeinde oder die Seelsorge.) (Schweizer: Zwei Hauptteile. I. Die Lehre von der Selbstorganisierung der Kirche: Kirchenregiment. II. Die Lehre von den aus dem Organisiertsein hervorgehenden, somit organischen Tätigkeiten: Kirchendienst. Beide setzen einander voraus. Ad II. Kultischer, pastoraler – und halieutischer Kirchendienst. Durch alle drei Gebiete geht hindurch der Gegensatz der vom Kirchenregiment normierten und der freien Seite. Demnach: 1. Das kultische Gebiet: a) Die gebundene Form: Die Liturgik; – b) Die freie Form: Die Homiletik. 2. Das pastorale Gebiet: a) Die gebundene Form: Die gebundene Seelsorge; b) Die freie Form: Die freie Seelsorge. 3. Das halieutische Gebiet: a) Die gebundene Form: Die Katechetik; b) Die freie Form: Die Theorie des Missionswesens usw. [freiere Halieutik].) (Gaupp: Drei Hauptteile. I. Theorie des Kultus = Liturgik. II. Theorie des Kirchendienstes: 1. Homiletik. 2. Pastorallehre. 3. Katechetik. III. Theorie des Kirchenregiments.) (Ehrenfeuchter: Die drei Hauptfunktionen der Kirche sind: I. Mission. II. Kultus. III. Kirchliche Politik, d. h. das verbreitende, das darstellende und das erhaltende Handeln der Kirche. I. Lehre von der Mission. II. Lehre vom Kultus [einschließlich des Homiletischen] und dessen Voraussetzung im kirchlichen Unterricht [d. i. Katechetik, Liturgik und Homiletik]. III. Lehre von der Seelsorge und Kirchenpolitik.)

Jahrbücher für Deutsche Theologie. 5. Band. Gotha 1860, S. 636—642 und 3. Heft, S. 667—668.

ÜBER DEN BEGRIFF EINER GESCHICHTE DES KIRCHLICHEN LEBENS

Von Friedrich August Eduard Ehrenfeuchter

Es ist bekannt, daß die neuere Geschichtschreibung der Kirche, besonders seit Neanders Zeit, auch das Leben der Kirche, die Gestalt ihrer Gottesdienste, ihrer sozialen Einrichtungen in ihren Kreis aufgenommen hat. Die Denkwürdigkeiten aus der Geschichte der christlichen Kirche, für welche Neander in den Jahren 1823 und 1824 eine besondere Zeitschrift gründete, die er fast allein schrieb, waren ein bedeutsamer Anfang, die Aufmerksamkeit der Theologie auf diese Seite der kirchlichen Erscheinungen zu lenken. Eine solche Betrachtungsweise war dem innersten Sinne Neanders angemessen. Seine Kunst, die bei ihm aus der Fülle der Liebe entsprang, dem einzelnen nachzugehen, die individuelle Bildung der christlichen Gesinnung zu verfolgen, hatte hier Gelegenheit zur reichsten Entfaltung. Und so war es ihm auch in seinem großen kirchenhistorischen Werke ein hauptsächliches Anliegen, den christlichen Sinn, wie sich derselbe in den Sitten der Christen gestaltete, zu erforschen, ohne daß er dabei die andere Seite der geschichtlichen Darstellung übersehen hätte, die sich auf die großen und allgemeinen Bildungsgesetze des geschichtlichen Lebens der Kirche bezieht.

So ist die Historiographie der Kirche mit einem neuen Elemente bereichert worden. Wie oft hatte man eben nur die Veränderung ihrer Beziehungen zu dem staatlichen Leben, in das sie verflochten war, zum Augenmerke gemacht, oder sie nur als eine Geschichte der wechselnden Meinungen aufgefaßt. Bei solcher Behandlung fehlte ihr aber fast jeder Anknüpfungspunkt für die unmittelbare Gegenwart des kirchlichen Tuns; sie hatte keine Beziehung zu der wirklichen Verwaltung des geistlichen Amtes und dessen katechetische, homiletische, seelsorgerische Funktionen. Man fühlte eine

Kluft zwischen diesem Teile des theologischen Studiums und der praktischen Betätigung desselben.

Von einer andern Seite her meinte man hierfür Hilfe zu erlangen. Es entstand die Disziplin der kirchlichen Archäologie. Die Tätigkeit des Amtes, die unmittelbare Gestaltung der Kirche in Sitte und Verfassung wurde aus den Quellen erforscht und dargestellt. Aber es war nicht sowohl ein Darstellen geschichtlicher Bewegung als feststehender Resultate; es blieb eine Statistik der Vergangenheit. Wurde es doch das eigentliche Kennzeichen der archäologischen Disziplin, einen bestimmten Zeitpunkt im Laufe der Jahrhunderte zu fixieren, bis zu welchem jene mehr statistische als geschichtliche Darstellung reichen dürfe, wie verschieden auch jener Zeitpunkt selbst von den einzelnen bestimmt worden ist. Öffnete sich aber auch hier nicht wieder eine Kluft, die Kluft von jenem gewählten Ende, das selten über das achte Jahrhundert hinausging, bis zur Gegenwart? Wie fremd mußten namentlich dem evangelischen Geistlichen jene früheren Zeiten erscheinen, da sein nächstes Wirken auf dem Grunde der Gestaltung sich bewegte, die durch die Reformation des 16. Jahrhunderts bedingt ist.

So aber scheint sich uns wie von selbst die entscheidende Auskunft darzubieten. Man wird einfach sagen: man räume nur jenen fixierenden Anhalt weg; man lasse sich den Inhalt der archäologischen Disziplin durch alle Jahrhunderte bis auf unsere Tage herab entwickeln; man mache aus der statistischen Rubrizierung eine historische Erzählung, und wir haben den Inhalt einer Geschichte des kirchlichen Lebens. In der Tat liegt hierin etwas Wahres; leicht könnte man hierin die allgemeine Beschreibung einer Geschichte des kirchlichen Lebens erblicken, aber eine wissenschaftliche Begründung und Berechtigung würden wir daraus doch keineswegs entnehmen können. Jedenfalls müßte doch bestimmter noch ins Bewußtsein gerufen werden, welch ein großer, die ganze Betrachtungsweise verändernder Schritt es ist, von einem statistischen Standpunkt zu einem historischen überzugehen.

Denn was wir mit einer Geschichte des kirchlichen Lebens wollen, das kann nicht nur die abgesonderte Darstellung dessen, was schon eine Seite der allgemeinen Kirchengeschichte bildet, es kann nicht das Herausheben eines umfänglich zwar sehr großen, aber immer doch nur monographisch gehaltenen Teiles sein; es muß vielmehr ein eigentümliches Prinzip vorhanden, es muß dieses Prinzip ein im Wesen der Kirche konstituiertes sein, woraus die ganze Entwicklung dieser Geschichte des kirchlichen Lebens entspringt. Jedermann fühlt, wie der Ausdruck „kirchliches Leben" ein sehr weiter und unbestimmter ist. Umfaßt er nicht alles, was die Kirche tut und erfährt? Gehört etwa das Verhältnis der Kirche zum Staate, gehört die Geschichte ihrer Verbreitung nicht auch zur Geschichte ihres Lebens? Oder gehört die Geschichte ihrer Lehre, der Streitigkeiten und Entscheidungen über dieselben nicht auch zu dieser Geschichte ihres Lebens? Kann es in diesem Sinne überhaupt irgendwie eine Kirchengeschichte geben, die nicht Geschichte kirchlichen Lebens wäre? Doch gerade die eben erwähnte Beziehung zum Dogma der Kirche und dessen Geschichte gibt uns einen erwünschten Anhaltspunkt, um uns dem eigentümlichen Begriff einer Geschichte des kirchlichen Lebens zu nähern. Seit Semlers Zeit hat sich die Dogmengeschichte neben der Kirchengeschichte als solcher ihren Platz erobert. Was nun die Dogmengeschichte für die Dogmatik ist, das ist die Geschichte des kirchlichen Lebens für die praktische Theologie. In der Dogmengeschichte haben wir es mit der geschichtlichen Bewegung der Glaubenssätze der Kirche zu tun, in der Geschichte des kirchlichen Lebens mit der geschichtlichen Bewegung der Sitten und Ordnungen derselben Kirche. Gewiß, niemals wird die Kirchengeschichte darauf verzichten können, da, wo sie als allgemeine auftritt, auch diese Sitten und Ordnungen in ihre Erzählung aufzunehmen, sowenig sie es abweisen darf, die Entwicklung des Dogmas zu verfolgen; aber, wie gesagt, wie sie es dem Dogma gestattet, seine geschichtliche Bewegung zum Inhalte einer besondern Historie zu machen, so wird sie dieses auch der Sitte und Ordnung der Kirche zugeben müssen.

Immer aber haben wir hiermit das eigentliche Prinzip noch nicht ausgesprochen, das einer Geschichte des kirchlichen Lebens zugrunde liegt. Denn was ist es doch, was die Sitten und Ordnungen der Kirche durchdringt und beseelt? Es ist dieses das Leben der christlichen Frömmigkeit selbst. In keinem anderen Gebiete schafft dieses so ihre eigentümlichen Gestalten als in dem der Sitte. Zwar leuchtet sie auch in den Sätzen des Bekenntnisses hindurch. Bildet sich doch das Dogma wesentlich aus den Erfahrungen der christlichen Frömmigkeit. Dennoch wird ihr unmittelbarster Laut, ihr sichtbarstes Denkmal nirgends so wie in den Bildungen des Gottesdienstes, des Kirchenliedes, des Katechismus, der Predigt, der Seelsorge, des kirchlich-sozialen Lebens hervortreten. Auch gehören hierher alle Erweisungen der christlichen Frömmigkeit, wie sie in dem lebendigen Beispiele einzelner hervorragender Christen sich zeigen.

Derselbe Mann, dem wir die Bildung der neuen Disziplin der Dogmengeschichte verdanken, hat an mehr als einer Stelle das Mögliche und Wünschenswerte einer Geschichte der Frömmigkeit angedeutet.[1] Es ist wahr, in diesen beiden Beziehungen hat Semler einen polemischen Zweck verfolgt, der mit der Eigentümlichkeit seiner theologischen Denkweise aufs innigste zusammenhängt. War es ihm bei der Dogmengeschichte darum zu tun, die verschiedenen Formen nach Zeit und Ort aufzuweisen, durch welche ein Dogma zu seiner letzten Gestalt gelangt war und es dann in seiner Unangemessenheit zu den ewigen Ideen der Religion selbst (die er doch freilich sehr allgemein und unbestimmt auffaßte) darzustellen: so lag ihm bei der Vorstellung, die er von einer Geschichte der Frömmigkeit hatte, vorzugsweise seine bekannte Unterscheidung von Privatfrömmigkeit und öffentlicher Religion am Herzen. Ihm wäre diese Geschichte der Frömmigkeit eine Geschichte der mannigfaltigen individuellen Züge geworden, die im Leben der Religion spielen. Hier allein hätte er Leben und Wahrheit gefunden, während ihm in der Geschichte der öffentlichen Religion nur politische oder überhaupt weltliche und irdische Motive maßgebend gewesen wären. Es würde hier, hätte er seine Idee ausgeführt, noch sichtbarer als in seiner ganzen übrigen literarischen Tätigkeit geworden sein, daß er der ins Kritische und Wissenschaftliche übersetzte Gottfried Arnold ist. Trotzdem dürfen wir die Elemente der Wahrheit nicht verkennen, die in den Andeutungen und Anfängen Semlers auch in diesem Betrachte gegeben sind. Hat sich die Dogmengeschichte ihren eigenen selbständigen Weg gebildet, und ist die einst drohende Gefahr, daß alle Dogmatik sich in Dogmen-

[1] Vgl. Semler, Theologische Briefe III. S. 245 ff.

geschichte auflöse, verschwunden, so braucht auch eine Geschichte der Frömmigkeit und des aus ihr entstehenden kirchlichen Lebens kein notwendiger Anreiz mehr zu sein, jene Unterscheidung zwischen Privatfrömmigkeit und öffentlicher Religion in einem Sinne zu machen, welcher die Notwendigkeit und den Wert der letztern aufhöbe und vernichtete.

Aber eine andere Frage ist, ob es überhaupt möglich sei, eine Geschichte der Frömmigkeit zu geben. Ist nicht die Frömmigkeit etwas der innersten Seele Angehöriges? Zieht sie sich nicht so in das tiefste Geheimnis des Individuums zurück, daß von ihr keine geschichtliche Kenntnis, die ja doch immer nur auf Äußeres, Sichtbares geht, gegeben werden kann? Aber es handelt sich hier ja nicht von dem letzten verschlossenen Grunde der Seele, nicht von dem letzten Mysterium der Frömmigkeit, das, seiner selbst fast unbewußt, in der Tiefe der Seele ruht, sondern von jener Frömmigkeit, die sich äußert und zwar so äußert, daß sie als solche auch in der Äußerung noch unmittelbar erkennbar ist. Gibt es nicht einen musikalischen Ausdruck für die Frömmigkeit, der von ihrem Hauch völlig durchweht wird? Gibt es nicht eine religiöse Poesie, in welcher Inneres und Äußeres sich ganz durchdringt? Gibt es nicht Monumente der Baukunst, in welchen der schaffende Geist der Frömmigkeit sich gleichsam verkörpert hat? Nicht Persönlichkeiten, deren charakteristisches Gepräge ein ausschließend gottinniger Sinn ist, in dem ihr ganzes Sein aufgeht? Und alle diese verschiedenen Erscheinungen des frommen Lebens sind keineswegs einförmiger Natur. Der aufmerksame Blick wird sehr bald unterscheidende Zeichen und Züge erkennen. Man stelle nur einmal ein musikalisch-religiöses Werk von Palestrina neben Eccard oder eines von Lotti neben Bach. Welche Grundverschiedenheit der Stimmung bei Einheit des religiösen Charakters wird uns daraus erklingen! Oder wie verschieden ist doch der Charakter der mittelalterlichen Frömmigkeit von der der reformatorischen im 16. Jahrhundert! Bezeichnen wir beide Erweisungen derselben mit dem Namen des Glaubens, und wissen wir, wie im Glauben beide Elemente, das des Gehorsams und das der freudigen Selbstgewißheit, verbunden sind, so werden wir bald wahrnehmen, wie in jener mittelalterischen Frömmigkeit so viel mehr das erste, in der protestantischen das zweite Element vorwiegt. Viele Aufschlüsse könnte uns in dieser Beziehung ein Werk geben, das wir in unserer theologischen Literatur, abgesehen von noch sehr unbestimmten Umrissen desselben,[2] noch immer schmerzlich vermissen. Besäßen wir eine Geschichte der asketischen Literatur, die für die Kirche sein könnte, was die Literaturgeschichten für die Welt unserer Bildung sind, so würde es gewiß eine Aufgabe derselben sein müssen, nicht etwa bloß literarhistorische Notizen über die betreffenden Schriften zu geben, sondern, ähnlich wie sich durch die poetischen Werke unserer Nation ein Weg verfolgen läßt, auf dem sich die Empfindung stufenweise entwickelte, so dem Gange nachzuspüren, welchen die Andacht durch die verschiedenen Nationalitäten und Kulturepochen genommen hat. Schon hieraus würde sich uns das Bild einer Geschichte christlicher Frömmigkeit entfalten.

Alles nun, was in der Welt sich entwickelt, entwickelt sich vermöge des komplizierten Charakters, den die Weltverhältnisse annehmen, nicht in einer einfachen Linie. Es machen sich die Einflüsse der Umgebung geltend, in welche ein neues Prinzip eingetreten ist, und es gehört wesentlich zur Geschichte des Lebens, das von diesem Prinzipe erzeugt ward, die Wechselbeziehungen darzustellen, die sich zwischen den vorhandenen Reihen und der neuen hin- und herbilden. Die umliegenden Gebiete, in welche das Leben der christlichen Frömmigkeit eintritt, sind Haus und Geselligkeit, in mancher Beziehung auch die bürgerliche Ordnung des öffentlichen Gemeinwesens. Diese haben ihre eigentümlichen Entwicklungen von dem Prinzipe der Kultur her, und so wird eine Geschichte der Frömmigkeit und des kirchlichen Lebens nie ohne einen Blick sein können auf die Geschichte der Kultur. Nicht minder werden auf sie die allgemeinen Gesetze einwirken, welche überhaupt den Gang der Kirche durch die Welt hindurch bestimmen. Die Periodisierung, die man einer Geschichte des kirchlichen Lebens zugrunde legt, wird dieselbe sein, welche die Kirchengeschichte überhaupt umspannt. Die charakteristischen Züge, die eine Epoche bezeichnen, sie werden sich auch immer an dem Bilde des kirchlichen Lebens wiederfinden. Eine historische Darstellung des kirch-

[2] Vgl. Theremin, Abendstunden.

lichen Lebens wird daher zuerst von dem Blicke auf den allgemeinen Charakter der Zeit ausgehen, dann die eigentümliche Signatur hervorheben, welche dem innern Leben der Frömmigkeit in dieser Zeit aufgeprägt ist, wie sich dieselbe namentlich in hervorstechenden Persönlichkeiten ausprägt – denn nirgends mehr als in einer Geschichte des kirchlichen Lebens hat das biographische Element seine Stelle –; es folgt weiterhin die Beschreibung jener Wechselwirkungen der religiösen und weltlichen Bildung, und endlich werden die einzelnen Gestalten des kirchlichen Lebens in Gottesdienst, Katechese, Predigt, Disziplin, Verfassung, Missionsmethode geschildert. Die Ordnung dieser letzteren Tätigkeiten bleibt aber für die einzelnen Perioden keineswegs dieselbe, sondern nach einem allgemeinen Gesetze der kirchlichen Historiographie richtet sich die Aufeinanderfolge jener Tätigkeiten je nach der hervorragenden Bedeutung, welche eine dieser Tätigkeiten in der betreffenden Periode erlangt hat.

[...]

Man mag in Beziehung auf den Inhalt des einzelnen sehr verschiedener Ansicht von Schleiermacher sein: dies aber wird man zugeben, daß er zuerst wieder auf die ursprünglichen Elemente zurückgegangen ist, die, in der Reformation miteinander verbunden, eine Erneuerung des christlichen Lebens bewirkt haben. Schleiermacher erkennt ebenso die Unbedingtheit des religiösen Lebens an, wie er den ganzen Kreis der ethischen Aufgaben überschaut. Ja, daß er überhaupt den vollen Begriff der Ethik herausarbeitet, daß er den von der religiösen Erfahrung aus neu erfaßten Gedanken eines Berufes an der Welt zur Idee und systematischen Darstellung des Ethischen erhebt: darin sind bleibende Grundlagen gewonnen für die Ausbildung eines Begriffes der Gerechtigkeit, in welchem sowohl ihre negative wie ihre positive Seite ihren Ausdruck findet. Hier war der Boden wieder gewonnen, auf dem sich Anschauung und Begriff der Kirche erheben konnte, die religiöse wie die sittliche Seite der Kirche, ihr schlechthin Eigentümliches, wie ihre Stellung in dem großen Ganzen des ethischen Organismus konnte nun wieder erkannt werden. Hiermit aber ist auch wieder ein kirchliches Leben möglich.

Mehr, als man bei dem ersten Blicke sieht, stehen alle Bestrebungen unserer Zeit, die auf Erneuerung und Gestaltung des kirchlichen Lebens gehen, mit der Frage in Zusammenhang, wie sich das spezifisch Religiöse und sein Ausdruck in der Darstellung des kirchlichen Lebens zu dem Umkreis der sittlichen Sphären verhalte, deren Erscheinung und Tätigkeit Familie und Staat, Geselligkeit, Kunst und Wissenschaft sind. Nur wird man es sich nie verhehlen dürfen, wie jede ethische Konstruktion den irrationalen Rest nicht wird verdecken können, der in der Sphäre unserer irdischen Geschichte stets zwischen der Glaubens- und Lebensgerechtigkeit zurückbleibt, ein Rest, aus dem die Hoffnung der zukünftigen Vollendung, der zweiten Parusie unaufhörlich quillt.

Doch wir dürfen diese Rückblicke hier nicht weiter fortsetzen; wollten wir doch in allem Vorangehenden nur Beispiele von der Möglichkeit andeuten, daß es eine geschichtliche Entwicklung der christlichen Frömmigkeit gebe, die das Wesen einer Geschichte des kirchlichen Lebens bedingt. Mehr, als es auf dem Wege abstrakter Betrachtung geschehen kann, wird die Möglichkeit einer solchen geschichtlichen Bewegung daraus erhellen, daß man vor den Augen prüfender Leser selbst einige Schritte versucht.

Jahrbücher für Deutsche Theologie. 15. Band, 1. Heft. Gotha 1870, S. 182—188.

REZENSION ÜBER: WILHELM OTTO, EVANGELISCHE PRAKTISCHE THEOLOGIE (1869/70)

Von Christian Palmer

Der würdige Verfasser, nachdem er schon seit längerer Zeit in den Denkschriften des Herborner Seminars je und je einen Gegenstand kirchlicher Wissenschaft speziell bearbeitet hatte, ist im Jahre 1866 mit einem Entwurf des ganzen Gebietes unter dem Titel ›Grundzüge der evangelischen praktischen Theologie‹ hervorgetreten, über welchen Referent in diesen Blättern (1868, S. 375 ff.) Bericht erstattet hat. Es liegt nunmehr der erste Band einer vollständigen, sorgfältig gearbeiteten Ausführung jenes Entwurfes vor; da diese jedoch, wie sich von selbst versteht, an das in demselben gegebene Schema sich anschließt, worüber in der genannten Anzeige das Nötige schon gesagt ist, so enthalte ich mich, nochmals auf die Anordnung des Ganzen zurückzukommen, und beschränke mich darauf, hier nur einiges Wichtigere von demjenigen auszusprechen, was mir die genaue Durchsicht der speziellen Ausführung, die nun vorliegt, zu denken gegeben hat. In bezug auf die Anlage und Disposition der verschiedenen Teile des Ganzen sei nur das eine bemerkt, daß die in der früheren Anzeige erhobenen Bedenken gegen die Unterbringung des allgemeinen, wenn man will, objektiven Teils der Liturgik unter der Rubrik des Kirchenrechts mir durch die spezielle Ausführung sehr gerechtfertigt erscheinen. Es ist hier nur von der Tätigkeit des Geistlichen die Rede, die er (S. 528), weil sie das Gemeinsame, Objektiv-Kirchliche zu repräsentieren habe, „in beharrlich sich gleichbleibenden, übereinkünftlich festzustellenden Formen", also in einer gewissen Gebundenheit auszuüben habe. Aber ebendeshalb müßten diese kirchlich festgestellten oder festzustellenden Formen selbst vorher schon wissenschaftlich erörtert, es müßte z. B. die Grundanordnung des Hauptgottesdienstes, der echt liturgische Stil der Formulare usw. schon vorher abgehandelt sein; das liturgische Tun in Rede und Gebärde kann nicht richtig besprochen werden, solange die Liturgie selber noch ein unbekanntes x ist, was sie bei dem Verfasser bis dahin bleibt, wo er unter der Kategorie der Kirchenordnung auf diesen Gegenstand zurückkommt. – Im allgemeinen hat mich die Art und Weise, wie der Verfasser – im Unterschiede von Nitzsch, Ehrenfeuchter, Moll u. a. – den umfänglichen Stoff bearbeitet hat, am meisten an Hüffels ›Wesen und Beruf des evangelischen Geistlichen‹ erinnert, nur daß er um dreißig Jahre mit der Zeit und der Wissenschaft über diesen hinausgerückt ist. Der Ertrag dieser für die praktische Theologie gewiß fruchtbar gewesenen Periode ist von dem Verfasser mit Liebe und Fleiß gesammelt und selbständig verarbeitet, so zwar, daß er nicht selten gerade die schärferen Begriffsbestimmungen der jetzigen Homiletik, Katechetik usw. sich nicht aneignet, ihnen vielmehr gern allgemeinere, aber eben darum auch mehr zerfließende, meist schon einer älteren Anschauungsweise zugehörige Definitionen substituiert. Die Literatur ist ausgiebig, doch etwas ungleich aufgeführt; schon in den einleitenden Abschnitten (S. 23), noch mehr aber im Abschnitt von der Katechese durfte z. B. das Werk von G. von Zezschwitz denn doch nicht ignoriert werden; in dem Abschnitt vom kirchlichen Gesang (Poesie und Musik) sieht es aus, als ob eine hymnologische Literatur gar nicht existierte. Die bezüglichen Artikel der Herzogschen Real-Enzyklopädie hätten auch wohl verdient, nicht gänzlich außer Beachtung zu bleiben.

Im einzelnen möchte ich – im Sinne brüderlicher Diskussion zwischen Mitarbeitern auf gleichem Felde – einige Bemerkungen an Folgendes anknüpfen. S. 8 erklärt sich der Verfasser gegen diejenige, von mehreren Vorgängern vertretene und praktisch befolgte Ansicht, wonach zur wissenschaftlichen Grundlegung der praktischen Theologie dasjenige gehört, was man die Physiologie der Kirche genannt hat, eine Exposition der Eigenart ihres Lebens, die zwar mit dem von der Dogmatik aufzustellenden Begriff der Kirche im Einklang stehen muß, wofern nämlich dieser Begriff dort richtig bestimmt wird, die aber eben nicht bloß den Begriff aufstellt, sondern die Kirche als Wirklichkeit, als besondere Art der Gemeinschaft, näher des Völker- und Volkslebens, gleichsam naturgeschichtlich beschreibt. Das sind nicht bloß Voraussetzungen für die praktische Theologie, wie der Verfasser behauptet, sondern das gehört ihr und nur ihr von Rechts wegen zu; und daß es ihr für diese Kategorie nicht an Stoff fehlt, ist bei Nitzsch und Ehrenfeuchter zu sehen. – S. 37 lesen wir: „Weder im Berufe Christi noch in dem der Apostel lag es, die heranwachsende Jugend im Christentum zu unterrichten." Damit wäre der Mangel an Katechese nach unserm Begriff, der uns im Neuen Testament auffällt, erklärt. Aber warum soll das nicht im Berufe Jesu und der Apostel gelegen haben? So gut Jesus die Kinder herzte und segnete, so gut konnte er ihnen auch vom Himmelreich, vom himmlischen Vater usw. erzählen; und wenn die Apostel das nicht als ihren Beruf ansahen, warum sieht es heute der Missionar gerade als eine Hauptaufgabe an, Schulen zu gründen? Hier, glaube ich, hätten genauer die – nicht im Berufe des Erlösers und seiner Sendboten, sondern in anderen historischen Verhältnissen liegenden Gründe aufgesucht werden sollen, die nicht nur in dieser Anfangszeit, sondern bekanntlich noch lange hernach die Katechese noch nicht den Kindern, sondern den Proselyten zugute kommen ließen. – Bei der Entwicklung des Begriffs der Katechese ist es gewiß ein Rückschritt, daß der Herr Verfasser, so Richtiges er sonst über den Unterschied zwischen der häuslichen Erziehung zum Christentum und zwischen der Katechese sagt, doch das, was der letzteren ihren bestimmten kirchlichen Charakter gibt, unberücksichtigt läßt, nämlich 1. daß sie eingerahmt ist zwischen Taufe und Konfirmation, also wesentlich Vorbereitung zum kirchlichen Bekenntnis, und 2. daß sie eben darum, wenn auch in freier, den Katecheten nicht beengender Weise, doch prinzipiell an den Katechismus gebunden ist. Aus letzterem und seiner mündlichen Behandlung hat sich ja notorisch unsere ganze katechetische Kunst und Tätigkeit erst entwickelt. Was S. 86 und 111 wie zufällig über ihn bemerkt wird, genügt für seine Bedeutung nicht. Ebenso können wir S. 104 die Beibehaltung der älteren (Dinterschen) Definition des Entwickelns nicht gutheißen; und wenn S. 108 der Herr Verfasser die Unterscheidung von entwickelnder und zergliedernder Katechese tadelt, so müssen wir demgegenüber dabei verharren, daß sich diese beiden Verfahrungsweisen antithetisch verhalten. Dagegen müssen wir der Lehre von der Kunst des Fragens, wie der Verfasser sie auseinandersetzt, alle Anerkennung zollen (S. 122 ff.). Weniger genügend als die Katechetik scheint uns die Theorie der Mission; schon S. 157 ff. sollte diese vom Unterricht der Proselyten, der ja gewiß nicht identisch mit jener ist, schärfer unterschieden werden. Gerade diese Abteilung, für die wir außer Stiers Keryktik noch lediglich nichts haben, als die allerdings ganz vortreffliche Ausführung von Ehrenfeuchter, sollte in einer praktischen Theologie sogar besonders genau behandelt sein, so daß z. B. in Missionsinstituten praktischer Gebrauch davon gemacht werden könnte; bei Ehrenfeuchter kann man sich überzeugen, daß jetzt doch schon eine Missionspraxis an den verschiedensten Punkten des Erdballs vorliegt, reich genug, um einer gründlichen Theorie als Substrat zu dienen und eine, wenn auch noch nicht lückenlose und unter allen Himmelsstrichen ausreichende, doch als Grundlage diensame Methodik evangelischer Mission (zumal im Unterschied von der katholischen) möglich zu machen. – In der übersichtlichen Geschichte der Predigt, so sehr der Verfasser recht tat, sie kurz zu fassen, wären doch meines Erachtens einige Punkte schärfer und charakteristischer herauszuheben gewesen; gleich am Anfang sollte Origenes (S. 167) doch nicht einfach bloß als derjenige genannt werden, von welchem die ältesten Homilien sich erhalten haben; es ist ja für den Begriff der Predigt selbst, sobald man sich nicht bei den hergebrachten Vorstellungen von ihrer Stiftung usw. beruhigt, von größter Bedeutung, daß sie in ihrer bestimmten Gestalt, als schriftauslegende, gottesdienstliche Rede, erst mit dem Manne in der Kirche auftritt, der klassische Wissenschaft mit christlichem Glauben zu verbinden anfing. Wie die Aufnahme der Poesie, der Musik, der bildenden Künste, überhaupt der Kunst in das Leben der Kirche wesentlich ein heidnisches Element war, das das Christentum sich aneignete und seinem Wesen anpaßte, so war die Predigt das Produkt eines ähnlichen Prozesses; auf jene Einwirkung deutet die Predigt noch lange und gerade in Namen wie Chrysostomus und Augustin stark genug zurück. Damit hängt freilich eine andere Kontroverse zusammen; der Herr Verfasser opponiert (S. 187) gegen die auch von mir aufgestellte Behauptung, die Predigt beruhe nicht auf spezieller Stiftung Christi. Darüber ist natürlich kein Streit, daß Christus gewollt hat, die Kunde von ihm und seinem Reich solle allen Menschen mitgeteilt werden; das ist die Predigt im allerweitesten Sinn des Wortes, der höchst verschiedenartige Tätigkeiten, auch die formloseste und zufälligste, wie die auf den bestimmtesten Zweck, die Proselyten-Gewinnung, abzielende, unter sich befaßt. Diejenige Predigt aber, welche den Gegenstand der Homiletik ausmacht, ist ein spezieller, in sich abgeschlossener Kultusakt, und als solchen hat der Herr sie nicht gestiftet; wo steht denn ein Mandat des Inhalts, daß je am Sonntag die Ortsgemeinde zusammenkommen und ein dazu vorbereiteter redetüchtiger, amtlich beauftragter Mann über ein Schriftwort eine Rede halten soll? Taufe und Abendmahl, jedes nach seiner eigentümlichen Substanz, als besondere Handlung hat er angeordnet, die Predigt als Gemeinde-Erbauungs- und Kultusakt nicht. – Einige Lücken (z. B. daß S. 177 unter den ersten Predigern der reformierten Kirche der bedeutendste französischredende, Theodor Beza, nicht genannt ist) werden leicht zu ergänzen sein; unter den homiletischen Exempeln, die der Verfasser reichlich mit aufnimmt, würde man wohl Röhr und ähnliche Namen ohne Schmerz vermissen; S. 230 ist – wenn wir den Zusammenhang richtig verstehen – mit Zustimmung ein Thema von Ammon über Lk 12, 16–21 angeführt: ›Die christliche Tugend der Wirtschaftlichkeit‹, und S. 334 ein echt Reinhardisches Thema: ›Von der Pflicht des Christen, zuweilen aus Menschenliebe nichts zu tun‹ – dergleichen sterile Propositionen möchten wir dem gegenwärtigen Geschlechte denn doch nicht mehr bieten. – Indem ich über verschiedenes einzelne, was noch erschöpfender hätte behandelt werden dürfen, der Kürze halber weggehe, füge ich nur bei, daß auch der Herr Verfasser S. 373 sich gegen die Verderbnis unserer Kanzelsprache durch Fremdwörter ausspricht; gerade weil diese Verderbnis in Stadt und Land so gang und gäbe ist, daß man immer seltener einen Prediger trifft, von dem man sicher sein kann, ein reines Deutsch zu hören (Friedrich Wilhelm Krummacher hat in dieser Verschwisterung deutscher geistlicher Rede mit der landläufigen Zeitungssprache ein sehr böses Beispiel gegeben): deshalb muß man mit einer gewissen Pedanterie sich selbst und andere zu unverdorbenem Deutsch anhalten. – In dem Abschnitt von der Seelsorge hat der Herr Verfasser (S. 102 ff.) zwar diejenigen Bestandteile, welche man früher in die Pastoraltheologie mit eingerechnet hat (wie Pastoralmedizin, Landwirtschaft usw.) mit Recht abgewiesen; aber es ist damit nicht bewiesen, daß nicht die Pastoraltheologie im weitern Sinn, welche nicht bloß Lehre von der Seelsorge, sondern Lehre vom Pastor ist, dasjenige mit enthalten dürfe und solle, was man eine Standesmoral für den Pastor nennen kann. Wie sich diese Lehre zusammen mit der Lehre von der Seelsorge zu einem eigentümlichen, von der praktischen Theologie unterscheidbaren Ganzen verbinden lasse, darüber wäre immerhin noch manches zu sagen gewesen. Über die Einteilung der Gemeindeglieder als Objekte der Seelsorge in bestimmte psychologisch zu rubrizierende Klassen sind der Natur der Sache nach verschiedene Ansichten möglich; dem Verfasser gegenüber möchte ich nur daran erinnern: 1. daß die Unterbringung der Kranken und ihrer geistlichen Pflege unter die Rubrik ›Gefühlsleben‹ S. 488 mir nicht angemessen erscheint; die Seelsorge hat es in besonderem Sinne mit denen zu tun, welche in Gefahr sind, an ihrem Christentum Not zu leiden, und dieser Gefahren eine liegt eben in der Krankheit; und 2. daß mit der Aufführung einzelner Sekten (S. 440 ff.) entweder zu viel oder zu wenig gegeben ist. Denn zunächst hat die Lehre von der Seelsorge nicht die Sekten selbst zu charakterisieren, sondern nur das amtliche und persönliche Verhalten des Pastors zu ihnen zu zeichnen (teils um die Sektierer selbst zur Besinnung zu bringen, teils und vorzüglich, um die Gemeinde vor ihnen zu bewahren); die Sekten selbst kennen zu lehren, ist Sache der Kirchengeschichte der Gegenwart. Will aber die Pastoraltheologie dem Pastor auch dies darbieten, dann muß sie viel vollständiger verfahren; in Schwaben z. B. ist der Pfarrer noch mit einer hübschen Anzahl weiterer Heiligen dieser Gattung geplagt, als die der Hr. Verf. namhaft macht. – Im einzelnen übrigens gibt auch dieser Abschnitt aus der reichen Erfahrung und mit dem besonnenen Urteil desselben dem Pastor, zumal dem angehenden, viele und dankenswerte Belehrung.

Im zweiten Bande werden – gemäß dem früher schon von uns

angezeigten Entwurf – und in derselben ruhig erörternden Weise, wie im ersten Bande, die folgenden Kapitel abgehandelt: I. Die Gemeindeordnung. 1. Die Bildung der Gemeinde. 2. Die Einrichtung des Gottesdienstes. 3. Die Kirchenzucht. 4. Die Ordnung aller Lebensverhältnisse der Gemeinde. II. Das Kirchenrecht. 1. Inneres Kirchenrecht. a) Verfassung (kirchliche Gemeinschaft, Kirchengewalt); b) Regierung (Behörden, deren Geschäftskreis); c) Gottesdienst (die rechtliche Seite desselben, z. B. Bedingungen und Folgen der Konfirmation usw.); d) das Kirchenvermögen. 2. Äußeres Kirchenrecht. a) Verhältnis der Kirche zum Staate; b) Verhältnis zu anderen Religionsgemeinschaften. – Die Bedenken, welche wir in formeller Hinsicht gegen einiges in dieser Stoffordnung äußerten, haben sich uns auch durch die nun vorliegende vollständige Ausführung nicht ganz gehoben, obwohl es z. B. richtig ist, daß der Gottesdienst auch eine rechtliche Seite darbietet und er insofern an zwei (oder sogar drei) Stellen des Systems wieder in Betracht kommen kann. Daß aber immerhin Inkonvenienzen entstehen, beweist z. B. der Umstand, daß schon im inneren Kirchenrechte § 364 von einer Fürsorge des Staates für die Feier des Gottesdienstes die Rede ist, während doch erst das äußere Kirchenrecht das Verhältnis des Staats zur Kirche überhaupt behandelt, von dem es ja gänzlich erst abhängt, ob er sich um Sonn- und Festtage der Kirche kümmert und in welcher Weise. Der Herr Verfasser hat in richtigem Gefühl an jener Stelle diesen Punkt kurz besprochen, an sich aber ist er gar nicht so einfach; es ist ja neuerlich auch die Industrie im Zug, die Fest- und Feiertage möglichst zu beschränken, und der Staat befindet sich in der schwierigen Alternative, entweder die mächtig andringende Industrie nicht nach Wunsch zu befriedigen oder der Kirche zu nahe zu treten. – Noch müssen wir, soweit es sich um die Anordnung des Ganzen handelt, erwähnen, daß der Hr. Verf. dem Eherecht auch hier keine Stelle eingeräumt hat; S. 232 ff. ist nur von der seelsorgerlichen Einwirkung auf das Familienleben, S. 331 nur vom pfarramtlichen Verhalten in bezug auf Trauung und Aufgebot die Rede. Daß in großen Territorien die Ehejustiz ohne alle Mitwirkung der Kirche, wie sie Luther verlangt hat, ausgeübt wird, sollte unseres Erachtens kein Grund sein, sie auch im System wegzulassen; wir meinen, die Wissenschaft wäre gerade berufen, das Bewußtsein wachzuhalten und zu schärfen, daß der Staat unrecht handle, wenn er die facultates ecclesiae, wie Luther sagt, zur Behandlung der Ehesachen nicht beiziehe.

Im einzelnen heben wir noch folgendes heraus. Verschiedenen neueren Theorien entgegen hält der Hr. Verfasser an der Thesis fest (S. 9), daß das Pfarramt von Christus selbst gestiftet sei, übrigens nur in dem Sinne des Lehramts, während S. 284 sehr mit Recht nicht auch ein dem Klerus von Christus übertragenes Regiment zugestanden wird. Aber alles für jene Thesis auch hier geltend Gemachte reicht nicht hin, um die Lücke auszufüllen, die darin offenbar ist, daß Jesus mit keiner Silbe davon redet, daß, wenn die von ihm persönlich Ausgesendeten vom Schauplatz abtreten, schon dafür gesorgt sein müsse, daß andere an ihre Stelle treten. Das aber müßte er selbst als eine bestimmte Weisung ausgesprochen haben, wenn von einer Einsetzung des regulären geistlichen Amtes die Rede sein sollte. Die natürlichen Nachfolger der Apostel sind die Missionare; das Pfarr- oder Ältestenamt ist aus dem selbstverständlichen Bedürfnis der Gemeinden erwachsen, allerdings noch zur Apostelzeit, aber als etwas Neues. Wenn Jesus ein Gemeindeamt bestellen wollte, warum hat er nicht z. B. Mt 18, 15 ff. angeordnet, man solle den sündigenden Bruder vor die Ältesten bringen und diese sollen ihm zureden? Die ἐκκλησία V. 17 wird auch der Hr. Verf. gewiß nicht = Klerus verstehen. Die Tätigkeiten des Lehrens, Taufens, Abendmahlreichens (freilich vielmehr nur die gemeinsame Abendmahlsfeier ohne Unterscheidung der Spendenden und der Empfangenden) beruhen auf dem ausgesprochenen Willen des Herrn, aber daß für diese Tätigkeiten überall, in jeder Gemeinde, bestimmte Personen ausgesondert sein sollen, denen allein sowohl das Recht als die Pflicht dazu zukomme, das gerade hat der Herr nicht einmal angedeutet, das gerade müßte aber mit den bestimmtesten Worten ausgesprochen sein, wenn von einer Stiftung des Amtes sollte die Rede sein können. Wir wiederholen übrigens, daß uns darum das Amt von seiner Würde und Weihe nichts verliert; was so innerlich notwendig ist, das ist im göttlichen Willen begründet, auch wenn kein spezieller, historisch gewordener Einsetzungsakt vorliegt. – S. 69 faßt der Hr. Verf. die Feier vornehmlich als Gegensatz zum Kampfe mit der Sünde; wir glauben, daß dies nicht ganz zutrifft; die Feier ist Gegensatz zur Arbeit, zur Mühsal des Lebens. Vom innern Kampfe mit der Sünde werden wir nicht wohl sagen können, er sei am Sonn- und Festtage sistiert, wohl aber von alle dem, was den Geist an der Erde Not und Mühsal bindet und niederzieht. – S. 74 scheint uns die reguläre Gemeindepredigt allzu früh schon in die apostolische Zeit zurückdatiert zu sein; es sollte wenigstens die sehr kurze Form bloßer Ermahnung, die sich an das gelesene Schriftwort anknüpfte, wie sie bei Justin dem Märtyrer klar geschildert ist, von der erst durch Mitwirkung anderweitiger Bildungseinflüsse zustande gekommenen eigentlichen Predigt, d. h. der ausführlich auslegenden Rede, genau unterschieden sein, die sich historisch erst von Origenes an nachweisen läßt.

Sehr eingehend sind die beiden Kapitel von der Kirchenzucht und von der Ordnung der Lebensverhältnisse in der Gemeinde behandelt; wir rechnen diese zu den besten Partien des ganzen Werkes; die reiche Erfahrung, das besonnen abwägende Urteil und der milde Sinn des Verfassers tritt hier in einer Weise in Wirkung, daß der praktische Geistliche treffliche Impulse und Ratschläge finden wird. Im kirchenrechtlichen Teile sind die verschiedenen möglichen Verfassungsformen klar entwickelt, auch die Entscheidung für diejenige gut begründet, die der Verfasser die gemischte nennt, d. h. für die Verbindung der konsistorialen mit synodalen Institutionen; der Summepiskopat namentlich ist durch die Erörterungen, die S. 301 in ihren Resultaten zusammengefaßt werden, in richtiger Weise beleuchtet. Die sittliche Natur und Bedeutung des Staats wird S. 349 einerseits gegen die Unterschätzung verteidigt, da man ihm nur das leibliche Wohlergehen des Volkes als Zweck seiner Existenz und Gegenstand seiner Tätigkeit zuerkennen will; andererseits aber wird auch die Überschätzung desselben abgelehnt, wie sie aus der Hegelschen Schule auf Rothe übergegangen ist. Nur will uns bedünken, der Hr. Verf. hätte als Kern des Staatsbegriffs, als das, worin seine Macht wie seine Schranke liegt, bestimmter und prinzipieller die Idee des Rechts ins Auge fassen und danach auch seine Stellung zur Kirche bestimmen dürfen. – Seite 349 könnte man zu dem Satze: „Daher können im Staate verschiedene Religionsgemeinschaften bestehen, ohne daß die bürgerlichen und staatsbürgerlichen Rechte der ihnen Angehörigen durch die Verschiedenheit ihres Bekenntnisses andere sind" – die Randglosse setzen: Du sprichst ein großes Wort gelassen aus. Bekanntlich hat es sehr lange Zeit gebraucht, bis dieses Prinzip vom Staat akzeptiert und von der Kirche – von der evangelischen nämlich, denn die katholische stimmt nur da zu, wo sie Vorteil für sich davon hofft – als im Prinzip des Protestantismus mit eingeschlossen anerkannt worden ist. Daß aber daraus noch allerlei Folgen entspringen müssen, die wir für den Augenblick noch nicht zu empfinden haben, wenn z. B. Juden, Baptisten, Methodisten in Ständekammern und in Behörden gelangen und über die der Kirche zu gewährenden Rechte oder Unterstützungen mit beraten und beschließen werden – das ist nicht minder gewiß.

Paul Kleinert, Zur praktischen Theologie, in: Theologische Studien und Kritiken. 53 (1880), S. 273—283.

PROBLEME DER GRUNDLEGUNG UND DES AUFBAUS DER PRAKTISCHEN THEOLOGIE IN DREI NEUEN LEHRBÜCHERN*

Von Paul Kleinert

Wenn nicht einen entscheidenden Wendepunkt, so bezeichnet das Triennium 1876–1878 doch sicher einen sehr bemerkenswerten neuen Aufschwung in der schriftstellerischen Bearbeitung der praktischen Theologie. Der mächtige Anstoß zum Ausbau dieser Disziplin als Wissenschaft, welcher von Schleiermachers Enzyklopädie ausgegangen war, hatte nicht nur durch seine Fortwirkung in den methodologischen Arbeiten von Marheineke und Nitzsch, Graf und Pelt, Schweizer und Liebner seine zündende und zeugende Kraft bewährt, sondern sich auch fähig erwiesen, die gewaltigen Erträge formell zu bewältigen, welche durch die große geistige Bewegung der ersten Jahrzehnte unseres Jahrhunderts in Kirche und Theologie der jungen Wissenschaft zugeführt wurden. Mit diesem Inhalt gesättigt, fand er seinen vorläufigen Abschluß in dem Standardwerk von Nitzsch und dem Kompendium von Moll; und es folgte, angesehen den Bau am Ganzen, eine jahrzehntelange Stille. Bedeutende Anfänge, wie die von Gaupp und Ehrenfeuchter gemachten, blieben unfertig liegen; nur Otto erhob sich zu einer umfassenden Leistung. Diese Stille ist seit 1876 einem sehr regen Leben gewichen. Fast gleichzeitig traten drei Werke auf die Bahn, welche nicht bloß wie ihre unmittelbaren Vorgänger einzelne Disziplinen auf den gegebenen Fundamenten auszubauen unternehmen, sondern nicht unbegründeten Anspruch erheben, als selb-

* Der Beitrag, dessen Überschrift vom Hrsg. formuliert wurde, enthält Rezensionen über G. v. Zezschwitz, System der praktischen Theologie 1876/78; Th. Harnack, Praktische Theologie 1876/78; J. v. Oosterzee, Praktische Theologie, 1878/79.

ständige Fortbildung und Neugestaltung des Ganzen zu gelten.[1] Ihnen auf dem Fuß ist die Gründung zweier das ganze Gebiet beschlagenden Zeitschriften gefolgt.[2]

Man wird diese Erscheinung nicht für zufällig halten dürfen. Die Kirche, wie sehr ihr Leben ein Selbstleben eigener Art ist und sein muß, lebt doch eben mit dem Volke. Und zumal die evangelische, die ihr Wesen nur als Anbetung im Geist oder gar nicht behaupten kann, wird eben darum um so empfindlicher sein für alle Berührungen, die der Geist, der in ihr ist, von den mächtigen geistigen Strömungen erfährt, mit denen das Tun Gottes in der Geschichte die Volksgeister in ihren Tiefen erregt. Da kann unter den Strebungen, die zur Höhe ringen, und den Widersprüchen, die sie mit sich zur Höhe reißen, die Theologie, welche im geistigen Mittelpunkte der Kirche das Leben derselben reflektiert und bewegt, nicht im willenlosen Stilleben verharren. Indem sie inne wird, wie das Kirchenleben ihr aus den Händen rinnt und sich von ihr hinweghebt, um seine eigenen Gesetze in ungeordneter Selbsthilfe zu setzen, empfindet sie ihre Aufgabe als Schuld, und sieht sich genötigt, die Energie ihrer Leistung als praktische zu bestimmen. Und wenn die eigentümliche Signatur, welche der Bewegung unseres Volksgeistes durch die Epochenjahre der letzten Zeitenwende aufgeprägt ist, unbestritten darin liegt, daß der behaglichen Doppelheit des realen und idealen Lebens in der dahinter liegenden Stufe, welche das letztere als ein Gebiet ungestörten geistigen Genusses seinen Besitzern überließ, ein Ende gemacht ist; daß die gewaltige, oft unbarmherzige Realität auf allen Punkten hereinbricht, und entweder von der Idealität erfaßt und durchdrungen sein will oder sie zu zertreten droht, so ist es naturgemäß, daß die kräftigste Gegenäußerung auf kirchlichem Gebiet sich da zur Gel-

[1] Gerhard v. Zezschwitz, System der praktischen Theologie. Paragraphen für akademische Vorlesungen. 3 Abteilungen in einem Bande. Leipzig 1876–78, 718 S. – Th. Harnack, Praktische Theologie. Vier Teile in zwei Bänden. Erlangen 1877/78, 634 u. 543 S. – J. J. v. Oosterzee, Praktische Theologie. Deutsche Ausgabe von A. Matthiä u. A. Petry. 2 Bände. Heilbronn 1878 f., 416 u. 317 S.

[2] „Halte was du hast." Zeitschrift für Pastoraltheologie von B. F. Oehler. 1878 f. – Zeitschr. f. prakt. Theol. von Bassermann u. Ehlers. 1879.

tung bringen muß, wo die Durchdringung der Wirklichkeit mit der Idee die eigentliche Lebensfrage der wissenschaftlichen Aufgabe ist: in der praktischen Theologie.

Gewiß, am unmittelbarsten fällt die Aufgabe dieser Gegenäußerung in die theologische Praxis selbst hinein. Aber sie wird von dieser nicht geleistet werden noch geleistet werden können ohne die Unterlage der strengen wissenschaftlichen Arbeit, von welcher die Praxis getragen sein will, wenn sie nicht ein Spiel der Elemente werden soll. Und es läßt sich ja nicht leugnen, daß der Stillstand der wissenschaftlichen Gesamtbearbeitung der praktischen Theologie in den letzten Jahrzehnten, ungeachtet der zum Teil sehr hervorragenden Leistungen auf einzelnen Spezialgebieten – es sei nur an die Homiletik von Schweizer, die Missionstheorie von Ehrenfeuchter, die liturgischen Arbeiten von Schöberlein, die kirchenpolitischen von Hundeshagen und an Zezschwitz' Katechetik erinnert – zugleich Symptom eines Rückganges in der allgemeinen Wertschätzung war, welche durch Schleiermacher diesem der Praxis zugewandten Gebiet theologischer Wissenschaft vindiziert und erworben war. Ein Rückgang auf jene vorvergangene Stufe, auf welcher das Material der praktischen Theologie lediglich empirisch betrachtet, die Behandlungsweise desselben die bald mehr gemütliche, bald mehr rednerische der populären und elementaren Pastoral war; ihr Wert im besten Fall geschätzt nicht nach der Kraft wissenschaftlicher Leistung, sondern nach der Kraft einer erwärmenden Anregung für die Aufgaben des geistlichen Amtes. Man darf das Berechtigte einer solchen Behandlungsweise auf unserem Gebiet keineswegs unterschätzen. Sie hat zur Blütezeit der wissenschaftlichen Bearbeitung den Erzeugnissen derselben in den bekannten Büchern von Harms und Vinet Leistungen zur Seite gestellt, deren befruchtende Einwirkung aufs Kirchenleben den Vergleich mit jenen nicht zu scheuen hat. Sie hat, wenn nicht das ausschließliche, so doch ein unbestreitbares Recht, die großen Vorgänger praktischer Theorie in der alten Kirche als die ihren anzurufen. In der ethischen Richtung auf Anregung und Formung der Persönlichkeit für die Aufgabe birgt sie ein Moment, welches vor anderen auf diesem Gebiete mit dem Anspruch eines vollberechtigten Faktors auch von der wissenschaftlichen Behandlungsweise in Betracht gezogen sein will. Von einem großen Teil der studierenden Jugend und der die Studien am Amt fortsetzenden Geistlichkeit wird sie immer als das dem eigentümlichen Bedürfnis Zusagende empfunden werden. Aber daß sie die Größe der Aufgabe für sich nicht erschöpfen kann, wird, nachdem dieselbe durch die großen Methodiker einmal zum wissenschaftlichen Bewußtsein erhoben ist, nicht mehr verkannt werden können. Vorbeigehend an der Frage nach den letzten Gründen, die nun einmal die Wissenschaft von allem empirischen Betrieb scheidet, demgemäß nicht a principiis ad principiata fortschreitend, sondern im besten Fall ex concessis, meist aber aus Geschmacks- und Stimmungsgründen argumentierend; ein Reflex der äußeren Wirklichkeit und ihrer Ansprüche ins betrachtende Subjekt hinein, dessen ersprießliche Wiedergabe von dem zufälligen Besitz oder Mangel an sicherem Taktgefühl und kirchlicher Nüchternheit im letzteren abhängig ist, wird sie nicht fähig sein, einer Zeit gerecht zu werden, die bis auf den Grund wühlend auch die letzten Fundamente wie der Religion selbst so des Kirchenlebens auf ihre Haltbarkeit erprobt. Wie unabkömmlich der warme Eifer für den praktischen Beruf: die Geschichte lehrt, daß er allein weder gegen Verschiefung noch gegen Stagnation des Kirchenlebens hinreichende Bürgschaft bietet. Sie lehrt, daß die Blüten des letzteren durchaus solchen Zeiten angehören, in welchen der strebsamsten Praxis eine wissenschaftliche Arbeit zur Seite ging, welche einerseits die höchste dem Zeitalter erreichbare Bildung nicht verdächtigte, sondern besaß, und mit der sieghaften Gewißheit eigenerarbeiteter Glaubensbegründung alle geistigen Fermente der Zeit aneignend zu beherrschen, zu sichten, zu verwerten Kraft hatte; welche anderseits die Praxis nicht verachtend preisgab an das verödende Ringen zwischen den Impulsen verworrener Tatenlust und dem ebenso verworrenen Widerspruch der geistlosen Trägheit und der leistungslosen Skepsis; welche darum auch von der Praxis nicht im Gefühl innerer Fremdheit gemieden, sondern gesucht und getragen war, sie klärend und verklärend, und das innerlich Tote durch den Geist richtend, der da lebendig macht. Es kommt aber hierzu, daß jener Umschwung der Zeit aus dem Gebiet geistigen Genußlebens in das der wuchtenden Realitäten auf evangelisch-kirchlichem Boden durch die allenthalben aufgeführten Verfassungsbauten eine produktive Kraft entfaltet und ein Gebiet der Geltendmachung gewonnen hat, welches sofort die strengen Aufgaben der Theologie als der Psychagogik in der Kirche in das feinste Geäder des kirchlichen Lebens hineinerstreckt. Es kommt hinzu, daß die katholische Kirche der Gegenwart unter dem Regiment eines feinen und überschauenden Geistes mit energischer Förderung ihrer eigenen, praktisch unverächtlichen Theologie den Ertrag der massiven äußeren Erfolge, die sich an den Namen Pius IX. knüpfen, als geistiges Machtkapital zu sichern und geltend zu machen aufs eifrigste bestrebt ist. Nach alledem kann es nicht fehlen, daß der evangelischen Kirche die Erkenntnis sehr fühlbar ins Bewußtsein trete, wie ihr geistliches Amt nur auf Grund intensivster Arbeit an den wissenschaftlichen Unterlagen seiner Wirksamkeit die Aufgaben einerseits der Seelenleitung in lebendig werdenden Gemeinden, anderseits der Selbstbehauptung gegenüber dem römischen Andringen wird lösen können.

Als wissenschaftliche will die Arbeit getan sein. Daher auch nicht so, wie auch in Deutschland einige Stimmen laut geworden sind, daß die theoretische Theologie von der praktischen abgetrennt und nach ihren verschiedenen Zweigen dem philologischen, geschichtlichen, psychologischen Studium, kurz der „philosophischen Fakultät" zugewiesen werde, während als Theologie im eigentlichen Sinne nur die praktische übrig bliebe.[3] Es ist nimmer ein guter Rat, ein Lebendiges zu zerschneiden, und von dem Bewußtsein, ein Lebendiges zu besitzen, pflegt er nicht auszugehen. Man gebe die Dogmatik, die Kirchengeschichte, die Exegese anderen als dem theologischen Studienzusammenhange, und sie werden nicht etwa bloß aufhören, für die praktische Theologie ein brauchbares Fundament zu bieten, sondern werden aufhören, Dogmatik, Kirchengeschichte, Exegese zu sein, überhaupt Wissenschaft zu sein. Nur unter der äußeren Voraussetzung der bestehenden Kirchengemeinschaft, für die der Betrieb dieser Studien ein Lebensinteresse ist, können sie faktisch ihr Existenzrecht behaupten; begrifflich aber stehen und fallen sie mit der anderen Voraussetzung, nur von dem wesensgemäß und also auch wissenschaftlich betrieben werden zu

[3] Vgl. z. B. Holtzmann in Schenkels Zeitschrift 1866, S. 43.

können, dem die göttlichen Dinge λόγος sind; für den Glaube nicht bloß als Objekt, sondern auch als Ausgangspunkt und subjektive Bedingung ihrer wissenschaftlichen Behandlung in Betracht kommt.[4] Man wird nicht die Musikwissenschaft als Teil der Physik einreihen, weil beide eine Lehre von der Akustik haben. Nicht durchaus gleichartig, aber sicher gleich unrichtig wäre es, die biblische Exegese der Sprachwissenschaft, die Apologetik der Psychologie, die spezielle Dogmatik der Kulturgeschichte usw. anzureihen. – Anderseits kann der praktischen Theologie nicht zugemutet werden, das Werk, welches die Kirche getan, indem sie sich eine theoretische Theologie schuf, von vorn ab neu zu tun. Nur im organischen Zusammenhange mit den Disziplinen der theoretischen vermag sie ihre eigene Gestaltung als Wissenschaft zu vollziehen. Und gerade darin, daß sie den wissenschaftlichen Boden annehmend und behauptend, den die theoretische selbständig und ohne Zweckrücksicht ihr bereitet, die gesicherten und gesichteten Erträge der letzteren der Praxis vermittelt, liegt ihre Gesundheit, ihre Bedeutung, und das Besondere ihres ideal-realen Charakters. Das schöne Gleichmaß in beiden Seiten desselben, das ihr anhaften muß, wenn sie ihrer Idee genügen soll, würde alsbald und unvermeidlich zur halbseitigen Schwindsucht und halbseitigen Hypertrophie werden, wenn ihr die Aufgabe gestellt würde, jenen theoretischen Boden mit immer auf die Praxis gerichtetem Blick von vorn ab selbst zu schaffen. Trotz der hochklingenden Worte, mit der ihr der Verzicht auf organischen Zusammenbestand mit der theoretischen angemutet worden ist, wird sie daher die Ehre, hinfort allein als Theologie gelten zu sollen, als ein Danaergeschenk ablehnen müssen. Was ihr bleiben würde, ist (wie auch Holtzmann anmerkt) der Charakter der Homiletik, Katechetik, Pastoraltheologie – kurz der elementaren Tätigkeitstheorien, welche, in die Selbständigkeit entlassen, bald finden würden, daß sie sich auch elementarisch und handwerksmäßig betreiben lassen. Für sich und auf sich gestellt haben diese Theorien zu ihrem Ort das kirchliche Seminar; nur im Zusammenhange mit der theoretischen Theologie

[4] Vgl. Dillmann, Über die Theologie als Universitätswissenschaft, Berlin 1875, S. 10 f.

kann die praktische, jene Tätigkeiten auf wissenschaftlicher Höhe fundamentierend, den Anspruch auf Eingliederung in die universitas literarum und auf die akademische Luft behaupten, deren sie zur Ausgestaltung ihres Charakters wie zur ideegemäßen Erfüllung ihrer Aufgaben bedarf.[5] Löblich ist die Intention, das theologische Studium vor „Banausie“ zu bewahren; aber ein Vorschlag, der es unmittelbar der Banausie preisgibt, dürfte zur Verwirklichung derselben der verkehrteste sein.

Nicht bloß nicht zufällig, sondern hoch erfreulich ist es daher, in den oben genannten Leistungen ein Zeichen erblicken zu können, daß das Bedürfnis des wissenschaftlichen Fortbaues der praktischen Theologie zum Bewußtsein, und zwar zu einem Bewußtsein von tätiger Produktivität gelangt ist. Und es ergibt sich die gemeinsame Pflicht aller durch Beruf oder Neigung Beteiligten, an diesen Fortbau die tätige Hand mit anzulegen. Unter diesem Gesichtspunkte wird, namentlich was die allgemeinen Hauptfragen über Umfang, Richtung und Methodik der Arbeit gilt, ja freilich das Werk von Zezschwitz unter den oben genannten mit dem motiviertesten Anspruch auf Beachtung, Auseinandersetzung und Anknüpfung in den Vordergrund treten. *Oosterzees* Buch stellt sich mit seiner Grunddefinition der praktischen Theologie als „Wissenschaft von der Tätigkeit des Hirten und Lehrers der christlichen Gemeinde“ nächstverwandt zu den Pastoraltheologien der früheren Entwicklungsstufe. Es ist eine mit mannigfachem gelehrten Stoff ausgestattete, der Theologie der Gegenwart würdige, von großem didaktischen Geschick zeugende Neubelebung der gemütlichen

[5] Man kann zweifelhaft sein, ob nicht der in vielen evangelischen Kirchengebieten bestehende Usus der doppelten theologischen Prüfung, welcher vielfach durch Herkommen zur leeren Prüfungstautologie geworden ist, dahin zu reformieren sein möchte, daß das erste Examen ausschließlich auf die Disziplinen der theoretischen Theologie einzuschränken, das zweite vorwiegend praktisch als Kirchenexamen auszugestalten sei. Aber auch dann würde das Studium der praktischen Theologie zwar nach dem ersten Examen einzustellen, aber immer noch der Universität vorzubehalten sein, während das kirchliche Seminar als Einübungsstätte seinen Platz zwischen der zweiten Prüfung und dem Eintritt ins Kirchenamt behauptet.

Pastoral im weiteren Sinne des Wortes, wonach der Terminus nicht bloß die Lehre von der Seelsorge, sondern auch Homiletik und Katechetik umspannt. Das nicht Vollgenügende seiner grundlegenden Definition scheint Oosterzee selbst empfunden zu haben, wenn er im zweiten Bande auch die Liturgik einführt, welche aus jener Definition als organischen Bestandteil zu entwickeln ihm schwerfallen sollte. Wissenschaftlicher Geist trägt die Ausführung, ohne den Aufriß erzeugt zu haben. Anders schon bei *Harnack*, dessen Intention von vorn ab eine wissenschaftlich umfassende ist. Aber es will uns scheinen, als sei hinter der Intention die Ausführung zurückgeblieben. Offen vor Augen liegen die großen äußeren Vorzüge, die sein Buch namentlich vor Zezschwitz voraus hat, und die seinen Weg sichern; die Leichtigkeit, Klarheit, Durchsichtigkeit der Darstellung; die glückliche Mitte zwischen gelehrter Überlastung und dürftigem Formalismus. Ganz evident ist die Bedeutung, mit der es als der abgeklärte Ertrag sich dargibt, den einer ausgereiften Persönlichkeit ihre Lebensarbeit abgeworfen. Aber der bedächtige Leser kann sich dem Eindruck nicht entziehen, daß dieser Ertrag, langsam erworben, schließlich sehr schnell gebucht ist; und daß, wenn die Energie der Konzeption und der Vorarbeiten der abschließenden Komposition wäre zugewandt geblieben, das Buch ein weit anderes geworden sein würde. Wenn Harnack für die übergangene Theorie des Kirchenregimentes auf seine Schrift ›Über die freie lutherische Volkskirche‹ (Erl. 1870), für die Katechetik auf einen noch zu erwartenden Abriß von Zezschwitz verweist, so muß das der Leser eben hinnehmen; auch gegen die Auslassung der Missionstheorie wollen wir aus Gründen, die weiter unten erhellt werden, nichts einwenden, wiewohl dieselbe im Hinblick auf die Ankündigung im Aufriß des Systems (I 86) mindestens zu motivieren gewesen wäre. Wenn aber selbst in reichlich ausgeführten Teilen, wie der Kultuslehre, man beispielsweise vergeblich nach einer Behandlung des Rituals von Taufe und Konfirmation sucht, dieselbe auch sonst nirgend nachgeholt findet, so möchte doch dies – denn Absicht kann nicht vorausgesetzt werden – schwerlich eine andere als die oben gegebene Erklärung finden. – *Zezschwitz* stellt sich überall, nach Konzeption und Ausführung seines Werkes, auf die Höhe der wissenschaftlichen Aufgabe, wie sie uns vorhin entgegentrat. Mit einer tiefen, von inniger Begeisterung getragenen Erfassung derselben verbindet sich Freiheit und Sicherheit des geschichtlichen Urteils und ein nicht bloß phantastischer, sondern substantieller Geistreichtum, der mit unermüdlichen Händen eine so große Fülle von Bereicherungen der Erkenntnis auf dem weiten Gebiet und von Anregungen auch für den selbständig Mitarbeitenden ausstreut, daß, wenn auch die eigentümliche immanente Dialektik der Darstellungsweise als nur selten zu voller Klarheit durchgedrungen erscheinen sollte, und selbst wenn eine kritische Gegenstellung bis dahin fortschritte, den Aufriß des Systems als von vornherein verfehlt zu bezeichnen, die Menge der übrigbleibenden fermenta cognitionis dem Buch immer noch seine große Bedeutung für die nächste Zukunft der praktischen Theologie sichern müßte. Dazu tritt bei aller Energie in Betonung des lutherischen Bekenntnisstandpunktes ein schönes Maß jenes gemein-evangelischen Sinnes, ohne den seit Spener über diese Dinge überhaupt nicht mehr ersprießlich gehandelt werden kann. Genährt an der lebendigen und glaubensstarken Milde des Geistes der böhmischen Brüderkirche, weiß Zezschwitz auch am Reformierten das eigenartige Gute wohl zu schätzen und unter Umständen lutherischen Mängeln gegenüber kräftig hervorzuheben; und weiß ebenso allenthalben das Genuin-Lutherische mit feinem Sinn aus den schlechten Fündlein und romanisierenden Überlebseln eines modernen Traditionalismus herauszusondern, die heutzutage nur zu oft unter lutherischer Flagge verschifft werden. Überall ist ein weiter, meist aus primären Quellen erarbeiteter Stoff mit einer gründlichen Gelehrsamkeit bewältigt, dergegenüber es kleinlich sein würde, unvermeidliche und dazu sehr seltene Versehen in Nebendingen monieren zu wollen.[6] Vielmehr wird einem so beschaffenen Werke gegenüber die geschuldete Achtung am angemessensten dadurch zu bezeugen

[6] Wie etwa dies, daß (S. 116) der 25. Dezember kurzweg mit dem 25. Kislev gleichgesetzt, und dadurch der Ewaldschen Herleitung des Weihnachtsfestes aus dem der jüdischen Enkänien eine Stütze gegeben wird, die sie in Wirklichkeit nicht hat, u. a. m. Reichlicher und störender sind derartige Flüchtigkeiten bei Harnack.

sein, daß man es als ganzes nehme und die großen Linien, auf denen der von ihm angebahnte Fortschritt wissenschaftlicher Erkenntnis nicht ohne Antithese wird vollzogen werden können, ins Licht rücke. Damit möchte auch der Sinn des Autors selbst getroffen sein. Denn wie er in echt wissenschaftlicher Ingenuität seine selbständige und bedeutende Arbeit ausdrücklich in die von Schleiermacher und Nitzsch gewiesenen Geleise stellt (§ 128), so ist er sicher nicht gemeint, mit derselben einen Abschluß vollzogen zu haben. Durchaus trägt ja das Buch das Gepräge des Suchenden, Wegbahnenden, Anregenden, nicht der Fertigstellung von Resultaten. Und schon der Vergleich mit dem in bezug auf scharfe Betonung des lutherischen Standpunktes so nahe verwandten Harnack zeigt, wieviel Problematisches auch in den Fundamentalfragen des Gebietes noch der Erledigung harrt. Man vergleiche beispielsweise die wichtige Lehre vom Amt, in der Zezschwitz die reformatorische Grundanschauung mit möglichster Reinheit durchzuführen bemüht ist, während Harnack sie mit manchen anders gearteten Ingredienzien durchsetzt.[7] Wenn daher die folgenden Artikel sich mit der

[7] Zezschwitz: „Wo das Kirchenamt als selbständig ausführendes auftritt, ist es immer durch die Kirche als Gemeinde bzw. Gemeinschaft als das höhere und allgemeine eingesetzt" (§ 30). „Der die Thätigkeit bestimmende Gegensatz von Kirche und Nichtkirche schließt jede isolirte Verselbständigung wirkender Einzelorgane aus" (§ 31). „Für die Theorie der praktischen Theologie gibt es nach evangelischem Princip keinen positiv gegebenen Clerus, sondern auf dem Wege der Weltauswirkung setzt die Kirche als Christengemeinde – – – die Organe für den Zweck [der Erhaltung und Mehrung ihres Selbstlebens] aus sich heraus" (§ 34). „Das Heilsleben der Communiongemeinde, auch als cultisch vermittelte, ist nicht von der Herstellung und dem Vermitteln des Kirchen- und Cultusamtes abhängig" (§ 113). „Das Amt ist in allem, was sacrificiellen Charakters ist, selbst in der Predigt und an der Spendung des Sacramentes, nur Vertreter der Gemeinde" (§ 218). „Die Cultusgemeinde setzt das Amt aus sich wie für sich selbst heraus" (§ 222). – Dagegen Harnack: „Das Amt stammt aus dem Amte Christi und seines Geistes, und besteht in der von Christo auferlegten Verpflichtung und ertheilten Berechtigung und Ermächtigung, in seinem Namen und Geist, nach seinem Willen und seiner Einsetzung gemäß, die Gnadenmittel zur Erbauung seines Lebes öffentlich zu verwalten" (I, S. 91). „Das Amt ist von Chriso gestiftet, *gleichwie* die Kirche,

Absicht in den Fluß der neuangeregten Bewegung stellen, rückschauend und vorblickend Probleme, die bereits richtig gestellt waren, vor Verdunkelung, Seiten der Sache, die notwendig in Betracht kommen müssen, vor Verschüttung zu bewahren, neu herzutretende Probleme zu fixieren und auf wichtigen Punkten selbst etwas zum Fortbau der Disziplin beizutragen, so wolle es als die Leistung eines nobile officium angesehen werden, wenn in ihnen, und zumal in diesem ersten, der die *Präliminarfragen des Systems* behandeln soll, auf das Zezschwitzsche Werk eher zu oft als zu selten Rücksicht genommen sein wird.

[...]

und mit ihr gleichzeitig ins Dasein gerufen" (ebendas.). „Die Gaben sind der Kirche nicht verliehen für die Herstellung des Amtes, sondern für die gedeihliche Ausrichtung des schon göttlich gesetzten" (S. 94). „Der Herr hat nicht gewollt, daß auf Erden eine Anzahl Christen seien, sondern er hat ein gegliedertes Ganzes gestiftet, dem er Wort und Sacrament anvertraut und damit das Amt göttlich eingesetzt hat" (S. 97). – Doch wäre es unbillig, zu verschweigen, daß auch Harnack von specifisch neulutherischen Velleitäten sich frei zu halten und das echt Reformatorische neben dem Eigenen in zum Teil noch durchschlagenderer Formulierung als Zezschwitz festzuhalten bestrebt ist. „Jeder hat zunächst die Pflicht und das Recht", sagt er I, 87, „sich selbst und die Brüder zu erbauen, und so an seinem Theil an der Erbauung des ganzen Leibes Antheil zu nehmen; sie alle sind Priester Gottes." – „Nach evangelischem Princip gibt es keinen clerus positivus, sondern Subject der kirchlichen Selbsterbauung ist die Kirche" (S. 95); „Apostolat und Kirchenamt fallen nicht ohne weiteres zusammen" (S. 96). Wie er durch derlei Verwahrungen seiner eigenen Gefahr vorbeugt, die unmittelbare Beziehung zwischen Christo und den Gläubigen durchs Amt absorbiert werden zu lassen, so entgeht er zugleich der bei Zezschwitz nicht ganz vermiedenen, daß diese Beziehung durch die Kirche aufgesaugt werde.

Handbuch der theologischen Wissenschaften in encyklopädischer Darstellung mit besonderer Rücksicht auf die Entwicklungsgeschichte der einzelnen Disziplinen. Hrsg. von Otto Zöckler. 4. Band: Praktische Theologie. Nördlingen ²1885, S. 15—19.

EINLEITUNG IN DIE PRAKTISCHE THEOLOGIE
(Auszüge)

Von Gerhard von Zezschwitz

Die praktische Theologie und die Kirche

Wie sich der wissenschaftliche Begriff von der praktischen Theologie zuletzt dahin aussprechen mußte, daß *die Kirche* als selbständige Lebensmacht in der Welt und damit als Subjekt der Tätigkeiten erfaßt wurde, statt nur von Tätigkeiten zu reden, die aus dem geistlichen Amte als einem neben Ämtern anderer Art erflössen, ist a. a. O. S. 4 nachgewiesen worden. Von den neuzeitlichen Systematikern der praktischen Theologie hat nur Moll (§ 12 f.) die Definition: „Selbstauswirkung der Kirche" grundsätzlich beanstandet, weil nur der Katholik eine „konkrete Vorstellung" damit verbinden könne, während der Protestant als „kirchliches(?!) Subjekt" nur Christus selbst bezeichnen könne, den „Herrn der Kirche". Jedenfalls übersah Moll dabei, daß auch bei Bewahrung des katholischen Standpunktes das Subjekt ganz ebenso wie von ihm bestimmt werden könne. Der Katholik Staudenmaier erbaut in seiner Enzyklopädie die prakt. Theologie auf den drei Grundpfeilern: „Christus der Prophet, der Hohepriester, der König". So mißlich für Christum die Bezeichnung als „kirchliches" Subjekt erscheinen muß, so ist begrifflich und praktisch mit solcher Hinaufdatierung der Subjektbestimmung gar nichts erreicht. Als Haupt seiner Kirche auf Erden wirkt Christus durch den Geist, der wie in den Aposteln so in den Christgläubigen wohnt und sich wirksam erweist als Lebensprinzip der Kirche –; aber eben immer durch Menschen, durch Gläubige als Jünger Christi wie obenan durch die Apostel und ihr Wort. Nur als Warnung, „Kirche" nicht nach römischem Begriff wie einen äußerlichen Organismus, einen „coetus visibilis et palpabilis" (Bellarmin) zu fassen, ist Molls Einrede verständlich und bis auf die Neuzeit auch für manchen protestantischen Systematiker der praktischen Theologie ein Korrektiv. Jener Grundbegriff über „Selbstauswirkung der Kirche" verdiente die Verdächtigung um so weniger, als damit der von der alten Kirche her traditionelle ausschließliche Rekurs an das Amt und die Amtsträger endlich verdrängt wurde. Alle Voraussetzungen von einem „clerus positivus" verraten allerdings unmittelbare Verwandtschaft mit römischen Anschauungen.

Wer zumal sich als Lutheraner bekennt, sollte auch auf unserem Gebiete den Begriff „Kirche" nie anders verstehen und handhaben als wie die Väter unserer Reformation ihn unter schweren Kämpfen festgestellt haben: *„die Kirche ist wesentlich die Gemeinde der Gläubigen"* (Conf. Aug. art. VII, Apol. R. 144, Cat. maj. 499. Artt. Smalc. III, 12). Wenn dabei der Begriff der *Heilsanstalt* immer auch eine selbständige Bedeutung behauptet, so darf doch die letztere in keiner Weise wie ein selbständiges Subjekt neben der Gemeinde der Gläubigen gefaßt werden (so z. B. Harnack, Einleitung I 55 f.). Viele Lutheraner der Neuzeit bringen von daher eine Trübung nach Anschauungen römischer Art in den reformatorischen Begriff. Was man Heilsanstalt zu nennen berechtigt ist, sind die der Kirche angestifteten Gnadenmittel, seiner Gemeinde von Christo selbst vermeint und durch seine Gläubigen oder Jünger für die Welt vermittelt. Man tut dann nur gut, an der Auswirkung der gläubigen Christenheit in der Welt ein göttlich kausales Moment, das für die Gläubigen selbst Glaubensquelle und -Nahrung ist, und eine „gemeindlich aktuale" Auswirkung zu unterscheiden, welche aufgrund des gottgewirkten Glaubens- und Gnadenstandes als reine Selbstbetätigung der Gläubigen sich erweist. Immer bleibt für die Austeilung der Gnadenmittel an Gemeinde wie Welt die gläubige Christenheit prinzipiell das handelnde Subjekt. Gerade an der praktischen Theologie als Theorie der Verwirklichung der Kirche muß sich der genuin reformatorische Begriff von Kirche in seiner ebenso praktischen als ideellen Berechtigung bewähren. Soweit aber dabei der Vorwurf naheliegen kann und immer aufs neue erhoben wird, als läge darin eine unpraktisch idealistische Abstraktion gegenüber der faktischen und unmittelbar greifbaren Ausübung der kirchlichen Tätigkeiten, bedarf es einer eingehenden Untersuchung des Wesens dieser selbst und des dabei im einzelnen durchgeführten Nachweises von dem Rechte jener Subjektbestimmung (s. das Ausführlichere in Aufl. 1 d. Hdb.).

Für die Durchführung unserer Aufgabe aber handelt es sich zuerst darum, daß Klarheit und Gewißheit über das, was kirchliche Lebens- und Wesenstätigkeit zu heißen verdient, gewonnen werde, ehe an diesen nachgewiesen werden kann, daß für sie wirklich „die Gemeinde der Gläubigen" Subjekt heißen muß. Wir stellen daher vor allem den Umfang jener fest, womit sich die Einsicht in die organische Reihenfolge der Disziplinen der praktischen Theologie leicht verbindet.

Umfang der kirchlichen Lebens- und Wesenstätigkeiten

Die bunte Mannigfaltigkeit und Vereinzelung des pastoralen Handelns und Verhaltens, die bei der Auffassung der praktischen Theologie als Amtstechnik resultieren muß, verrät vor allem die Unwissenschaftlichkeit des früheren Verfahrens. Nach den faktisch gewöhnlichen und herkömmlichen Tätigkeiten des geistlichen Amtes begnügte man sich dann, den Umfang überhaupt zu bestimmen, unbekümmert um die prinzipielle Herleitung solchen Tuns wie um die Frage, ob es nicht wesentliche Auswirkungen des Christentums als Kirche in der Welt gebe, die man überhaupt nicht in den engen Rahmen geistlicher Amtswirksamkeit fassen kann. Ein beseutsamer Wendepunkt in der herkömmlichen Behandlungsweise ergab sich daher schon, als Lehrbücher der Pastoraltheologie (Deyling, Gräffe u. a.) anfingen, auch auf kirchenregimentliche und verfassende Tätigkeit zu reflektieren, und viel mehr noch, als durch Schleiermachers Anregung die Frage in Fluß kam, ob nicht auch die Missionstätigkeit als eine der Kirche wesentliche Funktion zu bezeichnen sei. Das Herkömmliche hatte sich auf Lehren und Predigen als Tätigkeit an und in den Einzelgemeinden, auf Leitung und Vermittlung des kultischen Lebens der Gemeinde, auf Seelsorge und Disziplin beschränkt –, alles wie aus dem geistlichen Amtsberuf für sich erfließendes und vom Pastor allein vermitteltes Tun beschränkt.

Andererseits liegt der Schein nahe, als ob unter dem Begriff der „Auswirkung der Kirche in der Welt" sich alles einfassen lasse, auch was herkömmlich zur historischen und systematischen Theologie ressortiert: – überhaupt alle vorschreitende Arbeit der Theologie in der Kirche, in Schriftauslegung, historischem Verständnis der Vergangenheit, fortgehender Bekenntnistätigkeit, dogmatischer Darstellungsweise des kirchlichen Lehrbegriffes, endlich auch wachsender ethischer Bewährung. Das letztere berührt sich zunächst mit der älteren Auffassung der Pastoraltheologie als einer Art Standesmoral für die Geistlichen und Theologen, wie diese Vorstellung sich noch bei Marheineke bewahrt findet. Der Irrtum, der dabei obwaltet, läßt sich am leichtesten erweisen. Zwar muß auch die Ethik das Sozialleben kirchlicher Art so gut wie das staatliche in ihr Bereich ziehen, aber oberstes Prinzip bleibt dabei, daß alle Sittlichkeit nur in persönlicher Individualität lebt, es werde diese für sich betrachtet oder in ihren sozialen Beziehungen. Daraus erklärt sich, daß die nächsten Berührungen der praktischen Theologie mit der Ethik auf dem Gebiete der Seelsorge und der Verfassung sich beobachten lassen; bei der ersteren, sofern die Hirtentätigkeit zunächst als Einzelpflege erscheint, in dem Sinne, die Gemeindeglieder auch in ihrem rein menschlichen Berufsleben auf der Höhe christlich sittlicher Bewährung zu erhalten, welche durch die erreichte kirchliche Kommunionstufe bezeichnet ist. Bei der Verfassung tritt das ethische Moment in dem Maße mehr hervor, wenn man, wie wir betonen, das Wesen dieser Kirchentätigkeit darin sieht, daß vor der Welt erscheinend werde, was innere Idealität christlichen Gemeinschaftslebens heißt und leistet. Aber wie käme die „christliche“ und „theologische“ Ethik dazu, zu erweisen, woher es „Abendmahl“ und ein „Kommunionleben“ für den Christen gebe, und welche kirchliche Verfassungsformen am meisten der Idee der von Christo gestifteten Christengemeinde entsprechen? Wenn Ethiker wie Culman (Christliche Ethik Stuttgart 1864) mit der Hereinnahme von Paradies und Sündenfall in die Dogmatik und mit der gelegentlichen Besprechung der „Kirchenzeiten“ in die praktische Theologie hinübergreifen, so kann man bei aller Anerkennung des praktischen Geistes, der diese Ethik auszeichnet, doch nur urteilen, daß sie ihrer Grenzen und Schranken sich überhaupt nicht klar bewußt ist. Und wenn Ebrard seine „Praktische Theologie“ (a. a. O. S. 14) in „metanoetische“ und „metamorphotische" Tätigkeit einteilt, so muß man bei aller Anerkennung des biblischen Rechtes dieser Unterschiede sagen, daß er eine der Ethik zugehörige Terminologie in unberechtigter Ausdehnung für ein Gebiet verwertet, bei dem es auf wesentlich organische Formen kirchlichen Handelns und nicht zunächst auf die ethischen Erfolge und Zwecke derselben ankommt.

Statt ethischer, in der gemein menschlichen Sittlichkeit gründender Prinzipien handelt es sich bei der fortgehenden Verwirklichung der Kirche um Ordnungen und Formen des Lebens, die aus einer besonderen göttlichen Stiftung in ihrer ersten originalen Verwirklichung historisch herstammen. Das ist das Sondergebiet der „praktischen Theologie". Im Unterschied von ethischer Bedingtheit nennen wir diese Lebensweise „organisch" bedingt. So vielen verständnislosen Mißbrauches dieses Wort bezichtigt ist, läßt sich hier gerade das Rechte seiner Verwendung leicht begründen. Hier handelt es sich ja um Lebenswirkungen und Erscheinung von göttlichem Geist, in denen ein außerordentlich wirksam gewordenes göttliches Lebensprinzip sich auslebt, das aber Lebensformen aufweist, die ihm von Anfang an wurzelhaft natureigen resp. angestiftet sind. Von daher gewinnt es überhaupt erst volle Bedeutung, wenn wir Rosenkranz die praktische Theologie auf Formen gründen sehen, „in denen die absolute Religion unmittelbar existiert und in deren dialektischer Explikation sie ihre individuelle Lebendigkeit hat". Der Ausdruck klingt sehr abstrakt; die Sache, auf die es ankommt, ist treffend damit charakterisiert. Es sind Lebensformen, was Christus seiner Kirche angestiftet hat, vor allem mit den Gnadenmitteln, und die Explikation des aus ihnen erfließenden Kirchenlebens erweist sich weiter schöpferisch in Kultusformen, „in heiligen Gedankennormen und -maßen auch für das Leben in Zeit und Raum". Das alles ist nicht ethische Betätigung, sondern Entfaltung einer spezifischen Eigenart des Kirchenlebens aus innerlich treibenden und formgestaltenden Wurzeln und Lebenskräften. Das nennt man eben „organische" Entwicklung, und seine Begründung wie Darstellung bildet ein selbständiges inhaltsvolles Gebiet der Theologie, neben der historischen und neben der systematischen.

Es gibt sich nur hier gleich zu erkennen, daß, ehe die praktische Theologie in Einzeldisziplinen die Tätigkeiten selbst auseinanderlegen kann, etwas vorhergehen muß, wie eine *Prinzipienlehre*, in welcher von dem allen Einzeltätigkeiten gemeinsamen Lebensboden und Entwicklungsgesetzen zu handeln ist und die auf Entwicklungswege herausgetretenen Lebensformen und geschichtlichen Typen der Auswirkungsweise zu prüfen sind. Wenn da von Kirche und Amt, von Gnadenmitteln zu handeln ist, so unterscheidet sich dies doch ganz von der Art, wie Dogmatik und Dogmengeschichte diese Stoffe ihr eigen nennen. Wir sagten früher, die praktische Theologie nehme diese Begriffe von der systematischen herüber (a. a. O. S. 9), als von dieser festgestellte Voraussetzungen. Jetzt läßt sich der Unterschied des Interesses und der theologischen Wissenschaftsarbeit auf beiden Gebieten bestimmter aussprechen. Wo die Dogmatik die Notwendigkeit dieser Vorstellungen und Begriffe im Bewußtsein von der Gesamtidee des Christentums zu erweisen, in diesem Gesamtbewußtsein ihnen die entsprechende Stelle anzuweisen und den dieser entsprechenden Begriffsumfang festzustellen hat, sind für die praktische Theologie Kirche, Gnadenmittel u. dgl. Tatsächlichkeiten und Faktoren des Lebens und der richtige Begriff von alledem kein Ergebnis der ihr eigenen Gedankenkonstruktion, sondern geprüft als Basis und Norm für die Ableitung und Wertung aller daraus erfließenden kirchlichen Betätigung. Ihre Sache ist's, die Notwendigkeit, Wertung und Stelle dieser Tätigkeiten aus dem Wesen der Kirche und der Stiftung Christi nachzuweisen. Bei der Dogmatik handelt es sich um den Begriff als solchen, hier um Lebensprinzip und Ziel. Das „Bewußtsein" davon, das sich in der Theorie auch der praktischen Theologie ausspricht, hat nicht minder theologischen Wissenschaftswert, daneben aber den besonderen, die Probe für das Zutreffende der begrifflichen Bestimmungen an der Verwertung im tatsächlichen Leben darzustellen.

Wenn die *Dogmengeschichte* daneben die allmähliche, sich ab- und durchkämpfende Entwicklung zu wachsender Klarheit und Korrektheit des fortschreitenden Selbstbewußtseins der Kirche von der Gesamtidee des Christentums nach seinen verschiedenen Bestandteilen darzulegen und die *Symbolik* die daraus erwachsenen Lehrbegriffe als festgestellte Grundrichtungen kirchlichen Zeit- und Parteibewußtseins komparativ zu prüfen und zu werten hat, so beschränkt sich die praktische Theologie, resp. die Prinzipienlehre der letzteren darauf, zu prüfen und nachzuweisen, wie sich in der tatsächlichen Praxis bestimmter kirchlicher Epochen und Kreise festgestellte Typen erkennen lassen, welche zurückweisen auf inkorrekte Auffassung jener Grundbegriffe Kirche, Amt, Gnadenmittel u. dgl. Um so weniger kann dann auch nur die Dogmatik der Zeit die allein ausreichende Voraussetzung für die praktische Theologie bilden; sondern wie die letztere in der glücklichen Lage ist, die Tatsächlichkeit zum Maßstab für die Betätigung zu haben, so wird nach früher Besprochenem (a. a. O. S. 9) die original erste Verwirklichung der Kirche ihr zum speziellen Leitstern dienen wie auch dazu, aus der gesamten historischen Dogmenentwicklung dasjenige Stadium lehrbegrifflichen Bewußtseins zum Ausgangspunkt ihrer Theorie für die weitere Verwirklichung der Kirche zu nehmen, das als Begriffsausdruck von Kirche, Amt, Gnadenmittel u. dgl. als klarste Widerspiegelung jener original ersten Verwirklichung der Kirche gelten darf. Bei dem allen ist nicht theologisch exegetische oder historische Operation ihr als praktischer Theologie selbsteigenes Geschäft; sondern immer nur nimmt sie Stellung zu den von daher spezifisch beleuchteten begrifflichen und historisch tatsächlichen Voraussetzungen, um von daher die bestmögliche Weiterauswirkung der Kirche in Lebensformen und Tätigkeiten, die der letzteren nativ eigen sind, als Aufgabe darzustellen. So bestimmt der Prozeß jener theologischen Tätigkeiten und Disziplinen sich als wesentlich verschiedener erkennen läßt, so gewiß kann, was für die praktische Theologie Auswirkung der Kirche in der Welt heißt, nicht zugleich mit aller Art kirchlich theologischer Wissenschaftsarbeit zusammengefaßt werden, sondern bleibt beschränkt auf jene unmittelbare Auswirkung in *Lebensformen,* wie solche in der Tatsächlichkeit und ursprünglichen Stiftung der Kirche nach ihrem Wesen begründet liegen.

Wenn endlich zu den Wesenstätigkeiten der Kirche unzweifelhaft das *Bekennen* ihres Glaubens vor und in der Welt gehört, so unterscheidet sich doch, was Aufgabe der Symbolik nach dieser Seite speziell ist, ebenso klar von der der praktischen Theologie, die auch hier nur von der Notwendigkeit und Weise tatsächlicher Ausübung des Bekennens in seinen verschiedenen Arten gemeindlicher und amtlicher Praxis zu handeln hat. [. . .]

III.

UNTER POSITIVISMUS UND IRRATIONALISMUS DER LIBERALEN THEOLOGIE (1886–1914)

Deutsche Litteraturzeitung. 12 (1891), Sp. 1—2.

REZENSION ÜBER: ALFRED KRAUSS, LEHRBUCH DER PRAKTISCHEN THEOLOGIE I *

Von Heinrich Bassermann

Daß Alfr. Krauss den auf die praktische Theologie bezüglichen Teil der ›Sammlung theologischer Lehrbücher‹ übernommen hat, muß mit Freuden begrüßt werden. Denn es läßt sich hoffen, daß von hier aus eine neue Tradition in der Behandlung dieses Faches eintreten werde. Bisher litten die Lehrbücher der gesamten praktischen Theologie an einer gewissen Schwerfälligkeit und Schwerverständlichkeit der Darstellungsweise, welche mit einer gerade auf diesem Gebiete besonders zähen Altertümlichkeit der Auffassung und Behandlung zusammenhing. Hier dagegen fühlt man sich durchaus auf dem Boden moderner Wissenschaft: es weht eine frische, freie Luft, es herrscht ein heller Blick und ein unbefangenes Urteil, während doch die entschieden religiöse und christlich-kirchliche Position auf keinem Punkte verleugnet wird. Sogleich die grundlegenden Erörterungen der Einleitung über Kirche und Kirchendienst (Amt) beweisen dies schlagend für jeden, der z. B. die Lehrbücher von Zezschwitz oder Th. Harnack kennt. Doch bedauere ich, daß K. wieder zu der älteren Auffassung der praktischen Theologie als der Theorie für die amtliche Berufserfüllung der Kirchendiener zurückgekehrt ist; die neuere, wonach die praktische Theologie die Wissenschaft vom Handeln der (sichtbaren) Kirche ist, scheint mir richtiger zu sein. Nach ihr müßte freilich auch etwas von Missions- und Kirchenregimentslehre in das Ganze aufgenommen werden, was jetzt ausgeschlossen ist. Daß im übrigen K. Liturgik und Homiletik in diesem ersten Bande zusammenordnet und dem zweiten Katechetik und Pastoraltheorie vor-

* I. Bd.: Allgemeine Einleitung. Liturgik, Homiletik. 1890.

behält, wird man billigen müssen, auch wenn man die S. 41 hierfür gegebene Motivierung nicht für ganz zutreffend hält. Die Liturgik zerfällt in einen prinzipiellen, elementaren und konstruktiven Teil; leider wird ein historischer nicht akzeptiert, der mir unerläßlich erscheint, wie denn auch der Herr Verf. trotzdem vielfach historisches Material aufzunehmen sich genötigt sieht. Mit dem Inhalte dieses Teils kann ich mich im übrigen, von Einzelheiten abgesehen, nur einverstanden erklären. Klarheit, Nüchternheit, evangelische Entschiedenheit, ein gesunder Sinn, aufs Praktische gerichtet und an der Geschichte orientiert, machen sich in erfreulichster Weise geltend: nirgends hohle Phrase, windige Konstruktionen oder altertümelnde Liebhabereien. Dabei wird, vortrefflich für ein Lehrbuch, die rechte Mitte zwischen Kürze und Ausführlichkeit fast durchaus eingehalten, so daß diese Liturgik zur Einführung in das Studium dem angehenden Pfarrer vorzügliche Dienste leisten wird.

Die Homiletik, welche die zweite Hälfte des Bandes füllt, ist eine wesentlich unter dem angegebenen Gesichtspunkte vorgenommene Neubearbeitung des älteren Lehrbuchs (1883) desselben Verf., der hier seine damals eingenommenen Positionen festhält und zum Teil einleuchtender als dort, aber viel kürzer, wieder darlegt. Die Lektüre kann zum Studium des ausführlicheren Werkes nur anregen. Eine zwanzigjährige Leitung eines homiletischen Seminars durch den Herrn Verf. hat diesem Teile noch mehr als dem ersten das Gepräge ausnehmender Brauchbarkeit für Studierende gegeben. Inhaltlich konstatiert K. selbst (S. 227) seine Übereinstimmung mit meinem Handbuch der geistlichen Beredsamkeit (1885) in den meisten Fragen. Man vergleiche übrigens unsre gegenseitige Beurteilung in dieser Zeitung 1883 Nr. 42 Sp. 1457 f. und 1886 Nr. 14 Sp. 467.

Möge denn das inhaltlich und formell gleich hervorragende Buch von recht vielen Studierenden benützt werden und der zweite Band nicht allzulange auf sich warten lassen.

Zeitschrift für praktische Theologie. 14 (1892), S. 92—100.

REZENSION ÜBER: ERNST CHRISTIAN ACHELIS, PRAKTISCHE THEOLOGIE I (1890)

Von Heinrich Bassermann

Es ist nicht leicht verständlich, wie eine und dieselbe Buchhandlung zu gleicher Zeit zwei Handbücher der praktischen Theologie in ihrem Verlage erscheinen lassen kann. Hier liegt der Fall vor: Der I. Band von Krauss und von Achelis sind seitens der Mohrschen Buchhandlung in Freiburg an demselben Tage ausgegeben worden. Bestände zwischen beiden ein prinzipieller theologischer Gegensatz, so würde es mir einer rechten Buchhandlung nicht würdig erscheinen, beide Seiten desselben zu vertreten und zu unterstützen; da das aber hinsichtlich der beiden genannten Bücher nicht der Fall ist – obwohl man sagen kann, daß Krauss etwas mehr reformiert, Achelis etwas mehr lutherisch denkt –, so ist vollends nicht ersichtlich, warum das eine Werk dem andern Konkurrenz machen, der theologische Büchermarkt, welcher ohnehin nicht an einem reißenden Absatz leidet, mit Unnötigem übersetzt und die Rezensenten mit demselben Stoffe doppelt bemüht werden sollen. Es kann und muß jetzt in der Tat gesagt werden: Handbücher der praktischen Theologie haben wir nachgerade genug: Harnack, Oosterzee, Knoke, Krauss, Achelis, um nur die neueren zu nennen. Immer kehrt der ganze Stoff wieder, große Partien decken sich doch, die Unterschiede betreffen mehr das einzelne, für Fachleute Interessante, sie verschwinden leicht in der Masse des Gleichartigen und würden sich weit mehr zu monographischer Behandlung eignen.

Dies Bedenken hinsichtlich der Masse des Erscheinenden schließt jedoch nicht aus, daß jedes einzelne gut sein oder doch seine Vorzüge haben kann. So ist's mit Krauss und Achelis. Ich habe des ersteren Werk s. Z. warm begrüßt in der Deutschen Litter. Ztg. 1891 Nr. 1; auch dasjenige des letzteren halte ich an sich für ein gutes, brauchbares Buch.

Inhaltlich reich, formell gut geschrieben, bietet es eine in vieler Beziehung fördernde und fesselnde Lektüre, und dem Studierenden wird es auf alle Fälle gute Dienste leisten. Während Krauss außer einer allgemeinen Einleitung die Disziplinen der Liturgik und Homiletik darbietet, umfaßt das Werk von Achelis Katechetik, Homiletik und Poimenik; vorausgeschickt ist außer einer Einleitung die Lehre von der Kirche und ihren Ämtern. Hier liegt eine Verschiedenheit der Disposition des ganzen Systems zugrunde, auf welche wir später zu sprechen kommen werden. Dabei wird sich auch zeigen, ob die Lehre von der Kirche und ihren Ämtern in dem Maße, wie sie Achelis aufnimmt (S. 30–138), wirklich zur praktischen Theologie gehört oder nicht. Wenden wir uns zunächst den einzelnen Disziplinen zu, freilich indem wir von vornherein auf eine vollständige Inhaltsdarlegung des umfangreichen Buches verzichten.

Daß in der *Katechetik* (S. 139–269) der Einfluß von Zezschwitz bemerkbar ist, wird man nur natürlich finden; ich unterschreibe des Verfassers anerkennendes Urteil (S. 142) über diesen Begründer einer wissenschaftlichen Katechetik. Allein daß ihm Achelis in der Einteilung des Stoffes wesentlich folgt, ist, wenigstens wenn man sein Werk als Handbuch für Lernende betrachtet, nicht wohlgetan. Indem gesondert von dem Katechumenat, dem Katecheten und den Katechumenen (dieser Abschnitt findet sich bei Zezschwitz nicht), dem Katechismus und der Katechese gehandelt wird, wird der Gesamtstoff allzusehr zerrissen, insbesondere das geschichtliche Material muß auf alle diese Abschnitte verteilt werden, ein Mißstand, der schon bei Zezschwitz sich äußerst störend fühlbar macht und hier nun wiederkehrt. Beispielsweise ist von Spener und dem Pietismus S. 168 ff. zunächst nur in Beziehung auf die Konfirmation die Rede; später S. 208, 218 und 260 wird er nochmals, aber nur flüchtig berührt. Die Geschichte des gesamten katechetischen Wesens muß – zum mindesten für Lernende – durchaus im Zusammenhang dargestellt werden. Auch in Einzelheiten hat sich Achelis zuweilen allzusehr auf Zezschwitz verlassen: so stellt er

z. B. die Katechumenatsklassen des kirchlichen Altertums ganz wie dieser dar, ohne der abweichenden Anschauungen etwa von Funk und Probst auch nur zu gedenken. Wo von der Arkandisziplin die Rede ist (S. 146 ff.), dürfte der Aufsatz von Bonwetsch, Zeitschr. für histor. Theologie 1873, nicht unberücksichtigt bleiben. Dann würde wohl auch das Urteil über diese und den alten Katechumenat sich nicht unwesentlich modifizieren. Was auf S. 207 über Hartmann Beyer bemerkt ist, muß nach unserer Zeitschrift VIII, 29 ff. verbessert werden. – Freilich in den auf die „Erneuerung des evangelischen Katechumenats" (S. 172 ff.) bezüglichen Gedanken verläßt Achelis die Spur Zezschwitz', um derjenigen v. Hofmanns zu folgen. Nach scharfer, vielleicht allzu scharfer Hervorhebung der Schäden unseres jetzigen Konfirmationswesens tritt Achelis für einen obligatorischen Kinderkatechumenat ein, welcher mit der Konfirmation, aber ohne Bekenntnis und Gelübde abzuschließen wäre. Ein darauf folgender, durchaus freiwilliger Kompetenten-Unterricht erst würde zum Erstempfang des heiligen Abendmahls hinführen, mit welchem Bekenntnis und Gelübde zu verbinden wären. Trotz voller Anerkennung der gut kirchlichen und evangelischen Motive, von welchen solche Vorschläge eingegeben sind, kann ich ihnen doch nicht beitreten; dieser Weg würde bald die Volkskirche zur Freikirche oder gar Sekte umgestalten, falls nicht das Ganze, zur allgemeinen Sitte sich verfestigend, unserm heutigen Zustande wieder ziemlich gleichkäme. Mir scheint auch im Ziele der katech. Bereitung eine Differenz vorzuliegen, die auf den berührten Punkt nicht ohne Einfluß ist: was Achelis im Anschluß an Sachsse („Halte, was du hast" XIII) als Bestandteile der zu erstrebenden Mündigkeit anführt (182 f.), scheint mir zuviel und zuwenig: zuviel, sofern es sich fast deckt mit den Merkmalen des „bekehrten" Christen, zuwenig, sofern von Erzielung selbständigen Bibelgebrauchs, was mir das Wichtigste scheint, dabei gar nicht die Rede ist. Letzteres weist auch auf eine stärkere Betonung des intellektuellen Moments in der Katechese, als sie Achelis gelten lassen will, und hierfür, meine ich schließlich, ist gar nicht bloß der insbesondere so genannte „kirchliche" Katechumenat, d. h. der Konfirmationsunterricht da, sondern in erster Linie die Schulzeit, der evangelische Religionsunterricht in der Volksschule, welchen ich außer dem von Achelis allein genannten Kindergottesdienst als die zweite Stufe des Katechumenats auffasse und durchaus als kirchlichen Unterricht in die Katechetik mit einschließe. Das wird auch da, wo (wie z. B. in Baden) die Kirche einen gesetzlich geordneten Einfluß auf die Vorbildung, Prüfung, Anstellung und Überwachung der Religionslehrer nicht hat, durchaus keinem Bedenken unterliegen; die letzteren scheinen mir ebensogut „Katecheten" zu sein wie die Pfarrer. Und mit ihrer Hilfe sowie durch eine zweckmäßige Anordnung und Betreibung der *ganzen* katechetischen Aufgabe würde sich eine in obigem Sinne verstandene Mündigkeit der evangelischen Volksgemeinde im großen und ganzen wohl erreichen lassen, vorausgesetzt, daß wieder Liebe und Vertrauen zur Kirche erweckt wird und diese auch nachher sich der Konfirmierten noch nach Kräften annimmt. Die „Schäden", an welchen wir leiden, liegen m. E. nicht bloß und nicht in erster Linie bei der Einrichtung der Konfirmation, so vieles auch bei ihr zu bessern sein mag. Wer bei Göhre, ›Drei Monate Fabrikarbeiter‹, S. 145 ff. nachliest, wird etwas von dem finden, was ich meine. Doch die Besprechung eines Handbuchs der ganzen praktischen Theologie hat nicht Raum zu so speziellen Auseinandersetzungen.

Der zweite von Achelis neu eingefügte Abschnitt über die Katecheten und Katechumenen ist sehr gut; ich kann fast alles, was hier über die von jenen mitzubringenden Eigenschaften und über die bei diesen zu machenden Voraussetzungen gesagt ist, anerkennen. Der Abschnitt ist voll brauchbarer Winke, welche auf gutem psychologisch-pädagogischem Verständnis ruhen und auch sprachlich oft sehr glücklich gefaßt sind. Insbesondere freue ich mich der (gegen Luther gerichteten, S. 196) Anerkennung des Christseins der Kinder und dessen, was über Wert und Unwert des Gedächtnisses gesagt ist. – Der dritte Abschnitt, ›Der Katechismus‹ überschrieben, bringt dann die materiale Katechetik (S. 220–245), allerdings unter, wie mir scheint, ganz unberechtigtem Ausschluß von Kirchenlied, Kirchengeschichte und Anleitung zum gottesdienstlichen Leben. Hier wird auch die Heilige Schrift als katechetischer Lehrstoff behandelt, nachher der Katechismus im gewöhnlichen Sinne, endlich wird das Verhältnis beider zueinander bestimmt.

Das hier beigebrachte geschichtliche Material ist recht gut und auch im allgemeinen in derjenigen Abgrenzung gegeben, wie sie ein Lehrbuch verlangt. (In betreff des Heidelberger Katechismus muß S. 232 jetzt nach Gooszens neuestem Werke geändert werden.) Die theoretischen Ausführungen kann ich ebenfalls im ganzen anerkennen, vor allem dem Standpunkte, daß es nicht darauf ankomme, den Wortlaut des Katechismus ins Gedächtnis oder das Verständnis seiner Sätze in den Kopf zu bekommen, sondern vielmehr Christum zu schauen als den Erlöser und in ihm den Erlösergott ins Herz zu fassen, welcher durch ihn sich geoffenbart hat, pflichte ich von Herzen bei. Und wenn dabei über Zulässigkeit und Anwendbarkeit der biblischen Kritik in der Katechese so freimütig und besonnen geurteilt wird wie hier S. 215 f., so freue ich mich redlich dieser endlich mehr und mehr durchdringenden Anerkennung dessen, was auf der freier gerichteten Seite und speziell in unserer Zeitschrift schon längst vertreten und gefordert worden ist. Auch daß hier wieder einmal gegen den unseligen Mißbrauch, aus dem kleinen lutherischen Katechismus ein dogmatisches Lehrgebäude herzustellen, aufgetreten wird, ist anerkennenswert. Freilich kann ich mich von der im Anschluß an Gottschick (›Luther als Katechet‹ 1883) vertretenen Auffassung des lutherischen Katechismus (S. 236), wonach dieser nicht den Heilsweg darstellen, sondern in jedem seiner Hauptstücke das ganze Christentum nur in stets anderem Lichte darbieten soll, noch immer nicht überzeugen. Jedenfalls aber, meine ich, wenn man den Katechismus so ganz anders versteht und behandeln zu müssen meint als Luther in seiner Vorrede zur ›Kurzen Form‹ etc. (Ach. S. 225), dann sollte man dieses im übrigen gewiß klassische Büchlein nicht so unbedingt als Grundlage des katechetischen Unterrichts hinstellen, wie Achelis doch wieder S. 234 tut. Und wenn man eine so richtige Einsicht wie er in Beziehung auf das Verhältnis von Heil. Schrift und Katechismus an den Tag legt (S. 240), daß der letztere nur der zusammenfassende Ausdruck für die aus der Bibel und speziell aus dem Anschauen der Person Christi gewonnene Erkenntnis sei, dann darf man auch dem Katechismus überhaupt nicht mehr eine so dominierende Stellung einräumen, sondern muß deutlich und entschieden die Heilige Schrift an die erste Stelle rücken. Auch hier ist der Verfasser trotz vieler vortrefflicher Anläufe zu sehr noch in der von Zezschwitz her datierenden Tradition hängengeblieben. Es ist mit dem Katechismus heute ein ganz ander Ding als früher. Aus unserm Handbuch ist das nicht hinreichend zu erkennen. – Die formale Katechetik oder ›Die Katechese‹ bildet den letzten Abschnitt dieses Teils (246–269). Auch hier findet sich wieder sehr viel Gutes, dem ich nur einfach beitreten kann mit dem Wunsche, es möge von den künftigen Katecheten recht ernstlich beherzigt werden. Trotzdem jedoch wird ein mit dem Gegenstande noch nicht Vertrauter, wie mich dünkt, kein klares Bild von dem Unterrichtsverfahren gewinnen, das Achelis eingeschlagen wissen will. Was im einzelnen dazu gehört, wird gut, zum Teil vortrefflich erörtert, aber es entsteht kein Ganzes, Zusammenhängendes im Geiste des Lesers. Auch hier dürfte vielleicht Zezschwitz noch mehr als billig nachwirken. Der ganze Passus ist überhaupt etwas zu kurz gehalten; hier liegen doch die Hauptschwierigkeiten, namentlich für den Anfänger. Eine Geschichte der katechetischen Methode vermisse ich ungern; hier rächt sich der Fehler der obenerwähnten Einteilung. Mit Herbart und seiner Schule müßte hier eine viel energischere Auseinandersetzung gegeben werden als S. 258; das ist heute, da man sich in diesen Kreisen so redlich um Hebung des Religionsunterrichts bemüht, unerläßlich; die Katechetik muß stets mit der Didaktik enge Fühlung halten. Das wäre wertvoller als die ziemlich unklaren Erörterungen über „analytische" und „synthetische" Methode (S. 256 ff.), welche nach Achelis selbst doch nicht scharf zu trennen und nur willkürlich so benannt sind. Zudem fragt man sich am Ende vergeblich, wie sich diese beiden zu der „genetischen" Methode verhalten, welche von dem Verfasser mit vollem Recht schon vorher (S. 241 ff.) im Gegensatze zu der herrschenden „dogmatischen" Methode als die allein richtige hingestellt wurde. Auf diese und andere Fragen konnte nur ein ausgeführtes Bild des ganzen Lehrganges und ein Beispiel für den Verlauf einer einzelnen Katechese Antwort geben.

Über die *Homiletik* kann ich mich kürzer fassen, ich darf ja auch den Rahmen einer Besprechung nicht allzusehr erweitern. Meine Position in dieser Beziehung ist unseren Lesern bekannt; es wird daher genügen, wenn ich das Wichtigste von dem andeute, worin Achelis mit mir übereinstimmt und von mir abweicht. Ersteres ist in betreff der ganzen Auffassung der Predigt insofern der Fall, als auch Achelis sich mit allem Nachdruck auf den Boden von Schleiermacher-Schweizer stellt und deshalb die Predigt als die Aussprache eines Christen zu Christen über ihren beiderseitigen religiösen Besitz, Jesus Christus, faßt. Freilich kann ich es dann nur als Inkonsequenz ansehen, wenn er gegen mich bestreitet, daß das eigene religiöse Leben des Predigers auch eine Quelle des Stoffes neben der Bibel, ja die erste sei. Die Gründe, welche S. 300 dagegen vorgebracht werden, stammen aus Mißverständnis meiner Position. Übrigens widerlegt sich Achelis im folgenden überall selbst: wie kann man das χάρισμα προφητείας für den Prediger verlangen (305), wie von der Predigt den „Zeugnischarakter" fordern, wenn der Prediger nicht in erster Linie aus seinem eigenen religiösen Leben schöpfen soll? Nach Achelis soll dasselbe zwar Vorbedingung sein, aber nicht Stoffquelle; ich frage: wozu jene, wenn sie nicht als Quelle zur Verwendung kommt? Und ich frage weiter: woher denn die Beschränkungen, die doch auch unserem Verfasser hinsichtlich der Heiligen Schrift notwendig erscheinen, um sie als erbaulich und als alleinige Stoffquelle (331) gelten zu lassen? Vom Alten Testament kann man ja sagen, es wird durch das Neue beschränkt, allein dieses selbst, in betreff dessen Achelis allerdings überängstlich ist, wodurch wird es als homiletische Stoffquelle beschränkt? Achelis antwortet: durch Christus und sein Evangelium; und ich sage: eben damit ist wieder an die persönliche Frömmigkeit als oberste, freilich nicht von der Schrift absolut unabhängige Norm des erbaulichen Stoffes appelliert (vgl. auch S. 87 f.). Hier fehlt Klarheit, und mir scheint, die Schuld daran trägt die Furcht vor allzu subjektivistischer Predigt. Abweichend von mir bestimmt Achelis die Grundfassung der Predigt, sofern er (275 f.) jede prinzipielle Subsumption derselben unter das genus Rede ablehnt; er will „geschichtlich verfahren" und Wesen und Zweck der Predigt lediglich aus dem Verständnis der ὁμιλία in ihrem Ursprung ableiten. Wunderbar zunächst, daß derselbe Autor (S. 273 f.) die Geschichte der Predigt aus der Homiletik ausschließt (während er sowohl in der Katechetik wie in der Poimenik auf die Geschichte Rücksicht nimmt); man sollte denken, sie müßte ihm die Hauptgrundlage seiner Aufstellungen abgeben. Weiter aber ist die Folge die, daß die formale Homiletik dann eigentlich in der Luft schwebt. Denn wie sollten sich doch wissenschaftlich Formgesetze für „die religiöse Unterredung, die der Bruder unter Brüdern führt" (276), ableiten lassen? So scheint mir die Grundauffassung einseitig und ungenügend, jedenfalls der homiletischen Wissenschaft nicht förderlich. Es ist das im Folgenden deutlich daran zu sehen, daß bei der Lehre von der Disposition und der sprachlichen Gestaltung zwar recht gute, aber sehr wenig begründete Vorschriften auftreten. Man pflichtet bei, aber man weiß nicht, warum. Damit scheint mir nicht nur der wissenschaftliche Wert einer Homiletik aufgehoben, sondern auch ihre praktische Verwendbarkeit stark geschmälert zu werden. Dieselbe hat doch dem Lernenden nicht einen Haufen autoritativer Regeln, sondern eine klare und feste Gesamtdirektive zu geben, deren Begründung natürlich nur in der prinzipiellen Homiletik gegeben werden kann (es ist bezeichnend, daß Achelis letztere mit der Frage: wer predigt? identifiziert S. 299). Solche Ableitung fehlt bei unserem Buche; der Verfasser verzichtet auf die Systematik. Ich dagegen denke so altmodisch-günstig von der Folgerichtigkeit des Gedankens, daß mir eine Theorie ohne geschlossenes System ungenießbar erscheint. Wohl kann man von einem solchen System irregeführt werden, aber man wird doch geführt, man tappt nicht aufs Geratewohl vorwärts – was übrigens ebenso leicht in die Irre führt oder höchstens ein annehmbares juste milieu erzeugt, nicht jedoch homiletischen Charakter. Auf einzelnes will ich nicht eingehen, vielmehr nochmals mit allem Nachdruck aussprechen, daß dieses einzelne zum großen Teil gut, manches sehr gut ist, so daß es demjenigen, der das Fehlen der Systematik nicht als einen Mangel empfindet, nur förderlich sein kann, wie es sich denn auch sehr angenehm liest, zum großen Teil hohes Interesse erweckt und vielseitiger Zustimmung sicher sein darf. Nur das Kapitel von der (sprachlichen) Ausführung muß ich in Anspruch nehmen, da es sich zum größten Teil derart eng an Krauss' Homiletik anschließt, daß eine Verweisung darauf genügt hätte, dagegen wo es sich selbständig bewegt, seinerseits nicht genügt. Bei dem prinzipiellen Standpunkte des Verfassers konnte das freilich kaum anders sein.

Am besten hat mir der letzte, von der *Poimenik* handelnde Teil (427–549) gefallen, der in 4 Abschnitte zerfällt: 1. Wesen und Wege (etwas unbestimmt), 2. Der Seelsorger, 3. Die Helfer und Hilfsmittel, 4. Die Art und Weise (Seelsorge am leidenden, sündigen, irrenden Menschen – nach Nitzsch und Schweizer). Insbesondere die drei letzten Abschnitte sind vortrefflich, obwohl die einzelnen Partien mitunter zu knapp, die einzelnen Anweisungen zu unbestimmt, manchmal bloß negativ oder auslaufend in das bekannte nichtssagende: nicht zuviel, aber auch nicht zuwenig! gehalten sind. Im ganzen aber berührt äußerst wohltuend der heilige, religiös-sittliche Ernst, von dem alles getragen ist, die Weitherzigkeit, Besonnenheit und Umsicht, mit welcher die Entscheidungen gegeben werden, sowie die glückliche Art des Tones, welcher die naheliegenden Gefahren einer trocken-schematisierenden Theorie auf der einen und einer ins Unklare zerfließenden bloßen Erbaulichkeit auf der andern Seite gleichermaßen zu vermeiden weiß. Da ist nichts von jenem engherzigen und ängstlichen Pietismus oder jenem zudringlichen und taktlosen Methodismus oder endlich jenem steifen, selbstbewußten Amts-Hierarchismus (vgl. die gute Polemik gegen Steinmeyer, S. 453), welche sonst so oft das Wort in dieser Disziplin führen. Das Ganze ist vielmehr gut evangelisch gedacht oder vielleicht besser: empfunden. Eine weite und tiefe Erfahrung herrscht besonders im IV. Abschnitt, verbunden mit gewissenhaftem Nachdenken, dessen Resultate daher allermeist Zustimmung beanspruchen dürfen. Einzelnes, was zu beanstanden wäre, kann wieder übergangen werden. Nur eines muß ich hervorheben, und auch dies hängt wieder mit dem Mangel an System zusammen: auf die Frage „was ist seelsorgerliches Handeln, wodurch unterscheidet es sich von dem übrigen kirchendienstlichen?" finde ich keine befriedigende Antwort. Denn es ist deutlich, daß diese auf den *Charakter* des Handelns gehende Frage nicht gelöst ist mit dem Entscheid (S. 433), es sei das kirchliche Handeln an den einzelnen Gliedern der Gemeinde. Damit ist ja nur über das *Objekt* etwas ausgesagt, nicht über die Art. Einigermaßen zu Hilfe kommt die Bestimmung des Zweckes S. 449: „dem einzelnen zur Erlangung und Bewahrung der σωτηρία behülflich zu sein". Allein dient diesem Zwecke nicht auch die Predigt und eigentlich auch die Katechese? Nur eine klare Unterscheidung des Charakters der verschiedenen Tätigkeiten kann hier zum Ziele führen. Durch das „Behülflichsein“ in obiger Definition wird derjenige des seelsorgerlichen Handelns angedeutet: nur wer Hilfe braucht, wer sich selbst nicht helfen kann (natürlich in religiöser Beziehung), wie der mündige evangelische Christ inmitten der Gemeinde mit ihren Gnadenmitteln, Geisteskräften und Segnungen es können soll, nur der ist seelsorgerlicher Bedienung bedürftig und nur so lange, als er sich nicht selbst helfen kann: Zurückführung also zur irgendwie verlorenen oder geschwächten evangelischen Mündigkeit ist der Zweck, Wiederherstellung nämlich des irgendwie getrübten Verhältnisses zwischen dem einzelnen und der Gemeinde, welches natürlich auch eine Hemmung seines persönlichen religiös-sittlichen Lebensstandes bedeutet, der Charakter des seelsorgerlichen Handelns. Ich möchte dem Herrn Verfasser wirklich empfehlen, es einmal mit dieser Begriffsbestimmung zu versuchen: er wird sicherlich finden, daß den Gefahren des Pietismus, Methodismus und Hierarchismus durch ihre Durchführung im einzelnen noch viel wirksamer vorgebeugt und dabei dennoch der S. 448 f. angedeutete Abweg einer allzu kirchlichen Bestimmung des seelsorgerlichen Handelns vermieden würde.

Je öfter ich nun den bei Achelis herrschenden Mangel an Systematik hervorgehoben habe, um so mehr bin ich schuldig, dem einzigen Punkte, wo er systematisch sein *will*, schließlich gebührende Aufmerksamkeit zu widmen: das ist die Einteilung der ganzen praktischen Theologie und die Herleitung derselben aus dem Wesen der Kirche. Das führt uns schließlich zur *Einleitung* und zum *ersten Teil* des Buches.

Der Verfasser ist bestrebt, in das sich immer wieder und mit immer anderen Resultaten erneuernde Geschäft der Systematisierung der praktischen Theologie insofern Stillstand zu bringen, als er eine solche Einteilung derselben darbietet, welche von dem Vorwurf willkürlicher Erfindung nicht getroffen wird, vielmehr, aus dem Wesen der Kirche genommen (das ist der durch Schleiermacher entdeckte Ausgangspunkt), diese als das „aktuale Subjekt“ der in der praktischen Theologie zu behandelnden Tätigkeiten faßt (das ist die durch C. I. Nitzsch bewirkte Reform) und nur solche Funktionen derselben aufnimmt, welche sie ausübt, weil sie ist, und mit dem Zwecke, damit sie sei, d. h. zu ihrer selbst Erbauung (S. 24 und 28). Soweit würde vielleicht heute eine leidliche Übereinstimmung unter den Vertretern der praktischen Theologie erzielt werden können, höchstens daß etwa bemerkt werden könnte, es komme doch schließlich bei diesem Handeln der Kirche noch auf etwas Höheres hinaus als auf ihre eigene Erbauung oder Selbstverwirklichung, die Kirche sei nur Mittel zum Zwecke der Verwirklichung des Gottesreiches. Achelis würde darauf antworten (S. 10), daß „die verwirklichte Wesensidee der Kirche die vollendete Erscheinung des Reiches Gottes sei", eine Antwort, mit welcher sich doch wieder nicht alle werden befreunden können, sofern manchem, auch mir, das Gottesreich weit über der Kirche, auch über der ihrer Wesensidee nach verwirklichten steht. Sehen wir jedoch davon ab; die eigentliche Differenz kommt erst jetzt. Was ist das Wesen der Kirche? es „ist seit alters in den Prädikaten der Heiligkeit, Einheitlichkeit, Allgemeinheit zum Ausdruck gebracht" (S. 25). Aber sollten diese wirklich das Wesen der Kirche bezeichnen? Mir scheint, sie drücken nur Eigenschaften aus, die diesem Wesen zukommen. Weiter aber soll „nur das Wesen der Kirche selbst uns offenbaren können, was wir unter dieser (von der praktischen Theologie zu behandelnden) Lebensbetätigung zu verstehen haben". Daher also soll die Einteilung der praktischen Theologie fließen. Mir scheint auch dies unrichtig. Welche verschiedenen Lebensbetätigungen die Kirche ausüben kann und muß, hat sich, soviel ich sehe, nach der Art zu richten, wie überhaupt ein Lebendiges sich betätigt, insbesondere eine lebendige Gemeinschaft; also die verschiedenen Zweige dieser Tätigkeit richten sich nach Normen, die gar nicht in dem Wesen des tätigen Subjekts selbst und allein zu finden sind. Dieses wird zwar für den *Inhalt* dieser Tätigkeit gewiß bestimmend sein, nicht aber für die *Arten* derselben. Wenn deshalb nun die Einteilung der praktischen Theologie aus dem in der angegebenen Weise gefaßten Wesen der Kirche heraus selbst in der Art gewonnen wird, daß etliche Tätigkeiten (Katechese, Predigt, Seelsorge) durch die *Heiligkeit*, eine andere (die liturgische) durch die *Einheitlichkeit*, und wieder eine andere (die Mission) durch die *Allgemeinheit* der Kirche gefordert und hervorgerufen werden, so ruht diese Konstruktion, so viel ich urteilen kann, auf logischen Fehlern. Und wenn man ihrem Urheber auch zugeben könnte, daß jene Wesensprädikate nicht auf „willkürlicher Erfindung“ beruhen, – obwohl die Frage immer noch berechtigt wäre, woher denn jene Prädikate eigentlich stammen – so beruht darauf doch ihre Verwendung für die Einteilung der kirchlichen Lebensfunktionen. Aber auch abgesehen davon gibt sich das System als unhaltbar zu erkennen durch die Erwägung, daß ja doch die Heiligkeit der Kirche sicher auch in den liturgischen Formen sich ausdrücken muß, wie umgekehrt ihre Einheitlichkeit gewiß nicht bloß in diesen, sondern weit mehr noch in dem lebendigen Wort der Katechese und Predigt sich darstellt. Und endlich hat Achelis selbst zwar die Rückbeziehung auf diese Einteilung bei den einzelnen Disziplinen jedesmal angemerkt (S. 141, 272, 433), jedoch gänzlich unterlassen, jenen richtunggebenden Gesichtspunkt wirklich für dieselben zu verwerten, also das System *wirklich durchzuführen.* Ohne solche Durchführung aber hat es keinen Wert, es ist nicht mehr als ein Fachwerk, und daß es nicht einmal als solches taugt, beweist der Verfasser dadurch, daß er es in der faktischen Einteilung seines Gesamtwerkes S. 29 gar nicht beizubehalten für möglich erachtet hat.

Die Einteilung nämlich weist sechs Teile auf: Die Lehre von der Kirche und ihren Ämtern schiebt sich als erster Teil vor den zweiten, welcher die Betätigung der Heiligkeit, und den dritten, welcher diejenige der Einheitlichkeit der Kirche behandelt; ein vierter redet dann – ganz seltsamerweise – „von der Bethätigung der Heiligkeit und der Einheitlichkeit der Kirche im öffentlichen Gottesdienst“; der fünfte gibt die Lehre von den „freien Vereinigungen“, welche dem Interesse aller drei Eigenschaften dienen, der sechste endlich diejenige vom Kirchenregiment. Hier ist offenbar die Rücksicht auf die Empirie stärker gewesen als die Konsequenz des Gedankens. Die Einteilung selbst aber wird wohl schwerlich auf namhafte Zustimmung rechnen dürfen, sie ist eher geeignet, die herrschende Verwirrung zu vermehren als zu lösen.

Schließlich aber habe ich noch eines zu beanstanden, was mit dem soeben Besprochenen zusammenhängt: die Prädikate, von denen Achelis die Einteilung der praktischen Theologie bestimmen läßt, eignen *der* Kirche, nicht *einer* Kirche oder einem bestimmten

Kirchenkörper; sie eignen derjenigen Kirche, an welche die Christenheit *glaubt,* nicht derjenigen, welche sie *sieht.* Indem unser Verfasser diese Kirche zum Subjekt der in der praktischen Theologie zu behandelnden Lebensfunktionen macht (S. 30–40), begründet er dies damit, daß ihm eine Kirche oder ein Kirchenkörper nur insoweit Kirche ist, d. h. am Wesen der Kirche teilhat, als ihr die (objektive) Heiligkeit, d. h. die Zugehörigkeit zu Christus zukommt, wie sie erkennbar ist am Worte Gottes und den Sakramenten. M. a. W.: ecclesia visibilis und invisibilis sind dasselbe Subjekt, nur nach zwei verschiedenen Seiten betrachtet (39). Ich lasse unerörtert, inwiefern dies als der richtige reformatorische Kirchenbegriff behauptet und von demselben scharf der „Melanchthonische" (A. C. VIII und Apol. IV.) geschieden wird, nach welchem die eccl. invisib. *innerhalb* der eccl. visib. als ein Teil derselben existiert; ich will die Sache nehmen, wie sie der Verfasser bietet. Und da muß ich denn sagen, daß mir die so verstandene Kirche nicht geeignet scheint, als Subjekt eines wissenschaftlich zu beschreibenden bzw. zu normierenden Handelns aufzutreten; denn von der Art des Handelns dieser Kirche, welche Glaubensgegenstand, nicht Erfahrungsobjekt ist, kann ich wissenschaftlich nichts oder doch jedenfalls nicht mehr aussagen, als die Dogmatik von ihr auszusagen in der Lage ist. Subjekt der in der praktischen Theologie zu behandelnden Tätigkeiten kann vielmehr nur eine irgendwie organisierte und damit die in konkrete Erscheinung tretende Kirche sein, und je nach der Art ihrer Organisation wird sich ihr Handeln verschieden gestalten, daher ich jene auch gar nicht als so gleichgültig für die ganze Aufgabe ansehen kann, wie Achelis S. 16 tut. Landeskirche und Freikirche z. B. werden hier einen großen Unterschied begründen, man mag nun an die Katechetik (Konfirmation) oder an die Liturgik (das Bindende an der Agende) oder gar an die Lehre vom Kirchenregiment denken. Dieses Moment der Organisation also muß in denjenigen Kirchenbegriff aufgenommen werden, mit welchem die praktische Theologie operiert; sonst bleibt alles in der Schwebe. Wir haben es hier durchaus nur mit einer, und zwar einer bestimmten Art von eccl. visib. zu tun, sowenig wir leugnen, daß auch ihr als christlicher das Prädikat der invisibilitas in irgendwelcher Weise zukomme.

Mich dünkt, man sollte überhaupt von diesen beiden Prädikaten in dem prinzipiellen Teile der praktischen Theologie einmal ganz absehen, und die Sache ganz einfach realistisch betrachten und etwa vom Standpunkte der Ethik aus, welche den Begriff 'Gemeinschaft' liefert, die Wesensmerkmale derjenigen Gemeinschaft ableiten, welche wir Kirche nennen können und wollen, anstatt sich immer wieder durch dogmatische Kategorien von vornherein den Weg zu verbauen. Dann würde auch die Partie von dem Amte oder den Ämtern ganz anders und wesentlich kürzer als bei Achelis (S. 41–138) ausfallen. Krauss hat in seiner praktischen Theologie I, S. 10–42 über diese Punkte viel Einfacheres und Richtigeres gegeben. Die Ausführungen von Achelis sind, soviel Gutes, Lehrreiches und Interessantes sie auch enthalten, doch viel zu detailliert und kompliziert, namentlich für ein Lehrbuch, als daß sie zu grundlegender Klarheit verhelfen könnten. Was z. B. die Lehre Luthers und anderer von der Absolution, Beichte etc. hier tun soll, ist nicht ersichtlich. Nicht minder erscheinen uns die im übrigen ob ihrer weitgehenden Freimütigkeit sehr beachtenswerten Ausführungen über Bibel-Inspiration und was damit zusammenhängt an dieser Stelle unnötig; und auch die Geschichte der Ordination ist in so gelehrter Vollständigkeit hier dargestellt, daß ein Anfänger vor lauter Bäumen den Wald nicht sehen kann. Wir fürchten, diese ersten Abschnitte erschweren gar manchem höchst unnötigerweise den Eintritt in den eigentlichen Inhalt des Buches. Jedenfalls müßten sie bei einer zweiten Auflage bedeutend gekürzt werden. Auch wird ein gutes Teil des betreffenden Materials in die Lehre von dem Kirchenregiment, welche doch gewiß auch diejenige von der Organisation zu umfassen hat, übergeführt werden. Dahin gehört alles Detail in betreff des Pfarramtes, sowie auch die Erörterung der „übrigen Ämter der Kirche", mit welch letzterer unser Verfasser den I. Teil (S. 123–138) abschließt.

Ein Gesamturteil muß natürlich ausgesetzt bleiben bis zum Erscheinen des zweiten Bandes, dem wir, und gewiß nicht bloß wir allein, mit Interesse entgegensehen.*

* Den II. Teil rezensierte Bassermann in der Zeitschrift für praktische Theologie 14 (1892), S. 374–378.

Zeitschrift für praktische Theologie. 16 (1894), S. 112—124.

DAS SYSTEM DER PRAKTISCHEN THEOLOGIE UND DIE INNERE MISSION[1]

Von EDUARD SIMONS

I

In der Schrift über die Unzulänglichkeit des theologischen Studiums (von W. Bornemann, 1886[2]) kommt bekanntlich die praktische Theologie am besten und am schlechtesten weg. Am besten, weil ihr, unter Aneignung des Schleiermacherschen Wortes von der Krone des theologischen Studiums, die höchste Aufgabe zugewiesen wird; am unmittelbarsten fasse sie den Endzweck des ganzen theologischen Studiums ins Auge, sie vollende die theologische Vorbildung. (S. 83 f.) Zugleich aber ergeht es ihr am schlimmsten, denn ihr heutiger Betrieb wird als durchaus ungeeignet und unzureichend bezeichnet. Einer der Hauptvorwürfe, der gegen sie erhoben wird, ist der, es werde zuviel in ihr systematisiert. Von den neueren Werken geben aber doch nur die von Zezschwitz und mitunter auch die von Schweitzer den Eindruck, als ob auf das Aufschlagen des Gerüstes, auf die Anlage des Fachwerks zuviel Zeit und Scharfsinn verwendet werde; doch ist ja auch bei diesen beiden um die praktische Theologie hochverdienten Gelehrten die formale Tätigkeit nur Mittel zum Zweck. Das Gerüst verdeckt nicht den Bau, das Fachwerk entbehrt nicht des wertvollen Inhalts – und mögen sie im Systematisieren mitunter des Guten etwas viel tun, mögen sie der Gefahr einseitiger Arbeit um die Theorie, vor der von Zezschwitz selbst warnte, nicht immer entgangen sein, jedenfalls ist die systematische Behandlung der praktischen Theologie etwas Gutes, etwas, das auch angesichts einzelner Übertreibungen

[1] Probevorlesung, gehalten vor der Hochwürdigen Evang. Theologischen Fakultät der Universität Bonn am 27. Juli 1893.

nicht wieder preisgegeben werden darf. Zwar geht Bassermann, wenn nicht in der Sache, so doch im Ausdruck zu weit, wenn er in der Systematik der praktischen Theologie den Erweis ihrer Wissenschaftlichkeit sieht, ohne welchen es um ihre Stellung an der Universität geschehen sei; sind doch theologische Disziplinen vorhanden, die zwar nicht der Methode, wohl aber der Systematik entbehren, ohne daß sie der Gefahr ausgesetzt sind, ihr wissenschaftliches Ansehen einzubüßen. Auf Wahrung dieses Ansehens in ängstlich-empfindlicher Weise bedacht zu sein, hat auch die praktische Theologie nicht nötig, seitdem ihr wissenschaftlicher Charakter durch Schleiermacher und Nitzsch festgestellt und durch ihre seitherigen Leistungen bewährt ist; sie täte nicht wohl, wenn sie, um dies Ansehen zu wahren, der Systematisierungslust die Zügel schießen ließe. Aber wohl berechtigt bleibt ihre Wertschätzung des Systems als „des Gedankenbildes eines Organismus", als der „Darstellung eines Grundgedankens, welcher sich in einer Fülle von Gedanken entfaltet", welcher der „einheitlichen", den lebendigen Organismus nach all seinen Teilen durchdringenden „Lebenskraft" entspricht (v. Nathusius in: Halte, was du hast, XVI, 1, S. 25). Ohne ein solches dürfte es der praktischen Theologie schwer werden, sich in ihrer Selbständigkeit gegenüber den anderen theologischen Disziplinen, namentlich der Kirchengeschichte und der Ethik, zu behaupten, ohne ein solches vermag sie schwerlich ihrem Beruf, mehr zu sein als nur Darstellung beziehentlich Rechtfertigung des empirisch Gegebenen, zu genügen. Mit jenem Vorwurf gegen die praktische Theologie wie mit manchen seiner hier nicht näher zu erörternden Ratschläge ist Bornemann auf dem Wege, diese Wissenschaft auf den glücklich überwundenen Standpunkt einer Anweisung für den Geschäftsbetrieb der Pastoren wieder hinabzudrücken. Darum soll das Wahrheitsmoment in seinen Ausführungen nicht verkannt werden; ohne auf sie Bezug zu nehmen, trifft Achelis den Punkt, auf den es ankommt (Prakt. Theol. I. S. 14). Die Schwierigkeit der Aufgabe, welche die praktische Theologie zu lösen hat, die Tätigkeiten der Kirche als ihre Lebensäußerungen in einem System darzustellen, liegt seiner Auffassung nach darin, daß bei dieser Arbeit die richtige Formulierung des Ausgangspunktes und die Normalität der logischen Funktionen keineswegs allein maßgebend sind, sondern daß mit ihnen die Rücksicht auf das nicht nach logischem Schema sich richtende wechselvolle und vielbewegte Leben der Kirche sich verbindet. Diese Rücksichtnahme, sagt Achelis, ist kein Fehler der praktischen Theologie, sie gereicht ihr zur Ehre, aber sie wirkt mehr oder weniger zerstörend auf den logischen Bau des „Systems". Allerdings ist, wenn auch nicht gerade eine Zerstörung, so doch eine Störung des Ebenmaßes, des architektonischen Aufbaues durch diese Rücksichtnahme zu gewärtigen. Sie muß ertragen werden; besser doch – so weit komme man Bornemann entgegen – das System weist einige Mängel auf, als daß die praktische Theologie bei vollendetem System die Fühlung mit der Wirklichkeit des kirchlichen Lebens verlöre, als grauer Nebel darüber schwebte, ohne es zu befruchten, wirkungslos. Nun aber wird Achelis, welcher jene Rücksichtnahme fordert, beim Entwurf seines Systems der eigenen Forderung nicht gerecht, und wenn der dadurch entstandene Schaden nicht groß ist, so liegt dies daran, daß er die von ihm vollzogene Systematisierung nicht durchführt. Besteht bei ihm das System in einer Entwicklung der Tätigkeiten der Kirche aus ihrem Wesen heraus, so war, ganz davon abgesehen, ob wirklich das Wesen der Kirche in den drei von ihm aufgenommenen Prädikaten zum vollen Ausdruck kommt, schon von Rothe auf die Aussichtslosigkeit eines jeden derartigen Versuches hingewiesen worden (vgl. ZprTh. 1886, S. 199), und man wird Bassermann zustimmen müssen, wenn er gegen Achelis bemerkt, daß die Tätigkeiten, welche die Kirche als lebendige geschichtliche Größe ausübt, „sich nach Normen richten, welche gar nicht in dem Wesen des thätigen Subjektes selbst und allein zu finden sind" (ZprTh. 1892, S. 98). Also darf – um diese Bemerkung zu ergänzen – der Einfluß der jeweiligen örtlichen und zeitlichen Verhältnisse auf das Leben der Kirche und damit auf die Bildung ihrer Funktionen und Organe nicht außer Augen gelassen werden. Ja, man wird mehr sagen müssen: Die Kirche, die evangelische jedenfalls, da sie nicht Selbstzweck ist, sondern Organ zur Verwirklichung des Christentums in der Menschheit, muß es als zu ihrer Aufgabe gehörig betrachten, sich den besonderen Bedingungen ihrer jedesmaligen Gegenwart so weit anzupassen, wie sie es darf, ohne ihr eigentümliches Leben, ohne den ihr anvertrauten Besitz zu gefährden. Das heißt nicht, daß sie hin und herlavieren soll, bis der Wind des Zeitgeistes die Segel ihres Schiffleins schwellt; aber ebensowenig darf sie meinen, angesichts der Veränderungen, ja Umwälzungen eines gesamten Volkslebens durch Verharren in starrer Unveränderlichkeit ihren Beruf zu erfüllen. Kommt sie, um ihren Zweck zu erreichen, mit ihren bisherigen Tätigkeiten nicht weiter, so hat sie neue aufzunehmen; reichen ihre bisherigen Organe nicht aus, so hat sie sich neue zu schaffen, nicht mit hastiger Neuerungssucht, nicht auf dem Wege überstürzter Experimente, sondern lernend von ihrer eigenen Vergangenheit, die Erfahrungen von einzelnen oder von Vereinigungen verwertend, achtend auf die Zeichen der Zeit und folgend dem Wink des Herrn der Zeiten.

II

Daß unsere Kirche als Kirche inmitten der gewaltigsten Veränderung, inmitten weitreichender Zersetzungen und Neubildungen im Völker- und Volksleben so weitergelebt und stellenweise so weitervegetiert hat, wie wenn alles beim alten geblieben wäre, daß sie den furchtbaren Erscheinungen eines massenhaften Abfalls vom Christentum gegenüber gemeint hat, sich bei ihrer überkommenen Weise beruhigen zu dürfen, dies Verhalten wird heute von keiner Seite mehr verteidigt, nur über das größere oder geringere Maß der Verschuldung ist Meinungsverschiedenheit. Trat nun die *innere Mission* in die Arbeit ein, welche die organisierte Kirche hatte liegen lassen, so lag es in der Natur der Sache, daß über das Verhältnis dieser beiden zueinander bald die Diskussion eröffnet wurde. Diese Diskussion, an welcher sich auch die Monatsschrift für die evangelische Kirche der Rheinprovinz und Westfalens durch treffliche Artikel beteiligte, ist noch nicht geschlossen, neuerdings haben Wendt (ZThK 1892, S. 146 ff.) und Uhlhorn (Die kirchliche Armenpflege ... 1892) in beachtenswerter Weise in sie eingegriffen, doch ist an Stelle der anfänglichen Unklarheit, um nicht zu sagen Verwirrung, welche durch den anfangs verschwommenen Begriff von innerer Mission mitverschuldet war – sollte dieselbe doch z. B. die Tätigkeit des Gustav-Adolf-Vereins, die

Evangelisation in Armenien und Abessinien in sich einschließen, ja die Reformation wurde als ein Akt der inneren Mission dargestellt, fast jede kräftige Regung christlichen Geistes der inneren Mission gutgeschrieben – an Stelle jener Unklarheit und der durch sie hüben und drüben hervorgerufenen Mißverständnisse ist wachsende Verständigung getreten. Begriff und Aufgabe der inneren Mission werden enger und damit klarer gefaßt, unter Ablehnung der oberflächlichen Auffassung, welche in ihr nur eine Summe von Vereinen und Anstalten zur Linderung von allerlei Not sieht, wird sie als die organisierte nebenkirchliche Liebesarbeit begriffen, durch welche die der evangelischen Kirche in der Taufe Zugeführten, aber sittlich und religiös Gefährdeten oder schon in Indifferentismus und Atheismus Gefallenen zur christlichen Gemeinschaft zurückgebracht werden sollen. Durch diese Bestimmung der Aufgabe ist die Stellung der inneren Mission zur Kirche mitbestimmt, ist klargestellt, daß sie da zurückzutreten, ja zu verschwinden hat, wo die Arbeit, die sie tat, weil sonst niemand an sie dachte oder sich an sie wagte, von der organisierten Kirche in die Hand genommen wird. Was Wichern schon auf dem Wittenberger Kirchentage ausgerufen hatte: „.... es tut eins not, daß die evangelische Kirche in ihrer Gesamtheit anerkenne: die Arbeit der inneren Mission ist mein“, was er auf dem Stuttgarter Kongreß des Jahres 1857 in seinem herrlichen Vortrag über die innere Mission als Aufgabe der Kirche innerhalb der Christenheit ausgeführt hatte, das hat sich, wenn auch nicht ganz in der Form, die er sich dachte, zu erfüllen begonnen: ein beträchtlicher Teil innerer Mission ist im Begriff, in Tätigkeiten der Kirche aufzugehen.

III

Wie stellt sich zu diesem Stand der Dinge die praktische Theologie? Daß sie an der inneren Mission nicht vorübergehen, sie nicht als einen Ausschnitt der Geschichte innerkirchlichen Lebens der Kirchengeschichte überlassen darf, ist einleuchtend. Sie kann es um so weniger, je mehr die Erkenntnis von der Notwendigkeit jener Einfügung in die kirchliche Organisation wächst, die Einfügung selbst sich vollzieht. Daß Schleiermacher die Sache, welche nachher als innere Mission auf den Plan trat, mit kurzer ungünstiger Beurteilung abfertigte, einer Beurteilung übrigens, welche auf naheliegende Gefahren in zwar einseitiger, aber noch heute beachtenswerter Weise hinweist (ZprTh. V, S. 3), war damals begreiflich; aber schon bereiteten sich die Erscheinungen vor, welche einen Nitzsch veranlaßten, einen Hauptteil seiner praktischen Theologie in ausdrückliche Beziehung zur inneren Mission zu setzen. Wenn nachher noch Oosterzee sie in einen Anhang verwiesen hat, so ist eine solche Verkennung ihrer Bedeutung von dieser Seite nicht recht verständlich; die meisten neueren Lehrbücher gewähren ihr im System selbst einen Platz und manche einen ansehnlichen Raum. In dem neuesten wird sie in einer Lehre von den freien Vereinen behandelt. Diese Stellung kann nicht befriedigen. Wir sehen wieder davon ab, ob der Versuch, diesen ganzen Hauptteil innerhalb des Systems zu rechtfertigen, als gelungen bezeichnet werden kann, sondern beanstanden hier nur, daß Tätigkeiten, die nach Achelis' eigener Darstellung der Kirche zukommen sollten, in einer Lehre von den freien Vereinen abgehandelt werden. Zwar erklärt Achelis selbst, daß er diese freien Vereine nur als einen Notbehelf ansehe, und er gibt, mit Bassermann zu reden, diesen ganzen Teil als Abschlagszahlung einer künftigen Koinonik; aber man wird anerkennen müssen, daß, wenn diese Vereine nur zeitweilige Ersatzformen sind, eine besondere Lehre von ihnen geeignet ist, diesen Sachverhalt zu verhüllen und den provisorischen Tatbestand als einen definitiven erscheinen zu lassen (ZprTh. XIV, S. 378). Räbiger stellt in seiner Theologik die innere Mission mit der äußeren im 3. Teil der praktischen Theologie zusammen (vgl. Schäfer, Diakonik, Hdb. d. theol. Wiss., 4, S. 514). Und es besteht ja zwischen beiden nicht nur eine Namensähnlichkeit, sondern eine tatsächliche Verwandtschaft. Nicht ohne Grund stehen die Gleichnisse vom Senfkorn und vom Sauerteig nebeneinander. Dieselbe Triebkraft, welche die äußere Mission hervortreibt, bringt auch die innere ans Licht. Es sind in der Blütezeit des Pietismus und dann wieder in unserem Jahrhundert dieselben Kreise, welche die äußere und zugleich die innere Mission, obschon der Name noch nicht da war, gepflegt haben, und nachweisbare Rückwirkung geht von der Pflege der einen auf die anderen aus, auch heute noch. Dennoch erhebt sich das Bedenken, daß hinsichtlich ihres Gegenstandes und ihres Zwekkes äußere und innere Mission zu verschieden voneinander sind, als daß es wohlgetan wäre, sie in so engem Zusammenhang darzustellen; vielmehr wird angesichts der Unklarheit, den die nicht gerade glückliche Wahl des Namens 'innere Mission' hervorgerufen hat, schon durch Trennung im System zu bekunden sein, es werde der Unterschied zwischen Heidentum einerseits und den ob auch vom Christentum abgewandten, doch seiner unbewußten Einwirkung nicht völlig entzogenen Kreisen unseres Volkes, es werde dieser qualitative Unterschied nicht übersehen. Mag es in der Predigt bisweilen wirksam, unter Umständen auch angebracht sein, vom Heidentum in unserem Volke zu reden, die praktische Theologie darf, schon um der Bedeutung der Taufe willen, nicht dazu beitragen, durch Anordnung ihrer Disziplinen jenen Unterschied zu verwischen.

Am nächsten liegt es, die Theorie der inneren Mission mit der von der Seelsorge in Verbindung zu setzen, beziehungsweise ihr einzugliedern. Dies geschieht z. B. von Nitzsch, von Zezschwitz, Christlieb, Th. Harnack (vgl. auch Bassermann in ZprTh. XIV, S. 378). Aber nun sucht die im Unterschied von der alten Pastoral konstituierte Poimenik den Grund der Berechtigung ihrer Sonderexistenz im Moment des Individuellen, die innere Mission aber hat von vornherein die Einwirkung auf Kreise, auf ganze Schichten des Volks ins Auge gefaßt, und tatsächlich ist bei einem großen Teil ihres Betriebes die Einwirkung auf den einzelnen zwar nicht ausgeschlossen, aber sie ist nicht das eigentliche Ziel der Tätigkeit. Und so werden denn selbst die Darstellungen von Nitzsch und von Zezschwitz bei allem Reichtum an feinen Beobachtungen und geistvollen Gruppierungen nicht einmal den Leistungen, geschweige den Aufgaben der inneren Mission völlig gerecht; soll aber dieser Mangel ausgefüllt werden, so steht in der Tat zu befürchten, daß „der Rahmen der Seelsorge durch das überreiche Material der inneren Mission gesprengt“ und „der Aufbau“ ihrer Theorie „verdorben“ wird (Schäfer a. a. O., S. 520). So scheint sich denn der Vorschlag von Schäfer zu empfehlen: Den Grundstock der inneren Mission unter dem Namen Diakonik zu einer selbständigen Disziplin zu formieren und zwischen Seelsorge und Kirchenverfassungslehre in die praktische Theologie einzugliedern (a. a. O., S. 520). Aber mehr nach Einschaltung als nach Eingliederung sieht es aus, wenn nun in der Diakonik alles beschrieben wird, was an Liebestätigkeit geschieht, sei es von Gemeinden, sei es von Vereinen, sei es vom Staat. Auch wenn Schäfer sich nicht den Weg stellenweise verschüttet hätte durch Anhäufung von statistischem Material: als ein organischer Bestandteil der praktischen Theologie kann seine Diakonik nicht erscheinen. Dazu kommt, daß auf diese Weise die auch von Schäfer als notwendig erkannte Aufgabe, die innere Mission teilweise zu verkirchlichen, nicht zum entsprechenden Ausdruck gelangt. Gewiß ist ihm beizupflichten, daß das Hineinwachsen der Diakonie in die Verfassung nur vermöge eines geschichtlichen Prozesses geschehen kann. Aber dieser Prozeß hat sich in einigen Gebieten der evangelischen Kirche, so in der rheinisch-westfälischen, schon vollzogen, und wo er stockt, da handelt es sich um Belebung des im Buchstaben der Verfassung oder im kirchlichen Herkommen Gegebenen durch den rechten Geist, anderswo ist der Prozeß im Beginn, und selbst wenn dem nicht so wäre, die praktische Theologie, da sie nicht nur zu beschreiben, auch zu fordern, und nicht nur Ziele aufzustecken, auch Wege zu den Zielen aufzuweisen hat, würde bei Annahme des Schäferschen Vorschlags ihrem Beruf nicht völlig genügen. In der Theorie der *Kirchenleitung*, welche er von der der Gemeindeleitung unterscheidet, will von Nathusius die innere Mission behandelt wissen (Halte, was du hast XVI, S. 109). Aber diese Anordnung kann der bedeutsamen Tatsache nicht gerecht werden, daß gerade auf dem Boden der *Einzel*gemeinde die Verkirchlichung der inneren Mission begonnen hat und im Gang ist. Den ganzen Stoff der letzteren in der Lehre von der Kirchenleitung zu bearbeiten begegnet außerdem der Schwierigkeit, daß die Organe dieser Leitung verschieden sind von denen der inneren Mission, deren Unterordnung aber unter die verwaltenden landeskirchlichen Behörden, welche jener theoretischen Anordnung in der Praxis entsprechen würde, unterliegt um des bürokratischen Zuges willen, den solche Behörden fast unvermeidlich an sich tragen, den ernstesten Bedenken. Wohl muß auch in der Theorie der Kirchenleitung von der inneren Mission gehandelt werden, aber nicht allein in ihr, sonst entsteht der begründete Verdacht, es solle einer Einschnürung der freien Liebestätigkeit in kirchenregimentliche Fesseln das Wort geredet werden.

IV

Ob es nicht möglich, und wenn möglich, dann aus mehr als einem Grunde ratsam ist, den Stoff der inneren Mission, statt ihn in eine einzelne der bisherigen Disziplinen hineinzuzwängen oder ihn in einer besonderen, dann aber nicht organisch mit den anderen verbundenen zusammenzufassen, auf mehrere Disziplinen der praktischen Theologie zu verteilen? Es sei gestattet, in Kürze zu zeigen, wie ein solcher Versuch zu unternehmen wäre. In der *Prinzipienlehre,* welche den Inhalt der Begriffe Reich Gottes, Kirche, Gemeinde festzustellen und ihr Verhältnis zueinander zu erörtern hat, wäre meines Erachtens auch die prinzipielle Frage nach dem Verhältnis der Kirche zur inneren Mission zu behandeln. Hier wäre zu erörtern, ob es ein kirchliches Handeln geben kann auch von seiten solcher, die nicht ordnungsgemäß dazu berufen sind. Hier wäre der Anspruch zu prüfen, den die innere Mission erhoben hat und bisweilen, wenn auch nicht mehr so nachdrücklich wie früher, noch erhebt, in spezifischem Sinne Reichgottessache zu sein und Reichgottesarbeit zu tun. Dann würde ich einsetzen mit der *Gemeinde,* der Lokalgemeinde, als dem nächsten, ersten Subjekt gegen römische Anschauung, welche eigentliche Gemeinden nicht kennt, deutlich bezeichnend. Daß die Einzelgemeinde nicht ein Stückchen von der Kirche ist, sondern ihre Erscheinungsform, daß nur in der Einzelgemeinde die Kirche ihr Leben hat, erstere die ursprüngliche Verwirklichung der letzteren ist, darin stimmen heute Männer verschiedenster theologischer Richtungen überein; aber soviel ich sehen kann, kommt die Gemeinde als das eigentliche Subjekt der von der praktischen Theologie zu beschreibenden Tätigkeiten nicht zu ihrem vollen Recht. Bei starker Betonung, die Kirche sei nur in der Gemeinde da, schiebt sich doch mehrfach an Stelle der Gemeinde etwas ein, was dem römischen Kirchenbegriff bedenklich ähnlich sieht, den Anstaltscharakter in einer Weise hervorkehrt, daß der Boden des Evangelischen ins Wanken kommt, wenn nicht am Ende gar nach hohen Anfängen eine solche Zusammenschrumpfung geschieht, daß als Subjekt der kirchlichen Tätigkeit lediglich der Pfarrer eintritt und damit der vorschleiermachersche Tiefstand erreicht wird. Es hat eben auch die praktische Theologie unter dem schon von Luther beklagten Jammer zu leiden, „der unter dem blinden undeutlichen Wort Kirche ist eingerissen" (vgl. Sieffert, der reformatorische Kirchenbegriff . . ., Theol. Arb. d. rhein. Pred. Ver., III, S. 45). Sie kann's nicht verhehlen, daß auch sie aus diesem unversieglichen Born von Verirrungen getrunken hat (vgl. Riemann, Evangelische Gedanken über Seelsorge, ZprTh XII, S. 232). Kein besseres Mittel hiergegen, als die energische Durchführung des Gemeindegedankens im Sinne der evangelischen Grundidee des allgemeinen Priestertums, in der Richtung auf das Ziel der Umgestaltung unserer Parochien in wirkliche Gemeinden, „die durch ein über den Gottesdienst hinausreichendes Genossenschaftsleben der Tätigkeit der Pfarrer Basis, Unterstützung, Ergänzung gewähren können" (Gottschick, i. d. Anzeige des Lehrb. d. prakt. Theol. von A. Kraus, ZprTh, XIV, S. 175). Bei solcher Orientierung liegt nahe der Hinweis darauf, daß in dem Genannten enthalten ist das Wesentliche von dem, was die innere Mission als Ziel erstrebt.

Das Leben der christlichen Gemeinde ist wie das des einzelnen Christen ein Leben des Glaubens und der Liebe, so bewährt sie sich durch Aufnahmen und Ausgeben als Organismus, als σῶμα τοῦ κυρίου. Das Aufnehmen der Gnade Gottes vollzieht sie im Gottesdienst, der also mehr ist als nur Darstellung, mehr auch als Feier, der ein rezeptives Handeln ist; das Mitteilen in ihrer Tätigkeit außerhalb des Gottesdienstes, im Weitergeben dessen, was sie von Gott empfangen hat, zum Beweis, daß sie von der Liebe Gottes, die sie erfahren hat und immer neu erfährt, nicht nur zu reden weiß, sondern daß sie auch als Gemeinde Täterin des Wortes ist. Mit der Hervorstellung dieser Doppeltätigkeit wäre das Hauptprinzip der Einteilung gegeben und nach einem Nachweis, daß zu beiden Tätigkeiten die Gemeinde der Organe bedarf und welcher, wäre zuerst die Theorie des Gottesdienstes zu bieten in seiner Verbindung der beiden Elemente, welche in der Liturgik und der Homiletik zu behandeln sind. Schon hier nun, nämlich schon in der Lehre vom Gottesdienst und nicht erst in der Homiletik, wie Schäfer will, hat ein Teil dessen, was er das evangelisatorische Element der inneren Mission nennt, Platz zu finden; denn hier würde nicht nur die Konstruktion evangelisatorischer Gottesdienste zu erörtern, sondern auch die Frage nach der Berechtigung von besonderen Gottesdiensten für die verschiedenen Volksgruppen, von Standesgottesdiensten und ihrer etwaigen Leitung durch Laien, wie sie von Wortführern der inneren Mission gefordert werden, zu prüfen sein. In der *Homiletik,* die ja über die Kunstlehre der Gemeindepredigt übergreift, würde in Rückbeziehung auf jene evangelisatorischen Gottesdienste die Wortverkündigung an solche, die dem Christentum entfremdet sind und zwar nicht nur an die in den Tiefen, sondern auch an die auf den Höhen der Gesellschaft zur Sprache kommen. Hier also wäre nicht nur von Berufspredigten, Festpredigten für Arbeitervereine, Predigten für Holland- und Sachsengänger und ähnlichen zu handeln, sondern auch von apologetischen Reden über das Christentum vor Halbgebildeten oder Verbildeten.

Dieser Abschnitt der Homiletik bildet den geeigneten Übergang zu der anderen Seite der Gemeindetätigkeit, und hier würde in der *Katechetik* wieder ein Stück innerer Mission Unterkunft finden. Nicht nur der von ihr eingeführte und stellenweise noch in ihren Händen ruhende Kindergottesdienst, wenn derselbe nicht etwa besser trotz des ihm unentbehrlichen erotematischen Verfahrens in der Kultuslehre zu behandeln wäre. Wird die Katechetik, wie es geschehen muß, als Lehre der kirchlichen Erziehung gefaßt, der Erziehung zur christlichen Mündigkeit (vgl. Sachsse, Fortschritte und Wünsche in der relig. Erziehung der evang. Kirche, Halte, was du hast XVI, S. 219 ff.), dann hat sie sich auch mit der Fürsorge für die konfirmierte Jugend zu befassen, ob eine zeitgemäße Erneuerung der alten Katechismusunterredungen, ob die freiere Form des Vereins oder eine Verbindung von beiden dazu das geeignetste Mittel sei; und auch an der Anstaltserziehung verwahrloster oder zurückgebliebener Kinder darf sie nicht vorübergehen; so tut sie einen guten Griff in den Bestand der inneren Mission. Aber der Hauptanteil bleibt auch bei unserem Verfahren der Verteilung dieses Bestandes der *Poimenik* gewahrt. Sie enthalte zunächst die Theorie der individuellen Seelenpflege, und hier werde bei der „didaktischen Orthotomie" nicht nur die Einwirkung auf sektiererische oder separatistische Neigungen erörtert, sondern ganz besonders eingehend die Behandlung des unbewußten Christentums wie des bewußten Antichristentums in seelsorgerischem Gespräch und Verkehr, das Eingehen auf die Zweifel und Bedenken der Suchenden wie auf die Machtsprüche der Fertigen unter den Entfremdeten. Wird doch durch treue Ausübung dieser Seite des Amtes der inneren Mission ein gut Stück Arbeit erspart. Dann folge die soziale Seelenpflege. Hier ist der Gedanke der Gemeindeseelsorge zu erwägen; ihre Vorbedingung: das Presbyterium als der Kern der Gemeinde, nicht nur eine Verwaltungsbehörde, die Bezirkseinteilung, durch welche die Gemeinde durchsichtig gemacht, Übersicht und Aufsicht ermöglicht wird; ihre Ausführung mit Hilfe des Hausväterverbandes oder wie man ihn sonst nennen will, durch das Aufgebot der Gemeinde in der Gemeinde, welche angesichts der außerordentlichen Verhältnisse, in denen unsere Kirche lebt, zum Bewußtsein außerordentlicher Erfordernisse kommt. Diese Helferkreise für die Seelsorge würden voraussichtlich dieselben sein, welche bisher die Arbeit der inneren Mission in den Gemeinden getan und getragen haben, und es wird sich zeigen lassen, daß die Sache, auf die es ankommt, mehr gewinnt als einbüßt, wenn der freie Verein sich in einen der kirchlichen Organisation eingegliederten verwandelt, der dem Presbyterium für seine Arbeit verantwortlich ist. Des näheren wäre dann die seelsorgerische Arbeit an bestimmten Bestandteilen der Gemeinde ins Auge zu fassen, also zunächst die *kirchliche Armenpflege*. Denn diese ist nicht in einen Abschnitt über Gemeindeverwaltung oder kirchlichen Haushalt zu verweisen oder als eine der Voraussetzungen für das ersprießliche Funktionieren des geistlichen Amtes zu besprechen, sondern unter den Gesichtspunkt der Seelsorge zu stellen. Wird sie als ein Stück sozialer Seelsorge behandelt, bei welcher die leibliche Fürsorge Weg zum Ziel ist, ihre Ausübung als eine Ehrensache der Gemeinde erwiesen, wird ihr Verhältnis zu der bürgerlichen wie zu der der humanitären Vereine klargestellt, die Aufgabe der Gemeinde dargetan, die helfenden und pflegenden Kräfte in ihrer eigenen Mitte zu suchen und wachzurufen, also die Notwendigkeit des Diakonats, die nur relative Notwendigkeit besoldeter Hilfsdiakonen und von draußen her gesandter Diakonissen, so ist damit wieder ein ansehnlicher Ausschnitt aus dem Aufgabenkomplex der inneren Mission zu seinem Recht in der praktischen Theologie gekommen. Gleiches gilt von dem Nachweis, daß die Sammlung von Vereinsamten, die Fürsorge für Sonntagslose, für entlassene Sträflinge zur Gemeindeseelsorge gehört und nicht mit dem bloßen Hinweis auf etwaige freie Vereinswirksamkeit abgetan werden darf. An die von Katechetik und Poimenik zu beschreibende Liebestätigkeit der Gemeinde an ihren Gliedern schließt sich diejenige nach außen hin, und hier kommt außer der Teilnahme für Heidenmission und Gustav-Adolf-Verein wieder die innere Mission in Betracht mit ihren über den Kreis der Einzelgemeinde hinübergreifenden Unternehmungen.

Auf den Grundstock der praktischen Theologie, die Darstellung der Gemeindetätigkeit, hat noch ein Abschnitt zu folgen, der vom *Kirchenregiment* handelt, Kirche im empirischen Sinn genommen, als ein Komplex von Gemeinden, und Regiment als eine Form des Dienens und Kirchenregiment nicht ohne Beteiligung der Gemeinden zustandekommend gedacht. Hier wird unter anderem zur Besprechung kommen die Bildung neuer Gemeinden, die Aufsicht über die einzelnen auch nach der Seite hin, ob sie Bezirkseinteilung haben, ob sie Gemeindeseelsorge handhaben, ob Armenpflege als Gemeindesache geübt wird, Dinge, auf deren Mehrzahl bekanntlich das alte niederrheinische Kirchenregiment mit besonderem Nachdruck zu dringen pflegte. Hier im Kirchenregiment ist der Ort zur Beobachtung aller kirchlichen Vereinsarbeit, zur Unterstützung derjenigen, welche die Gemeindearbeit nicht lahmlegt, namentlich aber derjenigen, welche sich in den Rahmen der Lokalgemeinde überhaupt nicht einfügen läßt, also des Anstaltswesens und der Schriftenverbreitung, hier ist der Ort, auf nahe Fühlung, wenn möglich auf Verbindung dieser Bestrebungen mit der organisierten Kirche hinzuwirken. Was aber ist mit diesem allen anderes genannt als Berücksichtigung von Werken und Verwertung von Anregungen der inneren Mission? Diese Größe hat also auch noch für die Lehre vom Kirchenregiment einen ansehnlichen Beitrag zu liefern.

Es ist wahr: „Für sich allein betrachtet, entbehrt die innere Mission der Systematik, alle Darstellungen ihrer Gesamtheit geben keine innere Einheit. Sie gehört in ein anderes System“ (Christl. Welt 1893, S. 421). Aber dieses ist nicht, wie allzu weitgreifend gesagt worden ist, das des Zukunftstaates, sondern dasjenige, welches in der praktischen Theologie zur Darstellung kommt.[2]

Auf dem versuchten Wege, so scheint es, vermag diese Wissenschaft dem gerecht zu werden, was in der inneren Mission als Tatbestand und als Forderung vor ihr steht, sie vermag es, ohne an ihrem eigenen systematischen Zusammenhang Schaden zu leiden und ohne dem mit Recht ihr zuerkannten reformatorischen Zug untreu zu werden. So führt sie die jungen Theologen vor eine große Zahl von brennenden Zeitfragen, eröffnet ihnen den Blick in eine Fülle von Aufgaben und erfüllt zugleich ihre eigene Aufgabe, an der Aufhebung der Spannung zwischen Idee und Wirklichkeit mitzuarbeiten.

[2] Keineswegs soll durch diesen Verteilungsvorschlag einer Behandlung der inneren Mission auch in einer Spezialvorlesung entgegengetreten werden.

Heinrich Bassermann, Beiträge zur praktischen Theologie. Gesammelte Aufsätze und Vorträge. Leipzig 1896, S. 15—36.

DIE PRAKTISCHE THEOLOGIE ALS EINE SELBSTÄNDIGE, WISSENSCHAFTLICHE THEOLOGISCHE DISZIPLIN*

VON HEINRICH BASSERMANN

Sooft unsere Universität den Geburtstag ihres zweiten Gründers, des hochsinnigen Großherzogs Karl Friedrich, festlich begeht, ist es, als ob sie ihren eigenen Geburtstag feierte. Neben der Verehrung für den ausgezeichneten Fürsten, der die Restauration der Hochschule so weise in die Hand nahm und so energisch durchführte, ist es die Freude über die eigene Wiedergeburt, der die Universität an diesem Tage festlichen Ausdruck verleiht. Sie freut sich, daß sie ist und wie sie ist, und erneuert froh und dankbar das Gedächtnis des wahrhaft großen Fürsten, dem sie diese ihre heutige Existenz in erster Linie schuldet.

Indem daher an diesem Tage ebensowohl die traurigen Zeiten der Verkümmerung und Verödung vor der Restauration als jene glanzvolle Epoche, die unmittelbar nachher durch die Fürsorge Karl Friedrichs für die Hochschule beginnt, in unserer Erinnerung lebendig werden, ist es natürlich, daß eine jede der an der Hochschule vertretenen Wissenschaften sich im stillen die Frage vorlegt, welcher Anteil ihr selbst an jenem glorreichen Umschwung geworden sei, in welchem Zustande vor und in welchem nach ihm sie sich befunden und welche Entwicklung sie seitdem durchgemacht habe. Und so liegt es dem, der die Ehre hat, die Geschäfte der Universität gerade zu leiten, nahe, seinen Blick in dem Gedanken auf jene Zeiten zurückzuwerfen, welche Rolle seine Wissenschaft damals ge-

* Prorektoratsrede von 1896. Die in der amtlichen Ausgabe (Heidelberg, 1896 bei J. Hörning), S. 47 ff. beigegebenen Anmerkungen sind, soweit sie nicht für einen heutigen weiteren Leserkreis Interesse haben, hier weggelassen.

spielt hat, und diese mit dem heutigen Stadium ihrer Entwicklung zu vergleichen.

Indem auch ich diesem Zuge folge, stoße ich auf die Tatsache, daß die praktische Theologie in jener Zeit an unserer Hochschule noch gar nicht als ein selbständiges Fach in dem Sinne vorhanden gewesen ist, daß ein besonderer Lehrstuhl zur ausschließlichen oder auch nur vorzugsweisen Vertretung derselben bestimmt gewesen wäre. Das hat seinen Grund auf der einen Seite in dem damaligen Zustand der in jener Zeit noch paritätischen theologischen Fakultät an unserer Hochschule; waren doch von den sechs vorhandenen Lehrstühlen nur zwei von Angehörigen der evangelischen Konfession besetzt – es waren dies Daniel Ludwig Wundt und Karl Daub, welche dem 1786 erlassenen Statut gemäß sich in die verschiedenen theologischen Fächer zu teilen hatten; bei solch armseliger Sachlage war ja eine Differenzierung der einzelnen Lehrfächer ein Ding der Unmöglichkeit. Auf der andern Seite aber widersprach dieser Zustand doch nicht der allgemeinen Lage, in der sich die Theologie damals befand: sie galt trotz der vorhandenen enzyklopädischen Systematisierung noch weit mehr denn heute als ein Ganzes, dessen verschiedene Teile ganz wohl von einem und demselben Gelehrten vertreten sein konnten. Die praktische Theologie speziell aber stand, soviel auch über sie geschrieben wurde, um die Wende des Jahrhunderts in so geringem wissenschaftlichen Ansehen, daß 1795 G. J. Planck in seiner Einleitung in die theologischen Wissenschaften sie als eine Art populären Ersatzes der eigentlichen Theologie bezeichnen durfte, denjenigen Studierenden dienlich und notwendig, welche wissenschaftlich unfähig seien, die theoretische Theologie mit einigem Erfolge zu betreiben, und noch Rosenkranz in seiner Enzyklopädie 1831 in Erwägung ihres unfertigen Zustandes auf eine ausführlichere Darstellung verzichten zu müssen meinte.

Immerhin waren wenigstens einige Hauptdisziplinen der praktischen Theologie, Katechetik, Pastorallehre und Homiletik, schon in jenem Statut von 1786 (neben bisweilen anzustellenden praktischen Übungen) als regelmäßig zu lesende vorgesehen; hieran änderte auch Karl Friedrichs dreizehntes Organisationsedikt vom 13. Mai 1803 nichts, nur daß es das Kirchenrecht noch ausdrücklich in die Fächer der „kirchlichen Sektion", d.h. der theologischen Fakultät einreihte. Haben nun schon die beiden genannten Theologen, besonders in homiletischen und katechetischen Vorlesungen und Übungen, die praktische Theologie einigermaßen vertreten,[1] so waren die bald nach der Restauration vollzogenen Berufungen recht geeignet, dieses Fach auch an unserer Universität in die Höhe zu bringen: Friedrich Heinrich Christian Schwarz, der 1804 eintrat, war ein bedeutender Praktiker, wenn auch zunächst und hauptsächlich auf dem Gebiet der Pädagogik, was jedoch mittelbar auch der Katechetik zugute kam,[2] und Philipp Konrad Marheineke, der von 1807 bis 1811 unserer Universität angehörte, hat nachmals durch mehrere geistvolle Werke in die Entwicklung auch der praktischen Theologie energisch eingegriffen.[3]

Doch es liegt nicht in meiner Absicht, die damit anhebende Entwicklung der praktischen Theologie an unserer Hochschule zu schildern – ich müßte befürchten, damit einen Gegenstand vorzuführen, der nicht imstande wäre, das allgemeine Interesse in Anspruch zu nehmen –; ich will daher nicht reden von den Verdiensten, welche sich außer den Genannten Männer wie Abegg, Dittenberger, Rothe, Schenkel, Plitt, Holtzmann und andere um

[1] Bekannt ist, daß Daub schon 1801 ein Lehrbuch der Katechetik hat erscheinen lassen, welches jedoch noch durchaus dem gerade seit der Zeit der Universitäts-Wiederherstellung von ihm verlassenen Kantschen Standpunkte angehörte. Auch hat er 1794 ›Predigten nach Kantschen Grundsätzen‹ herausgegeben. Vgl. J. Lampadius, Almanach der Universität Heidelberg auf das Jahr 1813 (Heidelberg 1812), S. 64 und 144 und das Vorlesungsverzeichnis jener Jahre. Letzteres zeigt auch, daß bei den Katholiken die praktisch-theologischen Fächer weit regelmäßiger und vollständiger vertreten waren.

[2] Über die Bedeutung von Schwarz' Katechetik (Gießen 1818) vgl. v. Zezschwitz, System der Katechetik II. Bd., II, 2. 259 ff.

[3] Marheinekes ›Aphorismen zur Erneuerung des kirchlichen Lebens‹ 1814 sind von Zezschwitz (›Der Entwickelungsgang der Theologie als Wissenschaft, insbesondere der praktischen‹, Leipzig 1867, S. 27 ff.) geradezu als bahnbrechend für die neuere Entwickelung der praktischen Theologie verherrlicht. Vgl. seine geistvolle und in vieler Beziehung vortreffliche ›Grundlegung der Homiletik‹ (Hamburg 1811) und seinen ›Entwurf der praktischen Theologie‹ (Berlin 1837).

meine Disziplin erworben haben. Vielmehr gedenke ich nur ein ganz einfaches Fazit aus den vorgeführten Tatsachen zu ziehen. Es ist dies: die Disziplin der praktischen Theologie, insbesondere als eine selbständige im Organismus der Gesamttheologie, ist noch sehr jung. Angesichts dessen wird es begreiflich erscheinen, daß ich nichts Überflüssiges zu tun meine, wenn ich das Auftreten der jugendlichen Genossin im Kreise ihrer älteren Schwestern zu erklären und ihre Existenz neben ihnen zu rechtfertigen versuche, da ja in der Wissenschaft nicht ebenso wie im Leben gilt, daß die Jugend am allerwenigsten nötig hat, ihre Existenzberechtigung nachzuweisen.

Jedoch nicht die Jugendlichkeit der praktischen Theologie als Wissenschaft allein ist es, was mich diesen Versuch unternehmen läßt; schwerer noch fällt für mich der Umstand ins Gewicht, daß, wie ich wohl ohne zu irren annehmen darf, die Frage, ob die praktische Theologie eine selbständige und mit andern gleichberechtigte Disziplin sei, auch heute noch von vielen Seiten verneint werden dürfte, und insbesondere außerhalb des zünftigen Theologenkreises wie schon gegen die Theologie überhaupt so insbesondere gegen die praktische Theologie hinsichtlich ihres wissenschaftlichen Charakters sicherlich so erhebliche Bedenken bestehen, daß wenigstens in den Augen derer, welche sie nicht selbst vertreten, ihr akademisches Bürgerrecht ernstlich in Frage gestellt erscheint und deshalb der Versuch, es zu rechtfertigen, an dem Tage sehr wohl am Platze ist, an welchem eine wissenschaftliche Lehranstalt sich ihrer Wiederherstellung zu neuem Leben, welches doch nur ein wissenschaftliches sein kann, freut.

So sei es mir denn vergönnt, heute vor Ihnen darzulegen, wodurch sich die Disziplin der praktischen Theologie als ein selbständiges wissenschaftliches Ganze in dem Gesamtorganismus des an Universitäten gepflegten Wissens und Erkennens erweist, durch welches wissenschaftliche Interesse sie zusammengehalten wird, und wie von diesem aus ihr Betrieb sich als ein wissenschaftlicher gestaltet.

I

Als die christliche Theologie, die Wissenschaft von der christlichen Religion, sich im dritten Jahrhundert aus dem kirchlichen Leben zu entwickeln begann – denn ehe die Theologie war, war die Kirche, und ohne Kirche gibt es keine Theologie –, da waren ihre Interessen freilich insofern praktische, als es galt, die Existenz und Eigenart der christlichen Religion gegenüber dem sie umgebenden andersgerichteten geistigen Leben jener Zeit zu begründen und zu rechtfertigen, oder auch sie mit ihm zu versöhnen und zu verschmelzen, um sie durch diese Verbindung innerlich zu stützen. Allein nicht eine praktische Theologie wurde durch dieses Interesse erzeugt. Indem vielmehr der Blick sich einerseits den heiligen Büchern zuwandte, um durch eindringendes Verständnis derselben den Grund, auf dem die christliche Religion ruhte, zu klären und sicherzustellen, andererseits aber sich auf ein zusammenhängendes Gedankensystem richtete, durch welches die christlichen Anschauungen eine feste Stelle in dem Denken der philosophisch Gebildeten jener Tage gewännen, ergaben sich die exegetische und die systematische oder spekulative Theologie als die beiden Grundstämme theologischer Arbeit, neben welchen die historische Forschung doch verhältnismäßig spärlich, die praktische gar nicht betrieben ward. Allein je mehr sich das kirchliche Leben entwickelte und in festen Formen ausgestaltete, um so deutlicher drängte sich die Erkenntnis auf, daß es doch gewisse Gebiete desselben gebe, die, weder von der Exegese noch von der Spekulation bearbeitet, dennoch sich als solche erwiesen, über die dem Kleriker – und nur für ihn war ja die Theologie bestimmt – ein gewisses Wissen und Erkennen geziemte und notwendig war, weil er tagtäglich mit ihnen zu tun hatte und sie recht eigentlich seiner Pflege anvertraut waren.

Lassen Sie mich von diesen Gebieten zunächst dasjenige herausgreifen, welches für die alte Kirche unzweifelhaft das zentrale und wichtigste war, das des Kultus. Der christliche Kultus ist nicht erfunden, sondern geworden; und mancherlei hat dazu zusammengewirkt: der symbolisierende Trieb der frommen Gemeinschaft, der nach einem darstellenden Ausdruck ihres religiösen Sonderbesitzes rang, Einflüsse von außen, die, mit Übermacht sich zur Geltung bringend, Nachahmungen im Schoße der christlichen Gemeinde hervorriefen, praktische Bedürfnisse, welche zur Verwirklichung drängten, eine Tradition, welche (etwa in einer Kirchenprovinz aufgekommen, von andern übernommen und mit deren Gebräuchen sich verschmelzend) aus sich selbst herauswuchs und an den ursprünglichen Kern immer Neues ansetzte. Als so der christliche Kultus zu einiger Festigkeit gediehen war, nahm er doch die Autorität einer göttlichen Stiftung in Anspruch, indem er sich aus apostolischem Ursprung herleitete oder auf bedeutende kirchliche Namen stützte. Allein eben um dieses seines Ansehens willen wollte und mußte er verstanden werden. Exegese und Spekulation konnten nun hiezu zwar namhafte Beiträge liefern, jene, indem sie das geschichtlich Gewordene als das in der Bibel (vor allem des Alten Testaments) göttlich Gewollte aufzuzeigen unternahm, oft willkürlich und unter Beugung des eigentlichen Schriftsinnes, diese, indem sie das starre rituelle Handeln in eine geschmeidigere Gedankenmasse aufzulösen suchte, die sich vor verständigem Urteil zu rechtfertigen vermöchte. Aber die Erforschung und Deutung des Kultus selbst gehörte weder dem einen noch dem andern Gebiete an; sie stellte etwas Eigenes dar, *eine Erkenntnisarbeit an einem Stücke des tatsächlichen Lebens der Kirche.*

Unter diesem Gesichtspunkt ist – um an Stelle vieler wenigstens das wohl einflußreichste und älteste Werk derart zu erwähnen – die Schrift des Dionysius Areopagita De ecclesiastica hierarchia zu betrachten.[4] Hier herrscht kein praktischer Zweck, etwa einer Anleitung zum kultischen Handeln, sondern dieses soll lediglich zum Verständnis gebracht werden, was geschieht vermittels einer Anwendung der neuplatonischen Philosophie auf die nach Art der Mysterien aufgefaßten christlichen Kultakte, durch deren Mystagogie die Hierarchen die Überleitung aus dem uneinheitlichen irdischen Sein in das einheitliche göttliche realsymbolisch vollziehen.

[4] Migne Patrol. gr. 3, 369 ff.; wahrscheinlich dem 5. Jahrhundert angehörig; vgl. Stiglmayr, Das Aufkommen der Pseudo-Dionysischen Schriften und ihr Eindringen in die christliche Literatur, 4. Jahresbericht des öffentl. Privatgymnasiums zu Feldkirch, 1895.

Fremd, wie der christliche Kultus diesen Spekulationen von Hause aus war, konnte er durch sie zwar an mysteriösem Nimbus gewinnen, aber an wirklichem Verständnis nur verlieren. Wie auf solche Weise schließlich jeder kleinste Bestandteil des Gottesdienstes einen speziell symbolischen Sinn gewinnt, und so das Ganze desselben anfängt, sich zu dem mystischen Drama auszugestalten, als welches den griechischen Gottesdienst anzusehen man sich gewöhnt hat,[5] zeigt gut der Nachfolger des Pseudodionys, Maximus Confessor († 662) in seiner Mystagogia [6], in der durch Herbeiziehung einer trichotomischen Psychologie die wunderlichsten und verschiedenartigsten Deutungen aller kultischen Vorgänge nicht nur, sondern auch des kirchlichen Gebäudes in seiner Einrichtung entstehen, ohne Zweifel dazu bestimmt, durch Herauskehrung des Mysteriösen am kultischen Handeln die ehrfürchtige Andacht zu erhöhen, allein durch die zwar geistvolle, aber durchaus willkürliche Verschiebung der religiösen Gedankenwelt so gewiß zur Verwirrung ausschlagend, als das Natürlichste und Einfachste auf die Dauer sich doch als das Erbaulichste und Wirksamste bewährt.

Zur Korrektur solch willkürlich-spekulativer Andeutung hätte natürlich die geschichtliche Erforschung des Kultusbestandes am meisten dienen können. Und wirklich finden wir die nüchterneren Abendländer, wie Isidor von Sevilla [7] und den von ihm abhängigen Hrabanus Maurus [8], auf diesen Wegen: sie wollen den Ursprung der kultischen Stücke nicht bloß, sondern alles dessen, was mit ihnen zusammenhängt (der liturgischen Zeiten, Personen, Gewänder usw.), erforschen. Allein die Ausbeute ist, wie sich denken läßt, gering, und die Objektivität der Betrachtung leidet Not durch das ersichtliche Bestreben, den vorhandenen Zuständen eine möglichst alte, solide und autoritative Unterlage (als welche vielfach das Alte Testament herhalten muß) zu geben. Die Schriften dienen weit mehr zur Aufhellung der kultischen Zustände in der

[5] Vgl. dagegen Kattenbusch, Vergleichende Konfessionskunde I, 489 f. 496, 1.

[6] Migne Patrol. gr. 91, 657 ff.

[7] De ecclesiasticis officiis, Migne Patrol. lat. 83, 737 ff.

[8] De clericorum institutione, Migne Patr. lat. 107, 295 ff.

Zeit ihrer Urheber als zur Erforschung des geschichtlichen Ursprungs.

Allein das Leben der Kirche bewegt sich nicht bloß in den geheiligten Räumen des Gotteshauses und in den festen Formen der Gottesdienstordnung, sondern es tritt hinaus in die Welt und wendet sich hier frei an die einzelnen, um sich in ihren verschiedenen Lebens- und Gemütslagen je nach Erfordernis zur Geltung zu bringen. Und hier treten nun mancherlei Gefahren und Schwierigkeiten auf, deren Erwägung nicht sowohl zum Erforschen ihres Ursprungs und Wesens, als vielmehr zu einer hilfeleistenden, Anleitung gebenden Tätigkeit auffordert, durch die jene etwa beseitigt und überwunden werden könnten. Welcher Art diese Gefahren und Schwierigkeiten waren, ersieht man gut aus einem Buche, welches im Mittelalter auf diesem Gebiete eine Autorität ersten Ranges geworden ist: ich meine den Liber pastoralis curae Gregors des Großen [9]. Da soll auf der einen Seite die eine christliche Wahrheit den verschiedensten Bedürfnissen angepaßt, für ganz entgegengesetzte psychologische Zustände fruchtbar gemacht, auf sehr mannigfaltige ethische und religiöse Situationen angewendet werden, und auf der andern Seite sind es nicht feste, von der Kirche vorgeschriebene Formen und Mittel, mit denen hier operiert werden kann, sondern es ist die individuelle Persönlichkeit des Priesters, welche, frei schaltend mit den Mitteln der Kirche, selbst das Rechte treffen und auswählen, aus sich selbst das Beste dazu tun muß, freilich aber auch dadurch in die Gefahr kommt, von den Wegen der Kirche abzuweichen, sich in subjektivistische Verirrungen zu verlieren und der kirchlichen Wahrheit in allzu großer Nachgiebigkeit etwas zu vergeben oder in allzu großer Strenge den Zugang zu den Herzen zu verschließen. Gregor fühlte, daß es für solche Tätigkeit einer Anleitung bedürfe, daß nur wer mit gewissen Vorbedingungen an die Sache herantritt, gewisse ethisch-religiöse Qualitäten dabei an den Tag legt und gewisser Regeln und Normen sich bedient, einen Erfolg auf diesem schwierigen Gebiete werde erzielen können. Er hat von Gregor von Nazianz wie so manches andere auch den maßgebenden Satz übernommen, daß die Behandlung der Men-

[9] Migne Patr. lat. 77, 13 ff.

schenseelen die Kunst aller Künste sei [10]. Der hier zu ihrer Ausübung Anleitung gab, besaß aber auch in hohem Maße die Mittel, die dazu gehören. Ihm stand zu Gebot eine große Welt- und Menschenkenntnis, eine feine psychologische Einsicht in die Stimmungen, Zustände, Motive, Vorzüge und Verirrungen des Menschenherzens, er wußte das alles praktisch-verständig und doch nicht trivial, fein-ethisch und -religiös und doch nicht über die Köpfe gehend zu beurteilen, er selbst offenbar eine Persönlichkeit, die nicht unbekannt mit der Sünde, aber auch mit ihrer Bekämpfung, in ernster Arbeit an sich selbst begriffen, in ihrer Tiefe in Gott gegründet, nach außen ganz an die Arbeit für die Sache Gottes hingegeben und bei alledem in ungewöhnlichem Maße in der Heiligen Schrift bewandert war, so daß sie für geradezu alles, freilich oft mit willkürlicher Auslegung, aus ihr Belege zu bringen und den unerschöpflichen Reichtum der Bibel an seelsorgerlichen Winken recht ans Licht zu stellen vermochte.

War hiermit ein neues Gebiet des kirchlichen Lebens, die Seelsorge, beleuchtet, ein Gebiet, welches, obwohl es die Kunst aller Künste herausforderte, doch durch die unberechenbare Vielgestaltigkeit und Bestimmbarkeit des menschlichen Herzens aller Kunst zu spotten schien, so bot dafür der kirchliche Unterricht in der Zeit, da er noch Erwachsenen erteilt wurde, ein Feld dar, dessen man schon eher mit Hilfe gewisser Kunstregeln und allgemein gültiger Normen Herr zu werden hoffen durfte. Lag doch in dem Unterrichtsstoff etwas Festes, Gegebenes vor, wie auch das Unterrichtsziel, die Taufe, ein gemeinsames, für alle gleiches war. In welcher Form jener Stoff vorzubringen, auf welchem Wege dieses Ziel zu erreichen war, das konnte demnach weit eher Gegenstand einer für alle anleitenden Darstellung sein als die doch ganz individuelle seelsorgerliche Behandlung des einzelnen. Wenn Cyrill von Jerusalem († 386) seine dogmatisch gehaltenen und vornehmlich der katechetischen Erklärung des Glaubensbekenntnisses gewidmeten, für die unmittelbar vor der Taufe Stehenden bestimm-

[10] Ars est artium regimen animarum: I c. 1, vgl. Gregor. Naz. 'Απολογητικὸς τῆς ... φυγῆς ἕνεκεν, Migne P. gr. 35. 425, c. 16: τῷ ὄντι γὰρ αὕτη μοι φαίνεται τέχνη τις εἶναι τεχνῶν καὶ ἐπιστήμη ἔπιστημῶν ἄνθρωπον ἄγειν τὸ πολυτροπώτατον ζῷον καὶ ποικιλώτατον.

ten Katechesen (sie haben jedoch nahezu die Form von Predigten), durch die wir einen hochinteressanten Einblick in den dogmatischen Unterricht der alten Kirche gewinnen,[11] der Öffentlichkeit übergab, wenn Augustin in seinem Werke de catechizandis rudibus der Bitte des Diakon Deogratias in Carthago willfahrte und ihm in glänzendem Beispiel vor Augen stellte, wie man die noch ganz Uneingeweihten, die eben erst zum Anschluß an das Christentum sich meldeten, in die Gedankenwelt desselben einzuführen habe[12], so haben sie gewiß mit dieser ihrer methodisch-technischen Anleitung vielen Klerikern wertvolle Fingerzeige für die Bewältigung einer Aufgabe gegeben, die nicht zu den leichtesten, wenn auch vielleicht zu den lohnendsten gehörte. Augustin erweist sich dabei als der Größere, nicht bloß durch die imponierende Selbständigkeit seiner Gedanken und die bemerkenswerte Eleganz seiner Form, sondern vor allem auch dadurch, daß bei ihm mehr methodische Reflexion, bewußte Gruppierung des Stoffes, sichere Konzentration aller Gedanken auf das bestimmte Ziel hin, kurz mehr Technik vorhanden ist als bei dem durch seine Vorlage, das Glaubensbekenntnis, allerdings gebundenen Cyrill.

Augustin ist es daher auch, der mit seinem berühmten und viel benutzten Werke de doctrina christiana[13] erstmals dasjenige Gebiet theoretisch behandelt, welches unter allen dem kirchlichen Leben zugehörigen am meisten die Technik ertrug und herausforderte, das Gebiet der Predigt. Inmitten eines ganzen Systems allgemeiner weltlicher Bildung, welche der weitblickende Kirchenvater als notwendig für das Verständnis und die Verbreitung des Christentums, vorab für das Eindringen in die Heilige Schrift, erkennt, tritt im 4. Buche, wo es sich darum handelt, die in der Schrift enthaltene göttliche Weisheit nun auch auf überzeugende, gewinnende und machtvolle Weise zur Geltung zu bringen, auch die Rhetorik auf: für den kirchlichen Redner zwar weder unbedingt nötig, noch ohne weiteres zu brauchen, nur eine Schuldisziplin, mit der man sich am besten ganz früh abgibt, indem man

[11] Migne Patr. gr. 33, 331 ff.

[12] Migne Patr. lat. 40, 309 ff.; die bequeme Ausgabe von G. Krüger im 4. Heft seiner Sammlung von Quellenschriften.

[13] Migne Patr. lat. 34, 15 ff.

sie außerhalb der Kirche – bei den heidnischen Rhetoren – lernt, immerhin jedoch ein nicht zu verachtendes Hilfsmittel, um die göttliche Wahrheit mit denselben Waffen auszustatten, deren sich sonst nur die menschliche Lüge bedient, und ein Teil jener Schätze, welche die Christenheit, das neue Israel, auf göttlichen Befehl (2 Mose 3, 21 f.) den Heiden, wie dieses den Ägyptern, entwenden soll, um ihn dem falschen Gebrauch zu entziehen und in den Dienst des wahren Gottes zu stellen.

Ist hier schon ein Stück praktischer Theologie als Teil einer allgemeinen christlichen oder theologischen Bildung erkenntlich, deren sonstigen Bestandteilen sie hier nur wie die Lehre von der Form der Lehre vom Inhalt gegenübergestellt wird, so suchen wieder andere Werke eine alles umfassende Darstellung dessen zu geben, was von dem Kleriker zu fordern sei. Die Griechen sind auch hier vorangegangen. Was Gregor von Nazianz in seiner zweiten zur Verteidigung seiner Flucht vor dem Priesterstande gehaltenen Rede [14] und Johannes Chrysostomus in seinem Werke über das Priestertum [15] vor Augen stellen, das ist vor allem ein Ideal des Priesters, ein Bild, in dem alles zusammengefaßt werden soll, was an religiösen, sittlichen und technischen Eigenschaften erforderlich scheint, um Priester sein zu können. Das Technische macht den geringsten Teil dieser Erfordernisse aus, wichtiger ist das Religiöse, die innige Beziehung zu Gott, welche auch den notwendig mit der Welt verkehrenden Priester in den Stand setzt, von ihr innerlich abgekehrt zu bleiben, am wichtigsten das Sittliche, der Charakter, der mitten in den schwierigsten Versuchungen und angesichts fast unlösbarer Aufgaben sich rein und stark erhält, sich in jene nicht verstricken läßt und diesen nicht verzagend unterliegt. Es ist ein überaus hohes Ideal, das die beiden da entworfen; nur eine „edle Seele" (γενναία ψυχή), wie Chrysostomus sagt, nur ein durch und durch von Christus erfüllter und geheiligter Mensch, etwa nach Art des hier als Vorbild verwerteten Paulus (Gal 2, 20), kann ihm entsprechen, zumal wenn die Zustände in der Welt, auch in der kirchlichen, so grundschlecht sind, wie sie hier geschil-

[14] Migne Patr. gr. 35, 407 ff.

[15] Migne Patr. gr. 48, 621 ff. (Neueste kritische Ausgabe von Nairn, Cambridge 1906.)

dert werden. Weder der in der Askese zwar geübte, aber weltunkundige Mönch, noch der durch langjährigen Dienst in niederen Ämtern hindurchgegangene Kleriker sind der Aufgabe des Priesters gewachsen, welche wichtiger ist als die des Feldherrn und Königs, aber auch schwieriger als die des Arztes, Hirten und Herrschers, obwohl sie von allen diesen etwas an sich hat. Seelsorge, Predigt, Bekämpfung der Ketzer, Befriedigung des nach schönen Reden begierigen und doch ganz unverständigen Volkes, Versorgung der Armen, der Witwen und Jungfrauen, die kirchliche Jurisdiktion, die Benutzung und die Paralysierung weltlicher (auch weiblicher) Einflüsse, eine Stellung, die von allen Seiten belauert, eine Tätigkeit, die überall durchkreuzt wird, der Kampf mit den unvermeidbaren Verlockungen des Fleisches, die mit einer hohen Würde unlösbar verbundene Gefahr der Herrschsucht, des Hochmuts, der Eitelkeit; und dabei nun die Aufgabe, in priesterlicher Mittlertätigkeit Erde und Himmel zu verbinden, Gotteskräfte auf die menschlichen Opfer herabzuziehen und, den ganzen Erdkreis auf betendem Herzen tragend, das Erlösungswerk Christi unter den Menschen zu verwirklichen, göttlich zu sein und göttlich zu machen [16]: – wer das alles überlegt, der kommt zu dem Satze des Chrysostomus: „stärkere Stürme, als die das Meer aufregen, durchwogen die Seele des Priesters". Freilich auch ein anderer Schluß liegt nahe: die so gezeichnete Aufgabe ist allzu schwer für den Menschen, keiner darf sich ihrer unterwinden. Das aber deutet auf einen Fehler in der Konstruktion des Ideals selbst. Ideale müssen hoch sein, um hinaufziehen zu können; aber sind sie zu hoch, so schrecken sie ab. Es ist nicht unsere Aufgabe, diesem Fehler hier nachzugehen; trotz seiner bleibt die Bedeutung jener Schriften, zu denen man auch das bekannte Buch des Ambrosius über die Pflichten der Kirchendiener hinzunehmen kann [17], bestehen: sie zeigen, daß man, um die Lebenstätigkeiten der Kirche zu verstehen oder zu ihnen Anleitung zu geben, eine Anschauung von dem Amt, der Würde und der Gesamtaufgabe dessen haben muß, in dessen Hand

[16] a. a. O. cap. 73: ϑεὸν ἐσόμενον καὶ ϑεοποιήσοντα.

[17] De officiis ministrorum, Migne Patr. lat. 16, 25–194. Hier ist namentlich das Verhältnis der speziellen klerikalen Sittlichkeit zu der allgemeinen interessant, freilich auch nicht ganz klar.

die Ausübung dieser Tätigkeiten entweder ausschließlich oder doch vorzugsweise ruht, oder daß die Lehre vom geistlichen Amt, wie sie sich – in den verschiedenen Kirchen verschieden – aus der Gesamtanschauung des Christentums ergibt, mit zur praktischen Theologie gehört.

Das alles war nun freilich noch keine praktische Theologie, am wenigsten eine solche, die auf wissenschaftliche Begründung und Haltung hätte Anspruch erheben dürfen; aber es waren Materialien, Bausteine zu einer solchen, teils noch roh und unfertig, teils schon zugehauen von sachverständiger Hand. Sie hatten sich aus dem kirchlichen Leben selbst ergeben, diese Materialien, und harrten nur einer kunstreichen Zusammenfügung, um sich als ein in sich verbundenes, selbständiges Ganzes darzustellen, das, dem Kleriker ebenso notwendig als die Exegese und Spekulation, ein Recht auf Einreihung in die theologische Wissenschaft geltend machen durfte.

Das Mittelalter hat diese Zusammenfügung nicht gebracht. Es hat, an das der Theologie doch fremde, antike Unterrichtsschema der sieben freien Künste gebunden, und ohne Bedürfnis nach einer Organisation der theologischen Wissenschaft, welche als die damals erste alle andern vorauszusetzen und zu umfassen oder doch zu überragen schien, nur diese Materialien fortgeführt und der Ausgestaltung des kirchlichen Lebens entsprechend erweitert. Und wenn dabei ein ganz neues Gebiet aufzutauchen scheint, dessen Inhalt erst das Mittelalter entwickelt und in feste Form gebracht hatte, das kanonische oder kirchliche Recht, das vermutlich [18] im Anschlusse an das seit der 4. Lateransynode von 1215 sich ausbildende Beichtwesen zu höherer Bedeutung für das Wissen des Klerikers gelangte, so ist doch darauf hinzuweisen, daß, um nur einen zu nennen, schon Gregor von Nyssa in seiner kanonischen Epistel an Letojus [19] eine gewisse Kenntnis des geltenden kirchlichen Disziplinarrechts als dem Seelsorge treibenden Kleriker unerläßlich erwiesen und in eine Art von psychologischer Theorie zu bringen versucht hatte.

[18] So Achelis, Die Entstehung der „praktischen Theologie". Theol. Stud. und Krit. 1892, S. 23–26.

[19] Migne Patr. gr. 45, 221 ff.

Durch die Reformation wurde diese ganze Gedankenwelt innerlich verwandelt. Mit der Auffassung von der Kirche ändert sich alles. „Unser Amt ist nun ein ander Ding worden, denn es unter dem Papst war", schreibt Luther in der Vorrede zum Kleinen Katechismus; die werdenden neuen kirchlichen Verhältnisse riefen neue kirchliche Ordnungen hervor, erzeugten neue kirchliche Aufgaben. Daß dieselben im allgemeinen höhere Anforderungen an Wissen und Können, an die Person und Leistungsfähigkeit der Theologen stellten, lag schon in der weit größeren Selbständigkeit begründet, welche dem einzelnen hier eingeräumt wurde und der Sache nach werden mußte. Allein es ist vollkommen begreiflich, daß, ehe eine zusammenfassende Theorie dieser neugestalteten kirchlichen Lebenstätigkeiten aufgestellt wurde, man es in Beziehung auf die Praxis zuerst empirisch-experimentierend zu versuchen anfing; und so erscheint verwunderlich, nicht daß *erst*, sondern daß *schon* um die Mitte des sechzehnten Jahrhunderts ein Theologe auftritt, der – es ist der erste von allen – einen Platz für die neue praktische Theologie in dem theologischen Gesamtwissen bestimmte und eine Art von System derselben wenigstens skizzierte. Dies ist Andreas, nach seiner Vaterstadt Ypern Hyperius zubenannt, ein – jedenfalls innerlich – Reformierter, gestorben 1564 als Professor in Marburg. Weitgereist und außerordentlich belesen, ein treuer Sohn des Evangeliums, aber allem engherzigen theologischen Gezänke abhold, aufrichtig fromm, aber voll wissenschaftlichen Sinns, erweiterte er die Grenzen des theologischen Wissens und Erkennens, indem er zu den zwei traditionellen Hauptdisziplinen der biblischen Exegese und der kirchlichen Dogmatik eine dritte fügte, welche dem Theologen die Einsicht in alles dasjenige vermitteln sollte, was sich auf die gubernatio oder administratio ecclesiae und die kirchlichen Lebensbetätigungen (πράξεις) bezog: es ist, wenn auch noch nicht mit diesem Namen genannt, die praktische Theologie, die Lehre von dem kirchlichen Leben nach seinen verschiedenen Seiten.[20] Man wird freilich er-

[20] Andreas Hyperius, De recte formando theologiae studio, libri IV, Basel 1556. Ich verdanke die Einsicht in dieses Werk der Güte der Marburger Bibliotheksverwaltung. Über Hyperius vgl. den oben zitierten

staunt sein, unter den Fächern, deren Studium im Namen dieser praktischen Theologie gefordert wird, in erster Reihe die Kirchengeschichte zu finden. Allein diese im übrigen damals noch ganz vernachlässigte Disziplin dient ebenso wie das Studium der Konzilienbeschlüsse, der päpstlichen Erlasse, des kanonischen Rechtes, ja der Werke der alten Kirchenväter überhaupt, im Sinne des Hyperius nur dazu, die ganze kirchliche Vergangenheit, soweit sie irgend mit praktisch-kirchlichen Angelegenheiten sich befaßt, in den Dienst der Gegenwart zu stellen, um sie zum Heile der Zukunft fruchtbar zu machen. Das war nun ein kühner Schritt in einer kirchlichen Gemeinschaft, welche doch durch einen Bruch gerade mit dieser, besonders der kirchenrechtlichen, Vergangenheit entstanden war. Daher denn auch Hyperius diese Vergangenheit keineswegs ohne Einschränkung empfiehlt. Nicht nur, daß er nur solche Theologen zu ihrem Studium zulassen will, welche in der Heiligen Schrift und in der kirchlichen Dogmatik bereits hinreichend fest sind, sondern er betont auch immer und immer wieder, daß die Lektüre mit Auswahl und kritisch zu betreiben sei, wobei dann natürlich nichts anders als die Heilige Schrift den Maßstab abgeben kann. Mag das alles uns Heutigen unklar und unfertig erscheinen: der fruchtbare Gedanke ist jedenfalls dadurch deutlich zum Ausdruck gebracht, daß wir als Theologen die ganze kirchliche Vergangenheit, die Heilige Schrift mit eingeschlossen, nur zu dem Zweck studieren, um dadurch der Förderung des kirchlichen Lebens zu dienen, daß also der Zweck aller Theologie in der praktischen sich erst vollendet. Nehmen wir noch hinzu, daß Hyperius im übrigen so ziemlich alle Disziplinen, welche wir heute zur praktischen Theologie rechnen, wenigstens nennt, wenn auch nicht behandelt, daß er weiter erstmals die Wege einer praktischen, d. h. für die persönliche Frömmigkeit und die allgemeine Erbauung fruchtbaren Auslegung (oder besser gesagt: Anwendung) der Heiligen Schrift gebahnt hat,[21] und daß er endlich, wiederum, so-

Aufsatz von Achelis, S. 26–31, sowie jetzt desselben Verfassers Werk ›Die Homiletik und die Katechetik des *Andreas Hyperius*‹. Berlin 1901.

[21] Vgl. 2. Buch, 19. cap. Das scheint mir die eigentliche Bedeutung der aus 2. Tim 3, 16 und Röm 15, 4 gewonnenen bekannten fünf praktischen

viel ich weiß, als erster, die praktischen Übungen, wenigstens im Predigen, nicht allein als für die Theologen notwendig erkannt, sondern auch tatsächlich eingeführt hat,[22] so werden wir zugestehen müssen, daß dieser Mann der eigentliche Schöpfer der praktischen Theologie als einer selbständigen Disziplin genannt werden darf, daß sie mit ihm nicht allein anhebt, sondern durch ihn auch sofort ihre Aufgabe prinzipiell richtig erfaßt.[23]

Es wird deshalb erlaubt sein, von diesem Großen mit einem Schritte weiterzugehen zu dem Größeren, der, nachdem die dazwischenliegenden Jahrhunderte eher Rückgang und Abfall als Fortschritt und Weiterentwicklung gebracht, den Faden, den sie fallengelassen hatten, wieder neu aufnahm und die definitive Eingliederung der praktischen Theologie in die Gesamttheologie vollzog: es ist Schleiermacher.

Mit der Wende unseres Jahrhunderts beginnt bekanntlich ein Umschwung in der religiösen Gesamtstimmung unseres Volkes: durch das Unglück der napoleonischen Unterdrückung erschüttert und durch den Sturm der Befreiungskriege zu heiliger Begeisterung emporgehoben, entsagte man der kahlen, nüchternen, abstrakten Verständigkeit des Rationalismus, um statt dessen wieder die Fülle des konkreten Lebens mit all seinen erklärlichen und unerklärlichen Tatsachen in den Vordergrund zu rücken. Statt vorzu-

Gesichtspunkte (διδασκαλία, ἔλεγχος, παιδεία, ἐπανόρθωσις seu correctio, consolatio) zu sein, aus denen er selbst dann in seiner Homiletik die fünf genera concionis geschaffen hat, und die den späteren vielberufenen fünf Predigt-usus zugrunde liegen. Hier liegt ein, wenn auch nicht von Willkür freier, so doch seinem Wesen nach gesunder Ersatz für den von Hyperius (II 20) freilich nicht ganz verworfenen mehrfachen Schriftsinn vor. Auch letzterer verdankt ja wohl Erwägungen, die mit der kirchlichen Praxis zusammenhängen, seinen Ursprung. Das Neue ist hier, wie mir scheint, dies, daß deutlich wird, wie auf solche Weise nicht ein anderer Sinn, sondern eine andere Art der Anwendung des Schriftwortes gefunden wird.

[22] Wigand Orth in seiner Leichenrede auf den Hyperius, angehängt an Wagnitz' Ausgabe von Hyperius' Werk de formandis concionibus sacris, Halle 1781, S. 451.

[23] Dies klargestellt zu haben ist ein besonderes Verdienst des mehrfach zitierten Aufsatzes von Achelis.

schreiben, wie die Dinge nach den Regeln der menschlichen Vernunft sein sollen, galt es, sie wie sie sind zu erfassen, statt sie ins Allgemeine zu verwischen, galt es, sie in ihrer bunten Mannigfaltigkeit und ausgeprägten Individualität sich zum Verständnis zu bringen. Schleiermacher hat die Eigentümlichkeit des religiösen Lebens wiederentdeckt, das Christentum wird wieder als eine positive, auf gegebenen Grundlagen ruhende Religionsform begriffen. Sei es, daß fromme, geistreiche Spekulation sich in sein Wesen hineinversenkte, sei es, daß geschichtliches Studium seinem Ursprung nachspürte, es ward wieder als ein Besonderes verstanden, mit eigentümlichen Charakterzügen und besonderen Zielen. Und hierbei stieß man denn auch wieder auf seine kirchliche Ausprägung, welche seitens der Aufklärung fast vergessen worden war. So war die Zeit gekommen, daß die Erforschung des kirchlichen Lebens in seinen verschiedenen Tätigkeiten als ein eigener Zweig theologischer Wissenschaft sich geltend machen konnte. Man erkannte, daß, wenn es gelte, die Religiosität zu erhalten, fortzupflanzen und zu vertiefen, dies nur dadurch geschehen könne, daß eben diese kirchlichen Lebenstätigkeiten in einer der Eigentümlichkeit und den letzten Zielen des Christentums entsprechenden Weise, zugleich auch in ihrer eigentümlichen konfessionellen Ausprägung verstanden, gewürdigt und weitergebildet würden. Ja, Schleiermacher hat gezeigt, daß eben hierin die ganze Arbeit der Theologie zu ihrem Ziele komme, daß alle theologischen Disziplinen hierdurch erst den Ertrag liefern, zu dem sie von Hause aus bestimmt sind. So nannte er die praktische Theologie die Krone des theologischen Studiums überhaupt; er gab ihr damit eine Ehrenstellung, welche sie zu neuer, eifriger Arbeit verpflichtete und die kommenden Geschlechter zu fleißiger Bebauung dieses Gebietes aufrief.

Der Aufruf ist nicht vergeblich gewesen; die praktische Theologie hat sich mit Eifer an die Arbeit gemacht, die von Schleiermacher gestellten und keineswegs durchweg gelösten Probleme weitergeführt, das Gebiet abgegrenzt und eingeteilt, die historischen Studien mit Ernst aufgenommen, die Systematik eifrig angebaut und auch in Beziehung auf praktische Resultate, obwohl diese der Natur der Sache nach nur langsam reifen, doch Erfreuliches erzielt. Sie trägt heute das Bewußtsein einer wissenschaftlichen Disziplin in sich und weiß, daß sie nur in dem Maße, als sie den Verpflichtungen einer solchen entspricht, sich in ihrer so mühsam eroberten Selbständigkeit innerhalb des theologischen Gesamtorganismus behaupten kann.[24]

II

Aber mit welchem inneren Rechte kann sie dieselbe in Anspruch nehmen und auf welche Weise den Anforderungen einer Wissenschaft entsprechen? Es sei mir vergönnt, zum Nachweise dessen, auf den Rückblick in ihr geschichtliches Werden nun noch einen Einblick in ihr Wesen und ihren Betrieb folgen zu lassen.

Eines, glaube ich, hat sich schon aus dem Rückblick ergeben, was für diesen Nachweis von wesentlicher Bedeutung ist. Hat die praktische Theologie zum Gegenstand das Ganze des in der Gegenwart pulsierenden kirchlichen Lebens, so ist sie mehr als eine bloße Anleitung zur Ausübung gewisser kirchlicher Funktionen wie der Predigt oder der Katechese, mehr als eine bloße Technik. Denn zu jenem kirchlichen Leben der Gegenwart gehören Gebiete, für die es einer Technik entweder nicht oder doch nur in sehr geringem Maße bedarf, ja für welche eine solche im strengen Sinne des Wortes kaum möglich ist – ich denke an den liturgischen Teil des Kultus –, und ebenso andere, wie die kirchliche Verfassung, Verwaltung und Politik, deren Technik, wenn eine solche überhaupt

[24] Die Auffassung der praktischen Theologie bei Schleiermacher und ihre seitherige Fortbildung, die sich vor allem an die Namen von C. I. Nitzsch und Alex. Schweizer anschließt, ist öfter dargestellt worden. Ich verweise auf R. Seyerlen, Das System der prakt. Theol. in seinen Grundzügen, Zeitschr. f. prakt. Theol. V (1883), S. 201 ff. und Achelis, Prakt. Theol. I. (2. Aufl., Leipzig 1898) S. 14 ff. Auch fällt es nicht in den Rahmen dieser Arbeit, sich darauf einzulassen, da die Absicht des geschichtlichen Teils lediglich dahin geht, eine Anschauung davon zu geben, wie sich zuerst das Material, dann die dasselbe verarbeitende Disziplin als eine selbständige Gruppe der theologischen Wissenschaft allmählich herausgebildet hat.

aufgestellt werden kann, dem Geistlichen als solchem kaum notwendig ist. Dies voranzustellen ist deshalb nicht überflüssig, weil in der Tat eine Disziplin, deren wesentliche Aufgabe in der Aufstellung einer Technik bestünde, zwar mit Hilfe der Wissenschaft betrieben werden, selbst aber auf den Charakter einer Wissenschaft [25] wohl kaum Anspruch erheben könnte. Gehört zwar die Aufstellung einer Technik zur praktischen Theologie, so ist sie doch jedenfalls nicht die Hauptsache in derselben.

Vielmehr stellt der Gegenstand, welchen wir als denjenigen der praktischen Theologie erkannt haben, ihr ganz dieselbe Aufgabe, welche jede Wissenschaft hat: sie soll diesen Gegenstand zum Verständnis bringen, sie soll die Fremdheit aufheben, welche anfangs zwischen ihm und seinem Beschauer besteht, jene Fremdheit, welche (um mit Hyperius zu reden) dem in dieses kirchliche Leben Eintretenden die Empfindung erweckt, in einer ganz andern Welt zu sein. Die Kirchengeschichte wird natürlich zu solchem Verständnis die gewichtigsten Beiträge liefern (namentlich, wenn sie sich bis zur 'Statistik' fortsetzt, die schon Schleiermacher gefordert hat), auch die systematische Theologie wird sich dafür fruchtbar erweisen, wenn sie, wie sie soll, ihre Aufgabe darin erblickt, die fromme Gedankenwelt der Gegenwart aus dem Zusammenhang mit der Vergangenheit zu entwickeln und zu begründen. Die praktische Theologie aber bewährt sich nun eben dadurch als die Krone aller Theologie, daß sie die Erträgnisse beider Disziplinen aufnimmt, sie zu einem Gesamtbilde des heutigen kirchlichen Lebens vereinigt und dieses als Ganzes wie in allen Einzelheiten zum Verständnis bringt, ganz wie sie auch der Ergebnisse der exegetischen Theologie bedarf, um den Maßstab einer biblischen und dadurch evangelisch-protestantischen Frömmigkeit zu gewinnen, mit welchem

[25] Für mich ist 'Wissenschaft' ein methodisches Erkennen eines Gegenstandes aus dem allseitigen kausalen Zusammenhange heraus, in dem er sich befindet. In unserem Falle richtet sich solches Erkennen auf das (tatsächlich vorliegende) Handeln der Kirche; dadurch entsteht die praktische Theologie, während (nach meiner Anschauung) die exegetische Theologie das Fundament oder Prinzip der Kirche untersucht, die geschichtliche ihre Entwicklung behandelt, die systematisch ihre Welt- und Lebensanschauung entwickelt.

sie den vorliegenden Stand beurteilen und in die Zukunft weisende neue Wege von irreführenden zu unterscheiden in den Stand gesetzt wird.

Denn hier, in der Zukunft, liegt das Ziel ihrer Arbeit, von hier aus empfängt sie ihre Triebkraft, hierfür verwertet sie das so gewonnene und verstandene Material. Erhaltung des so begriffenen kirchlichen Lebens, Fortbildung und besonnene Reformation desselben, sei es durch Abschneidung des Unberechtigten, sei es durch Erschließung und Entwicklung neuer oder bisher weniger beachteter Seiten, das ist das lebendige Interesse, von dem sie beseelt wird. Daß sie damit das Ziel *aller* Theologie erstrebt und erreicht, kann für den keinem Zweifel unterliegen, welcher einmal eingesehen hat, daß diese in dem Augenblick aufhören würde als selbständige Wissenschaft zu existieren, in welchem man es nicht mehr für notwendig oder der Mühe wert erachten würde, kirchliche Aufgaben, die in der Zukunft liegen, mit wissenschaftlichen Mitteln, die wesentlich der Vergangenheit entnommen werden, zu lösen.

So ist denn freilich die praktische Theologie auf allen Punkten von den übrigen theologischen Disziplinen abhängig und arbeitet mit deren Material an der Erreichung ihres besonderen Zweckes. Wenn nun aber aus jener Abhängigkeit vielleicht gerade in Verbindung mit der Einsicht, daß schließlich doch die *ganze* Theologie diesem kirchlich-praktischen Zwecke dienstbar sei, ein Einwand gegen ihre Selbständigkeit und gegen die Berechtigung ihrer Sonderexistenz abgeleitet werden könnte, so ist dagegen Folgendes zu bedenken. Solange der Betrieb der Theologie überhaupt noch wesentlich praktisch war, konnte die praktische Theologie mit Fug und Recht in den Hintergrund treten; ihre Aufgabe, an dem Ausbau der kirchlichen Zukunft zu arbeiten, wurde von den übrigen theologischen Disziplinen fast schon besorgt. Das war aber im wesentlichen der Stand der Sache bis zur Zeit der Aufklärung. Die Exegese gewann aus der Bibel die Beweisstellen für die kirchliche Dogmatik, die Kirchengeschichte rechtfertigte den Bruch der Reformation mit der degenerierten kirchlichen Vergangenheit, die Dogmatik (und Ethik) war eine Begründung und Verteidigung des kirchlichen Lehrsystems. Das ist seit der Aufklärung ganz anders geworden. Keine dieser Disziplinen nimmt mehr Rücksicht auf die kirchliche Praxis. Auch wo sie sich des kirchlichen Zieles, dem sie dienen, wohl bewußt sind, arbeiten sie doch so, als ob es kein solches gäbe; und sie müssen das tun, um ihren gerade in dieser praktischen Objektivität bestehenden wissenschaftlichen Charakter zu bewahren.[26] Je mehr aber so die übrige Theologie die Fühlung mit der Praxis verliert und sich rein wissenschaftlich historisch gestaltet, um so notwendiger ist eine besondere Disziplin, welche sich eigens zur Aufgabe setzt, diese Fühlung wiederherzustellen. Wie fern steht doch, was die sogenannte neutestamentliche Theologie uns als die religiöse Gedankenwelt der heiligen Schrift vor Augen stellt, unserem heutigen kirchlichen Denken und Glauben[27]: kann man dieses Material zum Bau der Kirche verwenden? Zu wie weit von den üblichen Anschauungen über die kirchliche Vergangenheit abweichenden Resultaten führt die heutige Kirchen- und Dogmengeschichte! Und wie wenig stimmt das Gedankengebäude der heutigen Systematiker mit dem kirchlich-gangbaren Lehrsystem zusammen! Die Klagen über den kirchlich-zersetzenden Einfluß der heutigen Theologie sind nicht ohne Grund. Aber statt sie durch kurzsichtige Machtsprüche aus der Welt schaffen zu wollen, indem man der scientifischen Theologie die praktische Rücksicht aufnötigt, und der praktischen die wissenschaftliche Unterlage entzieht, pflege und fördere man vielmehr mit allen Mitteln eine praktische Theologie, welche ebenso enge Fühlung hält mit der ganzen übrigen, als diese außer Fühlung mit der kirchlichen Praxis gekommen ist. Die theoretische muß wissen, daß ihre Arbeit nicht vergeblich ist, weil die praktische sie bei der ihrigen berücksichtigen wird, die

[26] Vgl. den in H. Bassermann, a. a. O., S. 6 f. zitierten Ausspruch J. H. Holtzmanns.

[27] Man vergleiche nur das ausgezeichnete „Lehrbuch der neutest. Theologie“ von H. Holtzmann (Freiburg i. B. 1896), um zu erkennen, daß keine Konfession und keine kirchliche Richtung den Anspruch darauf erheben kann, absolut biblisch zu sein; es kann sich hier überall nur um ein Mehr oder Minder der Übereinstimmung handeln, wobei nicht die Berufung auf einzelne (und wären es auch zahlreiche) biblische „Beweis“-Stellen, sondern nur der Nachweis den Ausschlag geben wird, daß es doch die in der Bibel angesponnenen religiösen und sittlichen Fäden sind, die auch heute noch das Netz in unserem kirchlichen und religiösen Leben bilden.

praktische dagegen darf die ihre getrost tun, weil ihr Material auf dem Grund rein objektiver wissenschaftlicher Forschung beruht. Sonst ist der Bruch unvermeidlich. Jede Trennung dieser beiden großen Zweige der theologischen Wissenschaft schlägt zum Unheil für beide aus; nur in ihrer gegenseitigen Anerkennung und innigen Verbindung kann eine Bürgschaft für die Zukunft gefunden werden.[28]

Was aber nun die Arbeit des praktischen Theologen selbst betrifft, so wird ihr, wie mich dünkt, durch die wissenschaftliche Gesamtrichtung unsrer Zeit ihr Gepräge gegeben. Diese ist historisch. Auch für den praktischen Theologen ist die erste Frage, die er sich angesichts eines bestimmten Teiles des kirchlichen Lebens vorlegen muß, stets die: wie war dies früher, wie hat es sich entwickelt, wie ist es geworden? Oft ergeben sich aus der Beantwortung allein dieser historischen Frage die bedeutsamsten Winke für das praktisch-kirchliche Leben. Was etwa die kirchliche Gewohnheit mit dem Scheine des ehrwürdigen Alters umgeben hat, erweist sich als ganz jung; anderes, was erst heutige Bedürfnisse zu fordern scheinen, hat einmal in früheren Jahrhunderten Geltung in der Kirche gehabt. Warum ist jenes eingeführt, warum dieses abgeschafft worden? Die Beantwortung solcher Fragen, die natürlich weit über das Interesse des Kirchenhistorikers, der nicht zugleich praktischer Theologe ist, hinausgeht, ist die Vorbedingung aller

[28] Als eine der wichtigsten Aufgaben der praktischen Theologie sehe ich deshalb die sog. praktische Exegese an, welche viel eifriger, als es geschieht, gepflegt werden sollte. Denn auf keinem Gebiet ist die Divergenz zwischen den Ergebnissen der Forschung und den Anforderungen des kirchlichen Lebens drückender als auf dem biblischen. Natürlich taugt die praktische Exegese nur unter der Voraussetzung etwas, daß sie die Resultate der rein wissenschaftlichen (die Kritik mit eingeschlossen) aufrichtig anerkennt, dabei aber nun den kirchlichen Gesichtspunkt fest im Auge behält, unter dem die Bibel praktische Verwendung findet. Die Vermittlung zwischen beiden ist oft sehr schwer; aber auch sehr lohnend, und jedenfalls muß sie mit allen Mitteln versucht werden. Vgl. Bassermann, Handbuch der geistl. Beredsamkeit (Stuttg. 1885) S. 383, 389 ff., Otto Baumgarten in Zeitschr. f. prakt. Theol. XI (1889) S. 297 ff., v. Dobschütz in Zeitschr. f. Theol. und Kirche 1906 und Niebergall, Handb. z. N. T., 5. Bd. 1907.

praktischen Einwirkung. Denn nur die gewissenhafte Anknüpfung an das Gewordene verbürgt eine besonnene Weiterentwickelung für die Zukunft.

Allein auf der anderen Seite kann sich wenigstens ein evangelischer praktischer Theologe niemals mit der bloßen Einsicht in das Gewordensein begnügen. Ist doch für ihn die kirchliche Tradition niemals absolut maßgebend. Über dem, was ist, steht, was sein soll. An den geschichtlich gewordenen Bestand muß der Maßstab des Ideals angelegt werden. Es gibt für uns Evangelische keine göttlich-bindenden Vorschriften über die Einrichtung des kirchlichen Lebens; wohl aber gibt es Prinzipien, die wie Leitsterne vor den Augen aller derer stehen müssen, die an der Gestaltung des kirchlichen Lebens mitzuarbeiten haben. Diese Prinzipien, die identisch sind mit den Grundgedanken der kirchlichen Gemeinschaft, der der Theologe angehört und dienen will, können evangelischerseits nur aus der Bibel geschöpft werden, d. h. sie müssen sich wissenschaftlicher Einsicht als die eigentlich beherrschenden Gedanken, als die letzten Resultatsätze der ganzen religiösen Entwicklung, deren Urkunde die Bibel ist, bewähren.

Beides aber muß stets verbunden sein, die geschichtliche Erforschung und die prinzipielle Beurteilung. Führt jene, für sich allein angewendet, zu einem Empirismus, der jeweils das einmal Bestehende in Ordnung findet, so würde diese, von dem geschichtlichen Verständnis entblößt, in ein hohles, luftiges Konstruieren verfallen, das gar keinen Einfluß auf das Bestehende zu üben vermöchte. Geschichte ohne Prinzipien ist blind, Prinzipien ohne Geschichte sind leer.

Auf diesem doppelten Unterbau erst kann sich die eigentliche praktische Arbeit erheben; als dritte erst ist die Frage zu erörtern, wie die Sache nun im einzelnen angefaßt und ausgeführt werden soll. Und hier nun tritt eine ganze Reihe von Erwägungen ein, die nicht dem theologischen und kirchlichen Gebiet entstammen, sondern von auswärts an uns herankommen. Wer auf die Welt wirken will, muß sie nehmen, wie sie ist: die ganze, im Vergleich zu früheren Zeiten, speziell auch zur Zeit des Urchristentums, so gänzlich veränderte Weltlage spricht ein gewichtiges Wort mit. Wer die Menschen beeinflussen will, muß sie in ihrer Natur verstehen und sich an diese anzupassen wissen: die Psychologie, Anthropologie und Ethnologie gibt hierfür der praktischen Theologie höchst belangreiche Fingerzeige. Und wenn auf außerkirchlichen Gebieten sich gewisse Formen herausgebildet, gewisse Hilfsmittel entwickelt haben, ja vielleicht eine ganze Technik erwachsen ist, die, auf wissenschaftliche Einsicht in diese Gebiete gegründet, sich durch die Erfahrung als wirkungsvoll bewährt hat, so wäre es geradezu Verblendung, hiervon kirchlicherseits keinen Gebrauch machen und diese dargebotenen Stützen verschmähen zu wollen. Die Kirche, so gewiß sie auf sich selbst stehen muß, darf sich nicht isolieren, sonst wird sie isoliert.

Ungeheuer aber geradezu wird bei solcher Betrachtungsweise der Umfang des in der praktischen Theologie sich konzentrierenden Wissens. Vor ihr liegt als ihr eigentlicher Gegenstand die ganze Fülle des kirchlichen Lebens der Gegenwart in allen seinen Verzweigungen. Und wie sie nun, um es wissenschaftlich zu begreifen, auf der einen Seite die ganzen politischen, wirtschaftlichen und sozialen Verhältnisse nicht ignorieren darf, in denen sich jenes doch auch bewegt, so muß sie sich auf der andern einen tiefen Einblick in die menschliche Seele überhaupt verschaffen und insbesondere ein feines Gefühl für die Seele des Volkes, an dem sie zu wirken gedenkt, gewinnen. Für den Kultus hat sie die ihm so engverschwisterte Kunst in all ihren Zweigen, für ihre Katechese die Pädagogik und Didaktik, für die Predigt die Rhetorik, für die Seelsorge die weltliche Armen- und Krankenpflege sowie alle sonstigen Veranstaltungen zur Bekämpfung des Elends, des Bösen und des Irrtums heranzuziehen, nicht um unbesehen auf das eigene Gebiet herüberzunehmen, was ihr dort geboten wird, sondern um es mit dem Geiste der eigenen Kirche zu durchdringen und in deren Wesen hineinzubilden. Ja, selbst die Formen der staatlichen und bürgerlichen Verfassung und Verwaltung werden nicht ohne Einfluß auf die kirchliche Organisation bleiben können.

Und ich denke nun: wenn die praktische Theologie so diese ihr von überallher zufließenden Materialien mit den ihr von der Exegese, der Kirchengeschichte und der systematischen Theologie dargebotenen fleißig zusammenarbeitet, wenn sie dabei die geschichtliche Entwickelung ohne Vorurteil verfolgt, die Prinzipien ohne Scheu anwendet und den tatsächlichen Verhältnissen überall sorgfältig Rechnung trägt, so wird man ihr einerseits das Prädikat 'wissenschaftlich' nicht absprechen dürfen, andrerseits aber ihre Selbständigkeit anerkennen müssen, weil keine andere Disziplin existiert, die an ihrer Stelle die Aufgabe übernähme, den Weiterbau des kirchlichen Lebens aus den Händen eines willkürlichen Geschmacks oder lediglich durch den Moment bedingter Einfälle oder endlich ganz unkirchlicher Einflüsse zu nehmen und dafür einem mit allen nur möglichen Mitteln geförderten Verständnis der Sache selbst zum Heile der Zukunft zu überantworten.

Unendlich groß freilich und schwer ist die Aufgabe. Mich dünkt, wir stehen noch in den Anfängen ihrer Lösung. Ein einzelner vermag sie – wenigstens einstweilen – noch gar nicht zu umspannen oder gar zu bewältigen. Es sind Ziele, nicht Resultate, die wir hier aufgezeigt haben. Aber schön ist sie, diese Aufgabe. Schön durch die Fülle des vielfältigsten und interessantesten Stoffes, den sie umfaßt, schön durch die Schwierigkeit, so verschiedenartige, ja scheinbar sich entgegenstehende Interessen und Gebiete, wie das wissenschaftliche und das praktische, das kirchliche und das weltliche, in Einklang zu setzen, schön endlich durch die Verantwortlichkeit, deren sich diejenige theologische Disziplin bewußt ist und sein muß, in der alle übrigen erst zu ihrem Ziele kommen und ihre Früchte zeitigen sollen. Ihre Schwierigkeit ist ihre Schönheit. Großes muß erstreben, wer Schönes erleben will.

Eines freilich ist, wovon das Gelingen abhängt. Ist die praktische Theologie Wissenschaft, so bedarf sie wie alle Wissenschaft zu ihrem Gedeihen der Atmosphäre der Freiheit. Jeder Versuch, ihr diese zu beschränken, ist unheilvoll. Er kann nur von der Angst eingegeben sein. Wo Wissenschaft gepflegt wird und man von ihr Früchte fürs Leben erwartet, da muß Vertrauen zu wissenschaftlicher Erkenntnis, da muß Glaube an die Macht der Wahrheit herrschen, welche sich, ob auch vielfach durch den Irrtum hindurch, den Sieg erkämpfen wird und muß. Dieser Glaube ist – ich stehe nicht an, es auszusprechen – etwas Religiöses, die Anerkennung einer sich durchsetzenden höchsten Macht, die, im menschlichen Geiste offenbar, durch ihn ewigen Zwecken dient und göttliche Ziele erreicht. Der heilige Geist soll die Christenheit in alle Wahrheit leiten; er ist noch unter uns; nur muß man an ihn glauben, um von ihm etwas zu verspüren. Das Beispiel der Rechtswissenschaft und besonders der Medizin zeigt glänzend, daß praktische Aufgaben durch rein wissenschaftliche Arbeit lösbar sind. Auf dem Gebiete der Kirche steht es nicht anders. Gewiß: eine pietas sine literis ist den literis sine pietate vorzuziehen [29]. Aber ebenso wahr bleibt der Satz Melanchthons, daß eine ungelehrte, unwissenschaftliche Theologie eine Ilias malorum sei. Die christlichen Kirchen, vorab die evangelische, können ohne die Mitarbeit der Wissenschaft nicht bestehen. Die Theologie, welche diese Arbeit leistet, weiß, daß sie praktischen Zwecken dient und dadurch gebunden ist; aber sie weiß auch, daß sie ihnen mit Mitteln der Wissenschaft zu dienen hat und eben dadurch frei ist. Zwischen beiden Polen auf gesunde Weise zu vermitteln, ist die Aufgabe der praktischen Theologie, die das Moment der Gebundenheit niemals besser wird zur Geltung bringen können, als wenn sie selbst im Element der Freiheit lebt, welches das der Wissenschaft überhaupt ist.

Es erfüllt mich mit höchster Genugtuung, hier aussprechen zu dürfen, daß dieser Satz wohl nirgends mehr anerkannt wird, als in unserm Lande und an unsrer Hochschule, daß bei uns weltliche und kirchliche Behörden gleich weit davon entfernt sind, durch eine von ihnen ausgehende Einwirkung die freie Entwicklung unsrer Wissenschaft beeinflussen und in die schwere Krisis, in der diese sich gerade jetzt befindet, gewaltsam und störend eingreifen zu wollen. Auch das evangelische Volk und die Geistlichkeit des Landes stehen der theologischen Wissenschaft im allgemeinen vertrauensvoll gegenüber. Darf hierin nicht eine der segensreichen Wirkungen des Geistes gesehen werden, der, in unserm allverehrten Großherzog verkörpert, schon einmal in entscheidungsschwerer Stunde den Frieden mit und in seinem Volke begründete, indem er Freiheit und Selbständigkeit des kirchlichen Lebens auf gesetzlichem Wege festlegt, der ein anderes Mal, als in der evangelischen Kirche die Wogen der Erregung hochgingen, sie zu sänftigen verstand durch die Erklärung, es solle keinerlei Zwang zugelassen

[29] Andr. Hyperius in der Epistola nuncupatoria zu dem oben angeführten Werke.

werden?[30] Wohl uns, daß wir auf solche Momente der Vergangenheit zurückblicken können, sie bieten uns eine Gewähr auch für die Zukunft.

Die Universitäten haben die Aufgabe, durch den Betrieb der Wissenschaft und durch die wissenschaftliche Erziehung der akademischen Jugend leitend das Volksleben zu beeinflussen, hebend und veredelnd auf es einzuwirken. Solange die Religion noch eine Stätte hat im Volksgemüt – und sie hat wahrlich noch eine solche –, solange das religiös-kirchliche Leben noch einen namhaften Bestandteil in dem allgemeinen Leben unsres Volkes bildet – und es bildet wahrlich einen solchen –, solange hat die theologische Wissenschaft an der Universität eine Stelle und den erhabenen Beruf, dieser kirchlich-religiösen Seite des Volkslebens unerschrocken, aber bedachtsam, ohne Angst, aber mit Vorsicht, die Einflüsse wachsender wissenschaftlicher Einsicht zuzuleiten, um es so in steter Verbindung zu erhalten mit dem geistigen Gesamtleben und seiner Bewegung, um eine Isolierung des religiösen Moments dauernd abzuwehren und doch auch keine Unterhöhlung desselben durch irreligiöse Mächte zuzulassen, um, was das Lebendigste ist, die Frömmigkeit, nicht zu einem Toten werden zu lassen und in gewissenhafter Wachsamkeit dafür zu sorgen, daß verhütet werde, was schon Schleiermacher fürchtete mit der schwermütigen Frage: „Soll der Knoten der Geschichte so auseinandergehen: das Christentum mit der Barbarei und die Wissenschaft mit dem Unglauben?“ [31]

Alle Disziplinen der theologischen Wissenschaft werden gleichmäßig zur Lösung dieser Aufgabe zusammenwirken müssen. Gewiß aber ist mir, daß die außerordentlichen Fortschritte, welche die übrigen in den letzten Jahrzehnten gemacht haben, zum erwünschten Ziele nur führen werden durch eine praktische Theologie, welche auf ihrem Posten ist und ihre Aufgabe ebenso klar begreift als energisch durchführt.

[30] Vgl. Bassermann, Geschichte der evang. Gottesdienstordnung in bad. Landen. Stuttg. 1891, S. 245.

[31] Schleiermacher, II. Sendschreiben über seine Glaubenslehre an Dr. Lücke. Theol. Stud. und Krit. 1829, S. 490.

Zeitschrift für praktische Theologie. 20 (1898), S. 39—66 (gekürzt).

DIE WISSENSCHAFTLICHE BEHANDLUNG UND DARSTELLUNG DER PRAKTISCHEN THEOLOGIE

Von Friedrich Uhlhorn

M. von Nathusius hat vor einigen Jahren in der ›Zeitschrift für Pastoraltheologie‹[1] eine Besprechung „der heutigen praktischen Theologie in ihren neuesten Erscheinungen" (Knoke, Achelis, Krauss) gegeben. Er bedauert, daß die systematische Form der praktischen Theologie durch diese Werke keine Förderung erfahren habe. Das Werk von Krauss[2] bedeute einen Rückschritt, weil er rein empirisch verfahrend in der praktischen Theologie nur die Dienstanweisung für den Pfarrer sehe. Aber auch Knoke[3] zeige einen bedauerlichen Mangel an systematischer Anlage, und sein Verfahren sei nicht wesentlich verschieden von dem früheren Empirismus, der von der Tatsache einer Kirche ausgehe und für deren amtliche Organe Tätigkeiten beschreibe. Nur Achelis[4] sei auf der Bahn eines Schleiermacher und Nitzsch geblieben und stelle in ganz korrekter Weise die höchsten Anforderungen an eine systematische Konstruktion unserer Wissenschaft, wenn auch seine eigene Konstruktion als verfehlt zu beurteilen sei. Nathusius selbst stellt als Ziel der wissenschaftlichen Arbeit hin, daß man über die Konstruktionsfrage, die Umschränkung des Gebietes der praktischen Theologie und seine allgemeine Anordnung zu einer gewissen Annäherung und endlichen Übereinstimmung komme.

[1] XVI. Jahrg. 1892, S. 22 ff.

[2] Alfred Krauss: Lehrbuch der praktischen Theologie, I. Bd. Freiburg i. B., 1890.

[3] Karl Knoke: Grundriß der praktischen Theologie. 3. Aufl. Göttingen, 1892.

[4] E. Chr. Achelis: Praktische Theologie. 2 Bde. Freiburg i. B., 1890/91. Die 2. Auflage dieses Buches ist während der Abfassung dieses Aufsatzes in Vorbereitung.

So sehr ich ihm in diesem letzten Wunsche zustimme, so stark möchte ich bezweifeln, daß dieses Ziel auf dem auch von ihm geforderten Wege zu erreichen ist. Meines Erachtens tragen die Versuche, ein System der praktischen Theologie aufzustellen, nicht dazu bei. Nathusius selbst hebt mit Recht „die Zerfahrenheit unserer Wissenschaft" hervor. Sollte sie aber nicht die Folge der bisherigen Systematik sein, und zwar nicht nur, wie Achelis meint,[5] eines prinzipiellen Fehlers der Systematik, sondern des ganzen, fruchtlosen Bemühens, ein System zu schaffen? Stahl nennt es einmal die geistige Krankheit unseres Jahrhunderts, sich die Totalität der Dinge in einem geschlossenen Systeme zurechtlegen zu wollen, und ich bin sehr geneigt, ihm, wenigstens in Beziehung auf die praktische Theologie, beizupflichten.

Erörtern wir zunächst, was man unter Systematik versteht, und was man sich von einer systematischen Darstellung verspricht. Der Begriff des Systematischen ist Entwicklung aus einem Prinzip zur Vollständigkeit und Einheitlichkeit seines Inhaltes. So sollen auch in der praktischen Theologie alle Tätigkeiten der Kirche aus *einem* systematischen Grundgedanken entwickelt werden. Aus ihm soll sich ergeben, welche Tätigkeiten in das System hineingehören und welche nicht, zugleich aber die charakteristische Eigentümlichkeit und die Zweckbestimmung jeder einzelnen Tätigkeit, endlich auch ihre „organische" Ordnung festgestellt werden. So Nathusius[6], der später noch einmal als den eigentlichen Vorteil der Systematik hinstellt, daß sie uns die Kontrolle über die Vollständigkeit des Stoffes gebe.

Wir sehen davon ab, daß die Ausführungen von Nathusius nicht gerade sehr klar sind. Nach S. 25 soll der systematische Gedanke nur zur Kontrolle der Vollständigkeit und zur Zweckbestimmung der einzelnen Tätigkeiten dienen, die hier schon als gegebene Größen erscheinen. S. 26 dagegen lobt er, daß Achelis diese Tätigkeiten aus dem Prinzip ableite. Wir werden also nicht fehlgehen, wenn wir beides als die Ansicht von Nathusius annehmen. Es fragt sich nur, ob die Sache überhaupt haltbar ist.

[5] a. a. O. I, S. 24.
[6] a. a. O., S. 25 vgl. 27.

Gehen wir erst einmal auf die zweite Forderung ein. Die Tätigkeiten der Kirche, welche die praktische Theologie zu behandeln hat, sollen aus *einem* Prinzip abgeleitet werden. Das dabei vorschwebende Ideal ist der Begriff des Organismus, der nur leider zu oft in unklarer und mißverständlicher Weise gebraucht wird. In einem Organismus sind alle Teile nicht als ein loses Aggregat aneinandergereiht, sondern bedingen und setzen sich gegenseitig voraus; keine Funktion kann, ohne das Ganze zu zerstören, aufgehoben werden, so daß also in ihm das Ganze durch die Teile und diese durch jene bedingt sind. Hat man die Idee des Ganzen, das eine Prinzip, so muß man daraus das einzelne ableiten können [7]. Diese philosophische Meinung liegt auch den Systemen der praktischen Theologie zugrunde. Es ist höchst bezeichnend, daß Nathusius (S. 30) die Darlegung von Liebner in den ›Studien und Kritiken‹ (1843, S. 629 ff.) der eingehendsten Beachtung für wert hält. Er hat in der Tat von diesem seine Ansichten übernommen. Liebner macht den Versuch, aus der Idee der Kirche und ihrem inneren Lebensprozesse ihre Lebenstätigkeiten spekulativ zu entwickeln. Die Kirche soll sich durch das Bekenntnis oder die Lehre im kirchlichen Sinne (Katechetik) in sich selbst setzen und mit allen anderen gesellschaftlichen Organismen auseinandersetzen. Als gesetzte Größe sammelt sie sich im Kultus, um dann ihre Glieder in die Vereinzelung zu entlassen, sie dabei aber nicht verlassend, sondern unter dem Zwecke des Ganzen immerfort durch Seelsorge revidierend. Die ganze Ausführung Liebners ist lediglich ein dialektisches Spiel in hegelscher Art. Die praktische Theologie ist ihm die Realisierung der Idee der Kirche, die mit ihrer Macht gleichsam ewig gegenwärtig über den im Zeitablaufe sich bewegenden historischen und praktischen Elementen schwebt, sie bestimmend, zusammenhaltend, durchdringend und in ihnen das eigentlich Treibende ausmachend. Da aber diese Idee im letzten Grunde ein leerer Begriff ist, schiebt Liebner unter der Hand an die Stelle der Kirche den historisch gewordenen gesellschaftlichen Organis-

[7] Vgl. C. A. Thilo: Die Wissenschaftlichkeit der modernen spekulativen Theologie. Leipzig, 1851. S. 2 ff. Daselbst findet sich auch die scharfsinnige Kritik dieser Ansicht.

mus, um auf dem Wege der Analogie die Tätigkeiten der Kirche zu finden.

Ganz ähnliche Bahnen gehen Zezschwitz und Harnack bei dem Aufbau ihrer Systeme. Zezschwitz [8] bezeichnet die praktische Theologie als die Theorie von demjenigen Handeln, welches in Form von wesentlichen Lebenstätigkeiten aus dem Wesen der Kirche selbst erfließt und aus der Idee derselben abzuleiten ist. Harnack [9] dagegen tadelt wohl den einseitigen Idealismus von Zezschwitz, der sich nur zu leicht in Systematik verliere, und will sich darum auf den Boden der Geschichte stellen, aber leider macht er damit keinen vollen Ernst, indem er die Tätigkeiten der Kirche zuletzt wieder aus der Idee der Kirche ableiten will und es als sehr unwissenschaftlich bezeichnet, sie der Empirie zu entnehmen, d. h. doch nichts anderes als der Geschichte. Die Geschichte ist ihm nur ein Korrektiv für die Auseinanderlegung der Idee und die Rücksichtnahme auf die historische Entwicklung nur ein Mittel, rein aprioristische Konstruktionen zu vermeiden.

In neuester Zeit hat Achelis [10] den Versuch gemacht, aus dem Wesen der Kirche die kirchlichen Tätigkeiten zu entfalten, genauer gesagt, „aus der Kirche und ihrer immanenten Lebensbewegung die Selbstbethätigung derselben abzuleiten und hieraus die Norm und das Ziel aller ihrer Thätigkeiten zu gewinnen". Die praktische Theologie soll nach ihm die Tätigkeiten beschreiben, „die aus dem Prozeß des der Kirche eigentümlichen Lebens, des Lebens, welches diesen Haufen Menschen eben zur Kirche macht, mit Notwendigkeit sich ergeben". Weil es sich um Lebensbetätigungen der Kirche handele, die kraft des Wesens der Kirche notwendig seien aus ihrem Leben und zu ihrem Leben, so will er diese Tätigkeiten aus dem Wesen der Kirche ableiten. Auch Achelis folgt hier den Gedankengängen Liebners, nur daß er eine etwas andere Formulierung wählt. Er zeigt zunächst in einem klaren und schönen Überblicke, wie überaus schwankend die Theorie sich der Frage gegenüber verhält, welche Disziplinen in das System der praktischen Theologie ein-

[8] G. von Zezschwitz: System der prakt. Theologie. Leipzig, 1876. S. 5.
[9] Theod. Harnack: Prakt. Theologie I. Erlangen, 1877.
[10] a. a. O. vgl. I, S. 7 ff.

zuordnen seien. Die Ursache dieser Erscheinung glaubt er in einem prinzipiellen Fehler der Systematik zu finden. Die praktische Theologie sei als die Theorie von den Tätigkeiten der Kirche zu ihrer Selbsterbauung aufzufassen. Aber diese Tätigkeiten könnten nicht auf literarisch-induktivem, sondern nur auf deduktivem Wege gefunden werden. Bei der Feststellung derselben müßten jedoch zwei Abwege vermieden werden: 1. dürften der Kirche keine willkürlichen oder zur Zeit erwünschten und nützlichen Tätigkeiten imputiert werden, sondern es dürften nur die Tätigkeiten in Frage kommen, „welche aus der Lebensbewegung der Kirche mit Notwendigkeit resultierten", 2. dürfte als Zweck dieser Tätigkeiten nur das hingestellt werden, daß die Kirche sei, d. h. es solle nur von solchen Tätigkeiten die Rede sein, die zur Selbsterbauung der Kirche dienen[11]. Achelis glaubt nur diese Tätigkeiten am sichersten aus dem Wesen der Kirche entfalten zu können. Dieses findet er in den Prädikaten der Heiligkeit, Einheitlichkeit und Allgemeinheit zum Ausdruck gebracht und will aus deren evangelischen Deutung die Disziplinen der praktischen Theologie gewinnen. Es erweckt nun zunächst kein günstiges Vorurteil, daß Achelis bei dieser Ableitung gar nicht beachtet, was denn die

[11] In der 2. Auflage des Buches, in die mir Herr Prof. Achelis vor dem Drucke gütigst Einblick verschafft hat, ist der Ausdruck dieser Stellen etwas verändert. Es heißt jetzt, daß es sich um die Tätigkeiten handele, „die in dem Prozeß des der Kirche eigentümlichen Lebens bereits gesetzt sind und aus demselben sich ergeben", – „Thätigkeiten, die aus der Lebensbewegung der Kirche kraft des in ihr wohnenden Geistes resultieren, die also zu ihrem Bestande und ihrer Entwickelung notwendig sind." Es ist mir nach dieser neuen Bearbeitung des Buches von Achelis das Bedenken aufgestiegen, ob ich ihm hier nicht vielleicht Gedanken untergeschoben habe, die ihm selbst fernliegen. Es will mir scheinen, als ob Achelis die Systematik jetzt nur als ein Mittel zur Einteilung der kirchlichen Tätigkeiten und nicht als Mittel zur Gewinnung derselben benutzen will. Völlige Klarheit darüber habe ich nicht gewonnen, zumal das Wort aus der 1. Auflage (S. 25) stehengeblieben ist: „Welche Thätigkeiten können oder müssen aus dem Lebensgrunde der Kirche, weil sie ist, entfaltet werden, damit sie sei?" Danach glaube ich in dem Obenstehenden die Gedanken von Achelis noch richtig dargestellt zu haben und bei meinen Ausführungen bleiben zu können.

Kirche überhaupt und nach ihrem eigentlichen Wesen ist, nämlich die Gemeinde der Gläubigen und sowohl Heilsgemeinschaft als auch Heilsanstalt. Sodann ist die Ableitung der einzelnen Tätigkeiten aus den drei genannten Prädikaten der Kirche durchaus nicht einwandfrei. Achelis deutet diese Prädikate zum Teil um, zum Teil legt er ganz neue Gedanken in sie hinein, um die gewünschten Tätigkeiten daraus ableiten zu können. So soll in dem Begriffe der Heiligkeit der Kirche auch liegen, daß es außer ihr kein Heil gibt. Das könnte man aber eher daraus schließen, daß sie „Eine" ist, und mit der gleichen dialektischen Gewandtheit, mit der Achelis die Predigt aus der Heiligkeit der Kirche ableitet, kann sie auch aus der Einheitlichkeit abgeleitet werden. Er faßt z. B. unter die einheitlichen Formen das „identische Bekenntnis". Hat nicht auch die Predigt die Aufgabe, den gemeinsamen Glauben auszusprechen und das Bekenntnis zum lebendigen Eigentum der Gemeinde zu machen, und ist letzteres nicht eine Hauptaufgabe der Katechese? Die Heiligkeit der Kirche wiederum besteht nicht bloß in dem, was ihr von Gott gegeben ist, sondern auch in dem, was die Gläubigen dagegen geben als Opfer, die lebendig, heilig und gottwohlgefällig sind. Man könnte also auch die Liturgie – vor allem Gebet und Gesang – ebensogut aus der Heiligkeit der Kirche ableiten als aus der Einheitlichkeit, wie Achelis im Widerspruch mit Conf. Aug. Art. VII, den er durch seine kurze Bemerkung nicht beseitigt, versucht hat. Achelis selbst wieder könnte nach seinen eigenen Ausführungen die Missionstätigkeit der Kirche geradesogut wie aus der Allgemeinheit aus der Heiligkeit ableiten, denn wenn dieses Prädikat besagt, daß außer der Kirche kein Heil ist, so ergibt sich daraus von selbst die Notwendigkeit der Mission unter Juden und Heiden.

Auch Nathusius bezeichnet, wie schon oben bemerkt ist, den vorliegenden Versuch von Achelis als verfehlt, hat aber an dem Verfahren selbst, die kirchlichen Tätigkeiten aus dem Wesen der Kirche zu entwickeln, nichts auszusetzen, nur müsse mit dieser Ableitung auch voller Ernst gemacht werden. Suchen wir denn diese Forderung auf ihre Haltbarkeit zu prüfen.

„Das System", schreibt Nathusius (S. 25), „ist das Gedankenabbild des Organismus. Der Organismus ist ein einheitliches Gefüge von lebendigen Teilen, die alle in sich zusammenhängen durch eine einheitliche Lebenskraft, welche alle Teile durchdringt. So muß das System die Darstellung eines Grundgedankens sein, der sich in einer Fülle von Gedanken und Sätzen entfaltet. Die einzelnen Teile des Systems sind nichts als Ausführungen des Grundgedankens nach bestimmten Seiten hin, und dieser letztere kommt gar nicht anders zum Ausdruck als in der Ausführung jener Teile, in diesen aber auch vollständig." Wir machen abermals auf die Unklarheit in den Ausführungen von Nathusius aufmerksam. Einmal scheint es, als ob die Systematik nur ein Mittel für eine möglichst vollkommene Darstellung und Ordnung einer bestimmten Gedankenmenge sei, dann wieder sollen diese Gedanken erst durch die Systematik – durch Ableitung aus dem Grundgedanken – gewonnen werden. Dadurch, daß er dieses beides nicht scharf auseinanderhält, wird Verwirrung geschaffen.

Es muß vor allem folgendes festgehalten werden: die Systeme sind aus dem Streben nach logischer Klassifikation entstanden und haben lediglich den Zweck, die schon vorhandenen Gedanken zu ordnen. Aber diese logische Systematisierung ist noch nicht eine Methode, wirkliche und neue Erkenntnisse zu gewinnen. Die Einheit (der Grundgedanke), welche an die Spitze gestellt wird und die eigentlich nur ein Gebiet zusammengehörender Begriffe abgrenzt, besteht gewöhnlich in einer sehr summarischen Abstraktion. Es ist aber eine Täuschung zu glauben, man habe das Einzelne und Besondere durch Ableitung aus dem Grundgedanken gefunden, vielmehr *hat* man schon all das einzelne, das man ableiten will, und sucht für dieses den allgemeinen Gedanken, unter dem es zusammengefaßt wird. Wenn aber Nathusius behauptet, daß man von dem leitenden Grundgedanken aus die Vollständigkeit der Darstellung kontrollieren, d. h. erkennen könne, welche Tätigkeiten in das System hineingehören und welche nicht, so dürfte er sich gleichfalls einem Irrtum hingeben. Denn in dem System ist nur eine gegebene Menge zusammengehörender Tätigkeiten logisch geordnet, aber in dem Schema eines logischen Begriffssystems liegt noch gar nicht die Notwendigkeit, daß es ein vollständiges Ganzes sei; es ist dadurch keineswegs ausgeschlossen, daß es noch eine Reihe anderer Begriffe gibt. Daran wird auch durch die Anwendung des

Begriffes 'Organismus' nichts geändert, die noch dazu unvorsichtig und mißverständlich geschieht. „Denn die wirklich gegebenen Organismen, von denen man den allgemeinen Begriff abgezogen hat, sind in der Tat nicht abgeschlossene, in sich selbständige Systeme" (Thilo). Ein Tier z. B. bedarf fort und fort der Nahrung usw., wenn seine 'Lebenskraft' nicht zugrunde gehen soll. Dazu kommt auf dem Gebiete unserer Wissenschaft noch ein anderes ernstes Bedenken. Wir dürfen doch nie vergessen, daß wir uns bei der praktischen Theologie auf dem Boden geschichtlichen Werdens und Lebens befinden. Wie die Geschichte nun ein Ineinander von Freiheit und Notwendigkeit ist, das aller schematischen Anordnungsversuche spottet, und wie in der Geschichte freie Subjektivitäten, also etwas schlechthin Unberechenbares, als schöpferische und treibende Kräfte mitwirken, so ist es auch auf dem Gebiete der Tätigkeiten der Kirche, die wir in der praktischen Theologie darstellen. Und gerade hier werden durch die geschichtliche Entwickelung immer wieder neue und anders geartete Tätigkeiten der Kirche hervorgerufen. Neue Bedürfnisse erwecken neue Tätigkeiten, und die bittere Notwendigkeit des wirklichen Lebens zwingt zu neuen Gestaltungen, die in kein noch so logisch erdachtes System passen und die niemand vorhersehen konnte. Es darf daher nicht von einer aprioristischen Konstruktion die Rede sein, das historisch Gewordene ist nicht als erläuternde Exemplifikation eines schon vorher fertigen Schemas einzufügen, wo dann wie bei Zezschwitz die Geschichte gewaltsam nach dem System gemodelt wird, sondern es ist von ihm auszugehen.

Wäre der bisher in den Systemen der praktischen Theologie betretene Weg richtig, so hätte man unseres Erachtens schon längst zu einer größeren Übereinstimmung darüber kommen müssen, welche Tätigkeiten in das System hineingehören, aber Achelis selbst hebt hervor, daß hier nur über *eine* Disziplin Einstimmigkeit herrsche, über die Theorie der Seelsorge, der von allen Vertretern der praktischen Theologie ohne Ausnahme ein Platz in dem System zuerkannt werde. Diese Tatsache allein dürfte schon genügen, um die Undurchführbarkeit der gestellten Aufgabe zu erweisen. Und in der Tat entscheidet nicht der systematische Grundgedanke darüber, was in das Gebiet unserer Wissenschaft zu ziehen und was auszuscheiden ist, sondern es sind ganz andere Gedanken, dogmatischer, konfessioneller, selbst ästhetischer Art, die überall das letzte Wort sprechen, und in vielen Fällen gibt die rein subjektive Ansicht den Ausschlag. Es ist gleichsam eine Fahrt zwischen Scylla und Charybdis. Auf der einen Seite finden wir eine Verkürzung des Stoffes: sehr wichtige Disziplinen werden beiseite gelassen, bloß weil sie nicht in das System passen – so bei Zezschwitz die Liturgik, Homiletik und Katechetik. Auf der anderen Seite schwillt die praktische Theologie an und wird fast zu einer theologischen Enzyklopädie. Achelis rechnet z. B. selbst den 'Evangelischen Bund' zu den Lebenstätigkeiten der Kirche, die aus ihrem Wesen erfließen und zu ihrem Bestande und zu ihrer Entwickelung notwendig sind, aber er kann dafür schwerlich auf Zustimmung rechnen. Es darf ihm erwidert werden, daß im besten Falle hier nur eine zeitweilig notwendige Tätigkeit vorliegt, die er selbst aus dem System ausschließen will.[12] Tatsächlich ist doch der Evangelische Bund durch äußere geschichtliche Verhältnisse hervorgerufen, und es ist durchaus nicht über allen Zweifel erhaben, ob er wirklich notwendig war. Ähnlich wäre über ein großes Gebiet der sog. Inneren Mission zu urteilen, die Knoke [13] wieder in Bausch und Bogen als vorübergehende Erscheinung bezeichnet und deshalb aus dem System ausschließen will, wenigstens als selbständigen Teil. Es fragt sich dann nur, weshalb er nicht auch große Teile der Seelsorge streicht, die es doch auch mit vorübergehenden Erscheinungen zu tun hat und auch die Tendenz verfolgt, „sich selbst überflüssig zu machen". Andererseits zieht Knoke in das Gebiet unserer Wissenschaft sogar Haushaltungs- und Kochschulen. Achelis gibt ausführliche Erörterungen über den Tanz, Eid usw., was Nathusius mit Recht in der Ethik behandelt wissen will. Letzterer vermißt dagegen in den bisherigen Behandlungen der praktischen Theologie eine Theorie und Geschichte der Ausbildung zum geistlichen Amte, eine solche der Kirchenordnungen und der Mittel des kirchlichen Han-

[12] In der 2. Auflage seines Werkes spricht er von den Tätigkeiten der Inneren Mission, des Gustav-Adolf-Vereins und Evangelischen Bundes als „teilweise gegenwärtig unentbehrlichen Ergänzungsgebieten".

[13] a. a. O. S. 4, vgl. S. 154, 158 u. 168.

delns (Gebet, Handauflegung usw.). Auf diese Weise ließe sich zuletzt noch alles mögliche herbeiziehen, z. B. neben der Baukunst, Skulptur und Malerei, die Achelis[14] behandelt, auch noch die Paramentik, Orgelbau und Orgelspiel usw. Alles dieses hängt doch aber mit der praktischen Theologie nicht wesentlich zusammen, sondern ist als Nebendisziplinen derselben selbständig zu behandeln als Geschichte und Lehre der kirchlichen Kunst, der Kirchenordnungen usw., ebenso wie wir auch die Lehre von den Kultuszeiten für die eigentliche praktische Theologie voraussetzen möchten. Dieser kurze Überblick wird zur Genüge zeigen, daß der Versuch einer systematischen Ableitung der kirchlichen Tätigkeiten aus dem Wesen der Kirche praktisch nicht zum Ziele führt. Achelis verzichtet auch für eine Reihe von Abschnitten seines Systems auf dieses Verfahren, wenn er z. B. die Schaffung besonderer Kultusräume nur als „ein Gebot der Zweckmäßigkeit" bezeichnet. Ebenso leitet er auch die Notwendigkeit der Verfassung und des Kirchenregimentes nicht aus dem Wesen der Kirche ab, sondern führt beides auf das Verhältnis derselben zu der sie umgebenden Welt zurück. Kirchenregiment und Verfassung sind nicht an sich nötig, sondern nur zum Schutze und Dienste der Lebensaufgaben der Kirche, also eigentlich aus Zweckmäßigkeitsgründen.

[...]

Mit diesen Erörterungen dürfte hinlänglich die Unmöglichkeit bewiesen sein, aus dem Wesen der Kirche ihre Lebenstätigkeiten abzuleiten. Das führt nur zu subjektiven Willkürlichkeiten. Geradeso unmöglich ist es aber auch, auf aprioristischem Wege aus dem Wesen der Kirche das 'Wie', die Behandlungsweise dieser Tätigkeiten zu gewinnen. Achelis ist gewiß unendlich viel nüchterner und besonnener als Zezschwitz, aber sein Versuch, aus dem Begriff der Kirche das „Sollsein" des kirchlichen Handelns abzuleiten, erscheint uns durchaus nicht gelungen.

[...]

Nach diesen kritischen Erörterungen bleibt uns noch übrig darzulegen, wie wir uns die wissenschaftliche Behandlung der praktischen Theologie denken. Man versteht unter praktischer Theologie

[14] a. a. O. II, S. 9 ff.; ebenso Harnack a. a. O. I, S. 289 ff.

die Lehre von den kirchlichen Tätigkeiten, und es handelt sich um die Darstellung und Beschreibung derselben. Die praktische Theologie ist keine systematische Wissenschaft, welche die Begriffe, mit denen sie operiert, erst entwickelt, sondern sie hat es mit gegebenen Tätigkeiten zu tun, deren Werden sie zu begreifen und deren gesunde Weiterentwicklung sie zu fördern sucht. Es besagt im Grunde nichts anderes, wenn Bassermann [15] schreibt, daß sie „das Ganze des in der Gegenwart pulsierenden kirchlichen Lebens" zum Verständnis bringen will, es zu erhalten, fortzubilden und zu reformieren, denn diese Tätigkeiten machen das Leben der Kirche aus.

Das Subjekt dieser Tätigkeiten ist die Kirche. Es bleibt das Verdienst von Nitzsch [16], dieses mit aller Klarheit bestimmt zu haben. Es bedeutet einen Rückschritt, wenn Krauss unsere Disziplin wieder zur Pastoraltheologie macht, und auch Knoke kommt wieder auf eine Amtstechnik heraus, wenn er sie definiert als die Theorie von der Selbstbetätigung der Kirche durch ihre berufenen Organe, also durch das geistliche Amt.

[...]

Die Verwirrung über den Begriff 'Kirche' hat ihren Hauptgrund darin, daß man nicht vollen Ernst macht mit der Gleichung Kirche = Gemeinde und immer wieder die unklaren Begriffe 'sichtbare' und 'unsichtbare Kirche' verwendet, wobei man unter beiden etwas Verschiedenes versteht, gewöhnlich unter unsichtbarer Kirche das Reich Gottes, unter sichtbarer die historisch gewordenen, organisierten Kirchen. Achelis hebt mit Recht hervor, daß die beiden Prädikate 'sichtbar' und 'unsichtbar' demselben Subjekte zukommen. Als Gegenstand des Glaubens ist die Kirche unsichtbar, als Gemeinschaft in der Welt aber sichtbar. Nun ist freilich richtig, daß das eigentlich Wirksame und Handelnde in der Kirche der durch den Geist erweckte Glaube ist, der eben diese irdische Gemeinschaft zur Kirche macht. Insofern ist die unsichtbare Kirche

[15] H. Bassermann: Die praktische Theologie als eine selbständige, wissenschaftliche, theologische Disziplin. Akademische Rede. Heidelberg, 1896. S. 17.

[16] C. I. Nitzsch: Praktische Theologie I. 2. Aufl. Bonn, 1859.

das Subjekt aller kirchlichen Tätigkeiten. Aber dieses Subjekt ist eine ideelle Größe, ein Gegenstand des Glaubens, nicht der wissenschaftlichen Erkenntnis, und darum bei der Darstellung der kirchlichen Tätigkeiten nicht brauchbar. Wollen wir feste und sichere Wege gehen, so bleibt nichts anderes übrig, als die sog. sichtbare Kirche als handelndes Subjekt zu nehmen. Und zwar würden wir – unter Beseitigung der irreführenden Bezeichnungen 'sichtbar' 'unsichtbar' – einfach auf die Einzelgemeinde (die mikro-εκκλησία) zurückgehen, in welcher der Hl. Geist durch Wort und Sakrament wirkt. Wir glauben damit auf gut lutherischen Pfaden zu gehen. Die Einzelgemeinde ist jedenfalls ein klares und faßbares Subjekt und es ist u. E. von größtem Vorteil für eine fruchtbare Gestaltung der praktischen Theologie, von ihr auszugehen und unsere Disziplin auf die Tätigkeiten der Einzelgemeinde zu beschränken. Damit ist aber auch die praktische Theologie konfessionell bedingt, denn wir kennen keine christliche Gemeinde an sich, sondern nur eine evangelische, lutherische, reformierte usw.

Aber welches sind die Tätigkeiten der Gemeinde und wie finden wir sie? Mit Recht betont Achelis im Beginne seines Buches, daß alle Tätigkeiten der Kirche, welche die praktische Theologie behandelt, „stets in irgendeiner Form in der Kirche geübt worden sind". Damit werden wir auf den *historischen* Weg gewiesen. Aus der Geschichte ist festzustellen, welches die Tätigkeiten sind und *wie* dieselben geübt sind. U. E. ist es von höchster Bedeutung, das historische Verständnis für das Werden dieser Tätigkeiten zu gewinnen. Warum ist jenes eingeführt und dieses abgeschafft? Wie war dieses früher und wie hat es sich entwickelt, welche äußeren und inneren Verhältnisse haben die Entwicklung beeinflußt? „Nur die gewissenhafte Anknüpfung an das Gewordene verbürgt eine besonnene Weiterentwicklung für die Zukunft" (Bassermann). Der Fehler, den historischen Boden zu verlassen und zu theoretischen Konstruktionen überzugehen, rächt sich unerbittlich dadurch, daß diese Konstruktionen ohne Einfluß auf die Fortentwicklung bleiben.

Aber wir können nicht dabei stehenbleiben, bloß das historisch Gegebene darzustellen, sondern unsere Aufgabe ist, den geschichtlichen Befund kritisch zu prüfen. Es ist zu fragen, ob diese Tätigkeiten auch wirklich nach lutherischen Grundsätzen Tätigkeiten der Gemeinde sind, die sich auf die Gemeinde beziehen, denn nur mit diesen hat es die praktische Theologie zu tun, und zwar ist hier nicht die Rede von zufälligem und willkürlichem, sondern von notwendigem und geordnetem Handeln. Das individuelle Handeln, die Tätigkeiten der einzelnen zur Förderung des Nächsten, gehört nicht in die praktische Theologie, sondern in die Ethik, ebenso sind die Tätigkeiten der freien Vereinigungen zu den Zwecken der äußeren und inneren Mission auszuschließen, nur soweit dieselben Gemeindesache sind (Gemeindehelfer, Diakonen etc.) und sich auf die Einzelgemeinde beziehen, gebührt ihnen ein Platz in unserer Disziplin. Die äußere Mission wäre z. B. nur soweit zu berücksichtigen, als sie eine Rückwirkung auf die Gemeinde ausübt und ihre Betätigung zur Förderung des christlichen Lebens innerhalb derselben dient, sonst aber ist sie ebenso wie die innere Mission als eine gesonderte Disziplin neben der praktischen Theologie zu behandeln [17].

Zum anderen ist die bisherige Verfahrungsweise der Kirche bei diesen ihren Tätigkeiten kritisch zu erwägen. Die Tradition allein kann und darf uns niemals genügen. Es ist zu fragen, ob die bisherige Praxis auch nach genuin lutherischen Grundsätzen richtig ist, und zwar ist hier der gut lutherische Grundsatz zu beachten, alles festzuhalten, was nicht dem Evangelio widerspricht, d. h. also den geschichtlichen Zusammenhang zu wahren. Sodann ist aber auch unbefangen die Zweckmäßigkeit zu prüfen. Es wird mit Recht von Achelis und Bassermann hervorgehoben, daß der evangelischen Kirche eine reformatorische Tendenz innewohnt. „Über dem, was ist, steht, was sein soll. An den geschichtlich gewordenen Bestand muß der Maßstab des Ideals gelegt werden." Der Zweck aller dieser Tätigkeiten ist die Heranbildung einer Gemeinde, die nach evangelischer Anschauung in Wahrheit eine Gemeinde Christi genannt werden kann oder nach den schönen Worten Simons von jener altkölnischen Gemeinde „ein Brennpunkt des Glaubens und

[17] Es läßt sich nicht vermeiden, daß ein Teil der Gemeindetätigkeiten auch in der Ethik zu behandeln ist, aber das ist kein Schaden, weil er hier unter etwas anderen Gesichtspunkten behandelt werden muß.

der Liebe, ein Hort für die Schwachen und Armen, für die Irrenden und Sündigenden, eine Stätte der Bildung und Erziehung zum männlichen Christentum" ist [18]. Es ist zu fragen, ob das bisherige Verfahren der Kirche dazu dient, eine solche Gemeinde zu schaffen, wie es etwa zu gestalten ist, um diesen Zweck vollkommener zu erreichen, endlich ob dazu nicht noch andere und neue Tätigkeiten nötig sind.

Indessen genügt dieser leitende Grundgedanke noch nicht, wie Nathusius irrtümlich meint, um von ihm aus die charakteristischen Eigentümlichkeiten und die Zweckbestimmung jeder einzelnen Tätigkeit richtig zu entwickeln. Jede derselben hat vielmehr wieder ihren besonderen Zweck. Es ist zu fragen: Was bezweckt die Predigt, die Liturgie, die Seelsorge usw., und nach diesem Zwecke wird auch das jeweilige 'Wie' bestimmt werden müssen. Der Zweck ist aber einmal aus der Geschichte, sodann aus der evangelischen Grundanschauung zu bestimmen. Insofern setzt die praktische Theologie die anderen Disziplinen der Theologie – Exegese, Geschichte, Systematik – voraus und baut sich auf ihren Ergebnissen auf.

Von wesentlicher Bedeutung sind dabei nun auch die Umstände und inneren Zustände. Die praktische Theologie hat deshalb, wie Bassermann richtig hervorhebt, auf die politischen, wirtschaftlichen und sozialen Verhältnisse eingehende Rücksicht zu nehmen, sie bedarf der Psychologie, um das Verständnis für die inneren Zustände zu gewinnen. „Für den Kultus hat die Kunst, für die Katechese die Pädagogik und die Didaktik, für die Predigt die Rethorik, für die Organisation die Formen der staatlichen und bürgerlichen Verfassung und Verwaltung hohe Bedeutung." Dazu muß die praktische Theologie immer in regester Beziehung zur Gegenwart stehen und beständige Fühlung mit der historischen Entwicklung behalten. Was vor hundert Jahren zweckmäßig war, ist es heute nicht mehr, weil die Verhältnisse sich geändert haben; und was in der einen Gemeinde angebracht ist, ist es darum noch nicht in der anderen. So ergeben sich gewisse Modifikationen, und es wäre ein fruchtloses Unternehmen, eine praktische Theologie

[18] Ed. Simons: Altkölnische Seelsorgegemeinde. Berlin, 1894. S. 16.

aufzustellen, die auf alle Zeiten und Verhältnisse, für alle Gemeinden passen soll und darum zuletzt gründlich unpraktisch würde. Wohl soll und muß durch sie der ideale Zug gehen, der die Begeisterung für die Arbeit in der Gemeinde und die Sehnsucht nach der Vollkommenheit erweckt und lebendig erhält, aber zugleich muß sie auch mit beiden Füßen auf dem festen Boden der Wirklichkeit stehen, wenn sie sich nicht zu fruchtlosen Träumen versteigen soll. Und nur so kann sie auch die Richtlinien für den Fortschritt aufweisen und einen solchen anbahnen helfen.

[...]

Ziehen wir das Ergebnis aus dem Gesagten, so kommen wir zum Aufgeben aller Systematik. Man wird vielmehr den objektiven Verhältnissen nachgehen müssen, die einzelnen Tätigkeiten der Kirche historisch und nach den Grundsätzen der evangelischen Kirche bearbeiten und darstellen und es ihrer jedesmaligen Natur überlassen müssen, welchen Zusammenhang sie aus sich erzeugen. Auf die Gesamtgruppierung kommt zuletzt nicht viel an; sie ist lediglich eine Sache der Zweckmäßigkeit und zuletzt von individuellen Ansichten abhängig. Das Einfachste wird auch hier das Beste sein, und lediglich als einen unmaßgeblichen Versuch in dieser Hinsicht bieten wir zum Schlusse folgende Einteilung der praktischen Theologie:

I. Die Tätigkeit der Gemeinde an der Jugend

II. Das gottesdienstliche Leben der Gemeinde
   a) Sonn- und Festtagsgottesdienste,
   b) Nebengottesdienste,
   c) die kirchlichen Handlungen.

III. Die Seelsorge (spezielle)

IV. Das soziale Leben der Gemeinde
   a) Verfassung,
   b) Zucht und Disziplin,
   c) Liebestätigkeit,
   d) Sonstiges Gemeindeleben außerhalb des Gottesdienstes.

Wilhelm Bornemann, Einführung in die evangelische Missionskunde im Anschluß an die Basler Mission. Tübingen und Leipzig: J. C. B. Mohr (Paul Siebeck) 1902, S. 16—23.

DIE EVANGELISCHE MISSIONSWISSENSCHAFT IM ZUSAMMENHANG DER GESAMTEN THEOLOGIE

Von Wilhelm Bornemann

Zu der vollständigen evangelischen Missionswissenschaft gehören, wie wir sahen, drei wesentliche Stücke: die Missionsgeschichte, die Missionstatistik mit der Missionsgeographie und die systematische Missionstheorie oder Missionslehre. Wie verhalten sich diese einzelnen Stücke, wie verhält sich die ganze Missionswissenschaft zum Gesamtorganismus der Theologie?

Es ist von vornherein klar, daß die Missionsgeschichte zugleich ein wesentlicher Bestandteil der allgemeinen Kirchengeschichte ist. Aber in der Gesamtdarstellung der Kirchengeschichte bildet sie weder ein selbständiges noch ein einheitliches Ganzes. Da ist sie verbunden und gleichgeordnet mit der Geschichte der Lehre, des Lebens, des Kultus, der Verfassung und andrer etwa noch in Betracht kommender Gebiete. Zugleich ist ihr einheitlicher Zusammenhang infolge der notwendigen sachlichen Gliederung und zeitlichen Periodisierung zerrissen oder doch gelockert. In Wirklichkeit ist zudem die Missionsgeschichte von der historischen Theologie ziemlich stiefmütterlich behandelt, und beim Studium kommt die *neuere* Entwicklung der Mission, d. h. also gerade die Geschichte der *evangelischen* Mission in der Regel zu kurz, während die Missionsgeschichte vergangener Zeiten von den Studierenden nur zu oft als ein mühseliger Ballast von Daten und Namen ohne Anschaulichkeit und inneren Zusammenhang empfunden wird. Erst durch eine zusammenhängende, einheitliche Darstellung der Missionsgeschichte wird es möglich sein, gleichmäßige Teilnahme und völliges Verständnis und ein Bewußtsein davon zu wecken, daß die Missionsgeschichte den wertvollen und notwendigen Unterbau für die gegenwärtige Kirche und Misson bildet, die Missionsarbeit der Gegenwart aber die Fortsetzung einer großartigen, weltumfassenden und gottgewollten Entwicklung ist. Wenn also die Missionsgeschichte auch nach wie vor ein Glied der allgemeinen Kirchengeschichte bleibt, so hat sie doch andrerseits eine gewisse Selbständigkeit und kann als einheitliches, geschlossenes Ganzes zugleich ein organisches Glied der Missionswissenschaft sein. Diese Doppelstellung der Missionsgeschichte muß dem werdenden Pfarrer klar zum Bewußtsein kommen. Das wird sein Verständnis vertiefen und sein Interesse beleben.

Anders steht es mit dem zweiten Gebiet. Die Missionsstatistik, mit der Missionsgeographie verbunden, findet noch keine abgeschlossene und anerkannte theologische Disziplin statistischer Art vor, von der sie erst sich loszulösen, abzugrenzen und das Recht einer Sonderexistenz zu erbitten hätte. Die Statistik überhaupt ist im Wesentlichen eine durchaus moderne Wissenschaft, auf deren Gebiet die einzelnen Teile meist unvollständig und ungleich gepflegt sind, ohne bislang eine wirkliche Geschlossenheit und methodische Sicherheit gewonnen zu haben. Erst die neuste Zeit hat uns für die kirchlichen Verhältnisse Deutschlands einige grundlegende statistische Arbeiten geschenkt, die auf der Höhe der Wissenschaft stehen: Piepers ›Kirchliche Statistik Deutschlands‹ und die vom Zentralausschuß für Innere Mission herausgegebene ›Statistik der Inneren Mission der deutschen evangelischen Kirche‹. Ihnen schließt sich nun Grundemanns ›Kleine Missions-Geographie und Statistik‹ an. Sosehr man nun allerlei Verbindungslinien und lehrreiche Vergleiche zwischen den verschiedenen Gebieten ziehen kann, so liegt es doch in der Natur der Sache, daß die Statistik jedes einzelnen Gebietes zunächst durchaus als *selbständige* Größe behandelt werden muß. Deshalb wird der Zusammenhang zwischen der Statistik und dem sonstigen Organismus der theologischen Wissenschaft immer frei und locker bleiben. Auch der Missions-Statistik und Geographie wird man den Charakter einer selbständigen, notwendigen und wertvollen Hilfswissenschaft nie bestreiten. Man wird sie entweder als Glied der kirchlichen Statistik oder als Glied der Missionswissenschaft betrachten. Aber ein Problem von prinzipieller Bedeutung wird ihre Eingliederung in die theologische Wissenschaft nie bedeuten. In der Praxis wird es sich zudem wesentlich um *literarische* Arbeiten handeln, die jeweilen in akademischen Vorlesungen erläutert oder verwertet werden.

Am schwierigsten gestaltet sich das Problem bei der eigentlichen Missions*lehre*. Es ist von vornherein deutlich, daß sie am meisten Verwandtschaft mit der Disziplin der *praktischen* Theologie hat. Aber es fragt sich, ob sie als ein *Teil* der praktischen Theologie oder als selbständige Wissenschaft *neben* der praktischen Theologie zu betrachten, oder ob etwa ihr beiderseitiges Verhältnis noch anders zu bestimmen ist. Schleiermacher und Rothe haben die Missionslehre in die Ethik verwiesen: Schleiermacher hat allerdings an anderem Orte sie bedingungsweise und anhangsweise auch in die praktische Theologie aufnehmen wollen. Andere Vertreter der praktischen Theologie haben die Missionslehre mit irgendeinem Teile der praktisch-theologischen Disziplin zusammengekoppelt unter Bezeichnungen wie „Halieutik", „Keryktik", „Evangelistik", – ein Verfahren, das immer scheitern dürfte, weil es logisch und sachlich gleich unhaltbar, also in jeder Hinsicht ungenügend und irreführend ist. Wieder andere wollen die Missionslehre als gesondertes Fach behandeln, gliedern sie aber als ein gleichberechtigtes Stück neben andern der Gesamtdisziplin der praktischen Theologie ein, – sei es am Anfang oder in der Mitte oder am Schluß der Darstellung. Achelis berücksichtigt sie mehr als ein untergeordnetes oder peripherisches Stück der praktischen Theologie, indem er die Heidenmission in einer gewissen Parallele mit dem Gustav-Adolf-Verein und dem Evangelischen Bunde betrachtet. Im großen und ganzen herrscht seit Ehrenfeuchter das Bestreben vor, der Missionslehre irgendwie eine Stätte innerhalb der praktischen Theologie anzuweisen. Aber in bezug auf die Fragen, wo und wie und in welchem Umfang und mit welchem Recht das geschehen soll, waltet allgemeine Ratlosigkeit und Verwirrung.

Diese Unklarheit und Unsicherheit beruht meines Erachtens nur sehr zum Teil auf der Tatsache, daß die Missionswissenschaft eine noch ganz junge, im Werden begriffene Disziplin ist, über deren Wesen und Aufgaben man in den letzten Jahrzehnten noch sehr in Zweifel sein konnte. Die Hauptschwierigkeit besteht vielmehr darin, daß die sogenannte praktische Theologie, die als selbständige Disziplin doch auch erst etwa hundert Jahre alt ist, es bis jetzt noch zu keiner allgemein anerkannten Begriffsbestimmung, Abgrenzung und Gliederung gebracht hat, sondern vor lauter Sehnsucht nach spekulativer Begründung und systematischer Geschlossenheit die einfachste Ableitung, Abgrenzung und Ordnung dauernd verschmäht. Und zwar liegt der Fehler darin, daß man immer wieder versucht, den Inhalt der praktischen Theologie aus dem vieldeutigen Begriff der 'Kirche' herzuleiten und 'die Kirche' als das 'Subjekt' des in der praktischen Theologie beschriebenen Handelns hinzustellen. Dadurch kommt man zu mancherlei Unklarheiten, Widersprüchen und unrichtigen Behauptungen, die man dann entweder künstlich verdecken oder durch glückliche Inkonsequenz beseitigen muß.

Welche Kirche soll denn eigentlich das Subjekt des in der praktischen Theologie dargestellten Handelns sein? – Die *allgemeine* Kirche, die wir glauben, also die eine heilige Christenheit, von der wir im dritten Glaubensartikel reden? Wohl ist sie im letzten, höchsten Sinne bei dem ganzen Gebiet beteiligt oder sollte es doch sein. Aber die nüchterne, tatsächliche Wirklichkeit widerspricht dem, daß *diese* Kirche alle die Funktionen ausgestaltet und ausübt, von denen in der praktischen Theologie die Rede ist, wenigstens in derjenigen Weise, in welcher die praktische Theologie davon handelt. Oder sollte unter der 'Kirche' die ideal gedachte Einheit der evangelischen Konfession gemeint sein? Aber dann erheben sich genau dieselben Schwierigkeiten, und dazu kommt noch, daß eine solche Einheit 'der' evangelischen Kirche überhaupt nicht existiert, sondern daß die Fragen und Ordnungen, deren die praktische Theologie sich annimmt, von den einzelnen evangelischen Kirchen in vieler Hinsicht ganz verschieden beurteilt und behandelt werden. Dann ist wohl die 'organisierte' Kirche, d. h. der anerkannte, einheitliche Rechtsorganismus der einzelnen Landeskirchen und Freikirchen die 'Kirche', die von der praktischen Theologie als Subjekt des kirchlichen Handelns gefeiert wird? – Das scheint zunächst richtig zu sein, und hier hätte man endlich eine greifbare, geschichtliche Größe, auf die wenigstens ein guter Teil des Inhalts der praktischen Theologie unmittelbar oder mittelbar paßt. Aber nun kommen die Schwierigkeiten von der anderen Seite. Weshalb tut man dann immer wieder, zumal in den grundlegenden Kapiteln, als ob man von der 'Kirche' in einem viel höheren Sinne redete? Und weshalb nimmt man dann nicht das Kirchen*recht*, das doch zweifellos dahin gehören würde, in die praktische Theologie auf? Und weshalb hat man andrerseits z. B. die innere Mission aufgenommen, die doch zweifellos nicht von der 'organisierten' Kirche als solcher betrieben wird? Und ist es wirklich richtig, ist es nicht nur eine zwar für die Eingeweihten verständliche, aber doch bedenkliche und unklare Verallgemeinerung, wenn man sagt, 'die Kirche' übe Seelsorge, erteile christlichen Unterricht, predige, handle im Gottesdienst? – Was man ursprünglich gemeint und beschrieben hat, ist ja doch nur das *geistliche Amt*, das doch nicht ohne weiteres mit der Kirche zu identifizieren ist; nur für die zukünftigen Träger des geistlichen Amtes liest man praktische Theologie und schreibt Lehrbücher der praktischen Theologie. Ich glaube nicht, daß andere als Theologen – selbst nicht die juristischen Mitglieder der Kirchenregierungen – sich um die Darstellungen der ›Praktischen Theologie‹ kümmern.

Man wird mich fragen: soll denn in der praktischen Theologie gar nicht von der Kirche die Rede sein? Sollen wir uns mit einer bloßen Technik des geistlichen Amtes, mit einer rein äußerlichen „Pfarramtskunde" begnügen? Ich antworte: durchaus nicht! Aber erstens liegt lediglich in dem geistlichen Amte der zusammenfassende und einheitliche Zentralbegriff, von dem aus die Disziplin der praktischen Theologie gestaltet, bestimmt und abgegrenzt werden soll. Zweitens soll man mit dem Worte 'Kirche' wegen seiner Vieldeutigkeit sowohl sonst wie besonders in der praktischen Theologie überaus vorsichtig sein, sich immer genau überlegen, wie es in jedem einzelnen Falle gemeint ist, und es danach auch im Ausdruck genauer bestimmen. Drittens soll man die 'Kirche', sei es im Sinne der allgemeinen Christenheit, sei es im Sinne der evangelischen Konfession, sei es im Sinne des kirchlichen Rechtsorganismus, nur so weit in der praktischen Theologie heranziehen, als es von der Sache gefordert wird. Viertens soll man alles, was nicht vom Gesichtspunkt des geistlichen Amtes wirklich beherrscht wird, ausscheiden und gegebenenfalls zu Sonderdarstellungen verwerten. Vor allem aber soll man bedenken, daß der *notwendige Korrelatbegriff zum Begriff des geistlichen Amtes* der Begriff der *Gemeinde* ist, und zwar der *Einzel*gemeinde. Die *Einzelgemeinde* als Subjekt, Gebiet und Objekt des pastoralen Wirkens ist diejenige konkrete Verkörperung der 'Kirche', von der in der praktischen Theologie vor allem gehandelt werden müßte. Aber gerade *diese* wird in der überlieferten Form der Disziplin sehr vernachlässigt oder fast ganz vergessen, während sie doch im Neuen Testament im Vordergrund steht und für die meisten Theologen die gegebene Größe ist, mit der sie in Wirklichkeit rechnen müssen.

Die praktische Theologie sollte also in ihrem ersten Teil von dem Wesen, den Ordnungen, dem Leben und den Funktionen einer rechten christlichen *Gemeinde* handeln, und dann auf dieser Grundlage im zweiten Teil von dem Wesen und den Aufgaben des geistlichen Amtes. So gewinnt man ein wirkliches Recht, unter einem einheitlichen Gesichtspunkt alle die Fragen zu erörtern, die das 'kirchliche' Leben bewegen, und die verschiedensten Gebiete, das Kirchenrecht, das Vereinswesen, die Presse, die Literatur, die innere Mission usw. so weit heranziehen, als es in der Natur der Sache, d. h. im Wesen der christlichen Gemeinde und des geistlichen Amtes begründet ist.

Nun erst können wir zu der Frage zurückkehren, ob und inwieweit die Missionswissenschaft in die praktische Theologie gehöre. Es ist ganz klar, daß die allgemeine Kirche, d. h. die eine heilige Christenheit als solche das konkrete Missionswerk nicht treibt. Ebensowenig tut das die 'evangelische Kirche', d. h. die ideale Einheit, die man sonst die evangelische Konfession nennt. Aber auch der kirchliche Rechtsorganismus einer bestimmten geschichtlichen Kirchengemeinschaft tut es – mit wenigen Ausnahmen – auf protestantischem Boden nicht. Endlich treibt auch das Pfarramt als solches nicht Mission. Man sieht, daß in der Tat die Missionswissenschaft als solche sich in der aus irgendeinem Kirchenbegriff abgeleiteten praktischen Theologie schwerlich direkt unterbringen läßt, es sei denn, daß man entweder inkonsequenterweise stillschweigend die ursprüngliche Ableitung und Begrenzung der Disziplin erweicht oder aufgibt oder über die Mission selbst nur einige allgemeine Grundsätze und Gedanken ausspricht. Zudem muß man doch empfinden, daß die Mission formal nicht *neben* dem kirchlichen Unterricht, der Predigt, der Seelsorge, dem

Kultus, dem kirchlichen Recht steht, sondern alle diese Dinge selbst entwickelt – nur unter anderen Bedingungen, als den innerkirchlichen, auf die man als Theologe in der Regel allein achtet. Aber man versteht nun auch, wie Achelis einer ganz begreiflichen Empfindung gefolgt ist, wenn er die Heidenmission, die er freilich wohl sehr unterschätzt hat, in Parallele zu dem Gustav-Adolf-Verein und dem Evangelischen Bunde gesetzt hat; denn das sind für den ersten Blick in der konkreten Praxis des Pfarramts die nächsten Analogien. Gleichwohl wird man sich Achelis' Anschauung nicht anschließen dürfen. Die Mission ist tatsächlich eine allgemein christliche, eine allgemeine evangelische Sache; sie sollte Sache der 'Kirche' im wahren Sinne des Wortes sein. So gewiß nun 'kirchliches' Leben nur dort ist, wo lebendiges, christliches Gemeindeleben ist, so gewiß kann die Mission im rechten Sinne kirchlich nur werden, indem sie von der lebendigen christlichen Gemeinde getragen wird. Das gehört aber auch zu den Aufgaben, und zwar zu den wesentlichen Aufgaben des Pfarramts. Daraus folgt, daß die praktische Theologie so weit auf die Missionswissenschaft Rücksicht zu nehmen hat, als 1. die Heidenmission ein integrierender Faktor rechten christlichen Gemeindelebens ist, und 2. der Pfarrer fähig sein muß, die Mission in diesem Sinne in seiner Gemeinde zu vertreten. Dazu bedarf es aber nicht der ganzen Missionslehre und einer Erörterung des gesamten Missionsbetriebes, sondern es wird im wesentlichen ankommen auf eine grundlegende Orientierung über die Notwendigkeit und das Wesen der Mission, auf eine Einführung in die Missionsliteratur und Missionsorganisation und auf die Behandlung des heimatlichen Missionslebens und des gemeindlichen Missionsinteresses.

Ich fasse zusammen. Die evangelische Missionswissenschaft ist eine zu selbständige, eigenartige und umfassende Wissenschaft, als daß sie in ihrer Gesamtheit oder der eine ihrer wesentlichen drei Teile in die praktische Theologie oder eine andere theologische Disziplin eingegliedert werden könnte. In die praktische Theologie gehört freilich ein Ausschnitt der Missionstheorie unter dem maßgebenden Gesichtspunkte, daß auch die Tätigkeit für die Heidenmission eine wesentliche Aufgabe der christlichen Gemeinde ist. Übrigens aber ist die Missionswissenschaft als eine selbständige theologische Disziplin *neben* der praktischen Theologie zu behandeln. Denn sie behandelt im Ganzen dieselben Probleme wie diese, nur unter anderem Gesichtspunkt und zu andersartigem Zwecke. Deshalb ist auch zu fordern, daß die Missionswissenschaft in der Ordnung der theologischen Fakultäten und des theologischen Studiums in geeigneter Weise vertreten sei, – wenn nicht durch eine besondere Lehrkraft, so doch dadurch, daß die vorhandenen Dozenten, insonderheit diejenigen der praktischen Theologie, durch regelmäßige Vorlesungen die Bekanntschaft mit dem wesentlichen Inhalt der Missionswissenschaft ermöglichen.

Allein, nun erhebt sich die praktische Frage: Ist die Beschäftigung mit der Mission und Missionswissenschaft wirklich notwendig für den Theologen? Ist sie nicht vielmehr etwas Nebensächliches und Minderwertiges, was das ohnehin schon so vielgegliederte und aufgabenreiche theologische Studium überflüssigerweise noch mehr belasten muß? Ist sie nicht eine Sache der bloßen Liebhaberei und als zusammenhängende Arbeit lediglich den Missionsanstalten und im besten Falle auch noch den Predigerseminarien zuzuweisen? – Diese Fragen bedürfen einer eingehenderen Erwägung.

Das theologische Studium soll für das Pfarramt die rechte Vorbereitung geben. Das Pfarramt ist in erster Linie für die christliche Einzelgemeinde da. Was also von Wert und wesentlicher Bedeutung für das Leben der christlichen Gemeinde ist, das wird auch für das Pfarramt wichtig sein und bei der Vorbereitung auf das Pfarramt nicht zu vernachlässigen.

Monatsschrift für die kirchliche Praxis. 3 (1903), S. 268—281.

DIE WISSENSCHAFTLICHEN GRUNDLAGEN DER PRAKTISCHEN THEOLOGIE

Von Friedrich Niebergall *

Wer die Hand an den Pflug legt, schaut sich um, auf welchem Punkt die Arbeit steht. Er blickt dankbar zurück auf das, was der Fleiß und die Einsicht der Vergangenheit geleistet hat, und mißt mit Hoffnung und Bangen die Strecke, die noch der Pflugschar harrt. Die Pr. Th. befindet sich in einer Lage, die zu fröhlichem Mitschaffen reizt. Denn einmal drängen hundert Tätigkeiten der Kirche in unserer rastlos arbeitenden Zeit darauf hin, daß die Theorie sie aufnehme, kläre und verbinde. Dann aber hat sie im Wettlauf mit ihren theoretischen Schwestern als wissenschaftliche Disziplin immer noch eine Strecke einzuholen, daß sie erreiche, was ihr seit Schleiermacher als ihr Ziel und Preis leuchtet, die Krone des theologischen Studiums zu sein. Hat sie doch noch immer mit der verächtlichen Schätzung zu kämpfen, die sich in dem bösen Worte Ritschls vom Spielen mit der Wissenschaft der Pr. Th. (und in dem Worte Wellhausens von der Theorie des praktischen Hufbeschlags) ausgedrückt hat.

Sie hat in den Jahren seit dem Erscheinen des Werkes von Nitzsch durch eifrige und glückliche Arbeit auf dem Gebiete der Geschichte gezeigt, was sie will und was sie kann. Gegenwärtig deuten die Zeichen der Zeit auf eine Erweiterung ihres Arbeitsplanes. Sie ist nämlich daran, auch die Gegenwart methodisch zum Gegenstand ihrer Arbeit zu machen. Bisher hat die ganze th. Arbeit dem Studium des näheren Objektes der Verkündigung, dem Ev. gegolten. Nun soll auch das entferntere Objekt, nämlich der Mensch und die Menschen, einer eingehenden Bearbeitung unter-

* Vgl. die Rezensionen anderer Werke Niebergalls von M. Schian und K. Eger unten S. 281 ff. und 288 ff.

zogen werden. Nur so kann die Pr. Th. tiefer gegründet und die wirkliche Praxis gefördert werden.

Das ist der Punkt, wo unsere Facharbeit gegenwärtig steht: Sie arbeitet am Studium der Menschen, denen zu dienen die zukünftigen Pfarrer doch sollen angeleitet werden, damit sie nicht so unbekannt und hilflos an den Strand des praktischen Amtes gesetzt werden. Diese Arbeit hat den Namen „Rel. Volkskunde" bekommen. Außerdem soll sich unsere Arbeit methodisch um ein Verständnis des psychischen Wesens des Menschen bemühen; denn wie kann man Menschen beeinflussen, ohne ihren ps. Mechanismus zu kennen? Und diese Arbeit leistet die Psychologie. Das sind die drei wichtigsten wissenschaftlichen Grundlagen der Pr. Th., auf die sie sich gründen muß, will sie festen Boden unter den Füßen haben: *Geschichte, rel. Volkskunde, Psychologie.* Das sei heute meine Aufgabe, den Aufbau der Pr. Th. auf diesen Grundlagen zu zeichnen. Dazu bedarf es einer *geschichtlichen Anknüpfung*, einer *prinzipiellen Besinnung* und einer *Andeutung der Ausführungen im einzelnen.*

Nitzsch, der Begründer der Pr. Th. als einer Wissenschaft, bestimmt sie als die Wissenschaft von der kirchlichen Ausübung des Christentums. Als solche hat sie, um die kirchlichen Tätigkeiten einer Kritik unterziehen zu können, eine Entwicklung der Prinzipien aus dogmatisch-historischem Verfahren vorzunehmen. Dazu dient in erster Linie die Erkenntnis des Zweckes, den die ganze kirchliche Tätigkeit hat, und das ist die Kirche. Daneben aber muß man noch ein anderes Moment in Betracht ziehen, nämlich den Ausgangspunkt des Handelns, um planmäßig und erfolgreich auf jenes Ziel loszugehen. Diese Gedanken faßt N. in die knappen, bedeutungsvollen Sätze zusammen: „Die Faktoren des Begriffs vom kirchlichen Tun sind immer Idee und Tatsache. Dem Urbild entspricht oder widerspricht die zeitliche Erscheinung. Die Bedingungen der Erscheinungen und des in ihnen zu verwirklichenden Begriffs sind nicht nur allgemeine, sondern auch wechselnde, z. B. volkstümliche; die Zukunft der Kirche ruht auf der Basis der Gegenwart, diese wird durch die Vergangenheit begreiflich. Folglich gehört das empirische Wahrnehmen und das Erklären des Gegebenen zur wahren Methode und Einteilung, und nicht nur der gegebene Standpunkt des Kirchenwesens muß ein Moment der Theorie werden, sondern auch jeder integrierende Teil der Tätigkeit durch Erkenntnis des Jetzt zu seinem Regulativ gelangen." Die Beziehung, die dieses Programm zwischen Zukunft, Gegenwart und Vergangenheit aufstellt, ist der Leitstern für alle Theorien von einer praktischen Arbeit: das Ziel und die Gegenwart – aus einem Vergleich beider ergeben sich die Grundsätze des Verfahrens; aber Ziel und Gegenwart – sie sind ganz allein verständlich aus der Geschichte, die uns die Ideale schenkt und zugleich den Boden erklärt, auf dem wir gegenwärtig stehen. Das ist der Sinn jenes Programms von Nitzsch. Wie führt er selbst dieses Programm in seinem Werke durch?

Im ersten Buch schildert er das kirchliche Leben, zuerst seine Idee, dann den gegenwärtigen Zeitpunkt. Aus dem Begriff und der Geschichte der Religion und des Christentums arbeitet er in seiner gründlichen und geistvollen Art die Idee und den urbildlichen Begriff des kirchlichen Lebens samt seinen einzelnen Tätigkeiten heraus. Das wollen wir ihm danken, daß er uns diesen Weg zu dem Ideal gezeigt hat, Begriff und Geschichte zusammen zugrunde zu legen. Denn ein aus unserem Denken allein herausgesponnener Begriff würde uns der Anknüpfung an das Gegebene berauben; dagegen mit Verachtung des Begriffes eine bestimmte Erscheinung der Vergangenheit, wie sie war, als Ideal für die Gegenwart aufzustellen, das ist die Art des in Wirklichkeit geschichtslosen Fanatismus, der vergißt, daß die Geschichte das Gebiet des Unwiederholbaren ist. So stimmen wir also dem Verfahren von N. zu, wenn wir auch unserer Einsicht in die wissenschaftliche Methodik und Erkenntnisweise gemäß nicht die sogenannte Idee, sondern die Geschichte voranstellen, um aus ihr die Entwicklungstendenzen zu abstrahieren.

Der zweite Teil dieses ersten Buches interessiert uns vor allem. Will er doch das ev. kirchliche Leben und den gegenwärtigen Zeitpunkt darstellen. Zu dem Zweck spricht N. von dem Hauptunterschied christlichen Kirchentums überhaupt, nämlich vom gesetzlichen und evangelischen Kirchentum, scheidet dann zwischen den beiden Typen protestantischer Kirchlichkeit, der lutherischen und der reformierten, um dann Spuren der Verjüngung des ev. Kirchenwesens zu konstatieren. Dieser Teil erfüllt unsere Erwartung nicht, wenn wir etwa eine Schilderung des Gesamtzustandes erwartet haben, dem die Arbeit der Kirche zu widmen wäre, um sie ihrem Ideal zu nähern. Er will nur nachweisen, auf welchem Punkte ihrer Entwicklung die Arbeit der Kirche jetzt ist; er schildert also den Zustand des Subjektes der darzustellenden Wirksamkeit, nicht den ihres Objektes, nämlich der zu beeinflussenden Menschen. Dieser Teil steht also unter dem Gesichtspunkt, daß sich aus der Geschichte und gegenwärtigen Lage einer Tätigkeit oder Wissenschaft die weitertreibenden Probleme und Tendenzen umfassend und klar genug herausfinden lassen, an die die Fortbildung derselben anzuknüpfen hat. Diese Regel befolgt N. auch in der Darstellung der einzelnen Tätigkeiten selbst: Der Darstellung der Idee der Predigt oder der Feier folgt die Geschichte der einzelnen kirchlichen Tätigkeit, die auf die Erkenntnis des gegenwärtigen Zeitpunktes mit seinen Problemen hinausgeführt wird. In dieser geschichtlichen Entwicklung sollen die Winke für eine Theorie der Praxis enthalten sein; über dem Studium der Geschichte einer Tätigkeit wird das Studium ihres Objektes, also der Menschen, gar nicht ins Auge gefaßt, wenn auch natürlich ein so reicher Geist wie N. eine Fülle von feinen Beobachtungen über Leute und Seele einstreut.

Dem Typus dieses für unseren Zweig der Theologie grundlegenden Werkes folgen im ganzen die bekanntesten Gesamt- und Einzeldarstellungen. Achelis z. B. bietet gewiß alles Wißbare aus dem ganzen Gebiete. Aber er bietet des Historischen zu viel; es tritt die Historie aus ihrer dienenden Stellung heraus, die uns ein Verständnis von Ziel und Wirklichkeit ermitteln soll, und lagert sich breit vor die oft knappe Darstellung der Grundsätze des Verfahrens, ohne daß diese aus der Geschichte, der Fundgrube der Ideale, Tendenzen und Gesetze gewonnen wären. Dennoch macht sich in dem Werk der moderne realistisch-empiristische Geist geltend. Fehlt zwar in der Homiletik neben den Fragen: Wer predigt? Was wird gepredigt? Wie wird gepredigt? die wichtige nach dem Dativ Wem wird gepredigt?, so weist doch die Katechetik einen kurzen Abschnitt auf, der sich mit den Kindern befaßt und nach ihrem Christentum, ihrer Gedächtniskraft und ihrem Geschlechtsunterschied fragt. Ähnlich steht es mit der Katechetik von Sachsse und der Liturgik von Rietschel. Umfassende historische Einleitungen sagen, wie man es gemacht hat, aber die im Verhältnis sehr kurze Darstellung der Grundsätze des Handelns selbst ist nicht streng genug auf die aus dieser historischen Grundlegung herauszuarbeitenden Gesetze und noch weniger auf eine Erkenntnis des Objektes aufgebaut.

Gewiß folgen alle diese Autoren der vorhin geschilderten üblichen Methode wissenschaftlichen Betriebes: die Geschichte des Handelns zeigt die Probleme und die Tendenzen der Weiterarbeit. Aber dabei wird übersehen, daß es sich in unserm Fall nicht um reine Erkenntnis eines feststehenden Objektes handelt, wie bei den theoretischen Wissenschaften. Sondern es handelt sich um Grundsätze der Beeinflussung eines in stetigem Fluß befindlichen Objektes, nämlich von Menschen, die einem praktischen Ziele sollen genähert werden. Das A. T. z. B. bleibt für die altt. Wissenschaft das unveränderte Objekt, nur die Methoden wechseln. Aber die Menschen sind am Anfang des neuen Jahrhunderts ganz anders als in der Mitte des vorigen; so sehr auch die psychische Grundkonstitution und die Tatsachen von Sünde, Irrtum und Leid dieselben bleiben mögen. Darum wachsen die Probleme unserer Arbeit nicht einfach aus ihrer Geschichte heraus; denn diese Geschichte und die Entwicklung der Menschen gehen im Ganzen getrennte Bahnen, weil die Menschen zum wenigsten von der kirchlichen Arbeit, zumeist von ganz andern Faktoren bestimmt werden.

Wichtige Gedanken über die Heranziehung dieses Objektes in unsere Arbeit finden sich in der Rektoratsrede Bassermanns über die Pr. Th. als eine selbständige wissenschaftlich-theologische Disziplin. Weil jeder, der Menschen beeinflussen will, sie in ihrer Natur verstehen muß, darum bedarf es der Anthropologie, der Ethnologie und der Psychologie. Von diesem Programm hat Drews mit seiner weithin erklungenen Losung von der Rel. Volkskunde einen wichtigen Teil zu verwirklichen begonnen. Mit Recht betont er in seinem bedeutsamen Artikel des ersten Heftes der Monatsschrift für die kirchl. Praxis, daß im Interesse des zukünftigen Praktikers dieser Zweig der Pr. Th. den Stand des rel. Lebens streng wissenschaftlich aufnehmen und darstellen soll. Der Geist des modernen Realismus, der mit dieser Arbeit in unsere Disziplin einzieht, wird nicht mehr zu bannen sein. Er wird hoffentlich alle unwahren Meinungen und die darauf gegründeten Praktiken aufscheuchen, die sich in den Eulennestern der Überlieferung festgesetzt haben, wie z. B. die Unart, 12jährigen Kindern Sündengefühl, Erlösungsbedürfnis und asketische Neigungen zu insinuieren, wodurch die Wahrheit verletzt und die Unwahrhaftigkeit befördert wird. Diese realistische Arbeit bedarf noch der Erweiterung; sie muß ausgedehnt werden auf die Erkenntnis der Leute nach allen Seiten hin, die für unsere Arbeit in Betracht kommen, z. B. auf die Fragen, wie weit das reale Gemeinschaftsgefühl reicht, wie die Leute zur Liturgie stehen, was sie zur Kirche treibt, wie die sittlichen Auffassungen der Fabrikarbeiter, der sog. Gebildeten, der Bauern im Durchschnitt sind. Dabei würde man natürlich auch auf geschichtliche, soziale, landschaftliche Momente kommen, um ein Dorf, eine Schicht, ein Lebensalter ganz zu verstehen. Der Dozent kann wenigstens den Sinn für diese Arbeit schärfen und Methoden zu ihrem Betriebe mitgeben; die Hauptsache müssen die zukünftigen Pfarrer natürlich selbst leisten. So erhebt sich neben dem ersten Pfeiler, dem aus der *Geschichte* gewonnenen Ideal unserer Arbeit, ein zweiter, nämlich die Erkenntnis der gegenwärtigen Wirklichkeit; über diese beiden Pfeiler mag unsere Pr. Th. wohl sicher ihre Brücke schlagen. Doch fehlt noch eins an dem zweiten Pfeiler, nämlich die *psychologische* Erkenntnis der Art, wie sich vermöge des stets gleichbleibenden psychischen Mechanismus des Menschen eine Einwirkung und dauernde Beeinflussung mittels der verschiedenen Arten unserer kirchlichen Tätigkeit erzielen läßt. Zwar macht sich später jeder Prediger, Liturg, Katechet und Seelsorger seine Hauspsychologie selbst; aber warum soll dieses wichtige Fundament aller Einwirkung auf Menschen nicht ausführlich und gesichert der theoretischen Erkenntnis unserer praktischen Prinzipien zugrunde gelegt werden, wie das die Pädagogik schon seit hundert Jahren tut?

Auf diesen beiden Pfeilern, dem Ideal und der gegenwärtigen Wirklichkeit, ruht die Arbeit der Pr. Theologie; die wissenschaftlichen Grundlagen aber, auf denen jene Pfeiler stehen, sind die *Geschichte*, die *Volkskunde* und die *Psychologie*. Das scheint der

Gang der geschichtlichen Entwicklung unserer Disziplin zu lehren. Das Ideal gibt die Geschichte, wenngleich man sich da sorgfältig davor hüten muß, daß man nicht das, was die Zweckmäßigkeit und die persönliche Liebhaberei sich erkiest haben, in die geschichtliche Entwicklung als ihre Tendenz hineininterpretiert; denn auch von dieser modernen Bibel, der Geschichte, gilt, was von der alten gesagt wurde: quaerit et invenit dogmata quisque sua. Die Geschichte gibt ein Verständnis des Bodens, der Wirklichkeit, auf der man steht; sie zeigt ferner als Geschichte der einzelnen Tätigkeiten der Kirche den ursprünglichen Sinn und die Verschlimmbesserungen so mancher Institution, z. B. der Konfirmation; sie lehrt uns das Recht, auf die Beseitigung von allerlei Einrichtungen loszuarbeiten, deren Daseinsrecht mit den geschichtlichen Bedingungen geschwunden ist, die sie einst hervorgerufen haben; ebenso lehrt sie den Praktiker für neue, geschichtlich gewordene Lagen, gemäß seiner Kenntnis der Geschichte und ihrer Gesetze, die dafür heilsamen Maßregeln zu finden; ich denke an die Seelsorgegemeinde, reine Kultusgottesdienste, apologetische Bemühungen um die Suchenden unter den Gebildeten. Der Geschichte zur Seite tritt die empiristische Aufnahme der hierhergehörigen Gegenwart mit Anwendung aller wissenschaftlichen Methoden, und endlich die Psychologie, die den ganzen Umfang, Zusammenhang und Vollzug des menschlichen Seelenlebens darzustellen hat! So können wir hoffen, eine Praxis großzuziehen, die nicht mehr an den Krücken einer kurzen und schlechten Vikariatserfahrung ihre Straße humpelt, sondern die in dem frohen Gefühl, alles zu besitzen, was in der Macht des Menschen steht, um Menschen unserer Tage christlich zu beeinflussen, fröhlich ihre Straße zieht. Nach dieser *historischen* Ableitung unserer Forderung, die wissenschaftlichen Grundlagen der Pr. Th. zu erweitern, bedarf es noch einer *prinzipiellen* Begründung. Diese hat das Verhältnis einer solchen Pr. Th. zu der Gesamttheologie und dann ihren wissenschaftlichen Charakter festzustellen.

Das Verhältnis einer solchen Pr. Th. zu der Gesamttheologie ist viel enger als das der alten Art unserer Disziplin, die im wesentlichen als Technik gedacht, gleich gut und gleich schlecht zu einer jeden Art von Theologie paßt. Zunächst nimmt sie an dem ganzen Geist der Behandlung der Th. teil; sie hat die Historisierung der Theologie mitgemacht, jetzt wird sie auch die beginnende und so nötige Psychologisierung mitmachen. Sie wird eben vermöge dieser engen Beziehung zur ganzen Theologie ein ganz anderes Geschlecht von Pfarrern großziehen, als die alte getan hat. Es sind eben die Imponderabilien der ganzen Haltung und des ganzen Geistes, die von der theoretischen in die praktische Theologie und von da aus in das Amt hinüberströmen. Das entzieht sich natürlich unserer Einwirkung und auch unserer Darstellung; wir haben hier nur auf das enzyklopädische Verhältnis zu achten. Wie verträgt sich unsere Disziplin mit den so viel feineren Schwestern, die nicht durch das Hauskleid in Verlegenheit gebracht werden?

Wir wollen es vermeiden, durch allzu eifrige Bemühung um einen Platz an der Sonne der Wissenschaft den Verdacht der eigenen Schwäche zu nähren. Wir wollen nur den gegenwärtigen Stand der Diskussion kurz skizzieren. Das erste Heft des dreizehnten Jahrganges der Zeitschrift für Theologie und Kirche bringt eine in dreifacher Schlachtreihe aufrückende Gedankenmasse zur Verteidigung des kirchlichen und zugleich wissenschaftlichen Charakters der Th. Es wird also gegen zwei Fronten gekämpft: einmal gegen die in der Kirche herrschende Partei, die sich gegen die neue, geschichtlich orientierte Th. als gegen ihre schlimmste Feindin wehrt, und dann gegen eine Auffassung der Th. überhaupt, die durch ihre kirchliche Abzweckung ihren rein wissenschaftlichen Charakter gefährdet glaubt. Gegen die Anklage der Unkirchlichkeit behaupten Hegler, Traub und Gottschick, daß sie zwar der gegenwärtigen Rechtskirche und der sich mit ihr identifizierenden Partei nicht dienen, aber wohl der großen Gemeinschaft des Glaubens im reformatorischen Sinn. Ihr diene man am besten durch ein Studium des Evangeliums, das durch keine Augenblicksrücksichten gebunden ist. Diese Theologen bleiben also auf der durch Schleiermacher und Ritschl bezeichneten Linie: die Theologie ist um der Kirche willen da. Nun aber hat sich manches gegen früher geändert. Heute ist das Verhältnis zwischen den theologischen Fächern und der Praxis nicht mehr dies, daß jene ihr durch unmittelbare Verarbeitung ihrer Stoffe für die Praxis dienten, sondern sie glauben ihre Arbeit um so besser zu tun, je mehr sie ganz allein auf ihre eigene Lektion sehen. Dann bedarf es aber offenbar einer besonderen Disziplin, die den geschichtlich begründeten Anschluß der Theologie an die Kirche herzustellen hat, daß sich die Arbeit der Kirche auf die Theologie gründet und die Arbeit der Theologie in die der Kirche mündet. Das ist die Aufgabe der Pr. Th. Der Kirche sei sie ein Memento, daß sie ihre Praxis möglichst tief historisch und prinzipiell fundamentiere, ihren Fakultätsschwestern eine Mahnung, daß sie ihre Ehre in der möglichst gründlichen Ausbildung der zukünftigen Kirchendiener suche. Die tiefste Rechtfertigung der Pr. Th. als einer Wissenschaft liegt darin: das ist die beste Praxis, die sich auf die Theorie stützt; das ist aber die beste Theorie, die der Praxis ihre Grundlagen liefert.

Aber muß sie nicht um dieses praktischen Zweckes willen mit ihrer ganzen Sippe vor den andern hohen Wissenschaften erröten, die keinen derartigen Zweck haben? Fällt sie nicht unter das Urteil von Lagarde, daß die wahre Wissenschaft nur die Wahrheit erforschen, aber keinen Zweck verfolgen soll? Indessen, haben nicht die Naturwissenschaften in praktischen Lebenszwecken ihren Grund? Von den andern, unter dem Namen Kulturwissenschaften zusammengefaßten Wissenschaften hat Heinrich Rickert in seinem schönen Vortrag über Natur- und Kulturwissenschaften nachgewiesen, daß sie ihren Grund und ihr Recht an den Kulturwerten haben, ohne die wir nicht leben könnten; denn wer würde Geschichte treiben, wenn es keinen Staat gäbe?

Darum ist um der Kirche willen die Th. Wissenschaft. Nach der Rickertschen Regel gibt ihr das Kulturgut der Kirche ihr Daseinsrecht als Wissenschaft. Weit entfernt also, daß ihr Zweck die Theologie herabsetzte. Gerade dieser Zweck der Kirche verlangt eine wissenschaftliche Bearbeitung des ganzen mit ihm in Beziehung stehenden Gebietes. Eine wissenschaftliche, nämlich eine genaue, vollständige und zusammenhängende Behandlung, die notwendige Erkenntnis gibt. Denn der Charakter des Notwendigen macht Wissen zur Wissenschaft. Aber wie steht es mit der wissenschaftlichen Methode? Alle andere wissenschaftliche Arbeit hantiert mit der Kategorie Ursache und Wirkung als ihrem vornehmsten Werkzeug. Mit ihm sucht sie herauszufinden, auf welche Erscheinungen andere notwendig folgten und aus welchen Erscheinungen andere notwendig hervorgehen. Diese Untersuchung der Kausalzusammenhänge steht im großen Dienste des großen Zweckes aller Wissenschaft, mag sie es Wort haben oder nicht, nämlich die großen Kulturgüter zu sichern und zu fördern. Denn wie kann man Zwecke erreichen und Mittel dazu in Bewegung setzen, wenn man nicht weiß, welche Dinge sicher auf andere folgen? Das ist auch der Sinn der ganzen geschichtlichen Arbeit der Theologie: Erkenntnis der Vergangenheit im Dienste der in der Zukunft liegenden Zwecke. Von da aus ist es nicht schwer, unsere Methode in der Pr. Th. zu rechtfertigen. Wir wollen vom historisch festgestellten Zweck und dem historisch verständlich gemachten Boden ausgehen, um an Hand geschichtlich begründeter Regeln nach Grundsätzen zu suchen, die von der Wirklichkeit nach dem Ideal führen. Diese Aufgabe erheischt also keine kausale, sondern eine finale, teleologische Methode. Und die ist für unsere Aufgabe die einzig richtige und kann sich getrost neben der andern als wissenschaftlich sehen lassen. Denn sie allein vermag die Aufgabe zu erfüllen, die uns der erforderte Anschluß zwischen Theologie und Kirche stellt, die die übliche rein geschichtliche Arbeitsweise der Pr. Th., womit sie dem Geist der Zeit ihren Tribut zollt, nicht leisten kann. Diese Arbeitsweise verdient den Namen wissenschaftlich; denn sie sucht notwendige Erkenntnis der Grundsätze des Handelns aus dem Ideal und der Wirklichkeit zu gewinnen. Ihr Ideal wäre ein straff gespanntes Netz von Grundsätzen kirchlicher Arbeit, das sich zwischen Ziel und Wirklichkeit ausdehnte und in dem jeder Grundsatz seine notwendige Stelle einnähme.

Es bleibt uns drittens noch eine kurze Skizze davon übrig, wie sich die genannten Prinzipien unserer wissenschaftlichen Pr. Th. in der Ausführung der einzelnen Fächer selbst anwenden lassen.

Sollen wir nicht hoffen, tüchtige und erfolgreichere Prediger großzuziehen, wenn wir die *Homiletik* etwa nach folgenden Gesichtspunkten bearbeiten? Ein geschichtlicher Teil müßte zuerst die Geschichte der Predigt bearbeiten. Dabei käme es darauf an, nachzuweisen, wie sich immer aus einer ganz besonderen Zeitlage mit ihren religiösen, kulturellen und sozialen Faktoren eine gewisse Art der Predigt ergeben hat. Daraus müssen sich Regeln ableiten lassen, wie die Aufgabe der Predigt unter den heutigen Verhältnissen zu fassen ist. Ferner wäre dabei darauf zu achten, wie die aufeinanderfolgenden Predigtarten und Predigtideale Momente enthalten haben, von denen die einen wieder versunken und die andern auf eine längere Zeit hin geblieben sind, und warum das so geschah. Wichtig wäre auch eine Prüfung des Erfolgs und Mißerfolgs bestimmter Predigtweisen, um Regeln und Gesetze für unser heutiges Verfahren zu gewinnen. Daneben muß in diesem Teile der geschichtliche Predigtstoff, d. h. vor allem die Schrift eingehend untersucht werden, natürlich mit dem Auge des historisch geschulten Theologen. Dabei würde sich der ganz praktische Charakter der biblischen Schriften herausstellen; und fiele auch manche herkömmliche Anwendung der Kritik zum Opfer, aus dem eigentlich historischen Sinn würde sich manche ungleich treffendere Anwendung ergeben; denn die Tendenz der Einwirkung und die Art der Menschen sind heute noch ungefähr dieselben wie damals. Auf der andern Seite erkennt der historische Blick auch, welche Anwendung aus einer rein zeitgeschichtlich erklärbaren Gedankenreihe herauszuholen ist, etwa aus der Messianität Jesu oder den Genesiserzählungen; denn er erkennt den innersten, die Erzählung konstituierenden Gedanken und den auf der Linie historischer Kontinuität liegenden Gegenwartswert jener Geschichten und Gedanken.

Daran schlösse sich in einem zweiten Teile das Studium des entfernteren Objektes, der Menschen. Wie stehen sie der Predigt gegenüber? Warum suchen und warum meiden sie sie? Wie ist das historisch zu erklären? Welche rel. Interessen und Vorstellungen haben heute die Leute in den verschiedenen Kreisen, Gegenden und Schichten? In welcher seelischen Verfassung sind die Konfirmanden bei der Konfirmation, die Leidtragenden auf dem Kirchhof? Wie ist, psychologisch angesehen, der Mensch überhaupt zu beeinflussen? Wodurch läßt er sich erheben, bewegen und trösten? Wie verhalten sich untereinander Vorstellung, Gefühl und Wille? Was ist zu machen, wenn der Kopf atheistisch ist, aber das Herz ist voll Sehnsucht nach Gott? Auf diesen beiden Pfeilern, Ideal und empirische Wirklichkeit, müßte sich dann die Theorie der heutigen Predigt und lit. Rede erheben. Es muß dabei genau erwogen werden, welche Resultate sich aus dem geschichtlichen Idealbegriff und der Art der Leute von heute ergibt; beide Rücksichten müssen Inhalt und

Form der Predigt bestimmen, keine allein; sonst werden wir entweder der Vergangenheit oder der Gegenwart nicht gerecht.

Ähnlich steht es mit der *Katechetik*. Sie hat zunächst streng geschichtlich den Sinn der Konfirmation festzustellen. Sie erkennt ihre orthodoxen, pietistischen und rationalistischen Zusätze als aus dem Geist der Zeit erklärbare Wucherungen an. Diese müssen vermöge unserer tieferen Auffassung des Christentums und unserer realistischeren Auffassung der Jugend beseitigt werden; oder man muß diese Zusätze so modifizieren, daß sie der ursprünglichen Idee und unserer Zeitlage sich anpassen. Das sind ja doch die beiden goldenen Regeln jeder historisch verfahrenden Praxis: Andere Verhältnisse, andere Aufgaben und Gesetze für die Gegenwart aus dem Verfahren der Vergangenheit. Das gilt auch vom Unterricht, dessen Aufgabe aufgrund der historisch gegebenen Ideale in genauem Verhältnis zu unserer heutigen Konfirmation und unserer heutigen Zeit zu bestimmen ist. Im Umriß wird der Stoff gezeichnet, der ev. Kindern nahegebracht werden muß, um sie in der Konfirmation zur Gemeinde bestätigen lassen zu können, so daß sie an der vollen Kultgemeinschaft, an den Gaben und Aufgaben der Gemeinde teilnehmen. Aber die Auswahl und Darbietung dieses Stoffes hängt von der Beschaffenheit des Kindes ab. Darüber hat die Pädagogik ein Wort mitzureden. Darum muß das Kind in seiner rel. sittlichen und intellektuellen Art geschildert werden; sonst weiß der Lehrer nicht, was das Kind mitbringt und wie es beeinflußt werden kann. Daraus ergibt sich einmal der Stoff, indem man ihn unter dem Gesichtspunkt des Zieles der ganzen Unterweisung, der Anknüpfung an das Vorhandene und der Ergänzung des Bekannten zusammenstellt; dann ergibt sich aber auch die halbe formale Katechetik, wenn man das wundervolle Getriebe der Psyche eindringend studiert und verstanden hat. Daneben muß die Pädagogik ausführlich zu Worte kommen mit all ihren gegenwärtigen Bemühungen um ein besseres Verständnis des Religionsunterrichtes. Aus diesem Ziel des Unterrichtes und dieser Hilfeleistung der Pädagogik ergibt sich eine Reihe von Prinzipien über die Anlage des Unterrichtsganges, ein Verständnis der Katechismen, des Bibel- und Gesangbuchgebrauchs und der Bedeutung des persönlichen Verhaltens des Katecheten. Und aus alledem kann man hoffen, die jungen Anfänger im Amt sicherer vor dem Völkchen der Konfirmanden zu machen, als wenn man sich in Details des Mysterienkultus oder der Entstehungsgeschichte griechisch-katholischer Katechismen verliert. So mag auch hier die Empirie der Geschichte das Gleichgewicht halten, so mag sich auch hier zwischen beiden ein Netz spannen, in dem alles, was sonst reiche Erfahrung an gutem Rat zu geben weiß, seinen sicheren Ort und damit wissenschaftlichen Charakter erhält.

Eine dritte Disziplin fasse Seelsorge und I. Mission unter dem Namen *Gemeindearbeit* zusammen. Wiederum gibt da die Geschichte das Ideal christlich ev. Gemeindelebens her, nämlich die Christengemeinschaft, die sich untereinander zu Hilfe und Trost verpflichtet ist. Daneben tritt eine realistische Schilderung davon, wie denn die Gemeinden wirklich zu sein pflegen, wie groß die persönliche Christlichkeit, das Gemeinschaftsgefühl, die sittliche Höhenlage ist, welches die rel. Anschauungen, die häuslichen und sozialen Umstände sind, wenn man dabei auch nur Umrisse, Winke und Methoden zu individuellen Studien geben kann. Daraus folgt dann, was an Gemeindeleben auf diesem Boden von jenem Ideale möglich ist. Dieser Gang der allgemeinen Grundlegung wiederholt sich dann in allen Zweigen der Gemeindeaufgabe, wie sie aus Ideal, Wirklichkeit und geschichtlicher Überlieferung abzuleiten sind. So muß z. B. das Verhalten am Krankenbett immer bestimmt werden einmal durch die Idee der Krankenseelsorge, wie sie sich aus der Geschichte und der ganzen Gemeindeaufgabe ergibt, aber dann auch aus realistischem Einblick in das psychische Leben der Kranken selbst. Dieses Schema zieht sich durch die ganze Breite der Darstellung der Gemeindearbeit hindurch, wo seine Anwendung möglich und nötig ist. Dieser Dreiklang – Aufgabe, Zustand, Prinzip des Verfahrens – bewahre diese Disziplin vor der naheliegenden Gefahr, ein Leitfaden mit guten Ratschlägen zu werden. Alle Einzelausführungen sollen durch den Gedanken verbunden werden, daß die verschiedenen Aufgaben gemäß der geschichtlichen Idee der Gemeinde Tätigkeiten sind, die die Gemeinde an der Gemeinde vollzieht, daß sie werde, was sie ist, nämlich eine Gemeinde von Christen, die aufgrund der Zugehörigkeit zu Jesus dem Vater vertrauen und sich untereinander liebhaben.

Die eben behandelten kirchlichen Tätigkeiten, Predigt, Katechese und Seelsorge, geben der freien Produktion einen großen Spielraum, so daß es für sie vor allem darauf ankommt, den Boden zu kennen, auf dem gearbeitet werden soll. Anders ist es bei der *Liturgik*. Dabei handelt es sich um die Anwendung fester überlieferter Formen, deren Abänderung nicht Sache des einzelnen Pfarrers, sondern der kirchlichen Entwicklung ist. Trotzdem bedarf es auch hier unserer Grundlagen. Denn sie läßt doch der freien Produktion ein weites Feld der Betätigung. Es kommt ihr darauf an, Grundsätze zum richtigen Aufbau eines Gottesdienstes zu finden, der erhebend und erbauend den Idealgehalt der Gemeinde darstellt. Sie wird dazu vor allem die Anknüpfung an die Überlieferung suchen; denn der aller Religion eigentümliche konservative Zug ist nirgends empfindlicher als hier. Sie wird aus der Geschichte das Ideal ev. Gottesdienstes erheben, um die vorgeschriebenen lit. Stücke in ihren tiefsten Interessen zu verstehen und zu beurteilen. Innerhalb dieses feststehenden Rahmens gilt es nun, in einer künstlerisch zu nennenden Weise zu arbeiten. Nur so entspricht der Gottesdienst seiner Aufgabe, in einer durch den bestimmten Feiertag gegebenen Weise den symbolischen Verkehr der Gemeinde mit Gott herzustellen. Dazu bedarf es ebenfalls der Kenntnis des persönlichen Objektes. Und zwar in volkskundlicher und psychologischer Hinsicht. Welche Gefühle bringen die Leute mit in die Kirche? Wie lange pflegt die Pietät nicht mehr verständliche Stücke noch festzuhalten? Welche neuen Gefühlsassoziationen haben alte Stücke umrankt? Wie wird das Apostolikum aufgefaßt? Mit welchen Liedern muß man die Stimmung der Gemeinde am Konfirmationstage fassen und erheben? Dazu aber tritt eine psychologische Besinnung über Gefühl und Stimmung. Die Bedeutung der Stimmung als des Grundes, aus dem die Gedanken und Entschlüsse auftauchen, Grundsätze zur Erweckung bestimmter Gefühle und Stimmungen durch anknüpfendes Erklingenlassen klassischer Ausdrücke jener Stimmung, Gesetze der Beziehungen jener Stimmungen untereinander, wie sie sich stärken, schwächen, aufheben. Das müßte die Grundlage für die Sonntagsarbeit des Pfarrers an seiner Liturgie sein. Hat er daneben noch Zeit und Lust, dann mag er theoretisch mitarbeiten, daß sich unsere Liturgie immer mehr zu einem adäquaten Ausdruck des heutigen Gemeindeempfindens gestalte; immer natürlich nach den geistigen Gesetzen, die dem allgemein gültigen Ausdruck ein langsames Hinterher im Vergleich zum allgemein gewordenen Gefühl vorschreiben.

So gilt es durch die ganze Breite der Theorie der kirchlichen Tätigkeiten die Erkenntnis des Ideals zu ergänzen durch die der gegenwärtigen Wirklichkeit; denn anders bekommt man keine Grundsätze für die praktische Arbeit. So wird die Vergangenheit fruchtbar zur Erkenntnis des in der Zukunft liegenden Zieles, so wird sie auch fruchtbar zur Erkenntnis der gegenwärtigen Wirklichkeit. So wird die Erkenntnis der geschichtlichen Ursachen und Wirkungen verwertet zur Erkenntnis der Mittel zum Zweck. Und das ist alles als wissenschaftliche Tätigkeit zu betreiben; und zwar sind die Erkenntnis der *Vergangenheit*, der *Gegenwart* und der *menschlichen Psyche* die wissenschaftlichen Grundlagen unserer Pr. Th., ihre wissenschaftliche Methode aber ist die Anordnung ihrer ganzen Arbeit unter dem Gesichtspunkt des Zweckes und der Mittel, um auf diese Weise das zur Wesensbestimmung der Wissenschaft erforderliche Moment des Notwendigen und Allgemeingültigen zu erreichen.

Eine intimere Aussprache mit allerlei Leuten aus unserer Zeit, besonders mit wirklich gebildeten und tiefer angelegten Geistern, läßt einen immer wieder die schmerzliche Wahrnehmung machen, daß sich viel mehr Männer und Frauen aus diesen Kreisen am kirchlichen Leben beteiligten, wenn besser gepredigt, besser unterrichtet, wenn die Feier erhebender und der seelsorgerliche Umgang förderlicher gestaltet würde. Es sind heute in dieser religiös erregten Zeit viel mehr Leute zu haben, als sich unser Pessimismus träumen läßt; aber sie werden viel mehr durch das Versäumnis und das Ungeschick der Kirche zurückgehalten, als unser Stolz zugeben will. Darin liegt unser Trost und darin liegt unser Sporn. Die Arbeit, unserem Geschlecht das Evangelium in einer dem alten Evangelium und der neuen Zeit entsprechenden Weise darzubieten, wird am besten gelingen, wenn der Geist Rothes, der genius loci, sie leitet und segnet, dessen herzliches Sehnen darauf gerichtet war, daß auch seiner und unserer Zeit der Herr Christus seine Heilandsdienste erwiese.

Carl Clemen, Zur Reform der praktischen Theologie (= Studien zur praktischen Theologie, 1. Band, Heft 1). Gießen: Alfred Töpelmann [jetzt: Walter de Gruyter & Co., Berlin] 1907, S. 12—23 u. S. IV.

DIE METHODE DER PRAKTISCHEN THEOLOGIE

Von Carl Clemen

Vergleichen wir Schleiermachers Vorlesungen über praktische Theologie mit ihren späteren Bearbeitungen, so ergibt sich schon vor jedem Eingehen auf Einzelheiten ein tiefgreifender Unterschied. Schleiermacher beginnt sofort mit der Entwicklung seiner Ansichten und Forderungen; die späteren geben immer erst ein mehr oder minder ausführliches historisches Referat.[1] Nitzsch hat diese zuerst von ihm befolgte Methode damit begründet, daß das geschichtliche Wahrnehmen, das logische Entwickeln und das technische Vorbilden allenthalben ineinandergehen müßten.[2] Und in der Tat wäre es eine ähnliche Einseitigkeit, wie sie bei der Begriffsbestimmung der praktischen Theologie zu vermeiden war, wenn wir bei der Entscheidung über ihre Methode die eine Betrachtungsweise über der oder den andern ganz außer acht lassen wollten.

Auszugehen wird allerdings vom geschichtlich Gegebenen sein; denn Gemeinschaften und Organe von solchen Einrichtungen und Veranstaltungen, durch die das religiös-sittliche Leben gepflegt und gefördert würde, lassen sich nicht so leicht hervorrufen, daß man von den bereits vorhandenen absehen dürfte. Um aber dieses geschichtlich Gegebene zu verstehen, muß man zugleich die Vergangenheit heranziehen, aus der es zum Teil allein begreiflich wird. Vielfach freilich wird sich dabei ergeben, daß es aus Anschauungen oder Verhältnissen entstanden ist, die nicht mehr die unsrigen sind und daß es also auch für uns nicht mehr paßt. Aber immer wird

[1] Sachsse, Halte was du hast 1900, 665 sagt sogar: „Sehen wir uns die Vorlesungen oder Handbücher über diese Wissenschaft an, so bestehen sie zu drei Vierteln aus geschichtlichem Stoff."

[2] Prakt. Theologie I, 1847. ²1859, 121.

die Geschichte zunächst nur insoweit heranzuziehen sein, als sie zum Verständnis der Gegenwart dient.

Und doch ist das nun nicht der einzige Nutzen der Historie für das Leben der Kirche; sie kann auch da für uns lehrreich werden, wo sie bis jetzt in der Gegenwart nicht mehr nachwirkt. Inwiefern das zutrifft, läßt sich nun freilich nicht im voraus entscheiden; man muß zunächst die ganze Geschichte (soweit sie überhaupt in Betracht kommt) durchgehen und zusehen, wo sie uns auch für die Gegenwart noch etwas lehren kann – ebenso wie man in andern Wissenschaften eine Menge Untersuchungen anstellen muß, von denen man nicht von vornherein weiß, was dabei herauskommt. Aber daß all diese Dinge nun auch in die praktische Theologie selbst gehörten, ist damit so wenig gesagt, wie daß die Dogmatik die ganze Dogmengeschichte und Geschichte der Theologie in sich aufzunehmen hätte. Allerdings haben wir ja noch keine entsprechende selbständige Disziplin, die die gesamte Entwicklung des kirchlichen Lebens darstellte; wir haben nur erst einzelne Untersuchungen darüber, und auch sie sind wenig bekannt. Es mag ferner sein, daß die Historiker vielfach für diese Fragen keine Zeit und keinen Sinn haben, obwohl ich auch nicht mit Drews sagen möchte: „Es wird Zeit, daß wir evangelischen praktischen Theologen der byzantinischen Kirche mehr als bisher unser Augenmerk zuwenden;“ [3] – denn gerade von ihr werden wir doch kaum etwas lernen können. Und vor allem dürfen diese Untersuchungen nicht in der praktischen Theologie selbst angestellt werden; in sie gehört nur derjenige Geschichtsstoff, der für uns wirklich noch lehrreich sein kann. Ja, auch er läßt sich vielfach kürzer abhandeln, als es hie und da geschieht – namentlich wenn dieselben Sachen auch in andern theologischen Disziplinen vorkommen und jedem reiferen Studenten oder praktischen Geistlichen schon vertraut sind. Dem Umstande, daß sie vielfach solchen längst bekannten Stoff wiederkäut, verdankt unsre Wissenschaft zum guten Teil den Ruf der Langweilig- und Entbehrlichkeit, in dem sie steht.

Wenn aber so das geschichtliche Material in der praktischen Theologie eingeschränkt werden sollte, so muß es auf der andern

[3] Theol. Studien u. Kritiken 1900, 480.

Seite doch auch wieder erweitert werden, und zwar in einer doppelten Richtung. Es dürfen nicht nur einzelne Perioden, es muß die gesamte Entwicklung herangezogen werden – natürlich immer nur soweit, als sie für uns lehrreich sein kann. Das gilt ja gewiß vor allem von der urchristlichen und der Reformationszeit; aber auch die spätern Jahrhunderte haben manches schon gehabt oder wenigstens angestrebt, woran man später nicht mehr gedacht hat. So zunächst das Zeitalter der Orthodoxie, über das Tholucks Forschungen [4] fortgesetzt werden sollten, namentlich aber das des Rationalismus, über den auch nach dieser Richtung hin die im gleichen Verlag wie diese Serie erscheinenden ›Studien zur Geschichte des neueren Protestantismus‹ neues Licht verbreiten werden. Und vielleicht ist auch aus andern Perioden noch mehr zu lernen, als man bis jetzt glaubt; jedenfalls eröffnet sich hier zuerst ein Arbeitsfeld, das die praktischen Theologen, wenn auch nicht im Rahmen ihrer eigentlichen Disziplin, eifriger als bisher bebauen sollten.

Indes wichtiger noch als diese zeitliche ist eine räumliche Ausdehnung unsrer geschichtlichen Studien. Gewiß wird zunächst der akademische Lehrer die Verhältnisse des Landes, bzw. wenn er vor allem Geistliche einer einzelnen Provinz vorzubilden hat und diese in kirchlicher Beziehung Eigentümlichkeiten aufweist, die Verhältnisse der Provinz berücksichtigen, deren Kirche seine Schüler später dienen wollen. Auch wer ein Lehrbuch der praktischen Theologie schreibt, wird in erster Linie die Kirchen, die seine Sprache reden und also sein Buch vor allem lesen werden, ins Auge fassen; aber tatsächlich beschränkt man sich schon unter ihnen mehr, als an sich zu erwarten wäre. Seit Schleiermacher, der ihr ja selbst entstammte, wird hie und da auf die Brüdergemeine hingewiesen; aber daß schon alles berücksichtigt wäre, was an ihr für uns vorbildlich sein kann, wird niemand behaupten wollen. Th. Harnack schrieb zunächst für die Deutschen in den russischen Ostseeprovinzen und ging daher auf ihre Verhältnisse ein; Krauss war lange Zeit Pfarrer in der Schweiz und verwertete daher vielfach dort gemachte Erfahrungen; aber sonst wird auf diese Kirchen in der praktischen Theologie nur selten verwiesen. Sulze, der in seiner

[4] Das kirchliche Leben des siebzehnten Jahrhunderts 1861 f.

›Reform der evangelischen Landeskirchen‹ eben doch eine praktische Theologie in nuce gibt,[5] erinnert gelegentlich noch an die Sachsen in Siebenbürgen; aber sollte von ihnen nicht auch sonst dies oder jenes zu lernen sein? Ebenso wie von den Freikirchen englischen oder amerikanischen Ursprungs, die freilich auch erst in neuerer Zeit größere Bedeutung erlangt haben, aber längst hätten berücksichtigt werden können?

Und sie führen uns nun zugleich zu den nichtdeutschen Kirchen hinüber, die schon immer in weit höherem Maße die Aufmerksamkeit hätten auf sich ziehen sollen, als das tatsächlich der Fall gewesen ist. Man begegnet fast regelmäßig der englischen Staats-, hie und da einer Freikirche, gelegentlich einmal den holländischen oder französischen Evangelischen – das ist aber dann auch alles. Von andern (amerikanischen, skandinavischen, italienischen, belgischen) Kirchen ist keine Rede, und auch von jenen erstgenannten längst nicht so oft, wie es angezeigt wäre.

Der nächste Grund für diese Tatsache liegt natürlich in der Schwierigkeit, die Verhältnisse einer fremden Kirche kennenzulernen. Aber sie ist doch nicht so groß, daß sie nicht zu überwinden wäre, wenn man nur wollte. Daß man sich diese Mühe nicht gibt, beruht wieder darauf, daß man von andern Kirchen nichts lernen zu können glaubt – manchmal wohl, ohne einen andern Grund für diese Annahme als etwa sein Selbstbewußtsein anzuführen imstande zu sein. Hie und da schließen wir Deutschen wohl aus unsrer wissenschaftlichen Überlegenheit, die aber auf einigen Gebieten auch schon zweifelhaft geworden ist und uns mindestens gegen die gleich tüchtigen Leistungen andrer nicht blind machen sollte, daß sie auch auf diesem Gebiet uns nichts zu lehren hätten. Oder man verweist dafür auf gewisse Mängel des außerdeutschen Kirchentums, die aber vielleicht auch nicht mehr so groß sind, wie man meint, und jedenfalls den Blick für etwaige Vorzüge andrer Nationen nicht trüben sollten. Am ehesten kann man daher noch mit Nitzsch sagen: „Deutschland ist der Schoß der skandinavischen, der slavischen evangelischen Kirchen; es hat wiederum das Resultat der schweizerischen Reformationen in sich aufgenom-

[5] 1906.

men und es selbständig verarbeitet; es steht durch rheinländisches Kirchenwesen mit dem niederländischen und allen Eigentümlichkeiten der von Genf ausgehenden Verbreitung in Verwandtschaft; es enthält die Vermittlungen zwischen dem bischöflichen und Ältesten-Prinzip in der Verfassung; es hegt protestantische Sekten; es ist das Mutterland der Brüdergemeine; es besitzt den größten Reichtum an kirchlichen Lehrmethoden und an Geschichte der Theologie; es hat den großen ausländischen Mutteranstalten der Mission die mehrsten Töchter und die größte Zahl von Missionarien gegeben; es eignet sich von allen Seiten am meisten an, teilt sich wieder nach allen Richtungen mit und pflanzt seine Sitte und Sprache in die neue Welt und in alle Weltteile fort; es bezeichnet den kirchlichen Fortschritt in allen Beziehungen, so daß die Erkenntnis und Bearbeitung deutschen Kirchentums, wie schwierig sie ebendeshalb sein mag, unstreitig in vollkommenstem Maße sich zur Berücksichtigung des Ganzen zu vermitteln verspricht."[6] Aber selbst wenn das alles wirklich oder noch zuträfe, würde es doch nicht die Schlußfolgerung rechtfertigen; denn immer bliebe es noch möglich, daß andre Kirchen *daneben* mancherlei hätten, was wir – natürlich mutatis mutandis – von ihnen annehmen könnten.

So hat denn schon der Rationalismus in seinen mancherlei Zeitschriften auch auf außerdeutsche Kirchen (ja selbst nichtchristliche Religionen) hingewiesen, und bis auf die neueste Zeit hat es nicht an solchen gelegentlichen Beiträgen zur ausländischen, wie außerlandeskirchlichen Kirchenkunde gefehlt. Auch selbständige Arbeiten sind manche erschienen, namentlich über England; aber selbst hier hat man noch nicht gründlich genug alle einzelnen Seiten des kirchlichen Lebens bei den verschiedenen Denominationen studiert. Ja, für andre Länder und Kirchen ist erst noch fast alles zu tun; es eröffnet sich also auch hier wieder ein weites neues Arbeitsgebiet für die praktische Theologie. Denn wenn auch die Symbolik als vergleichende Konfessionskunde ihr Hilfsdienste leisten wird, so kann sie doch nicht so ins einzelne gehen, wie es für unsern Zweck nötig ist. Auch wir dürfen diese Untersuchungen natürlich wieder nicht im Rahmen des Systems der praktischen Theologie anstellen,

[6] a. a. O. 36 f.

sondern nur vor- und nebenher – aber trotzdem können und müssen wir schon immer auf dasjenige unser Augenmerk richten, was für uns irgendwie vorbildlich sein kann.

Um darüber zu entscheiden, dazu wird uns zunächst wieder die Geschichte behilflich sein. Denn wenn eine Einrichtung in Verfall gekommen ist, so *kann* das wenigstens an ihr selbst liegen; mehr noch, wenn sie umgekehrt Aufnahme gefunden hat. Und am allerwichtigsten wird für uns sein, wie sich die Gegenwart zu diesen Einrichtungen verhält.

All das ist daher natürlich auch schon früher von der praktischen Theologie gelegentlich beachtet worden, aber umfassende Forschungen darüber stellte man noch nicht an. Auf ihre Notwendigkeit ist erst neuerdings hingewiesen worden – zunächst ohne daß man sie klar von andern, von denen gleich die Rede sein soll, unterschied. Das zuerst getan zu haben, ist das große Verdienst von Drews, der freilich mit diesen Untersuchungen wieder die Darstellung der kirchlichen Einrichtungen an sich verbindet. Aber wenn er in seinem Programm sagt: „Ich denke an alle Erscheinungen des kirchlichen Lebens innerhalb eines fest abgegrenzten Kirchengebiets, so daß ein klares Bild von Verfassung und äußeren Verhältnissen, Gemeindeleben und Vereinstätigkeit, Liebestätigkeit und gottesdienstlichem Leben, Ordnung und Sitte, Frömmigkeit und Sittlichkeit usw. in festen Strichen entworfen wird. Das müßte gewissermaßen eine Rechenschaft sein über den Stand, die Lebenskräfte, die Tendenzen der Entwicklung innerhalb eines geschlossenen Kirchengebietes. Man müßte dadurch sich klarwerden über den tatsächlichen Einfluß und die Macht, den hier die Kirche gegenwärtig ausübt“[7] – so legt er doch offenbar auf das letztere den Hauptnachdruck. Und auch in den von ihm angestellten oder angeregten Darstellungen des kirchlichen Lebens einzelner Landesteile[8] bildet die Schilderung der kirchlichen Einrichtungen nur die

[7] „Religiöse Volkskunde“, eine Aufgabe der prakt. Theologie, Monatsschr. f. d. kirchl. Praxis 1901, 7 f., vgl. Dogmatik oder religiöse Psychologie? Zeitschr. f. Theol. u. Kirche 1898, 149.

[8] Drews, Das kirchliche Leben der evang.-luth. Landeskirche des Königreichs Sachsen 1902; Schian, Das kirchliche Leben der evang. Kirche der Provinz Schlesien 1903.

– allerdings unentbehrliche – Voraussetzung. Dann aber fragt es sich auch, ob für diese Untersuchungen der Name 'Kirchenkunde' paßt, ob er nicht besser für die Darstellung der kirchlichen Einrichtungen an sich reserviert werden sollte, von denen ich ihn vorhin schon gebrauchte. Allerdings verstand Harms, auf den sich Drews beruft, unter ›Kirchenkunde und Schulenkunde der drei Herzogtümer‹, worüber er 1835 las, ›Vorführung des Zustandes der Kirche und der Schulen der Herzogtümer, wie er gegenwärtig ist in aller Hinsicht, verbunden mit Urteil über einzelne Vorkommenheiten‹[9] – aber besser wäre für die letzteren Untersuchungen in Analogie zu einem gleich zu erwähnenden Ausdruck wohl der Name 'kirchliche Volkskunde' zu wählen. Indes darauf kommt es ja schließlich nicht so sehr an; die Hauptsache ist, daß diese Arbeit überhaupt in die Hand genommen wird.

In dem Gesagten liegt zugleich, daß dazu zunächst einzelne Landesteile für sich studiert werden müssen. Später kann man, soweit sich gemeinsame Resultate ergeben, zusammenfassen; auf der andern Seite aber muß man sogar noch mehr differenzieren. Die verschiednen Lebensalter, Geschlechter, Stände verhalten sich auch zu den kirchlichen Einrichtungen verschieden, wie das ja mit Bezug auf einige hie und da schon beobachtet worden ist – in Zusammenhang mit andern Untersuchungen, zu denen wir nun in der Tat weitergeführt werden.

Man kann nicht dabei stehenbleiben, das tatsächliche Verhalten unsrer Zeitgenossen zu den kirchlichen Einrichtungen zu konstatieren, man muß nach den Gründen dafür forschen. Teils ergeben sie sich durch Gespräche mit ihnen, teils durch Lektüre ihrer verschiedenen Äußerungen über dieses Gebiet; neuerdings legt man ihnen auch bestimmte Fragen zur schriftlichen Beantwortung vor. Besonders in Nordamerika wird diese Methode gern angewandt;[10]

[9] Beiträge u. Mitteilungen des Vereins f. schlesw.-holstein. Kirchengeschichte 1898, 47 ff.

[10] Vgl. z. B. Starbuck, A study of conversion, American Journal of Psychology 1896/97, 268 ff.; Kline, The sermon: a study in social psychology, American Journal of Religious Psychology and Education 1904/05, 288 ff.

auch in Frankreich und der Schweiz kommt sie jetzt auf;[11] bei uns hat sich auf diese Weise schon 1898 Rade über ›Die religiös-sittliche Gedankenwelt unsrer Industriearbeiter‹ zu orientieren versucht.[12] Und so mag uns auch weiterhin (trotz unsrer Zurückhaltung in diesen Dingen) zugleich auf diesem Wege manche Einsicht in die religiös-sittlichen und sonstigen Anschauungen unsrer Zeit eröffnet werden.

Denn die Notwendigkeit einer genauen Kenntnis derselben wird ja immer allgemeiner anerkannt. Bornemann[13] und Schlatter[14] wiesen schon vor zwanzig Jahren darauf hin; andre folgten – freilich zunächst, wie schon bemerkt, ohne diese Aufgabe klar von der vorhin besprochenen der kirchlichen Volkskunde zu unterscheiden. So ging auch in den ersten praktischen Versuchen dieser Art beides (wie es ja tatsächlich eng zusammenhängt) nebeneinander her; da es sich aber in erster Linie doch um eine Schilderung der religiös-sittlichen, nicht der kirchlichen Zustände handelt, ist dies wohl der Ort, etwas genauer davon zu reden.

Man hat natürlich auch hier differenzieren müssen, teils nach Ständen, teils noch weiter nach Gegenden – manchmal, ohne das selbst zu merken. So schildern z. B. J. Müller[15] und J. Weisz[16] doch nur Gebildete, Gebhardt in seiner (anonym erschienenen) bäuerlichen Glaubens- und Sittenlehre[17] doch zunächst den mitteldeutschen Bauer. Andre, wie Göhre[18] und Rade, fassen ausdrücklich den Fabrikarbeiter ins Auge, und Gerade will nur seine ›Erlebnisse und Beobachtungen als Dorfpastor‹ schildern,[19] Kühn ›Skiz-

[11] Vgl. z. B. Arréat, Le sentiment religieux en France 1903.

[12] 1898.

[13] Die Unzulänglichkeit des theol. Studiums der Gegenwart 1885, ²1886, 89.

[14] Bericht über die Verhandlungen der schweizerischen reformierten Predigergesellschaft im Jahre 1887, 1888, 118 f.

[15] Die Evangelisation unter den Entkirchlichten 1895, 7 ff.

[16] Die Nachfolge Christi 1897, 104 ff.

[17] 1885. ²1890.

[18] Drei Monate Fabrikarbeiter und Handwerksbursche (1891).

[19] 1895.

zen aus dem sittlichen und kirchlichen Leben einer Vorstadt‹[20], Keller ›Erinnerungen eines Gebirgspfarrers‹[21] geben. Endlich hat Förster an einzelnen typischen Persönlichkeiten ›das Christentum der Zeitgenossen‹ geschildert[22] und Frommel ›neuere deutsche Dichter in ihrer religiösen Stellung‹ gekennzeichnet.[23] Von Zeitschriften[24] bringt namentlich die ›Monatsschrift für die kirchliche Praxis‹ derartige Beiträge, nachdem Drews dazu aufgefordert und für dieses neue Arbeitsgebiet den Namen „religiöse Volkskunde“ vorgeschlagen hatte. Er ist ja gewiß auch durchaus zutreffend, weniger dagegen die Bezeichnung jener Schilderungen typischer Persönlichkeiten, die sich doch ganz naturgemäß an diejenigen immer kleinerer Kreise anschließt und also keines besondern Namens bedarf, als religiöser Psychologie. Drews selbst hat darunter ja wohl auch früher zunächst etwas andres verstanden,[25] was ebenso Wrede, auf den er sich für seine Forderung beruft, in erster Linie im Auge gehabt haben dürfte[26] und worauf wir in der Tat durch das Bisherige wieder von selbst weitergeführt werden.

Wenn wir nämlich die religiös-sittlichen und sonstigen, hier in Betracht kommenden Anschauungen der verschiednen Stände (und ebenso der beiden Geschlechter und einzelnen Lebensalter) kennen gelernt haben, dann müssen wir wieder fragen: Wie erklärt sich das? Warum legen die Leute auf diese Anschauung Wert und lehnen jene ab? Was wollen sie überhaupt vom Christentum? Welches sind ihre innern Bedürfnisse?

[20] 1902. 04.

[21] 1902.

[22] Zeitschr. f. Theol. u. Kirche 1899, 1 ff.

[23] 1902.

[24] Aus ausländischen führe ich nach dem American Journal of Religious Psychology and Education 1904/05, 84 ff. 95 ff. an: Leuba, The contents of religious consciousness, Monist 11, 536 ff. („a critical examination of carefully selected materials collected by means of a questionnaire“) und Flournoy, Observations de psychologie religieuse, Archives de Psychologie II, 327 ff. („six religious autobiographies accompanied by comments“).

[25] Zeitschr. f. Theol. u. Kirche 1898, 146.

[26] Der Prediger und sein Zuhörer, Zeitschr. f. prakt. Theol. 1892, 49.

Natürlich muß man auch hier wieder zunächst zwischen den einzelnen Lebensaltern unterscheiden. Die Bedürfnisse des Kindes sind andre als des jungen Menschen, die des jungen Menschen andre als des Erwachsenen. Sehr früh geht auch schon das Empfindungsleben der Geschlechter auseinander, und ebenso bestehen zwischen den einzelnen Ständen große Unterschiede. Der Gebildete und Wohlhabende sehnt sich nach etwas anderm als der Arme und Einfältige, der nüchterne Denker nach etwas anderm als der warm, phantasievoll Empfindende. Und doch sind in vieler Beziehung die meisten auch wieder im letzten Grunde gleich; die tiefsten und innersten Bedürfnisse sind doch immer allen gemeinsam. So wird man hier in der Tat auf eine Psychologie des religiös-sittlichen Lebens geführt, wie sie Wrede und ursprünglich auch Drews im Auge hat. „Ihre Aufgabe müßte sein", sagt der erstere, „das empirische religiös-sittliche Leben nach der Mannigfaltigkeit seiner Elemente, nach den wichtigsten, gesetzmäßig wiederkehrenden Erscheinungen, nach seiner Relativität zur Anschauung zu bringen ... Sie könnte und müßte das Interesse wecken für ›den Menschen‹, die Richtung auf Kenntnis des Menschen, wie er ist, mitteilen, die Fähigkeit zu beobachten anregen." Und ebenso spricht sich Niebergall aus – auch er, wie Wrede, zunächst mit Bezug auf die Predigt, tatsächlich aber mit Bezug auf die gesamte Pflege des religiös-sittlichen Lebens durch die Gemeinschaft und ihre Organe: „Unsere Aufgabe ist eine doppelte: einmal müssen wir den Menschen, und dann müssen wir die Menschen kennenzulernen suchen."[27]

Bezeichnet er danach Geschichte, Volkskunde und Psychologie als die drei wichtigsten Grundlagen der praktischen Theologie,[28] so ist das doch nicht so gemeint, als ob aus ihnen einzelne Disziplinen derselben gemacht werden sollten. Drews verlangt das allerdings für die religiöse Volkskunde (das Wort wohl hier im weiteren Sinne genommen),[29] und in der Tat muß das Verhalten unsrer

[27] Wie predigen wir dem modernen Menschen? 1902. ²I, 1905, 63.

[28] Die wissenschaftlichen Grundlagen der prakt. Theologie, Monatsschr. f. d. kirchl. Praxis 1903, 268 ff.

[29] Umgekehrt verlangt Leuba (The field and the problems of the psychology of religion, American Journal of Religious Psychology and Education 1904/05, 161) von der Religionspsychologie nicht weniger als:

verschiednen Zeitgenossen zu Kirche, Religion und Sittlichkeit und der psychologische Grund dafür zunächst einmal für sich und im Zusammenhang untersucht werden. Aber deshalb braucht das doch wieder so wenig wie die Darstellung des Kirchenwesens der Vergangenheit und Gegenwart im Rahmen der praktischen Theologie zu geschehen; hier wird man vielmehr nur, je an seiner Stelle, dasjenige verwenden, was für die Pflege des religiös-sittlichen Lebens durch die Gemeinschaft zu verwerten ist. Eben das kann uns nun aber gerade jene psychologische Betrachtung desselben herauszufinden helfen.

All die Untersuchungen, von denen bisher die Rede war, konnten ohne Rücksicht auf die Berechtigung dieser Bedürfnisse, Anschauungen, Einrichtungen geführt werden und werden vielfach ohne sie geführt. Aber in der praktischen Theologie handelt es sich doch für uns darum, die *richtigen* Mittel zur Pflege des religiös-sittlichen Lebens durch die Gemeinschaft und ihre Organe zu finden, und dazu reicht die bloße Empirie nicht aus. „Geschichte ohne Prinzipien ist blind", sagt Bassermann sehr zutreffend im Anschluß an ein bekanntes Kantsches Wort – freilich auch: „Prinzipien ohne Geschichte sind leer."[30] Oder wie es Niebergall ausdrückt: „Ein aus unserm Denken allein herausgekommener Begriff würde uns der Anknüpfung an das Gegebene berauben: dagegen mit Verachtung des Begriffs eine bestimmte Erscheinung der Vergangenheit, wie sie war, als Ideal für die Gegenwart aufzustellen, das ist die Art des in Wirklichkeit geschichtslosen Fanatismus, der vergißt, daß die Geschichte das Gebiet des Unwiederholbaren ist."[31] Diesen Begriff, dieses Ideal aber können wir nun in der Tat mit Hilfe der Empirie gewinnen.

Diejenigen Bedürfnisse nämlich, die wir bei allen Menschen, wenngleich in verschiedner Stärke und Form, finden, können und

A. the study of the motives (impulses, desires, needs), B. the study of the concepts (doctrines, religious ideas, and beliefs), C. the study of the means (worship, rites; religious states), D. the study of the adequacy and efficacy of the means.

[30] Die prakt. Theologie als eine selbständige, wissenschaftliche, theologische Disziplin 1896, 21.

[31] a. a. O. 270.

müssen wir nun als berechtigte ansehen, für die eine Befriedigung gesucht werden muß. Und auch wie das dann im einzelnen für die verschiednen Lebensalter, Geschlechter, Stände usw. zu geschehen hat, hängt von den Bedürfnissen derselben ab. Wenn also eine Einrichtung keinem solchen entspricht (und daher nicht benutzt wird), dann ist sie in der Tat aufzugeben. Umgekehrt müssen diejenigen, für die ein Bedürfnis vorhanden ist, festgehalten und nur immer mehr diesem entsprechend gestaltet werden. Ja, auch dabei darf man noch nicht stehenbleiben. Es gibt Bedürfnisse, für die überhaupt noch nicht oder wenigstens längst nicht genügend gesorgt ist; so müssen wir auch neue Aufgaben übernehmen, neue Wege gehen und neue Mittel in Anwendung bringen. Und die praktische Theologie hat, will sie ihres Namens wert sein, dabei voranzugehen; sie muß nicht nur der Praxis dienen, sondern ihr vorauseilen. So hat ihr schon von Zezschwitz „eine perenn reformatorische Richtung und Wirkung" zugeschrieben,[32] und Bassermann sagt von ihr: „In der Zukunft liegt das Ziel ihrer Arbeit, von hier empfängt sie ihre Triebkraft, hierfür verwertet sie das so gewonnene und verstandene Material. Erhaltung des so begriffenen kirchlichen Lebens, Fortbildung und besonnene Reformation desselben, sei es durch Abschneidung des Unberechtigten, sei es durch Erschließung und Entwicklung neuer oder bisher wenig beachteter Seiten: das ist das lebendige Interesse, von dem sie beseelt wird."[33]

Soll sie dies Ziel aber erreichen, dann muß sie sich zunächst einmal über die verschiedenen Mittel klar sein, durch die im einzelnen das religiös-sittliche Leben durch andere gefördert werden kann. Wir nehmen also jetzt die Frage wieder auf, die schon am Ende des ersten Abschnitts aufgeworfen wurde, dort aber nicht weiter verfolgt werden konnte.

[32] System der prakt. Theologie 1876 ff., 7.
[33] a. a. O. 18.

Übersicht über die vorgeschlagene Einteilung der praktischen Theologie *

I. Die Pflege des religiös-sittlichen Lebens durch die Gemeinschaft (Liturgik).

II. Die Pflege des religiös-sittlichen Lebens durch die Organe der Gemeinschaft.

1. Bei solchen, die schon Glieder der Gemeinschaft sind oder doch werden sollen.
   A. Im allgemeinen.
      a) Bei Erwachsenen (Homiletik).
      b) Bei der Jugend (Katechetik).
   B. Im besonderen: die spezielle Seelsorge.
   Anhang: die Gemeindepflege (Diakonik).
   Anhang zu I. und II.: Lehre vom Kirchenbau.
2. Bei solchen, die nicht Glieder der Gemeinschaft sind, es aber werden können.
   A. Bei Angehörigen derselben Kirche: die innere Mission.
   B. Bei Angehörigen andrer Kirchen (Lehre von der Evangelisation).
   C. Bei Angehörigen andrer Religionen.
      a) Die Judenmission.
      b) Die Muhammedanermission.
      c) Die Heidenmission.
   Anhang zu II.: die Persönlichkeit der Organe der Gemeinschaft.
   Anhang zu I. und II.: die der Pflege des religiös-sittlichen Lebens dienenden Gemeinschaften und ihre Organe (Lehre von der Kirchenverfassung).

* Diese Übersicht gibt Clemen im Anschluß an das Inhaltsverzeichnis auf S. IV.

Paul Drews, Das Problem der Praktischen Theologie. Zugleich ein Beitrag zur Reform des theologischen Studiums. Tübingen: J. C. B. Mohr (Paul Siebeck) 1910, S. 43—82 (= Kap. III und IV, gekürzt).

DAS PROBLEM DER PRAKTISCHEN THEOLOGIE
(Auszüge)

Von Paul Drews

III. Der Doppelcharakter der Praktischen Theologie

Um es gleich mit einem Satz zu sagen, worauf es mir ankommt: *Die Praktische Theologie für den Studierenden der Theologie an der Universität und die Praktische Theologie für den im Amt stehenden Geistlichen sind bewußt scharf voneinander zu scheiden und jede ist ihrer Aufgabe entsprechend eigenartig zu gestalten.*

Ich habe diese These näher zu begründen.

Ich sagte schon, daß unsre üblichen Lehrbücher der Praktischen Theologie, indem sie jenen beiden Gruppen dienen wollen, keiner recht dienen und auch keiner recht dienen können. Denn die Bedürfnisse beider sind verschieden und die Voraussetzungen sind bei beiden verschieden.

Mache ich sofort an einem Beispiel klar, was ich im Sinne habe! Fassen wir z. B. die Homiletik ins Auge. Es liegt auf der Hand, daß für eine Fülle von Ausführungen, Gesichtspunkten, Regeln und Winken dieser Disziplin der Student gar kein Interesse hat und kein Interesse haben *kann.* Wer wird eine Homiletik wirklich verstehen? Sicher nur der, der die Schwierigkeiten der Predigt und der Predigttätigkeit schon an seinem Leibe erfahren hat, dem Probleme, Fragen bei seinem Predigen aufgestiegen sind, auf die er Antwort sucht. Das wird nur der Fall sein nach einer längeren Erfahrung und Betätigung als Prediger. Der junge Geistliche vor allem ist es, der dann nach einer Homiletik oder nach darauf bezüglichen Schriften greifen wird, sobald sie nur eben die Fragen behandeln, die ihn beschäftigen. Bringt man dagegen dem Studenten in der Vorlesung dergleichen Fragen, auch indem man ihm mit Ernst sagt, die Sache sei wichtig, so wird er trotz allem kein wirkliches Interesse für diese Fragen fassen können. Er ahnt vielleicht, daß das alles einmal von Wert für ihn in der Praxis sein kann, aber diese Ahnung ist weit entfernt von dem wirklich lebendigen Interesse, das dann entsteht, wenn man die Dinge, um die es sich handelt, selbst durchlebt hat. Man wundere sich deshalb nicht, wenn auch einen tüchtigen und ernsten Studenten ganze breite Ausführungen in der Homiletik, so wichtig sie sein mögen, kalt lassen, ihn nicht packen. Der Dozent oder, wenn es sich um ein Lehrbuch handelt, der Schriftsteller ist sich eben nicht bewußt, daß er unpädagogisch verfahren ist, daß er seine vielleicht vortrefflichen Ausführungen an die falsche Adresse gerichtet hat. Man sage nicht: der Student soll eben hier für die Zukunft Stoff und Erkenntnis sammeln; er soll einmal später, wenn er auf der Pfarre sitzt, zu seinem Heft greifen und nachlesen, was ihm einst gesagt worden ist. Aber kann sich auf diesem Standpunkt beim Dozenten wie beim Studenten der rechte Geist für die Vorlesungen entwickeln? Der Dozent, soll er nicht an Frische und Wirkungsfreudigkeit verlieren, muß auf das ganz unmittelbare, gegenwärtige Interesse seiner Hörer rechnen, sonst bleibt jener nicht näher zu beschreibende, nicht zu fassende Konnex und geistige Rapport zwischen Lehrer und Hörer aus. Eine Vorlesung, in der dem Studenten gewissermaßen der Stoff auf Flaschen gefüllt wird, damit er sie später einmal öffne und leere, ist des Universitätsstudiums nicht würdig.

Das eben Gesagte gilt – um noch ein Beispiel anzuführen – völlig, ja in erhöhtem Maße von der Lehre von der Seelsorge. Alle vortrefflichen Ratschläge werden und müssen den Studenten kalt lassen, weil er wohl das dunkle Gefühl hat, daß Seelsorge etwas sehr Schweres ist, aber noch keineswegs am konkreten Einzelfall die Schwierigkeiten der Aufgabe erfahren hat. Ihn interessieren vielleicht hier gebotene Schilderungen von Menschen und Lebensverhältnissen, aber der eigentliche Zweck des Ganzen wird von ihm, kann von ihm noch nicht begriffen, ergriffen und gewürdigt werden.

Warum greifen denn auch tüchtige Pfarrer später nicht mehr zu den – gewiß auch recht tüchtigen Vorlesungen, die sie schwarz auf weiß besitzen und getrost nach Hause getragen haben? Weil ihnen aus jenen Vorlesungen der Eindruck nachzieht, daß das dort Gebotene höchst unfruchtbar und langweilig gewesen sei. Nein, was nicht das augenblickliche Interesse des Hörers weckt, ist so gut wie verloren; das trägt auch nichts aus für die innere Ausbildung des jungen Theologen, das erscheint ihm selbst als Zeitverlust.

So ist es völlig unpädagogisch, dem Studenten in der Praktischen Theologie einen Stoff vorzusetzen, für den er eigentlich noch nicht das volle Verständnis haben kann, von dem man aber hofft, daß er in Zukunft einmal von Wert sein werde.

Ich freue mich, in dem von mir hier vertretenen Standpunkte an Carl Clemen einen prinzipiellen Gesinnungsgenossen zu haben. Er sagt, der Student *könne* für Seelsorge oder kirchliche Organisation noch gar kein tieferes Verständnis und lebendiges Interesse haben. „Der Dozent für Praktische Theologie", so fährt er fort, „m u ß darauf Rücksicht nehmen und wird daher, will er nicht ganz über die Köpfe hinweg reden, seinen Zuhörern namentlich in dieser Beziehung nicht zu viel zumuten. Aber auch die landläufigen Lehrbücher der Praktischen Theologie sind sämtlich aus Vorlesungen hervorgegangen und zunächst für Studenten und Kandidaten bestimmt; so werden auch sie den praktischen Geistlichen vielfach im Stiche lassen und von ihm, so gut wie seine Hefte, in Fragen der Praxis nur selten zu Rate gezogen werden."[1]

Hier wird deutlich empfunden, worauf es mir ankommt: es ist nicht möglich, daß eine Praktische Theologie – sei es als Vorlesung, sei es als Lehrbuch – sowohl dem Studenten wie dem Geistlichen zugleich dienen kann.

Stellen wir uns nun einmal auf den Standpunkt des praktischen Geistlichen, der seine ordentliche theologische Bildung genossen hat. Schlägt er eine Praktische Theologie auf, wie sie üblich ist, auf wie vieles stößt er, das für ihn völlig wertlos ist! Wie muß er aus einer Fülle von prinzipiellen Erörterungen oder von historischen Notizen und Zusammenstellungen sich das heraussuchen, was ihm etwa dienlich sein kann! Was hat er davon, wenn er z. B. eine Homiletik aufschlägt und liest: „Der Name der Disziplin 'Homiletik' = ὁμιλητική (sc. τέχνη) ist abzuleiten von 'Ομιλία, einem Verb.

[1] Zur Reform der prakt. Theologie. Gießen 1907, S. 1.

compos., zusammengesetzt aus ὁμοῦ und ἴλη oder εἴλη (Haufe, Menge), in der Bedeutung Zusammenhäufung, Vereinigung, geselliger Verkehr. Die technische Bezeichnung 'Homilie' kann also mit gleichem Rechte, je nachdem man nach der Quantität der Silben Ὁμῑλία oder nach dem Akzent sich richtet, Homīlĭĕ oder Homilíĕ ausgesprochen werden" usw. Gewiß, sehr richtige und gelehrte philologische Angaben, aber ich könnte mir denken, daß ein im vollen Leben stehender, innerlich lebendiger Pfarrer, der diese und ähnliche Sätze liest, entweder lächelt oder in eine Art Unmut gerät.

Es pflegt in der Entwicklung der Dinge das Gesunde und Richtige sich immer durchzuarbeiten. So ist in der Tat in neuester Zeit bereits eine Praktische Theologie ausschließlich für Pfarrer, insonderheit für junge Pfarrer im Entstehen begriffen. Ich denke insonderheit an die fruchtbare und erfreuliche Schriftstellerei von Friedrich Niebergall und von Otto Baumgarten. Niebergall trat mit der Schrift ›Wie predigen wir dem modernen Menschen?‹ zuerst vor uns hin, und sie hat einen erfreulichen Erfolg gehabt. Warum? Zunächst deshalb, weil Niebergall ganz aus der Praxis heraus für den Praktiker, zumal den jungen Praktiker schrieb. Das Buch ist kein Buch für Studenten. Auch werden es Studenten – von Ausnahmen abgesehen, die jedenfalls nur die Regel bestätigen – schwerlich lesen und studieren. Aber die jungen Pfarrer tun's, weil hier für ihre Probleme und Fragen, hervorgerufen durch die neue Zeitlage in Theologie, Kirche und Welt, neue und gute Antworten oder Anregungen geboten werden. Oder denken wir an die von Niebergall herausgegebene praktisch-theologische Handbibliothek. Auf sie trifft völlig das eben Gesagte. Im Vorwort selbst spricht es Niebergall aus, daß er sich Kandidaten und junge Pfarrer als Leser denkt und wünscht. Und sie – nicht die Studenten – lesen die Bändchen.

Ganz ähnliches gilt von den Veröffentlichungen Otto Baumgartens, von seiner katechetischen Schrift ›Neue Bahnen‹[2] und seinen ›Predigt-Problemen‹[3]. Beide Schriften, aus Vorlesungen er-

[2] 2. Aufl. Tübingen 1909.
[3] Tübingen 1904.

wachsen, bieten allerdings auch den Studenten schon wertvolle Richtlinien.

Nun ist es wohl sicher, daß der Dozent für Praktische Theologie aus diesen Schriften für seine Vorlesungen vor Studenten sehr viel wertvolle Gesichtspunkte wird entlehnen können und müssen, aber er würde einen pädagogischen Fehler begehen, wenn er sie einfach – man verzeihe diesen Ausdruck – in seine Vorlesungen einschlachten wollte. Daß sich diese Praktische Theologie für Pfarrer noch weiter ausgestalten wird, ist mein Wunsch, aber auch meine Zuversicht. Es wird sich hoffentlich eine immer reichere und vielgestaltigere *Literatur* entwickeln, an der sowohl akademische Theologen wie praktische Geistliche mitarbeiten werden. Zu diesem Zweig der Praktischen Theologie gehören auch unsere praktischen Zeitschriften: die Monatsschrift für Pastoraltheologie, die Evangelische Freiheit, die Monatsschrift für Gottesdienst und kirchliche Kunst, die Pastoralblätter usw.

So wird es zunächst der literarische Boden sein, auf dem sich dieser Zweig unsrer Disziplin entwickeln muß, wie es denn bisher auch geschehen ist.

Dazu kommt aber noch ein andrer Boden, auf dem die Pflege möglich und praktisch empfehlenswert ist: das ist der *Ferienkurs.* Diese Einrichtung verdient einen immer weiteren und gründlicheren Ausbau. Namentlich jüngere Geistliche von lebendiger Regsamkeit und von ernstem Streben werden den Segen dieser Einrichtung immer mehr erkennen und um ihr Zustandekommen und ihre Lebensfähigkeit sich eifrig bemühen. Man muß es erlebt haben, mit welch spannendem Interesse auf solchen Ferienkursen die praktischen Fragen des Amtes verfolgt und besprochen werden, um an die Zukunft dieser ganzen Einrichtung zu glauben. Ich halte es sogar nicht für unmöglich, daß diese Einrichtung, die jetzt noch ganz auf Freiwilligkeit beruht, einen mehr oder weniger offiziellen Charakter gewinnen wird.

Endlich aber muß ich noch einen Sprung ins Reich der Utopie wagen. Der eigentliche Ort zur Pflege dieser Art von Praktischer Theologie wäre das *Predigerseminar,* zu dessen Besuch jeder Kandidat der Theologie ohne Ausnahme verpflichtet wäre. Ich halte in der Tat die Errichtung von Predigerseminaren in allen unseren

Landeskirchen für ein dringendes Bedürfnis. Ich weiß, daß ich damit ein Verlangen ausspreche, das schon von vielen Berufenen mit aller Entschiedenheit – in alter und neuester Zeit – aufgestellt worden ist.[4] Und doch ist bisher, mit verhältnismäßig nur wenigen Ausnahmen – ich denke an Baden (Heidelberg), Hessen (Friedberg), Hessen-Kassel (Herborn), Mecklenburg-Schwerin (Schwerin) und Schleswig-Holstein (Preetz)[5] – der Wunsch ein Wunsch geblieben. Wer aber diese Einrichtung aus persönlicher Erfahrung kennt, wird sie als eine der dringendsten Notwendigkeiten des gegenwärtigen kirchlichen Lebens bezeichnen. Einmal hat die wissenschaftliche Theologie eine solche Ausdehnung erlangt, daß es fast über die Kraft eines Durchschnittsmenschen geht, in 6–7 Semestern seine gesamte Vorbildung für die spätere Praxis sich anzueignen; wir haben oben davon gesprochen. Sodann haben sich die Aufgaben des praktischen Amtes in unsrer Zeit so kompliziert, die Ansprüche, die auch auf dem entlegensten Dorfe an den Pfarrer gestellt werden, haben sich so gesteigert, daß die speziell praktische Ausbildung eine ganz anders gründliche und vielseitige sein muß, als dies unsere bisherigen Einrichtungen an den Universitäten ermöglichen. Die Errichtung von praktischen Seminaren an den Universitäten entsprach den Ansprüchen vor hundert Jahren und bedeutete damals einen sehr bemerkenswerten Fortschritt, aber heute ist diese ganze Einrichtung als rückständig zu bezeichnen. Wie kann man erwarten, daß die Teilnahme an einem oder höchstens zwei homiletischen und katechetischen Seminaren eine gründ-

[4] Aus neuester Zeit vgl. das Schriftchen von Paul Wurster, Die praktische Vorbildung der evangelischen Theologen in Württemberg. Heilbronn 1907.

[5] Die sonst noch bestehenden Predigerseminare sind nicht obligatorische, sondern sogenannte Elitenanstalten, mehr Studienanstalten für wissenschaftlich besonders interessierte Kandidaten. Nach meiner Meinung haben diese Anstalten ihr volles Recht neben den eigentlichen Predigerseminaren, denn wir brauchen in unserer evangelischen Kirche neben praktisch tüchtigen Geistlichen immer auch solche, die sich auf dem Gebiete der Wissenschaft mit voller Sicherheit betätigen können. – Ein Verzeichnis aller jetzt bestehenden Predigerseminare steht in Haucks Real-Enzykl. [3] Bd. 20, S. 317, eine Charakteristik S. 316.

liche, tiefgehende, umfassende Vorbildung für diese wichtigen Zweige der praktischen Tätigkeit bieten werde? Die Teilnehmer werden höchstens ein wenig mit den großen Schwierigkeiten ihrer Aufgabe bekannt, sie lernen im günstigsten Fall ein wenig die äußere Methode handhaben, aber wirklich vorgebildet für die große Aufgabe, die ihrer wartet, sind sie nicht. Das gibt auch insofern einen untüchtigen Pfarrerstand, als der notwendigerweise eintretende Mangel an Erfolg innere Verbitterung, quälenden und lähmenden Pessimismus erzeugen muß. Es ist nicht eine, es ist *die* Lebensfrage unsrer Kirche, ob sie gute oder schlechte Pfarrer hat. Aber gute Pfarrer sind ohne gründliche und gediegene Vorbildung nicht möglich. Auch hierin kann uns die katholische Kirche ein Vorbild sein. Nach dieser Abschweifung kehre ich zur Sache selbst zurück.

Hätten wir Predigerseminare, so würde jene Scheidung innerhalb der Praktischen Theologie ganz von selbst eintreten. Jedenfalls müßte auf dem Seminar intensiv die – sage ich einmal – 'pfarramtliche' Praktische Theologie getrieben werden, denn hier würde eine eifrig gepflegte Predigt- und Lehrtätigkeit den Boden abgeben, auf dem ein gesundes, normales Interesse für die hier liegenden schwierigen Probleme, die die Gegenwart uns stellt, gedeihen kann. Hier ist der Ort, etwa Niebergalls oben erwähnte Schriften gründlich zu traktieren, oder sich ernstlich mit einer Schrift wie der von Pastor Liebster, Kirche und Sozialdemokratie (Gießen 1908) auseinanderzusetzen. Hier wären auch alle technischen Fertigkeiten zu entwickeln in einer eifrigen selbständigen oder kritisierenden Tätigkeit. Hier wäre auch der Ort, wo die Hauptfragen der Seelsorge zu behandeln wären.

Mit solch einem einjährigen Seminarbesuch wäre freilich das Studium der Praktischen Theologie nicht abgeschlossen, aber es wäre genügend fundamentiert, um seine weitere Pflege dem jungen Pfarrer, zumal in der oben geschilderten Weise, zu überlassen.

Was aber bliebe dem Universitätsstudium an Praktischer Theologie übrig?

IV. Das akademische Studium der Praktischen Theologie

Die Aufgabe des ganzen theologischen Studiums ist, so sahen wir, theologische Bildung zu vermitteln, d. h. ein allseitiges Verständnis der christlichen Religion, ein Verständnis sowohl ihres Wesens wie ihrer Geschichte. Der darf für sich in Anspruch nehmen, theologisch gebildet zu sein, der einmal ein bestimmtes Wissen hat und sodann, darauf beruhend, ein richtiges Urteil über die Fragen der christlichen Religion besitzt.

Überblicken wir, was in den beiden großen Gebieten der Theologie, im Gebiete der Geschichte und im Gebiete der systematischen Theologie an Stoff für Wissen und Urteil dargeboten wird, so ist es klar, daß diesem Komplex noch ein wichtiges Gebiet fehlt, nämlich die Kenntnis des gegenwärtigen Standes des kirchlichen Lebens und der Aufgaben, die die Kirche um ihres Fortbestandes und um ihrer Bestimmung willen an dem gegenwärtigen und zukünftigen Geschlechte zu erfüllen hat.

Niemand wird leugnen können, daß der nicht den Anspruch auf wirkliche theologische Bildung wird erheben können, der zwar über das Alte und Neue Testament wohl Bescheid weiß und sich die methodische Fähigkeit erworben hat, hier mitzureden, oder der, der zwar einen genauen Überblick über die Kirchengeschichte hat und weiß, um welche großen Fragen es sich zu den verschiedenen Zeiten gehandelt hat, oder endlich der, der zwar eine gediegene dogmatische und ethische Bildung besitzt, der aber von dem Tatsächlichen und Charakteristischen unsres gegenwärtigen kirchlichen Lebens keinen wirklich zusammenhängenden, geordneten und wohlbegründeten Begriff hat, der keine klare und gesicherte Vorstellung besitzt von den Kräften, die heute in der Kirche wirken, oder gegen die die Kirche anzukämpfen hat, der die Tendenzen nicht scharf erkennt, von denen das kirchliche Leben bestimmt wird usf. Was hat es zuletzt für einen Wert, wenn ein jeder, um sich über dies alles ein Bild zu machen, nur auf seine persönlichen Beobachtungen beschränkt bleibt, die immer lückenhaft, unvollkommen, einseitig sein werden? Hier muß wissenschaftliche Erkenntnis die dilettantenhafte verdrängen. Das will die von mir so genannte 'Evangelische *Kirchenkunde*' leisten, eine Disziplin, ohne die die

Praktische Theologie in Zukunft nicht soll gedacht werden können. [...]

Einen Hauptzweig der Kirchenkunde bildet 'die religiöse Volkskunde'.[6] Wir können uns kein Bild vom kirchlichen Leben des gegenwärtigen Geschlechts machen, ohne daß wir nicht versuchen, ihm ins Herz zu sehen und sein religiöses Leben und Empfinden zu verstehen. Nun soll man aber die religiöse Volkskunde beileibe nicht lediglich auf den Bauernstand beschränken, wie es bisher meist geschehen ist.[7] Vielmehr hat man die verschiedenen Volksschichten und Stände ins Auge zu fassen, die Fabrikarbeiterschaft ebensogut wie den kleinen Mittelstand, die gebildete Schicht so gut wie den Adel. Jeder Stand, das wird man sofort inne, trägt sein ganz eigenartiges religiöses Gepräge. Damit eröffnet sich für die Beurteilung unseres kirchlichen Parteilebens eine ganz neue Perspektive. Daß hier noch viel zu erarbeiten ist, liegt auf der Hand. Welches Studium erfordert nicht allein der Arbeiterstand! Hier geht es nicht ab ohne eine sorgfältige Untersuchung der ganzen geistigen Struktur, auf die die Sozialdemokratie sich gründet und die sie wiederum erzeugt hat. Aber auch die andren Stände erfordern intensivste Untersuchung. Ein wertvolles Hilfsmittel bilden Biographien, besonders Autobiographien, Selbstbekenntnisse und Briefe.[8]

[6] Vgl. darüber meinen Aufsatz in Otto Baumgartens Monatsschrift für die kirchliche Praxis I, 1901, S. 1–8; ferner E. Müller, Die Aufgabe der religiösen Volkskunde. Zürich 1905.

[7] Ich lasse hier die wichtigste Literatur folgen: Gebhardt, Zur bäuerlichen Glaubens- u. Sittenlehre. Gotha ^{2}1890, ^{3}1896. – Gerade, Meine Erlebnisse und Beobachtungen als Dorfpastor. 1895. – Jüngst, Kultus- und Geschichtsreligion, 1901. – Erwin Gros, Auf der Dorfkanzel I, 1900; Vorrede. – Jüngst, Das evangelisch-kirchliche Leben der Rheinprovinz, 1904. – l'Houet, Zur Psychologie des Bauerntums. Tübingen 1905. – Zahlreiche Aufsätze in: Monatsschrift f. d. kirchliche Praxis; Blätter f. hessische Volkskunde; Mitteilungen v. d. Frankfurter Konferenz hessischer Geistlicher; Dorfkirche; Grenzboten 1900.

[8] Für die Arbeiterschaft bildet eine wertvolle Bereicherung: Levenstein, Aus der Tiefe (Arbeiterbriefe). Berlin, Morgenverlag 1908. – Außerdem: Paul Göhre: Drei Monate Fabrikarbeiter und Handwerksgeselle. Leipzig 1891. – Martin Rade, Die religiös-sittl. Gedankenwelt unsrer Industrie-Arbeiter. Göttingen 1898. –Traugott Kühn, Skizzen aus dem sittlichen

Es versteht sich von selbst, daß unter der 'religiösen' Volkskunde auch das sittliche Leben mitbegriffen ist. Denn das religiöse Leben wurzelt zum guten Teil in diesem, und umgekehrt bildet es auch für dieses zum guten Teil die Voraussetzung.

Bei dem reichen Inhalt, den die 'religiöse Volkskunde' bietet, wird sie auch selbständig auftreten können, herausgelöst aus dem Rahmen der Kirchenkunde. Sei es, daß man sie unter jenem Titel selbst, sei es unter dem Titel ›Religiöses Leben der Gegenwart‹ behandelt. Auch Vorlesungen, die diesen Gegenstand eingehender behandeln, können selbständig neben die Kirchenkunde treten. Daß sie Teilnahme finden werden und daß sie sich als sehr nützlich erweisen werden, davon kann man überzeugt sein.

Wenn aber die Vertreter der alten Praktischen Theologie an dieser Kirchenkunde Anstoß nehmen, weil sie zu realistisch, zu empiristisch sei, so muß demgegenüber mit Entschiedenheit betont werden, daß die Kirchenkunde, soll sie nicht völlig farb- und leblos und zuletzt fruchtlos werden, durchaus kritisch vorgeht. Überall legt sie Maßstäbe an das Bestehende an, überall richtet sie Ziele auf, überall macht sie Normen geltend. Man lese doch die bisher erschienenen Bände der Kirchenkunde einmal daraufhin! Wieviel Kritik zieht sich z. B. durch Becks so warmherzige und liebevolle Darstellung des kirchlichen Lebens Bayerns! Wieviel kann daraus für seine praktische Wirksamkeit und seine ganze kirchliche Haltung und Zielsetzung der künftige Geistliche der bayerischen Landeskirche lernen!

Nun wird sich diese kritische Seite der Kirchenkunde sicher noch mehr entwickeln können, wenn wir nach Clemens Vorschlag auch das kirchliche Leben außerhalb Deutschlands zum Vergleich mit heranziehen. Ein erster Versuch, uns außerdeutschen Stoff zum Vergleich zu bieten, bildet das sehr lesenswerte Schriftchen von C. Stuckert: ›Was ist den Reichsdeutschen an den kirchlichen Zuständen der Schweiz interessant?‹[9]. Wir werden mit Freuden die

und kirchlichen Leben einer Vorstadt. Göttingen 1902 u. 1904. – Karl Fischer, Denkwürdigkeiten und Erinnerungen eines Arbeiters. Jena u. Leipzig 1904.

[9] Nr. 55 der Hefte zur Christl. Welt 1906.

Darstellungen ausländischen kirchlichen Lebens begrüßen, die die ›Studien zur praktischen Theologie‹ in Aussicht stellen. Es kann uns nur heilsam sein, wenn wir das Auge so weit als möglich schweifen lassen. Gerade die Kirchenkunde bringt es uns zum Bewußtsein, wie eng, wie eingespannt in kleinliche Verhältnisse vielfach unser kirchliches Leben ist.

Zur Methode der Kirchenkunde gehört es auch, daß sie historisch orientiert sein muß. Nur aus der Vergangenheit kann die Gegenwart verstanden werden. Aber die Geschichte tritt hier lediglich als Erklärungsmittel des Gegenwärtigen auf, nicht hat sie hier einen Selbstzweck. Daher wird aus dem Verlauf der Geschichte nur das herangezogen werden dürfen, was noch immer in der Gegenwart nachwirkt. Der Vorwurf des Historizismus wird also die Kirchenkunde nicht treffen können. Alles liegt ihr an der Gegenwart.

[...] Soweit also, davon gingen wir aus, die Praktische Theologie an der Universität mitzuarbeiten hat an der theologischen Bildung der Studierenden, hat sie zunächst Kirchenkunde zu treiben.

Aber ihr zur Seite, weil in ihr wurzelnd, tritt eine andere moderne Disziplin: Die *religiöse Psychologie.*

Noch immer bin ich wie früher der Meinung, daß diese Disziplin nicht der systematischen Theologie, sondern der Praktischen zuzuweisen ist.[10] Auch die neueren Verhandlungen über diese Frage haben mich darin nicht irre gemacht. Daß die Dogmatik, die es mit dem Wesen und dem Wahrheitserweis der christlichen Religion zu tun hat, in der religiösen Psychologie irgendeine brauchbare Stütze für den Wahrheitserweis des Christentums, wie man erhofft, gewinnen werde, glaube ich nicht. Die religiöse Psychologie beobachtet einfach die Bedingungen, unter denen das religiöse Leben sich entfaltet, von denen es abhängig ist, und wie die verschiedenen äußeren Verhältnisse, die verschiedenen persönlichen Anlagen, die Geistesstruktur das religiöse Leben beeinflussen. Dieses Beobachtungsgebiet hängt aufs engste mit der religiösen Volkskunde

[10] Vgl. meinen Aufsatz: Dogmatik oder religiöse Psychologie, in Ztschr. f. Theologie u. Kirche VIII, 1898, S. 134 ff.

zusammen. So gewiß niemand daran denken wird, diese der systematischen Theologie zuzuschieben, so gewiß gehört auch die religiöse Psychologie nicht ihr, sondern der Praktischen Theologie zu. Oder hat das Buch von l'Houet ›Zur religiösen Psychologie des Bauerntums‹ für den Dogmatiker irgendeinen Wert? Wenn wir, um beim Bauern stehenzubleiben, die eigentümliche Art der bäuerlichen Frömmigkeit begreifen wollen, müssen wir die ganze geistige Physiognomie des Bauern, seine Art zu empfinden, zu urteilen, die Welt seiner Werte, die Art seiner Beschäftigung, seine Geschichte usw. untersuchen. Und ebenso bei den anderen Ständen. Aus der religiösen Volkskunde erwächst uns so die religiöse Psychologie, die schließlich allgemeingültige Sätze zu gewinnen suchen muß. Natürlich hat sie sich zu verselbständigen und als besondere Disziplin aufzutreten.

Ein doppeltes Verfahren kann sie einschlagen: sie setzt entweder ein bei den verschiedenen religiösen Typen und untersucht, wie diese Art von Religiosität zu erklären, zu begreifen ist; wie hier Umgebung, Familienüberlieferung, persönliche Veranlagung, Temperament, Lebenserfahrung usw. gerade diese bestimmte Art von Frömmigkeit haben entstehen lassen. Oder die religiöse Psychologie setzt ein bei allgemeinen großen religiösen Erscheinungen, etwa – wie dies James in seinem bekannten Buch ›Die religiöse Erfahrung‹[11] tut, obwohl sicher nicht erschöpfend – bei dem Akt der 'Bekehrung' oder der Wiedergeburt, bei der Andacht des Gebets, bei der Erbauung und dgl. So gewiß das religiöse Erleben im tiefsten Grunde uns ein Geheimnis bleiben wird, so gewiß können wir doch auch auf diesem soeben erst mit den ersten Spatenstichen bebauten Gebiet manche gesicherten und wertvollen Erkenntnisse gewinnen. Und daß diese Erkenntnisse von größter Bedeutung für die Praktische Theologie sein müssen, liegt auf der Hand. Nur allzusehr haben wir das Psychologische vor allem im kirchlichen Unterricht beiseite liegenlassen. Unsre Katechetik schreit nach einer Reform, insonderheit nach der religionspsychologischen Seite hin. Ebenso wird unsre Homiletik die größte Förderung aus dieser Disziplin ziehen können, von der Seelsorge und dem Kultus zu

[11] Übersetzt von Georg Wobbermin, Leipzig 1907.

schweigen. Ich kann mich hier kurz fassen, da soeben Friedrich Niebergall einen orientierenden Artikel über diesen Gegenstand hat erscheinen lassen: ›Die Bedeutung der Religionspsychologie für die Praxis in Kirche und Schule‹[12]. Möchte die Praktische Theologie recht energisch diesen Anregungen folgen!

Das dritte Gebiet, das ich der akademischen Praktischen Theologie zuweise, ist *geschichtlicher* Art. Ich denke an folgende, bereits mit Fleiß und Erfolg angebauten Zweige: Geschichte der Predigt, Geschichte der kirchlichen Unterweisung, Geschichte des Gottesdienstes und Geschichte der Seelsorge, Geschichte des Kirchenlieds und Geschichte der Inneren und Äußeren Mission.

Es wird für den, der sich nicht in einen ganz einseitigen Standpunkt hineingearbeitet hat, keines besonderen Erweises dafür bedürfen, daß Kenntnis in diesen Fächern unbedingt zur theologischen Bildung gehört. Aber darüber wird zu reden sein, ob diese Fächer aus der Praktischen Theologie hinaus und der Kirchengeschichte zuzuweisen seien. Nun ist so viel sicher, daß in der Tat der Praktische Theologe, der sich auf diesen Gebieten betätigt, zum Kirchenhistoriker wird. Aber trotzdem verleugnet er damit nicht seine eigentümliche Aufgabe, trotzdem greift er nicht in ein fremdes Gebiet über. Denn es gehört eben die dem Praktischen Theologen eigenartige Urteilsfähigkeit und das ihm eigentümliche Interesse dazu, diese Gebiete richtig historisch zu bearbeiten – vielleicht mit Ausnahme der Geschichte des Kultus. Tatsächlich liegt es auch so, daß wir bisher von keinem Kirchenhistoriker im strengen Sinne des Wortes eine Monographie über diese Gebiete erhalten haben; ganz von selbst haben die Kirchenhistoriker sie den Praktischen Theologen überlassen. Und das ist, wie gesagt, nicht zufällig.

[...]

Es fehlt nun freilich gerade in der allerneuesten Zeit nicht an Vertretern der Praktischen Theologie, die es als ein Abbiegen von der eigentlichen Aufgabe des Praktikers beurteilen, wenn der eine oder andere Fachgenosse sich mit der Geschichte des Kultus intensiv beschäftigen. Sie erheben dagegen mit besonderem Eifer den Vorwurf des Historizismus, der die Praktische Theologie un-

[12] Zeitschrift f. Theologie u. Kirche XIX, 1909, S. 411 ff. Auch separat.

schmackhaft und unbrauchbar mache. Man weist hin auf die Detailuntersuchungen, die sich einstellen und die unnötig viel Kraft und Zeit verschlängen. Allein darauf ist zu erwidern, daß nun einmal ein wirkliches Verständnis unserer gegenwärtigen kultischen Formen ohne intensivste Einzelforschung nicht möglich ist. Sollen wir warten, bis die Kirchenhistoriker uns den Hilfsdienst tun? Sollen wir den in diesem Fache eifrigst arbeitenden Katholiken das Feld lassen, die doch immer wieder an einem bestimmten Punkt durch ihr Dogma gebunden sind und mit gewiesener Marschroute vorwärts gehen?

Natürlich versteht es sich von selbst, daß in diesem, wie in jedem historischen Gebiete die Detailforschung sich, ich möchte sagen, im Hintergrund abzuspielen hat, während in die Vorlesung und in die literarische Darstellung nur die großzügigen Zusammenhänge gehören. Natürlich darf unsre Disziplin nicht auch in den Fehler fallen, der so lebendig in vielen kirchenhistorischen Vorlesungen oder Darstellungen empfunden wird, in den Fehler der maßlosen Breite und Einzelausführung, die den wirklich bildenden Überblick unendlich erschwert oder gar unmöglich macht.

Also es wird und muß dabei bleiben, daß die Praktische Theologie an der Universität mit der Historie des Lebens der Kirche sich befaßt, welch letzteres überhaupt den Gegenstand ihrer wissenschaftlichen Arbeit bildet.

Endlich aber darf ein sehr wichtiges Kapitel in unsrer Gesamtdisziplin nicht fehlen: eine *Prinzipienlehre.* Wir haben oben schon hervorgehoben, daß in dem Drang nach Systematisierung und Deduzierung ein richtiger Kern steckt. Es hieße freilich auf Sand bauen, wenn man in der Praktischen Theologie Kirchenkunde, religiöse Volkskunde, religiöse Psychologie und Geschichte triebe, ohne daß es gründlich zur Erörterung käme, welche Maßstäbe und Normen für das kirchliche Leben zu gelten haben, wie die Tätigkeiten der Kirche nicht nur empirisch hinzunehmen, sondern im Wesen der evangelischen Kirche, d. h. zuletzt im Wesen der evangelischen Frömmigkeit begründet sind. Es wird unerläßlich sein, ganz eingehend vom Wesen der Kirche zu handeln, und den relativen Wert, der den äußeren Formen innerhalb unsrer evangelischen Kirche zukommt, auf das sicherste aus dem Wesen des Evangeliums und der evangelischen Kirche abzuleiten, damit die Urteilslosigkeit, die sich in so manchen Pfarrerkreisen in dieser Beziehung zeigt und die ein erschreckendes Zeichen von theologischer Unbildung ist, einem sicheren und ruhigen Urteil weiche. Ja, es wird in dieser Prinzipienlehre sogar unumgänglich sein, Recht, ja Notwendigkeit des empirischen Kirchenwesens, der Volkskirche nachzuweisen, worauf mit vollem Recht, wie wir schon sagten, Wernle hingewiesen hat. Aus dem Wesen der Kirche wird sodann das evangelische Amt abzuleiten sein. Ferner wird hier zu zeigen sein, daß jede Vergöttlichung der empirischen Rechtskirche und mit ihr des Amtes ein Rückfall in den Katholizismus bildet. Endlich ist hier zu zeigen, daß das Leben der evangelischen Kirche ihr Kraft- und Lebenszentrum nur in der Einzelgemeinde haben kann.

Es ist gewiß richtig, daß vieles, was der Praktiker in dieser Prinzipienlehre vorträgt, auch der Systematiker in der Dogmatik oder Ethik sagt. Aber das schadet nicht. Jeder Praktiker muß hier seinen Standpunkt darlegen, um seinem Schüler die Urteile und die Ziele begreiflich zu machen, die im weiteren laut werden. Sodann: vieles, sehr vieles sagt eben der Systematiker nicht, was hier gesagt werden muß.

Mit all dem deute ich schon an, daß sich normalerweise diese Prinzipienlehre an die Spitze der Praktischen Theologie stellen muß. Denn hier wird der Standort für alles weitere gewonnen; hier wird prinzipiell das Urteil gebildet und das Steuer gerichtet.

Fassen wir nunmehr noch einmal zusammen! Der wissenschaftliche Gegenstand, um den es sich in der Praktischen Theologie handelt, ist das Leben der empirischen Kirche der Gegenwart. Dies Leben gilt es zu erkennen, zu verstehen, zu beurteilen und weiterzubilden. Nachdem in der Prinzipienlehre prinzipiell der Gegenstand erfaßt, begrenzt, begründet ist, wird in der Kirchenkunde und in der religiösen Psychologie ein Verständnis der Wirklichkeit gesucht, und da alles Gegenwärtige in der Vergangenheit wurzelt, baut die Praktische Theologie auch historische Zweige aus und an. Indem unsre Disziplin diese Aufgabe, die, wie wir sahen, reich und groß und doch in sich fest gegliedert ist, an der Universität betreibt, bildet sie, erzieht sie und, so darf ich wohl hinzufügen, begeistert sie ihre Schüler für den künftigen Beruf, auf jeden Fall rundet sie, schließt sie die theologische Bildung ab. Auch dies darf ich behaupten: dieser Art Praktischer Theologie wird nicht der Fluch der Langweiligkeit wie ein Schatten nachschleichen; ihr gegenüber kann nicht die Vorstellung aufkommen, daß es hier nichts zu lernen gebe, weil es sich dabei um lauter Selbstverständlichkeiten handle, die man sich bei einigem klaren Verstand selbst sagen könne. Es gilt hier zu studieren wie in jedem anderen Fach. Es handelt sich hier genau um so schwere und ernste Probleme wie dort. Und daß diese Art von Praktischer Theologie auch den Mut und die Freudigkeit zur praktischen Arbeit hebt und stärkt, folgt einfach daraus, daß sie eine Fülle von neuen Aufgaben und Zielen zeigt. Ein Fachgenosse lehnte meine Auffassung der Praktischen Theologie vor allem deshalb ab, weil sie den künftigen Geistlichen den Mut zerbreche, denn in der Kirchenkunde werde der Schleier über unser kirchliches Wesen gehoben und das könne nur im höchsten Maße deprimierend wirken. Ich habe auf diesen Einwand gar nichts zu erwidern. Ich meine, er richtet sich selbst.

Im Vorhergehenden habe ich den Fall gesetzt, daß sich an das Universitätsstudium ein Besuch des Predigerseminars anschließen werde, wo dann alle weiteren, spezifisch technischen Fächer: Homiletik, Katechetik, Seelsorge, Liturgik getrieben werden würden. Allein fast nirgends besteht diese heilsame Einrichtung. Und so sind wir vor die unzulängliche Tatsache gestellt, daß selbst auf der Universität noch die praktische Vorbildung abgeschlossen werden muß.

Dieser Zustand wirkt zunächst außerordentlich hindernd auf die Entfaltung der Praktischen Theologie, wie ich sie dargelegt habe. Es fehlt einfach an Zeit, auch nur die nötigsten historischen Vorlesungen aus dem Gebiet der Praktischen Theologie zu halten. Daß auch die praktische Ausbildung selbst völlig ungenügend bleiben muß, davon haben wir uns oben schon überzeugt. Auf eine Änderung ist sobald nicht zu hoffen. Wir müssen uns also auf der Universität mit den gegebenen Verhältnissen abfinden. Das wird in der Weise geschehen müssen, daß man die Fächer der Homiletik, der Katechetik, der Liturgik auf das Notwendigste einschränkt und sich mit 'Grundlinien' in der Vorlesung begnügt, alle weitere

Ausbildung dem Selbststudium des einstigen jungen Geistlichen überlassend.[13] Wir müssen uns fortgesetzt bei unsren Vorlesungen in diesen Fächern vergegenwärtigen, was für den Studenten von Wert und Interesse sein kann, während wir alles auszuscheiden haben, was eigentlich nur der schon im Amt Stehende würdigen kann. Vor allem das Prinzipielle, Urteilbildende, Richtungweisende hat hier seinen Platz, dagegen werden wir soviel als möglich, vor allem alles Technische und Formale, in die seminaristischen Übungen verlegen müssen. Diese dienen zur Entlastung der Vorlesungen der genannten Art und sie sind u. U. wichtiger als diese selbst. Wir müssen als Praktische Theologen vor allem in unsren Fächern Universitätspädagogik üben. Von diesem Gesichtspunkt aus gebe ich statt einer Lehre von der Seelsorge, die, wie wir sahen, für den Studenten noch verfrüht ist, eine *Lehre von der Gemeinde*, in der ich die Richtlinien für die Weiterentwicklung unsrer Einzelgemeinden gebe. Bin ich doch noch lebhaft, im Gegensatz zu anderen Theologen[14], von der Richtigkeit des guten Kerns überzeugt, der in Sulzes Gemeindegedanken steckt, und halte ich es für dringend nötig, unsren Studenten diesen Gedanken recht tief in Kopf und Herz zu drücken.[15] Denn nichts brauchen unsre jungen Pfarrer mehr als den Glauben an das Ideal lebendiger Gemeinden, nichts nötiger als Wegweisung für diese Arbeit. Wenn man bedenkt, daß sie erst in den Anfängen steht, daß vielerorts noch gar nichts getan ist, so wäre es vorschnell, ihr den Erfolg absprechen zu wollen.

Endlich haben wir die *praktische Exegese* zu pflegen. Sie darf nicht in Gegensatz gegen die streng wissenschaftliche Exegese treten, also gewissermaßen wieder einreißen, was diese aufgebaut hat, sondern sie hat sie fortzusetzen, auf ihrem Grunde weiterzubauen,

[13] Vortrefflich ist Joh. Gottschick († 1907), Homiletik und Katechetik. Tübingen 1908.

[14] Vgl. Stock: Der evangelische Gemeindegedanke in den beiden letzten Jahrzehnten und seine Bedeutung für die Zukunft, in Christl. Welt 1909, Nr. 45 Sp. 1064 ff.

[15] Vgl. Schian, Die evangelische Kirchgemeinde², Gießen 1908. – Heinrich Matthes, Aussichten und Aufgaben der evangelischen Landeskirchen in der Gegenwart. Gießen 1909.

indem sie aus dem geschichtlich bedingten, in einstmalige Zeitvorstellungen eingekapselten Text die bleibenden religiösen und sittlichen Wahrheiten herausschält. Das gleiche hat zu geschehen mit dem Kleinen Katechismus Luthers zum Zwecke der katechetischen Unterweisung. Die Exegese dieses Büchleins hat der verkehrten und verderblichen dogmatischen Auffassung desselben zu wehren und seinen reichen religiösen und sittlichen Inhalt, möglichst aus Luther selbst, zum Bewußtsein zu bringen. In dieser praktischen Exegese gilt es vor allem die Brücken zu schlagen, die von der rein gelehrten Theologie zur praktischen Verwertung hinüberführen und die sich selbst zu bauen die Studenten meist völlig ratlos sind. –

Wenn es also, wie gezeigt, ein ungeheuer reiches Feld ist, das die Praktische Theologie zu bebauen hat, ein Feld, das sogar zum Teil ganz neu erst unter den Pflug genommen werden muß, so wird es notwendig werden, mit der an manchen Universitäten noch üblichen Sitte zu brechen, daß der Praktiker zugleich nebenher Neutestamentler oder Systematiker ist oder daß umgekehrt die Praktische Theologie im Nebenamt von irgendeinem theologischen Lehrer noch mitvertreten wird. Wir als Praktiker sind es unsrem großen und ungeheuer wichtigen Fache schuldig, unsre ganze Kraft auf diese unsre Aufgabe zu konzentrieren. Ja, wir müssen immer energischer dahin arbeiten, daß die Praktische Theologie im theologischen Lehrbetrieb nicht als die kleine, dünne Spitze einer Pyramide erscheint, die noch eben für den Studenten sichtbar wird, sondern daß ihr ein breiterer Raum als bisher im Lehrbetrieb vergönnt wird. Dazu ist freilich nötig, daß sich das Alte Testament und die Kirchengeschichte auf einen engeren Raum zurückziehen. Wir stellen diese Forderungen nicht in einem falschen Ehrgeiz oder in einer Unterschätzung des wissenschaftlichen Geistes, sondern um der Heranbildung unsrer künftigen Geistlichen, d. h. aber um unsrer Kirche selbst willen. Denn die Zukunft unsrer Kirche hängt an ihrem Pfarrstand.

Monatsschrift für Pastoraltheologie zur Vertiefung des gesamten pfarramtlichen Wirkens. 7 (1910/11), S. 115—117.

PAUL DREWS, DAS PROBLEM DER PRAKTISCHEN THEOLOGIE *

Von Ernst Christian Achelis

Die wissenschaftliche Autorität des Verfassers darf allezeit Gehör beanspruchen, und um so williger wird es gewährt werden, je wichtiger die Sache ist, in der er das Wort ergreift. ›Die Forderung der Reform des theologischen Studiums überhaupt‹ (S. 1–16) wird teils durch den Rückgang an wissenschaftlichem Sinne unsrer Kommilitonen, teils durch ihre Belastung durch zu ausgedehnte Kollegien begründet. Besonders die alttestamentlichen und die historischen Vorlesungen bedürften der Einschränkung, aber nicht damit die Studierenden entlastet würden, sondern damit (S. 82) für die Vorlesungen über Praktische Theologie mehr Zeit und Raum gewonnen würden. – Die Forderung jener Einschränkung wird auf mancher Seite Beifall finden. Allein ich möchte bemerken, daß Zwangskollegien nur an sehr wenigen Universitäten existieren und daß der regelmäßige Besuch belegter Kollegien nirgends kontrolliert wird. Die Studierenden brauchen sich also gar nicht belasten zu lassen. Woher die Kandidaten ihr Wissen haben, ist den Examinatoren gleichgültig, es kommt nur darauf an, daß sie das Nötige wissen. Auch das Urteil über den wissenschaftlichen Sinn der jungen Theologen dürfte in seiner Allgemeinheit nicht unbeanstandet bleiben.

Die übrigen 3 Teile der Schrift haben es mit der Praktischen Theologie zu tun. Im 2. Teil (17–42): ›Die Pr. Th. seit Schleiermacher‹ fällt das ohne Begründung abgegebene Urteil auf, durch

* Drews, Paul: Das Problem der Praktischen Theologie. Zugleich ein Beitrag zur Reform des theologischen Studiums. Tübingen, J. C. B. Mohr 1910 (XII. 82 S.).

das Schleiermacher die Ehre abgesprochen wird, der Begründer der Pr. Th. als Wissenschaft zu sein. Das andere Urteil, die Pr. Th. sei zu keiner wirklichen Höhe emporgestiegen (17. 18), wird durch ihre 4 Fehler begründet: 1. durch das Streben nach Systematisierung des ganzen, 2. durch einseitige Deduktionsmethode im einzelnen, 3. durch einseitigen Biblizismus, 4. durch verkehrten Historizismus (20). Der Verfasser konstatiert übrigens, daß diesen 4 Fehlern ganz richtige und unentbehrliche Gedanken zugrunde liegen, nur die Übertreibung will er tadeln. An ausgesuchten Probestücken werden die Fehler nachzuweisen gesucht; namentlich Moll und C. I. Nitzsch werden herangezogen. Der „Historizismus" wird dadurch begründet, daß in der Pr. Th. Geschichte der Homiletik, der Predigt, des Gottesdienstes, des kirchlichen Unterrichts, der kirchlichen Verfassung und der Vereine, ja sogar der Seelsorge (A. Hardeland) dargeboten werden. „Unsere Studenten aber im allgemeinen fliehen vor der Historie, sie haben sie herzlich satt" (10.). Mir ist freilich keine Praktische Theologie bekannt, die den „Historizismus" im angegebenen Maße kultivierte. Im 3. Teil (43–53): ›Der Doppelcharakter der Pr. Th.‹ wird die These begründet, daß die Pr. Th. für *Studierende* und die Pr. Th. für *im Amt stehende Geistliche* scharf voneinander zu scheiden und daß jede eigenartig zu gestalten sei. Im 4. Teil (64–82): ›Das akademische Studium der Pr. Th.‹ wird die These näher ausgeführt, leider wieder in allgemeinen Urteilen ohne Begründung. Homiletik und Theorie der Seelsorge verständen Studierende überhaupt nicht; sie nähmen nur den Eindruck mit, daß das dort Gebotene höchst unfruchtbar und langweilig gewesen sei (?). Dazu nun die praktischen Seminare! Vor 100 Jahren hätten sie einen Fortschritt bedeutet, jetzt seien sie rückständig. Wie könnten sie auch „eine *gründliche, tiefgehende, umfassende* Vorbildung für Predigt und Katechese" gewähren? Sie erzeugten einen verbitterten, lähmenden Pessimismus (52). – Auf Grund einer 28jährigen akademischen Lehrtätigkeit kann ich nur das direkte Gegenteil bezeugen; die Aufgabe der praktischen Seminare auf der Universität ist überdies nicht sachgemäß formuliert.

Was soll denn nach dem Vorschlag des Verfassers die auf der Universität zu lehrende Pr. Th. umfassen? Antwort: 1. Prinzipienlehre, in der die Maßstäbe und Normen für das kirchliche Leben dargeboten werden, 2. evangelische Kirchenkunde, 3. religiöse Volkskunde, 4. religiöse Psychologie, 5. Geschichte a) der Predigt, b) der kirchlichen Unterweisung, c) des Gottesdienstes, d) der Seelsorge, e) des Kirchenliedes, f) der Inneren und g) der Äußeren Mission (62), 6. sehr ausgiebige praktische Exegese. – Man versteht die Tendenz, daß für die Pr. Th. mehr Zeit und Raum geschaffen werde. Aber sollte die an sich sehr wertvolle evangelische Kirchenkunde für Studierende geeignet sein? Ihnen fehlt ja die Anschauung, daher auch jedes Urteil; überdies sagt der Verf. (61) mit Recht: „unsere jungen Pfarrer brauchten nichts mehr als den Glauben an das *Ideal lebendiger Gemeinden*, nichts nötiger als Wegweisung für diese Arbeit". Und nun die zahlreichen historischen Fächer! Da erscheint doch der S. 38 so scharf getadelte „Historizismus" im gegenwärtigen Betriebe in vermehrter Auflage, und die Studenten, die im allgemeinen vor der Historie fliehen und sie satt haben (S. 10), werden mit historischem Stoff jetzt doppelt überlastet. Nach S. 69 verstehen sie das alles nicht einmal; denn um eine brauchbare Geschichte der Predigt zu liefern (und, setzen wir hinzu, zu verstehen), müsse man mit der Predigttheorie, mit den Aufgaben und Schwierigkeiten der Predigt *vertraut* sein usw.

Die Pr. Th. für die *im Amt stehenden Geistlichen* wird nach Drews in einem *einjährigen* Besuch des Predigerseminars absolviert und umfaßt Homiletik, Katechetik, Seelsorge und Liturgik. Für alle diese Fächer waren ein Jahr zuvor die Studierenden noch nicht reif, weil ihnen die unentbehrliche praktische Erfahrung der Schwierigkeiten fehlte. Fehlt sie ihnen denn jetzt nicht mehr? Sind auch die Kandidaten etwa „im Amte stehende Geistliche", für die doch diese Pr. Th. allein berechnet sein soll? Nach Absolvierung des Predigerseminars will der Verfasser dann die Pfarrer *verpflichtet* (!) wissen, an theologischen Ferienkursen teilzunehmen. Ferienkurse kennt der Verfasser, aber das seit 1888 für die Preußische Landeskirche bestehende obligatorische Lehr- und Ausbildungsvikariat zieht er nicht in Betracht. Inbetreff der Predigerseminare verweist der Verfasser auf die Zukunft; die jetzt bestehenden genügten bei weitem nicht.

Was soll denn bis zu dieser Zukunft geschehen? Darauf bekommen wir keine Antwort. Wir selbst geben die Antwort: die genannten Schäden wollen wir prüfen und je nach Befund abzustellen suchen. Dann hat der Verfasser sein Büchlein nicht vergebens geschrieben.

Die Religion in Geschichte und Gegenwart. Band IV. Tübingen: J. C. B. Mohr (Siebeck) 1913, Sp. 1722—1726.

PRAKTISCHE THEOLOGIE

Von Otto Baumgarten

1. Die geschichtliche Entwicklung der praktischen Theologie bis zur Gegenwart

[...]

Im Prinzip wird allgemein und auf allen Seiten die evg. Gemeinde oder die Kirche als Subjekt und Mandatar der geistlichen Tätigkeiten anerkannt, eine Lehre von der Kirche oder Gemeinde und ihren Ämtern als grundlegender Teil vorangestellt, dann aber die Theorie von der *Kirchenleitung* (Kybernetik) und vom *Kirchendienst,* letzterer gegliedert in Dienst an der werdenden und an der gewordenen Gemeinde, also in *Homiletik* und *Katechetik, Liturgik* und *Pastoral* (auch Poimenik genannt; Seelsorge), vorgetragen, wobei unausgesetzt über die Einordnung der *Heidenmission* und *Inneren Mission* in das System gestritten und vielerseits dessen Reinheit durch Ausschließung dieser Vereinstätigkeiten gewahrt wird.

Während so auf allen Universitäten die p. Th. als ein die einzelnen Kunstlehren der amtlichen Funktionen durchwaltendes wissenschaftliches System in vornehmster, oft dem praktischen Leben und der schlichten Verwertbarkeit recht ferner Sprache gelehrt und in systematischen Vorlesungen durchgeführt wurde – den wertvollsten Niederschlag fand diese Universitäts-p.-Th. in den bei Reuther und Reichard (Berlin) erschienenen ›Lehrbüchern der p. Th.‹ von Rietschel, Sachsse, H. A. Köstlin u. a. (1890 ff.) –, blieb das praktische Amt vorwiegend in den Spuren der Tradition und Routine, und bedeutend wirksamer als die wissenschaftlich gehaltenen Lehrbücher und Kolleghefte erwiesen sich die der einheitlichen Grundgedanken und Endziele nicht ermangelnden *Pastoraltheologien,* obenan von Claus Harms (1830 bis 1834) und Chr. Palmer (1860), die sich um die Einteilung und Einordnung nicht bemühten, aber eine Fülle von praktischen Winken und Gewissensanregungen aus der innigsten Berührung mit dem Leben und dem Volksboden boten. Daneben wirkten autobiographische Darstellungen wie Büchsels ›Erfahrungen eines Landgeistlichen‹ ansteckend weiter, und dienten Magazine der Amtserfahrungen wie ›Halte, was du hast‹, ›Mancherlei Gaben und ein Geist‹ (Presse: III 2 b) im Dienste einer mehr oder weniger gebildeten Gemeindeorthodoxie.

2. *Der heutige Betrieb der praktischen Theologie*

Es will so scheinen, als ob wir in der neuesten Gegenwart zu einem neuen Betrieb und veränderten Umfang der p. Th. gelangen sollten. Den Anstoß dazu hat die in Bornemanns Schrift von der ›Unzulänglichkeit des theologischen Studiums‹ (1888) offen ausgesprochene praktische Erfolglosigkeit der so hoch entwickelten Universitätsdisziplin gegeben, die es nicht zu verhüten vermochte, daß die große Mehrzahl der Geistlichen mit einem Salto mortale aus der wissenschaftlichen Theorie in die traditionelle Praxis stürze; tatsächlich gelte bei den Studierenden die Disziplin der p. Th. für die unerheblichste. Darin erblickte er eine Folge der viel zu abstrakten theoretischen Haltung der p. Th., der mangelnden *Verarbeitung der historischen und systematischen Erkenntnisse für die kirchliche Praxis* und das Fehlen einer *praktischen Psychologie.* Gleichzeitig erkannte man immer mehr die Bedeutung einer *praktischen Auslegung der Hl. Schrift,* nicht bloß einzelner Perikopen, sondern gerade der theologischen Grundbegriffe, einer *populären Glaubens- und Sittenlehre,* einer stärkeren *Berücksichtigung des Volksbodens* usw. Alle diese Ansätze zu neuen Zweigen der p. Th. sollten nach dem Programm der ›Monatsschrift für die kirchliche Praxis‹, die O. Baumgarten 1901 an Stelle der ›Zeitschrift für p. Th.‹ (s. oben 1) setzte (jetziger Titel: Evg. Freiheit), in diesem Organ, aber nun auch in der 1903 von Wurster und H. A. Köstlin und Günther aus ›Halte, was du hast‹, umgestalteten ›Monatsschrift für Pastoraltheologie‹, Pflege finden (Presse; III 2 b), vor allem aber die *religiöse Volkskunde,* deren

Programm P. Drews in der ersten Nummer der erstgenannten Monatsschrift veröffentlichte. Seitdem sind in ihr eine Reihe Beiträge, freilich mehr nur zur bäuerlichen Volkskunde, und selbständig eine Anzahl Monographien zur *Kirchenkunde* einzelner Länder, zwecks Einführung in die konkreten Zustände und Verhältnisse ihres religiös-kirchlichen Lebens in der Gegenwart, mit Einschluß der kirchlichen Statistik (Kirchengeschichtschreibung, 5, Sp. 1275), erschienen (vgl. insbesondere die beiden Sammlungen: ›Evg. K. Das kirchliche Leben der deutschen evg. Landeskirchen‹, begründet von P. Drews, jetzt hrsg. von M. Schian, 1902 ff.; ›Kirchenkunde des evg. Auslands‹, hrsg. von K. Clemen, 1910 ff. in dessen ›Studien zur p. Th.‹). Von erheblicher Bedeutung für die Weiterbildung der ph. Th. dürfte die zuerst in Amerika, nun auch bei uns angebaute Religionspsychologie werden, deren Nerv die Feststellung der Mannigfaltigkeit der religiösen Bedürfnisse und Erfahrungen und deren Gewinn die Ersetzung einer abstrakten, idealen Konstruktion der Befriedigung religiöser Anlagen durch eine konkrete, plastische Induktion der den verschiedenen Idealtypen zuzuwendenden Motive und Quietive ist. In dieser Richtung hat besonders Niebergall an der Herausarbeitung einer praktischen Psychologie für die Übermittlung der Religion gearbeitet. Je mehr die Völkerpsychologie (Psychologie: I) und die Religionspsychologie an Boden gewinnen, desto mehr wird der religiöse Individualismus, der sich leicht mit dem religiösen Absolutismus verbindet, d. h. bei der kirchlichen Praxis immer nur an alle und jeden einzelnen sich wendet, durch den Sozialismus einer an bestimmte Gruppen, Volks- und ideale Einzeltypen sich wendenden, relativierenden Wirkungsweise ersetzt. Für diese neuen Aufgaben hat zuletzt P. Drews in seiner energisch aufräumenden Schrift ›Das Problem der p. Th.‹ Aufnahme in die Universitätsdisziplin der p. Th. gefordert. Danach wären die Kunstlehren der p. Th., Homiletik, Katechetik, Liturgik, Pastoral, und die praktische Auslegung der Hl. Schrift auf die Predigerseminare zu verweisen und dort möglichst induktiv-praktisch zu gestalten, auf der Universität aber außer einer grundlegenden Lehre von der Kirche und ihren Ämtern, die den prinzipiellen Zusammenhang der kirchlichen Praxis mit den normgebenden Disziplinen der Glaubens- und Sittenlehre zu erhalten hat, und einer vorausschauend auf die Gegenwart und ihr Verständnis hinstrebenden, den Zusammenhang mit der allgemeinen Kulturgeschichte wahrenden Geschichte des Pfarramts und Pfarrstandes, des christlichen Gottesdienstes, der christlichen Verkündigung und des Religionsunterrichts, der christlichen Einzel- und Gemeindeseelsorge eine praktische Religions- und Volkspsychologie, religiöse Volks- und Kirchenkunde und praktische Glaubens- und Sittenlehre darzubieten. Die *Wissenschaftlichkeit* dieses neuen Komplexes von Disziplinen wird weniger in ihrer Konstruktion und Gliederung zu einem System der p. Th. als in der ganzen wissenschaftlichen, d. h. historischen und psychologischen Orientierung der einzelnen Teile zu suchen sein. Freilich ist dieser Betrieb der p. Th. unendlich viel anspruchsvoller an die Beobachtungs- und Erlebniskraft und an die Weitherzigkeit der Mitarbeiter, die einer spezifisch idiotistisch-relativistischen Arbeitsweise sich befleißigen müssen, als der bisherige nomothetisch-dogmatisch-normative Betrieb, der nur Festigkeit in den Prinzipien und Konsequenz in ihrer Anwendung, daneben Kenntnis der Hauptzüge der Entwicklung besitzen muß. Der praktische Theologe muß etwas *Künstlerisches, Dichterisches, Intuitives* mehr noch als Wissenschaftlichkeit an sich haben. Er wird viel aus den freiströmenden Quellen der Volksseele und ihrer belletristischen Fassung gewinnen, fast mehr als aus den Zeugnissen der Amtstätigkeit. Er wird ein vielseitig gebildeter, für alles Lebendige offener Mensch sein müssen. Er wird so eine lebendige Brücke bilden müssen von der Theorie der Religion zu ihrer kirchlichen Praxis.

3. *Die Bedeutung der praktischen Theologie*

Die Bedeutung der p. Th. erblicken wir in einem dreifachen: a) In der Durchbildung des religiösen Praktikers zu einem charaktervollen Vertreter einer klar erfaßten religiösen Grundstellung. Er soll mehr sein als ein geschickter Routinier, der von einem bewährten Praktiker abguckt, wie er es fertig bringt, seine amtlichen Funktionen erfolgreich zu verrichten; er soll ein innerlich genötigter, seinem Vorsatz treuer Charakter sein, der jeder seiner amtlichen Handlungen den Stempel seines Wesens und damit der Notwendigkeit aufprägt. Das ist der bleibende Segen des wissenschaftlichen Betriebs der p. Th. Während der griechische und römische Priester lediglich in dem Tun dessen geschult sein muß, was die Kirche von jeher geordnet und getan hat (Techniker der Tradition), während der Laien- und Sendbruder der Sekten und Gemeinschaften lediglich gewisse sichere Handgriffe auf den Puls des inneren Lebens der anderen eingeübt haben muß (Routinier der Erweckung), muß der praktische Theologe einer protestantischen Gemeinde ein theologischer, intellektueller und praktischer Charakter sein, der die Radien vom Zentrum des christlichen Lebens nach allen Punkten der Peripherie des Weltlebens zu ziehen und in allen Einzelhandlungen der Grundrichtung zu verwirklichen vermag. – b) In der Übung der für die Praxis wesentlichen Kraft des Zusammen- und Gleichnisschauens zwischen den Zeugnissen des urkräftigen, ursprünglichen Auftretens des christlichen Prinzips in der Zeit des Urchristentums und der Reformation und zwischen den Bedürfnissen der kirchlichen Gegenwart. Da gilt es vermöge einer ebenso zeitgeschichtlichen wie religiös wertenden Betrachtung der Quellen und Texte und vermöge eines eindringenden und weitherzig wertenden Verständnisses der religiösen Strömungen und Bedürfnisse der Gegenwart aus jenen Quellen und Texten die bleibend wertvollen Grund- und Zielgedanken der christlichen Religion und Sittlichkeit zu erheben und zu diesen Bewegungen und Bedürfnissen der Gegenwart in Beziehung zu setzen, gleichweit entfernt von Knechtung der Gegenwart unter die anders orientierte Theologie des Urchristentums und der Reformationszeit wie von amerikanischer Überschätzung des bloß Modernen als Maßstabes aller Werte. – c) In der Überwindung des von der Beschäftigung mit der systematischen Theologie nahegelegten Dogmatismus und Absolutismus einer für alle unterschiedslos gültigen Norm des Denkens und Handelns durch ein stetes Rücksichtnehmen auf die Mannigfaltigkeit der nach Art, Landschaft und Bevölkerungsgruppen verschiedenen religiösen Nötigungen. Zweifellos bringt diese psychologisch-relative Orientierung eine große Gefahr mit sich: die Absolutheit des Christentums, die Allgenugsamkeit des Evangeliums, die Gewißheit des christlichen Heilsweges und damit der sichere Mut, allen dasselbe Evangelium zu bringen und zuzumuten, leidet Schaden unter der steten Berücksichtigung der verschiedenen psychologischen Nötigungen. Aber einmal ist diese Schwierigkeit nicht dogmatistisch wegzuleugnen, da sie sich dem, der der Wirklichkeit gehorsam ist, täglich aufdrängt, und dann kann eine stete Unterscheidung eines unveränderlichen Kerns und wechselnder Bestandteile der christlichen Religion, wie sie gründliche religionsgeschichtliche Bildung lehrt, zu der Gewißheit führen, daß man bei aller Akkommodation der Einkleidung des Evangeliums an die psychologischen Gruppenbedürfnisse doch fest stehen kann im lebendigen Zentrum der für alle heilsamen Wahrheit. Und wenn die also betriebene p. Th. eine innerliche Verbindung von Gewißheit und Duldsamkeit in der kirchlichen Tätigkeit herstellt, hat sie das beste geleistet zur Pflege innerlich freier und charaktervoller Christlichkeit.

IV.

THEOLOGISCHE NEUORIENTIERUNG DER VOM STAAT GETRENNTEN KIRCHE (1917–1945)

Martin Schian, Praktische Theologie, in: Theologische Rundschau. 19/20 (1916/17), S. 399—405.

DREI NEUE ARBEITEN ZUR PRAKTISCHEN THEOLOGIE*

Von Martin Schian

Zu den Fragen des Wesens und der Aufgaben der Praktischen Theologie sind in den letzten Jahren nur wenige Stimmen laut geworden. Das ist verwunderlich: P. Drews' hier 1910, S. 329 ff. besprochene kräftige Reformforderung hat keine ausreichende Durcharbeitung in der öffentlichen Erörterung gefunden. So ist es denn an sich recht erfreulich, daß wir jetzt noch zwei Schriften notieren können, die in gewisser Beziehung an Drews anknüpfen. Das Buch von *Sachsse* gibt sich geradezu als durch Drews' Vorschläge veranlaßt. Genau genommen wird das doch nur von einem recht kleinen Teil der Ausführungen gelten dürfen. Die anderen Teile stehen in keiner näheren Beziehung zu Drews und den von ihm angeregten Fragen; sie bringen vielmehr Darlegungen, wie sie S. wahrscheinlich in der Einleitung seiner Vorlesung zu geben pflegte. Ich füge gleich hinzu: zu einem Teil sind es Erörterungen, die in der Praktischen Theologie gar nicht oder jedenfalls nicht in dieser Breite nötig wären; z. B. S. 11 ff. über Theologie und Religionswissenschaft; S. 27 ff. über das geistige Leben der abendländischen Völker; S. 55 ff. über Kirche und Gnadenmittel usw. In

* Der Beitrag, dessen Überschrift vom Hrsg. gewählt wurde, enthält Rezensionen zu folgenden Werken: Sachsse, E., Einführung in die prakt. Theologie. Eine zeitgemäße Erörterung neuer Probleme und brennender Fragen. 1914. – Studien zur prakt. Theologie 8. Bd. H. 1: v. d. Goltz, E., Grundfragen der prakt. Theologie. Das kirchl. Leben in seinen elementaren Funktionen und Gemeinschaftsformen. 1917. – Prakt.-theol. Handbibliothek, hrsg. v. Fr. Niebergall, 20. Bd: Niebergall, Fr., Theologie und Praxis. Hemmungen und Förderungen der Predigt und des Religionsunterrichts durch die mod. Theologie. 1916. – Vgl. auch unten K. Egers Rezension von M. Schian, Grundriß der Praktischen Theologie.

den zur Sache gehörigen Stücken vermißt man leider nicht ganz selten die Schärfe und Genauigkeit der Formulierungen. Das gilt insbesondere von den Sätzen über das Wesen der Praktischen Theologie; sie ist nach S. die „Wissenschaft von der Tätigkeit der Gemeinde zu ihrer Vollendung auf Erden“. In dieser Definition fehlt jedem der gebrauchten Begriffe die nötige Bestimmtheit; ganz besonders dem der 'Gemeinde'. Somit kann ich Förderliches eigentlich nur in gewissen Feststellungen erkennen, die in der Tat nützlich sind; z. B. in der Feststellung des Wertes der Kirchenkunde und der religiösen Volkskunde (29 ff.) und in der Behauptung der Ortsgemeinde als des vornehmsten Subjektes der kirchlichen Tätigkeit (84 ff.).[1]

Während die Schrift Sachsses hiernach eine Förderung der Diskussion nicht bringen konnte, dürfen wir eine solche von dem jüngst erschienenen Buche *v. d. Goltz'* zuversichtlich erwarten. Es stellt den ersten Teil eines Lehrsystems der Praktischen Theologie dar, zu der v. d. G. gleichzeitig den Gesamtaufriß vorlegt. In der Einleitung wie am Schluß sind allgemeine grundsätzliche Fragen über das Wesen und die Aufgabe der Wissenschaft der Praktischen Theologie verhandelt. Auf diesen Teil der Schrift reizt es mich zumeist einzugehen; nimmt er doch mehrfach auf meine Sätze in dieser Zeitschrift 1910 S. 325 ff. Bezug. v. d. G. bringt das Beste, was seit Drews zu diesem Thema gesagt ist. Als die wichtigsten Punkte hebe ich folgende heraus: 1. v. d. G. sieht einen Hauptfehler darin, daß die Praktische Theologie vielfach die ideale Kirche als das „aktuose Subjekt“ des für sie in Betracht kommenden Handelns gefaßt habe, während richtig die *empirische* Kirche als solches anzusehen sei. Er hat damit völlig recht. Ich darf aussprechen, daß ich, seit ich Praktische Theologie lese, diese Erkenntnis aufs schärfste zu betonen pflege und daß ich ihre Durchsetzung zur rechten Erfassung der Aufgabe unserer Wissenschaft für ebenso dringlich halte wie v. d. G. Ein wenig anders urteile ich insofern, als eine Anzahl von Darstellungen weniger die ideale Kirche eindeutig als Subjekt setzen, als vielmehr sich in einer merkwürdigen,

[1] Diese Zeilen waren vor Sachsses Tode geschrieben; ich glaube, sie unverändert lassen zu sollen.

schwankenden Unklarheit über den Inhalt des Subjekts „Kirche" bewegen (so z. B. auch Sachsse). Aber das ist eine geringe Differenz. 2. v. d. G. betont, daß das Verhältnis der Pr. Th. zur Dogmatik und Ethik nicht hinreichend geklärt sei; er gibt seinerseits S. 18 ff. eine längere Auseinandersetzung zur Sache. Jener Satz ist fraglos richtig; ich denke dabei besonders an die Äußerungen von Eckert, aber auch an die von P. Wernle in seiner ›Einführung‹. Um zu zeigen, wie sehr ich hierin mit v. d. G. übereinstimme, brauche ich nur auf meinen Aufsatz Theol. Rundschau, 1910, S. 33 zu verweisen. v. d. G. unterscheidet glücklich: „Die Pflicht zu dem Auf- und Miteinanderwirken der Gläubigen als auch zu der Evangelisation der Welt ist grundsätzlich in der Ethik zu besprechen; in der Pr. Th. dagegen handelt es sich um die Ermittlung der Verfahrungsweisen für eine geordnete und überlegte Tätigkeit nach jener doppelten Richtung." Nur vermisse ich die ausdrückliche Anerkennung der Tatsache, daß die Pr. Th. auch ihrerseits die ethischen Grundsätze (ebenso wie die religiösen) des Christentums zur obersten Richtschnur des kirchlichen Handelns machen muß (z. B. den Grundsatz der Wahrhaftigkeit); sie darf das nicht der Ethik überlassen. Sie ist aber darum nicht ein Teil der Ethik (so war doch Kleinerts Wesensbestimmung „Ethik, angewandt auf das Subjekt der empirischen Kirchengestalt" gemeint; ich würde ihr daher schärfer widersprechen, als v. d. G. es tut), denn für die Ermittlung der Verfahrensweisen für das kirchliche Handeln kommt sie mit ethischen Grundsätzen nicht aus; sie braucht auch und in stärkstem Umfange praktisch-kirchliche Grundsätze (v. d. G. spricht von „Zweckmäßigkeit"). 3. v. d. G. betont gegen Drews die Notwendigkeit des Deduzierens und Systematisierens. Aber es soll „ruhen auf einer möglichst genauen Kenntnis der geschichtlichen Vergangenheit und der empirischen Gegenwart, ebenso auf einer klaren Erfassung der bereits in der Dogmatik und Ethik zu gewinnenden Grundbegriffe". Schön! Solches Deduzieren nenne ich nicht 'grautheoretisch'; und daß ich gegen Drews für eine einheitliche Ordnung des Ganzen der Disziplin eintrete, habe ich Theol. Rundschau, 1910, S. 338 ausgesprochen. Dennoch scheint mir v. d. G. allerdings im Systematisieren weiter zu gehen, als ich für richtig halte. Sofern er nichts will als eine „zweckmäßige Anordnung des Stoffs unter einheitlichen Gesichtspunkten" (S. 160), stimme ich ihm rückhaltlos zu. Aber ich habe fast den Eindruck, als gebe es für ihn so etwas wie eine Normalordnung des Stoffs, die zu suchen und dann allgemein anzunehmen sei. Ist das richtig, so widerspreche ich. Der Stoff ist das gesamte kirchliche Handeln nach Voraussetzungen, Grundsätzen und Ausgestaltung; diesen Stoff zu ordnen wird jeder Fachmann freie Hand haben müssen; da allerlei Erwägungen dabei sich kreuzen, wird volle Übereinstimmung weder erreichbar noch auch nötig sein. Womit nicht gesagt ist, daß nicht über wichtige Punkte Übereinstimmung erzielt werden könnte. 4. v. d. G. wünscht keine Belastung der Pr. Th. mit neuen Disziplinen, sei es der Psychologie oder der Kirchenkunde. Er rechnet die Kirchenkunde (um nur von dieser zu reden) zur Kirchengeschichte, ebenso wie das geschichtliche Wissen um alle Teile der Geschichte der kirchlichen Praxis (150). Gewiß unter dem einen Gesichtspunkt mit Recht; aber gerade vom Standpunkt der Pr. Th. aus kann ich nicht beipflichten. Die Pr. Th. kann dieses Wissen unmöglich nur voraussetzen; sie muß es ständig als Substrat ihrer eigenen Darlegungen nutzen; sie kann auch nicht einen einzigen Abschnitt lang diese Dinge beiseite lassen. Also wird es auch nötig sein, daß sie dieses Wissen wenigstens soweit, als es unbedingte Voraussetzung für ihre Arbeit ist, selbst zur Darstellung bringe; sonst schweben ihre Erörterungen in der Luft. Sie darf das nur dort unterlassen, wo sie die Kenntnis der einschlägigen Stoffe ganz sicher unterstellen kann. Das ist natürlich nur ausnahmsweise der Fall. Der praktische Theologe aber wird aus dem gleichen Grunde als solcher (nicht als Kirchenhistoriker) geschichtlich und kirchenkundlich arbeiten müssen.

Ich übergehe andere Prinzipienfragen, um zu der anderen sachlichen Erörterung v. d. G.s noch kurz Stellung zu nehmen. Er bietet zum Titel ›Grundfragen‹ nach den Ausführungen über die Problemstellung eine grundlegende Orientierung für jede Betätigung des Christentums, wobei er „Jesus Christus und sein Reich als Anfang und Ziel alles christlichen Lebens schildert". Es wird in der Tat gut sein, wenn der praktische Theologe seine grundsätzliche Auffassung vom Christentum darlegt; vielleicht dürfte diese Darlegung aber noch summarischer sein. Es folgt ein Abschnitt über die elementaren Funktionen des kirchlichen Lebens (S. 25–55), der es mit den Geistesgaben und den Grundaufgaben aller kirchlichen Betätigung zu tun hat. v. d. G. sagt hier viel Gutes und Förderliches. Aber ich habe das Bedenken, daß eine solche Auseinandersetzung, am Beginn der Gesamtdarstellung gegeben, nicht bloß manches vorausnimmt, was später wiederkehren muß, sondern auch unnötig abstrakt wirkt. Auch halte ich sie in dieser Ausführlichkeit keinesfalls für notwendig. Der ausführlichste Abschnitt (S. 56–115) gilt den elementaren Organisationsformen des christlichen Gemeinschaftslebens (Hausgemeinde, Kirchgemeinde, geschichtliche Kircheneinheit, kirchliche „Zweckverbände" [Genossenschaften, Vereine]), der Schlußabschnitt (S. 116–146) dem Verhältnis der kirchlichen Organisationen zu den außerkirchlichen. In diesen Kapiteln steckt viel Denkarbeit; ich begrüße sie als höchst wertvolle, teilweise wirklich weiterführende Erörterungen, z. B. über das Wesen der Kirchgemeinde, der empirischen Kirchen, ihr Verhältnis zum Staat usw. Auch halte ich eine Besprechung der hier einschlägigen wichtigsten Fragen allerdings mit v. d. G. für notwendig für die Pr. Th. Doch würde ich den Umfang dieser Fragen nicht unwesentlich anders begrenzen. Im einzelnen die Thesen v. d. G.s vorzuführen ist leider unmöglich[2]; aber dafür möchte ich ihm danken, daß er der Kirchengemeinde so viel Aufmerksamkeit und im Gefüge seiner Darstellung so viel Gewicht beigelegt hat. Damit ist ein sehr wesentlicher Schritt vorwärts getan. Aufs ganze gesehen habe ich nun allerdings den Eindruck, daß ich, obwohl mich v. d. G. vom prinzipiellen Charakter unserer Wissenschaft überzeugt, dennoch den Gedankenaufbau unmittelbarer und stärker als er auf einen geschichtlichen (einschließlich kirchenkundlichen) Unterbau zu begründen für nötig halte; und daß v. d. G., obwohl auch er nichts a priori konstruiert, doch nicht

[2] Ich hoffe, daß ich Gelegenheit haben werde, diese Fragen in Auseinandersetzung mit v. d. G. anderswo ausführlich zu erörtern. – Für heut nur noch eine Bitte. Sachsse wie v. d. G. lassen immer drucken: „die praktische Theologie". Aber „Praktische Theologie" ist ein Name, ein Terminus für sich geworden. Die praktische Theologie ist die ganze Theologie, insofern sie eine praktische Seite hat. Unsere Sonderdisziplin als Teil der Theologie muß als die „Praktische Theologie" bezeichnet werden.

unwesentlich mehr abstrahiert, als ich für zweckmäßig halte. Aber darüber kann ich hier nicht mehr sagen. Jedenfalls ist sein Buch eine Gabe, die sehr dankbar zu begrüßen ist.

Niebergall zielt zwar besonders auf Predigt und Unterricht ab, aber das Problem, das er behandelt, ist doch ein der ganzen Pr. Th. angehöriges: die Spannung zwischen Theologie und Praxis und ihre Lösung. Er schildert die alte wie die „moderne" Theologie, letztere nach drei Richtungen: als historisch-kritisch, als religionsgeschichtlich, als religionspsychologisch orientiert. Er räumt ohne weiteres ein, daß der Praxis (und zwar dem „Was" der Predigt und des Unterrichts) aus der modernen Theologie „Hemmungen" erwachsen, aber er hält ihre Aufhebung für möglich und zeigt wirklich gangbare Wege dazu. Andererseits betont er stark, daß dieselbe Theologie dem Wie unserer Praxis erhebliche „Förderungen" bringt. Bei jedem dieser Nachweise berücksichtigt er wieder die drei Gesichtspunkte der historischen Kritik, der Religionsgeschichte, der Religionspsychologie. Die Ergebnisse faßt er unter dem Titel der „religionswissenschaftlich begründeten Religionspädagogik" zusammen, die er als gemeinsamen Namen für Homiletik und Katechetik nimmt. Hier legt er dann auch die Bedeutung dieser Untersuchung für die gesamte Pr. Th. dar: der Anschluß an Pädagogik und Religionswissenschaft werde dieser „eine andere Grundlage geben als die Geschichte der kirchlichen Tätigkeit, auf der sie jetzt ruht". Ich finde in seinen Ausführungen viel Nützliches und Gutes. Jeder in irgendeinem Sinn „moderne" Theolog, der irgendwie unter Hemmungen leidet, die ihm seine Theologie für seine Praxis bringt, wird sich durch N. zu frischer Arbeit an deren Überwindung anspornen lassen; er wird in der Zuversicht gestärkt werden, daß seine Theologie ihn wirklich in der Praxis fördern kann. Hierin liegt der Hauptwert der Schrift. Wenn N. darüber hinaus an eine Aufhebung der Hemmungen auch in dem Sinn zu denken scheint, daß die von ihm angebotene Hilfe auch den Vertretern der sogenannten positiven Theologie gelte, so ist ja diese Hoffnung nicht ganz unberechtigt; eine gewisse Gemeinsamkeit in der Praxis besteht zwischen manchen Gruppen der Positiven und den Modernen allerdings. Aber der Gegensatz ist doch gerade in den hier zumeist in Frage kommenden Punkten größer, als diese Erwartung ihn ansetzt. N.s Religionspädagogik ruht auf modernen Voraussetzungen; sie ist darum Nichtmodernen zwar durchaus nicht wertlos; auch sie können aus ihr lernen; aber den allen gemeinsamen Boden kann sie nicht geben. Gegen die Anwendung des Begriffs 'Religionspädagogik' auf die Homiletik erhebe ich übrigens Einspruch vom Wesen der Predigt als gottesdienstlicher Rede aus. Und so gern ich bereit bin, zuzugeben, daß eine pädagogische Orientierung der Pr. Th. für manche ihrer Gebiete (nur sehr cum grano salis für die Predigt!) heilsam sein kann, so wenig stimme ich zu, wenn N. diese Orientierung an die Stelle der geschichtlichen Orientierung setzen will. Nein, geschichtlichen Unterbau brauchen wir auch und ganz notwendig; er schließt auch wahrlich die pädagogische Orientierung nicht aus. N.s Wertung der Geschichte der kirchlichen Tätigkeiten, die „in der Regel nur Fassade, und zwar angeklebte Fassade“ sei, halte ich, obwohl er gewiß auf Beispiele äußerlicher Heranziehung der Geschichte verweisen kann, dennoch im Grundsatz für entschieden unrichtig.

Monatsschrift für Pastoraltheologie zur Vertiefung des gesamten pfarramtlichen Wirkens. 20 (1924), S. 55—58.

DREI NEUE LEHRBÜCHER DER PRAKTISCHEN THEOLOGIE *

Von Karl Eger

Seit 1918 haben wir nicht weniger als drei neue Gesamtdarstellungen der Praktischen Theologie bekommen. Gemeinsam ist allen dreien die entschlossene Abkehr von einer allzu starken Vertiefung in die Lebensformen und Lebensäußerungen der kirchlichen Vergangenheit, wie sie gerade für Achelis' Praktische Theologie kennzeichnend war, zugunsten einer energischen Hinwendung zu den Gegenwartszuständen und Gegenwartsaufgaben der Kirche; wenn auch diese Abkehr sich in den drei Büchern in verschiedenem Grade und in verschiedener Art zur Geltung bringt. Es ist verständlich, daß die Abneigung gegen den sogenannten Historismus, der für die Gegenwart überhaupt kennzeichnend ist, sich in den Darstellungen der Praktischen Theologie besonders kräftig auswirken muß. Auch von langstieligen Ableitungen einzelner kirchlicher Tätigkeiten aus dem Begriff der Kirche wollen alle drei nichts wissen: sie fassen alle drei die tatsächlich vorliegende Arbeit der Kirche ins Auge, so sehr sie alle darauf aus sind, das tatsächlich Gegebene in seinem Recht und in seinem Bestand grundsätzlich zu durchleuchten. Die Tage der „unpraktischen" Praktischen Theologie sind auch nach dieser Richtung hin gezählt.

Abgesehen von diesem gemeinsamen Grundzug sind aber die drei Bücher aufs stärkste voneinander unterschieden. Sie veranschaulichen trefflich den Satz unseres unvergeßlichen Paul Drews, daß wir ganz verschiedene Arten von Praktischer Theologie brau-

* Friedrich Niebergall, Praktische Theologie. Lehre von der kirchlichen Gemeindeerziehung auf religionswissenschaftlicher Grundlage. 2 Bde., 1918/19. – Martin Schian, Grundriß der Praktischen Theologie. 1922. – Johannes Meyer, Grundriß der Praktischen Theologie. 1923.

chen. Er hat dabei nur an den Unterschied einer Behandlung der Praktischen Theologie für Studenten und Kandidaten einerseits, für im Amt stehende Pfarrer anderseits gedacht. Und man könnte Schian und Meyer, die zunächst als Studentenbücher gedacht sind, einerseits, Niebergall anderseits unter diesem Gesichtspunkt voneinander unterscheiden. Aber man würde den beiden zuerst Genannten Unrecht tun, wenn man sie bloß als Studentenbücher ansehen und verwerten wollte. Sie tun auch dem erfahrenen Pfarrer wertvollste Dienste, ja sie geben diesem erst ganz das, was sie herzugeben imstande sind. Es handelt sich bei der Verschiedenheit der drei Bücher um mehr als um eine Verschiedenheit der Leser; es ist eine verschiedene Art, den ungeheuren Stoff der Praktischen Theologie anzufassen und zu gestalten, durch die sich Schian und Meyer auf der einen, Niebergall auf der andern Seite in höchst erwünschter Weise ergänzen. Der Unterschied liegt auch nicht bloß darin, daß Niebergall ein Handbuch von über 1000 Seiten Lexikon-Oktav, Schian und Meyer knapp gefaßte Grundrisse vorlegen, sondern vielmehr in der ganzen Art, wie das Gesamtproblem und die Einzelprobleme der Praktischen Theologie angefaßt und behandelt werden. Bei der Fülle und Gewichtigkeit dieser Probleme ist ihre Beleuchtung von so verschiedenen Einstellungen aus von unersetzlichem Wert. Wer die drei Bücher nacheinander durcharbeitet, hat erst wirklich einen Eindruck davon, was es mit der Praktischen Theologie von heute auf sich hat.

[...]

Niebergall faßt die Praktische Theologie als „Lehre von der kirchlichen Gemeindeerziehung auf religionswissenschaftlicher Grundlage“. Zunächst wird das Erziehungsziel festgestellt: die ideale Gemeinde, in der das Ideal der Persönlichkeit und das der Gemeinschaft sich zusammenfindet. Dann wird die empirische Gemeinde, die jenem Ziel entgegengeführt werden soll, ins Auge gefaßt: Religionspsychologisches, religiöse und sittliche Seelen- und Volkskunde, sowie kirchliche Volkskunde kommen dabei zur Sprache. Die „Gemeinde als Trägerin der Arbeit und Inhaberin der Kräfte“ behandelt die Fragen der kirchlichen Organisation, der verantwortlichen Persönlichkeiten (speziell den Pfarrer) und der kirchlichen Sitten, Bräuche, Einrichtungen. Vor den Persönlichkeiten steht eine „Praktische Dogmatik“, da „das Wort“ das wichtigste Erziehungsmittel der Gemeinde ist. Im 2. Band werden die einzelnen Zweige der kirchlichen Gemeindeerziehungsarbeit besprochen: Gottesdienst (einschl. Predigt); Religionsunterricht; Seelsorge und Gemeindearbeit.

Nach *Schian* sucht die Praktische Theologie, „die Wissenschaft vom kirchlichen Handeln“, „auf dem Weg über das geschichtliche Verständnis der kirchlichen Praxis und über eine möglichst genaue Kenntnis des kirchlichen Lebens der Gegenwart mit allen seinen Voraussetzungen die grundsätzlich richtigen und praktisch zu empfehlenden Wege des kirchlichen Handelns klarzustellen“. Er ordnet folgendermaßen: Die Grundvoraussetzungen des kirchlichen Handelns (Christentum und Kirche; das kirchliche Leben der Gegenwart). Organe des kirchlichen Handelns (Kirchen- und Gemeindeverfassung; Pfarramt usw.). Das kirchliche Handeln als gottesdienstliches Handeln (einschl. Predigt). Das kirchliche Handeln in der außergottesdienstlichen Gemeindepflege. Das kirchliche Handeln als erziehendes Handeln. Dann kommen noch zwei kurze Stücke: Das kirchliche Handeln über die Kirchengrenzen und über die Grenzen der Christenheit hinaus.

Für *Meyer* ist die Praktische Theologie die „Theorie der christlichen Frömmigkeitspflege“. In der Grundlegung wird die „religionspsychologische“, „volkskundliche“, „christliche“, „kirchliche“ „Einstellung“ der Praktischen Theologie besprochen. Dann folgen: Organisation des Kirchentums. Kirchliche Jugenderziehung. Kirchlicher Kultus. Kirchliche Wortverkündigung. Seelsorge. Mission.

Im Ansatz *Niebergalls* ist weder die Unterstellung des Ganzen unter den Gesichtspunkt der Erziehung noch die primäre Orientierung an der Gemeinde glücklich. Man mag das Wort ‘Erziehung’ noch so sehr vor schulmeisterlicher Auffassung zu sichern suchen; es ist zu eng, um das Leben und die Arbeit der organisierten Kirche damit zu erfassen – was für eine Verzerrung des Kultus ergibt sich, wenn man ihn unter den Gesichtspunkt der Erziehung stellt! (Merkwürdigerweise wählt N. für die Erziehung des kirchlichen Nachwuchses statt des Ausdrucks Erziehung, der hier durchaus der zutreffende ist, die Überschrift ›Religionsunterricht‹). Und die

Orientierung an der Gemeinde bringt die Größen Gemeinde und Kirche in ein ganz falsches, den Tatsachen durchaus nicht entsprechendes Verhältnis. Es handelt sich bei der Beanstandung des Ausdrucks Erziehung wahrlich nicht bloß um ein sprachliches Bedenken; er entspricht ganz der Art N.s, der es auf Beeinflussung der Menschen, auf ihre Hinführung zu bestimmten Zielen ablegt. Also das Ganze ist ethisch orientiert, und Wesen und Leben und Handeln der Kirche können von da aus nicht wirklich verstanden werden. So viel Ethos darin enthalten ist, so viel Aufgaben, so viel Wirken auf andere – ohne die religiöse Wurzel des von Gott Gegebenen, aus ihm Quellenden gibt's nimmermehr ein Tun der christlichen Kirche.

Gegen Meyers „christliche Frömmigkeitspflege" sind meine Bedenken nicht ebenso stark (was 'christliche Frömmigkeit' ist, wird uns übrigens nirgends gesagt); aber auch sie ist zu ethisch absichtsvoll; es wird zu wenig auf den inneren Drang und Zwang gesehen, aus dem alles Tun auch der organisierten Kirche quellen muß. Die künstliche Verbindung ganz verschiedenartiger Momente in der „Einstellung" der Praktischen Theologie ('religionspsychologisch' und 'volkskundlich' fallen unter eine ganz andere Kategorie als 'christlich' und 'kirchlich') hängt damit zusammen. Was für ein Verständnis der Verfassung der Kirche muß dabei herauskommen, wenn die Kybernetik zu zeigen hat, „welche Organisation am besten den Aufgaben der Kirche entspricht". Als ob wir die Organisation der Kirche zu machen hätten!

Der schlichte Ausdruck *Schians* als „kirchliches Handeln" ist viel besser. Da er ausdrücklich das zweckmäßige Handeln ins Auge faßt, ist die von Meyer vermißte Abgrenzung der Praktischen Theologie gegenüber der Ethik genügend gewahrt. Und auf der andern Seite bleibt genügend Raum für das unmittelbar und unreflektiert Wachstümliche an den Tätigkeiten der Kirche. Aber wenn ich mich auch mit dem Ansatz Schians einverstanden erklären kann, der auch die Bedeutung des Geschichtlichen ganz anders zur Geltung kommen läßt als Niebergalls 'Erziehung' – bei Meyer ist das übrigens ebenso wie bei Schian der Fall –, in der Ausführung fehlt mir entscheidend Wichtiges. Auch Schian ist stark ethisch veranlagt, und die Kirche kann nur da wirklich verstanden werden, und kirchliche Arbeit kann nur da in ihrer Eigentümlichkeit zur vollen Entfaltung kommen, wo vom Wirken Gottes her gedacht und empfunden wird, und nicht von den Menschen (wenn auch noch so 'frommen' Menschen) und ihren Zielen und Aufgaben her. Was Gott uns gibt, wozu er uns treibt und ausrüstet, natürlich als der sittlich heilige Gott unter stärkster Inanspruchnahme unseres sittlichen Wollens und Strebens, und zwar was er uns gibt aus dem Boden heraus, auf dem er uns äußerlich und innerlich aufwachsen läßt – dafür muß gerade auch in der Praktischen Theologie, in der kirchlichen Arbeit, uns der Blick geschärft werden. Das Bewußtsein des von Gott Getragen- und Getriebenseins muß alles kirchliche Handeln durchdringen und durchbluten, von der kirchlichen Organisation an bis hin zur Einzelseelsorge. Niebergall sagt einmal wundervoll, wir müßten das, was die Kirche zu tun habe, dem Werden ablauschen. Es gilt damit in allem, was die Praktische Theologie zu sagen hat, Ernst machen: im Gewordenen und Werdenden das Leben und den Willen Gottes erfühlen. Am deutlichsten wird, daß wir nur so wirklich an die Sache herankommen, beim Gottesdienst. Aber es gilt genauso auch von der Predigt, auch von der Jugenderziehung. Das bekommt alles ein anderes Gesicht, wenn die Wurzel und Quelle in Gott selbst die Führung hat: von Gottes Gnaden bin ich, was ich bin – von Gottes Gnaden tu ich, was ich tu. An der Stelle und mit den Kräften, die Gott mir angewiesen und gegeben hat. Das ist gar nicht „erbaulich" gemeint, das ist sehr nüchtern fromm gemeint, und ohne diesen Duft gibt's keine kirchliche Arbeit, die des Namens wert wäre. Natürlich wollen das Niebergall, Schian, Meyer nicht weniger als ich; ich möchte aber, daß es deutlicher und ausdrücklicher den Ansatz des Ganzen und die Ausführungen im einzelnen beherrschte, statt nur überall als unausgesprochene Voraussetzung mitzuklingen. Es soll's aber der Leser in das, was sie sagen, überall geflissentlich hineinlesen; dann werden die drei Bücher ihm erst die Frucht bringen, die zu tragen sie fähig sind.

Allgemeine Evangelisch-Lutherische Kirchenzeitung. 61 (1928), Sp. 1134.

REZENSION ÜBER: JOH. STEINBECK, SYSTEM DER PRAKTISCHEN THEOLOGIE I (1928)

Von Wilhelm Laible

In ruhigem, geschlossenem Aufbau zeigt der Verfasser „die in der Offenbarung Gottes gegebene religiös-sittliche Grundlage der Kirche" gegenüber allem rein Psychologischen und bloß Zweckmäßigen, sowie den inneren Zusammenhang der kirchlichen Handlungen. Er baut in vier Teilen auf: I. Die Kirche im allgemeinen. II. Die organisierte Kirche (hierbei die Abschnitte: Kirche und Bekenntnis; Kirche und Theologie; Volkskirche und Freiwilligkeitskirche; Kirche und Staat; Kirche und Gesellschaft). In diesem Teil wird auch das Pfarramt und die „Richtungen" behandelt. III. Taufe und Jugenderziehung (hierbei Religionsunterricht, Konfirmation usw.). IV. Der Gottesdienst. Steinbeck sagt so viel Klares und Wahres, daß man das Buch, wollte man es recht besprechen, ausschreiben müßte. Wohltuend berührt die durchgängige Nüchternheit und der große Ernst, mit dem er von Kirche und Amt redet. Gegen vieles, das heute als Neuestes für den Gottesdienst empfohlen wird, wehrt er ab und stellt die gesunden Linien wieder her. Nur den Abschnitt vom Bekenntnis hätten wir deutlicher gefaßt gewünscht; auch über die Taufe könnte vielleicht mehr gesagt werden. Insbesondere bitten wir den Verfasser, bei der nächsten Auflage noch eingehender über die innere Befähigung zum Amt zu reden; wir denken an jene bekannte Schrift über die ›Bekehrung der Pastoren‹. Alles in allem haben wir hier die reife Frucht eines Professors der praktischen Theologie, dem es keine Redensart ist, daß die Kirche und was sie tut auf die Offenbarung Gottes sich gründen muß, und der mit Ruhe und Besonnenheit in die einschlägigen Fragen hineinleuchtet.

Die evangelische Theologie. Ihr jetziger Stand und ihre Aufgaben. Fünfter Teil: Die praktische Theologie. Von Eduard Freiherrn von der Goltz. Halle an der Saale: Buchhandlung des Waisenhauses 1929, S. 1—9. Mit Genehmigung des Max Niemeyer Verlags Tübingen.

DIE PRAKTISCHE THEOLOGIE
(Auszüge)

Von Eduard Freiherrn von der Goltz *

Vorbemerkung

Wenn wir ein so weites Gebiet wie die gesamte praktische Theologie der Gegenwart überschauen wollen, so kommt es sehr darauf an, wo wir unsern Standort nehmen. Ich lege von vornherein das größte Gewicht darauf, daß dieser Standort uns eine allumfassende Übersicht ermöglicht, und das ist nur der Fall, wenn wir nicht von einem einzelnen Fach oder Arbeitsgebiet, also auch nicht wie F. Niebergall von der Gemeinde ausgehen, sondern von einer wissenschaftlich gewonnenen Grundanschauung von der gesamten kirchlichen Tätigkeit und von einer wissenschaftlich gewonnenen Methode zur Erarbeitung praktischer Grundsätze. Dies ist nur da möglich, wo die rein wissenschaftliche Behandlung der Probleme Grundsatz ist. Damit ist auch eine Fülle von praktischer Einzelliteratur von der Besprechung ausgeschlossen, welche, um mit Schleiermacher zu reden, von bestimmten Lust- oder Unlustgefühlen, die aus dem gegenwärtigen Zutand entstehen, willkürlich praktische Ratschläge ableitet. Es handelt sich also in unserer Übersicht um die *praktische Theologie als Wissenschaft,* die natürlich alle bedeutsamen geistigen Strömungen der Gegenwart beachtet, sich aber nicht in die Fülle der Tagesliteratur verliert, die auf unserm Gebiet unübersehbar ist. Eine noch viel reichere Literaturübersicht findet sich am Schluß jedes einzelnen Abschnittes von M. Schians Grundriß der praktischen Theologie. Ich bin ihm ganz besonders zu Danke verpflichtet für die große Vorarbeit, die er mir

* Vgl. oben M. Schians Rezension der „Grundfragen der praktischen Theologie“ von Ed. v. d. Goltz.

geleistet hat. Es war nicht immer leicht, aus dem, was er bietet, hier das Wichtigste auszuwählen.

Wir lenken zuerst unsere Aufmerksamkeit auf die Erörterung der Grundfragen über die Aufgabe unserer Wissenschaft, ihre Methode und Einteilungen und wenden uns dann erst zu den einzelnen Disziplinen. Hierbei lege ich zu unserm Zweck keinen großen Wert auf die Reihenfolge. Unsere Hauptaufgabe ist es, dem Charakter dieser Sammlung entsprechend, die *Probleme* herauszustellen, welche zur Zeit im Vordergrund stehen, und auf die *Aufgaben* hinzuweisen, welche zunächst der Erledigung harren. Es kann sich bei einem solchen Überblick nicht um das Weitervorwärtsschreiten selbst handeln – vielmehr bleiben wir einen Augenblick stillstehen, um die zurückgelegte Wegstrecke als ganze zu überschauen und um uns zu orientieren, welche Punkte nunmehr zuerst als nächste Ziele angestrebt werden müssen.

Die Grundfragen

Ausgehend von der bekannten Tatsache, daß erst Schleiermacher die praktische Theologie aus einer willkürlichen Sammlung von pastoralen Erfahrungsregeln zu einer methodischen Wissenschaft gemacht hat, so erkennen wir im 19. Jahrh. eine dreifache Art der Behandlung. Eine überwiegend *systematische,* eine überwiegend *historische* und eine dritte Methode, welche die Vorzüge der ersten und zweiten zu verbinden sucht durch eine *empirisch-praktische* Orientierung, welche aber bis jetzt noch nicht über eine positivistische Aneinanderreihung der Einzelstoffe hinausgekommen ist.

Die systematische Behandlung hatte den großen Vorzug, daß sie in das innere Wesen der Dinge einzudringen suchte und die in ihrem inneren Wesen begründeten Zusammenhänge zwischen den einzelnen Disziplinen zu erkennen strebte. So konstruierte K. Immanuel Nitzsch in seinem großen Werk[1] zuerst „Die leitende Idee des kirchlichen Lebens", leitete aus ihr die Aufgaben der Kirche und Gemeinde ab, um dann die mannigfache Betätigung

[1] K. Im. Nitzsch, Lehrb. der praktischen Theologie, [1]1847 ff., [2]1859 ff.

des kirchlichen Amtes zu beschreiben. Noch heute ist die Höhe zusammenfassenden systematischen Denkens noch nicht wieder erreicht, die Nitzsch eingenommen hatte. Er hat zuerst recht eigentlich das Problem erfaßt, das uns heute noch beschäftigt: von einer Analyse des individuell-religiösen Lebens und des sozial-religiösen Lebens aus die Eigenart des lebendigen Organismus zu erkennen, den wir Kirche zu nennen pflegen und in dem sich alle Einzeltätigkeiten vollziehen. In der Einzelausführung blieb dann Nitzsch doch in einer Beschränkung auf das geistliche Amt stecken, was aber dem damaligen Entwicklungszustand kirchlicher Arbeit entsprach. Heute ist es selbstverständlich geworden, daß alle kirchlichen Tätigkeiten in der praktischen Theologie zur Berücksichtigung kommen, mögen sie nun Aufgaben des Pfarramts oder anderer kirchlichen Organe sein. Wenn Nitzsch die Kirche selbst als „actuoses Subject“ bezeichnete, so war das ein Fortschritt gegenüber Schleiermacher, der allzusehr die Kirche als Objekt, d. h. als Gegenstand der Kirchenleitung seitens „der Hervorragenden“ angesehen hatte. Es war aber auch ein verhängnisvoller Fehler insofern, als eine rein ideelle Größe zum Subjekt kirchlichen Handelns gemacht wurde. Demgegenüber ist heute die schon von Paul Kleinert scharf herausgearbeitete Grundthese zum Siege gekommen, daß die praktische Theologie von der empirischen Kirche ausgeht, ohne natürlich in der Grundmotivierung und in der Zielsetzung die idealen Momente zu vernachlässigen.

Es hat in der Praxis der kirchlichen Arbeit wie auch in der Kirchenpolitik bis heute seine schweren Folgen gehabt, daß ein ganzes Theologengeschlecht mit wenigen rühmlichen Ausnahmen keinen klaren 'Kirchenbegriff' gehabt hat und daher geneigt war, in den Zielsetzungen sowohl wie in der Wertung der Einzelerscheinungen das „Reich Gottes“, die Kirche als ideale Glaubensgröße und die empirische Kirche fortwährend miteinander zu verwechseln. Auch die systematischen Definitionen der „praktischen Theologie“ von G. v. Zezschwitz [2] (›Theorie von der fortgehenden Selbstverwirklichung der Kirche in dieser Welt‹) und Theodosius

[2] Gerh. v. Zezschwitz, System der prakt. Theologie, in: Zöcklers Handb. d. Theol. Wissenschaften, Bd. 4, 1890.

Harnack[3] („Selbstbetätigung der Kirche zur Auswirkung ihrer Idee auf Grund ihrer Vergangenheit für die Fortbildung in ihrer Zukunft") kranken noch an dem genannten Fehler. Das lange Jahre herrschende Lehrbuch der praktischen Theologie von E. Chr. Achelis[4] kommt in seiner Definition des Ganzen als „Lehre von der Tätigkeit der Kirche zu ihrer Selbsterbauung in ihrer Heiligkeit, Einheitlichkeit und Allgemeinheit" nicht über diesen Fehler hinaus.

War es also ein Fehler der älteren Theologie, rein ideell zu konstruieren, ohne die geschichtlichen Grundlagen genau zu prüfen (Nitzsch hatte bedeutende Ansätze auch hierzu), so war es ein großer Fortschritt im letzten Viertel des 19. Jh.s, daß man nun Ernst machte mit einer genauen Erforschung der *Geschichte* der kirchlichen Praxis auf allen Gebieten. Besonders in der Erforschung der drei ersten christlichen Jahrhunderte unter Führung von Ad. v. Harnack, dann in der Erschließung der Einzelquellen in der Reformationszeit ist ein auch für die praktische Theologie sehr bedeutsamer Gewinn erzielt worden. Das Lehrbuch von Ernst Chr. Achelis, das in dritter Auflage in drei starken Bänden erschien, ist ein Magazin dieser großen geschichtlichen Arbeit, in dessen Vorräte wir immer noch hineingreifen müssen. Aber auch Männer wie Georg Rietschel, Gustav Kawerau, Hermann Hering, Heinr. Adolf Köstlin, Paul Drews, auf deren Einzelarbeiten wir noch zurückkommen, haben ebenso wie Paul Wurster, Martin Schian und ich an der geschichtlichen Einzelerforschung teilgenommen. Auch in der Realenzyklopädie von Hauck (3. Aufl.) kommt überall die historische Arbeit zur Geltung. Wir wollen sie in ihrer großen Bedeutung für unsere Wissenschaft nicht verkennen. Trotzdem bleibt die Beantwortung der Frage, wie früher die Praxis der Kirche gestaltet war, nur eine wichtige Vorfrage. Der eigentliche Gegenstand der praktischen Theologie bleibt immer die wissenschaftliche Ermittlung der Grundsätze für zweckmäßiges Handeln in der Gegenwart.

[3] Th. Harnack, Prakt. Theologie, 2 Bde., 1878.

[4] E. Chr. Achelis, Lehrbuch der praktischen Theologie, ^{3}1911; Grundriß, ^{6}1912.

Eine solche Fragestellung setzt alle theologischen Disziplinen voraus. Von hervorragender Bedeutung ist aber nicht nur die Geschichte der kirchlichen Praxis, sondern auch die Kirchenkunde der Gegenwart. Das hat Paul Drews [5] mit Recht besonders betont. Die von ihm zuerst herausgegebene Sammlung über evangelische Kirchenkunde [6] hat zunächst die erste Grundlage gegeben. Es ist zu bedauern, daß die Sammlung keine vollständige wurde, weil der Nordosten und zum Teil der Nordwesten fehlt. Wir haben aber jetzt in den sehr fleißig und umsichtig ausgearbeiteten Bänden des kirchlichen Jahrbuchs von J. Schneider einen Ersatz. Auch finden in der Wochenschrift ›Das evangelische Deutschland‹ alle die, die sich über die deutschen Landeskirchen in ihrem gegenwärtigen Bestande orientieren wollen, eine umfassende Auskunft. Dieses ganze Material ist neben der Geschichte der kirchlichen Praxis eine sehr wichtige Grundlage für die wissenschaftliche Ermittlung der Grundsätze kirchlichen Handelns. Dazu kommen dann die wichtigsten Zeitschriften: 1. Monatsschrift für Pastoraltheologie, Herausg. D. Faber und D. Schoell bei Vandenhoeck u. Ruprecht, Göttingen (Fortsetzung von ›Halte was du hast‹). 2. Pastoralblätter, Herausg. D. Erich Stange, Dresden, bei C. L. Ungelenk. 3. Monatsschrift für Gottesdienst und kirchl. Kunst, Herausg. D. Julius Smend, bei Vandenhoeck und Ruprecht, Göttingen. 4. Die Dorfkirche, Monatsschrift für Kirche und Volkstum, Berlin, Landbuchhandlung, Herausg. Hans von Lüpke. 5. Die Innere Mission im Evang. Deutschland, Herausg. D. Füllkrug, Dr. Steinweg und Dr. Stahl, Wichern-Verlag, Berlin-Dahlem. 6. Das deutsche Pfarrerblatt, Herausg. Pfarrer D. Wahl-Essen. Dazu kommen die Christliche Welt und Kirchenzeitungen (vor allem Allgemeine ev.-luth. Kirchenzeitung, Preußische Kirchenzeitung, Protestantenblatt) und die Organe der inneren Mission, der äußeren Mission, des

[5] Paul Drews, Das Problem der Praktischen Theologie, Tübingen 1910.

[6] Evangelische Kirchenkunde, das kirchliche Leben der deutschen evangelischen Sonderkirchen: Begründet von † D. Paul Drews, herausgegeben von D. M. Schian. Es umfaßte bisher die Bände: Königreich Sachsen 1902 (Drews), Schlesien 1903 (Schian), Baden 1907 (Ludwig), Bayern 1909 (Beck), Thüringen 1910 (Glaue), Niedersachsen 1917 (Rolffs), Württemberg 1919 (Wurster).

Gustav-Adolf-Vereins, des Evangelischen Bundes u. a., die uns auf ihren Arbeitsgebieten auf dem laufenden halten.

Alles dies sind nur Hilfsmittel, um in eine evangelische Kirchenkunde der Gegenwart sich einzuarbeiten. Auch das jetzt erschienene ›Handbuch für das kirchliche Amt‹ (Herausgeber D. Schian) wie die Neuauflage der ›Religion in Geschichte und Gegenwart‹ werden uns die besten Dienste leisten. Endlich ist noch hervorzuheben, daß auch die biblische Wissenschaft und die systematische Theologie neuerdings bestrebt sind, mehr als früher Brücken zur kirchlichen Praxis hinüberzubauen. Ich darf zu diesem Punkt auf die andern Teile dieser Sammlung verweisen. Nur das sei besonders hervorgehoben, daß insbesondere die psychologischen und religionspsychologischen Voraussetzungen der kirchlichen Praxis jetzt eingehendere Berücksichtigung gefunden haben. Aus G. Wobbermins ›Systematischer Theologie nach religionspsychologischer Methode I–III‹ ist auch für die praktische Theologie viel zu lernen. K. Girgensohns großes Werk über den seelischen Aufbau des religiösen Erlebens (Leipzig 1924) gibt für uns wichtige Stoffsammlungen, auch wenn man der „experimentellen" Grundlage nicht ohne Skepsis gegenübersteht. Vor allem aber hat F. Niebergall diese psychologischen und volkskundlichen Vorfragen eingehend gewürdigt. Schon in seiner Schrift ›Wie predigen wir dem modernen Menschen‹ I 1920 [4], II 1917 [3] hatte er für die Predigtkunde psychologisch volkskundliche und kirchenkundliche Voraussetzungen erörtert. Ganz ausführlich hat er in Bd. I seiner praktischen Theologie (Tübingen 1918) unter der Überschrift ›Die gegebene Gemeinde‹ nicht nur Religionspsychologisches erörtert, sondern auch die „Naturgrundlage", den „Charakter", die Geschichte, Stand und Beruf und dann sowohl die sittliche wie die kirchliche Volkskunde besprochen. Die Ausführung leidet allerdings sehr unter der Vielheit der Gesichtspunkte, der Einzelbeobachtungen und der Willkür in Stoffauswahl und Reihenfolge. Man liest diese Abschnitte nicht wie eine wissenschaftliche Untersuchung, sondern wie eine sehr anregende und interessante Plauderei über alle möglichen Zeiterscheinungen. Eine im strengen Sinn wissenschaftliche Bearbeitung müßte sehr in Einzeluntersuchung eingehen, wie z. B. Spranger in seiner ›Psychologie des Jugendalters‹. Die Hauptsache ist, daß man jetzt mehr als früher die Aufgabe erkennt, daß nicht nur die Pädagogik, wo es längst beachtet wurde, sondern auch Homiletik und Liturgik und Seelsorge einer sorgfältigen Beachtung psychologischer, volkskundlicher und kirchenkundlicher Voraussetzungen bedürfen. Die Ausarbeitung dieser Grundlagen bedarf noch jahrelanger gemeinsamer Arbeit. F. Niebergall bleibt für immer das grundlegende Verdienst, hierin einen Anfang gemacht zu haben. Wieviel aber noch zu tun ist, ergibt sich aus einem flüchtigen Blick auf die sorgfältige Literaturübersicht über moderne Psychologie am Schluß der kleinen Schrift von W. Gruehn [7], ›Seelsorge im Licht der gegenwärtigen Psychologie‹, auf die ich später noch zurückkomme.

Was nun die Erörterung über Wesen, Aufgaben, Einteilung und Methode unserer Wissenschaft angeht, so ist darüber nun bald genug theoretisiert worden. Definitionen und Einteilungsthemata werden wir immer so viele haben, wie wir wünschen. Programmschriften [8] haben wir genug gehabt. Viel wesentlicher als solche scheinen mir die Ausarbeitungen zu sein. Hier mag die Reihenfolge der Disziplinen auch freigegeben werden. Aber einer losen Aneinanderreihung der Disziplinen möchten wir doch nicht das Wort reden. Es muß der innere Zusammenhang der kirchlichen Tätigkeiten erkannt werden. Das wird freilich nur da möglich sein, wo der empirische Kirchenbegriff zugrundegelegt wird, jedoch so, daß das empirisch-geschichtliche Werden und Wachsen sub specie aeternitatis betrachtet wird. K. I. Nitzsch hatte daher ganz recht darin, daß er die einzelnen kirchlichen Tätigkeiten aus einer allgemeinen „Idee des kirchlichen Lebens" ableiten wollte. Nur wählte er zur Ermittlung dieser Idee den Weg abstrakter Konstruktion. Für uns muß sich die zusammenfassende Einheit für die Mannigfaltigkeit kirchlicher Tätigkeit aus einer soziologischen Untersuchung ergeben, die von den Grundvoraussetzungen des Reiches Gottes im Evangelium Jesu Christi und der letzten Zielsetzung

[7] W. Gruehn, Seelsorge im Licht der gegenwärtigen Psychologie (Arzt und Seelsorger, Heft 7), Schwerin 1926.

[8] Vgl. die Zusammenstellung in der Einleitung meiner ›Grundfragen der praktischen Theologie‹, 1917.

ausgeht, und dann alles, was zwischen jenem Anfang und dem letzten Ziel liegt, auf Grund der geschichtlichen Erfahrung nach individuell psychologischen oder soziologischen Gesichtspunkten auf seine Zweckmäßigkeit prüft.

M. Schian [9] leitet daher aus der geschichtlichen Erfahrung der Kirchen- und Religionsgeschichte die Notwendigkeit der Gemeinschaftsbildung, aus dieser auch die Organisation und Kirchenbildung ab und beschreibt dann den Bestand des vorhandenen Kirchentums. Der Grundriß der praktischen Theologie von D. Johannes Meyer [10]-Göttingen, gibt auf einem vom Verleger sehr knapp bemessenen Raum eine sehr gedrängte, aber feindurchdachte Darstellung unserer Disziplin, die vor allem dem Kundigen viel zu sagen hat.

F. Niebergall [11] geht einseitig von der „Gemeinde" aus, obwohl er die Notwendigkeit kirchlicher Zusammenfassung und Leitung nicht verkennt (Pr. Th. 1. Bd., § 17). Einzelne extrem individualistische Äußerungen einer billigen Kritik am Kirchentum [12] können wir hier beiseite lassen. Sie versagen, sobald es sich darum handelt, an Stelle ätzender Kritik an den menschlichen Schwächen des bestehenden Kirchentums positive Vorschläge zu machen, wie denn kirchliches Leben neu aufgebaut werden soll. Ich darf aber hier auf meine ›Grundfragen der praktischen Theologie‹ [13] verweisen, in denen ich den Versuch gemacht habe, eine soziologische Untersuchung darzubieten, in der zuerst die elementaren Funktionen des kirchlichen Lebens dargestellt werden, um dann auf die Eigenart der verschiedenen möglichen Organisationsformen hinzu-

[9] M. Schian, Grundriß d. Pr. Th., Grundvoraussetzungen des kirchlichen Handelns, S. 5–28.

[10] Johannes Meyer, Grundriß der praktischen Theologie 1923.

[11] F. Niebergall, Pr. Th. I § 17.

[12] Der bedeutendste dieser Kritiker war S. Kierkegaard, ihm folgt August Pauli im Kampf um das Amt, München 1910. Beachtenswert ist der Aufsatz von E. Troeltsch, Religiöser Individualismus und Kirche, Karlsruhe 1911, besonders aber sein großes Werk: Die Soziallehren der christl. Kirchen u. Gruppen. Tübingen 1912.

[13] Ed. v. d. Goltz, Grundfragen der praktischen Theologie (Studien zur praktischen Theologie VIII), Gießen 1917.

weisen. Der Begriff 'Kirche' umfaßt alle tatsächlich gegebenen Organisationsformen; ihr Verhältnis zu anderen menschlichen Organisationen wird differenziert nach Maßgabe ihrer Zielsetzung. Die Eigenart jeder einzelnen Organisationsweise stellt ihre besonderen Aufgaben im geschichtlichen Leben der Kirche. Alles einzelne wird beurteilt nach seiner Zweckdienlichkeit zum Aufbau des Reiches Gottes. Erst durch solche Untersuchung wird die soziologische Struktur der Kirche klar erkennbar und nur, wo man ihren Organismus kennt, kann man Grundsätze für zweckmäßiges kirchliches Handeln aufstellen.

Man wird die Hoffnung aussprechen dürfen, daß diese soziologische Untersuchung des Kirchenkörpers fortgesetzt wird. Schon der weitere Ausbau der christlichen Sozialethik wird das notwendig machen. Dann hört die Unsicherheit und das unbestimmte Schillern des Begriffs der Kirche auf. Ihre transzendentalen Fundamente und ihre teleologischen Perspektiven bleiben unberührt. Das Wort 'Kirche' ist aber immer die Bezeichnung einer menschlichen, den Gesetzen geschichtlichen Werdens und Wachsens unterworfenen Gemeinschaftsbildung, die keine göttliche Autorität für sich in Anspruch nehmen kann. Sie ist in ihrem geschichtlichen Sein immer nur Mittel und Werkzeug, eine Aufbaustufe zum werdenden Reich Gottes. Ihre Organisation ist nur die Verteilung der in ihr vorhandenen Gaben und Aufgaben im Dienste dieses Reiches Gottes.

Das ist auch letztlich der Sinn der jetzt viel besprochenen anregenden Schrift des Generalsuperintendenten D. Otto Dibelius, ›Das Jahrhundert der Kirche‹[14]. Ist auch seine geschichtliche Ausführung mehr als anfechtbar (es habe in Deutschland bis zur Revolution von 1918 keine evangelische 'Kirche' gegeben, oder es sei ziemlich bedeutungslos, was da gearbeitet worden sei), so ist das an seiner These richtig, daß die Kirche ein Organismus ist, der als eine in sich selbständige Form religiösen Lebens eine Gesamtheit von Menschen umfassen will, ein Organismus, der sich auf ein Bekenntnis und auf einen Kultus gründet (S. 97). Wenn er dann hin-

[14] Otto Dibelius, Das Jahrhundert der Kirche, Berlin 1927[4], Furche-Verlag, dazu „Nachspiel" 1928.

zufügt „dessen Einheit und Tradition sich zusammenfassen in einem bischöflichen Amt“, so geht er damit auf eine Besonderheit der Verfassung ein, die nicht als solche zu dem Wesen einer Kirche gehört. Daß aber von der 'Kirche' andere Gebilde religiöser Art soziologisch unterschieden werden müssen, ist insofern richtig, als man bei dem Wort 'Kirche' an die verbindende und tragende geschichtliche Einheit denkt. Jedenfalls beweist das Buch von Dibelius, daß die Untersuchungen der soziologischen Struktur fortgesetzt werden müssen. Erst dann können die Grundsätze für zweckmäßiges kirchliches Handeln, wie sie in den Einzeldisziplinen behandelt werden, ihre klare, einheitliche Grundlage finden.[15]

[15] Es folgen Kapitel über: Die Lehre von der Kirchenverfassung; Die Lehre vom gottesdienstlichen Handeln; Die Lehre von der kirchlichen Erziehung; Die Lehre von der Seelsorge und Gemeindepflege; Die Lehre von der christlichen Liebestätigkeit und der inneren Mission; Die Lehre von dem kirchlichen Handeln über die Kirchengrenzen und die Grenzen der Christenheit hinaus.

Adolf Allwohn, Die Stellung der praktischen Theologie im System der Wissenschaften. (Studien zur praktischen Theologie. 8. Bd., Heft 2) Gießen: Alfred Töpelmann [jetzt: Walter de Gruyter & Co., Berlin] 1931, S. 22—26.

DIE EINGLIEDERUNG HISTORISCHER, PSYCHOLOGISCHER UND SOZIOLOGISCHER UNTERSUCHUNGEN IN DIE PRAKTISCHE THEOLOGIE UND IHRE METHODE *

Von Adolf Allwohn

I

Es ist schon erwähnt worden, daß die praktische Theologie neben der Bestimmung des kirchlichen Handelns der Gegenwart herkömmlich auch noch andere Gebiete bearbeitet, nämlich Kirchenkunde, Volkskunde, Religionspsychologie und -soziologie. Es wäre weiter noch die historische Erforschung der Liturgie, des Kirchenliedes, des Religionsunterrichtes, der Kirchenverfassung, wie überhaupt des kirchlichen Handelns der Vergangenheit zu erwähnen. Da erhebt sich nun die Frage, ob eine Zusammenfassung dieser einzelnen Arbeitsgebiete zu einem geschlossenen Ganzen möglich ist. Diese Frage ist seither durchweg verneint worden. So schreibt Paul Althaus in seinem Grundriß der Dogmatik I (1929): „Die sogenannte ‚praktische Theologie' ist kein in sich geschlossener und einheitlicher Teil der Theologie. Sie faßt traditionell Teile der historischen Theologie mit angewandter systematischer Theologie, nämlich der Theorie des ‚Handelns der Kirche zu ihrer Selbst-Erbauung' (Harnack; E. Chr. Achelis), und technische Anweisungen zusammen." Das, was Paul Althaus hier „angewandte systematische Theologie" nennt, ist schon behandelt worden. Wir konnten feststellen, daß in der kirchlichen Formenlehre das Verfahren der systematischen Theologie auf die gegenwärtige Gestaltung des kirchlichen Handelns anzuwenden ist.

* Vom Hrsg. formuliert aus den Überschriften der ursprünglichen Kapitel III und IV.

Es fragt sich nun, ob sich mit diesen Bemühungen Teile der *historischen Theologie* organisch verbinden lassen. Es ist wohl klar, daß der Vertreter der praktischen Theologie nichts weiter als Kirchenhistoriker ist, wenn er z. B. die Geschichte der Predigt oder des Gottesdienstes bearbeitet. Ebenso ist es aber auch der systematische Theologe, wenn er die Geschichte des Dogmas oder der protestantischen Theologie oder der Beziehungen zwischen Theologie und Philosophie erforscht. Gegen eine derartige Verbindung ist wohl so lange nichts einzuwenden, als die historische Arbeit von dem Systematiker und dem Praktiker sozusagen im Nebenamt betrieben wird. Und doch handelt es sich dabei nicht nur um ein Nebenamt; es wird vielmehr in der geschichtlichen Erforschung der kirchlichen Vergangenheit ein Material verarbeitet, das von unmittelbarer Bedeutung für die Entscheidungen in der Gegenwart ist. Und zwar besteht der Wert der historischen Erfassung der Vergangenheit für die dogmatische und die „praktische" Systematik erstens darin, daß in ihr sowohl die Fülle möglicher Entscheidungen als auch die entscheidenden Grundsätze, die in der jeweiligen Problemlage geltend gemacht worden sind, aufgezeigt werden, und zweitens darin, daß diejenigen Momente ins Bewußtsein erhoben werden, von denen ein Bestimmt- und Verpflichtetsein für die gegenwärtige Entscheidung ausgeht. So ist es z. B. für die dogmatische und praktische Systematik nicht gleichgültig, welche Grundlegung der evangelischen Kirche in der Reformationszeit erfolgt ist, denn dieses Faktum der Vergangenheit gibt auch der evangelischen Kirche der Gegenwart eine bestimmte Richtung. Entscheidungen können ja jeweils nur im Erschließen der den Menschen der Gegenwart in Anspruch nehmenden Geschehnisse getroffen werden.

Gewiß kann unter dieser Voraussetzung nicht alles, was etwa eine Erforschung der Geschichte der Predigt zutage fördert, von unmittelbarer, positiver Bedeutung für die Gegenwart sein. Aber auch das, was wirklich vergangen ist, kann als Negation des Rechtmäßigen begriffen und somit doch der systematischen Konstruktion vom Grundprinzip aus eingefügt werden. Und das ist nun allerdings zu betonen, daß das historische Material nur in einer ganz besonderen Beleuchtung in die theologische Systematik eingehen kann. Es muß nämlich das für die theologisch-systematische Bemühung wesentliche Verstehen von der grundlegenden Offenbarung in Jesus Christus aus auch auf die konkreten Verwirklichungen in der Geschichte angewendet werden. Nur in der theologischen Konstruktion ist die Geschichte des kirchlichen Handelns für die systematische Formenlehre von Bedeutung. Auf diese Weise ist Verbindung von historischer und praktischer Theologie entgegen der Auffassung von Althaus sehr wohl möglich. Die rein historische Gestalterfassung, die eventuell von dem Systematiker als Kirchenhistoriker im Nebenamt erst noch vorgenommen werden muß, hat das Material zu liefern, das dann in der Systematik vom Sinnprinzip her zu verstehen und für die Entscheidung fruchtbar zu machen ist.

Eine Verbindung ist aber auch zwischen systematischer Theologie und *technischen Anweisungen* möglich. Jede Bemühung um Rechtmäßigkeit weckt doch die Entschlußkraft und führt zu Entscheidungen. So führt auch die Lehre von der rechten Gestaltung des kirchlichen Handelns in der Gegenwart unmittelbar in die praktische Tätigkeit hinein. Ebenso gibt die Dogmatik, wenn sie sich um den rechten Inhalt der christlichen Verkündigung bemüht, damit Anweisungen für das, was in der Predigt zu sagen ist. Allerdings kann christliche Theologie keine allgemeinen Richtlinien aufstellen, da sie ja auf den Herrn hinzuweisen hat, der in der konkreten Situation Gehorsam fordert. Aber eben dieser Hinweis ist auch eine Richtlinie. Von der systematischen Besinnung aus ist geltend zu machen, daß auch das rein Technische eben in diesem Gehorsam zu stehen hat.

Die Verbindung schließlich der praktischen Theologie mit den *empirischen Wissenschaften* der Kirchenkunde, Volkskunde, Religionspsychologie und -soziologie ist insofern möglich, als durch diese wissenschaftlichen Bemühungen eine Kenntnis *des* Materials vermittelt wird, aus dem sich Kirche gestaltet. So kennt auch Paulus die Sitten und Gebräuche seiner Gemeinden (die Abendmahlssitten bzw. -unsitten, das Götzenopferfleischessen, die Frauentracht in der Versammlung usw.), und er kennt die psychischen Tatbestände und Möglichkeiten der Menschen seiner Zeit (das Zungenreden, Weissagen, Gesundmachen usw.). Es ist allerdings darauf zu achten, was wir auch von Paulus lernen können, daß das Bestehende nicht mit dem Rechtmäßigen verwechselt werden darf. Der Erfassung der Tatbestände muß die theologische Orientierung übergeordnet werden.

Diese Erwägungen lassen uns erkennen, daß auch die praktische Theologie ein in sich geschlossener und einheitlicher Teil der Theologie sein kann, wenn nur der systematische Charakter der kirchlichen Formenlehre in den Vordergrund geschoben und alles andere darauf bezogen wird.

II

Bei der Besinnung auf das Verfahren der kirchlichen Formenlehre werden wir davon auszugehen haben, daß die Theologie die Offenbarung Gottes in Jesus Christus geltend zu machen hat. Die Gestaltung des kirchlichen Handelns darf nur von Formprinzipien aus bestimmt werden, die in der grundlegenden Offenbarung gegeben sind. Vielleicht könnte man von hier aus etwa so verfahren, wie es Martin Schian in seinem Grundriß der praktischen Theologie (2. Aufl., 1927, S. 3) getan hat. Schian stellt die richtige Erkenntnis in den Vordergrund, daß durch die Offenbarung in Jesus Christus das gesamte kirchliche Handeln auf das Reich Gottes als letztes Ziel bezogen ist, und definiert dann das Verfahren der praktischen Theologie folgendermaßen: „Sie zeigt, wie das kirchliche Handeln zweckmäßig eingerichtet werden soll; nämlich so, daß es in der nach Ort, Zeit und Lage geeignetsten Weise der Aufgabe, Gottes Reich auf Erden bauen zu helfen, entspricht." Schian läßt also die Formen von der Aufgabe, dem Zweck der Kirche, bestimmt sein.

Wenn wir entscheiden wollen, ob dieses Verfahren und vor allem die Bestimmung, daß die Kirche das Reich Gottes auf Erden zu bauen hat, berechtigt ist, dann müssen wir näher untersuchen, was die Kirche nach dem christlichen Glaubensverständnis ist. Wir werden dabei festzustellen haben, daß die Kirche primär nicht bloßes Werkzeug zur Verwirklichung einer Aufgabe ist. Sie kann vielmehr das Reich Gottes auf Erden, das Reich Gottes mitten unter uns (Lk. 17, 20), nur insofern bauen, als sie selbst Offenbarungsstätte ist und das Wirken Gottes in seinem Wort in ihr lebendig ist. Nur als von Gott gesetzt und gebaut ist die Kirche wirklich Kirche. Die Formen des kirchlichen Handelns dürfen also nicht an einem Ziel orientiert werden, das der Mensch ins Auge fassen und vielleicht auch in der von ihm getragenen Betätigung verwirklichen kann, vielmehr müssen sie ausschließlich auf Gott und sein Wort als ihren Ursprung bezogen werden. Mit dieser Bestimmung durch den Ursprung ist dann allerdings auch die Ausrichtung auf das Ziel hin gegeben, aber es wird bei der Besinnung auf das alle menschlichen Möglichkeiten übersteigende Wort Gottes deutlich, daß die Erreichung des von ihm verheißenen und geschenkten Zieles nicht Aufgabe menschlicher Betätigung sein kann. Ein Ziel, das in der unbedingten Transzendenz liegt und allein durch Gott gesetzt wird, kann nicht in menschlichen Gestaltungen angestrebt werden, auch können von ihm aus keine Formungsgrundsätze aufgestellt werden. Das Reich Gottes sowohl bei Jesus Christus wie in der Parusie ist unserem Zugriff entzogen, so daß es nicht als Zweck ins Auge gefaßt werden kann. Das Verfahren Schians ist demnach nicht aufrechtzuerhalten. Vielmehr wird es sich darum zu handeln haben, daß die Formen des kirchlichen Handelns eben an dem orientiert werden, was durch Gottes Offenbarung in seinem Wort gesetzt ist. Bei diesem Verfahren ergeben sich vier *Formprinzipien,* von denen die theologische Bestimmung der Gestaltung des kirchlichen Handelns auszugehen hat.[1]

[1] Hier anschließend führt Allwohn (S. 26–32) die folgenden Leitsätze aus, mit denen die einzelnen Abschnitte überschrieben sind:

I. Das Wort Gottes setzt die kirchliche Formgebung in Freiheit.

II. Das Wort Gottes wirkt Glaubensgehorsam in der konkreten Situation und damit ein Ernstnehmen der jeweiligen Kulturformen.

III. Das Wort Gottes macht die der jeweiligen Kultur entnommenen kirchlichen Formen zu Offenbarungsträgern.

IV. Das Wort Gottes bestimmt die Liebe zum Nächsten als entscheidenden Gesichtspunkt für die Auswahl der kulturellen Formen in der Gestaltung des kirchlichen Handelns.

Leonhard Fendt, Die Stellung der Praktischen Theologie im System der Theologischen Wissenschaft (= Der Dienst des Pfarrers. Beihefte zur Monatsschrift für Pastoraltheologie. Heft 1). Göttingen: Vandenhoeck & Ruprecht 1932, S. 11—15. 20—27.

DIE STELLUNG DER PRAKTISCHEN THEOLOGIE IM SYSTEM DER THEOLOGISCHEN WISSENSCHAFT
(Auszüge)

Von Leonhard Fendt *

Die Stellungslosigkeit der Praktischen Theologie innerhalb der Theologischen Wissenschaft

Die Wissenschaft überhaupt ist die methodische Erforschung des Erkennbaren. Konstatiert also die Wissenschaft überhaupt, daß in der Menschheit an Gott geglaubt wird, so gehört für die Wissenschaft *dieser* Glaube zu dem Erkennbaren, welches erforscht werden muß. Und zugleich erhebt sich für die Wissenschaft die Frage: ob und wiefern *Gott selbst* zum Erkennbaren gehöre. Die methodische Erforschung des Glaubens an Gott und der Erkennbarkeit Gottes ist nun die Theologie. Es wird für die Theologie eine wesentliche Streitfrage bilden, ob ihr Gegenstand Gott oder der Glaube an Gott zu sein habe; ob sie selbst also 'Gottes-Theologie', oder 'Glaubens-Theologie' zu sein habe. Auf reformatorischem Boden müßte sich aber diese Streitfrage dahin lösen lassen: wir haben Gott 'nur' durch den Glauben, aber dieses 'nur' gibt bloß Einschränkung der Mittel, nicht des Gotthabens selbst; also: wir haben Gott nur durch den Glauben, aber durch den Glauben haben wir Gott wirklich. Glaubens-Theologie ist also wirkliche Gottes-Theologie, und ist die einzige Gottes-Theologie. Sobald das sola fide gilt, nicht bloß in der Heilsordnung, sondern auch in der Heils-Erkenntnis-Ordnung (und wie sollte die Heils-Erkenntnis-Ordnung über die Heilsordnung hinaus etwas haben können?),

* Vgl. die Rezension von Fendts Grundriß der Praktischen Theologie durch W. Jannasch unten S. 349 ff.

wird die methodische Erforschung des Gotthabens im Glauben, also die Glaubens-Theologie, zur evangelischen Theologie, zur Gesamttheologie, zur rationalen Theologie, welche die Fiduzialtheologie einschließt.

Das Faktum 'Glauben' wird nun von der Theologie in der ganzen Mächtigkeit seines Vorhandenseins im Christentum methodisch erforscht. Es zeigt sich dann, daß ein Unterschied besteht zwischen dem, was an Glauben vorliegt in der gegenwärtigen Christenheit und im Forscher selbst, und zwischen dem, was im N. T. und A. T. vorliegt, und wiederum zwischen dem, was in der Vergangenheit der Kirche vorliegt. Auch wenn es noch keine Theologie gäbe, könnte die Wissenschaft überhaupt, die Wissenschaft als Weltmacht, nicht an diesen Unterschieden gleichgültig vorübergehen, wenn sie das wirklich Vorliegende ganz und nicht bloß nach vorgefaßten Meinungen erforschen müßte. Es sind jene Unterschiede im Faktum 'Glauben', welche der Reformation den Grundsatz aufzwangen: ut videlicet verbum Dei condat articulos fidei et praeterea nemo, ne angelus quidem,[1] also: daß das Faktum 'Glauben' klassisch und ausschlaggebend nur in der *Bibel* zu erforschen sei (und daß die Bibel ihr Zentrum im N. T. und das N. T. sein Zentrum im Kerygma habe), während alles übrige Vorkommen dieses Faktums 'Glauben' an der Bibel *gemessen* werden müsse. Mit andern Worten: wissenschaftliche evangelische Theologie ist vor allem Bibelwissenschaft, dann Verfolgung der biblischen Auswirkungen in der Kirchen- und Dogmengeschichte und endlich Normierung des der Bibel gehorsamen Denkens und Handelns der Gegenwart.[2]

Damit ist aber nun das Gebiet der theologischen Forschung erschöpfend umschrieben. Denn oberstes Gesetz in der Wissenschaft

[1] Schmalkaldische Artikel (Die Bekenntnisschriften der evangelisch-lutherischen Kirche, herausgegeben vom deutschen evangelischen Kirchenausschuß 1930, S. 421, 15).

[2] Die eigentliche Aufgabe der systematischen Theologie ist „die Darstellung dessen, was der Gehorsam gegen die Offenbarung für das Denken und Handeln in unserer Gegenwart heißt nach seinem inneren Zusammenhang, in begrifflicher Strenge" (P. Althaus, Grundriß der Dogmatik I, 1929, S. 8 f.).

ist die Wirklichkeit, die sie zu erforschen sucht; und die Wissenschaften unterscheiden sich nach den Unterschieden ihrer Gegenstände und den Möglichkeiten ihrer Erfassung.[3] Das bedeutet: für die *Praktische Theologie* bleibt kein Gegenstand mehr übrig! Auch dann nicht, wenn die Praktische Theologie etwa ihre Zuflucht zur Verabsolutierung der Fiduzialtheologie nimmt. Denn innerhalb der Fiduzialtheologie ist schließlich alles Systematik, und das Praktische, nämlich die Auswirkungen des 'Wortes Gottes', studiert eben diese Systematik. Das soll wieder nicht heißen, daß nicht die Praktische Theologie von der Fiduzialtheologie allein ihr theologisches Blut beziehen könnte: aber zuerst muß die Pr. Theologie einen Gegenstand der Forschung haben, zuerst muß die Pr. Theologie *bestehen,* ehe sie theologisch aufgebaut werden kann! Sicherlich bezieht die historische Theologie ihr theologisches Blut auch von der Fiduzialtheologie, aber zuerst ist sie historische Wissenschaft mit einem eigenen Gegenstand der Forschung. Alles in allem: die Fiduzialtheologie kann reichlich existieren ohne eine Pr. Theologie. Wie denn K. Barth von der Homiletik doch nicht viel mehr erwartet als die „Bemühung um die rhetorische Wirksamkeit" der christlichen Rede; natürlich: denn Barth weist die Bemühung um die „Sachgemäßheit des Inhaltes" der christlichen Rede der Dogmatik zu und die „Bemühung um die inhaltliche Überzeugungskraft für die Angeredeten" der Apologetik.[4] Und von Thurneysens Versuch, der Pr. Theologie als Ursprungsort das Weitergehen jener Predigt zuzuweisen, deren originaler Sinnzusammenhang der Ursprungsort der systematischen Theologie sei, urteilt A. Allwohn[5] mit Recht: „Man wird nicht sagen können, daß ihm die Abgrenzung der Praktischen von der Systematischen Theologie überzeugend gelungen wäre." Begreiflich, denn die Fiduzialtheologie bedarf keiner wesentlichen Pr. Theologie. (Aber die Unterscheidung zwischen historischer und systematischer Theologie ist Thurneysen ausgezeichnet gelungen!) Die Flucht in die ab-

[3] So A. Titius, Natur und Gott, 2. Auflage (1930), S. 703 f.

[4] Die Lehre vom Worte Gottes, 1927, S. 1.

[5] A. Allwohn, Die Stellung der praktischen Theologie im System der Wissenschaften, 1931, S. 16.

solute Fiduzialtheologie ist also der Pr. Theologie abgeschnitten. Dem Urteil, das ihr von der rationalen Theologie, von der Gesamttheologie her droht, kann sie nicht ausweichen.

Nun liebt es ja die Pr. Theologie, als *ihren* Gegenstand das 'Handeln der Kirche' zu bezeichnen. Das ging aber nur so lange, als die Kirche im wesentlichen als ein soziologisches Gebilde genommen wurde, das zunächst 'ist', und nicht handelt, und dem das Handeln erst beigebracht werden mußte.[6] Schade war auch damals schon, daß sich das soziologische Gebilde 'Kirche' eher auf Statuten und Verfassungen berief denn auf die Theologie, wenn es um das Handeln ging. Mit andern Worten: die Notwendigkeit des soziologischen Gebildes wurde aus dieser Soziologie und nicht aus der Theologie abgeleitet. Bequemte sich die damalige Pr. Theologie dieser Soziologie an, so war sie alles andere eher denn Theologie. Und bequemte sie sich den soziologischen Notwendigkeiten nicht an, so war sie weltfremd, unbrauchbar, und Gegenstand des Lächelns. Heute wird, wenigstens in der Theologie, das Soziologische der Kirche radikal aus dem eigentlich Theologischen abgeleitet und bleibt ständig dem radikal Theologischen unterworfen; das heißt: Kirche ist jetzt so weit Kirche, als sie Wirkung des Wortes Gottes ist, als sie die aus dem Worte Gottes geborene Praxis ist. Das 'Handeln der Kirche' ist jetzt die Kirche selbst. Und dieses 'Handeln der Kirche' ist Gegenstand der Gesamttheologie. Für die Pr. Theologie bleibt nichts übrig.

Man kann die Rechnung auch so aufmachen: versteht man unter dem 'Handeln der Kirche' das tatsächliche Tun und Lassen dessen, was man so 'Kirche' nennt, so kann man an eine kirchliche Statistik denken. Aber auch sie ist in Wirklichkeit eine Vorarbeit für die 'Kirchengeschichte der Gegenwart' – wie denn tatsächlich Schleiermacher die kirchliche Statistik der historischen Theolo-

[6] Faber in RGG.[2] IV, Sp. 1402: „Der Gegenstand der Pr. Th. ist also das kirchliche Handeln, das neben der von der Kirche formulierten und tradierten religiösen und sittlichen Erkenntnis den zweiten Hauptbestandteil der Lebensäußerungen der Kirche darstellt. Dabei ist die Kirche ... nach der Seite, wo sie menschliche Gemeinschaft und Gestaltungsform, organisierte Kirche ist, zu verstehen."

gie zuweist.[7] Meint aber das 'Handeln der Kirche' die Frage: „Was *soll* die Kirche tun, und *wie* soll sie es tun?" – so mag immerhin auch jene kirchliche Statistik eine Menge ausgezeichneter Ratschläge abwerfen (noch mehr Ratschläge wirft die Kirchengeschichte ab), die eigentlich wissenschaftliche theologische Lösung dieser Frage aber in dem Sinne: „Wie handelt die Kirche im Gehorsam gegen die Offenbarung?" gehört doch schlechthin der theologischen Ethik zu, welche sich heutzutage mächtig bemüht, nicht mehr bloß Individual-Ethik, sondern erst recht Sozial-Ethik zu sein. Man kann ja sagen: „Aber es bleibt doch nebenbei noch eine Menge Stoff übrig." Einmal ist das kein Lob für die Treffsicherheit und Völligkeit der theologischen Systematik; und sodann würde auf diese Weise die Pr. Theologie ein Unternehmen für Abfälle – das muß man sich auf jeden Fall hier wie dort verbitten. Über eine solche 'Abfälle-Praktik' haben jene Marburger Theologiestudenten mit Recht das Verdikt gesprochen, mit ihren Thesen III 1 und III 3: „In den Rahmen des theologischen Studiums gehören ohne Zweifel die Wissenschaften vom Alten und Neuen Testament, von der Kirchen- und Dogmengeschichte und die systematische Theologie." „Die Praktische Theologie, soweit sie nicht als grundsätzliche Lehre von der Verkündigung zur Lehre von der Kirche und damit in die systematische Theologie gehört, ist auf die Predigerseminare zu verlegen." [8] Das ist von den Marburgern sicherlich nicht abfällig gemeint, wie sie denn diese 'Pr. Theologie für die Predigerseminare' intensiv ausgebaut wissen wollen und mit Pädagogik, Kirchenrecht, Kirchenkunde, dazu Spezialgebieten der Kirchengeschichte, mit dem Studium der ethischen Probleme des praktischen Lebens in Staat und Wirtschaft und anderer für die Praxis bedeutsamer Fragen versehen. Bloß: sie tun *diese* 'Pr. Theologie' von der Universität weg, weil dort die wissenschaftliche Theologie zu herrschen hat, und sonst nichts! Sagt man 'wissenschaftliche Theologie', so findet man für die Pr. Theologie keinen

[7] Vgl. P. Drews, Das Problem der Praktischen Theologie, 1910, S. 64.

[8] Thesen zur Reform des theologischen Studiums. Aufgestellt von einer Arbeitsgemeinschaft der evangelisch-theologischen Fachschaft Marburg. (Theol. Blätter 1931, Nr. 10, Sp. 297 f.)

Gegenstand; so urteilen die Marburger. Aber nicht bloß die Marburger. Paul Althaus spricht in dieselbe Richtung: „Die sogenannte ‚Pr. Theologie' ist kein in sich geschlossener und einheitlicher Teil der Theologie. Sie faßt traditionell Teile der historischen Theologie mit angewandter systematischer Theologie, nämlich der Theorie des ‚Handelns der Kirche zu ihrer Selbst-Erbauung' (Th. Harnack; E. Chr. Achelis), und technische Anweisungen zusammen."[9] Auch Tillich gehört hierher mit seiner These: Was in der Pr. Theologie an historischem Material liege, das gehöre in die historische Wissenschaft überhaupt, nicht in die Theologie (soweit es nicht in theonomer Geistesgeschichte und normativer Exgese verwandt wurde); was die Pr. Theologie sonst enthalte, das eigentlich praktische Material, gehöre in die psychologische und soziologische Technik; und die grundlegenden Betrachtungen für die Pr. Theologie, nämlich über Gemeinschaft und Recht, Kunst und Wissenschaft, gehörten zur systematischen Theologie.[10]

So ist die Pr. Theologie in der Tat stellungslos geworden im System der theologischen Wissenschaft. Und es tritt ein Umstand ans Licht, der die Schuld trägt an dieser Stellungslosigkeit. Während nämlich die anderen wissenschaftlich-theologischen Fächer heuzutage ihren Gegenstand von der Wissenschaft überhaupt als ein Teilgebiet der Wissenschaft empfangen haben, bekam die heutige Pr. Theologie von der Wissenschaft als solcher keinen Gegenstand, sondern was *sie* empfangen hat, empfing sie von der Kirchenregierung! Die Kirchenregierung wünscht es, daß die zukünftigen Geistlichen so eingeübt werden. Und die Kirchenregierung ist darin die Nachfolgerin des früheren *Staates*, der die Einübung der zukünftigen Geistlichen der Staatskirche selbstverständlich den staatlichen Fakultäten mit übertrug. Besonders die Aufklärungszeit baute die praktisch-theologischen Disziplinen aus, aber im bewußten Unterschiede von den wissenschaftlichen.[11] Es ist ein Ehrentitel der Praktischen Theologen, daß sie um jeden Preis auch

[9] Grundriß der Dogmatik, S. 8.

[10] Das System der Wissenschaften nach Gegenständen und Methoden, 1923.

[11] So K. Eger in RGG.² IV, Sp. 1138.

ihre Fächer als wissenschaftlich-theologische bearbeiten wollten; das Mißlingen schmälert den Glanz jenes Ehrentitels keineswegs. Aber das Mißlingen ist nun einmal Tatsache. Heutzutage leidet die Pr. Theologie immer noch unter der inzwischen eingetretenen Abschaffung der Staatskirche. Denn nun wird klar: die Pr. Theologie hat ihren Auftrag von der Kirchenregierung, hingegen die theologische Wissenschaft von der Wissenschaft. Der Pr. Theologie ist daher heutzutage nur zu helfen, wenn sie jetzt von der Wissenschaft überhaupt einen Gegenstand als Arbeitsgebiet bekommt. Dadurch allein wird die Pr. Theologie ein Teil der theologischen Wissenschaft, durch nichts anderes. Sonst müßte sie in der Tat in die Predigerseminarien übergehen, wo man das Arbeitsgebiet nicht von der Wissenschaft, sondern von der Kirchenregierung empfängt. Damit ist natürlich nicht gesagt, daß die von der Kirchenregierung empfangenen Arbeitsgebiete etwa weniger wertvoll sein müßten, als die von der Wissenschaft empfangenen; es soll tüchtiger Arbeit in den Predigerseminarien volle Achtung entgegengebracht werden; aber es soll der Finger darauf gelegt werden: will die Pr. Theologie eine Stellung im System der theologischen Wissenschaft haben, so muß ihr die Wissenschaft ein eigenes Gebiet zuweisen. Darum geht alles.

Scientia practica

Ein 'eigenes Gebiet', von der theologischen Wissenschaft und so von der Wissenschaft überhaupt ihr zugewiesen, erhält die Pr. Theologie auf folgende Weise. Es gibt eine alte Streitfrage innerhalb der Theologie, die zunächst als reichlich altertümlich und 'scholastisch' erscheint. Es ist die Streitfrage, ob die Theologie eine theoretische Wissenschaft sei (scientia speculativa) oder eine praktische Wissenschaft (scientia practica). Thomas von Aquino beantwortet diese Streitfrage so: die Theologie ist magis speculativa quam practica, d. h. die Theologie ist eine überwiegend theoretische Wissenschaft. Und er gibt als Grund dieses an: jede praktische Wissenschaft handelt von dem, was der *Mensch* tun soll; z. B. die Moralwissenschaft von den Akten der Menschen; die Bauwissenschaft von den Gebäuden. Die Theologie aber (sacra doctrina) handelt primär von *Gott*, und die Menschen sind doch zunächst *Gottes* Werke. Die Theologie handelt also hauptsächlich und mehr von göttlichen Dingen als von den menschlichen Akten.[12] Wir können das so formulieren: Natürlich kommt in der Theologie auch das Tun der *Menschen* zur Sprache, aber in der Hauptsache handelt die Theologie von dem, was *Gott* tat und tut, und nicht von dem, was wir Menschen taten und tun; handelt Theologie von *unserm* Tun, dann nur insofern, als *Gott* es gab und gibt. Hingegen Duns Scotus lehrte, die Theologie sei eine praktische Wissenschaft;[13] das deutet R. Seeberg[14] so: „Es handelt sich um die Erkenntnis Gottes unter dem Gesichtspunkte des ultimus finis. Ist aber Gott als der den letzten Zweck des Menschen setzende anzusehen, so wird die religiöse Erkenntnis unter diesen finalen Gesichtspunkt fallen. Die religiöse Erkenntnis ist nur Erkenntnis dieses Zweckes und der Mittel für ihn. Es ist also eine final orientierte Erkenntnis und nicht die kausale Betrachtung des theoretischen Erkennens."

Man wird geneigt sein, diesen Unterschied zwischen 'theoretischer' und 'praktischer' Wissenschaft als durch und durch 'akademisch' anzusehen, als ein bloßes Einteilungsprinzip, von welchem man in der 'Einleitung', im prooemium, spricht, weil es nun einmal so Sitte ist. Handelt es sich doch in den beiden unterschiedenen Fällen um *Glaubenserkenntnis*, um die fides quaerens intellectum, das eine Mal allerdings mehr um den Blick auf Gott, das andere Mal mehr um den Blick auf die Menschen, aber beide Male um die scientia dans sufficientem notitiam de primo principio secundum statum viae, secundum quod necessarium est ad salutem.[15] Und doch liegt hier im Hintergrunde die große Frage: Sind wir Christen erschöpfend beschrieben als Gottesspekulanten, oder hat die Gottesspekulation zu ihrem Kern die oeconomia pro nobis? Sind die Theologen erschöpfend beschrieben als Kenner Gottes oder erst als Könner Gottes (d. h. als Könner von Gottes Gnaden)? Zu Luthers

[12] Summa Theologica I, 1, 4 (ed. Blot I. Band, S. 7).

[13] Op. Ox., prol., qu. 4; vgl. R. Seeberg, Lehrbuch der Dogmengeschichte, III. Bd. (1913), S. 573; F. Loofs, Leitfaden zum Studium der Dogmengeschichte (1916), S. 591.

[14] Lehrbuch der Dogmengeschichte III, S. 573.

[15] So Bonaventura im Breviloquium I 1.

Zeiten wird die Frage so auftauchen: Gibt die Theologie zwar Einblicke in die göttlichen Dinge, überläßt aber das Menschenleben der Philosophie? Und Luther wird in seiner Schrift ›De votis monasticis iudicium‹ (von 1521) die Pariser Fakultät angreifen, weil sie lehre, Aristoteles stimme mit Christus überein in moralibus; und Luther wird daher omnium scholarum theologiam tam speculativam quam practicam verdammen, weil sie non docent Christum, sed prudentiam humanam.[16] Natürlich, ob die Theologie nun eine spekulative sei oder eine praktische: wenn sie das Menschenleben der Philosophie überläßt, hat sie aufgehört christlich zu sein. Darum werden die altorthodoxen lutherischen Dogmatiker, denen wahrhaftig niemand Geringschätzung des Theoretischen der Theologie nachsagen kann, Luthers Anliegen in dieser Angelegenheit so wahren, daß sie sagen: Die Theologie ist ein habitus practicus! Quenstedt unterscheidet habitus theoretici, „qui in nuda veritatis contemplatione ultimato subsistunt", und habitus practici, „qui quidem cognitionem rei alicuius agendae requirunt, sed in ea ultimato non acquiescunt, nec illam pro ultimo fine habent, sed ulterius ad praxin et operationem tendunt.[17]" Und die Theologie ist nun ein habitus practicus, denn sie macht den Menschen nicht bloß mit den Geheimnissen Gottes vertraut, sondern durch deren Kenntnis aktiv im Glauben. Sie ist sapientia eminens practica.[18] Ja, das Wort sapientia schmeckt diesen Dogmatikern schon zu sehr nach Wissen allein! „Sie aber suchen nach einer Definition, in welcher aufs Deutlichste gesagt wird, daß mit der Theologie eine von Gott gewirkte Erkenntnis gesetzt sei, welche antreibe, das Erkannte im Leben zu betätigen."[19]

Man spürt sofort die Wichtigkeit der mit habitus practicus bezeichneten Angelegenheit auch für *unsere* Theologie. Ohne weiteres

[16] W. A. 8, 607 f. (Die dogmata Aristotelis sagen: Faciendo temperata efficimur temperati; hingegen die dogmata Christi besagen: Credendo in Christum temperatum efficiar et ego temperatus, illius temperantia est mea, donum est enim illius, non opus meum).

[17] H. Schmid, Die Dogmatik der evangelisch-lutherischen Kirche, 7. Auflage 1893, S. 3.

[18] Hollaz bei Schmid S. 1.

[19] So Schmid S. 3.

gilt dieser habitus practicus im Bereich der von uns so genannten Fiduzialtheologie. „Wahre Gotteserkenntnis kann niemals theoretischer Art sein", sagt Emil Brunner.[20] Aber wie steht es um die Geltung des habitus practicus im Bereich der von uns so genannten rationalen Theologie, also der Gesamttheologie? Hier wird nicht bloß die Fiduzialtheologie respektiert, sondern es wird überdies aus der Gesamttheologie die theologische Ethik geboren. Theologie, die nicht zur Ethik wird, hebt sich selbst auf; so muß seit der Reformation geurteilt werden. Aber schließlich ist dadurch, daß die Ethik geboren wird, Theologie noch nicht habitus practicus. Das *Ganze* der theologischen Wissenschaft muß eine scientia eminens practica (Hollaz) sein. Und von der theologischen Ethik werden sehr viele urteilen: sie sei ja selbst eine durchaus *theoretische* Wissenschaft.[21] Bleibt so die Gesamttheologie, die rationale Theologie, offenkundig rein theoretisch, auch nach der Geburt der theologischen Ethik, so gibt es drei Möglichkeiten: a) Gesamttheologie und Christentum haben nur so entfernt miteinander zu tun, wie es die Verächter der Theologie auf streng evangelischem Boden annehmen; b) die Gesamttheologie ist nur an der Stelle wirklich Theologie, wo die Fiduzialtheologie steht; c) die Gesamttheologie ist dadurch praktisch, daß sie so gut als möglich theoretisch ist. Das unter a) Angenommene gilt nicht; zwei Umstände mögen das beweisen: 1. die Tatsache, daß sich immer wieder 'Fälle' auf dem Gebiet der *Praxis* ereignen, wenn die Gesamttheologie *ihren* Weg geht, wie z. B. der Apostolikumstreit, wie z. B. die Beunruhigung aller Praktiker durch das, was die dialektische Theologie aus Luther und Calvin im Namen der Theologie in die Welt setzt; 2. Die Tatsache, daß sowohl die kirchlich-fromme Praxis als die individualfromme Praxis in heillose Verwirrung einmündet, wenn sie sich

[20] Zwischen den Zeiten 1930, S. 406 [3].

[21] Das gilt natürlich auch von der 'Praktik' O. Pipers (Die Grundlagen der evangelischen Ethik, II. Band 1930, S. 295 ff.; cf. S. 94). „Der eigentlichen Ethik muß deshalb noch ein eigener Abschnitt vorangehen, die 'theologische Praktik', in dem davon gehandelt wird, unter welchen Bedingungen und mit welchen Mitteln gläubiges Handeln wirklich werden kann." – „Die Untersuchung der Möglichkeiten und Schwierigkeiten eines Handelns, in dem sich persönliche Heiligkeit manifestiert."

als Praxis und nicht zugleich als Theologie fortentwickelt. Aber auch das unter b) Angenommene gilt nicht; denn es ist jedenfalls nicht wissenschaftlich, die Tatsache der Offenbarung, des göttlichen Sich-kund-tuns, als ein Sich-selbst-Sicherndes, der Arbeit unserer ratio Entzogenes, zu behandeln; vielmehr wird Fiduzialtheologie erst wissenschaftlich möglich, wenn die rationale Theologie im vollen Umfange in Gang gesetzt wird und im Gange bleibt. Aber das unter c) Angenommene ist Wirklichkeit. Wodurch? Weil die Forschungen der Gesamttheologie, der rationalen Theologie also, fortwährend um das gehen, was in der Bibel Glaube ist, was in der Kirchengeschichte und Dogmengeschichte Glaube war, was heute vom Glauben systematisch zu verlangen ist, so betreffen diese Forschungen immer das punctum saliens der kirchlichen wie der individuellen Praxis. Tua res agitur. Es gibt in der ganzen rationalen Theologie keinen Satz, mag er noch so entlegen theoretisch aussehen, der nicht hervorragend praktisch wäre. Und je besser theoretisch dieser Satz ist, um so besser ist er praktisch. Die rationale Theologie ist auf ihrem ganzen Gebiete eine scientia eminens practica dadurch, daß sie eminens speculativa ist. Davon kommt ja letzten Endes die wütende Gegnerschaft mancher Kreise gegen die Gesamttheologie, daß sie sich in ihrem erwählten Wesen nicht von der Theologie stören lassen wollen. Sie stört wirklich! Sie ist praktisch! Das ersieht man auch daraus noch, daß die katholische Kirche ihre Theologie und ihre Theologen durchaus nicht als unschädliche Wolkengucker behandelt, sondern als Kriegsknechte und Sturmvögel. Die Gesamttheologie ist jederzeit ungeheuer 'aktuell', auch dann, wenn es viele nicht wahrhaben wollen, auch dann, wenn es die meisten nicht merken.

Soll nun dieses Aktuell-Sein, dieses Aktuell-Werden plötzlichen Katastrophen überlassen bleiben, oder der Willkür der Praktiker, die einmal dies, einmal jenes als 'aktuell' ausschreien, oder dem Majoritätsbeschluß der Gelehrtenrepublik, die heute dies, ein andermal das in den Vordergrund gerückt wissen möchte – oder soll methodisch und von Wissenschafts wegen erforscht werden, was aus Bibel und Kirchengeschichte und Dogmengeschichte und Systematik für die jeweilige Gegenwart und ihre Art in jenem Sinne 'aktuell' ist, *weil* es das Brot für den wirklichen Hunger und die Saat für die wirkliche Ernte abgibt? Ganz entschieden muß man sagen: Dieses Aktuell-Werden und Aktuell-Sein muß der Willkür der Einzelnen und der der Parteien wie der Willkür des Zufalles aus den Händen genommen und einer methodischen wissenschaftlichen Forschung zugeführt werden. Und diese wissenschaftliche Forschung soll der Pr. Theologie zugeteilt werden! Dieses Aktuell-Werden und Aktuell-Sein der gesamten Theologie in allen ihren Sätzen und Teilen soll das 'Eigengebiet' der Pr. Theologie sein! Es handelt sich hier wirklich um ein jetzt herrenlos daliegendes Gebiet! Aber um ein Gebiet, das unbedingt von der Wissenschaft, von der theologischen Wissenschaft, vergeben werden muß, wenn nicht größtes Unheil daraus werden soll, daß es herrenlos daliegt und jeder es nach Belieben angreifen kann und anzugreifen pflegt. Nicht bloß die Wissenschaft, nicht bloß die Theologie übergibt dieses Gebiet der Pr. Theologie, sondern die Kirche kann nicht anders, als die Erforschung dieses Gebietes, die Evidenz-Haltung dieses 'Aktuellen' von der Pr. Theologie zu verlangen; und alle Suchenden und Wachen in der Menschheit, erst recht in der Christenheit, müssen „Ja" dazu sagen. Sofort verdient nun die Pr. Theologie ihren Namen; zwar ist und bleibt auch sie Theorie, ein speculari, ein θεωρεῖν, nicht wird sie zur Praxis, aber ihr speculari betrifft gerade das Praktisch-Werden; und nun ist sie nicht mehr ein Fach unter anderen, sondern sie ist die Gesamttheologie als solche, die andere Seite der Gesamttheologie, die brachliegende Funktion der Gesamttheologie, welche nun einmal theoretische und praktische Funktion zugleich hat, ob die Gesamttheologie das weiß oder nicht weiß, sagt oder nicht sagt. Auf einmal haben nun die Neben- *und* Unterfächer der bisherigen Pr. Theologie ein Reich bekommen, zu welchem sie gehören; nun fließt das Eigentümliche der Pr. Theologie, die methodische Erforschung des Aktuell-Werdens und Aktuell-Seins der Gesamttheologie, in die Neben- und Unterfächer ein. Z. B. die Katechetik ist nun nicht mehr bloß eine Angelegenheit, welche auch der Pädagoge treiben kann und besser treiben kann als der Theologe, sondern Katechetik wird nun aufgebaut nach dem Grundsatz: Wie aktualisiert sich das Aktuelle der Gesamttheologie (und welches Aktuelle aktualisiert sich) im Stoff und in der Methode des 'Unterrichtes im Christentum'? Nicht mehr das praktische Herkommen macht nun die Katechetik aus, sondern die Theologie. Wie vieles sich damit ändert, das zeigte z. B. für die Katechetik zuerst das Büchlein von Theodor Heckel, ›Zur Methodik des evangelischen Religionsunterrichtes‹[22]; für die Homiletik K. Fezers Buch ›Das Wort Gottes und die Predigt‹[23]; für die Liturgik die Arbeiten von Althaus, Allwohn, Knolle und anderen, für die Kirchenkunde Hermann Sasse (im ›Kirchlichen Jahrbuch‹ 1931).

Diese Pr. Theologie als Wissenschaft von dem Aktuell-Werden und Aktuell-Sein der Gesamttheologie hat zu ihrem Gegenstand die ganze Theologie, alle theologischen Fächer. Sie berührt sich insofern mit der Pr. Theologie, welche Allwohn vorschlägt, als man auch sie die Wissenschaft von der Konkretisierung nennen könnte, nun aber nicht von der Konkretisierung der Kirche (Allwohn)[24]; sondern von der Konkretisierung der *Theologie* in der Kirche und in der Welt *durch* die Kirche. Unsere Pr. Theologie beantwortet die Frage: Wie aktualisiert sich das Aktuelle der Theologie einmal im Kirchenleben, zum andern im profanen Menschenleben *durch* die Kirche? So bearbeitet diese Pr. Theologie die Gesamttheologie *für* die Kirche und für die Welt *durch* die Kirche. Es besteht also keine Gefahr, daß nicht alles, was bisher behandelt wurde, in dieser Pr. Theologie *auch* behandelt würde, allerdings nun von der neugewonnenen Provinz aus; und es wird noch vieles im Laufe der Kirche und der Welt zur Behandlung kommen müssen. Auch die Einübung der zukünftigen Pfarrer bleibt in vollem Umfange und Ernste bestehen – aber sie werden nun in der Theologie eingeübt im Sinne der theologia eminens practica: wie es sich für theologische Fakultäten geziemt.

Weist nicht in diese Linie auch der an sich anders orientierte Entwurf von R. Seeberg in der ›Christlichen Dogmatik I‹ (1924,

[22] 1. Auflage 1928.

[23] 1925.

[24] Vgl. bei C. A. G. v. Zezschwitz, System der Pr. Th. I, Leipzig 1876, S. 5, den Satz: „Pr. Th. ist die Theologie von der fortgehenden Selbstverwirklichung der Kirche in der Welt.“ Es ist interessant, daß Zezschwitz gerade durch seine Flucht vor dem habitus practicus auf diese Definition kommen muß: S. 2 ff.

S. 234)? Wenn dort die Ethik als Stammprovinz der Pr. Theologie erscheint, so liegt in diesem Ansatze unsere scientia eminens practica. Denn ausdrücklich wird bescheinigt: die Pr. Theologie entnimmt ihren Stoff der historischen Theologie, ›sofern diese auch auf die Gegenwart ausgedehnt wird‹ (unter ›historischer Theologie‹ versteht S. auch die Exegese!), und „zwischen der Praktischen Theologie und den beiden anderen theologischen Disziplinen (sc. historischer und systematischer Theologie) besteht ein Verhältnis". So richtet auch Seeberg schließlich die Pr. Theologie auf die Gesamttheologie hin: „Was bei den andern großen Disziplinen ein praktischer Nebenerfolg ist, ist also ihr (sc. der Pr. Theologie) eigentlicher Zweck." „Die ganze Theologie dient der Kirche." Wir würden also R. Seebergs Aufstellung so vertreten: die Gesamttheologie zerfällt in historische und systematische Theologie; die Gesamttheologie ist aber zugleich Pr. Theologie (und die Gesamttheologie enthält als ihren Herzpunkt die Fiduzialtheologie).

Eine interessante Parallele zu unserer Pr. Theologie als der theologia eminens practica findet sich auf katholischem Boden bei Karl Eschweiler in dessen Buch ›Die zwei Wege der neueren Theologie‹ (1926). Indem Eschweiler das credibile (welches nur im religiösen Glauben zugänglich ist) als das Objekt der Theologie anerkennt, zeichnet er das credibile practicum, das credibile also „als Intention der praktischen Religiosität", als „das bestimmende Ziel des religiösen Erlebens und Tuns in den Akten der Frömmigkeit, des Gottesdienstes, der religiös unterrichtenden und erziehenden Tätigkeit und vor allem in den autoritativ entscheidenden Akten der kirchlichen Lehr- und Jurisdiktionsgewalt" – und dieses credibile „bildet den Gegenstand jener verschiedenen Theorien, die unter dem Namen Praktische Theologie zusammengefaßt werden". Es ist aber zugleich als credibile historicum Gegenstand der historischen Theologie; und als credibile ontologicum Gegenstand der spekulativen Theologie. *Aber immer bietet sich dieses credibile in diesen 'drei Dimensionen' dar.* Und nun urteilt Eschweiler: „Es kann nichts zum Gegenstand theologischer Betrachtung werden, dessen genaue und vollständige Erkenntnis nicht durch die Bestimmung nach allen drei Dimensionen des credibile bedingt wäre. Darum darf die Unterscheidung der drei Hauptgruppen im Ganzen der Theologie nicht so verstanden werden, als hätte die praktische Theologie nichts mit der historischen und spekulativen zu tun oder umgekehrt!" Die Formen und Fächer der Theologie „stehen alle in einem notwendigen und unlöslichen Zusammenhange, wenn sie auf objektgerechte wissenschaftliche Theologie ausgehen. Die drei Hauptgruppen entstehen also, je nachdem sich die theologische Forschung *vorwiegend* – ein 'ausschließlich' ist überhaupt unausführbar – in einer der drei Dimensionen bewegt" (S. 236 ff.). – Hier handelt es sich natürlich nicht um das Problem des katholischen credibile, sondern um die wissenschaftssystematischen Erkenntnisse Eschweilers, die in die Richtung weisen, in welcher wir die Pr. Theologie sehen.

Vielleicht ist es notwendig (in einer Schrift über Pr. Theologie), einige Beispiele für das Aktuell-Werden der Theologie beizubringen. Der Alttestamentler weist als Inhalt des A.T.s z. B. die Schöpfung der Welt und des Menschen durch Gott nach, Volk und Ehe als Schöpfungsordnung; der Neutestamentler die Erlösung der Welt durch Christus als Inhalt des N.T.s, das Vorhandensein des neuen Volkes Christi als einer Gemeinschaft des Glaubens und der Liebe voller Wunder und voller Selbstverständlichkeit des täglichen Lebens; der Kirchen- und Dogmengeschichtler verfolgt die Entwicklung dieser Gegebenheiten durch den Lauf der Jahrhunderte bis auf heute; der Systematiker beurteilt sie und formuliert sie neu von der heutigen wissenschaftlichen Lage aus. Damit ist das *Denken* geklärt. Aber nun kommt doch erst die Hauptsache: Wieweit sind alle diese Dinge für uns Heutige aktuell, Hilfe für Leben und Sterben, Notwendigkeit der Existenz? Nehme man hinzu die ganze Luther- und Calvin-Renaissance heutiger Zeit und frage man: Ist etwas für uns dadurch schon tägliches Brot, daß es für Luther und Calvin bestand? Und nun erhebt sich die Frage: Soll die Entscheidung darüber, *was* aktuell ist und in welcher Weise und in welcher Ordnung, immerfort *nur* dem Belieben des einzelnen überlassen sein, der als Biblizist usw. sofort „ja" spricht, als moderner Mensch sofort „nein" sagt? Die evangelische *Kirche* hat nun einmal tolerant zu sein und *alle* in ihrem Schoße zu behalten, ob sie „ja" oder „nein" oder eine Zwischenlösung für gut befinden. Hier ist es die Pr. Theologie, die den ganzen Komplex von Schwierigkeiten aus der Hand der theologischen Forschung empfängt; die Pr. Theologie wird ebenso den Resultaten der Theologie gerecht zu werden suchen als der Praxis der Kirche, als den Aporien der modernen Menschheit, auch des Proletariats. Sie wird nicht das Gutachten des jeweiligen Professors der Pr. Theologie sein, sondern methodische Forschung theologischer Art mit den beiden Beziehungspunkten: Kirche und profanes Leben. Sie wird am besten ausgehen von der an der betreffenden Universität blühenden Theologie, um ganz bodenständig zu sein. Es ist dann durch die Verflochtenheit aller Theologie ineinander schon dafür gesorgt, daß sie, die Pr. Theologie, nicht *bloß* Ortstheologie bleibt.

Heutzutage lieben es aber viele Vertreter der theoretischen Theologie, Ausflüge in das der Pr. Theologie hiermit überwiesene Gebiet zu tun; besonders die Systematiker. Das schadet der Pr. Theologie nichts, das ist vielmehr an und für sich nur zu begrüßen. Aber ein großes Bedenken erhebt sich doch dagegen: die Vertreter der theologischen Fächer, nennen wir sie 'ursprüngliche' Theologie (A. T., N. T., Geschichte, Systematik), haben als ihre richtige Aufgabe eben die Vermehrung der Substanz, die Vermehrung und Festigung der Theorie. Legen sie sich zu sehr auf das der Pr. Theologie überwiesene Gebiet hinüber, so leidet die Theorie! Die Substanz ist eines Tages aufgebraucht, und das Elend beginnt. Es bleibt dabei: je besser die Theorie, desto besser die Praxis. Es ist heute die größte Gefahr, daß alles praktisch sein möchte – dann wird die Substanz der Theorie nicht mehr vermehrt, und so muß auch die Pr. Theologie sterben. Wir können die Pr. Theologie 'Fortsetzungs-Theologie' nennen, Fortsetzung zu der Praxis hin, Planzeichnung für die Praxis. Stirbt die rechte theoretische Substanz der theologischen Wissenschaften, dann wird die Pr. Theologie nur mehr eine Art Reste-Theologie sein – und es wäre dann besser, sie würde ganz weltliche Pädagogik, Psychologie usw. Die Theologie ist scientia practica, aber sie muß zuerst allen Ernstes scientia sein, wenn sie practica sein will. Der Beitrag, den die Theologen, auch die Theologie-Studierenden, an die praktische Wirklichkeit leisten können, ist vor allem der, tüchtige, ja tüchtigste Theologen zu sein: so bekommt Kirche und Welt von der *Theologie* her Blut und Leben. Das 'Was' und 'Wie' dieser entscheidenden Angelegenheit erforscht und lehrt die 'Praktische Theologie'. Die Ausführung aber geschieht in der Kirche, für die Welt – durch das Pneuma – welches dasselbe Pneuma ist, das auch die Theologen, als Glieder der Kirche, zu Forschern und zu Lehrern macht. Die Theologie, und nun auch die Pr. Theologie, ist so wirklich die 'wissenschaftliche Selbstbesinnung der Kirche'.

Theologisches Literaturblatt. 53 (1932), Sp. 157—158.

REZENSION ÜBER: EMIL PFENNIGSDORF, PRAKTISCHE THEOLOGIE (1929/30)

Von Gerhard Hilbert

Nachdem längere Jahre hindurch keine zusammenfassende Darstellung der praktischen Theologie erschienen war, haben die letzten Jahre uns eine ganze Reihe derselben gebracht. Beides ist kein Zufall. Denn einmal ward die Kirche vor eine Fülle neuer Aufgaben gestellt, deren wissenschaftliche Bearbeitung nicht im Handumdrehen geleistet werden konnte; sodann aber genügte dem wissenschaftlichen Bedürfnis der Gegenwart durchaus nicht mehr die im wesentlichen historische Behandlung, wie sie etwa Achelis darbot; vielmehr forderte man mit Recht eine weitgehende Berücksichtigung der modernen Forschung, besonders der Psychologie, Soziologie und Volkskunde. Die Bewältigung dieser Aufgabe verlangte ungemein viel Kraft und Zeit. Gerade an dem Werke von Niebergall (1918–20), so anregend und verdienstlich es war, ward deutlich, wie schwer die Aufgabe zu lösen ist. Nachdem Schian und Meyer zunächst wertvolle Grundrisse veröffentlicht hatten, haben Steinbeck und Pfennigsdorf es gewagt, uns wieder ein ›System‹ und ein ›Handbuch‹ darzureichen. Von ersterem ist erst ein Band erschienen, letzteres liegt fertig vor.

Man wird urteilen müssen, daß Pf. in ihm sowohl den Studenten als den Pfarrern ein ungemein wertvolles Werk gegeben hat. Vor allem halte ich die grundsätzliche Bestimmung der Aufgabe der praktischen Theologie für zutreffend, daß sie normative Wissenschaft ist, die aus dem Wesen der Kirche die Normen zu finden hat zur Beantwortung der Frage, wie die Kirche in der gegenwärtigen Lage zu handeln hat. Pf. führt dies nun auch wirklich durch: er läßt die Hilfswissenschaften weder überwuchern, noch läßt er sie unbenutzt.

Der Aufbau des Ganzen ist klar und sachgemäß. Besonders hervorheben möchte ich, daß bei Pf. die Mission, zumal die Heiden- und die Volksmission, wieder die ihr zukommende Stellung und Wertung erhält. Dagegen verstehe ich nicht, daß Pf. die an den Pfarrer zu stellenden beruflichen Anforderungen im Bann der alten Pastoraltheologie erst in dem der Seelsorge und Gemeindeleitung gewidmeten Teil bespricht statt im 1. Teil des Werkes. Denn das hier Gesagte gilt dem Pfarrer in seiner gesamten Tätigkeit.

Inhaltlich behandelt Pf. wohl fast alle Fragen, die aus der heutigen Lage der Gemeinden sich ergeben, und man wird finden, daß Pf. bei aller gebotenen Kürze das Nötigste sagt und daß sein Urteil in der Regel wohlbegründet ist und von eindringender Kenntnis des Sachverhaltes wie von gesunder Nüchternheit zeugt. Besonders in seiner Auseinandersetzung mit Barth und Fezer kann ich ihm voll zustimmen, wie auch darin, daß er an die Spitze der Kirche an Stelle des Juristen den Geistlichen fordert (S. 737). Dagegen muß ich z. B. bestreiten, daß die Autorität des evangelischen Pfarrers „lediglich beruht auf dem Mandat der Gemeinde“: hier fehlt die rechte Wertung der biblischen Lehre vom Charisma (S. 608). Ferner trifft die Polemik, die Pf. S. 673 gegen mich führt, völlig an mir vorbei, da ich nur gegen die Losung des Satzes bin „Dienst aller an allen“: in der Volkskirche ist das eine unmögliche Losung; die Kerngemeinde soll allen dienen, aber nicht alle Glieder der Volkskirche sind ohne weiteres dazu befähigt, „im Geiste Christi“ (was Pf. auch fordert) zu dienen.

Doch diese Ausstellungen können und sollen das Grundurteil über das allseitig orientierende, lebensvolle und wissenschaftlich hochstehende Werk nicht aufheben. Es wird seinen Weg gehen.

Wort und Tat. 11 (1935), Sp. 142—145.

ZUR NEUGESTALTUNG DES STUDIUMS DER THEOLOGIE

Von Helmuth Schreiner

Die Reform des juristischen Studiums ist in vollem Gange. Die anderen Fakultäten werden folgen. Der gegenwärtige Ausbildungsgang der zukünftigen Studienräte ruft geradezu nach einer Umgestaltung. Und die Theologen? Kritik und positive Vorschläge zur Umgestaltung ihres Studiums sind in großer Zahl laut geworden; amtliche freilich noch nicht. Im allgemeinen lassen sie sich in zwei Typen zusammenfassen, einen konservativen und einen liberalen.

Der *konservative Typus* fordert eine Ergänzung des bisherigen Ausbildungsganges. Sie liegt nicht auf der Linie, die bei der Reform des juristischen Studiums eine große Rolle spielt: der allgemeinen Bildung. Die Eigenart des theologischen Studiums bringt es mit sich, daß es vielleicht mehr als jedes andere ganz von selbst einer starken Allgemeinbildung entgegenführt. Denken wir nur an die geschichtlichen Disziplinen, an die Berührung der Dogmatik mit der Philosophie, oder Einzelgebiete, wie sie von der Ethik und der praktischen Theologie heute schon weithin einbezogen werden: Theologie der Politik, Rassenfrage, Eugenik, allgemeine Wohlfahrtspflege, Jugendpsychologie, Pädagogik usw. Nein, die Ergänzungen werden nach einer anderen Richtung hin gesucht: Besondere Berücksichtigung der altgermanischen Religion innerhalb der Religionsgeschichte, Ausbau der Sozialethik, Einbeziehung der Volkskunde in die Disziplin der praktischen Theologie und ähnliches. Natürlich muß dafür Platz frei gemacht werden und Zeit gewonnen werden. Es ergeben sich Fragen: Muß unter allen Umständen auch Kenntnis der Ursprache des Alten Testaments gefordert werden? Welch eine Belastung bedeutet für viele Studenten die Kenntnis des Hebräischen! Wieviel Prozent kommen zu einer wirklichen Kenntnis des Hebräischen? Und weiter: Läßt sich die unübersehbare Stoff-Fülle des kirchengeschichtlichen Materials nicht bedeutend verringern? Ist es wirklich nötig, daß man weiß, wo Pepuza liegt und für wen Luther betete, als er in Rom die Treppe zum Lateran hinaufrutschte? Aber wie immer auch die Ergänzungs- und Abänderungsvorschläge heißen – sie alle tragen als Vorzeichen das Ja zum jetzigen Aufbau des Studiums.

Der *liberale Typus* geht von ganz anderen Gesichtspunkten an die Reform heran. Bezeichnend sind dafür die Vorschläge, die die Marburger theologische Fachschaft schon vor Jahren gemacht hat. Das Universitätsstudium ist 'wissenschaftliches' Studium. Es hat mit der Kirche nichts zu tun. Also fort mit der praktischen Theologie! Sie wird der Kirche überwiesen, also dem Predigerseminar. Der Vorschlag wird in unseren Tagen mit geringen Abwandlungen erneuert. Zugleich mit ihm seine Konsequenz: Die erste theologische Prüfung soll eine 'rein' wissenschaftliche sein. Sie hat mit der Kirche nichts zu tun. Ein Beauftragter der Kirche darf höchstens zugegen sein. Dieser Vorschlag hat für viele zunächst etwas Bestechendes. Wie ganz anders würde die Theologie als 'objektive Wissenschaft' dastehen! Und weiter: Durch Wegfall der praktischen Theologie würde Raum gewonnen. Dann aber: Alle kirchenpolitischen Schwierigkeiten könnten – so denkt man – was die Durchführung des Examens betrifft, mit einem Schlage beseitigt werden. Vor allem und in der Hauptsache: Die Arbeit des Studenten könnte sich nun von kirchlichen Gesichtspunkten ungehemmt als reine Hingabe an die Problematik des Geistes auswirken.

Beide Vorschläge, sowohl der konservative wie der liberale, bedeuten aber nun in Wirklichkeit *keine Neugestaltung.*

Beide hören zunächst einmal gar nicht auf das tiefste *Anliegen, das die theologische Jugend von heute gegenüber ihrem Studium im Herzen trägt.* Sie wehrt sich in ihrem Reformwillen nicht gegen den wissenschaftlichen Charakter der Theologie, auch nicht gegen die harte Arbeit des Denkens und der Stoffbewältigung, die ihr zugemutet wird. Das tun nur einige Schwächlinge und diese wird es immer geben. Nein, die Besten unserer theologischen Jugend wollen einen *Zusammenhang von Wissenschaft und Leben* sehen. Sie empfinden die gegenwärtige Art des Betriebes als Arbeit auf einer Insel. Sie leiden darunter, daß sie Dogmatik lernen, aber in dem Augenblick, in dem es gilt, systematische Erkenntnis in fruchtbarer Auseinandersetzung anzuwenden, den Weg nicht finden vom Allgemeinen zum Besonderen. Legt nur einmal einem 6. oder 7. Semester einige Seiten von Bergmann oder Mathilde Ludendorff vor, stellt sie hinein in das lebendige Gespräch von Mensch zu Mensch und laßt sie fruchtbarmachen, was sie gelernt haben – die Hilflosigkeit ist groß. Gilt das nur von der systematischen Theologie? Gilt es nicht erst recht von unseren historischen Disziplinen? Also das Anliegen ist unverkennbar: Größere Lebensnähe des Studiums. Ihm werden beide Vorschläge nicht gerecht. Aber sie sind noch aus ganz anderen Gründen fragwürdig.

Das Kennzeichen des liberalen Typus ist die Trennung von theoretischer und praktischer Vernunft. Diese Voraussetzung ist vom Sachanspruch der Theologie aus gänzlich unhaltbar. Man wird zu der Frage gedrängt, worin denn der Sinn der theologischen Arbeit eigentlich bestehen soll, wenn ihr Bezug zum Dienst der Kirche gelöst wird. Dieser Bezug ist ihre Legitimation, eine andere gibt es nicht.

Die Antithese von „wissenschaftlich“ und „kirchlich“ ist absurd. Wo sie doch versucht wird, entsteht aus 'Alttestamentlicher Theologie' Religionswissenschaft, und diese wäre dann tausendmal besser in der philosophischen Fakultät aufgehoben. Ebenso alle anderen 'Fächer'. Könnten wir dann nicht viel besser die systematische Theologie der Philosophie überweisen, die Kirchengeschichte der allgemeinen Geschichtswissenschaft? Der Satz, daß die Theologie mit dem Dienst der Kirche steht und fällt, weist auf den Grundcharakter der Theologie hin. Sie ist Dienst an der Wahrheit, die der Kirche im Wort Gottes anvertraut ist. Von hier aus wird sie zur Wahrheitsunruhe in aller wissenschaftlichen Erkenntnisarbeit, nimmt selbst an ihr teil, zweckfrei dem Ringen um die Erkenntnis des Unbedingten in allem Bedingten hingegeben. Sie bezeugt und bewährt in dieser 'Exaktheit' ihren Ursprung. Aber gerade weil ihr 'Gegenstand' kein Ding ist, ihre Wahrheit nicht statisch, wird theologisches Denken zur Gestaltung getrieben. Das Zeugnis vom Wort Gottes ist Anfang und Ende aller Theologie. So wird sie ganz aus der Sache selbst in die Aufgabe geführt, die *Wahrheitsunruhe der Wissenschaft in der Kirche* zu sein. So wird sie 'Praktische Theologie', Lehre von der Gestaltung. Eine theoretische Theologie ohne praktische wäre ein hölzernes Schüreisen: ein Beweis, daß sie sich selber nicht versteht. Ihr Studium würde einem Medizinstudium gleichen, das mit dem Physikum aufhört. Darum ist der liberale Reformvorschlag in sich sinnwidrig. Und man hat deshalb mit Recht die Praktische Theologie als die andere Seite der ganzen Theologie angesprochen.

Es könnte sein, daß man einen *Kompromiß* versucht: Die praktische Theologie wird an der Universität gelesen, aber nicht im I. Examen geprüft. Großartig. Ich schlage vor, das einmal mit Kirchengeschichte zu versuchen, oder dem Alten Testament. Welcher Student würde sich überhaupt ernsthaft um eine solche Disziplin bemühen? Keiner! Jeder fühlt sich sowieso überbeansprucht. Man kann ja später alles nachholen. Und die Prüfungsbestimmungen zeigen ja deutlich: Die Sache ist nicht so wichtig. Aber was dann, wenn nun der junge Kandidat sofort nach dem I. Examen Predigtdienst übernehmen muß, Religionsunterricht geben, Seelsorge ausüben soll? So ist es doch in 75 Prozent aller Fälle, gegenwärtig im Blick auf das Trümmerfeld der Predigerseminare in 90 Prozent. Also dieser Kompromißversuch ist barer Unsinn. Es gibt eben keine Reform des theologischen Studiums an sich, sondern sie ist immer nur in Verbindung mit der Kirche möglich. Deshalb ist es ganz selbstverständlich, daß das I. theol. Examen im Regelfall im Auftrag der Kirche und zum mindesten unter dem Vorsitz einer kirchlichen Instanz stattfindet. Die Erteilung der 'licentia concionandi', von der sehr wesentliches abhängt, hängt sonst völlig in der Luft.

Es steht deshalb außer Zweifel, daß der Aufbau des Studiums, wie er jetzt geregelt ist, in den Grundzügen das Richtige trifft. Nur *in einer Hinsicht* scheint mir *der konservative Typus einer schweren Täuschung zu verfallen.* Er übersieht völlig die tiefe Not vieler Studierender, die darin besteht, daß sie nicht zu der Fähigkeit selbständigen theologischen Arbeitens durchdringen. Woran liegt das? An der Faulheit? Am Arbeitsdienst? An den Sprachexamina? Ja, das kann im einzelnen Fall alles einmal sein. Der entscheidende Grund besteht aber in etwas anderem: in der *Methode des Lehrens.* Es wird dem Studenten in den einzelnen Disziplinen schnell klar, *was* er lernen soll; aber sehr langsam, *wie* er es lernen soll. Das sagt ihm in der Regel niemand. Das hört er auch selten in den 'Proseminaren'. Wer brächte den Mut auf, sich zum Anfänger herabzulassen! Das schädigt den wissenschaftlichen Ruf des Betriebes. Und was dann, wenn auf höherer Stufe in den Seminaren ein Hofstaat zukünftiger Privatdozenten das Feld beherrscht und für die 'Masse' das Seminar gesperrt ist? Und wie oft verläuft 'das Seminar' im Sande der Privatdiskussion zwischen Dozent und Referent! Die übrigen aber bleiben unbeteiligt. Der Durchschnitt der Studierenden lernt in allen Fällen nichts.

Eine wirkliche Umschaltung der Lehrmethode hätte aber nur dann Erfolg, wenn sie auch die Vorlesungen berührt. Verwandlung aller Vorlesungen in Übungen wäre Unfug. Aber wieviel fruchtbarer könnte es sein, über ein und denselben Gegenstand während desselben Semesters eine Vorlesung und eine Übung zu halten, an denen der gleiche Personenkreis beteiligt ist. Also: Exegese der Synoptiker anstatt vierstündig, zwei Stunden Übung, zwei Stunden Vorlesung. In der Vorlesung fort mit allem, was den Blick auf die großen Zusammenhänge versperrt. In der Übung aber Tatvollzug der Exegese. Denn eine klare Erkenntnis wird erst durch eigene Arbeitsleistung gewonnen. Geschieht er an einigen wichtigen Teilen wirklich bis ins einzelne hinein, dann vermittelt er dem Studenten die Kriterien, das übrige selbständig zu erarbeiten. Darauf aber kommt Entscheidendes an. Natürlich, Vollständigkeit der Stoffvermittlung wird auf diese Weise nicht erreicht. Aber kann sie überhaupt ein Ziel sein? Führt nicht die *Überfülle der Stoffvermittlung* heute gerade zu einem Ekel vor dem Studium überhaupt? Der Student ist nicht dazu da, ein 'Gelehrsamkeitsspeicher' zu werden, sondern er will zu lebendiger Erkenntnis geführt werden. Man stelle sich einmal vor: Genesisvorlesung, 48 Stunden im Semester, keine Einschaltung von Übungen – und dennoch nicht weiter als bis zum 5. Kapitel! Eignet sich wirklich das Millionenheer von grammatischen, textkritischen, formgeschichtlichen, philosophischen und sonstigen exegetischen Einzelheiten zur Darbietung im Zeitfluß der mündlichen Rede? Das ist die erste Frage. Führt nicht diese Verdammnis des Hörers in die unaufhörliche Rezeptivität notwendig zur Verstumpfung und zum Drang – ins Freie? Das ist die zweite Frage. Beide Fragen müssen mehr oder weniger allen historischen Vorlesungen heute gestellt werden. Und die *systematische Theologie?* Gewiß, Denken lernt man nur durch Nachdenken. Aber dazu gehört mit- und weiterdenken. Ist das möglich, solange das heutige Vorlesungsschema die Grundvoraussetzung für diesen Vollzug, nämlich den Dialog zwischen Lehrendem und Lernendem so in den Hintergrund treten läßt? Wie ganz anders könnte die Wirksamkeit der systematischen Erkenntnis gesteigert werden, wenn der Bann des Monologes gebrochen würde. Kein Wunder, daß sich der Eindruck festsetzt: die historischen Fächer sind ein 'Antiquitätenladen' und die systematische Theologie ein 'Ding an sich'. Vollends die *praktische Theologie!* Wen interessiert die Geschichte des Bäffchens oder des bayrischen Glockengeläuts, die Mozarabische Liturgie und die Geschichte der Katechese? Wenn die praktische Theologie ihre Aufgabe erfüllen soll, Konkretisierung der theoretischen Theologie in der Kirche und für die Kirche zu sein, dann muß sie sich in Zukunft vom Bann der Historisierung losreißen, der seit Jahrzehnten auf ihr liegt. Jeder aber, der es wagt, wird die Erfahrung machen, daß es der Sache zugute kommt, nämlich der Erkenntnis der kirchlichen Gestaltungsaufgabe in dem konkreten 'hic et nunc'.

Also: *Fort mit dem Überwuchern des geschichtlichen Stoffes. Umschaltung der Methode auf das Ziel: Anleitung zu selbständigem wissenschaftlichem Arbeiten. Ergänzung der bisherigen Disziplinen* durch jene „Fächer", wie sie der „konservative Typus", von dem wir eingangs sprachen, vorschlägt. Einer Beseitigung des Hebräischen könnte man allerdings kaum das Wort reden. Sie würde zur Oberflächlichkeit in der exegetischen Arbeit führen.

Die *Anlage des Studiums nach der ersten Prüfung* ergibt sich – wenn wir von dem überaus wichtigen Lehrvikariat hier einmal absehen – auf dem Predigerseminar ganz von selbst. Das Universitätsstudium steht unter dem Vorrang der theoretischen Arbeit, das weitere Studium unter dem Vorrang der praktischen. Das ist der entscheidende Unterschied. Der durchschnittliche Betrieb der früheren Predigerseminare hat darunter gelitten, daß alles noch einmal von Adam und Eva an bis zur Gegenwart wiederholt wurde, nur in verdünnter Auflage. Aufgabe des Predigerseminars aber besteht darin, den Ausgangspunkt von der konkreten Arbeit der betreffenden Kirche, die je und je auch landschaftlich eine verschiedene ist, zu nehmen. Der *Vorrang der Praktischen Theologie*, unter dessen Einfluß nun alle Teildisziplinen wie Jugendkunde, Volkskunde, Psychologie, Seelsorge usw. stehen, wirkt sich aber nicht nur so aus, daß sie 'Hauptfächer' werden, sondern auch so, daß der Arbeitsgang den umgekehrten Weg verläuft und die Praktische Theologie ihre Stellung verändert. Auf der Universität hat sie die theoretische Theologie im Rücken und ist der Kirche zugewandt, und im Predigerseminar ist ihre Situation umgekehrt: am Einzelnen wird das Ganze erhellt, in und an der apologetischen Übung der systematisch-theologische Zusammenhang aufgedeckt, an der Gestaltung der Bibelstunde sowohl die Art der praktischen Exegese geübt als auch der Rückgang auf die historisch-kritischen Erkenntnisse wissenschaftlicher Exegese, die im Hintergrunde Gehör fordert. Das ergibt technisch für das Predigerseminar: Zurückdrängung der Vorlesung auf ein Minimum, Vorherrschaft der Übungen. – Ja, das kann langweilig werden. Aber nur dann, wenn Dozent und Hörer über das Anfängerstadium im 'Üben' nicht hinauskommen. Und das muß zum Regelfall werden, wo der Unterrichtsgang des Predigerseminars auf ein halbes Jahr reduziert wird. Aber wieviel Halbheit, welche Fülle von Fehlern im Amt könnte vermieden werden, wenn hier im Ernst um 'Meisterschaft' gerungen würde. Freilich, die Aufgabe dieses 'Lehrens' ist schwerer als die Aufgabe des Dozenten bei der Universität. Mit bloßer Technik ist da nichts zu machen. Es gilt immer zugleich auch auf einem Stück Land jenseits der Grenze der Praktischen Theologie zu Hause zu sein. Auch wenn gebieterisch gefordert werden muß, daß auf dem Predigerseminar die historischen Fächer in den Hintergrund zu treten haben – die Ausrichtung auf die Grunderkenntnisse systematisch-theologischen Denkens kann auch auf dem Predigerseminar nicht fehlen. Auch hier wäre jede Scheidung der Praxis von der Theorie ein Fehlweg. Wir stehen in bezug auf die Aufgabe, die das Studium auf dem Predigerseminar stellt, erst ganz an den Anfängen des Weges, der gegangen werden muß.

Ob er gegangen werden kann, ist aber weniger eine organisatorische Frage als eine Personenfrage.

V.

HANDLUNGSWISSENSCHAFT DER ECCLESIA SEMPER REFORMANDA (1946–1970)

Theologische Literaturzeitung. 79 (1954), Sp. 513—520.

DAS SYSTEM DER PRAKTISCHEN THEOLOGIE UND DIE BEDÜRFNISSE DER KIRCHLICHEN PRAXIS

Von A. Dedo Müller *

Es ist vielleicht nicht ganz überflüssig zu sagen, daß es sich uns hier bei dem Verhältnis von kirchlicher Praxis und Praktischer Theologie nicht um ein moralisches, sondern um ein sachliches, um ein *Strukturproblem* handelt. Damit ist nicht bestritten, daß die Sache auch ihre menschlich-moralische Seite hat. Es ist nur zu verständlich, wenn diese sich dem kirchlichen Praktiker meist zunächst allein aufdrängt, der sich in der Bedrängnis seines Dienstes, etwa bei seelsorgerlichen oder pädagogischen Gegenwartsaufgaben, von der Praktischen Theologie alleingelassen fühlt und dafür dem mangelnden Kontakt des Praktischen Theologen mit der kirchlichen Praxis Schuld gibt. Wir wollen diese persönliche Seite der Sache nicht übersehen. Aber hier geht es uns zunächst um die Frage, was die Denktraditionen, die Erkenntnis- und Arbeitszusammenhänge, in denen das Fach der Praktischen Theologie steht, für die Auseinandersetzung mit den Bedürfnissen der kirchlichen Praxis bedeuten. Es könnte ja recht wohl so sein, daß es diese strukturellen Bindungen sind, die auch den einzelnen praktischen Theologen bei aller Bemühung um Kontakt hindern, den Bedürfnissen der kirchlichen Praxis die nötige Offenheit und Beweglichkeit entgegenzubringen. Und das um so mehr, als nicht übersehen sein will, daß die Praktische Theologie auch zur Gesamttheologie in einem Arbeitszusammenhang steht, der für sie nicht nur die Würde der Teilhabe an der wissenschaftlichen und kirchlichen Gesamtaufgabe der Theologie, sondern auch Bindung, Begrenzung und Einschränkung hinsichtlich ihrer Aufgeschlossenheit für die Fragen der Praxis bedeuten könnte.

* Vgl. auch die Rezension von Müllers Grundriß der Praktischen Theologie durch W. Jannasch im folgenden Beitrag.

I. Das System der Praktischen Theologie

1. Das System der Praktischen Theologie stellt sich am greifbarsten dar in der traditionellen Aufgliederung ihrer Arbeit in Kybernetik, Liturgik, Homiletik, Katechetik und Poimenik.

Dieser Arbeitsplan bedeutet freilich für die Durchführung der der Praktischen Theologie gestellten Aufgabe noch nicht viel. Seine Vieldeutigkeit zeigt die Geschichte der Disziplin und macht nicht zuletzt ihre Fragwürdigkeit aus. Folgende Möglichkeiten zeichnen sich ab:

1. Praktische Theologie könnte sich vor eine rein formalwissenschaftliche Ordnungsaufgabe gestellt sehen. Sie hätte dann – mit Luthers methodischen Ratschlägen für die Behandlung des Katechismus in der „Deutschen Messe“ zu reden – die Aufgabe, in die Fülle der praktischen Anforderungen der Kirche dadurch Übersicht und Ordnung zu bringen, daß sie sie in den fünf „Säcklein“ Kybernetik, Liturgik, Homiletik, Katechetik und Poimenik aufteilte. Man braucht diese Ordnungsarbeit nicht gering zu schätzen. Es ließe sich so eine Differenzierung des vieldeutigen Begriffes der Praxis erreichen, die auch dem Praktiker hilfreich sein könnte. Die kritische Funktion der Praktischen Theologie könnte dann darin liegen, daß sie zur Wachsamkeit, zur Zurückhaltung oder zur Abwehr Anforderungen der Praxis gegenüber aufriefe, die nicht in das überlieferte Begriffsschema eingeordnet werden könnten. Aber hier zeigt sich nun sofort die Bedenklichkeit des Verfahrens, die wieder gerade von Luthers Bild von den „Säcklein“ aus zum Bewußtsein kommen kann. Luther beschreibt die hier gemeinte Ordnungsaufgabe von den „Säcklein des Glaubens und der Liebe“ aus. Er tut es, weil sie geeignet sind, „die ganze Summe des christlichen Verstandes“ „im Herzen“ zu fassen. Das Ordnungsprinzip, um das es Luther zu tun ist, hat also nicht nur formal wissenschaftlichen, es hat *theologischen* und *existentiellen Sinn.* Es liegt nun auf der Hand, daß die Traditionsbegriffe der Praktischen Theologie weder an existentiellem noch an theologischem Gewicht an die Begriffe Glaube und Liebe heranreichen. So ergibt sich denn gerade im Ernstnehmen dieser formalen Ordnungsaufgabe der Praktischen Theologie ihr Ungenügen und ihre Undurchführbarkeit.

2. Das gilt aber nun auch von dem Versuch, die der Praktischen Theologie gestellte Aufgabe *historisch* zu lösen. Neben die formale Wissenschaftlichkeit tritt so der *Historismus*. Es steht uns nicht an, die Leistungen dieser Behandlungsart der praktisch-theologischen Probleme irgendwie herabzusetzen. Auch das Schmähwort des 19. Jahrhunderts trifft hier die Sache nur halb. Wie sollte denn die Theologie ihren Wahrheitsanspruch diesem „Jahrhundert ohne Gott" anders verständlich machen als durch Anwendung der Denkmethoden, in denen sich das Wirklichkeitsbewußtsein der ganzen Epoche aussprach? So darf denn auch nicht verkannt werden, was hier gewonnen wurde. Die Traditionsbegriffe der formalen Wissenschaftlichkeit füllten sich mit anschaulichem Gehalt aus der Erfahrung der Jahrhunderte. Die Erkenntnisse, die sich so für die Anfänge der Kirchenverfassung, für Entstehung, Wandlung und Verfall des Gottesdienstes, für die Geschichte der Predigt, der Seelsorge und der Lebensarbeit der Kirche ergeben haben, bedeuten eine entscheidende Förderung der hier gestellten Erkenntnisaufgabe. Die klare Grenze der Methode liegt nur darin, daß sie der Gegenwärtigkeit, dem Kairoscharakter und der eschatologischen Bestimmtheit der kirchlichen Praxis nicht gerecht werden und nicht an sie heranführen kann.

Das grundsätzliche Ungenügen der formalen Wissenschaftlichkeit und der historischen Methode in der Grundlegung und Durchführung der praktisch-theologischen Aufgabe kann durch einen formalen oder historischen *Biblizismus* zwar verdeckt, aber nicht überwunden werden. Die Berufung auf die Bibel kommt nur da in ihrem sachlichen Gewicht zur Geltung, wo sie strukturbestimmend wirkt. Sie wird da um ihre eigentliche Würde gebracht, wo sie in Abhängigkeit von Denkstrukturen gerät, die ihrem Wesen widersprechen.

3. Aufgrund dieser unwidersprechlichen Erfahrungen kann nur von einer *realistischen Theologie* eine Bewältigung der der Praktischen Theologie gestellten Denk- und Gestaltungsaufgabe erwartet werden.

Nun kann es sich hier ja nur darum handeln, ebenso die Schwierigkeiten wie die Möglichkeiten einer ausgesprochenen theologischen Grundlegung der Praktischen Theologie ganz flüchtig anzudeuten. Wir beschränken uns dabei auf das, was, wie wir doch wohl sagen dürfen, außer aller Diskussion steht. Zunächst besteht Einmütigkeit darüber, daß es sich in der Praktischen Theologie nicht um eine irgendwie geartete *Ermäßigung* der theologischen Fragestellung, sondern um *radikale Theologie* im Vollsinn des Wortes vom selben Rang und derselben Verantwortung wie in der Gesamttheologie handelt. Die Praktische Theologie unterscheidet sich von den anderen Disziplinen lediglich durch ihr Thema. Hier könnte schon an Schleiermacher, es mag aber vor allem an Theodosius Harnack erinnert werden, der unter Praktischer Theologie „die Wissenschaft von der Selbstbetätigung der Kirche zur Auswirkung ihrer Idee aufgrund ihrer Vergangenheit für die Fortbildung zu ihrer Zukunft" versteht. Dann aber ist deutlich, daß es sich in dieser Theologie um das Problem der *Konkretisierung* und *Realisierung* handelt. Es geht um das „Dein Reich komme! Dein Wille geschehe wie im Himmel also auch auf Erden!" in der Kirche und durch die Kirche in der Welt. „Auswirkung der Idee" der Kirche – das ist aber menschliche Bemühung um die „Fortsetzung des Lebens, Daseins und Wirkens Christi" (Vilmar) in der wirklichen Welt. Es muß eine *trinitarische Theologie* sein, in der die *ganze* Fülle der Offenbarung Gottes in Christus und im Heiligen Geist auf den Menschen und auf die Welt bezogen, also *anthropologisch* und *kosmologisch konkretisiert* ist, – eine *radikal realistische* Theologie, eine Theologie des Wortes, aber nicht der Worte, der Tatsachen, aber nicht der Rhetorik, eine Theologie der Fleischwerdung des Wortes, aber nicht der spiritualistischen Abstraktion, der göttlichen Offenbarung, aber nicht der menschlichen Spekulation, des Glaubens, aber nicht der Reflektion. Realistisch – zuletzt, weil in ihr Gott nur konkret als die *alles* Wirkliche, sowohl die *Wirklichkeit des Menschen* wie die *Wirklichkeit der Welt*, umfassende, sich allem menschlichen Zugriff entziehende, all unser Begreifen umgreifende Urwirklichkeit verstanden wird, so wie Luther es in der erstaunlichsten Vorwegnahme der Gottesproblematik der kommenden Jahrhunderte meint:

Nichts ist so klein, Gott ist noch kleiner,
Nichts ist so groß, Gott ist noch größer,
Nichts ist so kurz, Gott ist noch kürzer,

Nichts ist so lang, Gott ist noch länger,
Nichts ist so breit, Gott ist noch breiter,
nichts ist so schmal, Gott ist noch schmäler
und so fortan ist's ein unaussprechlich Wesen über und außer allem, das man nennen und denken kann (WA 26, 339).

Und schließlich muß es eine *kritische* Theologie sein, eine Theologie, in der die kritische Funktion der Gesamttheologie, zuletzt die Unterscheidung zwischen Gott und Göttern auf die Praxis der Kirche bezogen wird. Denn die hier nun unabweisbar in das theologische Blickfeld rückenden Begriffe Realität, Realisierung, Konkretisierung, Praxis sind gefährlich vieldeutig. Die Notwendigkeit einer Praktischen Theologie resultiert schließlich aus der ebenso simplen wie abgründigen Tatsache, daß es richtige und falsche Praxis auch in der Kirche gibt. Es geht um theologische Kriterien für den Unterschied zwischen richtiger und falscher, göttlicher und dämonischer Praxis. Und das ist unter allen Umständen ein so vielschichtiges Problem, daß es eigener theologischer Besinnung bedarf und nicht nebenbei in anderen theologischen Arbeitsbereichen mit erledigt werden kann.

II. Die Bedürfnisse der kirchlichen Praxis

Diese Andeutungen müssen genügen, um den theologischen Standort zu bezeichnen, von dem aus nun unter allen Umständen die Bedürfnisse der kirchlichen Praxis gesehen sein wollen. Denn das versteht sich für eine Theologie des Realismus und der Konkretheit von selbst, daß solche aufbrechenden kirchlichen Bedürfnisse unter allen Umständen von theologischer Relevanz sind. Was im Raum der Kirche geschieht, *kann* für eine trinitarische Theologie, die um das lebendige Walten des Heiligen Geistes in der Gemeinde weiß, gar nicht gleichgültig sein. Wir wissen ja auch aus der Geschichte, daß in der Urkirche und dann immer wieder – man denke nur an J. H. Wichern! – auf fast allen Arbeitsfeldern der Kirche die Praxis der theoretischen Besinnung vorauslief. Und mit dieser Möglichkeit hat der Theologe immer wieder zu rechnen. Nun erweist sich die Dringlichkeit einer theologischen Grundlegung an *allen* Aufgaben kirchlicher Praxis, am Kirchenrecht nicht minder wie am Gottesdienst. Immerhin dürften es heute vornehmlich drei kirchliche Bedürfnisse sein, an denen diese Notwendigkeit besonders grell zum Bewußtsein kommt: es sind die neuen katechetischen, seelsorgerischen und diakonischen Bedürfnisse, die gebieterisch aus der Gegenwartslage der Kirche in der Welt hervorwachsen. Es liegt in der Natur der Sache, daß es zunächst die Praktische Theologie ist, die zur Empfangsstation für alle Beschwerden wird, die der kirchliche Praktiker heute gegen die theologische Ausbildung des kirchlichen Nachwuchses in dieser Hinsicht auf dem Herzen hat. Sie seien deshalb hier auch zunächst unter Zurückstellung des Problems einer Reform des Theologiestudiums überhaupt vom Standpunkt der Praktischen Theologie aus beantwortet.

Die ältesten Beschwerden richten sich gegen die *katechetische Ausbildung*. Sie stellen die durch zwei Jahrhunderte hindurchgehende Begleitmusik der Entwicklung einer autonomen Pädagogik dar, setzen schon mit Rousseau ein, werden vom glühenden Herzen Pestalozzis aufgenommen und haben schließlich das wahrhaft tragische Ergebnis der völligen Säkularisierung der Pädagogik und des Lehrerstandes. In der Gegenwart ist es im Gefolge dieser Entwicklung so, daß jedenfalls in der Kirche der DDR der gesamte religiöse Unterricht in die Hand der Kirche gelegt ist, so daß nun für jedermann sichtbar die Kirche die volle Verantwortung für alles zu tragen hat, was auf dem Gebiete der religiösen Erziehung von der Taufe bis zur vollen Reife geschieht. Damit fällt der Theologie die Aufgabe zu, das *Gesamtproblem der Erziehung* nach allen Seiten hin durchzudenken. Es kann gar nicht anders sein, als daß sich daraus weitreichende Konsequenzen für die praktisch-theologische Ausbildung ergeben. Sie liegen keineswegs nur in der Intensivierung der seminaristischen Schulung. Es handelt sich zunächst um das theologische Durchdenken aller mit dem Problem des religiösen Unterrichts und der religiösen Erziehung zusammenhängenden Fragen. Nun fehlt es auf diesem Gebiet einer theologischen Erziehungslehre gewiß nicht an grundlegenden Arbeiten. Wer aber kann behaupten, daß das, was hier von Gerh. Bohne, Delekat, F. W. Foerster, Hammelsbeck, Heitmann, Koepp, Merz, Helm. Kittel, M. Rang, Schreiner und Uhsadel, um nur einige Namen herauszugreifen, erarbeitet ist, nun im Verlaufe unserer praktisch-theologischen Ausbildung den künftigen Amtsträgern so nachdrücklich vermittelt wird, daß es dann im Gedränge der Tagesaufgaben nicht wieder verlorengeht? Wir reden hier, wie gesagt, noch gar nicht von den praktischen Übungen, die man allenfalls geneigt sein mag, im wesentlichen in das Predigerseminar zu verlegen. Es handelt sich um die ganz eigentlich *theologische Problematik*, die in das Theologiestudium selbst hineingehört, wenn man es nicht jeder Bedeutung für das wirkliche Leben des Glaubens und der Kirche berauben will. Wir greifen wieder nur ganz willkürlich einige Fragen heraus: Wie steht es um das methodische Grundproblem des Verhältnisses von Stoff und Person im Religionsunterricht? Welche Konsequenzen ergeben sich daraus für die Gestaltung der Lehrpläne und für die Durchführung der einzelnen Unterrichtsstunde? Und wie steht es mit dem Bemühen der autonomen Pädagogik um eine *pädagogische Anthropologie*, – hinter dem immer noch leicht die Meinung steht, daß mit der christlichen Auffassung vom Menschen in der Pädagogik überhaupt nichts anzufangen sei? Was ist von den Feststellungen der Jugendpsychologie vom Phasencharakter der jugendlichen Entwicklung theologisch zu halten? Sind daraus schon allerorten die richtigen Konsequenzen für den katechetischen Stoffplan gezogen? Läßt sich, was heute praktisch geschieht, theologisch verantworten? Dürfen wir annehmen, daß unsere Studenten hier richtig und falsch unterscheiden gelernt haben, bevor sie dann in das katechetische Tagewerk hineingestoßen und darin der Möglichkeit ruhigen Nachdenkens beraubt werden?

Auf dem Gebiet der *seelsorgerischen Ausbildung* ist die Fülle beunruhigender Fragen nicht minder groß. Ich habe auf dem Theologentag in Marburg über die Notwendigkeit einer seminaristischen Ausbildung für Seelsorge gesprochen und will hier nicht wiederholen, was ich dort gesagt habe. Im akademischen Raum dürfte über die dort berichteten Anfänge hinaus kaum etwas Neues geschehen sein. Dabei ist das kirchliche Bedürfnis immer dringender geworden, so daß, wie etwa im Institut für Seelsorgekunde in Dresden-Radebeul, sich die Neigung der Kirche bekundet, zur Selbsthilfe überzugehen. Dabei ist es auch hier so, daß es nicht an helfender Literatur fehlt. Walter Hoch hat aus seinem Erschrecken über die akademischen Bildungslücken heraus nicht umsonst selbst eine Seelsorge geschrieben. Aber leitet unser Studium auch nur in ausreichender Weise zu fruchtbarer theologischer Verarbeitung dieser Literatur an?

Dürfen wir, um nur diese eine Frage herauszugreifen, uns wirklich bei dem beruhigen, was wir in der Vorlesung über Seelsorge allenfalls über die Bedeutung der Psychologie bzw. Psychotherapie für die Seelsorge sagen können? Reicht es aus, die hinsichtlich ihrer psychologischen Gültigkeit schwer erschütterte Autorität der kirchlichen Seelsorge der nun auch zu theologischen Fragen vordringenden Psychotherapie gegenüber wiederherzustellen? Es sei nur an Wilfried Daims und Igor Carusos entschieden theologisch angelegte Versuche zu einer „Umwertung der Psychoanalyse“[1] und an Viktor E. Frankls bedeutsame Umwandlung der Psychotherapie in Logotherapie erinnert.

Wieder anders ist die Lage auf dem Gebiet der *diakonischen Verantwortung* der Kirche. Hier kann die Praktische Theologie dem neu entstandenen kirchlichen Bedürfnis bei der gegenwärtigen Struktur ihrer Arbeit eigentlich noch immer nur so dienen, daß sie auf die Arbeit der Inneren Mission hinweist, was gewöhnlich einmal in der Kybernetik, in der Lehre von den freien Verbänden, und dann in der Seelsorge geschehen dürfte, wie denn schon Theodosius Harnack in seiner Lehre von der Seelsorge eine ›Geschichte der Diakonie und der freien Liebestätigkeit‹ bringt. Aber hier ist nun der wesenhaft gesamtkirchliche Funktionscharakter der Diakonie so klar erkannt worden, daß der einzelne Pfarrer diese Verantwortung in Zukunft nicht mehr auf die Innere Mission abschieben kann. Die Innere Mission ist in später Rückbesinnung auf die ursprüngliche Intention J. H. Wicherns heute nicht nur verwaltungsmäßig, sondern auch funktionell zu einer wesentlichen Lebensäußerung der Kirche geworden und muß im Erscheinungsbild der einzelnen Gemeinde und in der Praxis des einzelnen Pfarrers den-

[1] Wilfried Daim, Umwertung der Psychoanalyse, Wien 1951; Igor A. Caruso, Psychoanalyse und Synthese der Existenz, Freiburg i. B. 1952; Viktor E. Frankl, Ärztliche Seelsorge, Wien 1948; Der unbewußte Gott, Wien 1948; Der unbedingte Mensch, Wien 1949.

selben Rang und dieselbe Leuchtkraft gewinnen wie der Gottesdienst, die Predigt und die Seelsorge. Bietet unsere praktisch-theologische Ausbildung Raum genug für eine einigermaßen zureichende theologische Ausrüstung für diesen Dienst? Wir halten uns dabei die der wissenschaftlich-theologischen Ausbildung gezogenen Grenzen durchaus gegenwärtig. Aber wenn nun etwa Manfred Müller in seinem Vortrag über ›Wege der Diakonie‹[2] die alarmierende Feststellung macht: „Der diakonische Wille fehlt unter unserer getauften und konfirmierten Jugend fast völlig" – rüstet unser Theologiestudium den künftigen Amtsträger wirklich mit dem nötigen Wissen aus und vermittelt es ihm wirklich die unerläßlichen Inspirationen und Impulse, ohne die er der von Manfred Müller im Untertitel seiner Schrift gestellten Frage: „Wie wecken wir den diakonischen Willen in der evangelischen Jugend?" ratlos gegenüberstehen muß? Nicht anders ist es mit der organisatorischen Seite der Diakonie, wie Gerh. Noske sie in seiner Schrift über ›Wicherns Plan einer kirchlichen Diakonie‹[3] in ihrer ganzen erregenden Aktualität zum Bewußtsein bringt, und vollends mit den weitreichenden Problemen, die Eugen Gerstenmaier unter dem Thema ›Wichern II‹[4] und Gerh. Noske unter dem Stichwort der „politischen Diakonie" anrühren und die ja seit der Tagung des Lutherischen Weltbundes in Hannover auch im Begriff der Haushalterschaft anklingen. Selbstverständlich wäre es eine Überfremdung und Überforderung des Theologiestudiums, hier eine ins einzelne gehende praktische Anleitung zu erwarten, aber die grundsätzliche Verankerung der diakonischen Verantwortung im theologisch-kirchlichen Bewußtsein, ja im Lebensgefühl des Theologiestudenten, wie Heinz-Dietrich Wendland sie[5] erläutert, gehört unleugbar in eine praktisch-theologische Ausbildung hinein, in der die Theologie, und zwar die Gesamttheologie, um gar nicht mehr zu sagen, mit Schleiermacher als „positive" Wissenschaft verstanden wird, für die „die Beziehung auf die christliche Kirche"

[2] Berlin-Dahlem 1953.
[3] Stuttgart 1952.
[4] In Herbert Krimm: Das diakonische Amt der Kirche, Stuttgart 1953.
[5] In seinem Beitrag zum ebenerwähnten Krimmschen Buch.

konstitutiv ist. Jedenfalls ergeben sich hier so mannigfaltige und so umfangreiche Probleme, daß es sinnvoll sein dürfte, sie in einem selbständigen Teil der Praktischen Theologie, der *Diakonik*, zusammenzufassen, daß es aber jedenfalls notwendig ist, der inneren Erfahrung des Studenten ein Bild von der Kirche zu erschließen, von dem wirklich Inspirationen für die diakonische Praxis der Kirche ausgehen können.

Es ist nun klar, daß mit der Frage, welche *praktischen Konsequenzen* sich aus all dem ergeben, das Problem der Reform des Theologiestudiums auftaucht, auf das hier nicht mehr eingegangen werden kann. Nur eine Bemerkung zum Schluß sei dazu erlaubt. Die Aufgeschlossenheit für die Bedürfnisse der kirchlichen Praxis, die die Kirche legitimerweise von der theologischen Ausbildung verlangen kann, wird naturgemäß zunächst von der Praktischen Theologie erwartet, die hier einfach zur Sammelstelle für die Beschwerden der kirchlichen Öffentlichkeit gegen die theologische Ausbildung wird. Sie steht hier stellvertretend für die Gesamttheologie. So gewiß diese nun erwarten darf, daß die Praktische Theologie auf die Bedürfnisse der Kirche nicht spezialistisch, sondern *theologisch*, im Rahmen der wissenschaftlich-theologischen Gesamtverantwortung und unter voller Berücksichtigung der Strukturprobleme der Gesamttheologie eingeht, so sicher muß nun auch die Praktische Theologie von den anderen Disziplinen erwarten dürfen, daß der stellvertretende Dienst, zu dem sie hier unabweisbar gefordert ist, als solcher anerkannt und nicht von vornherein durch blinden Widerstand oder durch Pochen auf die jeweilige Fachtradition unmöglich gemacht wird.

Hier schlägt das Strukturproblem der Praktischen Theologie, das uns beschäftigt hat, nun allerdings in das menschliche Problem des Verstehens und der Verständigungsbereitschaft um und kann ohne die entschlossene Anerkennung dieser Dialektik gar nicht gelöst werden. Die Sonderprobleme der Praktischen Theologie dürfen nicht zu einer Zerstörung des Gesamtgefüges der wissenschaftlichen Theologie führen, aber es muß eingesehen werden, daß der Prozeß der Integration der Praktischen Theologie auch gewisse Konsequenzen für die Struktur der Gesamttheologie hat, die doch wohl auch heute noch entscheidend vom Historismus her bestimmt ist. Und hier wird alle fruchtbare Weiterentwicklung vom Willen zu gegenseitiger Verständigung aller theologischen Disziplinen, ja von der Bereitschaft zum Opfer abhängig sein. Das sei in aller Kürze am Beispiel erläutert. Die Praktischen Theologen aller Fakultäten der DDR sind sich in einer Arbeitsbesprechung am 3. 7. 1952 in Berlin darin einig geworden, daß „die gegenwärtige Ausbildung sowohl unter dem theologisch-wissenschaftlichen wie unter dem kirchlichen Gesichtspunkt schwere Mängel aufweist", die in einer „wissenschaftlich verantwortbaren und die Praxis genügend fundierenden Weise" nur beseitigt werden können, wenn in dem für die DDR-Fakultäten aufgestellten Studienplan der Praktischen Theologie an Stelle von insgesamt 18, bzw. mit der Missionswissenschaft 20, Semesterwochenstunden 24 bzw. 26 eingeräumt werden. Damit wäre für die Praktische Theologie dieselbe Stundenzahl 26 erreicht wie für die Systematische Theologie, – in einem Plan, der für Altes Testament und Kirchengeschichte je 30 und für Neues Testament 31 Stunden – außer insgesamt 24 Sprachstunden – vorsieht. Dabei wäre diese Erhöhung der praktisch-theologischen Stundenzahl ohne Mehrbelastung der Studenten und ohne Verzichte von seiten der anderen theologischen Disziplinen durch entsprechende Herabsetzung der Pflichtstundenzahl für die gesellschaftswissenschaftliche Ausbildung, die übrigens unterdessen eingetreten ist, möglich. Es handelt sich hier also um die mildeste Form einer Strukturänderung, die denkbar ist. Dieser Vorschlag mag hier unter voller Offenheit für sachlich etwa notwendige Abwandlungen nur die theologisch-moralische Dialektik beleuchten, unter der das Problem einer Reform des Theologiestudiums unter allen Umständen steht. Ob sich hier weiterhin noch etwas begibt, ist nicht mehr nur eine Frage der Einsicht, sondern der Verständigungsbereitschaft und der Willigkeit zum Opfer. „Laßt uns rechtschaffen sein in der Liebe und wachsen in allen Stücken an dem, der das Haupt ist, Christus..." Es geht nun vollends in der eingreifenderen Form der Herabsetzung der Gesamtstundenzahl, in der dann wirkliche Opfer nötig werden, unter allen Umständen um ein Problem zugleich der Erkenntnis und der Haltung, und es wird zum Segen für Theologie und Kirche nur dann, aber dann auch wirklich, gelöst werden können, wenn alle Beteiligten sich in neuer Weise davon ergreifen lassen und davon Gebrauch machen, daß nach Luthers nicht nur die Praktische Theologie verpflichtenden Definition „die wahre rechtschaffene Theologia steht in der Praktiken, Brauch und Übung“. Hic Rhodus, hic salta!

Verkündigung und Forschung. 1954, S. 172—182.

NEUE GESAMTDARSTELLUNGEN DER PRAKTISCHEN THEOLOGIE*

Von WILHELM JANNASCH

Nach Schleiermachers ›Kurzer Darstellung des theologischen Studiums zum Behuf einleitender Vorlesungen‹ soll die Praktische Theologie (§ 31) „die Krone des theologischen Studiums" sein (so auch in seiner Prakt. Theologie, Werke XIII 26). Ob sie zu irgendeiner Zeit der Theologiegeschichte das ist, wird man nur beurteilen können, wenn sie als Ganzes, im Zusammenhang ihrer Sonderdisziplinen, sich darbietet. Vielleicht ist ein solches Ganzes – trotz aller Bemühung darum – doch kein *Ganzes*, geschweige denn eine Krone; vielleicht fehlt auch das Haupt, dem man sie aufsetzen könnte; Gesamtdarstellungen der Praktischen Theologie sind, so gesehen, immer ein etwas bänglicher Wertmesser, wie für die gesamte Theologie einer Zeit oder einer Schule, so für den, der, in der einen lebend, aus der anderen herkommend, die Krone geschmiedet hat.

Walter Bülcks knappe Darstellung ist mir in der ersten Auflage von 1934 unbekannt geblieben. Daß sie neu erscheinen konnte, scheint nicht unverdient. Es ist erstaunlich, wie hier, freilich fast unter völligem Verzicht auf geschichtliche Rückblicke, auf engstem Raume der ganze weitreichende Stoff der Disziplin vorgelegt wird, nüchtern, sachlich, warmherzig, so, daß zweifellos der ältere Student an der Hand dieses Leitfadens eine gute Einführung in den Gegenstand, der Pfarrer eine brauchbare Hilfe zur Kritik an der

* Walter Bülck, Praktische Theologie. Eine Einführung (= Sammlg. Hochschulwissen in Einzeldarstellungen). ²1949, Heidelberg, Quelle u. Meyer. – Leonhard Fendt, Grundriß der Praktischen Theologie für Studenten und Kandidaten. ²1949, Tübingen, Mohr. – Alfred Dedo Müller, Grundriß der Praktischen Theologie (= Sammlg. Grundrisse z. evang. Theol.). 1950, Gütersloh, Bertelsmann.

eigenen Arbeit erhält. Ausgegangen wird von der Idee (!) und Gestalt der Kirche, wobei das Neue Testament freilich zu kurz kommt und die nun einmal nicht zu leugnende Bedeutung des Kirchenkampfes und der Bekennenden Kirche für einen neuen kirchlichen Aufbau ganz übersehen wird. Es werden dann die Organe der Kirche, der Gottesdienst, die Predigt, die kirchlichen Handlungen, der Unterricht und die Seelsorge besprochen; auf die Fragen der äußeren Mission wird, m. E. mit Recht, nicht eingegangen, nachdem die Missionswissenschaft sich ihre Selbständigkeit errungen hat.

Daß in allen genannten Bereichen nach dem Gehorsam der Kirche gegen den ihr in der gegenwärtigen Stunde geltenden Auftrag gefragt werden soll, ist bei Bülck ein guter Ansatz, der zum Glück nur theoretisch, nicht in der Durchführung, durch die Feststellung verdorben wird, es sei mit gleichem Ernst kirchliche Tradition, Gegenwartswirklichkeit *und* das Evangelium zu berücksichtigen. Tatsächlich ist die Tradition in der Bülckschen Praktischen Theologie nirgends Norm, und das Evangelium mit seiner befreienden Kraft sucht Bülck überall zu seinem Recht zu bringen, wenn man auch wünschen möchte, daß das, was für ihn Evangelium ist, voller und nachdrücklicher ausgesprochen würde. Den Gefahren wirklichkeitsfremder traditionalistischer kirchlicher Praxis wie kritikloser Unterwerfung unter Zeit- und Modeströmungen zu entgehen, ist die ausgesprochene Absicht des Verfassers. Seine Darstellung eines so umstrittenen Gebietes, wie es das des christlichen Gottesdienstes heute ist, zeigt – um nur ein Beispiel zu nennen –, daß es nicht bei der guten Absicht geblieben ist.

Gerade an diesem Beispiel wird auch deutlich, daß es einem Darsteller der Praktischen Theologie, wenn er wirklich vom Evangelium aus die gegenwärtigen Aufgaben der evangelischen Kirche durchdenkt, fast unmöglich sein muß, sich im überlieferten Konfessionsschema zu halten. Er wird bald zu dieser, bald zu jener Grenzüberschreitung genötigt sein, und es wäre – angesichts des Geistes, der die Gemeinde in *alle* Wahrheit leitet – schlimm, wenn es sich anders verhielte. Auch wenn man strenger, als es Bülck tut, über die Bedeutung der Bekenntnisse denkt, wird die von ihm gezeigte Beweglichkeit und Offenheit nach der Praxis anderer evangelischer Kirchen hinüber nicht zu vermeiden sein, und das Nachsinnen über das, was die evangelische Gemeinde in einer bestimmten Gegenwart zu tun hat, um sich als Gemeinde Christi zu bewähren, wird so immer wieder vor die Frage nach der kirchlichen Einheit führen, auch wenn von Union und dergleichen nicht ausdrücklich gesprochen wird.

Neben Bülcks Kapitel über den Gottesdienst möchte ich das über den Unterricht als Muster einer sprachlich klaren und sauberen, sachlich wohlabgewogenen und gerechten praktisch-theologischen Abhandlung besonders hervorheben. Es wäre, nicht nur im Blick auf dies Kapitel, zu bedauern, wenn das kleine, aber inhaltsreiche Buch, das ich mir auch als ausgezeichnete Handreichung für Kirchenvorsteher und Synodale im Blick auf die kirchlichen Arbeitsgebiete der Gegenwart denken könnte, nach dem Tode des Verfassers vom Büchermarkte verschwände. Das an sich sehr dankenswerte Literaturverzeichnis müßte freilich in einer Neuauflage wesentlich nach der Gegenwart zu erweitert und vervollständigt werden. Waren es theologische und kirchenpolitische Ressentiments, die den Verfasser gehindert haben, es in ausreichender Weise selbst zu tun? Gerade weil sein Buch ein lebendiger Beweis dafür ist, wie stark die gesamte evangelische Theologie in Deutschland von dem theologischen Umschwung der Zwanziger Jahre beeinflußt worden ist, auch die des sogenannten „freien Christentums", sollte das Literaturverzeichnis nicht zurücknehmen, was der Text allenthalben ausspricht.

Leonhard Fendts Grundriß könnte vielleicht, nachdem er von der ersten Auflage her gesehen bereits eine wesentliche Verbesserung erfahren hat, in einer dritten Auflage das Studentenbuch werden, das zweifellos in unserer Disziplin z. Z. fehlt. Der Verlag müßte die (bei einem Buche von insgesamt 364 Seiten gänzlich unverständliche) Aufteilung in drei Hefte, in denen noch dazu sachlich Zusammengehöriges äußerlich auseinandergerissen wird, zugunsten einer einheitlichen Buchausgabe preisgeben, und der Verfasser könnte ohne Zweifel mühelos durch straffere Darstellung und Vermeidung allzu zahlreicher Wiederholungen kleinerer und größerer Art (letztere besonders auffällig im pädagogisch-katechetischen Teil) rund dreißig oder mehr Seiten einsparen. Da Studentenbücher auch in äußeren Dingen mustergültig sein sollen, müßte eine größere Gleichmäßigkeit der Literaturangaben (namentlich in den für das Buch besonders charakteristischen und wesentlichen kleingedruckten Abschnitten) durchgeführt werden; selbst dem Kenner fällt es bisweilen schwer, zu raten, welches Buch der Verfasser hier oder da eigentlich meint. Können wir Theologen uns schon nicht entschließen, nach dem Vorbilde der Naturwissenschaftler und Mediziner in unseren Literaturangaben die Verlage anzugeben, so sollten wir wenigstens Erscheinungsort und -jahr in unseren Arbeiten für selbstverständlich halten. – Der Wunsch nach einem sorgfältigeren Gebrauch der Muttersprache betrifft gerade in einem praktisch-theologischen Buche, dessen Leser doch einmal predigen und unterrichten sollen oder es vielleicht schon als Anfänger tun, nicht mehr nur eine Äußerlichkeit. Oft begegnen bei Fendt verunglückte Bilder (ein Beispiel: III 7 sollen Linien der Reichgottesseelsorge auf Nenner gebracht werden!), oft werden schier unmögliche Wortschöpfungen gewagt („brotzweckmäßig", I 86), manchmal verunglückt ein ganzer Satz grammatisch („Pr. Th. in unserem Sinne kann man nur treiben im Zusammenhang mit und in der Voraussetzung der Tätigkeit der übrigen Fächer der Theologie", I 22). Eine sorgfältigere stilistische Fassung des Buches würde auch der theologischen Klarheit zugute kommen; Ausdrücke wie „Reichsgotteswirksamkeit Gottes", „Christussache" u. a. haben etwas Verschwommenes an sich. Gerade die Praktische Theologie sollte, wie um enge Fühlung mit der neutestamentlichen Wissenschaft, so um begrifflich-systematische Eindeutigkeit besonders bemüht sein. Gut ausgewogen ist in Fendts Buch das Verhältnis zwischen historischem Stoff und grundsätzlichen Erörterungen der gegenwärtigen kirchlichen Aufgaben (einschließlich der Darstellung ihrer Diskussion in der neueren theologischen Literatur)! Da es erstaunlicherweise immer noch eine größere westdeutsche ev. Kirche gibt, die mit ängstlicher Sorge bemüht ist, einen wenn auch bescheidenen Blick in die künftige Praxis des kirchlichen Dienstes bei „ihren" Studenten zu verhindern, ist es äußerst erwünscht, wenn ein Studentenbuch zu einem solchen „verbotenen Blick" hinter den Vorhang nötigt und den Zusammenhang zwischen kirchlicher Vergangenheit und *ihrer* Praxis und dem gegenwärtigen künftigen kirchlichen Handeln aufzeigt. Freilich könnte bei Fendt der geschichtliche Stoff in vielen Einzelheiten, die in dieser Kürze oft doch nicht voll verständlich sind, manchmal auch irreführen, noch vermindert werden, ohne daß die mitunter ausgesprochen anregend und lebendig wirkenden historischen Partien seines Buches Schaden litten.

Die „Grundlegung" des Ganzen behandelt u. a. die sogenannte Geschichte der Praktischen Theologie. Studenten pflegen solche Überblicke nicht zu schätzen. Aber hier ist so viel zur Sache selbst gesagt, daß man sich wirklich nicht über professorale Trockenheit und Lebensfremdheit beklagen kann. Auch auf den dankenswerten Anhang über die *katholische* „Pastoral" sei hingewiesen! Bedauerlich finde ich, daß Fendt seinen an sich so richtigen Grundsatz, an den Lebensäußerungen der neutestamentlichen Gemeinde (er nennt es „neutestamentliche kirchliche Praxis") das kirchliche Handeln zu messen, mit einer gekünstelten Stoffeinteilung belastet hat. So wird im zweiten Hauptteil die neutestamentliche kirchliche Praxis als ›Wort und Sakrament‹ behandelt und hier überraschenderweise eine Lehre von der Kirche und eine Lehre vom Amt in der Kirche dargeboten, ehe die Homiletik als ›das Amt der Kirche als Predigtamt‹ und die Liturgik als ›das Spende- und Feieramt‹ (!!) behandelt werden. Sinnvoller wäre es doch gewesen, die Lehre von der Kirche und die Lehre vom Amt in den ersten grundlegenden Teil hineinzunehmen, und notwendig wäre es gewesen, sich gründlichst mit der These auseinanderzusetzen, daß es im Neuen Testament nicht so sehr um 'Amt' als um 'Dienst' gehe und daß auch bei Luther in dieser Hinsicht eine Entwicklung vorliege, die seinem ursprünglichen gemeindlichen Ansatz nicht entspricht.

Am geschlossensten ist zweifellos Teil III, der ›die Erziehung im Gebiete der neutestamentlichen kirchlichen Praxis heute‹ behandelt; hier haben Pädagogik und Katechetik ihren Platz gefunden. Der IV. Teil, unter der Überschrift: ›Das sorgende und pflegende Handeln der Gemeinde‹, umfaßt so disparate Gegenstände wie die Lehre von der Seelsorge, von der äußeren Mission und vom Kirchenrecht; innere Mission, Gustav-Adolf-Verein und Evangelischer Bund sind dabei der Lehre von der Seelsorge eingefügt.

In Kürze möchte ich wenigstens auf den II. und III. Hauptteil des Ganzen näher eingehen. Der Begriff „Amt der Kirche als Spende- und Feieramt“, neutestamentlich schwerlich zu begründen, wird sich hoffentlich nicht durchsetzen. Inhaltlich gibt dieser Teil II dem Studenten nicht nur eine Fülle von Stoff in einem Bereiche, in dem heute die Geschichte leider gern je nach Geschmack und Tendenz höchst einseitig und willkürlich ausgewertet wird, sondern führt ihm auch die neueren liturgischen Bestrebungen recht eingehend vor, wobei ich nur die neutestamentlich-reformatorische Kritik gern schärfer gehandhabt sähe. Besonders muß man dem Verfasser dafür dankbar sein, daß er dem liturgischen Teil einen Anhang über ›die Gefahr der liturgischen Klerikalisierung‹ angefügt hat, mag dieser auch recht kurz ausgefallen sein. Übrigens wirkt bei Fendt die Liturgik noch stark in den III. Teil seiner Praktischen Theologie hinein, insofern der von der kirchlichen Pädagogik handelnde § 10 die *liturgische* Erziehung „als Erziehung zur liturgischen Haltung im Sinn des Neuen Testamentes“ als grundlegend für die *kirchliche* Erziehung erklärt (II 87), die sich der Verfasser ihrerseits als Mittel zur Überwindung der modernen Kirchenflucht vorstellt, wobei nur leider nicht recht klar wird, wer an wem solche weitgreifende Erziehung vornehmen soll, und wie der Verfasser, der an sich allem Zwangsmäßigen abhold ist und der die Dialektik von gehorsamem Handeln des Menschen und Alleinwirksamkeit Gottes wohl kennt, nun mit einem Mittel wie dem der liturgischen Erziehung einen so radikal-ernsten Vorgang wie den der heutigen Entkirchlichung meint überwinden zu können. Auf der liturgischen baut sich dann die sittliche („Erziehung zur ethischen Haltung des Neuen Testaments“) und die dogmatische Erziehung auf, die in der Apologetik den Abgrund zwischen der Welt *unseres* Lebens und der des Neuen Testaments zu überbrücken hat. Der rein unterrichtliche Teil dieses gesamten Erziehungsunternehmens wird dann in dem weitschichtigen Paragraphen vom kirchlichen Unterricht im Katechumenat und in der Gemeinde (samt einem zusammenfassenden Anhang) abgehandelt.

Daß *A. D. Müllers* Grundriß ein *Studentenbuch* nicht ist und werden wird, sondern sich viel mehr dafür eignet, dem in unserer Disziplin Lehrenden und Forschenden wie auch dem Praktiker im kirchlichen Dienst Anregungen zu geben und Fragen zu stellen, endlich auch den Dogmatiker bei seiner Bearbeitung des Kapitels von der Kirche sei es zu stören, sei es zu unterstützen, scheint mir (trotz S. 4) sicher zu sein, auch wenn ich mit dem Verfasser überzeugt bin, daß Praktische Theologie (wie jedes Stück Theologie) nicht gepaukt, sondern besonnen und ohne Examenspsychose durchdacht und von „Herz und Kopf" erarbeitet sein will. Für A. D. Müller hat, wie er das schon in seinem Beitrag zu H. Fricks Einführung in das Studium der Evang. Theologie und im Bertelsmannschen Grundriß des Theologiestudiums (III 121) ausführte, die Praktische Theologie „die theologische Lehre von der richtigen Verwirklichung des Reiches Gottes in der Kirche und durch die Kirche" darzubieten (S. 13), wofür an anderer Stelle „die theologische Lehre von der Leibwerdung Christi" oder „vom Verhältnis zwischen Urbild und Gestalt der Kirche oder von der wesenseigentümlichen Gestalt der Kirche in der Welt" gesetzt wird (S. 18).

Daß diese verschiedenen Ausdrucksweisen sich nicht ohne weiteres decken, liegt auf der Hand, ebenso aber, daß Müllers bevorzugte Definition, eben jene erste, sich mit neutestamentlichem Denken nicht vereinigen läßt. Hier wird der Mangel der an sich sehr lesenswerten und geistreichen systematischen Grundlegung des Müllerschen Buches deutlich: daß nämlich die in ihr entwickelte Auffassung von der Kirche nicht eindeutig genug am neutestamentlichen Gemeindedenken ausgerichtet ist. Das soll nicht heißen, daß der Verfasser nicht an manchen Stellen eindrucksvoll und mit überzeugendem Ernst zu sagen wüßte, was *Gott* durch Christus an der Welt getan hat und was dies *sein* Tun nun für die Kirche und ihr Handeln bedeutet. Aber der Wechsel der Formulierungen gibt seinen Aussagen etwas Schillerndes: Tillich, Berneuchen, „dialektische Theologie" – das alles gemischt schafft keine klare und brauchbare Systematik. Und wenn schon im Zusammenhang mit dem „Grundanliegen der dialektischen Theologie" (rund dreißig Jahre nach ihrem Durchbruch würde man nun lieber bestimmte Namen hören!) von der „absoluten Unverfügbarkeit des Reiches Gottes" gesprochen wird, so hätte der Verfasser sich z. B. mit einer Stelle wie I 2, 769 in Barths Dogmatik auseinandersetzen sollen, um den Eindruck zu vermeiden, als ob nun eben doch in frommer Ungeduld die Kirche übersprungen und von gläubigen *Menschen* das Reich Gottes *verwirklicht* werden könne.

Auch die Verwendung des Gleichnisbegriffes halte ich für verwirrend. Der Verfasser weiß freilich auch hier um die Gefahr (S. 43), aber ihn bezwingt die Tatsache, daß der Begriff des Gleichnisses sich durch seine beherrschende Bedeutung im Evangelium trotz der Entwertung durch idealistische Verdünnung unausweichlich aufdränge (ebenda), was dann dahin führt, daß bald die Welt, bald die einzelnen Funktionen der Kirche – Verfassung, Gottesdienst, Verkündigung, Unterricht, Seelsorge – als Gleichnisse verstanden werden (S. 44), die wiederum – seltsame Gedankenwege – der Verwirklichung des Reiches Gottes zu dienen haben.

Von seiner „theologisch-anthropologisch-kosmologischen Konkretisierung des Kirchenbegriffs" aus wird dem Verfasser die für ihn wichtige Frage des Systems der Praktischen Theologie beantwortbar, eine Frage, die wohl nur für den „erregend" (z. Z. eines der beliebtesten Modewörter!) ist, der sich die Tatsache „Kirche muß sein" (S. 39) spekulativ beweisen will, statt schlicht von der mit der neutestamentlichen Offenbarung gegebenen Wirklichkeit der Gemeinde Jesu Christi auszugehen. Für den Verfasser wird erst auf dem spekulativen Umwege auch „das Problem der Methodik der Praktischen Theologie" lösbar, und zwar in dem Sinne einer als Tun des göttlichen Willens verstandenen „unbedingt realistischen, unbedingt kritischen und unbedingt konkreten" Geisteshaltung, wobei der unbedingte Realismus ein Überschreiten des rationalen Denkens bedeutet, „in der Entschlossenheit, bis zur letzten Grenze der Denkmöglichkeit weiterzudenken und das rationale Weltbild jenen letzten Wirklichkeitshorizonten zu öffnen und einzuordnen, die sich prophetischer Wirklichkeitsschau und der Herzenserfahrung echten Glaubens erschließen" (S. 49), während der unbedingte Kritizismus „die ständige Wachsamkeit aller Dämonisierung irdischer Sachverhalte gegenüber" darstellt (S. 52) und die unbedingte Konkretheit das Gleichgewicht zwischen „Vergötterung der Profanität" und „Säkularisierung des Reiches Gottes" zu ermöglichen hat. Sind diese drei Kennzeichen wirklich bestimmend für die Methode der Praktischen Theologie? Rächt sich nicht auch hier wieder das Absehen von der Gestalt der Ekklesia im Neuen Testamente, von dem doch gerade in *dem* theologischen Bereich ausgegangen werden müßte, der Grundsätzliches zu den Lebensfunktionen der Gemeinde Jesu Christi heut erarbeiten soll? Und ist es wirklich – das sei insbesondere zu Müllers „unbedingtem Realismus“ gefragt – dem Glauben des Christen irgendwo verheißen, jene „radikale Ausweitung und Vertiefung des rationalen Bewußtseins“ (S. 49) zu erfahren, die ihn, wenn ich Müller recht verstanden habe, als Wissenden weit über die Wirklichkeit des „in sich verfangenen, weltversunkenen menschlichen Bewußtseins“ hinausführen müßte?

Doch ich breche hier ab! Pflegt doch den normalen Leser mehr als die Grundlegung eines wissenschaftlichen Buches das zu bewegen, was nach seiner Auffassung den eigentlichen „Inhalt“ ausmacht, in unserem Falle also „das System der Praktischen Theologie“ selbst. Müller stellt in ihm – darin m. E. glücklicher als Fendt – Amt *und* Verfassung der Kirche an die Spitze. Aber indem in dieser „Kybernetik“ das *Recht* noch den Vortritt vor Amt und Kirchenordnung erhält, sogar durch eine wenn auch nur angedeutete „grundsätzliche Besinnung“, „Theologie des Rechts“ genannt, ausgezeichnet wird (S. 68 ff.), die ihre rechtsphilosophischen Begriffe von Stammler entnimmt und den notwendigen Gegner (heutzutage eine in der evangelischen Theologie fast zu leicht genommene Mode!) in Sohm findet, bekommt diese *evangelische* Praktische Theologie, die doch Lehre von der Verwirklichung des Reiches Gottes sein möchte, in ihrem systematischen Ansatz ein *unevangelisches* Gesicht. Das wäre vermieden worden, wenn M. die neutestamentliche Ekklesia an den Anfang seines Systems gestellt hätte, statt sie – als ein Stück der geschichtlichen Erfahrung neben anderen – in die Geschichte des Kirchenrechtes einzuordnen [1].

[1] M.s Art zu zitieren ist übrigens noch weitaus willkürlicher, um nicht zu sagen unordentlicher, als die Fendts. Selbst in den den einzelnen Abschnitten folgenden Literaturübersichten werden Buchtitel fast durchweg ohne Ortsangaben angeführt. Was im einzelnen gemeint ist, wird nicht immer deutlich (z. B. S. 66 die Anführung von Barths Kirchl. Dogmatik; welcher Band ist gemeint?). Luther wird teils nach der Weimarer, teils nach der Erlanger, teils, und zwar sehr häufig, nach der der jüngeren Ge-

Dann wäre die Reihenfolge Theologie des Rechtes, Theologie des Amtes, Theologie der Kirchenverfassung vermieden worden, und es hätte nicht geschehen können, daß die Einzelgemeinde teils in der Geschichte des Kirchenrechts, teils in der Theologie der Kirchenverfassung behandelt worden wäre, als hätte nicht gerade die *gegenwärtige* Theologie sowohl im neutestamentlichen wie im reformationsgeschichtlichen Bereiche die besondere Bedeutung der Einzelgemeinde für das Verständnis der Kirche neu ans Licht gestellt. Im einzelnen habe ich viele Fragen an den Verfasser; vielleicht sind sie nicht nur durch eine grundsätzliche Verschiedenheit des Urteils, sondern auch durch wesensmäßige Unterschiedlichkeiten zwischen ihm und dem Referenten bedingt. Ich könnte nicht die Forderung „auf unbegrenzte seelsorgerliche Verstehensbereitschaft und -fähigkeit" an den Pfarrer stellen (S. 106), könnte vom bischöflichen Amt und der Apostelnachfolge nicht ohne Halt am Neuen Testament reden (S. 107), könnte nicht von einer geistlichen „Inspiration" sprechen, die vom Bischof ausgeht. Und ein Satz wie der: „Ein Bischof muß genau wie der Pfarrer der erfahrenste Beter, Liturg und Prediger, er muß die Mitte der geistlichen Erfahrung seiner Kirche sein" kann nur mit der Frage: Wo steht auch nur etwas von dem allen geschrieben? beantwortet oder mit dem Hinweis auf den Geist, der weht, wo *er* will, und mit der Erinnerung an die doch nicht ganz fragwürdige Lehre vom allgemeinen Priestertum abgewiesen werden.

Noch stärker und schmerzlicher empfinde ich die Gegensätze bei dem folgenden Stück der systematischen Darstellung, in dem die Lehre vom Gottesdienst der Kirche behandelt wird. Fast auf jeder Seite der systematischen Liturgik (= der Sinn des Gottesdienstes),

neration leider ziemlich unbekannt gewordenen Braunschweiger Ausgabe zitiert, die doch keinen Originaltext bietet, und die Clemensche Ausgabe fehlt fast völlig. Auf S. 133 heißt es in Anm. 3 einfach „Gesangbuchvorr. v. 1524"; wo findet sie der Leser? Um den Sinn der vorhergehenden Anm. „Vorr. zu G. Rhaus Symph. iuc." zu ergründen und diese schließlich in W. A. 50, 368 ff. zu entdecken, bedarf es schon einiger Erfahrung und mühsamen Suchens. Unzählig sind die Anmerkungen, die nur einen bloßen Personennamen ohne jeden Buchtitel bringen, oder wo hinter dem Buchtitel die Angabe der Stelle fehlt.

der historischen Liturgik (= der Geschichte des Gottesdienstes) und der praktischen Liturgik (= das Problem der Erneuerung) müßte ich hier Widerspruch oder Bedenken anmelden, schon deswegen, weil der Verfasser ohne jede theologische Begründung und Klärung Begriffe wie Liturgie und Kultus in seiner Darstellung einführt und dadurch trotz seines wiederholten und zweifellos sehr ernst gemeinten Hinweises auf den prophetischen Protest gegen die Kultifizierung des Glaubens die evangelische Versammlung der Gemeinde in einen Bereich hinüberschiebt, in dem sie nach neutestamentlichem Zeugnis und reformatorischem Verständnis nun einmal nicht zu Hause ist. Wie gekünstelt wirkt der Versuch, die Motive zur Bildung des urchristlichen Gottesdienstes ausgesucht in der Geschichte der Emmausjünger zu finden (S. 128 und S. 139, wo übrigens der Lukastext besonders schlimm vergewaltigt wird!); wie wunderlich ist das Wertlegen auf den Begriff „Messe“ = Sendung, als könnten wir mit Hilfe des so gedeuteten Wortes unseren Gemeinden die von M. gesuchte Verklammerung von Sonntag und Alltag schaffen (man fühlt sich versucht, zu sagen: Hören sie Mose und die Propheten nicht, dann werden sie auch nicht hören, wenn ein längst für sie erstorbenes lateinisches Wort mit neuer Übersetzung von den Toten wiederkommt!) und sie zu christlicher Aktion im täglichen Leben begeistern! Gelänge es wirklich, das Wort Messe auf diesem oder jenem Wege in den evangelischen Volksgebrauch zurückzuführen, dann würde sich das letztlich nur zum Vorteil der römischen Kirche auswirken, genau wie das unbesonnene Spielen mit Begriffen wie Opfer und Priester!

„Die Liturgie ist die dichteste Gestalt der Gnade“, oder: „Der Gottesdienst ist die zentralste, komplexeste und konzentrierteste Erscheinung dessen, worauf es in der Verwirklichung des Reiches Gottes ankommt.“ In solchen Sätzen klingen die theologisch-christologischen, anthropologischen und kosmologischen Aussagen über den Gottesdienst „unter dem ekklesiologischen Gesichtspunkt“ zum Schluß der systematischen Ausführungen M.s zur Liturgie zusammen (S. 136). Die nun folgende *Geschichte* des Gottesdienstes kann sich begreiflicherweise von den ihr vorangegangenen spekulativen Erwägungen nicht mehr freimachen, zumal beide für M. so miteinander verbunden sind, daß diese Geschichte der Selbstprüfung dienen und erweisen soll, ob die systematische Liturgik vor der geschichtlichen Erfahrung(!) bestehen kann. Wenn dann solche geschichtliche Darstellung ihren Ausgang bei der allgemeinmenschlichen Bedeutung des Kultus, also bei der Religionsphänomenologie, nimmt, dann sind eigentlich alle Voraussetzungen für eine in die Irre führende Geschichte der christlichen Liturgie gegeben, auch wenn der Verfasser selber bemüht ist, seine theologisch so bedenkliche Bewertung der Historie als kritischen Maßstabes wenigstens *theoretisch* wieder einzuschränken (S. 137). Dazu kommt ein im verkehrten Sinne zur Geltung gebrachtes ökumenisches Denken bei der Schilderung der großen Meßtypen des Morgen- und Abendlandes; dies Denken verbietet angeblich „jeden konfessionellen Provinzialismus", d. h. der Verfasser läßt sich als evangelischem Theologen den Mund verschließen gegenüber den nun einmal nicht wegzuleugnenden Verfälschungen des Evangeliums, die in dem hemmungslosen Wortreichtum der Ostmessen wie in dem (von M. ausgerechnet mit dem Hebräer-Brief gestützten) Opferdienst der Missa Romana (bei ihr kommt *nachträglich* die reformatorische Kritik zur Geltung!) vorliegen. Der Überblick über die altkirchliche Entwicklung ist im übrigen ganz unzureichend, die Vorstellung, was Chrysostomus und Basilius für die ostkirchliche Liturgie bedeuten, verfehlt, die (allegorische) Auslegung der Spätform der östlichen Liturgie, die von M. als Mitte dieser Kultgestalt ausgegeben wird, für den, dem die *vorangegangene* Entwicklung nicht aufgezeigt worden ist, einseitig und irreführend (S. 140 f.). Die von M. gebotene positive Bewertung der Arkandisziplin (S. 142) mag zwar denen einleuchten, die (nach M.) „die Glaubensrealitäten dem Zugriff der bloßen intellektuellen oder ästhetischen Neugier und der gefährlichen Selbstüberschätzung des rationalen Bewußtseins zu entziehen" wissen, so wie es die der disciplina arcana huldigende Kirche einst gewußt haben soll. Aber muß nicht dennoch im Bereiche der *Geschichte* nach *Beweisen* gefragt werden? – Die Darstellung der römischen Liturgiegeschichte fällt zugunsten allgemeiner Erörterungen und einer unzureichenden Aufzählung der wichtigsten „Motive" der Missa Romana (S. 145 f.) ganz unter den Tisch; und angesichts der ausgeprägt negativen Bewertung der *evangelischen* Liturgiegeschichte berührt es geradezu peinlich, daß der Verfasser die Tatsache, daß in der römischen Messe notwendigerweise nur der Priester die Eucharistie empfängt, zugunsten einer die regelmäßige Teilnahme der *Gemeinde* voraussetzenden Darstellung völlig im Dunkel läßt (S. 146, zweimal!).

Entsprechend ist die Darstellung der reformatorischen Kritik am römischen Gottesdienst gemildert. Luther „will von der Substanz des Meßgottesdienstes nichts preisgegeben haben"; den Priesterbegriff hat er „radikalisieren und aktualisieren wollen. Was bisher der eine Priester tat, ist von allen gefordert" (S. 148). Die von Luther betonte Einheit von Wort und Sakrament bekommt einen anderen Akzent als den üblichen: „Die Predigt drückt dasselbe Mysterium der realen Gegenwärtigkeit von Kreuz und Auferstehung, um das es im Sakrament geht, in der Sprache des Geistes und des Bewußtseins aus." Die Predigt wende sich ans „intellektuelle Bewußtsein", das Sakrament ans „Herz als den Sitz der menschlichen Ganzheit" (S. 148, S. 149). Es ist kennzeichnend, daß im Gegensatz zu solchen modernisierenden Formulierungen Luthers gewiß zuviel beanspruchtes Wort aus der Torgauer Kirchweihpredigt als die „bekannteste, aber auch mißverständlichste Beschreibung des Gottesdienstes" bezeichnet wird, „die er gebraucht hat" (S. 148). Erschreckend bitter wirken dann die anderthalb Seiten über den „entformten evangelischen Gottesdienst der letzten Jahrhunderte", der „nicht mehr zur Menschlichkeit erzog". Solche Schwarzweißmalerei sollte einfach unmöglich sein angesichts der Tatsache, daß es auch zwischen 1700 und 1950 evangelische Christen, evangelischen Gottesdienst, evangelische Gemeinden gegeben *hat*! Auf diesen Seiten der Darstellung ist beinahe jedes Wort theologisch, jeder Satz historisch anfechtbar! Daß es in dem ganzen historischen Abschnitt keine *reformierte* Kirche, keinen Blick auf evangelisches Christentum außerhalb Deutschlands gibt, sei als Unikum vermerkt!

Der letzte Abschnitt der liturgiewissenschaftlichen Darstellung, der von dem Problem der gottesdienstlichen Erneuerung handelt, zeichnet sich durch eine auch sonst in M.s Buche hervortretende Eigentümlichkeit aus, die bei uns Praktischen Theologen vielleicht eine (dann freilich sehr schmerzlich zu bewertende) Folge unserer

Gewöhnung an eine übertreibende Predigtart sein mag; ich meine die diktatorisch-gesetzliche Art, Wege zur Besserung, Hilfen zur Umkehr zu zeigen: Worte wie „muß“, Wendungen wie „nur wenn ... dann kann“ und ähnliche häufen sich hier. Daß man dabei leicht mit sich selbst in Widerspruch gerät, weil man anderwärts ein anderes „muß“, ein anderes „nur wenn ...“ im gleichen Sachzusammenhang gebracht hat, ist bekannt. So kann nach M. neuer Gottesdienst „nur aus gottesdienstlicher Erprobung ganzer Gemeinden entspringen, die sich in gesamtkirchlicher Verantwortung wissen“, aber wenige Zeilen später hört man von der „besonderen Bedeutung der Berneuchener Erneuerungsarbeit“, die nur gerade „von der in ständiger gottesdienstlicher Praxis stehenden ‚Michaelisbruderschaft‘ getragen wird“, also von einzelnen, und oft von solchen, die als Pfarrer ihren Gemeinden den eigenen Weg geradezu aufnötigen (S. 163). Daß Deutsche Messe und Tageszeitengebet als Ausdruck der „kosmischen Gebundenheit des Menschen“ sowie die Wiederherstellung des Kirchenjahres, von dem angeblich nur noch „Reste“ übrig sein sollen, Heilmittel besonderer Art sind, wird bei M.s Grundhaltung nicht überraschen. Mit seinen Schlußausführungen über Opfer und Priester bewegt er sich bereits auf Bahnen, die man kaum noch als evangelisch bezeichnen kann. Wenn die Kirche im Abendmahl, *„repräsentiert durch den Priester“*, das in Christus geschehene Sühnopfer empfängt (S. 158), dann weiß ich nicht, was die Jünger in der letzten Nacht, was die Christen in Korinth, was die ersten Evangelischen in Wittenberg und Genf empfangen haben!

Von den noch verbleibenden Teilen des M.schen Buches möchte ich – ohne flüchtig oder undankbar sein zu wollen – mit Rücksicht auf den Raum wenigstens den letzten über die Seelsorge der Kirche besonders hervorheben, weil ich finde, daß der Verfasser hier – ähnlich übrigens auch in dem abschließenden Stück über die Erziehungslehre der Kirche, das von der Gestaltung der kirchlichen Erziehung handelt –, viel Originelles und Eigenes dargeboten hat. Nicht so sehr die Geschichte der Seelsorge, die M. skizziert (hier ist das Beste die Darstellung der evangelischen Beichtentwicklung), hat mich befriedigt, als vielmehr die Ruhe, Nüchternheit und Weite, mit der die kirchliche Gestalt der Seelsorge und ihre Einzelaufgaben geschildert werden. Besondere Beachtung verdienen hier die Ausführungen über evangelische Kirchenzucht und die Möglichkeiten ihrer Erneuerung, wobei ich mich – bei aller Differenz von dem Verfasser in vielen Einzelheiten auch dieses Abschnittes – besonders dessen freue, daß auch er davor warnt, die Exkommunikation wieder einzuführen, ohne daß die notwendigen inneren Voraussetzungen in der Gemeinde wieder da sind (S. 256 f.). Auch wenn man sich nicht, wie M., für „evangelische Orden" (S. 347) einsetzen kann, wird man ihm doch darin zustimmen müssen, daß wichtiger als alle Kirchenzuchtmaßnahmen im alten Sinne des Wortes die helfende und tragende Kraft brüderlicher Gemeinschaft ist. In eine ähnliche Richtung weist, was am Ende des vorhergehenden Teils über Konfirmation und Erwachsenenschulung (der Ausdruck Schulung freilich ist für uns zu sehr belastet!) gesagt ist. Wird man es auch als einseitig ablehnen müssen, wenn der Verfasser „alle Abwendung des jungen Menschen von der Kirche" „mit dem Eindruck ihrer (sc. der kirchlichen) Lebens- und Wirklichkeitsfremdheit" erklären will (S. 274), dankenswert bleibt doch, daß die Überforderung der Konfirmanden in der noch immer gängigen Art der Konfirmation gesehen und daß die Notwendigkeit einer fortgehenden kirchlichen Erziehungsarbeit auch an den erwachsenen Gliedern der Gemeinde erkannt wird. Eine „menschliche", d. h. den Menschen als Handelnden und Behandelten im Handeln der Kirche sehende und ihn liebende Haltung spüre ich auch in den Abschnitten der M.schen Homiletik, die vom Menschen in der Predigt und der Predigt als menschlicher Aufgabe reden. Man kann darüber vergessen, daß M. von einer Aufgabenstellung für die Praktische Theologie herkommt, die die Schlichtheit und Einfalt des Neuen Testaments verfehlt, und man fragt sich, ob diese gedankenreiche und eine Fülle der Anregungen bietende Arbeit nicht außerordentlich gewinnen würde, wenn von den Einzelerkenntnissen und Einsichten gerade ihres letzten Teils her das Ganze neu begründet und aufgebaut würde.

Aufgaben Deutscher Forschung. Hrsg. von Leo Brandt. Band I: Geisteswissenschaften. Köln und Opladen: Westdeutscher Verlag ²1956, S. 35—39.

FORSCHUNGSAUFGABEN IM BEREICH DER PRAKTISCHEN THEOLOGIE *

Von Friedrich Karl Schumann

Fragen aus dem Gebiet der Ethik

Im Zusammenhang mit der enzyklopädischen Frage nach dem Verhältnis von Dogmatik und Ethik (s. oben) stellt sich die Frage nach Sinn, Bereich und Methode einer theologischen Ethik. Angesichts der praktischen Fragen, insbesondere aus dem Bereich von Politik und Wirtschaft, bedarf die Frage nach Bereich und Gliederung einer solchen Ethik neuen Durchdenkens. Ist die weithin noch übliche Einteilung in Individual- und Sozialethik sinnvoll und sachgemäß? Gerade bei den dringlichen Fragen zeigt es sich, daß sie durch vorschnelle Einbeziehung in den Bereich der Ethik verwirrt und verflacht werden. Vor der Frage z. B., wie sich der Christ in Ehe und Familie verhält, muß die Frage stehen, was nach christlichem Verständnis Ehe und Familie sind. Die Seinsfragen gehen den Fragen nach dem ethischen Verhalten voraus. Bei ihrer Eingliederung in die Ethik können diese sich aber kaum entfalten. Das zeigt die Geschichte ihrer Behandlung seit eineinhalb Jahrhunderten deutlich genug. So erhebt sich die Frage nach einer methodisch von den ethischen Fragestellungen zunächst unabhängigen christlichen *Sozialwissenschaft,* nach einem christlich bestimmten Verständnis der Phänomene und Institutionen des Gemeinschaftslebens. Von Einzelfragen erhebt sich besonders die einer theologischen Lehre von Ursprung und Wesen des Rechts. Sie schließt notwendig die Besinnung auf die Tatbestände ein, welche man herkömmlich mit dem Terminus 'Naturrecht' zu bezeichnen pflegt.

* Der Aufsatz, dessen erster Teil weggelassen ist, lautet: Forschungsaufgaben im Bereich der systematischen und praktischen Theologie.

Auch wenn von der evangelischen Theologie mit guten Gründen der Ausdruck 'Naturrecht' abgelehnt wird, so sind damit die Sachfragen, welche dieser Ausdruck deckt, keineswegs erledigt.

Fast noch dringlicher stellt sich die Aufgabe einer Lehre von den 'Institutionen'. Dieser Ausdruck, in seinem heutigen Sinn wohl zuerst von dem französischen Juristen und Soziologen Harriou in die wissenschaftliche Diskussion eingeführt, hat sich auch in Deutschland in den letzten Jahren wirksam durchgesetzt, bedarf aber noch weiterer Klärung. Es handelt sich dabei um Sein und Struktur der Gemeinschaftsgebilde wie Ehe, Familie, die ursprünglichen und abgeleiteten politischen Gestalten, die entsprechenden Einheiten im Bereich der Arbeit und der Wirtschaft. Es bedarf der Prüfung, ob für das Verständnis ihrer Struktur der Institutionsbegriff über das bisher Erreichte hinauszuführen vermag.

Fragen aus dem Bereich der Praktischen Theologie

Außer dem oben berührten Problem der Stellung der praktischen Theologie im Ganzen der theologischen Wissenschaft zeigen sich auf den Einzelgebieten dieser Disziplin etwa die im folgenden aufgeführten Forschungsaufgaben.

Kybernetik (Lehre vom Amt und von der Leitung der Kirche)

Da die in den letzten Jahren zum Abschluß gekommenen neuen Kirchenordnungen doch wohl meist nur einen vorläufigen Notbau darstellen, erhebt sich nach wie vor als eigentliches Schlüsselproblem für alle spätere Arbeit die Frage nach dem Amt oder den Ämtern der Kirche. Gibt es in ihr mehrere gegeneinander relativ selbständige wesentliche Ämter, oder gibt es nur *ein* Amt in seinen verschiedenen Ausgestaltungen? Dabei wäre insbesondere der sprachliche und sachliche Ursprung des Begriffes 'Amt' im kirchlichen Bereich zu untersuchen. Eine Besonderung des Grundproblems stellt die Frage nach dem Verhältnis von evangelischem Bischofsamt und Synode dar. Dies verwickelte Problem konnte nur in Ausnahmefällen während der Arbeit an den neuen Kirchenordnungen geklärt werden. Es bedarf einer umfassenden, an den vorliegenden praktischen Regelungen orientierten Behandlung. Auch das Verhältnis der 'freien Verbände', neuerdings oft, wie es scheint, nicht eben glücklich 'Werke der Kirche' genannt, zu der in ihren Ämtern geordneten Kirche bedarf weiterer Klärung. Ebenso hat die Frage nach Möglichkeit, Sinn und Grund eines evangelischen Kirchenrechts bisher eine überzeugende Antwort noch nicht gefunden.

Liturgik (Lehre vom Gottesdienst)

Die Grundaufgabe ist die einer Theologie des evangelischen Gottesdienstes. Sie schließt die Untersuchung des Verhältnisses von Predigt- und Sakramentgottesdienst ein. In terminologischer Hinsicht ist vor allem noch zu klären, ob der Begriff 'Kultus' innerhalb des evangelischen Verständnisses vom Gottesdienst ohne Gefahr der Irreführung verwendbar ist. Im einzelnen bedürfen besonders die folgenden Fragen noch weiterer Erhellung: Grundsätzliches Verhältnis von Predigtwort und Sakrament im Gottesdienst, das Opfer Christi und das Opfer der gottesdienstlichen Gemeinde, Modus der Änderung von Gottesdienstordnungen und potestas liturgica der Gemeinde.

Homiletik (Predigtlehre)

Angesichts der Neigung, das Schwergewicht des Gottesdienstes von der Predigt weg zu verlegen, ist eine neue Untersuchung des evangelisch-reformatorischen Verständnisses der Predigt gefordert. Dabei müßte auch das Verhältnis von Gemeindepredigt und missionarischer Predigt in der heute gegebenen Lage neu bestimmt werden. Zu wenig wird die Tatsache beachtet, daß die Predigt heute in einer kaum jemals dagewesenen Weise in ihrer sprachlichen Haltung bedroht ist. Dabei ist das breit erörterte Problem der Verständlichkeit der Predigtsprache zweitrangig und nur von der ernsthaften Bemühung um den Sachgehalt der Predigt her zu lösen. Viel ernsthafter ist die Frage nach der Erhaltung oder vielleicht schon nach der Rückgewinnung einer echten Predigtsprache. Denn auch die Sprache der Predigt ist von der allgemeinen Verflachung und Kollektivisierung der Sprache überhaupt bedroht. Die allgemein zunehmende Verlotterung der Sprache bedroht unmittelbar die geistige Existenz überhaupt und stellt vielleicht die akuteste Gefahr für die Arbeit der Kirche dar. So erweist sich eine an der Gegenwartssituation orientierte Untersuchung über 'Wort und Sprache im Dienst der christlichen Verkündigung' als vordringliche Aufgabe.

Von der Praxis her meldet sich mit zunehmender Dringlichkeit die Frage der politisch orientierten Predigt, ihrer Möglichkeit, ihres Zieles und ihrer Grenzen.

Theologische Pädagogik und Katechetik

Trotzdem eine vielgestaltige und zum Teil neue Erkenntnis eröffnende Literatur vorliegt, bleibt eine systematisch geschlossene Untersuchung über Grundlage und Sinn einer christlichen Erziehung dringendes Bedürfnis. Eine solche müßte sich zunächst bewußt von der verworrenen und gebrochenen allgemein pädagogischen Situation absetzen und erst nach streng theologischer Konzentration auf den Grundsinn christlicher Pädagogik (unter dem Gesichtspunkt von Gesetz und Evangelium) sich wieder auf diese Lage beziehen und sie zu erhellen suchen. Auch bedarf es noch weiterer Rückführung des überall gespürten und vielfach erörterten Problems von 'Christentum und Humanismus' auf seine eigentlichen Grundbezüge und Ursprungsdaten im pädagogischen Bereich. Für die Katechetik erscheint eine grundsätzliche Untersuchung über das theologische Verständnis des Kindseins notwendig, um die Katechetik aus der immer noch fortdauernden psychologistischen Verengung herauszuführen. Eine solche Untersuchung, die auch das Verhältnis von Eltern und Kind von seiner funktionalistischen Verflachung zu befreien und Vatersein wie Muttersein als Weisen des Menschseins zu verstehen hätte, könnte auch für die Theorie und Praxis der Fürsorgeerziehung neue Erkenntnisse erschließen. Auch das einerseits allzu breit, andererseits unter zu enger Begrenzung erörterte Gebiet der geschlechtlichen Erziehung bedarf der Freilegung der eigentlichen Grundbezüge in anthropologischer Hinsicht. Alle pädagogischen Vorschläge auf diesem Gebiet, die nur oder vorwiegend an Triebphysiologie und -psychologie orientiert sind, gehen an den entscheidenden Fragen vorbei und sind praktisch wirkungslos.

Seelsorge und Diakonik

Trotz tiefschürfender Beiträge zu einem neuen Verständnis der Seelsorge (besonders von Hans Asmussen und Walter Hoch [1]) muß sowohl das Verständnis der allgemeinen wie der speziellen Seelsorge systematisch weiter vertieft werden. Beichte und Absolution, Kirchenzucht, Ausschluß vom Sakrament und Exkommunikation stellen weithin noch offene Fragen der allgemeinen Seelsorge dar. Bezüglich der speziellen Seelsorge ist darauf zu achten, daß die Differenzierung und Applizierung der Seelsorge (Jugendseelsorge, Krankenseelsorge, Entwurzelten- und Süchtigen-Seelsorge, Seelsorge an Strafgefangenen) diese leicht technisiert und verflacht. Bis in die letzte Differenzierung hinein muß sie von theologisch-zentralen Grundeinsichten genährt werden. Das gleiche gilt von allem Tun und Denken, das unter den Begriff der Diakonik fällt. Ohne ein kräftiges Rückbeziehen auf den Grundsinn christlicher Diakonie muß jeder Zweig solchen Handelns verdorren und sein rechtes Verhältnis zur Wirklichkeit verlieren. Die Gefahr, daß ursprünglich Echtes und Geistliches zum „schwachen und armseligen Weltelement" (Gal 4,3) entartet, ist hier besonders groß. So bleibt vor allem nach wie vor die große Aufgabe, das, was man heute unter dem Namen 'Innere Mission' zusammenfaßt, mit theologischer Strenge als Einheit neu zu begründen. Es kann hier unter keinen Umständen ein bloßer Rückgriff auf Konzeptionen des 19. Jahrhunderts (Wichern, Stöcker) mehr genügen. Keine von ihnen ist uns heute theologisch noch möglich, und keine von ihnen trifft mehr die völlig veränderte Wirklichkeit.

[1] H. Asmussen, Die Seelsorge, 1934; W. Hoch, Evangelische Seelsorge, 1937.

Theologische Literaturzeitung. Monatsschrift für das gesamte Gebiet der Theologie und Religionswissenschaft. 82 (1957), Sp. 943—948.

REZENSION ÜBER: OTTO HAENDLER, GRUNDRISS DER PRAKTISCHEN THEOLOGIE (1957)

Von Heinrich Rendtorff

In seiner Besprechung des Grundrisses der Praktischen Theologie von Alfred Dedo Müller (ThLZ 1954, Sp. 661 f.) hat Otto Haendler der Theologie überhaupt und insbesondere der Pr. Th. „eine neue und vertiefte Möglichkeit" als Aufgabe gestellt, „die verpflichtende geschichtliche und schicksalshafte Verbundenheit zwischen Kirche und Welt neu zu sehen und zu realisieren". Es kommt ihm darauf an, daß die Theologie „das Anliegen der Kirche *und* das Anliegen der Welt gleichermaßen versteht und aus einheitlicher Haltung heraus mit innerer Notwendigkeit *beider Anwalt* wird". In dem Grundriß von Müller sieht H. das Herausstellen eines in dieser Richtung befreienden und weiterführenden Ansatzes, nämlich eine „theologische Lehre von der richtigen Verwirklichung des Reiches Gottes in der Welt". Es geht Müller dabei um einen radikalen Realismus, der ohne theoretische Vorentscheidungen die Wirklichkeit zu erkennen bemüht ist, die Wirklichkeit „sowohl als Realität der gegebenen und erkennbaren Welt wie auch die erfahrbare und zugleich alles Verstehen übersteigende Offenbarung Gottes".

Nun liegt der Grundriß der Pr. Th. vor, in dem Otto Haendler von dem oben angedeuteten Ansatz aus weit über Dedo Müller hinaus vorstößt. Der neue methodische Grundsatz, nach dem das ganze, alle Disziplinen der Pr. Th. umfassende Werk gestaltet ist, ist der einer „Strukturtheologie der gegenwärtigen Kirche". Es ist der Versuch einer Synthese zwischen Praxis und Kirche. Weder kann die Pr. Th. die Richtlinien für die kirchliche Praxis einfach dem NT oder der Geschichte entnehmen, noch kann es ihre Aufgabe sein, praktisch zu lehren, „wie man es macht". Vielmehr gilt es, „das Wesen und die Lebensgesetze der Kirche zu verstehen, an der man verantwortlich mitarbeitet und in der man steht und lebt" (13). Der Forschungsgegenstand der Pr. Th. ist die gegenwärtige Kirche. Ihre Struktur muß perspektivisch gesehen werden: räumlich, das heißt nicht nur der Vordergrund, sondern ebenso das, was dahinter ist; und zeitlich, das heißt nicht nur die Kirche in der Gegenwart in ihrem einfachen Bestande, sondern zugleich als Stadium zwischen ihrer Vergangenheit und Zukunft (10). In Anlehnung an einen in der Naturwissenschaft und in der Medizin gebräuchlichen Strukturbegriff sieht H. die Kirche so, daß sie zugleich *Organismus* und *Organ* ist: Organ für den Auftrag von der Offenbarung Gottes her, Organismus, indem sie wirkt mit dem Ganzen dessen, was sie ist und tut. „Sie ist Organ, das heißt wirkend, zugleich als Organismus im Ganzen der Welt bzw. der Menschheit und als Trägerin einer Offenbarung, die nicht von dieser Welt ist" (11). In wechselnden Formulierungen begegnet fast in jedem Abschnitt des Werkes diese phänomenologisch-dynamische Schau: Geist und Gestalt – universal und konkret – objektiv und subjektiv usw. Und fast in jedem Abschnitt wird vor den Gefahren gewarnt, die die lebendige Dynamik der Kirche zu hemmen drohen: Biblizismus, der meint, Aussagen des NT imitieren zu müssen; Objektivismus, der als Dogmatismus und Historismus den echten voraussetzungslosen Realismus abwürgt; Subjektivismus, der zu leicht die Normen objektiver Wirklichkeit und Wahrheit überspielt.

Den ausführlichen Kapiteln über Liturgik (Das Gebet der Kirche), Homiletik und Katechetik (Die Verkündigung der Kirche) und Poimenik (Die Seelsorge der Kirche) geht voran das gewichtige Kapitel über die Grundstruktur der Kirche (24–143), von dem her alle weiteren Ausführungen maßgeblich bestimmt sind. Das Wesen der Kirche ist „wirkende Gestalt des Geistes Gottes auf Erden, und alles, was Wirken des Geistes Gottes auf Erden ist, ist Kirche" (24). Entstehung und Gestalt der Kirche war und ist die Offenbarung Gottes in Christus – aber es gibt in der Welt ein echtes Erfahren der Urwirklichkeit Gottes auch ohne bewußte Gründung auf Christus. Deshalb muß immer der Universalismus der Kirche in ihrem Verhältnis zur Welt im Auge behalten werden.

Festhalten muß sie an dem Gegebenen der Offenbarung, aber zugleich muß sie allem Neuen unbedingt offen sein, in der Haltung des Glaubens und der Liebe. Sie bedarf einer „immer wieder aus dem Evangelium heraus neu empfangenden und Fehlentwicklungen korrigierenden Hinwendung zu Gott und Zuwendung zur Welt“ (33).

Nach einer Behandlung der Gestalt und der organisatorischen Gestalten der Kirche folgt ein besonders charakteristischer Abschnitt über „das Feld der Kirche“ (85–103). Zu unterscheiden ist das Seinsfeld und das Wirkungsfeld. Seinsfeld: die Kirche ist wirkende Gestalt des Geistes Gottes auf Erden, konkret realisiert niemals anders als in Menschen; das Evangelium ist nicht anders erfahrbar als in menschlich geprägter Form. Die Gefahren der Begrenzung und Verfälschung bedürfen deshalb dauernder Selbstkritik. Das Wirkungsfeld der Kirche übergreift das Seinsfeld. Ihr Wirken wird vielfach beeinflußt durch die Geschichte, ihre Machtgruppierungen und ihre Ideen; durch die Landschaft; durch die sozialen Zusammenhänge; durch die Kulturgeschichte und die Geistesgeschichte. Darum ist sie ständig gefährdet durch Säkularisierung und Nivellierung. Stark geprägt ist der einzelne durch die Einflüsse des Charakters, des Niveaus, des Milieus. Aber der Auftrag der Kirche richtet sich an alle, ob christlich oder humanistisch oder atheistisch geprägt. Das ist die Welt, in der wir leben. Das ist die eigentliche Situation der Welt und der Kirche in der Welt: „daß die Welt (auch die innerhalb der Kirche!) immer am Abgrund ist und daß die Kirche (gerade die innerhalb der Welt!) Trägerin der erlösenden, befreienden, erneuernden Kräfte ist und darin ihren wesentlichen Auftrag hat“ (99).

Von der struktur-theologischen Betrachtungsweise bestimmt sind die folgenden Kapitel. Ihr Inhalt ist so vielgestaltig, anregend und aufregend, daß die Wiedergabe den Rahmen dieser Anzeige sprengen würde. Jeder Abschnitt zwingt zu einer Auseinandersetzung nicht nur mit dem Autor und seiner Theologie, sondern mit dem herausfordernden Grundproblem des Verhältnisses von Kirche und Welt. So heißt es z. B. vom Kultus, daß er überall in der Welt weit über das Christentum hinaus die ganzheitliche Hinwendung zur göttlichen Wirklichkeit ist (148). Dogmatismus, Utilitarismus,

Ästhetizismus drohen ihn zu verfälschen. „Begegnung" kennzeichnet den echten Kultus, wo immer der Mensch der göttlichen Wirklichkeit begegnet. Aller Kultus meint letztlich die Anbetung des lebendigen Gottes, erst im christlichen Kultus erfährt er seine Vollendung und Erfüllung. Darum ist von diesem zu fordern ein völliges Eingehen auf die Weltwirklichkeit (totaler säkularer Realismus), aber auch, dieses Eingehen tragend, ein völliges Eingehen auf die Gotteswirklichkeit (totaler kosmischer und theologischer Realismus) (158). – Im selben Sinne versteht H. die Verkündigung der Kirche. Ihre Gestalt ist die Lehre von der trinitarischen Offenbarung Gottes mit der Christologie als ihrer Mitte. Aber die Verkündigung hat die Wandlung des Bewußtseins ganz ernst zu nehmen, hinter die der Mensch der Gegenwart nicht mehr zurückkann. Immanentismus, Kritizismus und Autonomie sind nicht böser Wille oder Mangel an Bereitschaft gegenüber dem Evangelium, sondern sind Schicksal für den Menschen der Gegenwart und ebenso für die Kirche! Wir leben unentrinnbar in dieser Welt und sind Kinder dieser Zeit. Starrheit, Mißtrauen und Blindheit müssen überwunden werden. Als Träger der Verkündigung sind wir verpflichtet, „die Haltung des anderen, der in fremder Gestalt glaubt, ebenso ehrlich, ebenso bereit und liebevoll anzusehen wie die Haltung der in verwandter Gestalt Glaubenden" (219). Damit ist die Kirche jetzt in eine dringende konkrete Lage hineingeworfen, die von ihr „eine totale Revision aller ihrer Anschauungen und eine totale Treue zu der immer neu und immer tiefer zu erkennenden Offenbarung fordert" (225). Diese Gedanken werden in den Kapiteln über die Predigt, den Unterricht und vor allem die Seelsorge angewandt und gründlich und ausführlich behandelt.

Erwähnt werden muß, daß der vorliegende Grundriß zwar für den lernenden Studenten eine schwer verständliche Lektüre sein wird, daß aber eine ganze Reihe von Einschaltungen in sachlicher und nüchterner Weise dem Studenten wichtigen Wissensstoff vermitteln. Zahlreiche umfassende Literaturangaben helfen zu weiterem Studium (22. 45. 60. 67. 84. 100. 139. 179. 237. 270. 306. 376 u. a.). In knapp gefaßten Überblicken ist die Geschichte dargestellt der Pr. Th. (3 ff.), der Ökumene und der Äußeren und Inneren Mission (54 ff.), der drei großen Liturgien der orthodoxen, katholischen und evangelischen Kirche (173 ff.), der Predigt und der Homiletik (258 ff.), der Katechetik und Pädagogik (297 ff.), der Seelsorge (371 ff.). Zwei besondere Zusätze behandeln die Meditation (119 ff.) und die Tiefenpsychologie (129 ff.), die H.'s Werk über die Predigt in fruchtbarer Weise weiterführen (vgl. ThLZ 1952, Sp. 245 ff.).

Am eindrucksvollsten ist die ständig wiederholte totale Forderung der Zuwendung der Kirche zur Welt, der sie als Organ des Geistes Gottes die Wirklichkeit zu bezeugen und damit das Heil zu verkündigen hat. Sie kann nach H. diese Aufgabe nur dann erfüllen, wenn sie vorbehaltlos die Welt ernst nimmt, ihr existentiell begegnet und an ihrer Bejahung teilnimmt. Dauernd ist die Kirche in Gefahr, sich statisch zu verabsolutieren, sich von der Welt zu distanzieren und damit ihre Sendung an die Welt zu verleugnen. Sie kann das Heil nur dann wirklich der Welt verkündigen, „wenn wir unermüdlich bereit sind, die Bedenken, Zweifel, Hemmungen und selbst die Widerstände und Feindlichkeiten daraufhin abzuhorchen, wieweit sie aus dem Zentrum des Personseins oder aus traditionsgebundener bzw. propagandagebundener Fremdheit kommen und also in beiden Fällen subjektiv ernst gemeint sind. Und wenn wir mit ganzer Hingabe Wege suchen, sie zu lösen" (70). Theologische Wissenschaft und Kirche tun gut, diese zentrale These H.s aufzunehmen und sich mit ihr auseinanderzusetzen. Zur Verdeutlichung der These führe ich einige Beispiele an. So hat der Humanist Anspruch darauf, ernst genommen zu werden. Er repräsentiert die Grundhaltung der Zeit, indem er davon ausgeht, „daß ich Mensch bin". Im Existenzialismus und im Sozialismus stellt er dem Christentum und der Kirche von innen her das Grundproblem ihrer eigenen Existenz, ihres Verhältnisses zur Existenz des Menschen als Mensch, das sie neu durchzustehen hat. Sie hat „tief mit den Wartenden zu warten und mit den Suchenden zu suchen" (96). Auch der Atheismus muß neu verstanden und ernst genommen werden. Er kann aus verschiedenen Motiven entstehen, aus Blindheit, aus Irrtum, aus Angst vor dem lebendigen Gott, aus Haß. Auch den hassenden Atheismus hat die Kirche in seinem Ursprung und seiner eigentlichen Struktur zu erkennen. „Eben in diesem dynamisch glühenden

Gegenüber offenbart sich am nachhaltigsten die eigentliche Situation" (99). Zu verstehen und ernst zu nehmen ist auch die Haltung des Immanentismus, er ist die unvermeidliche Zuwendung des Menschen zu der Welt, in der er lebt. Die Welt ist nun einmal sichtbarer, greifbarer, spürbarer als Gott; in der Welt bestehen muß man auf jeden Fall, ob mit oder ohne Gott. Das irdisch Reale ist für den Menschen zum Ausgangspunkt des Denkens und der Lebenshaltung geworden. Lange haben Kirche und Theologie die Wirklichkeit des irdischen Lebens vernachlässigt und müssen neu lernen, sie zu sehen und anzuerkennen. Der Glaube und die Liebe gebieten der Verkündigung, der Seelsorge niemals von der Voraussetzung auszugehen, daß der Mensch der Gegenwart nicht glauben wolle, sondern nicht glauben könne und deshalb der verstehenden, befreienden Hilfe bedarf. Zwar erwähnt H. nirgends die Volksmission, die missionarische Aufgabe der Kirche, aber seine starke Betonung der Offenheit zur Welt, der totalen Solidarität mit der Welt ist ein herausfordernder und weiterführender Beitrag zu diesem heute viel erörterten Problemkreis.

Im einzelnen wären selbstverständlich viele kritische Bemerkungen zu machen. Ich beschränke mich auf zwei Fragen. H. versteht die Kirche als wirkende Gestalt des Geistes Gottes auf Erden. Ihm liegt daran, in der Feststellung dieses Tatbestandes weit genug zurückzugehen und in der notwendigen Weite zu bleiben, um eine Verengung etwa durch die Christologie zu vermeiden. Durch das ganze Werk ist ihm für die Kirche entscheidend der „Geist", nicht das „Wort". Nicht ohne Grund lehnt H. einen formalen Biblizismus ab. Aber während er oft genug die Notwendigkeit der Konkretisierung betont, ist er für seine eigene methodische Grundthese der Konkretisierung ausgewichen und spricht nur vom Geist statt vom Wort. Die klassische Formel der Reformatoren vom Wort und Sakrament bezeichnet er als inhaltsleer und für die heutige Lage als unverstanden und nicht mehr verwendbar (35). Im Gottesdienst hat das Wort herkömmlich die erste Stelle; aber „hier umzulernen und die unermeßliche Kraft und Bedeutung der Symbole zu verstehen, ist für die Überwindung der Bewußtseinstheologie und -frömmigkeit von hoher Bedeutung" (160). Und wenn die Verkündigung sich des Wortes bedient, so geht sie wohl durch das

Zeugnis der Schrift und durch das Bekenntnis der Kirchen und durch die Begegnung der Offenbarung mit den sich (und das Menschenwort) wandelnden Zeiten, „aber sie gründet immer auf dem Urwort“ (202). Die Folge dieser Auffassung ist, daß abgesehen von wenigen knappen Zitierungen biblischer Worte nirgends auf biblische Aussagen näher eingegangen und auf sie zurückgegriffen wird. Ich frage: hat es denn nicht Gott in seinem Heilshandeln gefallen, seinen Geist wirksam werden zu lassen durch das konkrete Wort seiner Boten, durch das fleischgewordene Wort Jesus Christus, durch den Niederschlag seines Wortes in der Heiligen Schrift? Kann man das Wesen der Kirche Jesu Christi und ihres Auftrages verstehen, ohne den Rückgang auf das Wort der Schrift, das nicht Chronik vergangener Ereignisse ist, sondern lebendig wirkendes Wort durch alle Zeiten? Im Grundriß überhaupt nicht erwähnt sind die durch das Wort bezeugten Tatsachen, daß Jesus Jünger gesammelt, gerüstet und gesendet hat und damit das Wesen und Werden der Kirche ein für allemal bestimmt hat; daß Jesus gesagt hat, „ich will meine Kirche bauen“; daß der Auferstandene seiner werdenden Gemeinde den Sendungsauftrag an die Welt gegeben hat, daß er sie zu Pfingsten mit seinem Geist ausgerüstet hat. Überhaupt nicht erwähnt und ausgewertet sind die für alle Zeiten der Kirche richtungweisenden paulinischen Aussagen über die ekklesia als den Leib, dessen Haupt Christus ist. In dem Kapitel über den Gottesdienst ist bis auf eine knappe Andeutung (176) mit keinem Wort die Rede von dem grundlegenden Wort Jesu Joh 4, 23 f., von dem urchristlichen Gottesdienst Apg 2, 42 ff., von den paulinischen Aussagen 1 Kor 14 u. a. H. hat für seine Strukturtheologie nur den Begriff des Geistes angewandt. Schon vor zwei Jahrzehnten habe ich versucht, Wesen und Gestalt der Kirche durch den der Biologie entlehnten Begriff der „Struktur“ zu verdeutlichen, aber als das gestaltende Strukturelement ergab sich mir das Wort, das Wort als Organ des Geistes Gottes, aber in seiner konkreten geschichtlichen Gestalt (Heinrich Rendtorff, Die Kirche des wirkenden Wortes). Geht nicht durch die Zurückstellung des Wortes hinter den Geist die klare Profilierung der Struktur der Kirche verloren?

Meine zweite Frage. Die Untersuchung des Auftrages der Kirche, den sie von ihrem Herrn empfängt, ihrer Verkündigung, ihres Dienstes an der Welt stellt uns vor die Frage nach dem Inhalt (was verkündigt die Kirche?), dem Adressaten (wem verkündigt die Kirche?) und dem Wege und den Mitteln (wie verkündigt die Kirche?). Dabei hat die erste Frage nach dem Was den unbedingten Vorrang vor den beiden anderen Fragen. Die Kirche lebt in der Welt und für die Welt, aber sie lebt nur aus der Substanz des Evangeliums. Die Kirche verkündigt der Welt und bedarf deshalb ein tiefes Verstehen des Menschen in der Welt, ja die Solidarität mit ihm, aber ihre Verkündigung, ihre Seelsorge nährt sich ausschließlich aus dem Worte Gottes. Selbstverständlich würde auch H. diese Rangordnung grundsätzlich anerkennen, aber in dem vorliegenden Werk ist sie nicht durchgeführt. Die Wirklichkeit Gottes, die Lehre von der Trinität, die Christologie werden stichwortartig genannt, aber nicht nach ihrer Substanz entfaltet. Die Untersuchungen über den Menschen und seine Welt überwiegen absolut und beherrschen das Ganze. Und doch hätte gerade die Pr. Th. der Theologie und der Kirche einen bedeutsamen Beitrag zu leisten, wenn sie nicht wie manche Dogmatik die Substanz des Evangeliums „an sich“ abhandelt, sondern ihren ganzen Reichtum, ihre mannigfaltige Fülle entfaltet in der Begegnung mit der Welt im Sinne des bekannten Satzes von Evanston „Das Evangelium ohne die Welt hat keine Realität“. Ist es für ein dem Studenten gewidmetes Lehrbuch richtig, wenn mit solcher Einseitigkeit psychologischer, soziologischer, anthropologischer Methode der Mensch und seine Welt absolut in den Vordergrund tritt?

Aber zum Schluß sei noch einmal der warme Dank für diese Einseitigkeit ausgesprochen, die den Theologen und den Mann der Kirche nötigt, die lange vernachlässigte Erkenntnis der wirklichen Welt ganz neu ernst zu nehmen als eine Herausforderung an den Glauben und an die Liebe, als einen Aufruf zu dem Wagnis totaler Hingabe an den Dienst der Kirche in der Welt.

Einführung in das Studium der evangelischen Theologie, hrsg. von Rudolf Bohren. München: Chr. Kaiser Verlag 1964, S. 9—32.

PRAKTISCHE THEOLOGIE

Von Rudolf Bohren

I. Zur Definition

Im Jahre 1950 holte ich mir in der Prediger-Bibliothek des Kantons Aargau (Schweiz) ›Die Praktische Theologie‹ von Friedrich Schleiermacher. Das 1850 erschienene Werk war teilweise noch nicht aufgeschnitten: ein Symbol für unsere Disziplin, sie ruht sanft, ein theologisches Dornröschen. Viele Studenten meiden das verschlafene Schloß. – Es dürfte aber jedermann einsichtig sein, daß dieser Zustand keineswegs ideal, vielmehr mitverantwortlich ist für die Misere unserer Gemeinden. Dann aber kann ein Student, der mit dem Studium der Theologie beginnt, es nicht dabei bewenden lassen, daß die Praktische Theologie auf weite Strecken einem unaufgeschnittenen Buch gleicht. Darum soll hier nicht zuerst die Geschichte erzählt werden, die zum verschlafenen Zustand unserer Disziplin führt, es gilt vielmehr, grundsätzlich das Wesen der Praktischen Theologie zu bestimmen, um deutlich zu machen, inwiefern eine Bemühung um dieses Fach sinnvoll und notwendig ist:

Praktische Theologie ist – ebenso wie Missionswissenschaft und Ökumenik – die Wissenschaft von der aktuellen Sammlung und Sendung der Kirche. Darum hat sie das Wirken von Geist und Wort an der Kirche und durch die Kirche zu ihrem Gegenstand. Der Geist und das Wort sammeln die Kirche, um sie in die Welt zu senden. Also ist Praktische Theologie die Wissenschaft von der Teilhabe der Kirche an Gottes Sendung, an der missio dei. Als solche ist sie Wissenschaft von der gegenwärtigen Kirche. Daraus ergibt sich die Aufgabe, die Stellung der Praktischen Theologie zum Ganzen der theologischen Wissenschaft zu umschreiben, ihr Verhältnis zur vorfindlichen Kirche zu beachten und den Bezug der Kirche zur Welt zu untersuchen. In den Bezügen zu Theologie, Kirche und Welt sind die Verhältnisse zu bestimmen, in denen die Praktische Theologie sich fruchtbar entfalten kann. Zunächst werden also einige theoretische Erörterungen notwendig:

II. Die Praktische Theologie im Raum der Wissenschaft

Wir haben davon auszugehen, daß Theologie ein unteilbar Ganzes ist. In jedem Fach ist dieses unteilbar Ganze zu sehen. Jedes Fach kann legitim Spezialarbeit nur leisten im Horizont dieser Einheit aller Theologie. Wichtiger als die Herausstellung des Besonderen der Praktischen Theologie ist die Betonung ihrer Verklammerung mit aller Theologie.

Wir sehen sie unter einem doppelten Aspekt:

1. Priorität der Praktischen Theologie vor allen anderen Fächern

Der alte Chemnitz hat formuliert: *Theologia est scientia eminens practica* (Theologie ist eine eminent praktische Wissenschaft). In neuerer Zeit hat u. a. besonders Hermann Diem den kirchlichen Charakter aller Theologie betont: Der Gegenstand der Theologie ist das „Geschehen der Bezeugung des Wortes Gottes durch Menschen, also das Geschehen der Kirche Christi auf Erden" (Theologie als kirchliche Wissenschaft I, 1951, 27). Das heißt also: alle Theologie ist ihrem Wesen nach praktisch bestimmt. So wie keine Theologie die Exegese ignorieren, von der Geschichte absehen oder auf systematisches Denken verzichten darf, so kann keine Theologie auf die Praxis verzichten. Wollte die Theologie auf ihre praktischen Konsequenzen verzichten, wäre sie wohl noch Wissenschaft, aber kaum noch Theologie zu nennen. Erinnert z. B. die Exegese die anderen theologischen Fachgebiete an die Bezogenheit aller Theologie auf die Schrift, so verweist die Praktische Theologie die anderen Fachgebiete auf die Bezogenheit aller Theologie auf die Praxis. Anders ausgedrückt: Ist Theologie eine kirchliche Wissenschaft, so hängt ihre Sachlichkeit an ihrem Bezug zur

Kirche. Besteht aber die Sachlichkeit der Theologie darin, daß sie 'kirchliche' Wissenschaft ist, dann ist daraus zu folgern: *Praktische Theologie bildet eine Voraussetzung für die wissenschaftlich sachgemäße Arbeit aller theologischen Disziplinen.* Will der Theologe als Wissenschaftler sachlich bleiben, sinnvoll arbeiten, so benötigt er einen Überblick über die Lage der Kirche. Er muß wissen, wie die Kirche lebt, was ihr not tut. Die Praktische Theologie aber verhilft ihm zu diesem Wissen. Sie hat darum aller theologischen Arbeit vorauszugehen.

Diese Sätze bedürfen der Erläuterung nach zwei Seiten hin. Einmal ist das Wissen um die Kirche eine Voraussetzung für alle theologische Einsicht. In der letzten Niederschrift Luthers vor seinem Tod bezeichnet der Reformator das Stehen in der Kirche als Voraussetzung für das Verstehen der Schrift: *Scriptores Sanctos sciat se nemo gustasse satis nisi 100 annis cum prophetis Ecclesias gubernarit.* (Die heiligen Schriftsteller meine niemand genugsam geschmeckt zu haben, er habe denn hundert Jahre mit den Propheten die Kirchen gelenkt. Weimarer Ausgabe 48, 241.) – Luther ist offenbar am Ende seines Lebens der Meinung, nur wer ein Jahrhundert lang im Leiten der Kirche die Schrift brauche und erprobe, habe sie genugsam „geschmeckt". Nur wer „hundert Jahre" lang „mit den Propheten" verantwortlich am aktuellen Sammeln und Senden der Kirche teilgenommen, nur der sei fähig zum Verstehen. Das Lenken der Kirche aber setzt einen Überblick voraus, um den sich die Praktische Theologie im besondern müht. Man kann darauf hinweisen, daß erst die Anschauung der gegenwärtigen Kirche zu einem rechten Verstehen etwa der neutestamentlichen Probleme verhilft. Die Exegese wäre vor vielen Irrgängen verschont geblieben, hätte ihre Arbeit den Horizont der gegenwärtigen Kirche als Verstehenshilfe nicht zu oft aus den Augen verloren. So bedarf auch die historische Arbeit der Hilfe der Praktischen Theologie, um sachlich zu bleiben.

Zum anderen ist zu sehen, daß die Sachlichkeit der Theologie nicht nur herkunftsmäßig an dem Bezug zur Kirche liegt. Theologie gibt es nicht nur, weil es Kirche gab und gibt. Theologie gibt es vor allem darum, weil es Kirche gibt und geben soll. Theologie kommt nicht nur von der Kirche her, sie geschieht auf die Kirche hin. Hat die Theologie ihren Ort nach geschehener und vor zu geschehender Verkündigung, so zielt alle Theologie auf ein neues Wirken von Geist und Wort. Erreicht die Exegese erst ihr Ziel, wenn sie zur Verkündigung nötigt (E. Fuchs), so leuchtet ein, daß sie ohne Praktische Theologie nicht zum Ziele kommt. Ohne Anschauung gegenwärtiger Kirche würde sie von vornherein ihr Ziel verfehlen, sie wäre letztlich unnütz. Ist Dogmatik das Gewissen der Predigt (H. Ott), dann muß der Systematiker die Predigtaufgabe vor Augen haben, und das heißt, er muß die gegenwärtige Kirche in ihrem ganzen Sein überblicken. So bildet die Praktische Theologie eine Voraussetzung für die sinnvolle Arbeit aller theologischen Sachgebiete. Sie ist es im Blick auch auf das Ziel aller Theologie.

Will also der Theologe – im Ganzen der Theologie – sachlich bleiben, dann bedarf er der Praktischen Theologie. Diese spricht für die Kirche im Haus der theologischen Wissenschaft. Sie artikuliert die Fragen der gegenwärtigen Kirche und Welt an die Theologie. Sie formuliert damit Sachgebiete, die andere Disziplinen zu traktieren haben. So steht die Praktische Theologie für die Sachlichkeit im Haus der Wissenschaft.

Zwei Einwände sind hierbei zu beachten: Zuerst ist zu fragen, ob ein solches Betonen der Praktischen Theologie nicht die Wissenschaftlichkeit der Theologie gefährde. Dabei gilt die Präzisierung, daß die Praktische Theologie wohl eine Voraussetzung ist für alles theologische Arbeiten, daß aber dieses Arbeiten im Bezirk der Freiheit vor sich geht. Würde man die von uns genannten Gesichtspunkte als alleinige gelten lassen, so wäre die Theologie in Gefahr, im Traditionalismus zu versinken. Sie würde dann aufhören, Wissenschaft zu sein, wenn sie die Frage nach Wahrheit um eines praktischen Zweckes willen unterdrückte. So ist die Praktische Theologie zwar eine Voraussetzung aller theologischen Arbeit, sie ist aber nicht deren Grenze. – Findet hingegen die Praktische Theologie im Miteinander der theologischen Fachgebiete wenig oder kein Interesse, so ergibt sich ein Auseinanderklaffen von Theologie und Kirche, was beiden Teilen kaum zuträglich sein dürfte.

Zweitens kann man fragen, ob denn Praktische Theologie nötig sei, ob denn nicht jeder Theologe nicht auch sein eigener Praktischer Theologe sein könne, wie er denn auch sein eigener Praktiker sei. Man kann dabei voraussetzen, daß der Theologe Glied der Kirche sei, daß er als solches die Kirche aus eigener Anschauung kenne und deshalb wisse, wie sie dran sei und wessen sie bedürfe. Wird so verfahren, dann bleibt die Anschauung des Theologen von der Kirche mehr dem Zufall überlassen. Ein klares Bewußtsein ihres Lebens und ihrer Probleme fehlt. Der Theologe ist dann in Gefahr, gehabte Erfahrungen zu verallgemeinern, er verharrt dann – kirchlich gesehen – im Stande einer mehr oder weniger großen Naivität, ihm fehlt der rechte Überblick, und seine Arbeit ermangelt der echten Verantwortlichkeit. Er mag dann in seinem Fach Tüchtiges leisten und hohe Anerkennung als Wissenschaftler finden, seine Arbeit aber wird für die Kirche nicht das hervorbringen, was ihr not tut, und sie wird auch für die Theologie nicht das leisten, was diese fordert. In dem sehr empfehlenswerten Aufsatzband ›Überlegungen zu Wort und Weg der Kirche‹, 1963, bemerkt Martin Fischer mit Recht: „Wer die Praxis der Kirche theologisch nicht interessant nimmt, verrät sich selber als schlechten Theologen“ (237).

2. Priorität der anderen Fächer vor der Praktischen Theologie

Haben wir bis jetzt unsere Disziplin als Voraussetzung aller anderen Disziplinen gesehen, so müssen wir jetzt umgekehrt die anderen Disziplinen als Voraussetzung aller Praktischen Theologie skizzieren: Galt es, die Sachlichkeit aller Theologie als abhängig von ihrem Bezug zu Praxis und Praktischer Theologie aufzuweisen, so wird es nun gelten, die Sachlichkeit der Disziplin in ihrem Bezug zu den anderen Disziplinen darzustellen:

Im Blick auf das Ziel aller theologischen Arbeit ist die Praktische Theologie nicht nur Voraussetzung der anderen Disziplinen, sie ist zugleich deren notwendige Folge. Sie wertet die Ergebnisse theologischer Arbeit aus für die Praxis der Kirche. So ist sie „die Wissenschaft vom Aktuellwerden aller wissenschaftlichen Arbeit für die Kirche“ (M. Fischer nach L. Fendt). Will die Praktische Theologie sinnvoll sachlich arbeiten, dann muß gerade sie nach der Wahrheit fragen, sie muß die Geister und ihre Redeweisen prüfen.

Das kann sie nur, wenn sie die wissenschaftliche Arbeit der Theologie kirchlich zu Ehren bringt. Sie braucht ihrerseits die Arbeit der Exegese, der Kirchengeschichte und der systematischen Theologie, um die Phänomene der Kirche recht zu verstehen. Darum kann man sagen: *die anderen Disziplinen bilden eine Voraussetzung für die sachgemäße Arbeit der Praktischen Theologie.*

Wollte man mit diesem Satz das Hauptmerkmal der Disziplin umschreiben, so käme ihr im Verein der anderen Disziplinen eine grundsätzlich nachgeordnete, um nicht zu sagen, nachhinkende Stellung zu. Weil die Praktische Theologie sich selber weithin nur so als Vermittlerin verstanden hat, darum ist ihr bis heute im Haus der Wissenschaft nicht der Platz eingeräumt worden, der ihr zukommt. So stand sie allzusehr im Schatten der anderen Disziplinen.

Es darf nicht so sein, daß sie einfach zur Praxis hin abführt, was bei der wissenschaftlichen Theologie für die Praxis abfällt. Die Praktische Theologie kann sich nicht damit begnügen, Ergebnisse der anderen Disziplinen für die Praxis aufzuarbeiten. Indem sie sich als „Wissenschaft vom Aktuellwerden aller wissenschaftlichen theologischen Arbeit für die Kirche" versteht, hat sie die wissenschaftliche Arbeit selbst zu prüfen. Sie macht die Probe aufs Exempel, bildet dann gleichsam das Labor, in dem die Ergebnisse wissenschaftlicher Arbeit auf ihre Brauchbarkeit und Beständigkeit hin durchgerechnet werden. Damit fällt unserem Fach im Ganzen der Theologie eine enorm kritische Funktion zu. Bilden die anderen Disziplinen die Voraussetzung für eine sachgemäße Arbeit der Praktischen Theologie, sind alle Disziplinen auf die Praxis hin angelegt, dann bildet die Praktische Theologie nicht nur eine Voraussetzung, sondern auch eine Krisis aller Theologie. Sie revidiert die Rechnung, welche die wissenschaftliche Theologie aufgestellt hat, und interpretiert deren Relevanz.

III. Die Praktische Theologie und die Kirche

Hat sie die Stimme der Gemeinde im Haus der Wissenschaft erhoben, so spricht sie jetzt für die Theologie in die Kirche hinein. Hat sie die Anwaltschaft der Kirche in der theologischen Wissenschaft übernommen, so übernimmt sie jetzt die Anwaltschaft der Theologie in der Kirche. Kann man Theologie mit Otto Weber definieren als „Mission im Bereich des Denkens", so hat die Praktische Theologie die Gemeinde zu befragen, inwiefern sie an der 'missio dei' teilnehme und was sie innerhalb dieser Sendung zu tun habe. So also ist das Wirken von Geist und Wort in der Kirche Gegenstand unserer Disziplin, daß sie einerseits die kirchlichen Phänomene einer Prüfung unterzieht und andererseits Anweisung gibt für das kirchliche Handeln. Wir versuchen im Folgenden, diese beiden Punkte zu skizzieren.

1. Kritik an der Kirche

Befragt die Praktische Theologie die Theologie nach ihrer Sachlichkeit, dann hat sie die Kirche zunächst nach ihrer Wahrheit zu befragen, ob diese Kirche das ist, was das Wort von ihr sagt. So aktualisiert sie die wissenschaftliche Arbeit für die Kirche, indem sie die Kirche in ihrem Reden und Handeln einer theologischen Kritik unterzieht. Sie hat z. B. zu fragen, ob ihre Worte und Handlungen aussagen, was sie meinen, ob und inwiefern sie verstehbar und nicht verstehbar oder mißverständlich seien.

Dies ist deutlich zu machen am Beispiel der Amtshandlungen (Taufe, Trauung, Konfirmation, Beerdigung): Diese setzen ursprünglich eine Lebensgemeinschaft in einer übersehbaren Gemeinde voraus. In der unüberschaubaren Kirchengemeinde der modernen Industriegesellschaft aber wird dem entkirchlichten Zeitgenossen durch diese Amtshandlungen sozusagen maschinell und mechanisch der Stempel der Kirchlichkeit aufgedrückt, unabhängig davon, wie er persönlich sich zur Botschaft der Kirche verhält. In der Verkündigung bei diesen Amtshandlungen versucht dann der Pfarrer (hoffentlich!) das Evangelium zu verkünden, zum Glauben zu rufen. Allein die „Handlungen" und ihr automatischer Vollzug an jedermann sprechen eine andere Sprache als das Evangelium.

Aus diesem Beispiel mag deutlich werden, wie sehr alles Handeln der Kirche, alle ihre Einrichtungen 'reden', 'zeugen', man kann auch sagen: zur Auslegung der Heiligen Schrift gehören.

Daraus erwächst dem Studenten der Theologie die Aufgabe, die Praxis der Kirche zu prüfen, ob sie der Auslegung der Schrift entspricht.

Indem die Praktische Theologie grundsätzlich kein Phänomen aus ihrer theologischen Prüfung ausklammert, übt sie 'Kritik an der Kirche' und vollzieht eine 'Entmythologisierung' der Kirche. Indem die Praktische Theologie die gegenwärtige Kirche theologisch untersucht und prüft, ist sie zu definieren als Theologie der ecclesia semper reformanda. Das heißt, die Praktische Theologie hat die Tradition der Kirche zu prüfen: sie hat zu fragen, ob das, was einmal recht war und institutionell geworden ist, noch der Intention entspricht, unter der die Institution errichtet wurde. Ihr Fragen nach der Wahrheit vollzieht sich besonders als ein Fragen nach der wahren Kirche. Sie hat zu fragen, ob die Kirche in ihrer Praxis wahre oder falsche Kirche sei.

Ein Blick in die Lehrbücher zeigt, daß die Praktische Theologie seit Schleiermacher auf eine grundsätzliche Auseinandersetzung mit der Tradition verzichtet: die kirchliche Praxis wird als Gegebenheit hingenommen, notfalls werden Verbesserungsvorschläge angebracht, sogenannte Auswüchse oder Notstände kritisiert, die theologische Grundsatzfrage aber wird nicht gestellt. Dieser Sachverhalt möge an einem relativ harmlosen und sehr speziellen Beispiel verdeutlicht werden: Der Artikel ›Glocken‹ im Lexikon ›Religion in Geschichte und Gegenwart‹ entfaltet unter dem Praktisch-theologischen Abschnitt folgenden Satz: „Hinsichtlich der Glocken-Beschaffung, -Ergänzung, -Pflege und des Glockengebrauches ist folgendes zu bedenken: . . .“ Es folgt wohl eine sorgfältige Darstellung der angegebenen Themen, aber keine Erörterung über den praktisch-theologischen Sinn, über die praktisch-theologische Berechtigung der Glocken! Die Grundsatzfrage, ob und wieso eigentlich Glocken in der heutigen Zeit noch zu verantworten sind, wird nicht gestellt. In diesem Fall – ähnliche Fälle ließen sich durch alle Sachgebiete der Praktischen Theologie hindurch aufzeigen – dient die Praktische Theologie nur der kirchlichen Gedankenlosigkeit. Das bisherige theologische Desinteressement der Theologiestudenten an unserem Fach mag in der hier angedeuteten Demission theologischen Denkens seinen Grund haben.

Verzichtet die Praktische Theologie auf diese grundsätzliche Kritik der gegenwärtigen Kirche, dann verfällt sie selbst einem Traditionalismus. Sie dient dann nicht der Reformation der Kirche, sondern ihrer musealen Konservierung. Die Lehrbücher der Praktischen Theologie atmen denn vielfach auch den Geist eines erstaunlichen Konservatismus, der durch die Aufnahme einiger Verbesserungsvorschläge nur zementiert wird. Daß sich hier eine Wandlung anbahnt, zeigt der III. Band der ›Theologie als kirchliche Wissenschaft‹ von Hermann Diem: Die Kirche und ihre Praxis, 1963.

2. Weisung für das Handeln der Kirche

Als Wissenschaft von der aktuellen Sammlung und Sendung der Kirche müht sich die Praktische Theologie um das, was jetzt der Geist und das Wort an der und durch die Kirche wirken wollen. Das heißt sie müht sich um das der Kirche Gebotene. So wird sie in einem speziellen Sinne zu einer Theologie des Gebotes für die Kirche.

Hier erhebt sich eine große Schwierigkeit für den, der Praktische Theologie zu lehren hat. Das Gebot wird – wie Bonhoeffer sagt – „konkret durch den Verkündigenden". Wer Praktische Theologie lehrt, hat sein erster Hörer und Schüler zu sein, und damit wird er – in einem Stück mindestens – vorbildlicher Praktiker werden, oder seine Theologie bleibt 'unpraktische Praktische Theologie'. Hier wird das Vorbild wichtig, denn nur so vermag das Gebotene zugleich als Angebot und als Gebot zu erscheinen. Dieser Sachverhalt wird nicht ohne Folge bleiben für die Gestalt der Disziplin. – Will sie nicht auf Vorbildlichkeit verzichten, so wird etwa eine Predigtlehre darin praktisch – und zugleich 'vorbildlich' – sein, daß sie zur Predigt wird für den Prediger. Dies macht z. B. die als Taschenbuch neu aufgelegten ›Ratschläge für Prediger‹ von C. H. Spurgeon zu einer heute noch faszinierenden Lektüre. Das Büchlein sollte von jedem Theologen zwar nicht zu Beginn des Studiums, wohl aber zu Beginn der Vikariatszeit gelesen werden. – Eine Katechetik aber, eine Lehre vom Unterricht, wird zum Unterricht für den Katecheten. Dies läßt sich sehr schön studieren an der Schrift Augustins, ›de catechizandis rudibus‹ (›Büchlein vom ersten katechetischen Unterricht‹, in der Bibliothek der Kirchenväter, Augustinus, Band VIII, 227–309. Lateinische Ausgabe von J. P. Migne, Bd. XL, 309–348). Nach einem theoretischen und seelsorgerlichen ersten Teil gibt der Kirchenvater zwei Muster von Katechesen. – Augustin und Spurgeon, zwei Männer ganz verschiedener Zeiten und Zonen, unterschiedlich in ihrem theologischen Gewicht, machen, jeder auf seine Weise, deutlich, wie sehr in unserem Fach das Beispiel wichtig ist, hilft es doch das Gebot konkret zu formulieren.

In den Lehrbüchern wird häufig eine Abgrenzung gegen die Praxis hin vollzogen. Man betont, daß man „Theorie der Praxis“ biete, nicht aber Handgriffe für die Praxis. Dazu ist einmal zu sagen, daß eine Theorie der Praxis ohne Experiment und Exempel der Praxis fehl am Platze ist. Darum kann sie auch auf konkrete Weisung, auf Handgriffe nicht verzichten. (Sie tut es im Seminar auch nicht. Sie wird das Detail sehr ernst nehmen, gerade auch dem 'Handgriff' theologische Aufmerksamkeit zuwenden, denn im aktuellen Wirken von Wort und Geist kommt es gerade auch auf das Detail an.) Geht es doch darum, die dem Inhalt gemäße Gestalt und Form kirchlichen Redens und Handelns zu finden.

Die Praktische Theologie würde sich aber im Vielerlei der kirchlichen Praxis völlig verlieren, wollte sie sich auf die Einzelheiten beschränken. Sie wird konkrete Weisung und konkrete Vorbildlichkeit nur in Auswahl, nur stückwerkweise geben können. Sie wird ferner zu beachten haben, daß das Wort Verheißung in sich trägt und der Geist das Zukünftige offenbart.

Darum hat sie, dem verheißenden Wort und dem in die Zukunft weisenden Geist nachdenkend, die Zukunft der Kirche zu planen. Sie hat vorausschauend zu denken. Sie darf sich also nicht damit begnügen, die Lage zu analysieren, sie hat in der Aktualisierung der wissenschaftlichen Arbeit für die Praxis der Kirche den Plan für das Handeln der Kirche zu entwerfen. Sie hat die Strategie der kämpfenden Kirche zu durchdenken. Die an der missio dei teilhabende Kirche bedarf je und je der Planung.

Die Planlosigkeit in unseren kirchlichen Aktivitäten ist kein Erweis des Geistes und der Kraft, sondern nur ein Dokument der Hoffnungslosigkeit. Wenn wir hier von Plan und von Strategie sprechen, so meinen wir das Denken der Hoffnung für die Kirche. Im Hineinschreiten in die Zukunft Gottes läßt sich die eigene Aufgabe und Zukunft durchdenken, im Nachsinnen über den Heilsplan Gottes läßt sich ein Plan gewinnen für das Handeln der Kirche.

Zu solchem Planen gehört auch das Bedenken der Konzentration und Koordination der Kräfte. Die Teilhabe an der missio dei verlangt die Sammlung und Einigung der Gemeinde. Die Zersplitterung der kirchlichen Kräfte sabotiert den Heilsplan Gottes, sie verurteilt das kirchliche Handeln zur Ohnmacht. Praktische Theologie ist darum grundsätzlich ökumenische Theologie.

IV. Die Praktische Theologie und die Welt

Geist und Wort wirken schöpferisch an der Welt und wollen in der Welt neu wirksam werden. Die Praktische Theologie hat sich darum mit der Welt zu befassen, die Gott erschuf und mit sich versöhnte, in die hinein er darum die Kirche sendet zum Dienst der Versöhnung.

Wollte man diesen Aspekt aus der Praktischen Theologie ausklammern, so würde man Gott unmenschlich und aus dem Dienst der Versöhnung ein Mirakel machen, man würde den Schöpfer der Erde nicht genugsam loben und das 'Wirken des Heiligen Geistes' verkleinern. Wir haben darum zwei Aspekte zu bedenken: einmal, daß die Welt der Kirche dient und zweitens, daß die Kirche der Welt dient.

1. Die Welt für die Kirche

Wenn ich sage, daß die Welt der Kirche dient, so soll damit nicht ein klerikaler Machtanspruch gegenüber der Welt erhoben werden. Gemeint ist folgendes: Die Praktische Theologie geht fehl, wenn sie das aktuelle Wirken von Geist und Wort auf die Kirche eingrenzt. Gerade weil dieses besondere Wirken ihr Thema ist, muß sie über die Kirche hinausgehen. Das Wirken von Wort und Geist überschreitet zeitlich und geographisch die Kirche.

Geist und Wort wirken vor und außerhalb der Kirche. Die Praktische Theologie hat dieses Wirken zu prüfen und für die Kirche fruchtbar zu machen. Sie kann dies nur im Verein mit den andern theologischen Disziplinen.

Indem sie „allem was wahr, was ehrbar, was gerecht, was rein, was liebenswert, was wohllautend ist" (Phil 4, 8) nachdenkt, prüft und braucht sie die Religionswissenschaft, die Soziologie und Psychologie, die Ästhetik u. a. für den Dienst der Kirche. Sie okkupiert die Kultur für den Kult, lernt die Sprache der Menschen, um Gott zu loben. Dieses Überschreiten der Kirchengrenzen war das große Anliegen der liberalen Theologie des letzten Jahrhunderts. Wenn wir heute sehen, daß sie zu unkritisch verfuhr, gilt es doch, ihr Anliegen aufzunehmen.

Verzichtet die Praxis der Kirche darauf, das Wirken des Geistes außerhalb ihrer Grenzen zur Kenntnis zu nehmen, so vermag sie nicht, die Vollmacht des Geistes zu gewinnen. Wird verschwiegen, daß das Weltall durch das machtvolle Wort Christi getragen wird (Hebr 1, 3), so wird die Kirche das Wort nicht finden, das der Welt nottut, sie vermag auch das neue Lied nicht zu singen, zu dem sie gefordert ist. Sie kann nicht an der missio dei teilnehmen, wenn sie hochmütig von der Schöpfung abstrahiert. Wir können darum sagen: um des Dienstes an der Welt willen muß sie lernen, den rechten Gebrauch von der Welt zu machen.

2. Die Kirche für die Welt

Indem die Praktische Theologie die Grenzen überschreitet, wird sie zum Anwalt der Welt im Hause der theologischen Wissenschaft wie im Raum der Kirche überhaupt. Sie spricht hier für eine Welt, die auf das Evangelium wartet, sie steht für das sehnsüchtige Harren der Kreatur. So prüft sie Theologie und Kirche für den Dienst an der Welt.

Damit artikuliert sie den Geist und die Sprache der Zeit, in der sie lebt. Sie tut dies kritisch, interpretierend. Würde sie ungebrochen für den Zeitgeist sprechen wollen, wäre sie diesem schon verfallen. Damit mag deutlich werden, daß in dieser Anwaltschaft der Zeit die Praktische Theologie selbst in eine Krisis hineingeführt wird, in der sie ihr Leben aufs Spiel setzt. Sie wird es aber bestimmt verlieren, wenn sie hier weltflüchtig ihre Reinheit zu wahren versucht und diese Krisis scheut.

Dieses Sprechen für die Welt in Theologie und Kirche soll dazu dienen, daß die Kirche und ihre Theologie in der Welt zu Wort kommt. Erst im Hören auf die Welt kann das fremde Wort gefunden und ergriffen werden, das die Welt nötig hat. Die Kirche kann nur dann sachgemäß in der Welt reden und handeln, wenn sie einige Sachkenntnis von dieser Welt besitzt. Sie „muß sich orientieren, wo die Welt heute hält, welche Stunde an diesem Mittag über der Erde steht“ (Gottfried Benn). So sorgt die Praktische Theologie für ein sachgemäßes Handeln und Reden der Kirche. Sie kann das nur tun, wenn sie als Anwalt der Welt Theologie treibt. Sie hat dabei nicht etwa unbesehen die Wünsche der Welt an die Kirche zu übermitteln, sie hat auch hier die Geister zu prüfen und einen Dolmetscherdienst zu leisten.

Zusammenfassend läßt sich sagen: Der Praktische Theologe steht als Zöllner zwischen den Grenzen und hilft den Verkehr zwischen Theologie, Kirche und Welt regeln. – Als Anwalt und Übersetzer steht er für Kirche und Welt in der Theologie, wie er für Theologie und Welt in der Kirche steht. Damit übt er eine stellvertretende, vermittelnde Funktion aus. Im Miteinander dieser Funktion betreibt er die Wissenschaft von der aktuellen Sammlung und Sendung der Kirche.

Aus allem dürfte klargeworden sein, daß Praktische Theologie des team-works bedarf, um sachgemäß betrieben zu werden, da ihre Aufgaben die Möglichkeiten eines Einzelnen übersteigen.

V. Zur Methodik des Studiums

Unsere theoretische Erörterung ergibt Grundsätze und Regeln für das Studium unseres Faches.

1. Weil die Praktische Theologie abhängig ist von den anderen Disziplinen, darum bleibt das gründliche Studium der anderen Disziplinen das beste Studium unserer Disziplin.

2. Geht es in unserem Fach um die Theologie der Reformation unserer gegenwärtigen Kirche, so hat der Student grundsätzlich Abstinenz von kirchlicher Tätigkeit zu üben. Zu einer rechten Vorbereitung für die Praxis braucht er Distanz von der Praxis. – Zu empfehlen sind nur zeitlich begrenzte und *kontrollierte* praktische Tätigkeiten – etwa vergleichbar den Laborarbeiten des Naturwissenschaftlers.

3. Zum gründlichen Studium eines Fachgebietes gehört die Freiheit des Fragens und Forschens. Der Student darf darum beim Studium der anderen Fachgebiete nicht zu schnell nach dem Nutzen für die Praxis fragen.

4. Weil alle Disziplinen von der Kirche und ihrer Praxis herkommen und auf die Kirche und ihre Praxis hin ausgerichtet sind, darum beginne man das Studium nicht so sehr mit dem Blick auf das zu leistende Examen (hier genügt – wie es K. Barth bei den Dämonen empfiehlt – ein kurzer scharfer Blick), man beginne vielmehr im Hinblick auf die Kirche und ihre Erfordernisse. Praktische Theologie ist darum nicht erst am Schluß des Studiums, sondern von Anfang an zu betreiben. Gehört zur sachgemäßen theologischen Arbeit das Wissen um die Kirche, so hat der Student alle theologische Arbeit von der Kirche her und auf die Kirche hin zu befragen. Die Praktische Theologie will ihm zu sachgemäßen Fragen helfen. Der Student wird also immer wieder von den einzelnen Fächern her Rückfrage stellen nach der Praxis der Kirche. Er wird in seinem Studium den Dialog zwischen Gemeinde und theologischer Wissenschaft nie abbrechen lassen.

5. Zum besonderen Studium der Praktischen Theologie gehört für den Anfänger zunächst nicht eine Einübung in die Praxis, sondern ein Aufnehmen und Sehen der kirchlichen Probleme, eine kritische Lektüre kirchlicher Presse, gelegentliche Hospitationen in Gemeinden, Besuche diakonischer Werke, Orientierung über das kirchliche Leben in der Ökumene und vor allem: aufmerksamer und regelmäßiger Besuch der Gottesdienste. Es ist ein Vorrecht des Studenten, daß er Fragen, die ihm hier auftreten, wissenschaftlich bearbeiten kann, sei es, daß er einem Problem, das sich ihm stellt, in exegetischer, historischer oder systematischer Richtung nachgeht, sei es, daß er in Seminaren Probleme bearbeitet, die ihn bewegen.

Darüber hinaus ist zu raten, schon in frühen Semestern an praktisch-theologischen Vorlesungen und wenn möglich an Proseminaren teilzunehmen, wobei ihn nicht so sehr der Blick auf die Handhabung der zukünftigen Praxis, als vielmehr der Blick auf die theologischen Fragen und Aufgaben, die die Praxis stellt, lenken soll.

6. Im Umgang mit den Vätern der Kirche, im Umgang mit den theologischen Lehrern ist nach deren Vorbildlichkeit zu fragen. Für die Praxis ist die Nachahmung guter Vorbilder ebenso wichtig wie eine rechte Theorie der Praxis. Darum ist das Studium von Biographien besonders zu empfehlen!

7. Er wird den Phänomenen seiner Welt und Zeit seine theologische Aufmerksamkeit zuwenden. Ich darf z. B. auf den Sammelband von Kurt Marti, Kurt Lüthi, Kurt von Fischer hinweisen, ›Moderne Literatur, Malerei und Musik; drei Entwürfe zu einer Begegnung zwischen Glaube und Kunst‹, 1963. Hier kann am Beispiel der Kunst studiert werden, „welche Stunde an diesem Mittag über der Erde steht". Gerade hier wird es mehr auf Gründlichkeit im einzelnen als auf Universalität ankommen. – Auch die Probleme des eigenen Lebens haben ihre praktisch-theologische Relevanz!

8. Der Student wird ständig an seiner Allgemeinbildung arbeiten z. B. durch ausgewählte Lektüre zeitgenössischer und klassischer Literatur und durch Einsichtnahme in andere Wissenschaften.

9. Besonderes Gewicht kommt in diesem Zusammenhang auch der Werkarbeit zu: Die Menschen, denen der Student hier begegnet, sind Menschen, denen das Evangelium verkündigt werden soll. Wie sollte er sich nicht mit Interesse und Hingabe diesen Menschen zuwenden, um ihre Probleme mit hinein in sein Studium zu nehmen. Zur Vorbereitung einer sinnvollen Werkarbeit lese man: Horst Symanowski, Fritz Vilmar, Die Welt des Arbeiters, Junge Pfarrer berichten aus der Fabrik, 1963.

Die Grundsätze und Regeln für das Studium unseres Faches wären nun zu spezifizieren im Hinblick auf die einzelnen Sachgebiete der Disziplin, die wir im Folgenden kurz skizzieren werden, wobei wir nicht ein starres System aufstellen möchten, denn an der Einheit aller Theologie liegt mehr als an einer systematischen Einteilung. Ganz bewußt verteilen wir die Gewichte ungleichmäßig und unterstreichen damit, was im Studium besonderer Betonung bedarf. Bei der unabsehbaren Fülle des Stoffes kommt es uns darauf an, hier vor allem Fragen und Probleme zu formulieren, die uns heute aufgegeben sind und zu deren Lösung das Studium aller anderen Disziplinen mithelfen soll.

VI. Die Sachgebiete

1. Die *Aszetik* oder *Lehre vom christlichen Leben:* Für die alten Reformierten war theologia practica weitgehend die Lehre von der vita spiritualis (geistliches Leben) der Gemeinde.

Gerade diesem – heute sträflich vernachlässigten Gebiet – sollte der Student möglichst früh sein Interesse zuwenden, geht es hier doch um die theologische Grundlage der kirchlichen und weltlichen Existenz des Christen und darum um eine Voraussetzung für alle anderen Sachgebiete. Auch weist die Aszetik darauf hin, daß Theologie nicht ohne persönliche Betroffenheit studiert werden kann.

Dies wird deutlich, wenn wir die Fragen umschreiben, die es hier zu bedenken gibt. Zunächst wird es hier um die Frage nach dem *Umgang mit der Schrift* gehen, um die Frage nach der *meditatio.* Wendet sich die historisch-kritische Exegese zunächst der Entstehung des Textes zu, so bedenkt die Meditation die Gegenwart und Zukunft des Textes. Martin Kähler postulierte darum, die Bibel sei von hinten zu lesen, von der Heidenmission aus! – Solches Lesen aber, als Fragen nach dem sendenden Wort, will geübt sein! Spätestens im homiletischen Seminar zeigt sich erschreckend die mangelnde Übung der Meditation. Dem Anfänger sei hier empfohlen: Dietrich Bonhoeffer, Eine Anleitung zur täglichen Meditation (Ges. Schr. 2, 478 ff.). – Die große Nachfrage nach Literatur über östliche Meditationspraxis in unseren Tagen deutet auf eine Mangelerscheinung in unserer Kirche und weist damit darauf hin, daß der Student als „Christ auch für andere“ meditiert (M. Kähler).

Man wird weiter zu fragen haben nach dem *Gebet,* nach der *oratio.* Von Karl Barth stammt die schöne Umschreibung der Theologie als „anbetender Gehorsam". Als Beispiel theologischen Betens mag das ›Proslogion‹ des Anselm von Canterbury dienen. Alles, was Anselm von Gottes Existenz und Wesen zu sagen hat, geschieht als direkte Anrede an Gott.

Wenn aber die Theologie nicht nur von Gott, sondern auch vor Gott und zu Gott redet, dann kann der Theologiestudent auf die Übung des Betens nicht verzichten, und er wird darum auch eine Kenntnis der Gebetsliteratur nicht verachten. Als Anleitung sei hier empfohlen die Einführung in das Psalmengebet: Dietrich Bonhoeffer, Das Gebetbuch der Bibel (Ges. Schr. 4, 544 ff.); auch Martin Luthers Gebetshilfe für seinen „Balbier" mag hier genannt sein: „Eine einfältige Weise zu beten für einen guten Freund", 1535 (WA 38, 351 ff.).

Eine Aszetik wird zu reden haben von der *Anfechtung*, von der *tentatio*. Zunächst mag das Studium in manche Not hineinführen, der nicht mit Wehleidigkeit zu begegnen ist; denn die Anfechtung ist – nach Luther – „der Prüfestein, die leret dich nicht allein wissen und verstehen, sondern auch erfaren, wie recht, wie warhafftig, wie süsse, wie lieblich, wie mechtig, wie tröstlich Gottes wort sey ..." (WA 50, 660, 1 ff.). – Solche Erfahrung mit dem Wort aber hilft zu Predigt und Seelsorge.

2. Die *Homiletik* oder die *Lehre von der Verkündigung* bildet das Herzstück der Praktischen Theologie, wie denn alle Theologie von Verkündigung herkommt und auf Verkündigung hingeht. Die Homiletik wird sich der Lehre vom Worte Gottes zuwenden und den Weg des Wortes über den Prediger zum Hörer hin bedenken.

Das theologische Gespräch hat sich in der jüngsten Vergangenheit vor allem dem Problem des Übersetzens, der *Hermeneutik* zugewandt. In diesem Zusammenhang wäre zu nennen: Kurt Frör, Biblische Hermeneutik. Zur Schriftauslegung in Predigt und Unterricht, 1961. Hier haben wir nicht nur eine gute Einführung in das theologische Problem der Hermeneutik, sondern auch eine Veranschaulichung des Problems an Hand verschiedener Texte, – und damit ist dieses Buch ein Beispiel mehr dafür, wie sehr Praktische Theologie in ihrem Vollzug Vorbildlichkeit in sich schließt!

In der Zukunft wird man vor allem die Frage durchdenken müssen, was denn Gott mit seinem Worte tue und tun wolle. So wird man auch nach den Konsequenzen der Predigt und also nach ihrer Verbindlichkeit zu fragen haben. Die herrschende kirchliche Misere wird als Folge falscher Predigt zu verstehen sein, und von Exegese und Dogmatik her ist immer neu zu fragen, welche Elemente der christlichen Botschaft in der Predigt unterschlagen werden. Die oft allzu leicht geübte 'Kritik an der Kirche' kann nur legitim sein, wenn sie immer wieder nach der Verkündigung zurückfragt. Ist die Kirche 'creatura verbi' (Geschöpf des Wortes), dann sind alle kirchlichen Zustände oder Mißstände zu sehen in ihrer Relation zur Verkündigung. – Geht es in der Predigt um das Ereignis des Wortes, so ist zu prüfen, ob die Einengung des Predigtamtes auf *einen* Mann dem Reden Gottes adäquat und in einer pluralistischen Gesellschaft sachgemäß sei.

Dient der Prediger dem Geschehen des Wortes, ergeht das Gotteswort in menschlicher Sprache, dann hat er auch der Gestalt seiner Predigt höchste Aufmerksamkeit zuzuwenden.

Zum Studium der Homiletik gehört vor allem das Hören und Lesen zeitgenössischer Predigten. Das Predigt-Lesen ist allerdings eine besondere Kunst! Man vergleiche hierzu meine Einführung in den Predigt-Band: Seligpreisungen der Bibel – heute, 1963. Dem Studenten eröffnet sich gerade über die Predigt ein Zugang zu einem vertieften Verständnis seiner theologischen Lehrer! In diesem Zusammenhang sei nur erinnert an Rudolf Bultmanns Marburger Predigten, 1956, an Karl Barths Den Gefangenen Befreiung, 1959, und an die von H.-J. Kraus und H. W. Wolff herausgegebene Reihe Alttestamentlicher Predigten, 1954 ff. – Jeder Student sollte mindestens einem Prediger der Vergangenheit begegnen und ihn im Horizont der Theologie und der Kulturgeschichte seiner Zeit zu verstehen suchen. Hierzu müßten homiletische Proseminare mit Predigtanalyse dienen. Es ist unverantwortlich, sich auf ein lebenslängliches Predigtamt vorzubereiten und sich mit dem Besuch *eines* Seminars zu begnügen!

3. Die *Katechetik* oder die *Lehre vom kirchlichen Unterricht* ist wohl dasjenige Sachgebiet der Disziplin, auf dem in den letzten Jahren am fleißigsten gearbeitet worden ist. Die guten Buchberichte von Helmut Angermeyer in der Monatsschrift für Pastoraltheologie (49/1960, 31 ff.; 50/1961, 439 ff.; 51/1962, 235 ff.;

52/1963, 105 ff.) geben einen anschaulichen Überblick über die Literatur.

An der Katechetik läßt sich sehr schön deutlich machen, worum es in der Praktischen Theologie geht. Es genügt nicht, den Katechismus und Schulunterricht als Gegebenheiten hinzunehmen und als Lehre von der Verkündigung im Unterricht zu deklarieren, um dann zu fragen, wie man es am besten macht. Der kirchliche Unterricht muß als solcher theologisch in Frage gestellt werden! Am Katechismus-Unterricht und an der Konfirmation bricht in besonderer Weise das Problem der Kirche auf. Vor allen methodischen Überlegungen ist zu fragen, ob die Herauslösung des Unterrichtes aus den Häusern und die Zuordnung des Unterrichtes an den Pfarrer nicht den Grund bilden für den heutigen Notstand des Unterrichtes, und ob die Verbesserungsvorschläge, die laufend gemacht werden, nicht als neue Lappen auf ein altes Kleid von vornherein zur Untauglichkeit verurteilt sind, solange die Grundfrage nach der Struktur der Kirche nicht gestellt wird. Die Situation ist paradox. Das herrschende System möchte die Kinder zur Mündigkeit erziehen. Dabei verhindert die Institution die Mündigkeit der Eltern.

Die Katechetik wird darum in Zukunft der Erwachsenen-Bildung mehr Aufmerksamkeit schenken müssen: Laienschulung! Sie wird sich viel mehr als bisher als Zurüstung zur Teilnahme an der missio dei verstehen lernen.

Ein vieldiskutiertes Problem bildet der Religionsunterricht in der Schule: der Streit geht hier darum, ob der Religionsunterricht grundsätzlich in enger Nähe zum katechetischen Auftrag der Kirche oder aber in Verschiedenheit dazu zu verstehen ist. Indem es in der Katechetik – so oder so – um Erziehung geht, steht sie im Zusammenhang mit der Pädagogik einerseits und der Psychologie andererseits. Besonders auch im Blick auf die Erwachsenenbildung wird sie auf Soziologie als eine Hilfswissenschaft nicht verzichten wollen.

4. Die *Liturgie* oder die *Lehre vom Gottesdienst* handelt von der Feier des Gottesdienstes, vom Beten und Singen der Gemeinde, vom rechten Gebrauch der Sakramente, von Taufe und Abendmahl und allenfalls von der Beichte. Sie bespricht die Amtshand-

lungen (Kasualien) und die Frage des Kirchenbaues. – Die sog. Liturgiewissenschaft betreibt die Statistik und Geschichte der Liturgie. – An Literatur ist hier vor allem zu nennen: Leiturgia, Handbuch des evangelischen Gottesdienstes, herausgegeben von Karl Ferdinand Müller und Walter Blankenburg, 1954 ff., ein Werk, das auf dem Boden des Luthertums steht.

Unsere heutigen Gottesdienstformen sind einerseits mit den neuen exegetischen und systematischen Erkenntnissen vom Wesen der Gemeinde und andererseits mit den Bedürfnissen und Möglichkeiten unserer Zeit zu konfrontieren.

Es ist einerseits zu prüfen, inwiefern die heutigen Gottesdienstformen dem Sammeln und Senden von Wort und Geist dienen oder widersprechen. Andererseits ist zu fragen, welche Gottesdienstformen sich von der pluralistischen Gesellschaft her empfehlen. Ferner ist zu untersuchen, welche Mittel die moderne Kunst für die Gestaltung des Gottesdienstes anbietet.

Gerade auf diesem Sachgebiet stellt sich das Problem der Tradition mit besonderer Dringlichkeit: kirchliche Erbsünde oder Beharren in der Gnade? Das gilt es hier zu prüfen, das ist die Frage. Das Studium der Theologie soll helfen, hier Antwort zu geben.

5. Die *Lehre von der Seelsorge (Poimenik)* behandelt die „Verkündigung des Wortes Gottes von Mann zu Mann“ (Asmussen). Diese Bezeichnung ist insofern ungenau, als es auch Gruppenseelsorge gibt, wie denn der Begriff Seelsorge als solcher nicht besonders glücklich ist. Weil es ihr in besonderer Weise um den Menschen geht, steht sie in Relation zu Psychologie und Psychotherapie einerseits und zur Soziologie andererseits. Besondere Gebiete sind Krankenseelsorge, Eheseelsorge, Seelsorge der Alten. Theologisch bildet die Privatisierung des Glaubens heute ein besonderes Problem der Seelsorge. Die Seelsorge wird darum dem einseitigen Betreuungscharakter absagen müssen. Mehr als um Seelenpflege wird es in ihr um den Ruf zum Reich Gottes gehen und damit erst recht um „Lebenshilfe“ (Hans Schmidt). Besondere Probleme bilden die Absolution, die Frage der Krankenheilung und die Seelsorge an der Gesellschaft. So versuchen die Akademien Seelsorge an Gruppen. – Wichtig ist, daß der Theologe die Gemeinde zum Vollzug der Seelsorge anleiten kann. Will er Seelsorger sein und andere

zum Dienst der Seelsorge ausrüsten, so bedarf er selbst der Seelsorge. Wie der Psychotherapeut eine 'Lehranalyse' durchmacht, so braucht der Seelsorger zu seiner eigenen Ausbildung Seelsorge. – Zum Studium der Seelsorge gehört ferner eine theologische Lehre vom Menschen, von Sünde und Vergebung, von der Gemeinde und der Gesellschaft. Als Lehrbuch sei hier besonders genannt: Eduard Thurneysen, Die Lehre von der Seelsorge, 1957[2]. – Biographien und namentlich auch Briefe großer Seelsorger geben Einblick in den Vollzug der Seelsorge. Unter dem Gesichtspunkt der Seelsorge sind z. B. einmal die Briefe Calvins zu studieren. Die von Rudolf Schwarz besorgte Übersetzung und Auswahl ist 1962 neu aufgelegt worden: ›Johannes Calvins Lebenswerk in seinen Briefen‹. Unter den Biographien sei besonders hervorgehoben: Friedrich Zündel, Johann Christoph Blumhardt, 1962[17].

6. Die *Lehre von der Diakonie* hat das helfende, von der Liebe getriebene und von der Bedürftigkeit des Menschen geforderte Dienen zu ihrem Gegenstand.

War die Diakonie im 19. Jahrhundert vornehmlich in freien Vereinen organisiert, so wird man sie heute vor allem als eine Dimension der ganzen Gemeinde verstehen, was bruderschaftliche Zusammenschlüsse zu besonderen Aufgaben nicht ausschließt (z. B. Taizé).

Zwei Momente werden hier u. a. zu beachten sein: Zunächst stellen sich in der heutigen Wohlstandsgesellschaft ganz neue Aufgaben, und es gilt zu fragen, inwiefern die herkömmliche Liebestätigkeit den Nöten einer sich wandelnden Gesellschaft gewachsen ist – (in diesem Zusammenhang sei an das Seminar für kirchliche Dienste in Mainz-Kastel erinnert) – inwiefern gerade der Liebestat des einzelnen in der Massengesellschaft eine neue Bedeutsamkeit zukommt. Damit werden aus der Einsicht in die diakonische Existenz der Gemeinde in der Welt Folgerungen zu ziehen sein z. B. für die Frage der Haushalterschaft (steward-ship).

Aus dem Ausgeführten wird schon deutlich, daß wir Diakonie nicht nur als Wohltätigkeit am Einzelnen bezeichnen können. Es gibt eine Diakonie an der Gesellschaft: Ihre Probleme behandelt vornehmlich die Sozialethik. Aus der zahlreichen Literatur sei hier nur genannt: Aufgabe der gesellschaftlichen Diakonie, Kirche im

Volk, H. 25, 1960, herausgegeben von Friedrich Karrenberg und Klaus von Bismarck. – Wer sich der Geschichte der Diakonie zuwenden möchte, lese: Gerhard Uhlhorn. Die christliche Liebestätigkeit. Das 1894 erschienene Werk ist 1959 neu herausgekommen. Auch der von Herbert Krimm herausgegebene Sammelband: Das diakonische Amt der Kirche, 1953, ist hier zu erwähnen. Er enthält neben Aufsätzen grundsätzlicher Art historische Darstellungen.

7. Die *Kybernetik* oder *Lehre von Amt und Verfassung der Kirche* fragt nach der Gestaltwerdung von Geist und Wort in der gegenwärtigen Kirche. Hier wird noch einmal deutlich, inwiefern die Praktische Theologie mit dem Ganzen der Theologie zusammenhängt; denn hier werden in besonderer Weise theologische Fragen aktuell. Ich nenne nur die Frage nach der Institution und ihrer Wandelbarkeit, die Frage nach dem Charisma, nach dem Laiendienst und endlich die Frage nach einer Zusammenfassung und einer Strategie der Kirche, wobei noch einmal deutlich wird, daß es in der Praktischen Theologie um die Wissenschaft von der aktuellen Sammlung und Sendung der Kirche geht. Gerade hier wird auch von Missionswissenschaft und Ökumenik zu lernen sein. Die vier Weltkonferenzen für Glaube und Kirchenverfassung z. B. hatten eine umfangreiche Literatur zufolge, die es hier heranzuziehen gilt. Literatur findet sich auch unter den Stichworten 'Amt' und 'Kirchenverfassung' im Evangelischen Kirchenlexikon, das in praktisch-theologischer Hinsicht besonders zu empfehlen ist, sowie im Hauptwörterbuch: Die Religion in Geschichte und Gegenwart.

Überblicken wir die hier skizzierten sieben Sachgebiete, so zeigt es sich, daß das Verhältnis der einzelnen Sachgebiete zueinander dem Verhältnis der einzelnen theologischen Fächer zueinander gleicht. Wie die Theologie eine ist und bleibt in der Aufteilung und Spezialisierung der einzelnen Disziplinen und wie in einem Fach immer das Ganze der Theologie zur Sprache kommt, so begreift jedes Sachgebiet alle anderen in sich. Am besten läßt sich dies an der Predigt klarmachen, die katechetische, seelsorgerliche, liturgische und kybernetische Elemente enthält und die Aszetik zur Voraussetzung hat. Wie sehr sie diakonischen Charakter hat und auf Diakonie zielt, zeigt der von Martin Fischer herausgegebene Predigtband: Einer trage des andern Last, 1957.

Dem Leser mag auffallen, wieviel in unseren Darlegungen Postulat war. Dies soll ein Hinweis darauf sein, wieviel es hier zu tun gibt. Die Praktische Theologie darf für den Studenten kein unaufgeschnittenes Buch bleiben!

Kirche — Theologie — Frömmigkeit. Festgabe für Gottfried Holtz zum 65. Geburtstag. Berlin: Evangelische Verlagsanstalt 1965, S. 72—82.

ZUM GEGENWÄRTIGEN STAND DER PRAKTISCHEN THEOLOGIE

Von Martin Doerne

I

Eine Überschau über die seit 1945 ans Licht getretenen Leistungen und Problemstellungen in der Liturgik, der Homiletik und den anderen Teildisziplinen, die seit Schleiermacher unter dem Inbegriff 'praktische Theologie' befaßt sind, wäre eine relativ klare und lohnende Aufgabe. Wesentlich schwieriger ist eine Antwort auf die Frage, wie es um die praktische Theologie als Ganzes heute bestellt sei. Man könnte versucht sein, an der Bündigkeit dieses Inbegriffs wieder zu zweifeln. In den akademischen Vorlesungen ist 'praktische Theologie' weithin eine bloße Rahmenformel für die zunehmend verselbständigten Hauptthemen der kirchlichen Praxis geworden: der Lehre vom Gottesdienst, von der Predigt, vom christlichen Unterricht, von der Seelsorge, darüber hinaus auch von der Diakonie sowie von Ordnung und Verfassung.

Der verehrte Jubilar, den die Beiträge dieser Schrift grüßen wollen, ist vermutlich von Herzen einverstanden mit Paul Drews, der 1910 rundheraus erklärte: „von der üblichen Systematisierung der praktischen Theologie halte ich gar nichts."[1] Allerdings, auch darin wird Gottfried Holtz – und werden wir alle, die es angeht, P. Drews beistimmen, daß diesem gerügten Systematisieren ein „berechtigter Kern" zuzuschreiben ist: es sei in der praktischen Theologie „ernstlich vom Wesen der Kirche zu reden ... als communio sanctorum, als deren Produkt die empirische Rechtskirche zu verstehen ist" [2]. Mit ihrem Votum für eine ekklesiologische Grund-

[1] Das Problem der Praktischen Theologie, 1910, S. 27.

[2] Ebd., S. 25 f.

legung der praktischen Theologie behält also die umsichtige, wenngleich etwas umständliche Konzeption K. I. Nitzschs recht.[3] Es wird an der einheitlichen Zusammenfügung der verschiedenen 'Tätigkeiten' der Kirche und ihrer je speziellen Theorie (Liturgik, Homiletik usw.) in einem Ganzen 'praktische Theologie' doch einiges gelegen sein.

In den fünfzig Jahren nach der dritten Auflage von E. Chr. Achelis' großangelegtem, trotz aller unfreundlichen Bemerkungen von den Lehrern der praktischen Theologie bis heute ausgiebig benutztem Lehrbuch (I–III, 1911) ist zwar eine ganze Reihe neuer Gesamtdarstellungen auf den Plan getreten; aber kein einziges ist an geschichtlicher Gründlichkeit und didaktischer Geschlossenheit dem Lehrbuch von Achelis vergleichbar. Das hängt mit den tiefen Umwälzungen zusammen, die fast unmittelbar nach dem Erscheinen der Letztauflage dieses magistralen Lehrbuches einsetzten.

Innerhalb dieses Zeitraumes von 1911 bis 1963 ist eine tiefe Zäsur gesetzt; kirchlich fällt sie, für Deutschland zumindest, etwa mit dem Jahr 1933 zusammen, theologisch ist sie, wesentlich früher, markiert durch das neue Wort Karl Barths und seiner Freunde, wie es sich seit der zweiten Auflage seines ›Römerbriefs‹ (1921) vernehmen ließ und in diesem bewegten Jahrzehnt bis 1930 das Denken und Wollen der damals heranwachsenden jungen Pfarrergeneration langsam, aber intensiv durchdrang, weit über den engeren Kreis K. Barths hinaus. Das Gesicht des zweiten Abschnitts dieser fünfzig Jahre wurde für die evangelische Kirche und Theo-

[3] Praktische Theologie I, 1859^2 (Allgemeine Theorie des kirchlichen Lebens); dazu Einleitung §§ 3. 8. 9. 27. In § 27 der Dreischritt „vom allgemeinen zum historischen, vom historischen zum Kunstbegriff“, demzufolge (1) „der urbildliche Begriff vom kirchlichen Leben“, (2) „der jetzige Zeitpunkt seiner protestantischen Entwicklung“, (3) „der leitende Gedanke für alle zu erfüllenden Aufgaben“ (I, S. 122). E. Chr. Achelis, Lehrbuch der Praktischen Theologie I, 1911^3, S. 17 f., wird recht behalten, daß K. I. Nitzsch mit dieser Rückbeziehung der praktischen Theologie auf die Kirche (bzw. Gemeinde) als „aktuoses Subjekt“ aller hier zu bedenkenden Praxis den Neuansatz Schleiermachers sachgemäß weiterbildete, alle Kritik an dem Wie der Weiterbildung vorbehalten. – Vgl. A. D. Müller, Grundriß der Praktischen Theologie, 1950, S. 23.

logie des deutschen Sprachbereichs entscheidend durch den Kirchenkampf des Jahrzwölfts unter Hitlers Regime bestimmt. Er hat das Gewicht dieser neuen Theologie, die nach ihrer klaren Selbstauslegung eine Theologie des 'Wortes Gottes' und zugleich mit Bewußtsein 'kirchliche Wissenschaft',[4] in ihrer Mitte „kirchliche Dogmatik" sein wollte, kirchengeschichtlich bekräftigt. Im Fortgang dieser theologischen Grundbesinnung stellten sich, ungefähr seit 1935, allerdings neue Themen und Fragestellungen ein, innerhalb des Kreises, der bis 1933 in der Zeitschrift ›Zwischen den Zeiten‹ seinen Sammelpunkt hatte, durch F. Gogartens und R. Bultmanns anthropologische, auf die 'Geschichtlichkeit' des Wortes Gottes wie des Glaubens konzentrierte Sonderprägung des gemeinsamen Ansatzes schon seit 1925 vorbereitet, in steigendem Maße auf das Problem des materialen Welt- und Vernunftbezuges der christlichen Verkündigung und Lehre zustrebend, das in K. Barths 'Wort-Gottes'-Theologie mindestens zeitweise zurückgestellt bzw. perspektivisch verkürzt worden war. So verwandelte sich das anfangs so geschlossen und festgefügt scheinende Bild der neuen Theologie in eine spannungsreiche Vielfalt der Positionen und Aspekte, für die schlichten Schüler ein wenig verwirrend, für den 'Lebensbegriff' evangelischer Theologie, der über ihren 'Schulbegriff' immer hinausgreifen will,[5] trotz aller hier unterlaufenden Sprachverwirrung und Spiegelfechterei am Ende doch heilsam.

[4] Vgl. das dreibändige Werk von H. Diem, Theologie als kirchliche Wissenschaft, 1955/63. Der jüngst erschienene Band III ›Die Kirche und ihre Praxis‹ will „kein Lehrbuch der praktischen Theologie im üblichen Sinne" sein (Vorwort, S. 7); was er bietet, ist eine evangelisch-theologische Grundlegung der Hauptfunktionen kirchlicher Praxis (Gottesdienst, Predigt, Taufe, Abendmahl, Absolution, Amt und Ordnung der Kirche). Vorangestellt sind die drei Kernthemen: Kirche als Versammlung Gottes (1), Christus und die Kirche (2), Der heilige Geist und die Kirche (3). Zum Gesamtverständnis der praktischen Theologie (der „dritten Aufgabe der Theologie") s. I, S. 56: „sie hat es mit der gegenwärtigen Praxis der Kirche zu tun", nicht primär im Sinne „technischer Anweisungen", vielmehr zentral um die „Ausrichtung dieser Praxis an der Verkündigung der Kirche" bemüht.

[5] Frei nach Analogie der Kantischen Unterscheidung eines „Schul"- und

Die Gesamtdarstellungen der praktischen Theologie nach Achelis zeigten sich bis 1933 von der großen Umwälzung, deren Wahrzeichen Barths ›Römerbrief‹ wurde,[6] beinahe unberührt. – Ganz zu der 'liberalen', antidogmatischen und traditionskritischen Phase der praktischen Theologie, die schon vor der Jahrhundertwende durch O. Baumgarten, P. Drews, M. Rade, mittelbar auch durch A. Harnack inauguriert worden war, gehört Fr. Niebergalls zweibändige ›Praktische Theologie‹ (1918/19); im Untertitel charakterisiert sie sich selbst als „Lehre von der kirchlichen Gemeindeerziehung auf religionswissenschaftlicher Grundlage". Die von Fr. Niebergall am entschlossensten vorangetriebene Orientierung des Dienstes der Kirche an den Maßbegriffen einer psychologisch und sozialkundlich gesteuerten religiös-sittlichen Volkserziehung kommt einer Preisgabe des eigensten Seins und Auftrages der Kirche bedenklich nahe. Diese heute selbstverständlich scheinende Feststellung dispensiert uns nicht von der Pflicht, die hier wie bei O. Baumgarten, M. Schian, P. Drews, M. Rade praktizierte realistische Sicht des empirischen Kirchentums ebenso wie der geistig-gesellschaftlichen Situation des 'modernen Menschen',[7] auch seiner Fremdheit gegenüber dem christlichen Glauben, mit neuer Aufmerksamkeit zu würdigen. Es zeigt sich, daß für bestimmte neueste Postulate und Parolen, die auf eine radikal traditionsfreie Gestalt des christlichen Zeugnisses hinzielen, gerade bei diesen ebenso ungekannten wie verlästerten „liberalen" Reformern der praktischen Theologie überraschend hilfreiche Weisung (und Warnung) bereitliegt.

eines „Weltbegriffes" der Philosophie: Kritik der reinen Vernunft, Methodenlehre, III. Hauptstück, Ausgabe Phil. Bibl. 37a (1926), S. 754.

[6] Es ist ungute, im Grunde irreführende Sprachgewöhnung, diese durch K. Barth und F. Gogarten zwischen 1920 und 1925 herbeigeführte Umwälzung mit der nicht von ihnen selbst geprägten, nur heuristisch gelegentlich aufgenommenen Kennformel 'dialektische Theologie' zu benennen.

[7] Fr. Niebergall, Wie predigen wir dem modernen Menschen?, I–III (1902), I 1920[4], II 1917[3], III 1921. – Zur Aufhellung der Leitgedanken und Maßstäbe dieser gemeinde- und volkspädagogischen Predigt bleibend wichtig auch „Die moderne Predigt", 1929.

Wesentlich näher bei der Hauptlinie der praktisch-theologischen Lehrtradition hält sich der von Studenten aus guten Gründen bevorzugte ›Grundriß der Praktischen Theologie‹ von M. Schian (1922 [1], 1934 [3]). Mag hier auch die volks- und landeskirchliche Spätphase des altpreußischen Unionskirchentums besonders deutlich durchscheinen,[8] dieser Grundriß behält seinen Wert dank der auch hier bewährten grundsoliden predigt- und unterrichtsgeschichtlichen Forscherarbeit M. Schians.[9]

Ehrenvollen Gedenkens wert ist daneben der unerreicht knappe ›Grundriß der Praktischen Theologie‹ des Göttinger J. Meyer (1923, 156 S.!). Den fünf Kapiteln materialer Entfaltung (von der Katechetik bis zur Missionslehre) sind zwei Grundlegungskapitel vorangeschickt; mit der lutherisch-kirchlichen Grundposition verbindet sich hier die 'religionspsychologische' und 'volkskundliche' Orientierung der praktischen Theologie. Bedeutsam an diesem konzentrierten Aufriß ist die nachdrückliche Bejahung von F. Schleiermachers Verständnis der praktischen Theologie als „Technik zur Erhaltung und Vervollkommnung der Kirche".[10] Der

[8] Darin sehr ähnlich wie M. Schian W. Bülck, Praktische Theologie, Eine Einführung, 1934 (Wissenschaft und Bildung 296).

[9] Vor allem: Orthodoxie und Pietismus im Kampf um die Predigt, 1912, wohl die bedeutendste Monographie über eine ganze Epoche deutscher evangelischer Predigt und Predigttheorie, die wir bis heute haben. Ebenso unentbehrlich bleibt für alle predigtgeschichtliche Orientierung (neben A. Niebergall, Geschichte der christlichen Predigt, in Leiturgia II, S. 181–353) M. Schians großer Artikel ›Predigt, Gesch. d. christl.‹, RE[3] XV, S. 623–747; XXIV, S. 333–346. Auch: Die Sokratik im Zeitalter der Aufklärung, 1900.

[10] J. Meyer, S. 2–4. F. Schleiermacher, Kurze Darstellung ... 1830[2], § 25, §§ 257 ff., bes. § 265 („Kunstregeln im engeren Sinne des Wortes"). Die angeführte Formulierung: Praktische Theologie, hrsg. v. Frerichs, 1850, S. 25. – In KD[2] § 132 führt Schleiermacher auch die Hermeneutik im gleichen Sinne wie die Praktische Theologie als „Kunstlehre oder Technik" ein. Die Beachtung dieses Zusammenhangs, der auf den ästhetischen Einschlag in Schleiermachers Wissenschaftsbegriff zurückweist, dürfte der Kritik A. D. Müllers, a. a. O., S. 12, erst recht O. Haendlers (Grundriß der praktischen Theologie, 1957, S. 6 f.) zur Zurechtstellung dienen. – J. Meyer, S. 3, sieht vollkommen richtig die innere Verbindung zwischen

Wirkung dieses meisterhaften Grundrisses war die vielzitierte Definition der praktischen Theologie als „Theorie der christlichen Frömmigkeitspflege" (S. I) abträglich. In der Ausführung seines Grundrisses hat Meyer diese wenig glückliche Definition inhaltlich selbst zurechtgestellt, wie schon der Abschnitt über die „kirchliche Einstellung der praktischen Theologie" (I 4) bekundet. Als Verfasser der trefflichen ›Kirchengeschichte Niedersachens‹ (1939), vollends mit seinem viel zuwenig gekannten und genutzten Hauptwerk, dem ›Historischen Kommentar zu Luthers Kleinem Katechismus‹ (1929) hat J. Meyer die kirchengeschichtliche Forschung ebenso mustergültig wie P. Drews den Erfordernissen der praktischen Theologie dienstbar gemacht.

Zwei umfängliche Darstellungen aus der Zeit vor der tiefen Zäsur bedürfen nur eben der Erwähnung. Zuerst J. Steinbecks ›System der praktischen Theologie‹ I–III, 1928–1932, im wesentlichen nur eine Weiterführung des Typus von praktischer Theologie, der in Achelis' Lehrbuch längst seine reife Endgestalt gefunden hatte, übrigens ohne die historische Untergründung, die dem Werk von Achelis den bleibenden Wert gibt, in der Stoffdarbietung wie im Urteil besonnen abwägend, doch ohne scharfes Profil, nach Fr. Niebergalls, J. Meyers und M. Schians Büchern ein entbehrliches Spätprodukt. Erst recht entbehrlich war schon bei seinem Erscheinen, trotz hochgespannter Ansprüche, E. Pfennigsdorfs ›Praktische Theologie, Ein Handbuch für die Gegenwart‹, I–II, 1929/30. Der Weite der Horizonte entspricht nicht die Deutlichkeit der Darstellung und Weisung. Die apologetische Beeiferung, mit der Pfennigsdorfs Buch sich als ein (ebenfalls spätgeborenes) Produkt der 'modern-positiven' Theologie erweist, bringt es nirgends zu gegenständlich faßbaren Folgerungen aus dem postulierten „Missions- und Tatwillen der Kirche". – Damals, um 1929, hatte die neue Theologie des Wortes Gottes, weithin im Zusammenwirken mit den Impulsen des neuerweckten Luther-Studiums, ihre kritischen Fragen und Ansprüche an die Praxis der Kirche

Schleiermachers praktisch-theologischer „Kunstlehre" und der „empirischen Einstellung", die „die Reformer (Drews, Niebergall, Schian) für die praktische Theologie fordern".

schon deutlich genug angemeldet. Weder bei Steinbeck noch bei Pfennigsdorf ist davon ein Echo zu spüren.[11]

II

Der Anbruch der nationalsozialistischen Gewaltherrschaft im Jahre 1933 stellte nicht nur das jahrhundertealte Ordnungsgefüge des evangelischen Landeskirchentums mitsamt seinen (von innen her längst brüchig gewordenen) öffentlichen Privilegien von Grund auf in Frage. Der tiefste Sinn dieser kirchengeschichtlichen Zäsur war vielmehr die der Kirche jetzt auferlegte Nötigung, das Verständnis ihres Seins und Auftrages aus einer neuen Unmittelbarkeit zu ihrem evangelischen Ursprung zu gewinnen. Was das sagen wollte, ist am bündigsten ausgedrückt in dem von Luther übernommenen augustinischen Satz: *Tota vita et substantia ecclesiae est in verbo Dei.*[12] Bisher war dieser Satz ein hoch in Ehren gehaltenes reformatorisches Theologumenon gewesen. Jetzt wurde er wieder aktuell als die *conditio sine qua non* für Dasein und Zukunft wahrer christlicher Kirche, existentielle Wahrheit, die für die Glieder und Amtsträger der Kirche nicht ohne den Entschluß zu eigenem Glauben und Bekennen Wahrheit sein konnte, die aber auch den untrüglichen Maßstab der Unterscheidung von 'wahrer' und 'falscher' Kirche darbot. „Das ganze Leben und

[11] In der Reihe der Forschungsberichte ›Die evangelische Theologie, ihr jetziger Stand und ihre Aufgaben‹ (Halle, 1927–1929) berichtet Ed. v. d. Goltz (1929) über die praktische Theologie. – Das Namenregister des siebzig Seiten starken Heftes führt mehr als 250 Autoren an. Aus dem Kreis um ›Zwischen den Zeiten‹ ist lediglich F. Gogarten in einer Fußnote als Herausgeber der Lutherpredigten (1927) erwähnt; von den damals längst vorliegenden Veröffentlichungen dieses Kreises zu kirchlich-praktischen Themen (z. B. E. Thurneysen, Das Wort Gottes und die Kirche, 1927, K. Barths durchweg praktisch-theologischer Vortragsband: Das Wort Gottes und die Theologie, 1924) ist nicht eine einzige notiert. So zäh waren die Widerstände gegenüber diesem neuen, im tiefsten doch genuin reformatorischen Gesamtverständnis der Kirche und ihrer Praxis.

[12] Luther, WA VII 721 (Schrift gegen Ambrosius Catharinus).

Wesen der Kirche hängt allein am Wort Gottes." Es war eine große Sache, als dieser evangelische Kernsatz in den Proben und Gnaden einer extremen Geschichte wieder lebendig wurde. Und es ist undankbares Räsonnement von Zuschauern, wenn über dem unleugbaren hundertfältigen Mißbrauch dieses exklusiven Bekenntnisses zum Worte Gottes jene Erweisungen des selbst- und alleinwirkenden göttlichen Wortes vergessen oder in Zweifel gezogen werden.

In diesen Proben und Erfahrungen wurde eine Theologie neu geboren, für die das 'Hangen am Wort' nicht nur ein ehrwürdiges Requisit theologischer Überlieferung war. Ähnlich wie zur Zeit der Reformation wurde jetzt die Theologie, eben weil ihr Anfang und Ende das 'Hangen am Wort' war, *durchweg 'praktische'* Theologie. Sie stellte ihre Beziehung zur Kirche nicht erst nachträglich reflektierend her, sie hatte von vornherein in der Kirche ihren Lebensort und ihr eigenstes Werk: das Wachen über der Bewährung des wortgebundenen Seins, Redens und Handelns dieser Kirche.

Es war eine gnädige Fügung, daß diese kritische Wachsamkeit als das eigentliche Lebenselement evangelischer Theologie einem großen Teil der verantwortlichen Amtsträger, namentlich unter der jungen Generation, in der Schülerschaft der Reformatoren schon ein Jahrzehnt lang eingeprägt worden war. Daran hatte K. Barth und sein Kreis allerdings entscheidenden Anteil. Doch der *consensus* über das Wort Gottes als alleinigen Ursprung und Maßstab, darum auch als einzigen Schutz und Trost der Kirche wurde aus vielen Quellen gespeist. Alte 'Liberale', die ein halbes Leben lang wider die 'lehrgesetzliche' Fassung des christlichen Glaubens und die selbstmächtig gewordene Autorität der Rechtskirche gekämpft hatten (nicht immer, aber oftmals einen guten Kampf), kamen jetzt vielen biblizistisch geschulten Pietisten, auch vielen 'positiven' Theologen konfessioneller oder uniert-landeskirchlicher Observanz im aktuellen Bekennen, in der Nüchternheit der Geisterunterscheidung zuvor. Eine 'praktische Theologie' des Evangeliums trat auf den Plan, zuerst nicht in Büchern und Doktrinen, vielmehr in der Unbestechlichkeit des Urteils über Wahrheit und Lüge, in der luziden Wachsamkeit des Widerstandes gegen alle Versuche, unter romantisierenden Parolen die 'falsche Kirche' als die wahre deutsche evangelische Kirche zu etablieren. Das feste Sammlungszentrum war die Bekennende Kirche. Aber nicht nur innerhalb ihres Ringes wurde die Theologie des Evangeliums im Widerstand gegen die christlich firmierte Lüge praktiziert. Auch die zeitweise schmerzhaften Spannungen innerhalb dieser widerstehenden Kirche kamen nicht nur aus Unterschieden des Vermögens zum Wachbleiben; sie waren, mehr als den Beteiligten damals bewußt war, auch heilsames Korrektiv gegen die Versuchung eines innerkirchlichen Totalismus.

Was damals an rudimentärer 'praktischer Theologie' sichtbar wurde, war geprägt durch eine entschlossene, zuweilen wohl exklusive *Biblizität.* Eine neue 'praktische Theologie' formierte sich, hier in guter Arbeitsgemeinschaft mit theologischen Lehrern und Schulen, dort in scharfer Distanzierung von einem gewissen akademisch-theologischen Neutralismus, für die alle kirchliche Praxis in der *Predigt*, bestimmter: einer streng biblischen Textpredigt kulminierte.[13] – Mit der Sammlung einer bekennenden und fürbittenden Gemeinde stellte sich, zunächst weit abseits von aller liturgischen Formtradition, auch eine neue *gottesdienstliche* Erfahrung und Maßstabsbildung ein, bekräftigt durch den inzwischen wiederbedachten neutestamentlichen Ursinn von *ekklesia:* Gemeinde im Akt der Versammlung um Gottes Wort und in der Teilhabe am Leibe Christi (I Kor 10,16 f.). – Ein wichtigster Gegenstand der jetzt neu anhebenden praktisch-theologischen Arbeit wurde die exegetisch-meditative Predigtrüste, teils in Fortführung der schon vor 1933 von L. Fendt[14] und anderen neu

[13] Vgl. H. Diem, Warum Textpredigt? 1939, mit lehrreichem Material an Predigten und Predigtbeurteilungen. – Schroffste Absage an die 'Themapredigt': K. Barth, Die Kirche Jesu Christi (ThExh, H. 5, 1933), Vorwort, S. 3 f. Der Bannspruch ist aus den Erfahrungen des Kirchenkampfes zu verstehen; in seiner Verallgemeinerung bleibt er doch ein Fehlurteil. Über die tatsächliche Selbstkorrektur Barths in dem Predigtbande ›Fürchte dich nicht!‹ (1949) vgl. die lehrreichen Bemerkungen von F. Vorster (Verkündigung und Forschung, 1949/50, S. 36 f.).

[14] Die alten Perikopen, 1931; Die neuen Perikopen, 1941, als Ergänzungsbände zu H. Lietzmann, HNT Nr. 22, 23. Vgl. auch L. Fendts ›Me-

angebauten homiletischen Textauslegung, teils in einer Gesamtauslegung biblischer Bücher und Sachzusammenhänge, die wissenschaftliche Fundiertheit und gemeindliche Abzielung zu verbinden suchte. Die zwei gewichtigen Lehrbücher der Homiletik, die kurz nacheinander erschienen, W. Trillhaas' ›Evangelische Predigtlehre‹ (1935) und H. Schreiners ›Verkündigung des Wortes Gottes‹ (1936), beide gleichermaßen innerhalb der akademischen Homiletik einen Neuanfang setzend, methodisch jedes eigene Wege beschreitend, stammten von aktiven Mitträgern dieser im bekennenden Neinsagen vorgeformten 'neuen' praktischen Theologie.

Ein besonderes Wort wäre von der *katechetisch-pädagogischen* Bemühung zu sagen, zu der die praktische Theologie damals auch durch die Stillegung des schulischen Religionsunterrichts und das Zurückfallen der Katechumenatspflicht an die kirchlich-gemeindlichen Dienstorgane gerufen wurde. Die um 1930 hoffnungsvoll und vielgestaltig begonnene theologisch-pädagogische Grundbesinnung, an der u. a. durch M. v. Tiling und ihren Kreis die Theologie F. Gogartens starken Anteil hatte, erwies sich als hilfreiche Vorarbeit dieser neuen Katechetik. – In den Entscheidungen, die der Kirchenkampf forderte, gewannen schließlich auch die Fragen der Kirchenordnung und des Kirchenrechts (der 'Kybernetik') neue Dringlichkeit; angesichts des offenkundig theologischen Kernes der jetzt zu treffenden Entscheidungen ließ sich die herkömmliche protestantische Distanzierung von diesem Bereich, der bisher als „weltlich Ding" und Angelegenheit der Juristen galt, nicht aufrecht erhalten.

Bei dem allen darf ein kritischer Vorbehalt nicht unterlassen werden. Die Konzentration auf das Wort Gottes als lebendigen Ursprung und kritische Instanz alles kirchlichen Tuns und Lassens, diese grundlegende Erfahrung, die die Keime einer neuen praktischen Theologie in sich trug, hatte von vornherein auch Versuchungen bei sich, kaum geringer als die Versuchung, die im bekennenden Neinsagen abgewehrt werden mußte. Mitten in der Sammlung der bekennenden Gemeinde wie in der theologischen

ditationen zur Predigt‹ in MPTh, z. B. im 28. Jg. (1932): Lectio continua (zu biblischen Büchern).

Denkarbeit, die ihr voranging und nachfolgte, gewann diese Versuchung von innen her hundertfach Eingang. Die Sammlung konnte Rückzug in eine fiktive Kirchenburg werden. Der wiedererweckte Wille zum Bekennen konnte sich selbst als trotziges Beharren auf dem geschichtlich überkommenen Bekenntnisstand mißverstehen. Diese Versuchung war besonders akut, wo noch eine bekenntnisgebundene Kirchenleitung erhalten geblieben war. Umgekehrt konnte aus dem Notstand eines zerstörten Kirchentums die Tugend eines independentischen Gemeinde-Christentums gemacht werden. Das Hangen am Wort konnte sich versteifen zu einer nicht nur schrift-, sondern auch buchstabengebundenen Predigtform. Die erzwungene Ausschaltung der Kirche aus dem Raum des öffentlichen Lebens schien erträglicher zu werden, wenn man sie als Wesensgesetz der 'Kirche unter dem Kreuz' auslegte, wenn die der Christenheit auferlegte Sendung und stellvertretende Verantwortung für die „Welt" einstweilen hinter die Selbstbewahrung einer 'reinen Gemeinde' zurückgestellt werden konnte.

In jeder Besinnung über die Vorgeschichte des heutigen Selbstverständnisses kirchlicher Praxis (und seiner praktisch-theologischen Theorie) muß dieser Versuchungen gedacht werden. Erst recht aber muß der Kräfte und der Zeugen gedacht werden, die sich dieser ärgsten inneren Versuchung der *ecclesia militans*, dem Wunschbilde einer Kirche mit verschlossenen Türen damals entgegenstellten, unter den leitenden Kirchenmännern besonders Landesbischof Wurm, unter den jungen Theologen obenan Dietrich Bonhoeffer, der darüber zum Blutzeugen wurde. Das Ethos einer aus Glauben geborenen traditionsfreien 'Weltlichkeit' und das Bild einer Gemeinde, die ihr Leben nicht anders als in ihrer Sendung an die 'Welt' haben will, beides ist D. Bonhoeffers theologisches Vermächtnis, ein Hauptstück der Grundlegung, mit der jede praktische Theologie fortan beginnen muß.

III

Es liegt auf der Hand: der Ertrag der 'neuen' praktischen Theologie nach 1933 will nicht primär in literarischen und forscherischen Leistungen aufgesucht sein. – In der Arbeit der wissenschaftlichen Theologie, auch ihrer 'praktischen' Disziplin, waltet ein Gesetz der Kontinuität. Bestimmte Aufgaben und Verfahrensweisen kirchlicher Praxis bleiben über allen Traditionswandel hinweg wesentlich gleichgeartet. Zwar fordern sie seitens der praktischen Theologie immer neue Überprüfung am Wort des Ursprungs, am Evangelium. Wenn aber die kritische Rückfrage bei diesem Ursprungswort sich zu bestimmter Weisung und Warnung für die Praxis der Kirche verdichten soll, so muß sie geduldig aufmerken auf die gewachsenen Vorgegebenheiten kirchlicher Ordnung. Das geschichtlich Gewachsene ist nicht die 'gottgewollte' Vorentscheidung für die Praxis von heute und morgen. Wirksame Erneuerung, z. B. im Bereich des Gottesdienstes, kann nicht in forciertem Rückgriff auf die alten Ordnungen des 16. Jahrhunderts, aber erst recht nicht unter bedenkenloser Ignorierung des gegebenen, speziell des noch lebendigen Ordnungsbestandes gewonnen werden. –

Für das neue Gesamtverständnis der praktischen Theologie, das aus den repräsentativen Darstellungen und Monographien nach 1933 bzw. nach 1945 etwa zu erfragen wäre, ist die Theologie des Wortes Gottes, speziell in der Prägung K. Barths und seines Kreises, wohl die stärkste, aber nicht die einzige – und auch nicht die allein zureichende Prägungsmacht. – Schon in den 1920er Jahren war, besonders eindrücklich in dem vielstimmigen Zeugnis des ›Berneuchener Buches‹, eine nur partiell mit Barths Theologie sich berührende Gesamtschau kirchlicher Praxis und Ordnung auf den Plan getreten, deren stärkste Kräfte sich dem Ziele gottesdienstlicher Erneuerung zuwandten. Diese Gesamtschau war auf ein 'leibhaftes', geistlich-realistisches, der befürchteten intellektuellen Substanzentleerung der reinen 'Wort'-Theologie kritisch entgegengesetztes Maßbild der Kirche und ihrer Ordnung, nach dem Urbild des Leibes Christi, angelegt. Dieses im Idealbegriff der 'Ordnung' zentrierte Maßbild umgriff mit der Kirche zugleich die Welt als geordnete Schöpfung Gottes und darum nicht als Raum der Profanität, vielmehr vorbestimmt zur Heiligung für Gott. Der stärkste und originalste Repräsentant dieses inkarnationstheologischen Kirchendenkens ist W. Stählin. In den Ursprüngen, neuerdings auch wieder direkt wirkt in das universalistische Kirchen- und Welt-Ethos dieser Bewegung das über fast fünf Jahrzehnte bewundernswert ins Große gewachsene Werk P. Tillichs hinein, dessen synthetische Energie seit seiner Exilierung im Jahre 1933 in den Spannungen und Versteifungen der evangelischen Theologie Deutschlands schmerzhaft vermißt wurde.

Sowohl W. Stählins wie Tillichs Gedankenwelt ist mitgegenwärtig in den zwei nach 1945 erschienenen Gesamtdarstellungen der praktischen Theologie, den ›Grundrissen‹ von A. D. Müller (1950) und O. Haendler (1957). Die bedeutende Leistung dieser beiden Bücher, die über das Normalmaß eines Grundrisses erheblich hinausgreifen, kann hier nicht im Vorübergehen gewürdigt und abgewogen werden. In der Grundauffassung der praktischen Theologie, auch in der zugrunde liegenden Sicht der Kirche, sind A. D. Müller und O. Haendler einander sehr nahe. Für beide ist es der besondere Auftrag der praktischen Theologie, nach der „Gestalt" der Kirche und ihres Werkes zu fragen (A. D. Müller, Grundlegung, 3. Abschnitt: Urbild und Gestalt der Kirche, S. 27–44; O. Haendler, § 1: ›Praktische Theologie als Strukturtheologie der gegenwärtigen Kirche‹ – in den sechs Kapiteln der Entfaltung ist 'Struktur' bzw. 'Gestalt' neben 'Wesen', 'Gehalt' und 'Ort' ein beherrschender Ordnungsbegriff).

Was dem Grundriß von A. D. Müller sein besonderes Gewicht gibt, ist die Energie der theologisch-systematischen Begründung; das christologisch bestimmte 'Urbild' der Kirche bedarf dreifacher Explikation: theologisch, anthropologisch, kosmologisch (S. 32). In dem Abschnitt über die ›Methode der praktischen Theologie‹ (S. 47 ff.), die sich aus der „Geisteshaltung des christlichen Glaubens" selbst ergibt, speziell in den drei ihr eigentümlichen 'Unbedingtheiten': unbedingter Realismus, unbedingt kritisches Verständnis der Wirklichkeit, unbedingte Konkretheit, weiß A. D. Müller sich im Einklang mit den Leitgedanken P. Tillichs, wie sie in seinen älteren Werken, vor allem in ›Protestantismus als kritisches und gestaltendes Prinzip‹ (1929) und ›Religiöse Verwirklichung‹ (1930) ausgesprochen sind. A. D. Müller trägt in dieser Grundlegung nicht nur Postulate vor. Die fünfteilige Entfaltung seines ›Systems der praktischen Theologie‹ läßt spüren, wie der

Autor, innerlichst beteiligt, die Geschichte seiner Zeit und die spannungsreiche Problematik der evangelischen Theologie in den vierzig Jahren seit 1910 miterlebt und mitdurchlitten hat – nach allen Seiten hörbereit, im eigenen Urteil wie in der praktischen Weisung ebenso besonnen wie bestimmt. Man wünscht diesem vergriffenen Grundriß dringlich eine Neuauflage.

O. Haendler ergänzt A. D. Müller nach verschiedenen Seiten sehr glücklich. Auch er möchte praktische Theologie nicht nur als eine Kunstlehre im Sinne Schleiermachers betrachtet wissen (wobei sich fragen ließe, ob er Schleiermachers Meinung an diesem Punkte gründlich genug versteht); ihre eigentliche Aufgabe ist, dem werdenden Amtsträger „das Wesen und die Lebensgesetze der Kirche verstehen" zu helfen (S. 13). Sein Eigenstes bietet Haendler in den zwei Zusätzen zu § 10 (Die Person des Amtsträgers): 1. Meditation (S. 119–129), 2. Tiefenpsychologie (S. 129–143). Die psychologische Erfahrenheit des Autors, die wir schon aus seinem Buche ›Die Predigt‹ (1940 ^{1}, 1960 ^{3}) kennen, kommt hier besonders dem Kapitel über die Seelsorge (S. 309–377) zugute.[15]

Genug von diesen Büchern. Wir dürfen in die Besinnung über den heutigen Stand der praktischen Theologie innerhalb der vorbestimmten Grenzen nicht einen gedrängten Literaturbericht einzuarbeiten unternehmen. Sonst wären aus dem Füllhorn der einschlägigen Publikationen seit 1945 einige Bücher, auch einzelne Zeitschriftbeiträge hohen Ranges herauszugreifen; auch der stattliche Gesamtbeitrag zur praktischen Theologie in den drei Bänden des ›Evangelischen Kirchenlexikons‹ und den sechs Bänden der dritten Auflage der ›Religion in Geschichte und Gegenwart‹ dürfte nicht ungewürdigt und ungeprüft bleiben.

Einen breiten Eigenraum müßte solche Überschau den Arbeiten zur Lehre vom *Gottesdienst* zuweisen. Zu beginnen wäre mit einer respektvollen, aber auch kritisch nachdenklichen Betrachtung des großen Sammelwerkes ›Leiturgia, Handbuch des evangelischen Got-

[15] Unter den Gesamtdarstellungen aus der Zeit nach 1933 ist noch zu nennen: L. Fendt, Grundriß der Praktischen Theologie für Studenten und Kandidaten, 3 Teile (1938/39), Neuauflage 1949 (durch Fendts knappe Homiletik, 1949, und seine Katechetik, 1951^{2}, wertvoll ergänzt).

tesdienstes‹ (Herausgeber K. F. Müller und W. Blankenburg), von dessen fünf geplanten Bänden jetzt vier abgeschlossen vorliegen. Eine außerordentliche Leistung, vorbehaltlich gewisser Rückfragen an die hier vertretene Position, ist P. Brunners systematisch und historisch gleich tiefgegründete Lehre vom Gottesdienst im ersten Band. Von dem 1954 verstorbenen G. Kunze stammen die gelehrten und originellen Beiträge über die gottesdienstliche Zeit (Bd. I) und die Lesungen (Bd. II). Die verdienstvolle ›Geschichte der christlichen Predigt‹ von A. Niebergall im zweiten Band wurde schon genannt. Eine überaus kenntnisreiche und anregende große Abhandlung über ›Theologische Grundlagen der Kirchenmusik‹ bietet O. Söhngen im vierten Band. Aber daß wir auch nach dem Erscheinen dieser vier Bände für die Fragen der Gottesdienstgeschichte, trotz vielerlei dankenswerter Einzelbelehrung, immer noch auf Rietschel-Graffs Lehrbuch der Liturgik (1952 ²) und die unerschöpfliche Fundgrube von P. Graffs ›Geschichte der Auflösung der alten gottesdienstlichen Formen usw.‹ (I, 1937 ²; II, 1939) angewiesen bleiben, ist für die ›Leiturgia‹ nicht eben eine Empfehlung. So nüchterne und ideologiefreie historische Liturgieforschung, wie sie unter den römisch-katholischen Theologen J. A. Jungmann (Missarum sollemnia 1955 ⁴), A. Baumstark, Th. Klauser wissenschaftlich überzeugend leisteten und für unsere Bedarfe L. Fendts postume ›Einführung in die Liturgiewissenschaft‹, herausgegeben von B. Klaus, 1958, wenigstens umrissen hat, wäre aller Programmatik einer 'Theologie des Gottesdienstes', auch der unter uns üblichen systematisierenden Darstellung der reformatorischen Liturgik, weitaus vorzuziehen. Sonst möchten die in der protestantischen Symbolik und Polemik festgelegten gegensätzlichen Einschätzungen der Liturgie zwischen den Katholiken und uns eines Tages, ehe wir's uns versehen, wunderlich vertauscht sein.

IV

Unter den Schäden, die P. Drews' unveraltete Schrift ›Das Problem der Praktischen Theologie‹ (1910) an dem damaligen Status der Disziplin aufdeckte, rangierte nächst dem Systematisierungsdrang und dem „einseitigen Biblizismus“ auch ein „verkehrter Historizismus“ (S. 37 ff.). Aufs Ganze der heutigen praktischen Theologie gesehen, schiene P. Drews, wenn er noch am Leben wäre, gerade in diesem Punkte Ursache zur Revision seines Urteils zu haben. Zwar, an minutiöser Detailforschung zur Geschichte kirchlicher Praxis, an territorialkirchlichen, auch liturgie- und kirchenverfassungsgeschichtlichen Spezialuntersuchungen ist kein Mangel. Zu beleben scheint sich neuestens auch das Interesse für die Geschichte der Predigt im 19. Jahrhundert, ebenso für die Geschichte des kirchlichen Unterrichts. Für wesentlichste Gebiete der kirchlichen Praxis sind wir jedoch immer noch auf die Arbeiten vor und um 1900 angewiesen, für die Seelsorgegeschichte z. B. im wesentlichen auf A. Hardelands zweibändige ›Geschichte der Seelsorge‹ (1898). Aber auch für die Geschichte der Predigt ist weder mit dem mutigen großen Durchblick A. Niebergalls noch mit Monographien über einzelne Prediger des 19. und des 16. Jahrhunderts genug getan. M. Schians ruhmwürdiges Buch ›Orthodoxie und Pietismus im Kampf um die Predigt‹ (1912) hat in diesen fünfzig Jahren seither Nachfolger seinesgleichen nicht gefunden. Einen maßstablosen „Historizismus“ würde P. Drews’ unbestechlicher Blick auch heute an mancherlei (sogar zu Dissertationen aufgeschwollenen) Zeugnissen der „Andacht zum Unbedeutenden“ wiederfinden. Doch damit wäre in seinen Augen der Mangel an historischer Bildung und Eigenforschung nicht kompensiert, an dem die große Mehrzahl der Lehrer unserer Disziplin, den Verfasser dieser Skizze eingeschlossen, krankt. Drews würde einen unterirdischen Zusammenhang zwischen dieser Mangelkrankheit und dem üppigen Gedeihen unseres neo-barocken Begriffsmanierismus nicht bloß vermuten, sondern an unseren eigenen Verlautbarungen schlagend aufweisen können.

Der praktische Theologe, dem diese Beiträge den Dank seiner Kollegen, Schüler, Freunde, stellvertretend für viele, bezeugen möchten, würde gerade vor P. Drews’ prüfendem Auge wohl bestehen. – In seiner erwähnten Schrift von 1910 hat P. Drews der praktischen Theologie seiner Zeit nicht nur ihre Mängel vorgehalten, sondern auch Wege zu besserer Realisierung ihres eigensten Auftrages gezeigt. Das erste Kennwort für die ihm vorschwebende

Ausweitung und Vertiefung der praktischen Theologie heißt *Evangelische Kirchenkunde* – wie er selbst ausführt, eine Wiederaufnahme von F. Schleiermachers Postulat einer „kirchlichen Statistik“ (KD² § 195; §§ 232–250). Zu dieser 'Kirchenkunde' gehört für P. Drews wesentlich auch die „religiöse Volkskunde“, die von seinetwegen gern auch unter dem Thema 'religiöses Leben der Gegenwart' geübt werden könnte. – Der Kirchenkunde zur Seite tritt als zweiter Gegenstand 'die *religiöse* Psychologie'. Gerade P. Drews wünscht sie nicht mit der Auflage eines apologetischen „Wahrheitserweises der christlichen Religion“ zu beschweren (S. 66). Aber er hätte sich schwer vorstellen können, daß eine künftige Theologie zu größerer Ehre des Wortes Gottes (wenn anders wirklich nur darum) die Psychologie überhaupt, vollends aber die Religionspsychologie, abgesehen etwa von gewissen theologisch rezipierten Schulen der Tiefenpsychologie, aus ihrer Lehre, am liebsten sogar aus ihrem Blickfelde verbannen würde.[16]

Gottfried Holtz hat seinem Befremden über diese theologische Blickverengung in einer Buchbesprechung (ThLZ 79, 1954, Sp. 636) unmißverständlichen Ausdruck gegeben. In den Jahrgängen der ThLZ seit 1949 finden sich wohl an die hundert Buchbesprechungen aus der Feder von G. Holtz. Vorzugsthemen sind meist umfängliche Werke zur allgemeinen wie zur religiösen Volkskunde, daneben Bücher und Untersuchungen zur Psychologie aller Observanzen. Beharrliche Aufmerksamkeit hat Holtz dem sonst von uns Theologen abschätzig ignorierten Felde der Parapsychologie und dem unterirdisch noch und wieder fortwuchernden Gewächs der magischen Praktik zugewandt. Ebenso aufgeschlossen und scharfsichtig hat er auch die Welt der katholischen Frömmigkeit in Blick genommen. In und hinter allen diesen Themen beschäftigt ihn die Problematik der 'Gemeinde', von ihrem soziologischen

[16] Eine Ausnahme unter den zünftigen Theologen ist W. Trillhaas, Religionspsychologie, 1946, Neubearbeitung: Die innere Welt, 1953. Auch die von Grund auf neubearbeitete 5. Auflage seiner ›Predigtlehre‹ (1964) zeigt dieselbe Öffnung zur Psychologie – und darüber hinaus einen neuen Willen zur Wirklichkeit (z. B. in der Warnung vor einem ideologisch ›übersteigerten Predigtbegriff‹, mit dem die praktische Theologie noch einmal von vorn beginnen könnte).

Strukturbild bis zu den schwer aufhellbaren Geheimnissen des wirklichen religiösen Personverhaltens. In diesen Rezensionen von G. Holtz, nicht minder in seinen großen Artikeln wie ›Pfarrer, geschichtlich‹ und ›Seelsorge‹ (RGG [3] V) ist eine Forscherleistung investiert, lebendige Fortführung des Vermächtnisses von P. Drews, uns Altersgenossen des Jubilars eine Beschämung, unseren jüngeren Kollegen und Nachfahren ermutigendes Vorbild einer wirklich praktischen Theologie, frei vom Zauberbann der heiliggesprochenen Vokabeln.

Zeitschrift für Theologie und Kirche. 64 (1967), S. 474—495.

PROBLEME DER PRAKTISCHEN THEOLOGIE IM RAHMEN DER STUDIENREFORM [1]

Von GERHARD KRAUSE

Die folgenden Erörterungen beziehen sich auf die seit etwa 1960 in der Bundesrepublik Deutschland (BRD) durch die Verwirklichung der Empfehlungen und Anregungen des Wissenschaftsrates [2] in den einzelnen Bundesländern im Gange befindliche Universitäts- und Studienreform. Diese ist für die besonderen Erfordernisse des Studiums der evangelischen Theologie dank der Vorarbeit einer Gemischten Kommission des Fakultätentages und der kirchlichen Ausbildungsreferenten im Januar 1967 in einer ersten Liste von ›Empfehlungen des Fakultätentages an die Evangelisch-Theologischen Fakultäten und Kirchlichen Hochschulen zur Studienreform‹ im Blick auf Dauer, Gliederung und Gestaltung des Studiums konkretisiert worden. Ohne auf die weiteren Probleme dieses 'Rahmens' näher einzugehen, sollen hier die fünf wichtigsten Fragen für das Studium der Praktischen Theologie herausgegriffen werden. Nur insofern muß der allgemeine Hintergrund der gegenwärtigen Studienreform mitbedacht werden, als sie ebenso wie die aufklärerische Studienreform zu Beginn des

[1] Als Vortrag auf der 2. Internationalen Arbeitstagung für Praktische Theologie in Jena am 2. 3. 1967 gehalten unter dem Titel ›Die neuesten Pläne zur Reform des Theologiestudiums im allgemeinen und des Studiums der Praktischen Theologie im besonderen‹ (in der BRD). Nach der kritischen Diskussion des Vortrages, für die ich zu danken habe, ist der Gedankengang stellenweise ergänzt und der Wortlaut verändert worden.

[2] Empfehlungen des Wissenschaftsrates zum Ausbau der wissenschaftlichen Einrichtungen, Teil I: Wissenschaftliche Hochschulen, 1960; Anregungen des Wissenschaftsrates zur Gestalt neuer Hochschulen, 1962; Empfehlungen (des Wissenschaftsrates) zur Neuordnung des Studiums an den wissenschaftlichen Hochschulen, 1966.

18. und wie die idealistisch-neuhumanistische zu Beginn des 19. Jahrhunderts durch ein zeitbedingt verändertes Verständnis des Verhältnisses von Wissenschaft und Praxis hervorgerufen worden ist, ein Problem, das zugleich – darin liegt der Reiz und die Aktualität unseres Themas – in verschiedenen Lösungsversuchen die Geschichte der Praktischen Theologie und in seiner jeweiligen Entfaltung ihre Grundlegung mitbestimmt. So hat die Praktische Theologie, obwohl sie oft als die komplexeste und unselbständigste aller theologischen Disziplinen angesehen wird, eine eigentümliche Affinität zur Universitäts- und Studienreform.[3] Aus der Geschichte der Reformen des Theologiestudiums ließe sich freilich auch eine andere Akzentuierung unseres Themas denken. Zeigt sie doch, daß die Reform des theologischen Studiums als wissenschaftliche Bildungsplanung für denjenigen Nachwuchs, der die bestehenden Lebensverhältnisse der Kirche in der kommenden Generation verantwortlich und zeitgemäß zu gestalten hat, eine Kirchenreform impliziert, die als solche auch ein eminent praktisch-theologisches Problem ist. Nun werden gewiß bei der Planung einer Studienreform die von ihr implizierten und möglichen Auswirkungen zu untersuchen sein; wollte man aber die Reform des Theologiestudiums, das als wissenschaftliches auf erfahrbare und methodisch erkennbare Sachverhalte bezogen bleiben müßte, vom Leitbild einer künftigen Kirchenreform her begründen, so bedürfte es einer futurologischen Wissenschaftstheorie, die – jedenfalls im Bereiche der Theologie – in ihrer Tragfähigkeit für diese Aufgabe mehr bezweifelt als anerkannt wird.

I

Die Empfehlungen des Evangelisch-Theologischen Fakultätentages sehen in These 5 für das Grundstudium zwei *Einführungs-*

[3] An dieser Stelle habe ich in Jena auf die mit Universitätsreformen zusammenhängende unterschiedliche Bestimmung des Verhältnisses von Wissenschaft und Praxis bei A. H. Francke (1710), D. Fr. Schleiermacher (1810) und P. Drews (1910) hingewiesen. Die sehr knappe Skizze dieser Geschichte des Themas wird hier ausgelassen, um sie späterer und ausführlicherer Behandlung vorzubehalten.

vorlesungen vor. Damit wendet sich die Studienreform der oft beschriebenen Nahtstelle zwischen Oberschule und Universität zu. Schelling meinte in seinen 1802 in Jena gehaltenen ›Vorlesungen über die Methode des akademischen Studiums‹, daß die Studienanfänger beim Eintritt in die Welt der Wissenschaften den Eindruck „eines Chaos . . . oder eines weiten Ozeans . . . ohne Kompaß und Leitstern" bekämen und demzufolge sich entweder „regel- und ordnungslos allen möglichen Studien hingeben, nach allen Richtungen schweifen, ohne in irgendeiner bis zu dem Kern vorzudringen", oder „gleich anfangs die Resignation üben".[4] Im Theologiestudium ist dieser Studienbeginn durch die Pflicht, die biblischen Sprachen zu lernen, besonders erschwert; er verlangt aber auch wegen der nach Zahl und Motivation noch unbekannten Studenten, die das Theologiestudium ohne Examen abbrechen, Aufmerksamkeit. Die erste Einführungsvorlesung nun soll die schwierige Aufgabe einer Enzyklopädie erfüllen und das Ganze der Theologie durch den Inhalt und inneren Zusammenhang ihrer Einzelgebiete übersichtlich und verständlich machen, bevor noch deren genaueres Studium erfolgt ist; diese Vorlesung wird als von jeder theologischen Disziplin aus entwerfbar bezeichnet. Die andere Einführungsvorlesung soll – nicht weniger schwierig – „die Relevanz der ‚kirchlichen Wirklichkeit' für das Theologiestudium (unter dem besonderen Aspekt der beruflichen Aufgaben des Pfarrers)" behandeln. Eine Begründung verweist auf krisenartige Umstellungsprozesse beim Eindringen in die wissenschaftliche und kritische Theologie, in denen die Wechselbeziehung zwischen persönlichem Glauben, theoretischem Studium und kirchlicher Praxis zur Zerreißprobe werden könne, und führt partielle Befragungsergebnisse von Theologiestudenten an, die es zu 75 % für notwendig hielten, während des Studiums ihre Mitarbeit in den Heimatgemeinden fortzusetzen, um der Gefahr einer „Betriebsblindheit" durch das Studium zu begegnen. Die – abgesehen von der m. E. ungeschickten Einengung auf Studenten mit dem Berufsziel des Pfarrers – etwas unklare Aufgabenstellung dieser Vorlesung

[4] Schelling. Sein Weltbild aus den Schriften, hg. u. eingel. v. G. Klau (Kröners Taschenausgabe Bd. 44), 1925, 89 f.

intendiert offenbar eine anfängliche Durchleuchtung der spannungsreichen Zusammenhänge zwischen Kirche, Theologie und pfarramtlicher Berufspraxis. Ob man dabei „die Relevanz der ‚kirchlichen Wirklichkeit' für das Theologiestudium" seelsorgerlich im Sinne des Dekrets des II. Vaticanum ›über die Priestererziehung‹ versteht, nach dem „alle Bereiche der Erziehung – der geistliche, intellektuelle und disziplinäre – harmonisch auf dieses pastorale Ziel hingeordnet werden"[5], ob man sie wissenschaftstheoretisch in dem von R. Bultmann wiederholt betonten Sinne auffaßt, „daß Wissenschaft nur echt bleibt, wenn sie die lebensmäßige Beziehung zu ihrem Gegenstand festhält"[6], ob man sie mehr dogmatisch oder anderswie akzentuiert, immer stellt diese zweite Einführungsvorlesung eine Aufgabe, die über eine rationale Aufhellung der Ursachen des Konfliktes zwischen Glauben, kirchlichem Leben und kritischem Denken hinausgreift, um das Existieren in diesen Konflikten zu erhellen. Indem das durch Wissenschaft störbare Glaubensverhältnis zum Gegenstand dieser Wissenschaft, dem Worte Gottes im Evangelium, mittels einer wissenschaftlichen Vorlesung fester begründet werden soll, wird nicht nur ein strukturelles Dilemma der Theologie als Wissenschaft und der vielleicht am meisten vernachlässigte Punkt heutigen Theologiestudiums berührt, sondern auch die Glaubensbedeutung theologischer „Bildung durch Wissenschaft" positiv vorausgesetzt.

Diese zweite Einführungsvorlesung war ursprünglich der Praktischen Theologie zugedacht. Wer sich eine Verbesserung des Theologiestudiums besonders des Interesses der Studenten für die Praktische Theologie, von einer im Grundstudium stattfindenden praktisch-theologischen Vorlesung erhoffte, konnte sich bestätigt fühlen. Aber später änderte der Fakultätentag die vorgesehene fachgebundene Zuständigkeit für diese Einführungsvorlesung; sie sollte nicht speziell der Praktischen Theologie vorbehalten bleiben. Das scheint mir ganz richtig zu sein, da jene problematische „Rele-

[5] J. Bopp, Die Reform der Priesterausbildung durch das II. Vatikanische Konzil (Kirche in der Zeit 21, 1966, 447–451), 449.

[6] R. Bultmann, Zur Frage der Reform des theologischen Studiums (Frankfurter Zeitung v. 2. 1. 1933, Nr. 4), 6.

vanz der ‚kirchlichen Wirklichkeit‘ für das Theologiestudium“ kein Reservat der praktisch-theologischen Disziplin sein kann, sondern gerade nach ihrem vielfach geäußerten Wunsch von den Vertretern aller theologischen Disziplinen stärker berücksichtigt werden sollte. Der Bezug aller theologischen Wissenschaften auf die Praxis des Glaubens und die Wirklichkeit der Kirche ist nicht das Proprium der Praktischen Theologie. Wenn die Ubiquität dieses Bezuges in allen theologischen Fächern auch den früheren Brauch begründete, praktisch-theologische Vorlesungen alternierend von allen Theologieprofessoren halten zu lassen, so konnte doch die Einrichtung einer Disziplin für Praktische Theologie die anderen theologischen Disziplinen nicht von der Sachnotwendigkeit dieses Bezuges auch ihrer Arbeit entlasten. Aber wie steht es mit „dem besonderen Aspekt der beruflichen Aufgaben des Pfarrers“ in dieser Einführungsvorlesung? Die Tatsache, daß er mit den in den älteren theologischen Disziplinen geltenden exegetischen, historischen und dogmatischen Methoden nicht angemessen wahrgenommen werden konnte, war der innere Grund für die Errichtung eigener praktisch-theologischer Lehrstühle in der Mitte des 19. Jahrhunderts. Ob die (heute im Abnehmen begriffene) pfarramtliche Berufserfahrung der Theologieprofessoren schon zu ihrer wissenschaftlichen Behandlung qualifiziert, würde man nur unter der idealistischen Voraussetzung bejahen können, nach der sich die Praxis bei einem gewissen Maß historischen und dogmatischen Wissens „von selbst verstehe“, eine Voraussetzung, die den wahrlich „garstigen Graben“ zwischen praxisferner Wissenschaft und wissenschaftsferner Praxis nur zementieren würde. Mit methodisch unangemessener – und d. h. dilettantischer – Behandlung der pfarramtlichen Berufspraxis wäre aber auch den Anfangssemestern wenig gedient. So wird die wichtige, aber in ihrer Aufgabenstellung noch weiterer Klärung bedürftige zweite Einführungsvorlesung die Theologischen Fakultäten und besonders unsere Fachkollegen nötigen, die besondere Aufgabe der Praktischen Theologie im Ganzen des Theologiestudiums deutlicher zu bestimmen.

II

Obwohl der Wissenschaftsrat die Reform des Studiums in der Philosophischen Fakultät mehrfach modellartig behandelt hat, liegt eine Empfehlung des Evangelisch-Theologischen Fakultätentages für diejenigen Studenten der Philosophie, die mit dem Berufsziel des Religionslehrers auch Theologie studieren, noch nicht vor. Zu diesen '*Schultheologen*' gehören nicht nur die künftigen Religionslehrer an Oberschulen, sondern auch die an Realschulen, Gewerbeoberschulen und – wo Pädagogische Hochschulen mit Universitäten verbunden wurden – an Volksschulen. Insofern bilden sie eine durch Studienzeit, Studienziel und Prüfungsanforderungen in sich heterogene Gruppe, deren genaue Zahl durch das in der BRD unterschiedliche Verfahren der Doppelimmatrikulation nicht feststellbar ist; man schätzt sie auf etwa ein Drittel der 'Pfarrtheologen'. Obwohl die in anderen Ländern übliche Gleichheit der Studien- und Prüfungspläne für Schul- und Pfarrtheologen in Deutschland in den zwanziger Jahren preisgegeben, von den Schultheologen nur noch griechische Sprachkenntnisse verlangt und die Prüfung durch vorher abgesprochene Spezialgebiete wesentlich erleichtert wurde, gibt es auf sie zugeschnittene Vorlesungsprogramme fast gar nicht.[7] Eine Differenzierung des Theologiestudiums nach den auch für die Pfarrer sich spezialisierenden Berufsbildern wurde mit guten Gründen abgelehnt, wie denn auch die anderen Fakultäten den sich erheblich stärker differenzierenden Berufsbildern ihrer Studenten gar nicht oder nur am Ende des Studiums Rechnung tragen. Indem der Schultheologe auf Auswahl innerhalb seines Theologiestudiums angewiesen ist, muß er das Odium verminderter Wissenschaftlichkeit als 'Schmalspurtheologe' auf sich nehmen. Durch verschiedene Prüfungsbestimmungen für Schultheologen in den Bundesländern und durch die Möglichkeit, teils an Theologischen Fakultäten, teils – an Universitäten ohne Theologische Fakultät – an Theologischen Instituten mit nur einem Ordinarius studieren zu können, sind die inhaltlichen An-

[7] H.-H. Schrey, Artikel ›Theologiestudium, Reform des‹, RGG³ VI, 838 f.

forderungen für die Religionsfakultas in der BRD recht unterschiedlich geworden. Dazu verlangt das in der Philosophischen Fakultät studierte zweite Schulfach eine erhebliche, viele abschrekkende Mehrarbeit und verringert die Zahl der Religionslehrer in bedenklicher Weise. Nur gelegentlich wurden den Schultheologen in den Theologischen Fakultäten Exegetica angeboten, die keine oder nur privat erlernte Sprachkenntnis voraussetzten, und Überblicksvorlesungen in Kirchengeschichte und Systematischer Theologie, die den sonst in zwei oder mehr Hauptkollegs dargebotenen Stoff auf ein Semester konzentrierten. Solche bisher der Einzelinitiative überlassenen Maßnahmen wird die Studienreform in ein den Voraussetzungen und Berufszielen der Schultheologen angepaßtes Studienprogramm umgestalten müssen. Eine Einigung über die Studierbarkeit der evangelischen Theologie für Studenten, die nicht Pfarrer werden wollen, setzt aber eine Entscheidung der Frage voraus, ob es im Blick auf den in der BRD als ordentliches Lehrfach geltenden Religionsunterricht, der fast die gesamte Jugend unvergleichlich länger und intensiver unterrichten kann als der kirchliche Unterricht, eine andere wissenschaftliche Qualität evangelischer Theologie geben darf als für die künftigen Pfarrer. Trotz aller erwägenswerten Unterschiede zwischen belehrendem Schulunterricht und verkündigendem Pfarrdienst wird man diese Frage m. E. letztlich nur verneinen können. Der von mir zunächst zugespitzte Aspekt des Berufszieles an der Schule müßte zur Relativierung des sonst im Theologiestudium üblichen Aspektes auf das pfarramtliche Berufsziel führen und in letzter Konsequenz zur Konzeption eines Theologiestudiums mit offenem Berufsziel. In jedem Falle wird sich die Reform des Theologiestudiums für Schultheologen als Hebel zur Reform allen Theologiestudiums auswirken, wie das beipielsweise in Schweden seit einiger Zeit der Fall ist.

Der noch ungelöste Problemkomplex einer Studienreform für Schultheologen enthält zwei für die Praktische Theologie wichtige Fragen. Die meisten Prüfungsordnungen dispensieren bisher den Schultheologen vom Studium der Praktischen Theologie. Obwohl er, mindestens in den Mittel- und Oberstufen der Schulen, von den Schülern mit Problemen und Kritik der gegenwärtigen kirchlichen

Praxis konfrontiert wird, mußte er sich entweder über Gottesdienst, Predigt, Sakramente, Seelsorge oder interkonfessionelle Zusammenarbeit eine Praktische Theologie im self-made-Verfahren bilden, oder er mußte die praktischen Probleme ausklammern und sich auf exegetische und historische Stoffe zurückziehen. Beides ist gleich bedenklich. Die Entlassung der Schultheologen aus der Praktischen Theologie verfestigt aber auch die Kluft zwischen einer Katechetik für künftige Pfarrer und einer Religionspädagogik für künftige Religionslehrer; die Dispensation der Studenten von der wissenschaftstheoretisch und theologisch notwendigen Kooperation beider Wissenschaftszweige während des Studiums erschwert ihre Zusammenarbeit in der Berufspraxis. Galt für jene Studien- und Prüfungsordnung noch die Ideologie von der bei ausreichendem sonstigem Wissen sich 'von selbst' verstehenden Praxis, die wissenschaftlicher Behandlung nicht würdig sei, so wird diese in ihren Ursachen und Folgen sicher komplexe, aber für Kulturpolitik und Kirche verhängnisvolle Tendenz in dieser Studienreform nicht wiederholt werden. Das bedeutet aber für die Praktische Theologie die Ausarbeitung eines Studienplanes für Schultheologen, der im Rahmen der gesamten Hochschul- und Studienreform sinnvoll und möglich ist.

Zur Lösung dieser Probleme – und das ist die andere unserer Disziplin gestellte Frage – ist die Errichtung besonderer religionspädagogischer Lehrstühle innerhalb der Disziplin der Praktischen Theologie vorgeschlagen worden.[8] Nach einer von anderer Seite formulierten Ausweitung dieses Vorschlages soll der Religionspädagoge alle auf Lehr- und Lernprozesse in Kirche und Theologie begründeten Vorgänge untersuchen, die erziehungswissenschaftliche, didaktische und methodische Relevanz haben (also auch Sprachpädagogik, Informationswissenschaft, Didaktik des Theologiestudiums usw.). So verstanden müßte die Religionspädagogik

[8] H. Kittel, Über den Stand der evangelischen Religionspädagogik und die religionspädagogische Ausbildung künftiger Pfarrer und Gymnasiallehrer (Theologia Practica 1, 1966, 207–221); vgl. die Beiträge von H.-D. Bastian, W. Neidhart und mir zu Kittels Vorschlägen, ebd. 2, 1967, 95–98.

eine eigene neue Disziplin innerhalb der Theologischen Fakultäten bilden. Man wird solche Pläne nicht einfach auf das Konto „unserer am pädagogischen Tick leidenden Zeit“ abbuchen dürfen.[9] Eine weitere Klärung der wissenschaftstheoretischen Grundlagen solcher religionspädagogischen Disziplin auf theologischer Seite vorausgesetzt, wäre sie m. E. für neue, besonders erziehungswissenschaftlich ausgerichtete Universitäten zu empfehlen. Aber auch der engere, auf eine praktisch-theologische Professur mit exklusiv religionspädagogischem Lehrauftrag gerichtete Plan stellt Probleme. Er würde das Studium der Schultheologen stärker beanspruchen als das der anderen Philologen, denen der Wissenschaftsrat zwar empfohlen hat, sich „schon während ihres Studiums mit der Erziehungswissenschaft“ zu befassen, deren Studium aber „nicht wie bisher durch eine zusätzliche Vorprüfung in der Erziehungswissenschaft unterbrochen werden“ sollte und deren „unerläßliche praktisch-pädagogische Ausbildung ... ihren legitimen Platz in der Referendarzeit“ haben soll.[10] Verlangt dieses Minimalprogramm einen neuen Lehrstuhl? Würde es nicht die angedeutete und der Pädagogik naheliegende Totalisierung des Lehrprogramms befördern? Und müßte man ähnliche Vorschläge theologisch qualifizierter Soziologen und Psychologen, auf deren Kooperation wiederum die Praktische Theologie Wert legen müßte, nicht analog entscheiden?

Der Plan betrifft aber die bisherige Auffassung und Organisation der Praktischen Theologie in Deutschland noch grundsätzlicher. Im Unterschied zu ihrer weit ausgefächerten Spezialisierung in zahlreiche Parallel-Lehrstühle (für jeweils nur Liturgik, Homiletik, Seelsorge usw.), wie sie in den USA oder in der orthodoxen Theologie üblich ist, hat die Praktische Theologie in Deutschland und in anderen Ländern Mitteleuropas die Einheit ihrer Disziplin festgehalten. Ihre hochschulrechtliche Institutionalisierung besteht – nicht unangefochten von Klagen über die Fülle des Stoffes und der kräfte-ökonomischen Verlockung einer arbeitsteiligen Auf-

[9] J. v. Kempski, Brechungen. Kritische Versuche zur Philosophie der Gegenwart, 1964, 234.

[10] Empfehlungen zur Neuordnung (s. Anm. 2), 26.

gliederung – darin, daß der Praktische Theologe alle Fachgebiete seiner Disziplin in der Lehre zu vertreten hat, in seiner Forschung sich aber einem der Fächer zuwenden kann. Das in seiner Bedeutung nicht zu unterschätzende normative Leitbild dieser institutionalisierten Einheit ist freilich nicht Ausdruck einer ideellen Synthese; als Integrationswissenschaft sämtlicher theologischer Disziplinen mit der kirchlichen Praxis oder als Bemühung um eine sie verbindende prästabilierte Harmonie ist die Praktische Theologie m. W. niemals ernsthaft verstanden worden. Ihre Einheit kann auch nicht wie in der römisch-katholischen Theologie in der Einheit unwandelbarer Wahrheiten gesehen werden, die auf die sich wandelnde Welt anzuwenden wären, oder in der einheitlichen auf das Sakrament sich gründenden Heiligkeitsqualität der Praktiker, an die sie sich adressiert. Die Einheit der Praktischen Theologie ergibt sich vielmehr von ihrem Gegenstand her und läßt sich unter verschiedenen Gesichtspunkten definieren: Das Handeln der Kirche ist eine Einheit 1. theologisch, sofern es immer Bezeugung desselben Evangeliums des einen Herrn der Welt und der Kirche ist; 2. anthropologisch, sofern jede Handlung stets Ausdruck des Handelnden als einer Ganzheit ist; 3. phänomenologisch, sofern in jeder kirchlichen Praxis homiletische, katechetische, diakonische usw. Faktoren miteinander verschmolzen sind. Diese in der Theorie erforderliche Unterscheidung zur Geschiedenheit in Parallel-Lehrstühle institutionalisieren, hieße m. E. nicht nur, die „in der Vereinzelung, Spezialisierung und Abstraktion der Fächer unvermeidbar eintretende Verengung ihrer Weltbezüge“ [11] allzu schnell bejahen.

Dem Ansinnen der Religionspädagogik auf einen exklusiven Lehrstuhl innerhalb der praktisch-theologischen Disziplin kann man also nicht antworten, indem man dem allgemeinen Fortschritt der Wissenschaft zur Spezialisierung eine traditionelle und institutionalisierte 'Einheit' gegenüberstellt. Auch der Hinweis darauf, daß der Spezialisierung der Religionspädagogik zwangsläufig die

[11] H. Schelsky, Einsamkeit und Freiheit. Idee und Gestalt der deutschen Universität und ihrer Reformen (Rowohlts deutsche Enzyklopädie Bd. 171/172), 1963, 290.

Spezialisierung der anderen, nicht weniger wichtigen und umfassenden Fachgebiete der Praktischen Theologie folgen würde, hat kein letztlich entscheidendes Gewicht. Die Kernfrage bleibt allein, ob die Religionspädagogik, die aus Gründen der genannten Einheit des Gegenstandes der Praktischen Theologie sowohl theologisch wie pädagogisch eng und in vielfältiger Weise mit der Homiletik, Seelsorge und Liturgik verbunden ist, in Forschung und Lehre auf diesen sachbedingten Zusammenhang verzichten kann und darf. Kann die Isolierung von Forschung und Lehre der einzelnen praktisch-theologischen Fächer voneinander dem Studium der Praktischen Theologie dienen oder wird sie nicht dem durch die Differenzierung der Fächer und Methoden ohnehin oft ratlosen Studenten die zur Erkenntnis wie zur Ausführung der kirchlichen Praxis erforderliche Zusammenschau erschweren bzw., weil die Wissenschaft sie vernachlässigt, sie der Willkür überantworten? Man wird die Frage, ob die Forderung der Wissenschaft in diesem Falle auf stoffverkleinernde Spezialisierung oder auf begründete Auswahl und personale Integration geht, nicht alsbald entscheiden können. Daß die Religionspädagogik unsere Disziplin jetzt zu einer grundsätzlichen Besinnung auf ihre Einheit fordert, muß man ihr danken.

III

Zu näherer Bestimmung der Aufgaben der Praktischen Theologie nötigt die vom Wissenschaftsrat und in der 3. These der Empfehlungen des Evangelisch-Theologischen Fakultätentages geforderte „verbindliche *Beschreibung der Prüfungsanforderungen*". Es soll hier nicht untersucht werden, welche Auswirkungen die revolutionäre Definition des Wissenschaftsrates auf die theologischen Prüfungen haben wird, nach der „das Examen seiner Bestimmung nach eine Abschlußprüfung, nicht eine Eingangsprüfung für bestimmte Laufbahnen" ist; daraus ergibt sich, daß es „in seinen Anforderungen am Studieninhalt zu orientieren" ist, „von den für die wissenschaftliche Ausbildung verantwortlichen Hochschullehrern abgenommen" wird und bei der Ausarbeitung der Prüfungsordnungen „den beteiligten Fakultäten ein Mitspracherecht eingeräumt wird".[12] Vielmehr soll im Sinne der hierin ausgesprochenen Entsprechung von Prüfungsleistung und Ausbildungsziel nach der Praktischen Theologie gefragt werden. Wie unklar beide tatsächlich und nicht nur unter Studenten sind, beweist ein Rahmenplan für das 1. theologische Examen, den der studentische Fachverband Evangelische Theologie im Verband Deutscher Studentenschaften im September 1966 vorgelegt hat;[13] in ihm heißt es: „In der Praktischen Theologie kann aufgrund ihres Charakters als Begegnungswissenschaft bislang nicht wie in den anderen vier Disziplinen ein Grundwissen angegeben werden." Die wichtigsten Folgerungen dieser These sind: Wegfall jeder praktisch-theologischen Klausur und jeder schriftlichen Arbeit in der Katechetik; diese bleibt mit nur einem gewählten Spezialthema Pflichtfach der mündlichen Prüfung, zu der nur noch ein zweites Fach der Praktischen Theologie nach Wahl des Kandidaten und wiederum nur in einem Spezialthema eigener Wahl hinzukommt. An die Stelle der Predigt kann die Bearbeitung eines homiletischen Themas treten. Gegenüber dieser lapidaren Reduktion des Prüfungsstoffes unserer Disziplin möchte ich zunächst an die Tatsache erinnern, daß sämtliche theologischen Prüfungen einst aus einer Prüfung in Bibelkunde und Praktischer Theologie herausgewachsen sind und daß man diese Tatsache im Zusammenhang mit der geschichtlich und kulturpolitisch instabilen Situation der Theologie würdigen müßte, die Kirchen und theologische Ausbildungsstätten sehr bald zum Rückgriff auf diese ursprünglichste Absicht theologischer Prüfungen nötigen könnte. Wichtiger scheint in der gegenwärtigen Diskussion freilich, daß die Begründung für die Nichtdefinierbarkeit eines Grundwissens der Praktischen Theologie durch den Hinweis auf ihren eigentümlichen Wissenschaftscharakter mit dem vagen Begriff der „Begegnungswissenschaft" versucht wird. Dieser Begriff verweist auf Versuche, in dem seit einem Jahrhundert in krisenhafter Wandlung begriffenen Verständnis der

[12] Empfehlungen 1966, 23 f.

[13] Vervielfältigungsdruck, angefertigt vom Studienreformausschuß des Fachverbandes Ev. Theologie, Köln 29. 9. 1966; das folgende Zitat dort S. 5.

Wissenschaft eine neue Position zu finden. So hat z. B. Viktor von Weizsäcker für seine medizinische Anthropologie „die Begegnung ... zum Kernbegriff der Wissenschaft erhoben“.[14] Hat das studentische Gutachten den Begriff der „Begegnung“ auf den Gegenstand der Praktischen Theologie bezogen in dem Sinne, daß alles Handeln der Kirche „Begegnung“ sei, oder zielt es auf ein Verständnis der „Wahrheit als Begegnung“? In beiden Fällen gehören zum Begriff der „Begegnung“ die Kategorien des in seiner philosophischen Ausarbeitung noch sehr jungen, jedenfalls auch energisch bestrittenen und in seiner unkritischen Ausweitung mindestens fragwürdigen dialogischen Denkens. So wird aber die ungelöste Grundlagenproblematik der Praktischen Theologie nur verdoppelt. Darauf weist auch die Unlogik, daß aus dem Charakter der Praktischen Theologie als „Begegnungswissenschaft“ die Nichtdefinierbarkeit ihres Grundwissens resultieren müsse, denn welche anderen „Begegnungswissenschaften“ könnte man zum Vergleich heranziehen?

Dennoch hat der zitierte Satz aus dem studentischen Gutachten richtig erkannt, daß eine das Studium gestaltende Bedeutung von Prüfungsordnungen ohne Klarheit über den Wissenschaftscharakter des betreffenden Faches nicht erfaßt werden kann. Zur Lösung dieser Aufgabe hätte der in dem großen Gutachten des Fachverbandes Evangelische Theologie von 1965 angebotene, wenn auch dort nicht im Blick auf die Praktische Theologie durchreflektierte Begriff „Handlungswissenschaft“ herangezogen werden können.[15] Dieser Begriff verbindet heute wissenschaftstheoretisch eine Reihe etwa gleichzeitig mit der Praktischen Theologie entstandener neuer Wissenschaften wie Ökonomie, Soziologie, Politische Wissenschaften, Psychologie und Pädagogik im Unterschied zu den historischen Kulturwissenschaften darin, „daß sie dem Wesen ihrer Erkenntnis

[14] D. Wyss, Person und Begegnung in der Anthropologie Viktor von Weizsäckers (in: Der leidende Mensch. Personale Psychotherapie in anthropologischer Sicht, hg. v. A. Sborowitz [Wege der Forschung Bd. X], 1960, 238–258), 257.

[15] Theologiestudium, Entwurf einer Reform. Gutachten, angefertigt im Auftrag des Fachverbandes Ev. Theologie im Verband Deutscher Studentenschaften von W. Herrmann u. G. Lautner, 1965, 64 f.

nach, also auch als ,Theorie', unmittelbaren Folgerungen für das soziale Handeln offenstehen", ja geradezu darauf bezogen sind.[16] Für die Praktische Theologie legt sich der Begriff der Handlungswissenschaft nicht nur nahe, weil er in ihrem Namen gleichsam schon enthalten ist, sondern vor allem deshalb, weil er in seiner heutigen Verwendung nicht die Eigentümlichkeit der Praxis von vornherein festlegt, etwa als „Begegnung", und darum einem theologischen Gebrauch, der das Verhältnis des Handelns der Kirche zum Handeln Gottes zu bedenken hätte, offensteht. Ohne hier auf die notwendige weitere theologische und wissenschaftstheoretische Klärung des Wissenschaftscharakters der Praktischen Theologie einzugehen, kann doch gesagt werden: Das Handeln der Kirche, der eigentliche Gegenstand der Praktischen Theologie, läßt sich nicht voll erfassen von den „Begegnungen" her, in denen es stattfindet, denn es unterliegt einem Auftrag, der in geschichtlich gewordener Gestalt die Gegenwart durchwirkt und daher – wie alles menschliche Handeln – nicht ohne Kontinuität mit der Überlieferung (sei sie auch die des Widerspruches) zu neuer Gestaltung des geschichtlichen Lebens der Kirche ausgeführt werden will und kann. Das Kriterium für das Handeln der Kirche ist weder seine Methodengerechtigkeit noch sein (in der Tat des „Grundwissens" weithin noch entbehrender) „Begegnungscharakter", sondern seine Treue gegenüber der überlieferten und doch situationsbezogenen Sachwahrheit des Auftrages.

Aus diesen, hier nur skizzenhaft möglichen, Vorüberlegungen über die Praktische Theologie als Handlungswissenschaft der Kirche ergibt sich ein anderes Urteil über die Definierbarkeit ihres Grundwissens. Dabei wird der Versuch, das prüfbare Grundwissen einer Wissenschaft zu fixieren, nicht über den Sachverhalt hinwegtäuschen dürfen, daß er in jedem Falle mit dem auch 'exemplarisch' nicht katalogisierbaren Wesen der Wissenschaft in unaufhebbarem, aber unvermeidbarem Widerspruch steht und kaum über ein vorläufiges, ja im Blick auf die mit dem Begriff des „Grundwissens" doch angezielte Theorie der Wissenschaft, dilettantisches

[16] H. Schelsky, Einsamkeit und Freiheit, 283; vgl. J. v. Kempski, Brechungen, 320.

Wissen hinausgelangen kann.[17] In der Praktischen Theologie wäre diese Vorläufigkeit ihres prüfbaren Grundwissens nur bestreitbar, wenn man eine theologia practica perennis aus einer zeitlos gültigen Ekklesiologie deduzieren könnte. Aber in diesem eingeschränkten Sinne wäre nun zum Grundwissen der Praktischen Theologie zweierlei zu rechnen: 1. Kenntnis des im Evangelium begründeten Handlungsauftrages der Kirche, seiner theologisch und kritisch zu reflektierenden Notwendigkeit, seiner Selbstauslieferung an geschichtliche Ausführungen, seiner Gemeinde und Amt, Welt und Kirche unterscheidenden wie verbindenden Funktionen. 2. Kenntnis des Gegenwartszustandes kirchlichen Handelns, seines geschichtlichen Gewordenseins, seiner territorial-konfessionellen Unterschiede, seiner Auftragsangemessenheit und Effektivität.

Dazu einige Bemerkungen. Gewiß werden Elemente dieses Grundwissens auch in anderen theologischen Disziplinen behandelt, aber sie stehen dort gerade nicht unter dem Aspekt des gegenwärtig notwendigen Handelns der Kirche. Der Handlungsauftrag ist theologisch als Evangelium und Gesetz von anderen Maximen des Handelns unterschieden, bleibt aber dann wie diese „die Regel, die eine Ausgangssituation mit einer bestimmten Endsituation verknüpft" [18]. Das geschichtliche Gewordensein des gegenwärtigen kirchlichen Handelns kann ohne statistische Deskription und kirchensoziologische Analyse nicht erfaßt werden, besteht aber nicht in kompendienartigem Wissen der ganzen Geschichte der Predigt, Katechese, Taufe usw., sondern in deren Überblick unter Betonung der das heutige Handeln bestimmenden Entwicklungslinien; zu ihrer kritischen Beurteilung gehört allerdings ein Wissen um diejenigen Möglichkeiten, die vergangenen und heute noch wirksamen Entscheidungen offenstanden. Gegen uferlose Ausdehnung dieses Grundwissens ist die Praktische Theologie durch ihre traditionelle Gliederung in die fünf Hauptgebiete kirchlichen Handelns ge-

[17] H. Schelsky, a. a. O. 261 f. 288; s. auch Register s. v. Prüfungen. – H. Behnke, Die deutsche Universität in der verwandelten Welt (Die Deutsche Universitätszeitung 22, Febr. 1967, 4–8), 7 weist auf die Unmöglichkeit hin, aus der Mathematik oder Geometrie prüfbares Grundwissen zu deduzieren.

[18] J. v. Kempski, Brechungen, 300.

sichert (Verkündigung, Gemeindeaufbau, Gottesdienst und Amtshandlungen, Seelsorge und Diakonie, Unterricht und Bildung). Alle wünschenswerten und denkbaren Erweiterungen dieser Hauptgebiete[19] lassen sich m. E. dieser Gliederung einfügen; doch wird man für eine bessere Gliederung, die nicht aus systematisierenden Prinzipien, sondern von der Sache her entworfen wäre, offenbleiben müssen. Im einzelnen wird die Übertragung des skizzierten Grundwissens in Prüfungsanforderungen, die Überwindung ihrer bisher z. T. recht erheblichen landeskirchlichen Differenzen und ihre Rückwirkung auf das Studienprogramm der Praktischen Theologie innerhalb der strikt begrenzten Studiendauer noch mancherlei Kompromisse verlangen, die einer Zusammenarbeit der Gemischten Kommission mit den Praktischen Theologen überlassen werden mögen. Vor der vom Wissenschaftsrat leider nahegelegten Illusion, daß eine „exemplarische Prüfung" einen echten Gegensatz zu dem abgelehnten „Maximum von Präsenzkenntnissen" bilde, möchte ich warnen.[20] Die detaillierteste Prüfungsordnung und das selbstgewählte Spezialthema garantieren noch nicht die kritische Anstrengung und Verantwortung des Denkens, die das Studium zu fördern hat, und hindern nicht die natürliche Neigung zu Denkklischees, die es überwinden soll.

Nun gehört freilich, wie schon angedeutet, zur Reflexion über das Handeln der Kirche in der Gegenwart nicht nur die Kenntnis des Auftrages und seiner gegenwärtigen Ausführung. Ist Handeln überhaupt und auch kirchliches Handeln „die Überführung einer Situation in eine andere"[21], dann verlangt es Kenntnis des aktuellen Kräftefeldes, auf das es sich bezieht, Kenntnis der Forderungen des Auftrages und der Gegenwart, angemessener und wirksamer zu handeln, die Fähigkeit, das Recht solcher Forderungen zu beurteilen im Vergleich mit widerstrebenden Forderungen, es auf die lauten und kurzlebigen sowie auf die verborgenen und mächtigeren geschichtsbestimmenden Faktoren zu beziehen, ihre gesamtkirchliche und interkonfessionelle Relevanz zu erkennen, ihre

[19] W. Jannasch, Artikel ›Praktische Theologie‹, RGG³ V, 507 f.

[20] Empfehlungen 1966, 24.

[21] J. v. Kempski, Brechungen, 88. 297.

Wirkungen in den privaten, emotionalen und öffentlichen Bereichen empirisch und theologisch zu ermessen und dann die Ausführung als eine kirchliche zu planen und vor Gott zu verantworten. Das mit dieser Aufzählung angedeutete und bei allem, auch dem kirchlichen Handeln erforderliche Urteilsvermögen beruht nicht nur auf geschichtlicher Kenntnis früheren Handelns der Kirche und seiner Wirkungen, sondern auch auf kritischer Beobachtung der komplexen anthropologischen, juristischen, kulturpolitischen und theologischen Zusammenhänge, in denen sich Handeln vollzieht, und dazu auf einem durch Wissen und Erfahrung kultivierten Sinn für die Kräfte und Wege des geschichtlichen Lebens. Endlich verlangt das Handeln Vollmacht zum Entschluß und zur Verantwortung. Freiheit als Vollmacht und Urteilsvermögen lassen sich wohl analysieren und modellartig beschreiben, aber nicht einüben durch Lehre. Gerade das Urteilsvermögen kann in der Zuschauerhaltung, abgelöst von der konkreten Nötigung zum Handeln und der unwideruflichen Verpflichtung, es selber verantworten zu müssen und nicht an Methodenforderungen, Lehrautoritäten, Teams, Gremien und Synoden delegieren zu können, nur unvollkommen, nur am utopischen Modell dargestellt werden, denn erst die Nötigung zum verantwortlichen Handeln vollzieht die endgültige Scheidung der verläßlichen von den weniger verläßlichen Bestimmungsfaktoren. Daher halte ich dieses Urteilsvermögen [22] auch nur für annäherungsweise lehrbar und im wesentlichen nicht für examensmäßig prüfbar. Nur in der 'Examenspredigt' wird es sich immer äußern müssen, weshalb ich sie, abgesehen von noch anderen Gründen, zu den unerläßlichen Stücken des 1. theologischen Examens zählen möchte. Wie die Praktische Theologie dennoch zur Analyse und Demonstration des zum kirchlichen Handeln gehörenden Urteilsvermögens kommen kann, wird uns noch im nächsten Abschnitt beschäftigen.

Aber zuvor müssen wir hier im Zusammenhang mit der Frage nach dem Grundwissen der Praktischen Theologie noch einer letzten kritischen Überlegung Raum geben. Die Praxis selbst ist auch

[22] Anders M. Fischer, Das Selbstverständnis der Theologie und das praktisch-theologische Studium (MPTh 55, 1966, 135–152), 150 f.

mit der umsichtigsten Bestimmung des zu ihr gehörenden Urteilsvermögens noch nicht erreicht. Wie die gerade für das kirchliche Handeln wichtige Reflexion auf die Bedingungen der Möglichkeit für die Vollziehbarkeit der Glaubensinhalte den Glauben selbst nicht reflexiv objektivieren kann, so wird am Ende aller Bemühungen um Erkenntnis des kirchlichen Handelns die selbstkritische Einsicht in eine letzte Unableitbarkeit praktischer Entscheidungen aus wissenschaftlicher Theorie stehen. Darin unterscheidet sich die Praktische Theologie nicht von den anderen Handlungswissenschaften; für die These von der Undefinierbarkeit ihres Grundwissens ist diese Einsicht daher kein zureichender Grund. Aber eine 'Normierung' der kirchlichen Praxis kann sich die Praktische Theologie nur in einem zeitlich und sachlich (auf geltendes Recht) beschränkten Sinne zum Ziel setzen. Wissenschaftlich kann sie über eine Vielzahl durchkonstruierter Modelle kaum hinausgelangen; will sie mehr, wird sie Prophetie. Als pauschale und leicht nachgesprochene Formel könnte die Einsicht in die letzte Unableitbarkeit praktischer Entscheidungen aus der Theorie zu einem flachen Pragmatismus verleiten. Wächst diese Einsicht aber aus dem auch für den Menschen in der Kirche unabdingbaren Bedürfnis, sein Handeln begründen und verantworten zu müssen, als Grenzerfahrung der Erkenntnisbemühung um die konkrete Praxis der Kirche, dann vermag wissenschaftliches Denken das Gewissen des Handelnden zu öffnen für die eigene Ohnmacht und für die wissenschaftlich nicht ableitbare 'Wahrheit', der kirchliches Handeln dienen soll und von der es, wie alles Handeln, allein seine Rechtfertigung empfangen kann. Sollte diese Verbindung der Handlungswissenschaft Praktische Theologie mit der Rechtfertigungsbotschaft des Evangeliums nicht zum 'Grundwissen' unserer Disziplin gehören?

IV

Unsere letzten Überlegungen hatten bereits die Aufgabe und Problematik der *praktisch-theologischen Seminare* im Sinn, die in der heutigen Diskussion einer Reform des Theologiestudiums diffusem und extravagantem Projektieren ausgesetzt sind und unsere

Disziplin, wenn nicht alles täuscht, vor schwerwiegende und folgenreiche Entscheidungen stellen. Auf den ersten Blick scheint die Praktische Theologie selbst an solcher Diffusion schuld zu sein, weil sie keine überzeugende Antwort gab auf die Frage, ob und in welcher Weise ihre Seminare berufspraktischer Ausbildung im Predigen und Unterrichten oder theologisch-wissenschaftlicher Bildung in der Homiletik und Katechetik dienen könnten und sollten. Genauere Analyse der jüngeren Wissenschaftsgeschichte zeigt freilich, daß gerade die nicht nur unserer Disziplin eigenen praktischen Seminare einen neuralgischen und reformbedürftigen Punkt der Humboldt-Schleiermacherschen Universitätsidee ausmachen, welche die Seminare der reinen praxisfernen Wissenschaft und Forschung vorbehielt, die Praxis aber als „Anwendungswissenschaft" an den Rand oder in den Vorhof der Universität verwies. Die falschen Erwartungen der Studenten an die praktisch-theologischen Seminare, der Eindruck ihrer vielbeklagten Praxis und angeblichen Ergebnislosigkeit sowie die radikalen Änderungsvorschläge hängen daher weniger mit der Praktischen Theologie zusammen als vielmehr mit dem nur teilweise oder gar nicht realisierten Wandel des Verhältnisses von Wissenschaft und Praxis in den letzten hundert Jahren. Das scheint mir übersehen zu werden, wenn in der heutigen Diskussion die praktisch-theologischen Seminare von Studenten und Professoren schon terminologisch einfach als 'Praktikum' einrangiert werden, mit Gemeinde-, Sozial-, Verwaltungs- oder Landpraktikum auf eine Stufe gestellt und im Endeffekt – ganz im Sinne der Humboldtschen Wissenschaftsidee – auf die vorlesungsfreie Zeit, in außeruniversitäre Räume und an universitätsfremde Unterrichtskräfte abgeschoben werden. Nach einem Vorschlag soll die Examenspredigt in dem als 'Gemeindepraktikum' veranstalteten homiletischen Seminar angefertigt, nach einem anderen das katechetische Seminar wegen mangelnder Kenntnis der Erziehungswirklichkeit aus dem Studium gestrichen werden. In gewisser Weise haben die Landeskirchen diese Entwicklung befördert, indem sie in einer m. E. schon rechtlich fragwürdigen Weise in das durch Staatsverträge festgelegte Universitätsstudium der künftigen Pfarrer eingriffen und in die zu diesem Studium gehörende vorlesungsfreie Zeit teils empfohlene, teils obligatorische Praktika legten; ob darüber Vereinbarungen mit den in Mitleidenschaft gezogenen Theologischen Fakultäten getroffen wurden, entzieht sich meiner Kenntnis. „Die legitime Sorge der Kirche“, schreibt Ernst Wolf, „für die Ausbildung des Nachwuchses für ihr kirchliches Amt läuft, indem sie bemüht ist, ‚den kirchlichen Charakter der theologischen Ausbildung an den staatlichen Fakultäten sicherzustellen‘ und durch kirchliche Hochschulen zu normieren, Gefahr, den künftigen Amtsträger kirchlich zu prägen, ehe er in selbständiger und verantwortlicher Entscheidung die wissenschaftlichen Voraussetzungen für die Gewinnung und Pflege des Besonderen seiner theologischen Existenz im Dienste des Amts sich zureichend geklärt und erworben hat.“ [23]

Die sonst so seltene Einmütigkeit studentischer, landeskirchlicher und professoraler Projekte in dieser Hinsicht und die Erledigung eines sehr grundsätzlichen Problems durch pragmatische Organisationsvorschläge sollte schon aufmerken lassen. Motive und Absichten der genannten Projekte sind im einzelnen wohl zu unterscheiden. Für die schwierige Stoffunterbringung in das zeitlich strenger begrenzte Theologiestudium könnte der Wegfall der problematischen praktisch-theologischen Seminare Raum schaffen. Den Praktischen Theologen selbst könnte die Aussicht auf Befreiung von der durch die hohe Zahl zu korrigierender Arbeiten drückenden Last seiner Seminare zu ‘eigentlichen Forschungsaufgaben’ locken. Immerhin weiß gerade er, daß die von Francke eingerichteten homiletischen und katechetischen Seminare rund hundert Jahre älter sind als alle anderen theologischen Seminare und daß die vorgeschlagenen ‘Übungen’ über Sonderfragen wie Kirchensoziologie, Kasualien und Ordination [24] schon wegen der Unlust der Studenten zu ‘Übungen’ kein Äquivalent für die bisherigen Seminare bieten. Zuweilen fasziniert das bedenkenlos den naturwissenschaftlichen Studien entlehnte Wort ‘Praktikum’: aber soll der einst prinzipielle Unterschied naturwissenschaftlichen und theologischen Studiums damit erledigt sein? Sieht man, daß heute

[23] E. Wolf, Das kirchliche Amt im Gericht der theologischen Existenz (in: Peregrinatio II, 1965, 161–178), 178.

[24] Theologiestudium (s. Anm. 15), 138.

Juristen und Philologen die ihnen von Pädagogen und Soziologen empfohlenen Praktika mit aller Energie in die Referendarzeit legen, daß Elektrotechniker und Pharmazeuten das für ihr Studium unerläßliche Praktikum vor den Studienbeginn stellen, um das wissenschaftliche Studium wirklich als solches zu konzentrieren und nicht durch allerlei auch Wünschenswertes zu unterbrechen, dann erscheinen Praktika für Theologen während des Studiums, aber außerhalb der Universität, recht anachronistisch. Man will auch den immer wieder geäußerten 'Erwartungen und Erfordernissen der kirchlichen Praxis an die wissenschaftliche Ausbildung' dienen. Aber Grund und Sinn solcher Praktika können aus Stichworten wie 'aktuelle Erfahrung, Information, Hospitieren, Auswertung, systematische Einordnung' solange wenig einleuchten, wie die einer Studienreform würdigere Frage nach der Umsetzung von Praxiserfahrung in Lehre nicht kritischer und radikaler gestellt wird. Bleibt sie aber ungeklärt, dann muß nach dem Ausbildungsethos dieser Praktika gefragt werden, d. h. danach, ob sie geschützt sind gegen die Herabwürdigung der Studenten zum bloßen Objekt schlichter Übertragung sehr partieller 'Erfahrungen', eingeplant in ein undurchschaubares System von 'Zweckmäßigkeit' und 'Verwertbarkeit' zur Abrichtung, wie man es macht.

Die Frage scheint mir also die zu sein, ob die Praktische Theologie noch hinter Schleiermacher bis auf Francke zurückfallen und die Universität mit ihren Seminaren um berufspraktischer Ausbildung willen verlassen soll, oder ob sie ihre homiletischen und katechetischen Pro- und Hauptseminare in wissenschaftstheoretisch besser begründeter Weise als ein notwendiges Stück ihres akademischen Studiums an der Universität erhalten kann. Dabei muß sie mit der Theologie insgesamt davon ausgehen, daß ihr Studium in der Tat auf bestimmte Berufe und nicht eigentlich auf künftige Theologieprofessoren hin orientiert ist. Auch die idealistische Universitätsidee sollte nach einem bewunderungswürdigen Wort Humboldts den menschlichen Geist so bilden, „daß er den schwer zu entdeckenden Punkt nicht verfehlt, auf welchem Gedanke und Wirklichkeit sich begegnen und freiwillig ineinander übergehen", einen Punkt, den es „in allen wichtigen Geschäften des Lebens gibt (und) den nur der mit der reinen Wissenschaft Vertraute erreichen und nur das wahrhaft praktische Talent nie überschreiten wird".[25] Nicht weniger behutsam formuliert 1884 Graf Yorck von Wartenburg das Verhältnis von Wissenschaft und Praxis in dem später vielzitierten Wort an Dilthey: „Das Praktisch werden können ist ja nun allerdings der eigentliche Rechtsgrund aller Wissenschaft."[26] Solche Sätze sind allerdings von einer zur Begründung der heutigen Studienreform erforderlichen Wissenschaftstheorie kaum weniger weit entfernt als die allgemeine Forderung, daß Theorie und Praxis zusammengehören. Es wäre unbillig, von ihnen zu erwarten, daß sie die in der zweiten Hälfte des 19. Jahrhunderts beginnenden Veränderungen in der Bestimmung des Verhältnisses von Wissenschaft und Praxis gleichsam hätten vorwegnehmen sollen.[27]

Diese für unsere Frage nach den praktisch-theologischen Seminaren entscheidenden Veränderungen lassen sich, allerdings stark vereinfachend, folgendermaßen skizzieren. Auf der einen Seite ver-

[25] Aus Humboldts Akademierede vom 19. 1. 1809, zit. nach H. Schelsky, Einsamkeit und Freiheit, 9; vgl. 65. 73.

[26] Briefwechsel zwischen Wilhelm Dilthey und dem Grafen Paul Yorck von Wartenburg 1877–1897, 1923, 42.

[27] R. Bultmann führte 1933 in dem Anm. 6 erwähnten Artikel das Wort des Grafen Yorck folgendermaßen aus: „Wie echte Wissenschaft ihre Möglichkeit zum Praktischwerden daraus empfängt, daß sie aus dem lebensmäßigen Verhältnis zu ihrem Gegenstand erwächst, so enthält ja das Leben in all seinen Beziehungen zu den Gegenständen auch ein Wissen um diese. Wissenschaft ist nur die methodische Ausbildung dieses in der ursprünglichen Lebensbeziehung enthaltenen Wissens. Die Sammlung und Ausbildung solchen Wissens steht freilich immer in der Gefahr, das ursprüngliche lebensmäßige Verhältnis zum Gegenstand zu verlieren. Aber ihr eigentlicher Sinn ist gerade, es zu erhalten, zu bereichern, zu vertiefen. Denn in den aktuellen Lebensbeziehungen kann das Wissen immer nur ein begrenztes, einseitiges sein. Echte Wissenschaft, die alles Wissen sammelt, sichtet, systematisiert, dient dem Leben gerade dann, wenn sie von den jeweiligen Zwecken absieht, wenn sie nicht alle möglichen Lebensverhältnisse, Anlässe und Verwendungsmöglichkeiten aufzählt, sondern wenn sie für all solche Möglichkeiten, die in der Praxis doch immer neu und anders sind als in einer Theorie der Praxis, das Wissen bereitstellt."

suchte man, die als Ausschluß der Praxis von der Wissenschaft verstandene idealistische Wissenschaftstheorie ideologisch zu verändern. Vor allem das 20. Jahrhundert wurde erfüllt von schnell wechselnden Versuchen eines Brückenschlages zwischen Wissenschaft und Praxis durch eine volks-, partei-, programmverbundene, durch eine existentielle, kirchliche, überhaupt eine 'lebendige' Wissenschaft; aber sie alle mußten irrationale Axiome einführen, die am Ende nicht nur die Verläßlichkeit solcher 'Wissenschaften' fragwürdig machten, sondern gerade auch ihrer sehr verderblichen 'Anwendung' Scheingründe des Rechtes liehen. Diese Versuche förderten eine unterschwellige Skepsis gegenüber der Wissenschaft und stärkten wiederum das Ideal von der nur in der Praxisferne reinen Wissenschaft.

Auf der anderen Seite vollzog sich in der Abkehr vom Idealismus zur selben Zeit ein Prozeß wechselwirksamer Durchdringung von Wissenschaft und Praxis [28]. Die Wissenschaft orientierte sich mehr und mehr an empirisch beobachtbaren Gegenständen, entwickelte eine induktiv-experimentelle Wissenstechnik und wurde – vorwiegend in den Natur- und sozialen Handlungswissenschaften – „ihrem Wesen nach zugleich Praxis in dem Sinne der plan- und zweckmäßigen Veränderung und Beherrschung des Gegenstandes" (189). Sie wurde hypothetisch, sofern sie sich des Urteils über die Seinsweise ihrer Gegenstände enthielt, bildete aber im Zusammenwirken von Analyse und Synthese aus ihren Ergebnissen eine Theorie der Gesetzlichkeiten ihres Gegenstandes, die – empirischer Kontrolle unterworfen und steter Erweiterung offen – abschließende Erkenntnis des Ganzen ausschloß, aber den Gegenstand als unendliche Mannigfaltigkeit von Beziehungen unter jeweiligen Beobachtungshinsichten erfaßte. Die Zweckdienlichkeit ihrer zweckfreien Forschung erwies sich darin, daß sie Möglichkeiten freibleibender Zwecke entdeckte, damit immer neue Berufe praktischen Lebens schuf und so rückwirkend differenziertere Studiengänge

[28] Vgl. zum folgenden Abschnitt J. v. Kempski, Brechungen, vor allem den 1. und 3. Teil, und H. Schelsky, Einsamkeit und Freiheit, 186 ff. 278 ff. Aus Schelskys Darlegungen sind die oben durch Seitenzahlen nachgewiesenen Zitate genommen.

und spezialisiertere Wissenszweige hervorrief. Dieser weder beendete noch in seinen Konsequenzen überschaubare Prozeß der Verschmelzung von Wissenschaft und Praxis bedeutet aber, „daß mehr und mehr alles praktische Handeln von einiger Bedeutung heute von der Wissenschaft her begründet und gesteuert wird" (216), „die Handlungswissenschaften der modernen Natur- und Sozialtechnik ... ihrerseits die Handlungs- und Erkenntnisführung des Menschen in der modernen Welt übernommen haben" (282) und überhaupt erst die Wissenschaft eine der unmittelbaren Erfahrung gar nicht mehr zugängliche Wirklichkeit erschließt, so daß sie „Organ des Erfahrens und Vergegenwärtigens in einer Welt (wird), die zum ersten Male in der Geschichte auch in dem elementaren Bereich auf Wissenschaft verwiesen ist" (298 nach J. Ritter). So wird unser Wirklichkeitsbewußtsein ständiger Berichtigung durch unser wissenschaftlich präformiertes Handeln ausgesetzt. Es ist zwar nicht auf die Praktische Theologie gezielt, aber für unsere Disziplin und unsere Seminare doch von grundsätzlicher Bedeutung, wenn der Wissenschaftsrat 1966 schrieb: „Die wissenschaftliche Durchdringung der Praxis führt dazu, daß direkte Erfahrung und Überlieferung zunehmend unzulänglich und fragwürdig werden. An ihre und an die Stelle von Fertigkeiten und Künsten treten von der Forschung bestimmte wissenschaftliche Methoden und Kenntnisse. Die Praxis in allen Bereichen braucht deshalb immer mehr Menschen, die, im Umgang mit der Wissenschaft zugleich diszipliniert und aufgeschlossen, in der Lage sind, aus eigener sachlicher Einsicht und nicht nur als in Verfahren der Praxis Eingeübte zu entscheiden, zu planen und zu handeln", „die mehr sind als mit Fachwissen ausgestattete und für ihre Berufsarbeit ausgebildete Praktiker".[29]

Mögen mancherlei Fragen nach der Tragweite dieser, gerade für die Handlungswissenschaften geltenden, Strukturwandlungen der Wissenschaft für die Praktische Theologie eindringenderer und kritischer Reflexion bedürfen, so scheint mir doch die Aufgabe der praktisch-theologischen Seminare im Horizont dieser veränderten und für die gegenwärtige Studienreform maßgebenden Wissen-

[29] Empfehlungen 1966, 9. 14.

schaftsproblematik neu bestimmt werden zu müssen. Ihr bisheriges Selbstverständnis als Appendix der anderen 'geisteswissenschaftlich' arbeitenden Disziplinen der Theologie ist fragwürdig genug. Ihr Studienziel kann sowohl angesichts der Tatsache, daß gerade die tüchtigsten Pfarrer und Religionslehrer nach vieljähriger Praxis gestehen, das Predigen und Unterrichten immer noch aufs neue lernen zu müssen, als auch im Blick auf neuere Tendenzen der kirchlichen Gesetzgebung, die bisher nach dem 1. theologischen Examen erteilte licentia concionandi (und hoffentlich auch die Unterrichtserlaubnis der Vikare) einzuschränken, nicht Berufsfertigkeit im Predigen und Unterrichten sein. Sie können auch nicht informatorisch zeigen wollen, wie man es macht in der Praxis, oder in einer Art von 'Klinikum' über die ersten Hürden praktischer Berufsarbeit hinweghelfen. Das sind mögliche Nebenwirkungen, aber nicht Begründungen für praktisch-theologische Seminare. Vielmehr möchte ich ihre Aufgabe in der (begrenzten) Ausbildung des oben erwähnten und zum Grundwissen der Praktischen Theologie gezählten kritisch-theologischen Urteilsvermögens sehen, das bei allem kirchlichen Handeln vorausgesetzt werden muß, wenn anders der kirchliche Praktiker sich weder einer bestehenden Praxis kritiklos anschließen noch sie ebenso kritiklos umgestalten darf. Als 'studium exemplare' für das beim Predigen und Unterrichten erforderliche Urteilsvermögen verlangen die praktisch-theologischen Seminare ein sachgemäß sich begründendes Fortschreiten der Erkenntnis von der exegetisch-systematisch erarbeiteten Aufgabe, der kritischen Analyse gegenwärtiger Lösungen dieser Aufgabe an ausgewählten Beispielen und der Erfassung einer bestimmten Hörerbzw. Unterrichtssituation bis zur Umsetzung dieser Erkenntnisse in detailliert ausgearbeitete und selbst zu verantwortende Handlungsvollzüge. Gegenstand der praktisch-theologischen Seminare sind also nicht die von den Studenten vorgelegten Modelle einer Predigt oder eines Unterrichtsentwurfes und deren Kritik, sondern die kategorialen Bestimmungsfaktoren der homiletischen und katechetischen Praxis, die im Nebeneinander von Aufgabe und Lösung und in wechselseitiger Kontrolle von Theorie und Praxis erkannt und in ihrer Sachgemäßheit, Notwendigkeit und Wirkung beurteilt werden sollen. Der dabei sich aufdrängenden Interdependenz theologischer, rhetorischer, pädagogischer, soziologischer und psychologischer Erkenntnis- und Beurteilungsweisen der Praxis und der kritischen Suche nach theologisch verantwortlichem Gebrauch dieser Wissenschaften könnte eine planmäßige Hinzuziehung ihrer Vertreter dienen. Um der Wissenschaft wie um der Praxis willen scheint es mir erforderlich, daß der Student die Theorie und Methodik solchen Urteilens in unmittelbarem Zusammenhang mit seinem Studium, nicht in der Distanziertheit universitätsentlegener Orte und nicht unter geteilter Lehrverantwortung, als eine wissenschaftliche Aufgabe kennenlernt.

Der nicht verstummende Hinweis auf die angeblich 'unechte Situation' der Seminarpredigten oder sporadisch gehaltenen Unterrichtsproben hat die ihm obliegende Beweislast, zu definieren, was hier denn 'echte Situation' sei, bisher nicht erfüllt; er übersieht auch, daß die zugegebenermaßen vereinfachte Situation dieser Lehrpraxis dem hier thematisierten Urteilsvermögen insofern entgegenkommt, als der Anfänger kompliziertere Situationen viel weniger erfassen könnte. Außerdem steht die vereinfachte Situation weniger in der Gefahr, Theorien zu bilden, die für andere Praxis blind machen. Aber auch die oben (II) betonte Einheit der Praxis scheint mir in dieser Form praktisch-theologischer Seminare sachgemäßer in den Blick gebracht werden zu können als in den verschiedenen Formen des 'Praktikums'.

V

Endlich muß noch ein Blick auf das *Aufbaustudium* geworfen werden. Es soll für etwa 25 Prozent guter Examinanden des ersten theologischen Examens durch engeren Kontakt zur Forschung das Studium vertiefen und durch Zusammenwirken verschiedener Wissenschaften in Spezialgebiete einführen.[30] Auf die möglichen Gefahren der so artikulierten Stufung zwischen Haupt- und Aufbaustudium soll hier nicht eingegangen werden.

Der Praktischen Theologie gibt das Aufbaustudium die Mög-

[30] Empfehlungen 1966, 30 ff.

lichkeit, neben der schon in den homiletischen und katechetischen Seminaren wünschenswerten Kooperation mit anderen Wissenschaften diese auch für die Seelsorge mit Medizinern und Psychologen und für die Liturgik mit Hymnologen, Archäologen und Kunsthistorikern anzustreben – um nur diese als Beispiele zu nennen. Aber voraussichtlich stellt das Aufbaustudium unserer Disziplin noch ein ganz anderes Problem. Wenn die Kirchenleitungen ein Viertel ihrer Kandidaten für 3–4 Semester zusätzlichen Studiums freigeben würden, bliebe doch die Forderung voll nachzuholender kirchlicher Ausbildung noch ein elementares Hindernis. So stellt sich die Frage, ob die Praktische Theologie jedenfalls einen Teil der bisherigen kirchlichen Ausbildung übernehmen könnte. Neben einem intensiven Aufbaustudium wird das Gemeindevikariat nicht abgeleistet werden dürfen. Ob zusätzliche homiletische und katechetische Oberseminare das Gemeindevikariat verkürzen oder das Schulpraktikum ersetzen können, müßte mit den kirchlichen Ausbildungsämtern sehr gründlich beraten werden. Die z.Z. in Umorganisation befindlichen Lehrveranstaltungen der Predigerseminare könnten wohl am ehesten an die Universität übernommen werden. Aber die Frage, ob innerhalb des Aufbaustudiums allzu berufsbezogene Bildungsprogramme legitim sind, müßte geprüft werden. Wenn sie sich rechtfertigen ließen, käme eine mindestens teilweise Kompensation des zweiten Theologischen Examens durch das als Abschluß des Aufbaustudiums vorgesehene – freilich noch nicht beschlossene – Magisterexamen in Sicht. So werden an dieser Stelle kirchliche Ausbildung und Praktische Theologie, die bisher in fast unbegreiflicher Distanz nebeneinander und in weitgehender Verdoppelung ihrer Lehrtätigkeit bestanden, zu neuen Regelungen kommen müssen.

Deutsches Pfarrerblatt. 69 (1969), S. 720—723.

INVENTUR DER PRAKTISCHEN THEOLOGIE

Zur heutigen Forschungs- und Studienlage

Von Henning Schröer

1. Es hat sich für die Praktische Theologie in den letzten Jahren eine neue Lage ergeben

Die neue Lage ist gekennzeichnet durch neuartiges, frühzeitiges und intensives Interesse der Studenten an dem *Problem* Praktischer Theologie. Die neue Lage ist begründet in dem allgemeinen Interesse an dem Theorie-Praxis-Problem in allen Wissenschaften. Dieses Problem übt eine erstaunliche Faszination aus. Diese Faszination wird erhöht dadurch, daß nicht nur die Beziehung der Wissenschaft auf die gesellschaftliche Wirklichkeit zum akuten Thema geworden ist, sondern auch, weil moderne Handlungswissenschaften entstanden sind, bei denen Theorie und Praxis sich unmittelbar verschränken. Es ist hier vor allem an die Soziologie, Kybernetik und Politologie in umfassendem Sinn zu denken. Nicht nur das Sein der Dinge, sondern das Handeln der Menschen wird wissenschaftlich thematisiert, so daß Gesetzmäßigkeiten festgestellt und Voraussagen ermöglicht werden. Ungeachtet allen Freiheitsspielraums erweist sich gesellschaftliches Handeln als analysierbar und lenkbar.

Diese neuen Handlungswissenschaften fordern eine Neubesinnung der Praktischen Theologie. Schleiermacher untersuchte die Praxis der Kirche auf Kunstregeln hin. Trotz seines Neuansatzes kam dabei nicht viel mehr als eine erweiterte Pastoraltheologie heraus, die individuelle Begabung und Erfahrungsregeln miteinander vermittelte. Demgegenüber kündigt sich die Möglichkeit an, die Praktische Theologie unter Beachtung der wissenschaftlichen Ergebnisse moderner Handlungswissenschaften als umfassende Kommunikationstheorie der Kirche zu entwerfen.

2. *Die Praktische Theologie muß sich als moderne Handlungswissenschaft konstituieren*

Die Praktische Theologie kann diese neue Lage nicht ignorieren. Sie muß das besondere theologische Thema – Zeitansage und Heilszusage im Namen Gottes – innerhalb dieser neuen Wissenschaftswelt kritisch vertreten.

Das erfordert 1. eine Zusammenarbeit mit den anderen theologischen Disziplinen, insbesondere mit der Systematik, da nur so der Zusammenhang von Theorie und Praxis, besser gesagt von Implikation (Glaube), Explikation (Theologie) und Applikation (Kirche) hinreichend geklärt werden kann.

Das erfordert 2. eine kritische Berücksichtigung der Methoden und Ergebnisse der Wissenschaften, die das Handeln des Menschen untersuchen und dabei in die Nähe Praktischer Theologie rücken. In Frage kommen hier vor allem die Soziologie, die Kommunikationsforschung, die Tiefenpsychologie, die Sozialpädagogik und die moderne Didaktik. Gemeinsam ist allen diesen Bemühungen, daß sie am Problem der Veränderung interessiert sind und in der anthropologischen Fragestellung konvergieren. Außerdem ist das methodische Kriterium gemeinsam: es geht um empirisch-kritische Forschung.

Der philosophische Ansatz, Praxis als Basis der Theorie anzusehen, entspricht weitgehend der erkenntnistheoretischen Konzeption von Karl Marx, in der Praxis als Grundkategorie der Erkenntnis herausgestellt wurde. Dabei werden die weltanschaulichen und politischen Implikationen des marxistischen Entwurfs sehr oft nicht mitübernommen. Die 'traditionsgeschichtliche' Linie der neuen Lage läuft von Marx über S. Freud zu der Sozialphilosophie, die in den Arbeiten von H. Marcuse, M. Horkheimer, Th. Adorno und J. Habermas zum Ausdruck gekommen ist. Zu diesem philosophischen Grundtrend, der bekanntlich neuerdings auch einer Infragestellung durch die Praxis ausgesetzt ist, kommen nun aber die zahlreichen empirisch-kritisch ermittelten Einzelergebnisse der verschiedenen Handlungswissenschaften. Hier entsteht ein rapide wachsendes Datenmaterial, dessen Verarbeitung schon kapazitätsmäßig ein besonderes Problem darstellt. Heutzutage ist keiner mehr imstande, das Gebiet der Praktischen Theologie ausreichend bis ins Detail zu überblicken.

Die neue Konstituierung der Praktischen Theologie erfordert 3. eine Stellungnahme zu den Bestrebungen, eine einheitliche Wissenschaftslogik zu entwickeln, die den alten Unterschied von Geistes- und Naturwissenschaften, wie er etwa von Dilthey entwickelt wurde, aufhebt. Diese Konzeption eines neuen Wissenschaftsbegriffs ist deshalb theologisch bedeutsam, weil Tatbestände ins Blickfeld analysierender Wissenschaft rücken, die bisher wegen ihres spezifischen anthropologisch-geschichtlichen Freiheitsspielraums quantitativen Erfassungen gegenüber unergiebig erschienen. Geschichte, Sprache, Selbst, Seele, Gemeinschaft – um nur einige der typischen Ganzheitsbegriffe anthropologisch fundierter Geisteswissenschaften mit geschichtlichem Aspekt zu nennen – werden in einem Maße in Gesetzmäßigkeiten zerlegt, so daß Evolutionstheorie und Determinismus sich die Hände reichen (reiben oder auch schütteln). Die Mathematisierung der Welt schreitet sehr stark vorwärts, wobei der Strukturbegriff, ursprünglich der Repräsentant der Geisteswissenschaften, zu dem methodischen Schlüssel für alle Verfahren wird.

Schließlich wird 4. zu fordern sein, daß die Theologie, da sie diese Wissenschaftsentwicklung von der für sie bedeutsamen Tradition der Bibel und der Kirche her kritisch begleiten muß, selbst zur Klärung des Begriffes von Kritik beiträgt, der sonst als Leerformel nur radikale Gelüste, aber keine radikale, von der Wurzel herkommende Arbeit artikuliert. Demnach wären Exegese als historisch-kritische, Systematik als ideologie-kritische und Praktische Theologie als empirisch-kritische Wissenschaftsbemühung aufzufassen. Dabei muß noch einmal auf die notwendige Zusammenarbeit – bisher in den Lehrveranstaltungen nur spärlich verwirklicht – hingewiesen werden, da keine der Disziplinen einen Monopolanspruch auf theologische Wahrheit beanspruchen kann.

3. Die Praktische Theologie als Handlungswissenschaft hat die Aufgabe, die Strukturplanung des kirchlichen Handelns theologie- und kirchenkritisch zu entwickeln

Diese Aufgabenstellung der Praktischen Theologie ist bereits grundsätzlich in letzter Zeit erkannt und formuliert worden. Das VDS-Gutachten: Theologiestudium, Entwurf einer Reform,[1] hat zu Recht die Praktische Theologie als „Wissenschaft der Information und Theologie der Reformation der gegenwärtigen Kirche" bestimmt (90), wobei allerdings Wissenschaft und Theologie noch etwas falsch gegeneinander polarisiert sind (es gibt auch eine Theologie der Information und eine Wissenschaft von der Reformation). Ebenso hat R. Bohren schon 1964 Theologie der Reformation als Aufgabe der Praktischen Theologie herausgestellt[2] und die kritische Doppelfunktion: einerseits Kritik an der Theologie im Blick auf ihre Relevanz, andererseits Kritik an der Kirche im Blick auf ihre falsche Theoriebildung durch Traditionalismus usw. bewußt gemacht.[3]

Diese Aufgabenstellung kann nur richtig angegangen werden, wenn Strukturplanung als Ausführung dieser Konzeption ausdrücklich bejaht wird. Hier ist auf den ausgezeichneten Aufsatz ›Zwischen Planung und Revolution‹ von Martin Honecker zu verweisen[4], der unter diesem Titel die Aufgabe der Sozialethik dargestellt hat. Diese Ausführungen können als theoretische Grundlage der Praktischen Theologie Verwendung finden. (Leitsatz: „Zwischen Prognose und Utopie hat die Planung zu vermitteln." [5])

Zum andern muß die Thematik der Kirchenreform ausdrücklich in die Begründung Praktischer Theologie aufgenommen werden. Die Praktische Theologie enthielt in ihren Prolegomena immer, mehr oder minder ausführlich, mehr oder minder theologisch rich-

[1] München 1965.

[2] In: Einführung in das Studium der evangelischen Theologie, München 1964, 17, 23.

[3] a. a. O. 15 ff.

[4] Ev. K. 1968, H. 10, 571–579.

[5] a. a. O. 573.

tig, eine Lehre von der Kirche. Ohne diese Grundlage ist sie in der Tat nicht zu entwickeln. Aber diese Basis kann nur mit den anderen Disziplinen zusammen entwickelt werden. Als besonderes Spezifikum der Begründung der Praktischen Theologie aber muß eine Lehre von der Kirchenreform angesehen werden, in der eben die Strukturplanung des kirchlichen Handelns konkret entfaltet wird. Man wird sagen müssen, daß die Probleme der Kirchenreform noch nicht ihr wissenschaftliches Bewußtsein gefunden haben. Die bisherigen Überlegungen gingen aus vom Kirchentag (Hauptergebnis die Schrift des Göttinger Arbeitskreises: Fragen zur Kirchenreform [6]) und von regionalen, lokalen und ökumenischen Versuchen [7] und sind jetzt versuchsweise organisiert und koordiniert worden in der 'Aktion Kirchenreform', begründet in Loccum 1968 (Publikationsorgan: akid). An bisherigen vorläufigen Versuchen einer Gesamterfassung der Kirchenreform sind zwei Aufsätze zu nennen: Claus Dieter Schulze, Reformation oder Performation der Kirche [8], der zu Recht von dem Problem der Säkularisation ausgeht, aber trotzdem zu problematischen Aufteilungen und Zielsetzungen in Richtung einer Performation anstatt einer Reformation kommt, und Karl-Wilhelm Dahm, Reform und Realität.[9]

Als Hauptprobleme sind offenbar zur Zeit die 'Demokratisierung' der Kirche (Änderung der Amts- und Ämterstruktur), die gesellschaftliche Diakonie, das Gruppenpfarramt, der Ausbau der Region, die Gottesdienstreform und die Problematik von Kirchensteuer, Kirchenbau und Entwicklungshilfe anzusehen.

Als Anregung seien hier Thesen genannt, die ich im Zusammenhang mit meiner Vorlesung ›Einführung in die Praktische Theologie‹ in diesem Semester versuchsweise aufgestellt habe.

1. Kirchenreform erfordert eine Verbindung von theologischem und organisatorischem Denken. Die Beseitigung des erheblichen

[6] Göttingen, 1964.

[7] Material dazu in der auf 5 Bde geplanten Sammlung Kirchenreform, Stuttgart 1968 ff. und bei G. Schnath (Hrg.): Fantasie für die Welt, Stuttgart 1967.

[8] PTh, 1969, 106–122.

[9] PTh, 1969, 297–311.

Defizits an organisatorischem Denken kann die theologische Reflexion nicht ersetzen. Kirchenreform erfordert kirchenrechtliche Änderungen.[10]

2. Kirchenreform muß geplant werden; sie ist nicht reaktiv, sondern 'prospektiv' zu betreiben.
3. Voraussetzung jeder Kirchenreform ist eine Analyse der wahren Notstände mit der Leitfrage: Was wird dringend gebraucht?
4. Die 'Verflüssigung' von Strukturen ist unvermeidlich[11], weswegen die Leistungen von Bestimmungs- und Suchgruppen[12] vermittelt werden müssen.
5. Das Gespräch als Institutionalisierung der Dauerreflexion[13] ist maßgebliche Kategorie heutigen 'missionarischen Gemeindeaufbaus', darf aber aus seiner Zwischenstellung gegenüber der Rede des einzelnen und dem gemeinsamen Bekenntnis nicht herausgelöst werden (Dialog zwischen Monolog und Homologie).
6. Im Dienste der Sendung ist Sammlung notwendig.[14]
7. Das gruppendynamische Bewußtsein muß erst geweckt und instrumentiert werden.[15]
8. Kirchenreform bringt heute notwendig vor allem zur Geltung, daß Gemeinde nur als Gemeinde für andere christlich existiert, darf aber die Interaktion innerhalb dieser Gruppenaufgabe nicht vernachlässigen ('Mission nach außen und innen').
9. Die Forderung nach Demokratisierung bedarf der theologischen Legitimation. Eine einfache Übernahme politologischer Beziehungsmuster gibt das theologische proprium preis.[16]

[10] Vgl. J. Schlemmer: Geld und Geltung: Zur Reform des Redens um Kirchenreform. Th. Ex.h. 142, 1967.

[11] Vgl. E. Lange: Chancen des Alltags, 1966^2, 9.

[12] Vgl. H. D. Bastian: Die Kirche als Suchgruppe, DPfbl. 1969, Nr. 3, 74–77.

[13] Vgl. H. Schelsky, ZEE, 1957, 153–174.

[14] Vgl. W. Jetter: Was wird aus der Kirche? Stuttgart 1968, 67.

[15] Vgl. J. M. Lohse, Kirche ohne Kontakte, Stuttgart 1967.

[16] Vgl. zum Thema den Aufsatz von G. Otto: Wie demokratisch kann die Kirche sein? PTh 1969, H. 7, 311–320.

10. Die Parochie muß funktional entlastet und partnerschaftlich geöffnet werden.
11. Die Region muß organisatorisch gestärkt werden, da nur von ihr gesellschaftsdiakonische Aufgaben sinnvoll und wirksam erfüllt werden können.
12. Gruppenpfarramt und Teamarbeit sind notwendige Arbeitsformen.
13. Auf Regionsebene müssen Soziologie, Medienkunde, Sozialpsychologie, Jugendkunde, Gerontologie, Psychotherapie, Schulpädagogik und Erwachsenenbildung hauptamtlich vertreten sein.
14. Hauskreise und Dienstgruppen bilden die elementaren Bestimmungs- und Suchgruppen der Kirche.
15. Die Kombination von traditionellen und progressiven Arbeitsformen ('gemischte Praxis') läßt sich nicht vermeiden.
16. Das Bauprogramm ist auf Vielzweckgemeindezentren (mit Gästehauscharakter) zu entwickeln (Freizeit vor Ort).
17. Die aktuellen Antriebsmomente der Kirchenreform sind: Ökumene (Bericht der Sektion Einheit in Neu-Delhi mit dem Hinweis auf die Notwendigkeit der sichtbaren Einheit „an jedem Ort"), Diakonie und moderne Pädagogik.[17]

Im folgenden gilt es, die Forschungs- und Studienlage der Praktischen Theologie im Aspekt ihrer Unterdisziplinen darzustellen. Die Einteilung in Unterdisziplinen hat ihre offensichtlichen Män-

[17] An wichtiger Literatur zu diesem ersten grundsätzlichen Teil des Referats ist noch zu nennen:
1. H. D. Bastian: Theologie der Frage, München 1969, der erste größere Versuch, Praktische Theologie zu den Erkenntnissen und Methoden moderner Handlungswissenschaften in Beziehung zu setzen. Daß m. E. dieser Versuch noch nicht als gelungen bezeichnet werden kann, ändert nichts an der Aktualität dieses für die heutige Praktische Theologie absolut notwendigen Buches.
2. E. Jüngel, K. Rahner, M. Seitz: Die Praktische Theologie zwischen Wissenschaft und Praxis, München 1968 (Gute Einführung in die Problemlage, aber noch kein Programm für die konkrete Zukunft der Praktischen Theologie).

gel, da sich zu oft Überschneidungen ergeben; aber bisher ist ein brauchbarer systematischer Aufriß neuer Ordnung nicht erreicht worden. Man kann nur sagen, daß die Zahl der Unterdisziplinen wächst, so daß Spezialisierung auch innerhalb der Praktischen Theologie unvermeidlich ist. Das wirkt sich notwendigerweise auch für die Pfarrerausbildung aus, wo m. E. gleichfalls eine Spezialisierung unvermeidlich ist. Schon im Studium muß ein Schwerpunkt des praktisch-theologischen Interesses gesucht werden und durch ein entsprechendes Unterrichtsprogramm befriedigend vermittelt werden. Ebenso wird es sich empfehlen, das unerläßliche Kontaktstudium im Kurssystem durchzuführen.

Als praktisch-theologische Disziplinen sind zu nennen: 1. Homiletik (Lehre von der Verkündigung). 2. 'Didaktik' = Religionspädagogik/Katechetik (Lehre vom Unterricht). 3. 'Therapeutik' = Poimenik (Lehre von der Seelsorge). 4. Liturgik (Lehre vom Gottesdienst). 5. Diakonik/Kybernetik (Pastoraltheologie) (Lehre vom Gemeindeaufbau) und eventuell 6. Aszetik (Lehre vom geistlichen Leben) und 7. Kirchenrecht. Die letzten beiden Disziplinen sind noch nicht in rechter Weise integriert.

I. Forschungs- und Studienlage in der Homiletik

1. Eine Erweiterung der Homiletik (H. I u. II, innerkirchliche und außerkirchliche) ist unumgänglich.
2. Die Predigt muß als Gesprächsermöglichung im Namen Gottes gegenüber der Tendenz zur Konversation auf Dialog und Homologie hinwirken.
3. Die Predigt muß die Erkenntnisse der Kommunikationsforschung berücksichtigen.
4. Die Predigt kann nicht mehr allein vorbereitet werden, auch wenn sie allein verantwortet werden muß.
5. Die methodischen Schritte der Predigtmeditation bzw. -vorbereitung sind präziser darzustellen.
6. Das im Hintergrund stehende Problem ist das der Christologie im Verhältnis von Indikativ und Imperativ in der Predigt.

II. Forschungs- und Studienlage in der Religionspädagogik/Katechetik

1. Zu Ort und Auftrag des Religionsunterrichts.

1.1. Die Konzeption der Evangelischen Unterweisung (H. Kittel u. a.) ist nicht mehr aufrechtzuerhalten.

1.2. Die Konzeption der existentialen Interpretation von biblischer Tradition von G. Otto und M. Stallmann ist weithin in der Schule nicht durchführbar.

1.3. Die Tendenz läuft auf einen thematisch orientierten Unterricht hin ('Problemexegese' – O. Basse –), der Information auf Lebensfragen hin bietet und die konkreten Ereignisse in Kirche, Ökumene und Welt der Religionen und Ersatzreligionen kritisch deutet.

1.4. Die entscheidenden rechtlichen Mängel in der Sonderstellung des Religionsunterrichts (einerseits ordentliches Lehrfach, andererseits konfessionelle Orientierung) erscheinen im Augenblick als nicht überwindbar.

1.5. Die Kirche sollte den Anspruch auf Religionsunterricht nicht aufgeben (Interpretation der christlichen Tradition von innen, nicht von außen), aber den Religionsunterricht auf der Oberstufe der Gymnasien als Wahlpflichtfach anbieten, sich bis zu dem Erreichen der 'Religionsmündigkeit' ohne Angst vor Repression auf das Elternrecht beziehen und in der Mittelstufe freizügige Unterrichtsformen entwickeln, die der natürlichen Oppositionsstufe dieser Altersgruppe Rechnung tragen (Kontaktunterricht).

1.6. Es ist notwendig zu erkennen, daß in der Frage des hermeneutischen Kontextes der Religionsunterricht 'in großer Koalition' mit den geistesgeschichtlichen Fächern steht, ohne daß er sich deswegen als Widersacher zur Naturwissenschaft verstehen darf.

2. Zur Didaktik und Methodik des Religionsunterrichts.

2.1. Die didaktische Analyse muß fester Bestandteil der Unterrichtsvorbereitung werden.

2.1.1. Besonderes Augenmerk ist dabei auf die didaktische Aufbereitung von Unterrichtseinheiten zu richten; die bisherige Ausbildung ist zu einseitig auf das Stundenbild fixiert.

2.2. Die zahlreichen neuen methodischen Möglichkeiten erweisen sich angesichts der finanziellen Beschränkungen des Religionsunterrichts oft nur als Angebote ohne Wirklichkeitswert.

2.2.1. Die Kirche muß deshalb einen Teil der Kosten für den Religionsunterricht, was die Materialien angeht, mitübernehmen.

2.2.2. Es müssen für die Region Materialzentren für den Religionsunterricht eingerichtet werden.

2.2.3. Die Einrichtung von Fachräumen für den Religionsunterricht ist nachdrücklich zu fördern.

2.2.4. Die Anwendung gruppendynamischer Erkenntnisse ist nachdrücklich zu unterstützen.

3. Zur Konfirmation und zum Konfirmandenunterricht.

3.1. Von seiten der praktischen Theologie liegen zur Zeit keine brauchbaren neuen umfassenden Konzeptionen vor; die Initiative liegt bei lokalen Experimenten in der Praxis.

3.2. Konfirmation sollte nur als gottesdienstlicher Abschluß eines innerhalb des Gesamtkatechumenats notwendigen Unterrichts aufgefaßt werden.

3.3. Die Experimente: Konfirmandenunterricht im Kurssystem, Konfirmandenunterricht mit Freizeit als Schwerpunkt, verdienen nachdrückliche Förderung.

4. Zur Erwachsenenbildung.

Kirche kann sich von der Aufgabe der Erwachsenenbildung im Sinne von Bewußtseinsbildung nicht dispensieren. Hier liegen neue Möglichkeiten des Gesamtkatechumenats.

4.1. Innerhalb einer Region muß der Versuch einer 'evangelischen (bzw. ökumenischen) Akademie vor Ort im Kursus- und Freizeitsystem' unternommen werden.

4.2. Die materialen Impulse solcher Erwachsenenbildung müßten aus der Gesellschaftsdiakonie und der Seelsorge als Therapie gerade auch der 'gesunden' Menschen kommen, die pathogenen Zügen kollektiver Strukturen entgegenwirkt.

4.3. Die „Theologie für Nichttheologen" braucht, gerade infolge der erhöhten allgemeinen Publizität, einen institutionellen Ort.

III. Zur Studien- und Forschungslage der Seelsorge

1. Die Seelsorge formuliert das Zentrum der Praktischen Theologie; sie kann aber nur im Kontext von Diakonik, Didaktik, Homiletik und Liturgik entfaltet werden, da es hier um die Therapie geht, die auch für gesunde Menschen notwendig ist.
2. Gegenüber klaren psychischen Krankheitsfällen ist auf die psychotherapeutischen Möglichkeiten zu verweisen.
2.1. Es bahnt sich ein vernünftiges Verhältnis von Tiefenpsychologie und Seelsorge an.
3. Schwerpunkte unserer Arbeit müssen die Sexualseelsorge (nicht nur -ethik), die Mischehenseelsorge und die Seelsorge an Kranken und Alten sein.
4. Die Einrichtung von poimenischen Seminaren, Kursen zum Pastoral Clinical Training u. ä. ist zu begrüßen.
5. Kurse für die Methodik der Gesprächsführung sind obligatorisch ins (Kontakt-)Studium aufzunehmen.
6. Als Fundamentalprobleme müssen angesehen werden: der Unterschied von Schuld und Sünde, das Verhältnis von Gespräch, Beratung, Gebet, Beichte, die Frage der Gruppenseelsorge und die Möglichkeiten der Seelsorge durch Massenmedien.

IV. Zur Forschungs- und Studienlage in der Liturgik

1. Das wesentliche Interesse liegt heute bei den Problemen der Gottesdienstreform, die durch die Versuche neuer Jugendgottesdienste und durch ›Das politische Nachtgebet‹ entstanden sind.
2. Als wesentliche Tendenzen können gelten: Themagottesdienst, Abbau der monologischen Predigtform, Einbau von Dokumentation, Benutzung verschiedener Medien, Sendung zur Aktion, Problematisierung von Bekenntnis, Verzicht auf Institutionalisierung.
3. Man muß für den Gottesdienst mehrere Konsequenzen ziehen:
3.1. Eine gemischte Praxis von agendarischen und neuen Gottesdienstformen ist unvermeidlich.

3.1. Die Ignorierung politischer Problematik ist unmöglich.
3.3. Das Verhältnis von Rationalität und Emotionalität ist näher zu klären.
3.4. Es geht nicht nur um die 'Chancen des Alltags', sondern auch des Sonntags.

V. Zur Forschungs- und Studienlage der Diakonik/Kybernetik/ Pastoraltheologie

1. Der Amtsbegriff ist umstritten, weil der theologische Autoritätsbegriff ungeklärt ist.
2. Christokratie und Demokratie sind miteinander in Beziehung zu setzen, aber nicht zu identifizieren.
3. Gruppenpfarramt und Regionalteam werden zumindest in den Städten unvermeidliche Notwendigkeiten.
4. Der hauptberufliche Theologe kann nicht nur als theologischer Berater angesehen werden, sondern er muß als der stellvertretende Zeuge angesehen werden, der die Theologie des durch Gott in Frage gestellten Menschen zu vertreten hat, nicht nur eine Theologie der Frage. Im Grunde geht es um das Verhältnis von Rationalität und Prophetie, von Vernunft und Geist angesichts der durch das Christusgeschehen gegebenen Tradition.
5. In diesem Horizont muß der Versuch gemacht werden, das Charismenverständnis des Paulus neu zur Geltung zu bringen.

VI. Zu den Fragen nach der Aszetik

Eine Lehre von der vita spiritualis ist angesichts der Vieldeutigkeit von Säkularisation außerordentlich schwierig und notwendig zugleich. Diese Arbeit kann vorwiegend in Kursen geschehen, in denen die alte Trias meditatio, oratio, tentatio neu zur Aneignung kommen muß. Das gilt nicht nur für die Seelsorger selbst, sondern für die ganze Kirche in der Frage nach den Möglichkeiten des Lebensstils der Christen. Diese Probleme können aber nicht unabhängig von der sozialethischen Verantwortung der Christen und der Begründung dieser Verantwortung im Glauben zur Sprache kommen.

VII. Zu der notwendigen Integration des Kirchenrechts

Die Mitarbeit der Kirchenrechtler für die Kirchenreform ist unerläßlich. Theologische Unterwerfung unter die juristischen 'Formal-Realitäten' ist dabei keineswegs immer notwendig. Die Neufassung des Kirchenrechts kann nicht von der Bekenntniskonzeption von Kerngemeinden ausgehen. Hauptproblem ist ein theologisch verantwortbarer Ordnungsbegriff.

Dieses Referat hat wohl zeigen können, daß die Praktische Theologie zur Zeit Inventur macht. Dabei kann es sich bei ihr nicht nur um das Wie (sag ich's meinem Kinde?) handeln, sondern um das der ganzen Theologie aufgegebene Wohin, das die Was-, Wie- und Wo-Frage enthält. Man erwartet heute in der Regel gegenüber früher zuviel von ihr, aber sicher kann sie mehr leisten, als sie bisher geleistet hat. Notwendig ist die Strukturplanung konkreter nächster Schritte, die Wahrnehmung ihrer Funktion als kritischem Umschlagplatz, der kritischen Konsultation zwischen dem *Be*kenntnis des Glaubens und der *Er*kenntnis des Wissens.

Nachtrag
(September 1970)

Obwohl seit der Abfassung dieses Referats wenig mehr als ein Jahr vergangen ist, scheint ein Nachtrag angebracht zu sein, um den Standort des Referats zu der in schnellem Fluß sich fortsetzenden Diskussion aufzuzeigen und Mißverständnisse abzuwehren, die sich bei einem solchen kurzgefaßten Überblick leicht einstellen.

1. Die These von der durch die Konfrontation mit den Handlungswissenschaften entstandenen neuen Lage der Praktischen Theologie hat sich bestätigt, wobei die Forderung nach 'empirisch-kritischer Theologie' (vgl. dazu außer der im Referat genannten Literatur die Ausführungen von W. Hermann Empirisch-kritische Theologie – oder: Kritik einer Theologie ohne Folgen, PTh, 1968, 534–539) im Mittelpunkt der Debatte steht. Ich darf in diesem Zusammenhang auch auf einen Auf-

satz von mir hinweisen: Empirische Wissenschaft und Praktische Theologie. In: Anstöße. Berichte aus der Arbeit der Evangelischen Akademie Hofgeismar, Nr. 1/2, Februar 1970, 52–65.

2. Die Aufnahme der Lehre von der Kirchenreform als Kernstück Praktischer Theologie drängt sich angesichts der neuen Veröffentlichungen immer mehr auf, von denen vor allem die Sammlung Kirchenreform, Stuttgart 1968–70 und der Versuch einer Bilanz von W. Simpfendörfer, Offene Kirche – Kritische Kirche, Stuttgart 1969, zu nennen sind.
3. In der Entwicklung eines Theologieverständnisses, das die Kooperation zwischen den Disziplinen nicht nur postuliert, sondern wirksam in Gang setzt, ist man nicht recht weitergekommen. Die Disparatheit der Diskussion, abhängig von den unterschiedlichen ins Feld geführten wissenschaftstheoretischen Modellen, zeigt sich deutlich in dem aus Diskussionsreihen an der Heidelberger Fakultät entstandenen Sammelband: Theologie als Wissenschaft in der Gesellschaft, Göttingen 1970, wo der Praktischen Theologie sehr verschiedene Rollen zugemutet werden. Als Hauptfrage stellt sich angesichts der drohenden Spaltung in Hermeneutik und Pragmatik das Problem heraus, ob Sozialethik und Praktische Theologie zu einer Zusammenarbeit kommen, die wegen ihrer exegetischen und dogmatischen Implikationen die Verbindung zu Exegese und Dogmatik behält.
4. Was in dem Referat nicht zum Ausdruck kam, war der Hinweis auf die parallelen Diskussionen in der katholischen Theologie. (Vgl. u. a. den Aufsatz von N. Greinacher, Theologie im Spannungsverhältnis von Theorie und Praxis. In: Die Funktion der Theologie in Kirche und Gesellschaft, München 1969, 156–170.)
5. Schließlich ist, was die grundsätzlichen Klärungen angeht, noch darauf zu verweisen, daß die in dem Referat anvisierte Notwendigkeit, das Verhältnis von Rationalität und Prophetie, von Vernunft und Geist, von Wissenschaftstheorie und Pneumatologie neu zu bestimmen, auch von anderen betont wird, wofür die Studie von G. Sauter, Vor einem neuen Methodenstreit in der Theologie?, München 1970 (vor allem S. 11) ein besonders deutlicher Beleg ist.
6. Was die in dem Referat thetisch skizzierte Studienlage der einzelnen Unterdisziplinen angeht, so ist wohl der dortige Hinweis auf eine Neuformulierung des Zentrums Praktischer Theologie von der Seelsorge her inzwischen bestätigt worden, was aus den Arbeiten von D. Stollberg, H. Wulf und den Beiträgen in dem der Praktischen Theologie gewidmeten Heft 1/1970 der Reihe ›Verkündigung und Forschung‹ deutlich zu ersehen ist.

7. Zusammenfassend kann man sagen, daß die Diskussion mehr und mehr zeigt, daß die notwendige Neukonstitutierung der Praktischen Theologie unter Technokratieverdacht steht. Dahinter steht die berechtigte Frage, wieweit sie, von der Möglichkeit der Analogie zu empirischen Handlungswissenschaften und daraus erhoffter Effizienz fasziniert, der theologischen Thematik den Abschied gibt oder die theologische Motivation auf Tradition reduziert. Es wird sowohl eine Revision des bisherigen hermeneutischen Ansatzes wie eines neuen bloß analytisch-pragmatischen Ansatzes notwendig sein, die, unterstützt durch die Frage nach den tiefenpsychologischen Dimensionen der Auslegung und dem semantischen Verhältnis von Umgangssprache und wissenschaftlich objektivierter Sprache, Spiritualität und Rationalität in lebendige Beziehung zueinander setzt. Es besteht Anlaß zu der Hoffnung, daß die Praktische Theologie, wenn sie nach dem Zusammenhang von biblischer Weisheit – mit eschatologischer Dringlichkeit, aber menschlicher Offenheit – und lebensnotwendiger Wissenschaftlichkeit sucht, wenn sie, mit den Unterscheidungen Bonhoeffers gesprochen, den Zusammenhang von Vorletztem und Letztem neu erkennt, dann bei dieser Inventur auch finden wird, was sie sucht, eine theologisch begründete Möglichkeit mit praktischen Konsequenzen, den Tendenzen heutiger Bewußtseinsbildung, die sich mit den Stichworten Depression und Repression kennzeichnen lassen, entgegenzuwirken.

ARBEITEN ZUR GESCHICHTE UND ZUM PROBLEM DER PRAKTISCHEN THEOLOGIE VON 1945 BIS 1970

(Die in diesem Bande abgedruckten Aufsätze und Rezensionen aus der Zeit nach 1945 sind hier mit aufgeführt. Abkürzungen folgen dem Muster in: Die Religion in Geschichte und Gegenwart, Bd. 1–6, 3. Auflage, Tübingen 1957–1962.)

I. Zur Geschichte der Praktischen Theologie

1. Geschichtliche Überblicke

Åndrén, Å., Das Studium der Praktischen Theologie in Skandinavien, in: ThPr 3, 1968, 1–8.

Arnold, F. X., Pastoraltheologische Ansätze in der Pastoral bis zum 18. Jh., in: Hdb. d. Pastoraltheologie, Bd. I, Freiburg – Basel – Wien, 1964, 15–39.

Birnbaum, W., Theologische Wandlungen von Schleiermacher bis Karl Barth. Eine enzyklopädische Studie zur Praktischen Theologie, Tüb. 1963.

Bormann, G., Studien zu Berufsbild und Berufswirklichkeit evangelischer Pfarrer in Württemberg; ein geschichtlich-statistischer Überblick von 1700–1965, in: Social Compass XIII. 12, 1966, 95–137.

Bülck, W., Geschichte des Studiums der Praktischen Theologie an der Universität Kiel, in: Schriften des Vereins für schleswig-holsteinische Kirchengeschichte, Kiel, 1921, 1. Reihe Heft 11.

Elliger, W., Zur Geschichte der Praktischen Theologie in der Berliner Fakultät, in: Forschung und Erfahrung im Dienst der Seelsorge, Festg. f. O. Haendler, Gött. 1961, 139–150, (vgl. 150 Jahre Theol. Fak. Berlin, 1960).

Fagerberg, H., Bekenntnis, Kirche und Amt in der deutschen konfessionellen Theologie des 19. Jahrhunderts, UUÅ 9, Uppsala 1952.

Füglister, R., Die Pastoraltheologie als Universitätsdisziplin; eine histor.-theol. Studie, Basel 1951.

Kansanaho, E., Practical Theology in Finland, in: Finnish Theology Past and Present, 1963, 109–159.

Klaus, B., Entstehung und Begründung der Praktischen Theologie als wissenschaftliche Disziplin im 19. Jh., in: ThLZ 85, 1960, 895–898.

Klaus, B., Die Anfänge der Praktischen Theologie in Erlangen, in: Zeitschrift f. bayr. Kirchengeschichte 32, 1963, 296–314.

Link, Chr., Die Grundlagen der Kirchenverfassung im lutherischen Konfessionalismus des 19. Jh., insbesondere bei Theodosius Harnack, Mchn. 1966.

Nagel, W., Geschichte des christlichen Gottesdienstes (Slg. Göschen 1202–1202a), Bln. 1962.

McNeill, J. T., A History of the cure of Souls (1951), Harper New York, Evanston and London 1965.

Niebergall, A., Die Geschichte der christlichen Predigt, in: Leiturgia Bd. II, Kassel 1955, 181–353.

Rau, G., Pastoraltheologie. Untersuchungen zur Geschichte und Struktur einer Gattung praktischer Theologie, Mchn. 1970.

Schuster, Heinz, Die praktische Theologie als wissenschaftlich-theologische Lehre über den je jetzt aufgegebenen Vollzug der Kirche (Diss. 1962).

Schuster, Heinz, Die Geschichte der Pastoraltheologie. Wesen und Aufgabe der Pastoraltheologie als praktische Theologie, in: Hdb. d. Pastoraltheologie, Bd. I, Freiburg – Basel – Wien 1964, 40–114.

Wehrhahn, H., Kirchenrecht und Kirchengestalt, Studien zur Theorie des Kirchenrechts der Protestanten auf lutherischer Grundlage, Tüb. 1956.

Wintzer, Fr., Die Homiletik seit Schleiermacher bis in die Anfänge der 'dialektischen Theologie' in Grundzügen, Gött. 1969.

2. *Geschichtlich-systematische Einzeldarstellungen*

Birkner, H. J., Spekulation und Heilsgeschichte. Die Geschichtsauffassung Richard Rothes, Gött. 1959.

Daur, M., Die eine Geschichte und das zweifache Recht, Untersuchung zum Kirchenbegriff und der Grundlegung kirchlicher Ordnung in der Theologie Schleiermachers. Mchn. 1969.

Doerne, M., Theologie und Kirchenregiment. Eine Studie zu Schleiermachers praktischer Theologie, in: NZSThRph 10, 1968, 360–386.

Fischer, M., Die notwendige Beziehung aller Theologie auf die Kirche in ihrer Bedeutung für die Praktische Theologie bei Schleiermacher, in ThLZ 75, 1950, 287–300 (abgedr. in: Überlegungen zu Wort u. Weg der Kirche, Bln. 1963, 155–186).

Goeters, J. F. G., Theodor Christlieb 1833–1889, in: 150 Jahre Rhein. Friedr.-Wilh.-Universität zu Bonn 1818–1968, Bonner Gelehrte. Beiträge zur Geschichte der Wissenschaften in Bonn, Bd.: EvTh, Bonn 1968, 103–120.

Grothaus, H., Die Verknüpfung von Erziehung und Seelsorge in der christlichen Erziehungslehre J. H. Wicherns. MS. Dissertation a. d. Philosophischen Fakultät Hamburg v. 25. 5. 1959.

Grunow, R., Wichern – Ruf und Antwort, 1958.

Heubach, J., Die Auffassung von der Ordination bei Claus Harms, in: MPTh 44, 1955, 111–117.

Henn, Th., Friedrich Naumanns Erbe, 1959.

Jacobs, P., Wille und Wandlung. Grundlinien der Theologie J. H. A. Ebrards, 1955.

Jüngel, E., Das Verhältnis der theologischen Disziplinen untereinander, in: Die Praktische Theologie zwischen Wissenschaft und Praxis, hg. von R. Bohren. Mchn. 1968, 11–45.

Krause, G., Andreas Hyperius in der Forschung seit 1900, in: ThR 34, 1969, 262–341.

Kressel, H., Wilhelm Löhe, Bln. 1960.

Lohse, B., Kirche und Offenbarung bei A. F. C. Vilmar, in: EvTh 17, 1957, 445–467.

Müller, G., Die Bedeutung August Vilmars für Theologie und Kirche (Theologische Existenz heute, N.F. Nr. 158), Mchn. 1969.

Rössler, D., Zwischen Rationalismus und Erweckung. Zur Predigtlehre bei Claus Harms, in: ZKG 73, 1962, 62–73.

Rössler, D., Über Friedrich Ehrenfeuchter, in NZSTh 5, 1963, 183 ff.

Rössler, D., Prolegomena zur Praktischen Theologie. Das Vermächtnis Christian Palmers, in: ZThK 64, 1967, 357–371.

Rössler, D., Emanzipation und Kirchlichkeit. Aspekte der praktischen Theologie bei Ludwig Ihmels, in: Fides et communicatio, Festschr. für Martin Doerne z. 70. Geburtstag. Gött. 1970, 252–262.

Roos, A., Konservativismus und Reaktion bei Friedrich Julius Stahl, Phil. Diss., Bonn, 1957.

Schlunk, B., Amt und Gemeinde im theologischen Denken Vilmars, Mchn. 1947.

Schmidt, M., Claus Harms und seine Bedeutung in der Geschichte des Luthertums, in: ELKZ 9, 1965, 37–41.

Schmolze, G., Autorität aus Albury. Zum 150. Geburtstag von Heinrich Thiersch, in: DtPfrBl 1967, Nr. 21, 709–712.

Schott, Erd., Richard Rothes These vom Aufgehen der Kirche im Staat, in: Communio Viatorum, 1959, 257–270.

Steck, K. G., Der Beitrag Leonhard Fendts zur Konfessionskunde, in: Erneuerung der Einen Kirche, Heinr. Bornkamm zum 65. Geburtstag, hg. v. J. Lell, (Veröffentl. d. Konfessionskdl. Inst. d. Ev. Bundes Bd. 11), Gött. 1966, 56–74.

Stupperich, R., J. J. van Osterzees Verhältnis zur 'Evangelischen Allianz', in: Nederlands Archief voor Kerksgeschiedenis 45, 1962, 117–119.

Wintzer, Fr., Homiletik als Systematik bei Alexander Schweizer, in: EvTh 10, 1965.

Wintzer, Fr., Claus Harms, Predigt und Theologie, Flensburg 1965.

Wintzer, Fr., C. I. Nitzschs Konzeption der Praktischen Theologie in ihren geschichtlichen Zusammenhängen, in: EvTh 27, 1969, 93–109.

Wittram, H., Die Kirche bei Theodosius Harnack. Ekklesiologie und Praktische Theologie (= Arbeiten zur Pastoraltheologie Bd. 2), Gött. 1963.

II. Zum Problem der Praktischen Theologie

Arnold, F. X., Rahner u. a. (Hg.), Handbuch der Pastoraltheologie – Praktische Theologie der Kirche in ihrer Gegenwart, Bd. 1 ff., Fr. 1964 ff.

Bastian, H.-D., Vom Wort zu den Wörtern. Karl Barth und die Aufgaben der Praktischen Theologie, in: EvTh 28, 1968, 25–56.

Bastian, H.-D., Die Stellung der Religionspädagogik im Rahmen einer theologischen Fakultät und die Möglichkeiten ihres Studiums, in: ThPr 3, 1968, 290–301 (abgedr. in: Reform d. theol. Ausbildung, hg. v. H.-E. Hess u. H. E. Tödt, Bd. 3, 1969, 51–65).

Bohren, R., Artikel ›Praktische Theologie, II. in der evangelischen Theologie‹, in: LThK², Bd. 8, 1963, 685 f.

Bohren, R., Praktische Theologie, in: Einführung in das Studium der Evangelischen Theologie, Mchn. 1964, 9–32.

Bohren, R., Einführung in das Studium der Theologie als Problem der Seelsorge und der Enzyklopädie, in: VF, Theol. Jahresbericht 1960/62, Mchn. 1965, 149–164.

Bohren, R., Zukunftsperspektiven der Praktischen Theologie, in: Wort und Gnade, (Festschrift Thurneysen) 1968, 395–408.

Burgsmüller, A., Probleme der praktisch-theologischen Ausbildung im Vikariat und Predigerseminar, in: Vikariatsleitertagung v. 6. bis 10. 11. 1967 (Protokolle des Pastoralkollegs Loccum), Loccum 1967, 20–34.

Burnier, Ed., La théologie, science pratique, in: Au service du Dieu vivant. Hommage de reconnaissance à M. Emile Brunner, Lausanne 1950, 9–17.

Casalis, G., Grundsätze der Praktischen Theologie, Vortrag auf der internationalen Arbeitstagung für Prakt. Theologie, Jena 1967, MS. (vgl. KiZ 22, 1967, 319 ff.).

Daiber, K. Fr., Kirchliche Institute für Praktische Theologie? in: MPTh 56, 1967, 294–304.

Danielsmeyer, W., Was erwarten wir von der Praktischen Theologie an den Theologischen Fakultäten? in: KiZ 16, 1961, 313–315.

Dantine, W., Die Praktische Theologie in der Sicht der Systematik, in: ThPr 4, 1969, 329–345.

Delahaye, K., Überlegungen zur Neuorientierung der Pastoraltheologie heute, in Gott in Welt, Festschr. K. Rahner, Fr./Basel/Wien 1964, 206 ff.

Deutsch- und englischsprachige Literatur zur evangelisch-theologischen Ausbildung seit 1945, chronologisch und sachlich geordnet, in: Reform der theologischen Ausbildung, hg. v. H.-E. Hess u. H. E. Tödt, Bd. 7, St./Bln. 1970, 139–147.

Diem, H., Die Kirche und ihre Praxis, Mchn. 1963.

Doerne, M., Zum gegenwärtigen Stand der praktischen Theologie, in: Kirche, Theologie, Frömmigkeit, Festgabe f. Gottfried Holtz zum 65. Geburtstag, Bln. 1965, 72–82.

Ebeling, G., Diskussionsthesen für eine Vorlesung zur Einführung in das Studium der Theologie, in: Wort und Glaube Bd. I, Tüb. 1960, 447–457.

Ebeling, G., Hauptprobleme der protestantischen Theologie in der Gegenwart, in: ZThK 58, 1961, 123–136 (= Wort und Glaube Bd. 2, Tüb. 1969, 56–71).

Ebeling, G., Leitsätze zur Ekklesiologie, in: Theologie und Verkündigung, Tüb. 1962, 93–103 u. 1963².

Ebeling, G., Der Theologe und sein Amt in der Kirche, Leitsätze, in: ZThK 66, 1969, 245–254.

Eisinger, W., Die Praktische Theologie zwischen Praxis und Theorie, in: Theologie als Wissenschaft in der Gesellschaft, hg. v. H. Siemers u. H.-R. Reuter, Gött. 1970, 13–27.

Fischer, M., Vom Wesen der Praktischen Theologie im Ganzen der Theologie als Wissenschaft, in: ThViat V, 1953, 397–402.

Fischer, M., Theologie und Kirchenleitung, in: EvTh 21, 1961, 563–575.

Fischer, M., Überlegungen zu Wort und Weg der Kirche, Bln. 1963.

Fischer, M., Das Selbstverständnis der Theologie und das praktisch-theologische Studium, in: MPTh 55, 1966, 135–152.

Haendler, O., Praktische Theologie als theologisches Problem (Rez. v. A. D. Müller, Grundriß d. Prakt. Theologie, 1950), in: ThLZ 79, 1954, 661–670.

Haendler, O., Wissenschaft und Leben in der Praktischen Theologie, in: Wissenschaftl. Zeitschrift der Humboldt-Universität Berlin, gesellschafts- u. sprachwissenschaftl. Reihe, III, 1953, 289–295.

Hahn, W., Artikel ›Praktische Theologie‹, in: EKL III, (1959) 1962², 283–287.

Harbsmeier, G., Einführung zu VF 12, 1967, 1–6.

Harbsmeier, G., Von Barth zu H. D. Bastian. Erwägungen zu H. D. Bastian, Vom Wort zu den Wörtern – Karl Barth und die Aufgaben der Praktischen Theologie, in: Schule und Kirche vor den Aufgaben der Erziehung. Festschr. f. Martin Stallmann, hg. von G. Otto u. H. Stock, Hbg. 1968, 31–39.

Herrmann, W., u. Lautner, G. (Hrsg.), Theologiestudium, Entwurf einer Reform, Mchn. 1964.

Hertzsch, E., Ist die Praktische Theologie eine Wissenschaft? in: ThLZ 77, 1952, 693–698.

Heubach, J., Pastoralethik, eine Aufgabe der praktischen Theologie, in: Sammlung u. Sendung, Festgabe f. D. Heinrich Rendtorff, hg. v. J. Heubach u. H.-H. Ulrich, Bln. 1958, 40–46.

Hiltner, S., Bibliography and Reading, Guide in Pastoral Psychology, in: Pastoral Psychology Vol. V, No. 50, January 1955.

Hiltner, S., Preface to Pastoral Theology, New York (Abingdon Press), 1958.

Hiltner, S., Theology and Pastoral Care in the United States, in: ThLZ 88, 1963, 501–508.

Hoffmann, G., Die ökumenische Blickrichtung der Praktischen Theologie, in: Stat crux dum volvitur orbis (Festschrift Lilje), Bln. 1959, 188–199.

Hommers, G., Praktisch-theologische Ausbildung in den USA, in: KiZ 22, 1967, 247–250.

Huber, M., Die Kirche und ihre Arbeit, in: Schweizerische Theologische Umschau 31, 1961, 43–58.

Hübner, E., Evangelische Theologie in unserer Zeit, Bremen 1966, 158-174.

Jannasch, W., Karl Barth und die Praktische Theologie, in: ThLZ 76, 1951, 1–16.

Jannasch, W., Neue Gesamtdarstellungen der Praktischen Theologie, in: VF 1951/52, Mchn. 1954, 172–182.

Jannasch, W., Artikel ›Praktische Theologie‹, in: RGG³, 1961, Bd. V, 504–510.

Jeschke, J. B., Zum Gespräch über das Selbstverständnis der Praktischen Theologie, in: Wort u. Welt, Festgabe f. Erich Hertzsch, hg. v. M. Weise, Bln. 1968, 127–132.

Jetter, W., Praktika für Theologen. Zum theologischen Studiengang und den kirchlichen Ausbildungswegen, in: MPTh 56, 1967, 278–293.

Jetter, W., Die Praktische Theologie, in: ZThK 64, 1967, 451–473.

Josuttis, M., Die Bedeutung der Kirchensoziologie für die Praktische Theologie, in: VF 12, 1967, 58-94.

Kato, Ts., Die Perspektive der Praktischen Theologie, in: Wort und Gemeinde, Ed. Thurneysen zum 80. Geb., Zürich 1968, 379–394.

Kiesow, E. R., Bericht über das Studium der Praktischen Theologie, in: ZdZ 1967, 427 ff.

Kjöllerström, Sv., Praktisk teologie. Handbok i Kyrkans organisation och verksamhetsformer, Lund (Gleerups) 1967^2.

Klaus, B., Praktische Theologie vor neuen Aufgaben, in: ThPr 2, 1967, 101–109.

Klostermann, F., Pastoraltheologie heute, in: Dienst an der Lehre, Wiener Beiträge zur Theologie, X, 1965, 51–108.

Krause, G., Zur Standortbestimmung einer Zeitschrift für Praktische Theologie, in: ThPr 1, 1966, 4–19.

Krause, G., Probleme der Praktischen Theologie im Rahmen der Studienreform, in: ZThK 64, 1967, 474–495.

Krause, G., Rezensionen: F. X. Arnold, K. Rahner, Handbuch der Pastoraltheologie I, 1964, in: ThPr 2, 1967, 360–371. – E. Jüngel, K. Rahner, M. Seitz, Die Praktische Theologie zwischen Wissenschaft und Praxis. Mch. 1968, in: ThLZ 94, 1969, 147–149. – Sven Kjöllerström, Praktisk teologie, Lund 1967^2, in: ThPr 4, 1969, 96 f.

Krause, G., Hat die Praktische Theologie wirklich die Konkurrenz der Pastoraltheologie überwunden? in: ThLZ 95, 1970, 721–732.

Krimm, H., Ein neues Lehrbuch der Praktischen Theologie (Rez. v. A. D. Müllers Grundriß d. Prakt. Theologie 1950), in: DtPfBl 51, 1951, 627 f.

Lange, E., Der Pfarrer in der Gemeinde heute, in: Pth 55, 1966, 199–229.

Leuenberger, R., Berufung und Dienst, Beitrag zu einer Theologie des evangelischen Pfarrerberufes, Zürich 1966.

Merz, G., Die Verantwortung der Kirche für die Ausbildung ihrer Pfarrer, Mchn. 1948.

Merz, G., Die Praktische Theologie, in: Theologie und Liturgie, hg. von Liemar Hennig, Kassel 1952, 171–180.

Meyer zu Uptrup, Kl., Praktische Theologie als theologische Kybernetik, in: Ev. Kommentare 2, 1969, 579–583.

Mezger, M., Das Praktische und das Praktikable, in: DtPfBl 11, 1965, 321–325.

Mezger, M., Praktische Theologie – Zugang zu ihrem Studium (I) in: ThPr 1, 1966, 111–119.

Müller, A. D., Praktische Theologie, in: Grundriß des Theologiestudiums, hg. v. M. Doerne, III. Teil, Gü. 1952, 114–189.

Müller, A. D., Das System der Praktischen Theologie und die Bedürfnisse der kirchlichen Praxis, in: ThLZ 79, 1954, 513–520.

Müller, A. D., Die Sprache als Problem der Praktischen Theologie, in: Das Problem der Sprache in Theologie und Kirche, Referate vom Dt. Ev. Theologentag Mai 1958 in Berlin, hg. v. W. Schneemelcher, Bln. 1959, 85–111.

Müller, A. D., Aufgaben und Probleme der Praktischen Theologie, in: Studium generale, 14, 1961, 86–102.

Oglesby, W. B. jr. (Hg.), The New Shape of Pastoral Theology, Essay in Honor of Seward Hiltner, Nashville and New York (Abingdon Press) 1969.

Osterloh, E., Vorschlag zur Reform des Theologiestudiums, in: MPTh 42, 1953, 260–265.

Otto, G., Zur gegenwärtigen Diskussion in der Praktischen Theologie, Thesen und Texte als Rahmen und Orientierung, in: Praktisch-theologisches Handbuch, Hbg. 1970, 9–24.

Philippi, P., Über den Begriff des kirchlichen Amtes. Zwei Thesenreihen. KuD 16, 1970, 144–152.

Plädoyer für eine neue praktische Theologie, vorgelegt vom Arbeitskreis „Fakultäts- u. Studienreform der Fachschaft Ev. Theologie Münster", in: Reform der theol. Ausbildung, hg. v. H.-E. Hess u. H. E. Tödt, Bd. 3, Stgt. 1969, 65–68.

Rahner, K., Die Praktische Theologie im Ganzen der Theologischen Disziplinen, in: Die Praktische Theologie zwischen Wissenschaft und Praxis, hg. v. R. Bohren, Mchn. 1968, 46–58.

Rendtorff, H., Rezension von O. Haendlers Grundriß der Praktischen Theologie, 1957, in: ThLZ 82, 1957, 943–948.

Rendtorff, H., Die Praktische Theologie als Grenzwacht, in: Die Leibhaftigkeit des Wortes, Festgabe f. Adolf Köberle, hg. v. O. Michel u. U. Mann, Hbg. 1958, 389–393.

Rosenboom, E., Die Aufgabe der Praktischen Theologie, in: KiZ 21, 1966, 539–546.

Rückert, H., Kirche und Amt in der Diskussion der ev. Theologie, in: Theologie heute, Mchn. 1969, 103–114.

Sauter, G., Die Berufsrolle des Pfarrers im Widerstreit von Amts-Autorität und persönlicher Qualifikation, in: DtPfrBl 1969, 469–477.

Schlingensiepen, F., Artikel ›Praktische Theologie‹, in: Weltkirchenlexikon, Handbuch der Oekumene, Stuttg. 1960, 1164–1166.

Schreiner, H., Die Zukunft der Kirche, Gütersloh 1946.

Schreiner, H., Vom Recht der Kirche, Gütersloh 1947.

Schröer, H., Theologia applicata. Thesen zur Reform der Praktischen Theologie, in: MPTh 53, 1964, 386–407.

Schröer, H., Inventur der Praktischen Theologie, in: DtPfBl 22, 1969, 720–723.

Schröer, H., Empirische Wissenschaft und Praktische Theologie, in: Anstöße, Berichte aus der Arbeit der Ev. Akademie Hofgeismar, 1970 Nr. 1/2, 52–65.

Schröer, H., Der praktische Bezug der theologischen Wissenschaft auf Kirche und Gesellschaft, in: Theologie als Wissenschaft in der Gesellschaft, hg. v. H. Siemers u. H.-R. Reuter, Gött. 1970, 156–172.

Schulze, H., Begriff und Kriterien einer theologischen Handlungslehre – im Gegenüber zu paränetischer und ordnungstheologischer Ethik, in: EvTh 29, 1969, 183-202.

Schumann, F. K., Forschungsaufgaben im Bereich der systematischen und praktischen Theologie, in: Aufgaben deutscher Forschung I, Köln – Opladen 1956², 30 ff.

Schütz, W., Die Stellung der praktischen Theologie, in: KiZ 1958, 255–257.

Schütz, W., Die Stellung der Praktischen Theologie im theologischen Studium, in: KiZ 1961, 310–313.

Schuster, H., Artikel ›Praktische Theologie‹ in: LThK² Bd. 8 (1963), 682–685.

Schuster, H., Die Differenzierung 'christlich' und 'kirchlich' als Problem der praktischen Theologie, in: Wort und Welt, Stud. z. Theol. d. Verkündigung. Festgabe für Viktor Schurr, hg. v. K. Rahner u. B. Häring, 1968, 295–308.

Schuster, H., Artikel ›Pastoraltheologie‹ in: Sacramentum Mundi, Theol. Lexikon für die Praxis, Bd. 3 (1969), 1059–1066 (Lit.).

Schweizer, Jul., Praktische Theologie, in: Lehre und Forschung an der Universität Basel zur Zeit der Feier ihres fünfhundertjährigen Bestehhens, 1960, 45–47.

Seitz, M., Die Aufgabe der Praktischen Theologie, in: Die Praktische Theologie zwischen Wissenschaft und Praxis, hg. von R. Bohren, Mchn. 1968, 65–80.

Tödt, H. E., Theologiestudium. Bericht über den Entwurf einer Reform, in: MPTh 55, 1966, 45–54.

Trillhaas, W., Stellung und Aufgabe der Theologie in der evangelischen Kirche, in: ThLZ 79, 1954, 195–200.

Voeltzel, R., Praktische Theologie aus der Perspektive der Theol. Fakultät Straßburg, in: ThPr 2, 1966, 119 ff.

Voigt, G., Gegenwartsstand und Gegenwartsaufgaben der Praktischen Theologie, in: PBl 107, 1967, 613–630.

Wanner, A., Die praktische Bedeutung der neueren evangelischen Theologie, in: EvTh, 1961, 563–575.

Weber, H. R., Praktische Theologie, Exorzismus und der Sieg Christi über die Mächte und Gewalten, in: Wort und Gemeinde, Ed. Thurneysen zum 80. Geburtstag, Zürich 1968, 313–324.

Winter, Fr., Praktische Theologie und Pfarramt, in: Fides et communicatio, Festschr. für Martin Doerne zum 70. Geburtstag, Gött. 1970, 412–427.

Wurzbacher, G., u. a., Der Pfarrer in der modernen Gesellschaft, Hbg. 1960.

Zankow, St., Die theologische Literatur in Bulgarien: Pastoraltheologie, in: VF 1956/57, Mchn. 1959, 218–222.

Zeim, M., Praktische Theologie und Volkskunde, in: ZdZ 10, 1956, 105–107.

NAMENREGISTER

Zur weiteren Orientierung sind die älteren Autoren der Praktischen Theologie mit ausführlicheren Lebens- und Berufsdaten versehen und durch ihre praktisch-theologisch bedeutsamsten Werke gekennzeichnet.

Die Abkürzungen folgen dem Verzeichnis der Abkürzungen in ›Die Religion in Geschichte und Gegenwart‹, Tübingen ^{3}1957–62 und werden durch folgende ergänzt:

ao	außerordentlicher	Pfr	Pfarrer
apl	außerplanmäßiger	PredSem	Predigerseminar
Biogr	Biographie	PrTh	Praktische Theologie
Fak	Fakultät	Pth	Pastoraltheologie
Ki-Ho	Kirchliche Hochschule	UnivPred	Universitätsprediger
o	ordentlicher	W	Werke.